현대
스포츠교육학의
이해

강신복(편)

강 신 복
(서울대학교 명예교수)

1966 서울대학교 체육교육과 졸업.
1977 미국 오리곤 대학교 박사.
1970-1973 울산대학교 교수.
1979-2008 서울대학교 체육교육과 교수.
서울대학교 체육연구소장.
한국스포츠교육학회 회장 및 한국체육학회 회장 역임.
한국학술진흥재단 전문위원.
체육부 정책자문위원 및 한국교육개발원 자문교수.
5, 6, 7차 체육과 교육과정 연구 및 개발 참여.
대한체육회 자황컵 연구부문 대상.
대한민국 체육상 연구부문 대통령 표창.
현대인의 체육(저), 체육교육과정이론(역), 체육교수이론(공역) 등 다수.

현대 스포츠교육학의 이해

인쇄 2009년 9월 22일
발행 2009년 9월 30일

지은이 강신복

펴낸곳 도서출판 레인보우북스
주소 서울시 관악구 대학동 237-26 레인보우B/D
전화 02-872-8151~2
팩스 02-871-0935
홈페이지 www.rainbowbook.co.kr
전자우편 min6301@yahoo.co.kr
등록 제15-404호

정가 25,000원

ISBN 978-89-6206-060-7 93690

*잘못된 책은 구입하신 서점에서 바꾸어 드립니다.

들어가기

    국내에 스포츠교육학이란 학문분야가 정식으로 등장한 것은 매우 최근의 일이다. 학회의 설립을 하나의 기준으로 본다면 아직 이십년이 되지 않는다. 미국의 경우는 약 삼십여년을 갓 넘었다고 말할 수 있다. 체육학의 하위 학문분야 가운데에서도 매우 신생학문에 속한다고 말할 수 있다. 얼마되지 않았음에도 불구하고, 스포츠교육학은 학술적 업적이나 학회의 규모적 측면에서 매우 급격한 발전을 보여주고 있다. 학회지의 발행횟수나 연구논문의 게재편수 면에서 상위 그룹에 속하며, 학회회원의 숫자도 체육학의 분과학회 가운데 몇 손가락 안에 드는 높은 가입율을 보여주고 있다.

    이러한 성장은 스포츠교육학의 주된 연구대상인 체육교육 현상에 대한 오랫동안의 관심이 학문적 정체성의 확립과 함께 폭발하듯 분출되었기 때문이라고 할 수 있다. 관련되는 실천가나 연구자는 많았으나, 학교체육을 중심으로 하는 체육교육 현상에 대한 학문적 관심이 상대적으로 빈약하다가 그것을 만족시켜줄 학문적 공동체가 생겼기 때문이다. 그동안에 밖으로 나오거나 드러나지 않았던 학교체육관련 실천가와 연구자들이 스포츠교육학이라는 하나의 학문적 공동체를 중심으로 결집함으로써 급격한 발전과 성장이 가능했던 것이다.

    본 편집자는 참으로 운좋게도 국내에서 스포츠교육학이 태동하고 성장하는 모든 과정을 처음부터 지금까지 직접 목격할 수 있는 위치에 있었다. 본 편집자가 미국에서 유학을 할 당시인 1970년대는 스포츠교육학이라는 학문분야가 미국내에서도 이제 막 성립되려고 하던 시기였고, 본격적인 연구와 가시적인 성장은 1980년대에 들어와서야 이루어졌다. 귀국하여 서울대학교에서 학생들을 가르치기 시작한 시기와 거의 맞아떨어지는 기간이었다. 편집자가 1980년대 초반부터 조금씩 대학원에서 스포츠교육학과 관련된 논문과 책자들을 공부하고 소개하면서 국내에는 스포츠교육학적 연구에 대한 관심이 생겨나기 시작하였다.

    그리고 이때 공부를 한 학생들을 중심으로 한국스포츠교육학회를 설립하고, 1980년대 말 미국으로 유학을 떠나 1990년대 초반 귀국한 유학생들이 생겨나면서 보다 본격적인 스포츠교육학의 시대가 열리기 시작하였다. 본 편집자는 한편으로는 스포츠교육학회의 창립회원으로서, 다른 한편으로는 초기 대학원생들의 지도교수로서 한국스포츠교육학의 태동과 성장을 지켜보고 지원하고, 때로는 이끌어나가는 데에 한 부분을 담당한 것을 매우 자랑스럽게 생각하고 있다. 능력이라고는 찾아볼 수 없는 편집자가 시대와 사람을 잘 만나 오늘 한국의 스포츠교육학이 이처럼 성장하는 데에 일조하였다는 사실을 떠올릴 때면 가슴이 벅차오르는 뿌듯함을 느낀다. 모든 것이 여러 학문적 동학과 제자들의 협조로 인하여 가능한 일이었다고 생각한다.

본 편집자는 작년을 끝으로 교수직을 떠나게 되었다. 오랜 학문생활을 마무리하는 시점에서 자신의 학문적 여정을 뒤돌아보고 정리하고픈 마음이 드는 것은 인지상정일 것이다. 그리고 현재의 학문적 동향을 한 눈에 알기 쉽게 살펴볼 수 있도록 하고, 그를 바탕으로 향후의 발전 동향을 미리 예측할 수 있는 디딤돌을 마련하고 싶은 것이 사람의 마음이다. 하지만, 스포츠교육학은 이미 급격한 성장을 하고 있고 지금도 엄청난 속도로 연구의 양적, 질적 발전이 이루어지고 있다. 본 편집자는 그러한 학문적 속도를 따라갈 수 있는 학술적 체력과 민첩성이 이미 소진해버린 노옹이 되었다. 그리하여, 편집자 혼자서 그 일을 하기 어렵다는 판단을 내리고 국내의 최고 연구자들과 함께 해내기로 계획을 세워보았다.

그런데 마침 이 일이 편집자의 정년퇴임과 맞물려 진행되게 되면서 편집자의 논문지도를 받은 적이 있는 제자들이 중심이 되어 스포츠교육학의 학문적 동향과 경향을 전체적으로 살펴보는 방향으로 기획되게 되었다. 본 서에 논문을 제공해준 중견 및 소장학자들은 편집자로부터 석사나 박사논문지도를 받은 사람들이다. 이들은 각자 자신이 관심을 가지고 꾸준히 연구해온 주제에 관해서 가장 최근의 연구동향들을 정리하고 소개하고 있다. 본 서는 지난 30여년간 스포츠교육학을 연구하고 지도해온 편집자의 학문적 생애를 정리하는 좋은 기회라고 생각한다. 한편으로는 편집자가 관심을 가져온 스포츠교육학의 최신 연구주제와 동향들을 전체적으로 살펴보는 일을 하면서, 다른 한편으로는 가르친 제자들이 각각의 연구주제에 대한 자신의 연구업적들을 정리하여 보여주고 있다. 편집자가 보낸 연구자와 교육자로서의 삶을 이보다 더 잘 마무리하는 방식은 없다고 생각한다.

본 서는 〈스포츠교육학 연구, 체육교육과정, 체육수업모형, 체육교사 및 학생〉이라는 4개의 큰 부분으로 나누어져있다. 〈제1부 스포츠교육학 연구〉에서는 스포츠교육학 연구의 전체적인 모습을 대략적으로 훑어보는 시간을 갖는다. 한국스포츠교육학 연구의 전반적 동향을 살펴보고, 최근 연구가 활발해지고 있는 초등체육에서의 학문적 연구동향을 소개한다. 〈제2부 체육교육과정〉에서는 학교체육의 실천을 위한 교육과정적 측면에서의 개념적 아이디어와 실천적 노력들을 알아본다. 지난 동안의 체육교육과정의 변천과 변화에 대하여 살펴보고, 가장 최근 공포된 2007 개정 체육과 교육과정의 내용을 분석한다. 국내 초중등 체육교육과정의 운영현황 및 문제점들을 살펴본 후 개선안들을 제안한다. 그리고 다른 나라에서의 교육과정 운영이 어떻게 진행되고 있는지 국제비교를 통하여 알아본다.

〈제3부 체육수업 모형〉에서는 현재 가장 관심을 많이 받고 있는 체육수업지도의 최근 모형들을 다양하게 소개한다. 스포츠교육 모형, 하나로 수업 모형, 개인적, 책임감 모형, 협동학습 모형 등을 상세하게 살펴본다. 그리고 스포츠맨십을 가르치기 위해서 활용할 수 있는 지도전략에 대해서 소개한다. 〈제4부 체육교사 및 학생〉에서는 직전 및 현직 체육교사교육에서 예비체육교사와 현직체육교사의 교육전문능력 함양을 위한 다양한 노력들을 살펴본다. 초등학교에서 체육심화교육을 위해 필요한 교육내용과 방법이 무엇인지, 중등체육교사를 양성하기 위한 적절한 내용과 방법이 무엇인지 자세히 살펴본다. 문제점을 분석하고 새로운 대안을 제시한다. 이와 함께 수업시 학생을 중심으로 학생의 학습체험에 대하여 상세히 살펴보고, 최근 문제가 되고 있는 학생운동선수들의 학습권에 대해서 알아본다.

정년이라는 제도로 인하여 공적인 형태의 학문적 생활은 마무리가 되었다. 하지만, 본 서를 기획하고 준비하면서 편집자가 연구하고 가르쳐온 스포츠교육학이라는 분야를 뒤로 돌아보고 옆으로 둘러보고, 그리고 앞으로 내다보면서 그동안에는 볼 수 없었던 스포츠교육학의 새로운 면면들을 새롭게 볼 수 있게 되었다. 이런 관점에서 본 서는 편집자로 하여금 학문적 삶을 새로이 시작하는 자극제요 디딤돌 역할을 하였다고 볼 수 있다. 대학의 졸업식장에서 〈졸업은 새로운 시작〉이라는 말을 수도 없이 들었고 또 본인이 스스로 하였지만, 그 말의 진정한 의미를 나 스스로 깨닫는 순간이다. 이런 뜻에서 바쁜 와중에도 노쇄한 선생을 위하여 귀한 글을 써서 새로운 시작을 가능하게 해준 전북대학교의 김대진 교수, 서울교육대학교의 안양옥 교수, 한국교원대학교의 조순묵 교수, 서원대학교의 문호준 교수, 인하대학교의 조미혜 교수, 고려대학교의 류태호 교수, 서울대학교의 최의창 교수, 한국교원대학교의 박종률 교수, 서울대학교 스포츠과학연구소의 김윤희 박사, 충북대학교의 최희진 교수, 전주교육대학교의 신기철 교수, 그리고 웨스턴일리노이대학교의 이옥선 교수에게 감사의 뜻을 표하고 싶다.

또한 편집자와 함께 한국스포츠교육학의 발전을 위해서 모든 노력을 아끼지 않고 혼신의 힘을 기울여준 여러 선배와 동학 그리고 제자들에게 진심으로 감사의 마음을 전하고 싶다. 이 책은 그 분들의 숨은 노력이 아니었다면 가능하지 않았을 것이다. 이 책을 그 분들에게 바친다. 모든 분들을 대표하여 정년기념을 위한 여러 가지 준비를 위해 애써준 부산교육대학교의 김문규와 서울교육대학교의 성기훈 교수에게 각별한 감사를 드린다. 바라건대, 이 책이 앞으로 스포츠교육학을 공부하게 될 후학들에게 좋은 디딤돌이 되었으면 한다. 독자 제현의 질정을 기다린다.

2009년 9월 17일

강 신 복

현대 스포츠교육학의

Contents

스포츠교육학은 체육 교육 현장에 유용한 정보를 제공하고 체육을 보는 다양한 관점을 탐구하는 학문이기 때문이다. 초기에는 스포츠교육학이 학교체육의 실천과 교사양

I부 스포츠교육학연구

- 3　　1장. 한국스포츠교육학 연구의 동향과 향후과제 | 강신복
- 41　　2장. 초등체육교육(학)의 학문적 동향과 발전과제 | 안양옥

2부 체육교육과정

- 75　　3장. 중등학교 체육교과교육50년의 반성과 전망 | 강신복
- 111　　4장. 2007개정체육과 교육과정의 내용분석 | 강신복
- 133　　5장. 중등체육교육과정 운영의 문제점과 발전방향 | 문호준
- 163　　6장. 체육과 교육과정의 국제동향 | 강신복
- 199　　7장. 중학교 체육과 교육과정 국제비교 | 강신복

3부 체육수업모형

- 231　　8장. 스포츠교육 모형 | 조미혜
- 303　　9장. 하나로 수업 모형 | 최의창
- 337　　10장. 개인적 사회적 책임감 모형 | 이옥선
- 359　　11장. 협동학습 모형 | 김윤희
- 383　　12장. 스포츠맨십 교수 전략 | 박종률

4부 체육교사 및 학생

- 419　　13장. 예비중등체육교사 양성의 현황, 동향 및 과제 | 최희진
- 443　　14장. 중등체육교사 연수의 현황과 개선방안 탐색 | 김대진
- 477　　15장. 초등학교교사를 위한 체육연수의 현황과 과제 | 조순목
- 509　　16장. 체육수업에서의 학생의 학습경험 | 신기철
- 535　　17장. 학원스포츠의 과제와 전망 | 류태호

스포츠교육학연구 1부

1
한국스포츠교육학 연구의 동향과 향후과제

강 신 복

스포츠교육학은 체육 교육 현장에 유용한 정보를 제공하고 현장을 개선하는 목적으로 다양한 맥락 안에서 이루어지는 교수와 코칭을 다양한 관점으로 탐구하는 학문이다. 초기에는 스포츠교육학이 학교체육의 실천과 교사양성에 주된 초점을 맞추었지만, 체육학문화 운동 이후 사회체육, 전문체육까지 포함하여 교육과정, 교수와 코칭, 교사(지도자) 양성 등으로 연구 영역이 확대되었다. 이 같은 동향은 한국스포츠교육학의 성장 과정에서도 동일하게 나타난다. 특히 한국스포츠교육학은 1980년대 말부터 박사 과정의 개설, 그리고 1992년 한국스포츠교육학회가 창립되고 학회지가 출간됨으로써 태동되었고, 그 후 현재까지 학문적 성장기에 있다. 이후 한국스포츠교육학이 보다 중흥을 이루기 위해서는 그간의 연구 성과들을 성찰해 보는 것이 무척 중요하다. 최근 선진 외국의 경우에도 지나간 연구 성과들을 고찰함으로써 새로운 과제를 모색하려는 노력을 많이 기울이고 있다. 이에 본 연구는 한국스포츠교육학의 연구동향을 분석하고 향후 과제를 모색하는 데 목적을 두고 주요 학회지에 게재된 논문과 박사학위 논문을 중심으로 지난 10여 년간 발표된 스포츠교육학 관련 논문들을 탐색하였다. 그 결과, 한국스포츠교육학은 크게 학교체육, 사회체육, 전문체육 영역에서 다양한 주제로 연구되어져 왔으나 비교적 학교체육 중심의 연구가 지배적인 것으로 나타났다. 또한, 향후 과제로서 이론과 실제의 문제, 연구 패러다임의 문제, 그리고 학문 자립성의 문제 등을 해결하기 위한 노력이 시급하다는 것을 지적하였다.

Ⅰ 서론

전통적으로 '체육교육과정과 수업'이라고 불리던 전문영역이 '스포츠교육학'이라는 독자적인 학문 영역으로 인정받기 시작한 시점은 불과 반세기를 채 지나지 않는다. 그러함에도 그간 스포츠교육학은 21세기로의 시대적 전환과 발맞추어 매우 빠른 속도로 발전해 왔다. 이처럼 스포츠교육학이 학문영역으로 발전하게 된 주된 배경은, 이미 주지하는 바와 같이, 1960년대 중반 미국을 중심으로 체육학의 학문적 위상을 정립하려는 '체육 학문화 운동'이다 (강신복, 최의창, 1996; 안양옥, 1992; 최의창, 1993a, 1996, 2003). 체육 학문화 운동의 결과로 독특한 연구 주제와 과학적인 연구 방법이 도입되고 연구 영역이 세분화되어짐으로써 체육학의 지식 체계도 그와 상응하여 구조화되어 체육학의 학문적 지위가 확고해졌다.

그러나 체육 학문화 운동은 체육의 성격을 '신체의 교육'내지는 '신체를 통한 교육'으로 간주되는 '교육의 이미지'에서 이론적 연구를 주된 목적으로 하는 '학문의 이미지'로 탈바꿈하는 시도로 진행되었기 때문에(최의창, 2003) 체육학은 체육교육의 학문적 탐구보다는 스포츠생리학, 스포츠심리학 등과 같이 관련 모학문 분야로 연구 관심사가 나타났고, 따라서 체육수업, 체육교육과정, 그리고 체육교사교육 분야는 상대적으로 간과되었다. 이에 Jewett & Mullan(1977), Locke(1977), Haag(1978) 등과 같이 학교체육의 실천과 교사양성에 강한 애착을 가진 연구자들은 체육수업, 체육교육과정, 및 체육교사교육을 중심대상으로 하는 학문 연구 분야를 확립하여 이를 '스포츠교육학'이라 칭하고, 체육학의 한 분야로 성장시키려는 노력을 시작하였다. 그 결과 오늘날 스포츠교육학은 체육학의 하위 학문 영역으로 인정을 받고 있다.

한편, 한국에서 스포츠교육학이 공식적으로 성립한 것은 학회가 창립되면서부터이지만 스포츠교육학 연구는 이미 1980년대 말부터 본격적으로 시작되었다고 할 수 있다. 스포츠교육학 박사과정이 개설되고, 이어 대학원 논문지도와 정기적인 세미나 개최를 통하여 한국스포츠교육학의 기초를 형성해 갔다. 정기 세미나에 참여해 오던 연구자들과 현장 교사들의 관심이 높아가면서 공식적 학술모임의 필요성을 인식하여 '한국스포츠교육학회'를 창립한 후 1994년부터는 공식 한국스포츠교육학회지를 발간함으로써 본격적으로 스포츠교육학 연구에 박차를 가하였다.

어느 학문 분야에서든지 그 분야의 발전에 가장 핵심적인 요소 중 하나는 탄탄한 지식체계를 형성해 나가는 일이다(Witt, 1984). 지식체계는 연구라는 활동을 통해 이루어지며, 양질의 연구는 그 학문분야의 존재 가치를 강화시켜 줄뿐만 아니라 타학문으로부터 신뢰와 존경을 받게 된다. 반대로 적은 연구활동과 낮은 수준의 연구내용으로 다듬어진 빈약한 지식체계는 그 분야의 존속 여부에 치명적인 영향을 준다. 이러한 관점에서 보면, 한국스포츠교육학은 학회지가 발간된 이래 발표 논문수의 증가, 연구 주제 및 연구 방법의 세련화, 최신 이론을 반영한 연구 등 지식 체계를 탄탄하게 형성해 왔다. 최근에 국내 학술지 평가에서 한국스포츠교육학회지가 A등급을 받고, 학술진흥재단에 학술등재후보지로 선정된 것은 한국스포츠교육학이 학문으로서 크게 발전하고 있음을 보여주고 있는 실례라 할 수 있다.

이처럼 한국스포츠교육학이 가시적으로 발전해 온 것이 사실이나 한국스포츠교육학의 동향을 면밀히 분석해 온 일단의 연구자들은 그 동안 한국스포츠교육학 연구가 내적 성숙 측면보다는 외적 성장 측면만 강조되어 왔다고 지적하기도 하였다(강신복, 최의창, 1996, 1997; 안양옥, 1992; 최의창, 2003). 따라서 한국스포츠교육학의 발전 과정에서 연구가 어떻게 진행되어 왔는지를 반성해 보는 계기는 무척 중요하다고 판단된다. 한국스포츠교육학의 위상을 확인하고 앞으로의 발전 과제를 모색하기 위해서는 기존의 연구동향을 정확히 파악하고, 부족했던 부분을 찾아내는 일이 필요하다. 선진 외국의 연구 사례를 보면, Quest, International Journal of Physical Education 등에서 해마다 또는 수시로 스포츠교육학 연구의 동향을 살피고 있는데, 미국의 Silverman, Bain, Schempp, 독일의 Haag, Crum 등이 이러한 작업을 지속적으로 수행하고 있다. 그러나 국내에서는 소수의 연구자들(강신복, 최의창, 1996, 1997; 김승재, 2000; 김문규, 윤명희, 2001; 안양옥, 1992, 최의창, 2001, 2003)에 의해서 간간이 조망되어져 오고 있는 실정이다.

이에 본고는 한국스포츠교육학회의 창립 이후 지금까지 한국스포츠교육학 관련 논문들을 탐색하여 그간의 연구 동향을 살피고, 앞으로의 학문적 발전을 지속하기 위해서 요구되는 향후 과제들을 살피는 데 주된 목적을 둔다. 따라서 1994년 창간호부터 최근호에 이르기까지 한국스포츠교육학회지에 게재된 논문들을 검토하는 동시에 한국체육학회지의 스포츠교육학 분과에서 발표된 논문들과 주요 대학에서 배출된 스포츠교육학 박사 학위논문들도 함께 살펴보고자 한다. 이하에서는 우선 스포츠교육학의 개념과 연구 영역을 정리하고, 3장에서 한국스포츠교육학의 연구 동향을 파악한 후에 4장에서는 향후 발전 과제를 모색한다.

II 스포츠교육학의 개념 및 연구 영역

스포츠교육학은 "현장에 유용한 정보를 제공하고 현장을 개선하는 목적으로 다양한 맥락 안에서 이뤄지는 교수와 코칭을 다양한 관점으로 탐구하는 학문"이다(Pieron, Cheffers, & Barrette, 1990). 즉, 스포츠교육학은 체육교육(실제)에 대한 과학(이론)이다. 체육교육은 스포츠교육학 뿐만 아니라 다른 스포츠과학에 의해서 생성된 지식을 응용하게 된다. 학문으로서의 스포츠교육학은 일반 교육학의 세부 학문이 되는 동시에 신체활동 내지는 스포츠에 관여하고 있는 인간에 초점을 맞추는 스포츠 과학의 한 분과이기도 하다. 이와 같은 스포츠교육학은 모든 연령층의 개인 또는 집단을 대상으로 신체활동을 유도하고 개선하는 기능을 하기도 한다. 따라서 스포츠교육학은 학교체육의 울타리를 넘어서 지역 사회의 클럽 스포츠 등과 같이 공식적·비공식적인 신체활동 내지는 스포츠 활동의 실제를 다룬다(Naul, 1999).

그러나 대부분의 스포츠교육학 연구자들은 교사와 학생을 주된 연구 대상으로 삼아 왔으며, 체육수업의 실천을 이해하고 개선하는 데 목적을 두고 연구를 수행해 왔다. 이 과정에서 스포츠교육학 연구자들은 현장을 개선하기 위한 현장연구 수행이 매우 복잡한 작업이라는 것을 깨닫게 되었다(Bain, 1996). 그러나 한편으로는 이 때문에 스포츠교육학이 흡사 학교체육을 연구하는 학문으로 비쳐지기도 한 것이 사실이다.

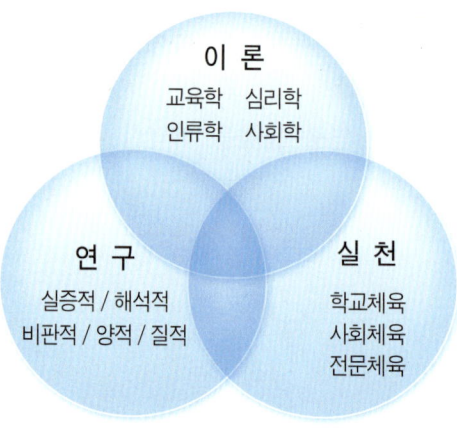

그림 1 스포츠교육학의 3차원 (최의창, 2003)

한편, 스포츠교육학은 <그림 1>과 같이 이론, 연구, 실천이라는 3차원으로 구성되어 있다(최의창, 2003). 스포츠교육학은 지금까지 교육심리학, 교육사회학, 교육철학 및 역사학 등 일반 교육학을 이론적 원천으로 삼고 있다. 스포츠교육학의 연구적 차원은 연구 영역과 연구 패러다임을 중심으로 이해되고 있다. 여기서 스포츠교육학의 연구 패러다임은 실증적, 해석적, 비판적 패러다임 또는 양적·질적 패러다임으로 분류되며 각각의 패러다임에 따라 연구의 주제와 접근 방식을 달리하고 있다. 그리고 연구의 영역은 통상적으로 체육교육과정, 체육수업, 체육교사교육 영역으로 분류되고 있다(Silverman & Ennis, 1996). 이들 연구 영역간에는 중복되는 부분이 있지만, 각각의 연구영역마다 독특한 연구의 초점이 있다(Cleary, 2000). 즉, 체육교육과정 연구는 체육수업에서 다뤄져야 할 것 내지는 수업의 내용에 영향을 주는 다양한 요인들에 초점을 맞춘다. 체육교사교육연구는 교사 임용 전에서부터 교직을 은퇴하는 데 이르기까지의 기간에 교사의 전문성을 개발해 가는 것에 초점을 둔다. 체육수업 연구는 수업의 과정(예, 교사는 수업을 어떻게 구조화하며, 수업 중에 교사와 학생은 무엇을 하는가?), 역동적인 수업 환경(누가 누구와 상호작용을 하는가?), 학습결과(운동기능, 태도, 지식, 사회적 책임감, 체력 등)에 초점을 맞춘다(Silverman & Ennis, 1996; Silverman & Skonie, 1997).

마지막으로 실천적 차원은 스포츠교육 분야의 현장에서 어떤 일을 어떤 방식으로 어떻게 실천하는가를 다루는 영역으로서 학교체육과 사회체육, 그리고 전문체육으로 구분하여 다루고 있다. 전통적으로 체육이 주로 행해지던 공간이 학교였기 때문에 학교체육이 스포츠교육학 연구 영역의 주류가 되어 왔지만, 최근에는 사회체육 관련 정책의 도입과 더불어 '삶의 질'향상을 요구하는 사회적 분위기의 성숙으로 사회체육이 활성화됨에 따라 사회체육지도자의 수요가 증가하고 있다. 따라서 사회체육에서의 교육적 현상에 대한 연구가 점차 각광을 받고 있는 추세에 있다. 또한, 선수 양성을 위한 전문체육도 운동 기술과 전략을 선수에게 지도하는 차원에서의 교육적 현상 역시 스포츠교육학의 연구 분야가 됨에도 불구하고 학교체육이나 사회체육에 비해서 이 분야에 대한 연구는 미진하게 이뤄지고 있는 실정이다.

III 한국스포츠교육학의 연구 동향

 연구논문들을 개관하기 위해서는 모종의 모형이나 틀이 요구되는데 본고에서는 Bain(1990), Graber(2001), Sikula(1996), Silverman(1991), Steinhardt(1990)등이 체육교육과정, 체육수업, 체육교사교육에 대한 선행논문들을 검토하기 위해 활용했던 분석틀을 참고하여 한국스포츠교육학연구동향을 연구주제별로 분류하여 <그림 2>와 같이 분석을 위한 틀을 만들었다.
 연구동향을 분석하기 위해서 국내 박사학위논문과 1994년부터 2003년에 출간된 한국스포츠교육학회지, 그리고 한국체육학회지(스포츠교육학 분과)에 발표된 관련 논문들을 대상으로 하여 자료를 수집하였다.

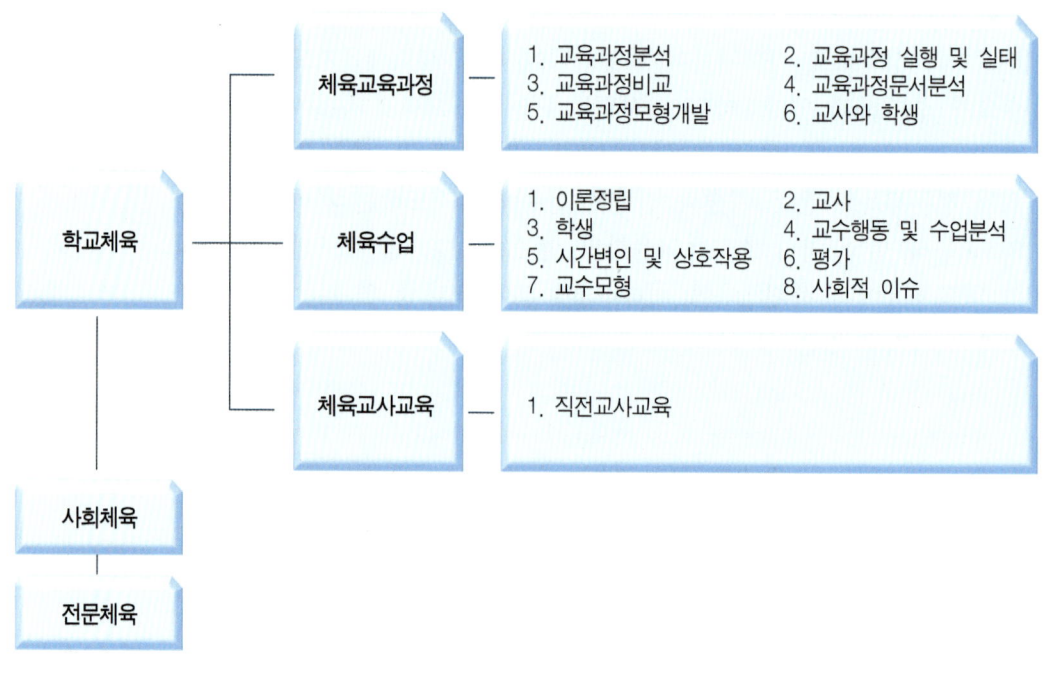

그림 2 한국의 스포츠교육학 연구동향

1. 학교체육연구

1) 체육교육과정연구

한국스포츠교육학연구에서 교육과정에 관한 연구는 수업연구에 비해 활발히 이루어지지는 못했다. 그러나 7차 교육과정 개정과 실행을 기점으로 체육교육과정에 대한 스포츠교육학 연구자들의 관심은 점차 늘어나고 있는 실정이다. 한국의 체육교육과정연구는 <그림 3>과 같이 연구주제별로 교육과정분석연구, 교육과정실행 및 실태연구, 교육과정비교연구, 교육과정문서분석연구, 교육과정모형개발연구, 그리고 교육과정과 관련된 교사와 학생연구의 6가지로 구분할 수 있다.

교육과정분석연구는 제7차 체육교육과정이 공포된 1997년 전후에, 교육과정실행 및 실태연구는 3-5년 후에 이루어졌다. 조미혜, 김윤희, 및 서지영(1997)은 6차 개정까지의 체육교육과정 변천을 시대·영역별로 검토하고, 그 결과를 바탕으로 7차 체육교육과정을 위한 몇몇 제언들을 제안하였으며, 안양옥(1996)은 지난 초등학교 체육교육과정을 검토하고 추후 개정이 서양의 새로운 이론적 모형을 첨삭·절충하는 개정이 반복되기보다는 일단 '교육내용' 영역의 일관성을 유지하며 각 내용영역이 갖는 교육적 가치를 분명히 하고 그런 가치가 실현될 수 있는 방법이 채택될 수 있도록 교육내용의 선정과 조직을 상세화해야 한다고 주장하였다. 곽은창과 손천택(1996)은 스포츠유형활동 또는 기능관련활동을 지나치게 강조해온 학교체육프로그램이 건강체력을 보다 강조해야한다고 제안하였으며, 조미혜(1998a)는 7차 체육교육과정에서 수준별 교육과정을 적용하지 않게 된 배경 및 의사결정과정을 고찰하고 체육교과에서 개인차를 고려하는 대안적인 교수학습방법을 소개하였다. 문호준(1996)은 학교체육의 잠재적 교육과정에 대한 세 가지 패러다임과 연구들을 소개하고 잠재적 교육과정의 역기능을 극복할 수 있는 실천방안들을 탐색하였다. 그러나 잠재적 교육과정과 관련되어 보다 구체적으로, 체육교육 현장에서 일어나는 교사와 학생들의 행동유형을 기술하거나 그들의 경험에서 비롯된 의미들은 거의 연구되고 있지 않은 실정이다.

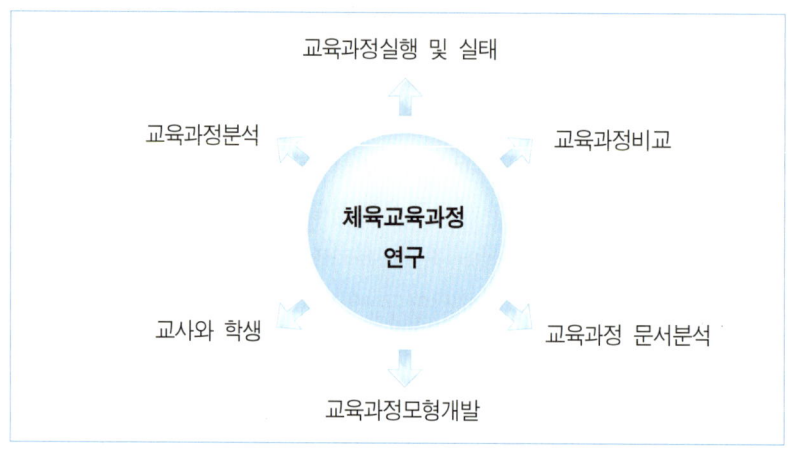

그림 3 한국의 체육교육과정 연구동향

강신복과 이충원(2001)은 제7차 체육교육과정의 학교현장에서의 적용과정을 자세히 보여주고 있으며, 문호준(2001)은 제7차 체육교육과정의 이상적인 모습과 실태를 설명하고 인터넷을 활용하여 교육과정개발자와 현장교사간에 새로운 교육과정의 내용과 이념의 공유를 제안하였다. 또한 조미혜(2001)는 제7차 고등학교 2-3학년 체육교육과정 운영의 문제점을 분석하고 효율적인 실천방안을 탐색하였다. 그러나 보다 구체적으로, 국가수준 체육교육과정이 어떻게 교사수준 체육교육과정으로 연결되고 있는지와 같은 수업현장에서의 실행과정을 분석하는 연구는 거의 이루어지지 않고 있다.

교육과정을 비교하는 연구들(이종철, 1993; 김명수, 1996; 조미혜, 윤명희, 이명아, 1997; 윤명희, 김승재, 1998; 조미혜, 2002)은 국가 간의 체육교육과정을 비교함으로서 교육과정개선방향의 시사점을 얻고자 하였으며, 교육과정문서를 분석하는 연구는 교과서를 분석하고 개선방안을 탐색하는 연구들(최의창, 1998; 조미혜, 1999; 정구인, 2001)과 교육과정의 내용 또는 목표영역을 분석하고 제안하는 연구들(정구인, 1997, 2000; 이덕영, 이광무, 2002; 김지백, 신영길, 2003)이 행해졌다.

조순묵(1995)은 발달단계모형과 움직임교육모형을 기반으로 발달 단계적 움직임교육프로그램을 개발하였고, 이기천(2002)은 육체와 정신, 영혼이 결합된 조화로운 인간상을 추구하는 동양의 전일적 교육을 통해 대안적인 체육교육과정모형의 원리와 이론적 틀을 개발하였다. 최의창(2002a)은 학교현장에서 실제적으로는 이론, 기능, 태도로 각각 따로 분리되어 가르쳐지고 있는 체육교육내용을 2개 또는 3가지 영역을 통합하는 "통합적 교과내용조직과 지도방법"의 개발을 통해 전인교육의 훌륭한 매개로서 체육교과의 가능성을 재검토하였다.

교육과정에 관련된 교사와 학생의 연구는 주로 교사에 대한 연구가 이루어져왔다(강신복, 문호준, 1996; 권병선, 1999a, 1999b; 양갑렬, 김종욱, 1999; 신종순, 곽은창, 2000a). 특히, 강신복과 문호준(1996)의 연구는 교사들의 61%가 국가수준의 체육교육과정이 학교현장에서 가르치는 일이나 교수활동과는 무관한 것으로 생각한다는 것을 보여주었다. 또한 구성모와 안양옥(2003)은 초등학교 교사와 학생의 체육교육에 대한 가치정향을 비교 분석하였는데 연구참여교사들은 사회적 책임감과 즐거움을 동시에 강조하였지만, 연구참여교사들이 실천한 교육과정에서는 즐거움을 위한 수업내용과 방법만을 선택한 것으로 나타났다.

2) 체육수업연구

수업에 관한 연구는 한국스포츠교육학영역에서 가장 주된 연구영역이었으며 다양한 연구주제가 활발히 진행되어 왔다. 그동안의 연구들을 주제별로 분류해보면 <그림 4>와 같다.

그림 4 한국의 체육수업 연구동향

(1) 이론 정립

　수업에 관한 연구에서 이론 정립과 관련된 주제는 다시 연구패러다임, 리뷰, 철학적 탐구 세 가지로 구분할 수 있다. 손천택(1994)은 80년대 말 외국 스포츠교육학 연구사회에서의 연구 패러다임간의 공방을 재조명함으로써 두 패러다임이 지식체계의 확대에 어떻게 기여할 수 있는지를 살펴보았고, 최의창(2001)은 스포츠교육학 연구분야에서 연구 패러다임간의 논쟁을 통해 질적 연구의 발전과정과 현황, 그리고 질적연구방법과 장르를 살펴보고 한국스포츠교육학에서의 질적연구동향을 파악하였다. 이기천(1998)은 양적연구법의 일종인 메타분석을 소개함으로써 한국스포츠교육학 연구의 폭을 확장시키고자 노력하였으며 김성곤(2001, 2002)은 구성주의적 관점을 통해 체육수업의 질적인 향상을 위한 토대를 마련하고자 하였다.

　또한 유상석(1994)은 교사효율성연구의 동향을 살펴보았고, 강신복과 최의창(1997) 그리고 김문규와 윤명희(2001)는 외국의 스포츠교육학연구와 한국스포츠교육학연구의 동향을, 김승재(2000)는 한국스포츠교육학연구의 동향을 조사하였다. 최의창(2000)은 체육교육역사적, 체육교육철학적 연구결과물들을 정리하고 분석함을 통해 이 연구들이 스포츠교육학의 성장에 어떠한 실질적인 도움을 줄 수 있을 것인가에 대한 아이디어를 제공하였다.

안양옥(1994)은 체육의 정당화 개념으로서 지식과 기능에 대한 고찰을 통해 정당화의 가능성을 제시하였고 이재용(1995)은 체육교수에서 중요시되어야 하는 주요가치의 선정과 그 철학적 근거를 분석하였다. 그 외에도 유정애(2002)는 좋은 체육수업의 개념과 방향을 정리하고 수업사례를 제시함으로써 좋은 체육수업의 양상과 특징을 보여주었다.

(2) 교사

교사에 관한 수업연구는 주로 교사관심사(이종철, 조홍식, 2002a, 2002b, 2003; 조홍식, 2002)와 수업환경과 교수방법(김승일, 김종욱, 2002), 교수계획준비도(이종철, 김평석, 조홍식, 2001), 그리고 교과내용지도(박명기, 1998)에 대한 교사의 인식연구가 이루어졌다. 최의창(2002b)은 체육수업개선의 실질적 장애요인에 대한 중학교 체육교사의 인식과 이 저해요인들을 극복하려는 대응노력들을 조사함을 통해 학교체육개선에 있어서 일차적으로 주목되어야 하는 요인들로 체육교사의 의지와 체육부서의 풍토를 지적하였으며, 김진국(1997)은 초등학교 체육수업에서 교사의 사고과정을 연구하였다. 교사에 관한 수업연구는 학생에 관한 수업연구에 비해 활발히 진행되지는 않았으며 교사신념 또는 교사사고과정을 조사한 연구는 아직 미약한 실정이다.

(3) 학생

학생에 관한 수업연구는 다양한 주제들이 다루어져 왔다. 곽은창과 박온서(1998), 성창훈과 백성수(2000), 그리고 임현주와 유정애(2002)는 중학교 학생들의 체육수업에 대한 인식과 경험을, 홍원택과 곽은창(2000) 그리고 유응욱과 김종욱(2002)은 여학생들의 체육수업에 대한 인식을, 김윤희(2001a, 2001b, 2002)는 여학생들의 무용수업에 대한 인식과 체험을 조사하였다. 김종호와 임성호(2003)는 중학생들의 혼성학급 체육수업에서의 긍정적 그리고 부정적 경험을 분석하였고, 김윤희(2003)는 운동기능이 낮은 학생들의 체육수업에 대한 체험을 조사하였다. 곽은창(1999)은 중학생들의 체육교사에 대한 인식을 분석하였는데 체육교사의 성격적 특성이 긍정적 경험과 부정적 경험을 가장 많이 이끌어 낸 것으로 분석되었다. 이승배(1999)는 초등학생의 체육 교과관을 분석하였는데 초등학생들은 체육교과를 '체력발달을 위한 교과', '운동기능습득을 위한 교과', '사회성 함양으로서의 교과', 그리고 '자유시간으로서의 교과'로 인식하고 있었다. 또한 김윤희(1999)는 중학생들의 체육 수업 선호 이유를, 권순정과 곽은창(1999)은 체육수업형태의 선호도를, 이정우(2002, 2003)는 체육수업에 대한 스트레스 요인을 분석하였다.

매개요인들을 분석하는 연구들은 체육수업에 대한 '학습된 무기력'(이제옥, 안양옥, 2000) 또는 부정적 태도형성(유상석, 2002)에 영향을 미친 요인들을 분석하였다. 이옥선(1996)과 강신복(1999a)은 각각 초등학생과 중학생의 체육수업 참여유형을 분석하였고 유정애(2001)는 학습유형의 개념을 소개하고 체육수업지도에서의 적용방안을 살펴보았다. 비록 소수이지만 학생의 개념적 지식을 다루는 연구(최원준, 김진희, 2002)와 신체적 자기개념을 다루는 연구(류태호, 김병준, 이병준, 2002)도 행해졌다.

학생에 관한 수업연구는 중등학교를 중심으로, 외형적으로는 많은 연구가 실행되었지만 보다 미시적이고 체육수업 상황적인 학생사고과정연구와 학생들의 목표성향(성취동기)과 관련된 연구는 거의 이루어지지 않고 있는 실정이다.

(4) 교수행동 및 수업분석

수업에 관한 연구에서 양적연구방법론이 우세한 연구주제영역은 '교수행동 및 수업분석'과 '시간변인 및 상호작용'에 관한 연구라고 할 수 있다. 교수행동 및 수업분석연구 영역에서는 과제제시(곽은창, 1994; 최덕묵, 1997, 1998; 곽은창, 1997a; 곽은창, 2000), 피드백(유상석, 1997a), 그리고 내용발달(곽은창, 1997b; 신종순, 1999; 신종순, 곽은창, 2000b), 그 외(박명기, 1995; 손천택, 1998a; 신영길, 남석희, 임오섭, 1998; 이병관, 2000)의 주제와 관련되어 통제집단과 실험집단의 차이를 규명하는 개입연구들이 가장 대표적인 연구형태였다. 그 외에도 과제제시형태를 분석하는 연구(조순묵, 1998a; 윤창호, 조순묵, 1998)와 수업관리 방법을 분석하는 연구(김종욱, 김현식, 허장, 2002; 김갑식, 김현식, 이제행, 2003)가 실행되었다.

교수행동 및 수업분석연구 영역의 또 다른 연구경향은 체육수업을 분석하는 연구라고 할 수 있다. 성기훈(1995, 1996)은 초등학교 체육전담교사와 학급담임교사의 체육수업을 분석하였고, 손천택(1997)은 중학교 체육수업의 과제체계, 책무성, 교사가 제공하는 결과적 정보를 생태학적으로 밝히려는 노력을 하였다. 조성익과 조한무(2001)는 TGT 협동학습수업과 전통적 수업을 사회적 구성주의적 관점에서 비교·분석하였으며, 김동욱과 조한무(2003)는 전통적 수업과 자기주도적 개별화수업을 비교 분석하였다.

(5) 시간변인 및 상호작용

교사와 학생의 행동에 소요되는 시간이 학습결과의 암시자가 될 수 있다는 연구결과를 통해 체계적 관찰도구를 사용한 교수-학습과정의 시간 및 행동분석에 관한 연구가 외국에서 널리 행해지면서 국내에서도 체계적 관찰도구를 이용한 시간변인 그리고 행동분석에 대한 연구가 많이 이루어졌다. 엄격히 말한다면 '시간변인 및 상호작용' 연구범주는 '교수행동 및 수업분석' 연구범주의 하위범주이지만 체계적 관찰 도구를 이용한 연구들을 따로 범주화하였다. 송명환(1988)은 체육 실제학습시간(ALT-PE) 분석체계를 활용하여 중학교에서 체육 실제학습시간을 분석하였고, 윤명희(1995), 송춘현(1995)은 초등학교에서, 김승재(1998, 1999)는 중학교에서 체육 실제학습시간 분석체계를 이용한 연구를 수행하였다. 또한 송명환(1994, 1996)은 직접교수행동 분석체계(DIBA)와 교수-학습 유형별 시간분석체계(PAS)를 이용하여 중학교 체육시간을 분석하였으며, 김상국(1995a, 1995b)과 윤명희, 김진원, 예종이, 주명덕, 이철화, 및 조순묵(1996)은 체육수업학생행동변인 측정도구(BEST PED)를 통해 운동참여시간(MET-PE)을 분석하였다.

또한 상호작용에 관한 연구는 Cheffers의 상호작용 분석체계(CAFIAS)를 이용하여 이루어졌는데 김정연(1995, 1996)은 교수환경과 코칭환경에서, 김대진, 윤신중, 및 윤덕임(1998)은 초등학교에서 열린 체육수업과 전통적인 체육수업에서 교사-학간의 상호작용을 분석하였다.

(6) 평가

평가가 학부모와 학생들에게 지대한 관심을 받고 있으며, 최근 평가와 관련된 교육정책이 스포츠교육학연구사회를 흔들고 있음에도 불구하고 평가에 관한 연구는 수행평가와 관련된 일련의 연구들을 제외하고는 단편적인 몇몇 연구들만이 실시되었다. 조한무(1996)는 대안적인 체육평가로서 포트폴리오 평가를 소개하고 포트폴리오 수행과제수집모델을 제시하였다. 손천택(1999)은 중학교 체육수업에서 포트폴리오 평가방법의 효과를 확인하였고, 조한무(2000)는 이해중심게임수업모형 또는 게임상황 하에서의 관찰평가 도구를 제시하였다. 조미혜(1998b)는 고등학교 체육 I 국가공통 절대평가기준 개발의 절차와 지침을 제시하였고, 이희선(1997)은 무용영역의 내용기준과 성취기준 그리고 무용학습 결과에 대한 평가시스템을 논의하였다. 조정환(1999)은 주관적 평가의 양호도를 확보하기 위해 검사결과에 미치는 오차 변인의 특성을 이해하고 보다 신뢰로운 검사방법을 구안하기 위한 채점방안을 모색하였고, 신종순(2002)은 중학교 체육수업에서 실기평가에 대한 평가내용별, 평가종목을 분석하였다.

(7) 교수모형

교수모형과 관련된 수업연구는 아직은 많이 이루어지지 않고 있는 실정이다. 다양한 교수모형이 존재함에도 불구하고 국내의 연구문헌에서는 스포츠교육모형, 이해중심게임수업모형, 그리고 한 가지 대안적인 수업모형만을 발견할 수 있다. 문호준과 류태호(1997)는 스포츠교육모형의 이론적 개념과 특징을 소개하였으며, 문호준(1998)은 스포츠교육모형의 적용사례를 통해 중학교에서의 스포츠교육모형의 적용가능성을 탐색하였다. 또한 김경원과 주기찬(1999)은 스포츠교육모형의 개념, 특징, 그리고 역할을 교육심리학적으로 분석하였다.

안양옥(1998)은 기능중심 게임수업모형과 이해중심 게임수업모형을 이론적으로 비교 논의하고 두 모형의 효과에 관련된 외국의 연구결과들을 분석하였으며, 최희진과 신재정(2003)은 중학교에서의 이해중심게임수업모형의 적용가능성을 탐색하였다.

최의창(2001)은 대학체육의 성격이 인문적 체육이 되어야 한다고 주장하며 대학에서 전인적인 체육교육목표를 실현할 수 있는 교수모형으로서 '하나로 수업'을 제안하고 있다. 우리의 체육교육 맥락적인 환경 속에서 다양한 교수모형의 실행을 통해 그 적용가능성과 효율성을 검증하는 연구는 앞으로 한국스포츠교육학연구에서 주된 연구영역으로 부각될 가능성을 안고 있다.

(8) 사회적 이슈

아직까지는 평등과 관련된 몇몇 연구를 제외하고는 사회적 이슈에 관한 수업연구를 찾아보기 어려운 실정이다. 박명기와 이문수(1999)는 간이축구수업과정을 통해 남녀평등 인식이 어떻게 변하는지를 살펴보았으며, 이표상(2001)은 성평등 체육수업전략의 적용을 통해 중학교 남녀학생들의 성평등 인식과 행동의 변화를 조사하였다. 임현주(2002)는 중학교 체육수업에서 성별에 따라 교사와 학생간의 상호작용에 차이가 있는지를 알아보았으며, 유정애와 김윤희(2002)는 체육교과서에 나타나는 양성평등교육의 위치와 체육교사와 학생들이 인식하는 양성평등교육의 모습과 현실에 대한 인식을 조사하고 이분법적 사고에서 벗어나 통합적인 사고를 지향하는 양성평등교육을 체육수업에서 실현할 수 있는 방안을 체육수업 사례 분석을 통해 제시하였다.

다양한 문화와 인종이 공존하는 외국과는 다른 우리의 사회·문화적 맥락으로 인해 다양성과 관계된 연구는 전무하다고 할 수 있다. 소외 또는 집단 따돌림, 그리고 일탈과 같은 학생들의 사회적 문제 역시 스포츠교육학연구자들의 관심이 필요한 분야이다.

3) 체육교사교육연구

한국스포츠교육학연구에서 교사교육에 관한 연구는 교육과정연구와 마찬가지로 수업연구에 비해 활발히 이루어지지는 못했다. 그러나 스포츠교육학연구와 체육교육실천과의 거리를 극복할 수 있는 '탐구중심교사교육'(Kirk, 1986), '반성적 수업'(Hellison & Templin, 1991), 그리고 '현장개선연구'(Tinning, 1992)와 같은 개념들이 소개되면서 교사교육연구에 대한 교사교육자들의 관심은 증대되고 있으며 앞으로 활발한 연구활동이 기대되는 연구영역이다. 한국의 체육교사교육연구는 <그림 5>와 같이 연구주제별로 직전교사교육연구, 교사연구자연구, 현직교사교육연구, 교사지식과 전문성연구, 그리고 교사사회화연구의 5가지로 구분할 수 있다.

그림 5 한국의 체육교사교육 연구동향

직전교사교육연구는 크게 두 가지로 구분할 수 있는데, 행동수정연구에 기반을 둔 개입연구를 통해 직전교사의 교수행동의 변화를 분석하는 연구들(윤명희, 1990; 김문규, 1992; 김문규, 1995; 유상석, 1997b; 손천택, 1998b; 조순묵, 이기천, 최의창, 박종률, 2002)과 직전교사교육의 실태와 개선방향에 관한 연구들이다. 최근에 조순묵 등(2002)은 전통적, 체계적 반성전략을 적용한 후 초등학교 예비교사들의 반성성향과 수업운영전략의 변화를 분석하였는데 체계적 반성전략을 사용한 집단이 보다 교수학습활동에 이해가 깊고 다각적인 시각에서 대안을 탐색한 것으로 나타났다. 강동원과 곽은창(1995), 그리고 손천택(2002)은 직전교사교육의 실태를 분석하고 개선방안을 제안하였다.

최의창(1993b, 1995, 1996)은 교사연구자의 개념을 소개하는 일련의 이론적 연구들을 통해 교사교육패러다임의 전환을 이끌고 있으며 반성적이고 탐구적인 교사양성을 위한 교사교육프로그램 또는 전략을 개발하는 연구들이 진행되기 위한 이론적 토대를 만들었다. 곽은창(2001)은 스포츠교육학연구자들과 현장교사의 협력연구를 위한 네트웍 구축의 방안을 제안하였다. 또한 아직은 대학의 연구자에 의해 현장개선연구(조순묵, 1998b)가 이루어지고 있지만, 추후 현장교사에 의한 현장개선연구 역시 활발히 진행되리라 기대된다.

현직교사교육연구 역시 직전교사교육연구와 마찬가지로 개입연구들(손천택, 1992; 유상석, 한상태, 1999; 조순묵, 2000; 조한무, 조성탁, 2001)과 체육교과연구회(이종형, 2001), 학교단위의 교수장학(이종형, 2002), 자격연수(김영식, 임종호, 2002), 그리고 교직사회화단계(이병관, 2002)에 따른 현직교사교육의 실태 또는 개선방향연구들로 구분할 수 있다.

교사교육연구에서 교사사회화연구는 비교적 활발히 진행되어 왔다. 문호준과 이재정(1996)은 체육교사 사회화에 대한 이론적 소개를, 이재용(1996)은 초등학교 예비교사의 체육경험과 체육수업에 관한 믿음과 가치를, 류태호(2000c)는 체육교사 임용 준비생의 생활과 정체성에 대해 조사하였다. 이효진(1996)은 초등학교 초임 체육지도교사의 교사사회화과정을 조사하였으며, 최희진은 일련의 연구들(최희진, 강신복, 2000; 최희진, 2002a, 2002b, 2002c)을 통해 초임 중등체육교사의 교직적응과정을 상세히 설명하고 초임교사들이 인간관계를 교직적응에 있어 중요한 요소로 생각하고 있다는 사실을 밝혀냈다. 류태호(2000a, 2000b, 2001,)는 생애사적 연구방법을 사용하여 직업정체성 형성요인과 변화과정을 분석함을 통해 체육교사의 직업정체성이 '무형의 정체성', '기능적 정체성', '비판적 정체성', 그리고 '중용적 정체성'의 과정을 거쳐 형성된다는 것을 보여주었다.

교사지식과 전문성 연구 역시 비교적 활발히 진행되어온 연구 영역이다. 그러나 외국의 교사지식에 관한 연구가 직전교사가 어떻게 지식의 구조를 개발하는 가에 초점을 맞추고 있는 반면(김대진, 1995), 국내의 연구는 초등학교 직전교사의 체육수업지식 차이를 분석한 안양옥의 연구(1999)를 제외하고는 대부분 현장교사의 수업지식(pedagogical content knowledge)에 초점이 맞추어져 연구가 이루어져 왔다. 이재용(1994)은 한 중학교 체육교사가 어떻게 체육을 가르치는데 필요한 전문지식을 형성해 나갔는가를 보여주었으며, 안양옥(1995)은 초등학교 교사의 교과내용지식수준과 수업지식의 관련성을 분석하였다. 조재민과 구창모(1996)는 초등학교에서, 강신복(1999b)은 중학교에서 경력교사와 초임교사의 체육수업지식을 비교 분석하였다. 또한 유정애(2000)는 교사 전문성 연구를 국내에 소개하고 교사교육의 방향을 제시하였다.

2. 사회체육연구

사회체육에 대한 사회적 관심이 아주 높아지고 있음에도 불구하고 한국스포츠교육학연구에서 사회체육과 관련된 연구는 아주 미미하며 최근에 들어서야 몇몇 연구가 실행되고 있는 실정이다. 김대진과 신재구(1999)는 초등학교수준의 과외체육활동에서 코칭행동 관찰체계(CBORS)를 이용하여 코칭행동을 분석하였고, 박상욱(2002)은 사회체육지도자의 체육철학적 가치관을 조사하였다. 김선희(2002)는 사회체육전문인 양성을 위한 현장실습 구성원의 역할을 고찰하였으며, 김선희와 김경숙(2002)은 예비사회체육지도자의 현장실습에 대한 이해와 현황을 알아보았는데 현행 사회체육 현장실습이 '배움'의 과정보다는 '행함'의 과정만이 강조된 형식적인 참여와 운영으로 이루어지고 있다는 사실을 밝혀냈다. 또한 김현식과 김종욱(2003)은 생활체육지도자의 직업사회화과정을 조사하였다.

3. 전문체육연구

전문체육에 대한 연구 역시 사회체육연구와 마찬가지로 아직은 미진한 실정이다. 방열(1999), 그리고 방열과 김종욱(2001)은 코칭행동 관찰체계(CBORS)를 이용하여 농구지도자의 코칭행동을 분석하였으며, 김종욱, 조민선, 및 김현식(1999)은 지도자의 경쟁가치 리더십과 유도선수의 전문적 성향에 따른 태도와 지각의 관계를, 최관용과 김현식(2000)은 유도코칭행동과 선수만족의 관계를, 윤익선(2001)은 유도지도자의 지도행동 유형을 분석하였다. 또한 성창훈, 홍성철, 성한기(2001)는 학원 운동선수들의 스포츠 탈퇴동기를 연구하였다.

IV 한국스포츠교육학의 향후 과제

한국스포츠교육학회가 창립한 이래 10여 년 사이에 한국스포츠교육학은 회원의 수, 학술지의 발간 횟수, 외국 학자들과의 교류 면에서 가시적인 성과를 나타냈고, 최근에는 스포츠교육학 전공의 국내박사학위 논문 수 증가 및 교육대학원의 규모 증대 등으로 스포츠교육학에 대한 연구가 활발히 이루어지고 있다. 그러나 한편으로는 한국스포츠교육학이 발전해 오는 과정 속에서 해결되어야 할 문제점들이 지적되기도 하였다. 이론과 실제의 문제, 연구 패러다임의 문제, 학문적 자립성의 문제 등이 바로 그것인데, 이는 국내외 스포츠교육학 전반에 걸쳐서 만연되고 있는 문제로서 이미 수 년 전 강신복과 최의창(1996)의 연구에서 지적된 문제점들이다 그럼에도 불구하고 현재에도 여전히 그러한 문제점들이 상존하고 있으므로 스포츠교육학 연구자들이 지속적으로 노력을 경주해야 할 과제가 되고 있다. 이하에서는 선행 연구에서 지적됐던 세 가지 문제점들을 중심으로 이를 해결하기 위한 아이디어를 좀더 구체적으로 논의한다.

1. 이론과 실제의 문제 해결을 위한 실천적 과제

스포츠교육학은 일반적으로 현장의 개선에 초점을 맞추는 탓에 실천 학문의 성격을 가지고 있다. 그럼에도 불구하고 그간 스포츠교육학의 연구 수행과 연구의 현장 적용 사이의 관계는 연구자로부터 현장 실천가에게 수직적으로 이어지는 '연구-개발-보급' 되는 형태를 취하여 온 결과 현장 개선에 실질적인 도움을 주지 못한 채 이론과 실제의 괴리 현상이 초래되었다. 최의창(1996c)은 이와 같은 이론과 실제의 문제를 극복하기 위한 아이디어로서 '교사 현장개선연구'를 제안한 바 있는데, 요즈음에는 연구자와 현장 실천가간의 협력적 공동연구가 활발히 이뤄지고 있는 것으로 보인다. 이와 같은 긍정적인 노력에 덧붙여 이론과 실제의 괴리 문제를 해결하기 위한 과제를 다음과 같이 제시해 본다.

1) 현실 문제 해결에 초점을 둔 연구의 수행

스포츠교육학 연구가 이론과 실제의 괴리 문제를 최소화하기 위해서는 연구가 현실을 외면한 채 '연구를 위한 연구'가 되지 않도록 연구자가 연구 의지를 가다듬을 필요가 있다. 동시에 연구 결과를 통해 제시되는 대안들이 현실적으로 적용 가능한 것인지를 면밀하게 살펴볼 필요가 있다. 또한 한국의 체육교육 문제를 실질적으로 해결할 수 있는 연구 결과가 나타날 수 있도록 해야 한다. 오늘날과 같이 체육 정책 일반, 특히 학교체육 정책이 파행적으로 나타나게 되는 이면에서는 체육정책의 입안을 뒷받침하는 연구들이 질적으로 높은 수준이 아니기 때문에 나타난 결과라는 것을 직시할 필요가 있다. 따라서 이론과 실제의 간격을 줄이는 질 높은 연구를 수행하기 위해서는 앞에서도 언급한 대로 교사들의 '현장개선연구'가 직접적으로 실천되어야 할 뿐만 아니라 교사의 반성적 (연구)능력을 길러줄 수 있도록 간접적으로는 교사교육 차원에서 효과적 교수 행동을 강조하던 '기능중심 교사교육' 보다는 '탐구중심 교사교육'이 실시되어야 할 것이다.

한편, 최근에 한국스포츠교육학회지가 기존 년 2회 발행에서 3회로 증편하면서 '현장논문'이라는 섹션을 만들어 현장 실천가들의 연구 의지를 고취하고 있는데, 이는 현장 개선을 위한 연구에 현장 실천가가 기여할 수 있는 가능성을 수용한다는 의미를 담고 있다고 볼 수 있다. 그러나 한편으로 한국스포츠학회지는, 한 연구자의 발표 주제에 대해서 다른 연구자들이 비판하고 논의하는 외국의 학술지처럼, 현장 실천가들이 전문 연구가들에게 새로운 이슈 및 반성의 기회를 제공하고, 전문 연구가들은 자신의 연구 수행 결과로 생성해 낸 지식들을 현장 실천가들에게 검증 받는 정보 공유의 장으로 자리매김을 할 수 있도록 보다 열린 체제를 구축할 필요가 있다.

2) 연구 문헌의 공유: 데이터베이스 구축

요즘 시대를 일컬어 '정보화 시대'라고들 한다. 매스미디어와 인터넷 등의 과학·통신 기술의 발달로 인해 지식의 생성과 유통이 빨라졌고, 그 결과 학문의 발전도 비약적으로 이뤄지고 있다. 여기에서 학문 발전의 주된 원천은 다름 아닌 '정보의 공유'라는 점에 주목할 필요가 있다. 따라서 스포츠교육학 연구에 있어서도 분석적인 연구들이 축적되어 메타 분석을 통한 영역별 스포츠교육학 연구의 동향을 파악할 수 있는 체제를 구축할 필요가 있다. 그러기 위해서는 스포츠교육학 연구 영역별로 축적된 연구들을 잘 관리하고 후속 연구자들이 자신들의 연구에 활용할 수 있어야 한다. 이를 돕기 위해서는 스포츠교육학의 분야별 관련 저서, 학술 논문 등의 내용이 분류되어 색인집의 형태로 발간하여 배포할 필요가 있다. 최근에는 사설기업들이 연구자료를 데이터베이스로 구축하여 인터넷으로 활용하는 서비스를 제공하고 있는 실정이다. 따라서 스포츠교육학 연구를 위한 데이터베이스 구축을 학술진흥재단, 국립도서관 등 국가적 기관에서 공동으로 관리되는 체계가 형성되어야 할 것이다.

2. 연구 패러다임의 문제 해결을 위한 실천적 과제

어떤 현상을 이해하고 탐구하는 데에는 여러 관점(패러다임)이 존재하지만 일반적으로 받아들여지고 있는 패러다임으로는 실증적, 해석적, 비판적 패러다임이 있으며, 체육교육의 연구도 이러한 패러다임에 기초해서 수행된다(최의창, 1996b). 한국스포츠교육학 연구 동향에서 나타나는 연구 패러다임은 실증적 패러다임이 지배적이지만, 1990년대 중반 이후부터는 해석석 및 비판적 패러다임에 근거한 질적 연구(학위논문 및 학술지 게재 논문)가 꾸준히 증가하는 경향을 나타내고 있으며(김승재, 2000), 혹자는 최근 들어 체육교육 연구에 있어서 질적 연구 방법을 채택한 연구논문의 발표 편수가 증가하는 것을 들어 '질적 연구 시대'라고 지칭할 정도로 바야흐로 한국스포츠교육학에서 질적 연구는 상당한 지위를 점유해 가고 있다. 그러나 여전히 연구방법뿐만 아니라 연구 주제에 있어서 다차원적인 접근이 요원한 실정이다. 이를 극복하기 위해서는 다음과 같은 실천적 과제가 요구된다.

1) 연구 패러다임의 성격에 대한 연구자의 이해 제고

스포츠교육학 연구는 궁극적으로 현장의 개선을 지향한다. 이를 실천하기 위해서는 지식 생성에 대한 연구자들의 관심과 현장에서의 실제에 대한 실천가들의 관심이 맥을 같이 하여 양립되어야 한다(Crum, 2001). 이처럼 연구자의 '지식 생성 관심'과 실천가의 '실제 적용 관심'이 서로 일치하도록 하려면 세 가지 패러다임이 모두 현장의 개선을 위해서 수행되어야 한다는 점이다 (Klafki, 1971; Crum, 1986).

사실 각각의 패러다임은 독특한 형태로 현장에 기여하게 된다. 실증적 연구 패러다임에 의해서는 실제적인 사전 변인, 과정 변인, 결과 변인 및 다양한 체육교육 맥락 사이의 경험적 관련성이 기술되고 설명된다. 해석적 및 비판적 연구 패러다임에 의해서는 체육교육의 근본적 가정, 목표, 교과내용, 및 질적 표준 사이의 관련성들을 이념적으로(논리적으로) 분류된다. 이처럼 각각의 패러다임은 연구자로 하여금 체육교육의 개념 즉, 체육교육의 정체성과 기능에 대한 일련의 관점을 형성하며, 이러한 패러다임에 의해서 연구자는 자신이 다루고자 하는 연구문제들과 이론적 구조를 규정하게 되고, 실천적인 시사점을 연구의 결과로 이끌어내게 된다.

한편, 실증적 패러다임에 기초하는 양적 연구와 해석적 및 비판적 패러다임에 기초한 질적 연구 사이에 긴장 관계가 있는데, 이러한 관계 속의 핵심적인 쟁점 사항은 '연구자의 주관성'으로 볼 수 있다. 그러나 양적이든 질적이든 모든 연구에는 연구자의 주관성이 개입된다(조용환, 1999; Crum, 2001). 연구자가 모종의 가정을 인식하고 있든 혹은 암묵적으로 설정된 가정을 인식하고 있지 못하고 있든 간에 연구자는 주관성을 완전히 배제할 수 없다. 사실 연구자의 주관성은 전혀 문제되지 않는다. 오히려 연구자 자신이 어떤 주관성을 가지고 있는지를 깨닫지 못하는 것이 더욱 문제가 된다. 이처럼 연구의 관점은 겉으로 표면화되든 이면에 숨어있든지 간에 연구문제 뿐만 아니라 연구결과에 직접적인 영향을 준다는 사실을 연구자들이 직시해야만 소모적인 패러다임 공방에서 벗어나 현장 개선을 위한 양질의 연구 수행에 보다 많은 에너지를 쏟을 수 있을 것으로 보인다.

2) 연구의 개념적 타당성 제고

연구가 현장 개선에 유용한 정보를 산출하기 위해서는 무엇보다도 연구의 개념적 타당성을 확보해야 한다. 이는 연구자들이 다양한 패러다임을 어떻게 이해하고 활용하고 있는지에 관련하는 문제이기도 하다.

스포츠교육학 연구에 있어서 유일한 패러다임은 없다. 스포츠교육학은 인간의 움직임, 스포츠, 그리고 교수에 대한 다양한 관점에 근거하고 있어서 다양성의 특성을 가진다. 예를 들어, 운동 학습의 결과를 평가하기 위한 도구를 개발할 때 Newton의 운동 개념에 입각할 것인지 아니면 행위 또는 상호작용으로서의 움직임이라는 관점에 입각할 것인지에 따라서 다른 결과가 나타나게 된다. 또 다른 예를 들어 체육에서의 시간 변인 연구를 한다고 가정할 때, 중요하게 고려해야 할 것은 스포츠를 단지 기술적인 문제로서 다뤄져야 할 것인지 아니면 권력이나 평등과 같은 이슈와 관련하여 사회적으로 구성된 활동으로 다뤄져야 할 것인지에 관한 문제라 할 수 있다. 결국 이는 스포츠교육학 연구에 있어서 개념적 타당성이 중요함을 보여주는 예들이라 할 수 있다.

이처럼 스포츠교육학은 다양성의 특징을 가지기 때문에 스포츠교육학 연구는 마치 복잡한 풍경을 지도로 나타내는 것에 비유될 수 있다. 만약 풍경이 복잡할수록 하나의 완벽한 지도를 만들어내는 일이 쉽지 않은 것처럼, 복잡하기만 한 스포츠교육의 현상을 하나의 패러다임으로 완벽하게 이해할 수는 없다. 따라서 연구자들은 특정의 패러다임을 선택해야 한다. 다시 지도를 제작하는 비유를 들자면, 어떤 이는 항해하는 사람에게 적합하도록 해양지도를 만드는 데 노력을 기울일 것이고, 또 다른 이는 등산가에게 적합하도록 사물의 형태와 고저를 구체적으로 표기한 지도를 만들고자 할 것이다. 연구자들도 지도를 제작하는 사람과 마찬가지로 어디서부터 연구를 시작할 지를 명확하게 할 필요가 있다. 이렇게 해야 만들어진 지도(연구)가 실제에 대해서 개념적으로 타당하고 유용한 것인지를 명확하게 해 줄 수 있게 된다. 이로써 현장의 실천가들은 연구자의 연구 의도가 자신들의 의도와 적합한 것인지를 확인할 수 있게 된다.

3. 학문의 자립성 문제 해결을 위한 실천적 과제

한국스포츠교육학 연구동향을 살펴본 결과, 우리나라는 주로 미국 스포츠교육학의 연구동향을 그대로 따라가는 것으로 나타났다. *Journal of Teaching in Physical Education*, *Journal of Physical Education, Recreation, and Dance*, *Quest* 등 스포츠교육학 관련 대표 저널에 소개된 논문들의 연구주제와 연구방법들은 고스란히 우리나라의 스포츠교육학 연구에 반영되어 상당 부분 모방 및 반복적으로 수행되어 왔다. 따라서 한국스포츠교육학의 자립성은 중요한 화두가 되어야 할 것이며, 간략하게 그 실천적 과제를 제시하고자 한다.

1) 한국스포츠교육학 이론의 토착화

최근 대학 및 교육대학원에서 스포츠교육학 관련 강좌가 많이 개설되고 그에 따라 강의 교재도 발전했지만, 최근에 출간된 스포츠교육학 관련 서적들을 보더라도 가르치는 내용은 외국학자의 책의 내용을 번역하여 담고 있는 수준을 크게 벗어나지 못하고 있는 것이 현실이다. 외국의 이론이 한국 상황에서도 적용 및 활용이 가능하다. 그러나 대개는 나라의 상황이 각기 다르기 때문에 외국에서 개발된 이론을 그대로 적용할 수 없는 경우가 더 많다. 예컨대, 지나친 교육열, 대학입시제도, 사교육의 문제 등은 한국만의 독특한 성격을 가지고 있는 문제이다. 최근 학원 엘리트 체육의 폐단이라든가 예체능 교과의 내신 성적 반영 제외 등의 이슈 등은 스포츠교육학의 근원적 토대라 할 수 있는 학교 체육을 위협하고 있는 첨예의 관심사가 되고 있는 실정이다. 따라서 우선은 스포츠교육의 현상을 철저히 분석하여 설득력을 높일 수 있는 논문들이 많이 발표되어야 할 것이다. 또한 '한국스포츠교육학'이라는 제목 하에 우리나라 스포츠교육의 실제를 분석하여 이론화한 내용이 담겨진 교재의 개발도 중요하고 필요하다고 본다.

미국만 하더라도 multi-cultural 혹은 cross-cultural physical education이라는 용어를 자주 등장시키면서 다문화적 인식과 이해와 기법이 중요하다는 점을 강조하고 있는 실정을 인식할 필요가 있다. 우리나라에서도 우리 사회가 당면한 제문제들에 대한 해석이 가능하도록 독특한 이론 체계를 세우는, 소위 '스포츠교육학의 토착화'의 노력이 요구된다. 독일의 스포츠교육학은 이러한 노력의 결실을 맺어 미국의 스포츠교육학과 어깨를 견주는 위치에 있다. 다시 우리나라가 앞으로 수행해야 할 과제 측면으로 돌아와서 주목할 부분은 우리 주체적인 스포츠교육학 이론을 발전시키는 것이 곧 스포츠교육학의 토착화의 전부가 될 수는 없다는 점이다. 물론 우리나라의 사회 문화적 조건에 적합한 우리 주체적인 새로운 스포츠교육학 이론을 발전시키는 것도 중요하지만, 미국과 독일 등 선진 외국에서 수행된 연구들을 통해 효과가 있다고 증명된 교육학적 사실들을 우리의 현실에 맞게 적용하는 구체적인 작업 또한 중요하다는 것을 인식해야 할 것이다.

2) 연구 풍토의 개선 및 대학원 교육 강화

한국의 스포츠교육학 연구를 위한 노력 가운데 후속 학문 세대를 교육하는 것도 중요하다. 최근에 대부분의 학계에서는 학문의 토착화 단계를 거쳐 자립화 단계로 나아가기 위해 대학원 프로그램의 강화가 모색되고 있다(조동일, 1997). 우리나라에서 대학원

교육이 시작된 이래 대학원에서는 학문적 수월성을 중시하는 관행을 형성해 왔다. 그러나 대학원에는 학문적 수월성을 중시하는 관행만 존재하는 것은 아니다. 즉, 대학원에는 학문적 수월성을 도외시하는 관행도 존재한다. 두 관행 중 어느 관행이 지배적인가에 따라 대학원에는 학문활동중심의 문화가 형성되기도 하고 학문 외적 활동중심의 문화가 형성되기도 한다. 따라서 한국스포츠교육학의 자립성을 확립하기 위해서는 무엇보다도 대학원생을 위시해서 연구자들이 학문적 수월성을 추구하는 문화를 형성해 가는 것이 중요하다. 특히 연구방법론에 능숙하고, 스포츠교육 문제를 통찰력을 가지고 관찰하여 창의적인 연구문제를 구성할 수 있는 능력을 기르는 게 중요시된다. 이처럼 학문에 뜻을 두고 조성하는 연구의 풍토가 조성될 때에 비로소 학문적 수월성이 유지되고 나아가서는 학문의 자립성 문제가 해결될 수 있다.

한편, 한국스포츠교육학회도 논문의 질을 향상시키고 연구방법을 강화하기 위한 방편으로 한국교육학회에서와 같이 '논문상 제도'를 도입하여 후학들의 관심을 불러일으킬 필요가 있다. 또한, 최근에는 박사학위과정 중에 학술단체에서 논문을 발표하거나 학회지에 논문을 게재할 것을 요구하는 경우가 늘어나고 있으므로 대학원 교육은 보다 더 학문을 본위화해 가야 한다.

V 결론

본 연구는 한국스포츠교육학의 발전을 모색하는 차원에서 국내의 스포츠교육학 전공 박사학위논문과 한국스포츠교육학회지 및 한국체육학회지에 게재된 논문들을 개관함으로써 한국스포츠교육학의 현실을 스케치하고, 이를 바탕으로 향후 과제를 제시하고자 하였다.

한국스포츠교육학회의 창립 이후 지난 10여 년 동안 우리나라의 스포츠교육학 연구는 학교체육, 사회체육, 전문체육의 연구 영역 중에서도 학교체육에 연구의 주된 초점을 맞추어 왔었고, 이는 다시 체육교육과정연구, 체육수업연구, 체육교사교육연구라는 영역에서 발전해 왔다. 또한 연구 방법 면에서도 실증주의에 바탕을 둔 양적 연구의 지배적인 경향 속에서 해석학에 바탕을 둔 질적 연구의 풍토가 빠른 속도로 자리잡아 가고 있다. 한국스포츠교육학이 지금보다 가일층 발전하기 위해서는 여전히 이론과 실제의 문제, 연구 패러다임의 문제, 학문의 자립성의 문제를 극복하기 위한 지속적인 노력이 요구되고 있으며, 이의 실천적인 과제로서 간략하게 몇 가지의 아이디어를 소개하였다. 향후 스포츠교육학의 학문적 이해와 실제적 개선에 대한 열망을 가진 연구자와 현장 실천가들이 합심하여 집약적인 노력이 나타나게 될 것을 기대한다.

참고 문헌

강동원, 곽은창(1995). 예비교사의 교수학습경험 분석을 통한 대학체육교사교육프로그램의 질적 제고. **한국스포츠교육학회지, 2(1).** 13-26.
강신복(1999a). 중학교 체육수업의 학습참여유형 분석. **한국스포츠교육학회지, 6(1).** 1-16.
강신복(1999b). 중학교 체육교사의 수업지식과 교수활동의 관계분석연구. **한국체육학회지, 38(4).** 561-581.
강신복, 문호준(1996). 현행 체육교육과정에 대한 현직 교사의 관심도 분석. **한국체육학회지, 35(4).** 348-358.
강신복, 이충원(2001). 제 7차 체육교육과정의 중학교 적용과정 분석. **한국스포츠교육학회지, 8(2).** 1-16.
강신복, 최의창(1991). 체육학문화 운동과 체육교과의 성격: 학문성 강조 체육교과교육 모형의 탐색. **서울대학교 체육연구소 논집, 12(2),** 1-11.
강신복, 최의창(1996). 스포츠교육학의 발전과 과제. **서울대학교 체육교육과 창설 50주년기념 학술대회 체육학의 성과와 과제.** 81-108.
강신복, 최의창(1997). 스포츠교육학 연구의 발전과 전망. **한국스포츠교육학회지, 4(2).** 29-54.
곽은창(1994). Lacross의 던지기에 있어서 교사의 다양한 과제제시 방법들이 학생들의 실제 운동수행시 즉각적으로 미치는 영향. **한국스포츠교육학회지, 1(1).** 93-107.
곽은창(1997a). 과제제시의 다양한 타이밍이 테니스 포핸드 발리기능 학습에 즉각적으로 미치는 영향. **한국스포츠교육학회지, 4(1).** 79-92.
곽은창(1997b). 점진적인 내용발달이 배구기능 학습에 미치는 영향. **한국스포츠교육학회지, 4(2).** 55-66.
곽은창(1999). 중학생들의 중학교 체육교사 인식에 관한 긍정·부정적 주요사건 기록 분석. **한국체육학회지, 38(3).** 285-296.
곽은창(2000). 과제제시의 다양한 조건이 상하 수준별 학생의 테니스 포핸드발리기능 학습에 미치는 영향. **한국스포츠교육학회지, 7(1).** 49-63.
곽은창, 박온서(1998). 중학생들의 체육수업 인식에 관한 주요 사건 기록 연구. **한국스포츠교육학회지, 5(2).** 57-70.
곽은창, 손천택(1996). 학교체육프로그램으로서 건강체력의 가치제고. **한국스포츠교육학회지, 3(1).** 21-35.
구성모, 안양옥(2003). 초등학교 교사와 학생의 체육교육 가치정향의 비교분석. **한국스포츠교육학회지, 10(1).** 1-18.
권병선(1999a). **체육교사의 교육과정 운영에 관한 심층적 분석.** 국민대학교대학원 박사학위논문.
권병선(1999b). 체육교사의 교육과정에 대한 관심도 및 활용도 분석. **한국체육학회지, 38(3).** 297-311.
권순정, 곽은창(1999). 중학생의 남녀공학 체육수업 형태의 선호도와 체육활동에 관한 자아개념 분석. **한국스포츠교육학회지, 6(2).** 13-27.
김갑식, 김현식, 이제행(2003). 중학교 체육수업관리방법에 따른 학습태도의 차이. **한국체육학회지,**

42(1). 181-190.
김경원, 주기찬(1999). 스포츠교육 모형의 교육심리학적 고찰. **한국스포츠교육학회지**, 6(2). 57-70.
김대진(1995). 체육교사의 수업지식과 교수효율성에 관한 내용 분석. **한국체육학회지**, 34(3). 181-191.
김대진, 신재구(1999). 초등학교 과외자율 체육활동 지도자의 코칭행동. **한국스포츠교육학회지**, 6(2). 29-42.
김대진, 윤신중, 윤덕임(1998). 초등학교 열린 체육수업과 전통적인 체육수업간의 교사-학생 상호작용 분석. **한국스포츠교육학회지**, 5(2). 47-56.
김동욱, 조한무(2003). 전통적 수업과 자기주도적 개별화 수업 방법 비교 분석. **한국스포츠교육학회지**, 10(1). 113-128.
김명수(1996). 대학체육의 교과과정과 운영에 관한 국제비교 연구. **한국체육학회지**, 35(4). 336-347.
김문규(1992). **능력본위 개입이 체육 교수행동에 미치는 영향**. 서울대학교대학원 박사학위논문.
김문규(1995). 체육교수행동 관찰 경험이 체육교수행동에 미치는 영향. **한국스포츠교육학회지**, 2(1). 55-71.
김문규, 윤명희(2001). 체육 교육 연구 동향. **한국스포츠교육학회지**, 8(1), 1-24.
김상국(1995a). 중학교 체육수업의 과제집중시간 분석. **한국체육학회지**, 34(2). 169-185.
김상국(1995b). 한국 고등학교 체육수업의 운동참여시간 분석. **한국체육학회지**, 34(3). 218-230.
김선희(2002). 사회체육전문인 양성을 위한 현장실습 구성원의 역할. **한국스포츠교육학회지**, 9(2). 182-198.
김선희, 김경숙(2002). 예비사회체육지도자의 현장실습에 대한 이해와 현황. **한국스포츠교육학회지**, 9(1). 141-157.
김승일, 김종욱(2002). 예술고등학교 무용교사의 수업환경과 교수방법에 대한 인식. **한국스포츠교육학회지**, 9(1). 95-108.
김승재(1998). 체육실제학습시간과 학생의 수업평가. **한국스포츠교육학회지**, 5(1). 55-68.
김승재(1999). **체육실제학습시간과 학습성취도의 관계 분석**. 한국교원대학교대학원 박사학위논문.
김승재(2000). 한국스포츠교육학 연구의 분석. **한국스포츠교육학회지**, 7(2), 75-86.
김양종(1993). 사회체육의 연구동향과 학문적 과제. **한국체육학회지**, 32(1). 181-187.
김영식, 임종호(2002). 중등학교 체육교사의 자격연수에 대한 현직교사의 의식 실태. **한국스포츠교육학회지**, 9(1). 159-168.
김윤희(1999). 중학생들의 체육 수업 선호 이유 분석. **한국스포츠교육학회지**, 6(2). 93-110.
김윤희(2001a). **여자중학생의 무용수업 인식과 체험에 관한 질적 연구**. 서울대학교대학원 박사학위논문.
김윤희(2001b). 여자중학생의 무용수업에 대한 인식. **한국스포츠교육학회지**, 8(2). 103-121.
김윤희(2002). 여중생의 무용수업 체험에 관한 질적 연구. **한국스포츠교육학회지**, 9(1). 109-127.
김윤희(2003). 운동기능이 낮은 학생의 체육수업 체험에 관한 질적 연구. **한국스포츠교육학회지**, 10(1). 57-76.
김정연(1995). **체육 교수행동과 코칭행동에 관한 비교연구**. 서울대학교대학원 박사학위논문.
김정연(1996). 체육 교수 환경과 코칭환경에 관한 기술 분석적 연구. **한국스포츠교육학회지**, 3(1). 93-108.
김종욱, 조민선, 김현식(1999). 지도자의 경쟁가치 리더쉽과 유도선수의 전문적 성향에 따른 태도 및 지각의 관계. **한국체육학회지, 38(4).** 582-591.
김종호, 임성호(2003). 중학생들의 혼성학급 체육수업 경험 분석. **한국스포츠교육학회지, 10(1).** 39-55.
김지백, 신영길(2003). 국가 수준의 체육과 교육과정 목표영역의 요소 비교 분석. **한국스포츠교육학회지, 10(1).** 129-140.
김진국(1997). 초등학교 체육수업의 교사사고과정연구. **한국스포츠교육학회지, 4(1).** 55-66.
김현식, 김종욱(2003). 생활체육지도자의 직업사회화 과정. **한국스포츠교육학회지, 10(1).** 95-112.
류태호(2000a). **체육교사의 직업정체성 형성에 관한 생애사적 연구.** 서울대학교대학원 박사학위논문.
류태호(2000b). 체육교사의 직업정체성 형성요인분석. **한국체육학회지, 39(3).** 725-739.
류태호(2000c). 체육교사 임용준비생의 생활과 정체성: 노량진 학원생을 중심으로. **한국스포츠교육학회지, 7(1).** 111-123.
류태호(2001). 체육교사의 수업방식 및 변화과정 분석. **한국스포츠교육학회지, 8(1).** 161-170.
류태호, 김병준, 이병준(2002). 성과 운동참가수준에 따른 중학생의 신체적 자기개념. **한국스포츠교육학회지, 9(1).** 63-78.
문호준(1996). 학교체육의 잠재적 교육과정 탐색. **한국스포츠교육학회지, 3(2).** 83-98.
문호준(1998). **스포츠교육모형의 중등체육수업 사례연구.** 서울대학교대학원 박사학위논문.
문호준(2001). 제 7차 중학교 체육교육과정의 현장 적용 방안. **한국스포츠교육학회지, 8(2).** 17-27.
문호준, 류태호(1997). 체육수업에서 효과적인 모델로서 스포츠교육. **한국스포츠교육학회지, 4(2).** 76-90.
문호준, 이재정(1996). 체육교사 사회화 연구: 패러다임적 이해. **한국스포츠교육학회지, 3(2).** 13-27.
박명기(1995). 목표설정 방법이 기계체조기능 학습에 미치는 영향. **한국스포츠교육학회지, 2(1).** 27-40.
박명기(1998). 초등학교 경력교사의 기계운동 지도와 관련된 문제점의 인식. **한국스포츠교육학회지, 5(2).** 81-96.
박명기, 이문수(1999). 간이축구프로그램의 적용을 통한 초등학생의 남녀평등 인식 변화. **한국스포츠교육학회지, 6(2).** 43-56.
박상욱(2002). **사회체육지도자의 체육철학적 가치관 분석연구.** 연세대학교대학원 박사학위논문.
방열(1999). **농구지도자의 지도관과 코칭행동에 대한 체계적 관찰 분석.** 한국체육대학교대학원 박사학위논문.
방열, 김종욱(2001). 농구지도자의 지도행동에 대한 체계적 관찰분석. **한국스포츠교육학회지, 8(1).** 85-97.
성기훈(1995). **국민학교 체육전담교사와 학급담임교사의 체육수업분석.** 서울대학교대학원 박사학위논문.
성기훈(1996). 초등학교 체육전담교사와 학급담임교사의 체육수업 분석. **한국스포츠교육학회지, 3(1).** 77-91.
성창훈, 백성수(2000). 중학교 체육수업의 재미 촉진요인과 저해요인. **한국스포츠교육학회지, 7(2).** 99-116.
성창훈, 홍성철, 성한기(2001). 학원 운동선수들의 스포츠 탈퇴동기 탐색. **한국스포츠교육학회지, 8(2).** 145-162.
손천택(1992). 체육교사의 교수 기능 수정과 유지 가능성에 관한 연구. **한국체육학회지, 31(1).**

141-148.

손천택(1997). 중학교 체육수업의 생태학적 분석. **한국스포츠교육학회지**, 4(1). 93-107.

손천택(1998a). 운동기능 학습시 역순연쇄 및 순행연쇄 지도법의 상대적 효율성 검증. **한국스포츠교육학회지**, 5(1). 1-13.

손천택(1998b). 협력교사의 자아-지도 훈련이 교생지도에 미치는 영향. **한국스포츠교육학회지**, 5(2). 31-46.

손천택(1999). 포트폴리오 평가방법이 중학교 체육교과의 수행능력에 미치는 영향. **한국체육학회지**, 38(4). 612-625.

손천택(2002). 체육교사교육의 현황과 개선방안. **한국스포츠교육학회지**, 9(2). 26-42.

송명환(1988). **중등학교 체육수업의 교사집단 특성별 학습시간 분석연구**. 서울대학교대학원 박사학위논문.

송명환(1994). 배구수업에서의 교수-학습 유형별 시간 분석. **한국스포츠교육학회지**, 1(1). 88-92.

송명환(1996). 중학교 체육수업의 직접교수시간 분석 연구. **한국스포츠교육학회지**, 3(1). 63-75.

송춘현(1995). 교수-학습시간 분석을 통한 국민학교 체육수업의 효율성 향상 연구. **한국스포츠교육학회지**, 2(1). 73-89.

신영길, 남석희, 임오섭(1998). 매트운동의 효율적인 교수-학습 활동을 위한 흔들의자 동작의 활용. **한국스포츠교육학회지**, 5(2). 71-79.

신종순(1999). **내용발달이 체조 기능학습과 파지에 미치는 영향**. 한국체육대학교대학원 박사학위논문.

신종순(2002). 중학교 체육학습 평가의 유형별 내용분석. **한국스포츠교육학회지**, 9(2). 155-167.

신종순, 곽은창(2000a). 체육교사의 체육 수업목표 중요도 분석. **한국스포츠교육학회지**, 7(1). 99-110.

신종순, 곽은창(2000b). 내용발달이 중학생의 체조 다리 벌려뛰기 기능학습과 파지에 미치는 영향. **한국체육학회지**, 39(1). 614-626.

안양옥(1992). 스포츠교육학의 학문적 성격과 연구동향. **92국제스포츠학술대회 자료집**. 389-396.

안양옥(1994). 체육의 정당화 개념으로서의 지식과 기능. **한국스포츠교육학회지**, 1(1). 1-10.

안양옥(1995). **체육 교과내용지식의 수준과 수업지식의 관련성**. 서울대학교대학원 박사학위논문.

안양옥(1996). 초등체육교육과정의 평가. **한국스포츠교육학회지**, 3(1). 37-47.

안양옥(1998). 게임수업의 질적 제고를 위한 대안적 접근. **한국스포츠교육학회지**, 5(1). 15-30.

안양옥(1999). 초등학교 직전교사의 체육수업지식 차이 분석. **한국스포츠교육학회지**, 6(2). 111-127.

양갑렬, 김종욱(1999). 초등교사의 체육수업 내용선택과 수업대체 분석. **한국스포츠교육학회지**, 6(1). 57-67.

유상석(1997a). 상이한 피드백이 제공되는 교수전략이 볼링학습에 미치는 영향. **한국스포츠교육학회지**, 4(1). 17-31.

유상석(1997b). 시각적 판별훈련이 학습자의 관찰기술 발달에 미치는 영향. **한국스포츠교육학회지**, 4(2). 17-28.

유상석(2002). 체육에 대한 여학생의 부정적 태도 형성에 영향을 미치는 요인. **한국스포츠교육학회지**, 9(1). 79-94.

유상석, 한상태(1999). 교사재교육이 아동의 기초적 움직임 기술 학습에 미치는 영향. **한국스포츠교육학회지**, 6(1). 69-88.

유응욱, 김종욱(2002). 여학생의 학교체육 인식에 관한 질적 연구. **한국체육학회지**, 41(2). 181-197.
유정애(2000). 교사 전문성 연구. **한국스포츠교육학회지**, 7(2). 41-59.
유정애(2001). 학습유형과 체육수업지도에의 적용. **한국스포츠교육학회지**, 8(1). 99-117.
유정애, 김윤희(2002). 양성평등 체육교육의 한계, 현실 및 도전. **한국스포츠교육학회지**, 9(2). 1-25.
윤명희(1990). **자기관리 기법이 교생의 교수행동에 미치는 효과**. 서울대학교대학원 박사학위논문.
윤명희(1995). 심동적 영역의 과제 내용에 따른 국민학교 학습자의 체육실제학습시간 분석. **한국체육학회지**, 34(1). 88-95.
윤명희, 김승재(1998). 한국과 일본의 중학교 체육수업 비교 분석. **한국체육학회지**, 37(3). 442-451.
윤명희, 김진원, 예종이, 주명덕, 이철화, 조순묵(1996). 초·중등학교 교사의 교수행동과 운동참여시간에 관한 기술-분석적 연구. **한국체육학회지**, 40(1). 553-562.
윤익선(2001). 유도 집단 특성에 따른 지도행동 유형분석. **한국체육학회지**, 40(1). 553-562.
윤창호, 조순묵(1998). 초등학교 체육수업에서의 과제제시 형태분석. **한국스포츠교육학회지**, 5(2). 21-30.
이기천(2002). 체육교육과정의 대안적 접근을 위한 동양의 전일적 교육의 이해. **한국스포츠교육학회지**, 9(2). 88-101.
이병관(2000). 체육프로그램의 전개 형태가 기초운동기능의 향상에 미치는 영향. **한국체육학회지**, 39(3). 740-749.
이병관(2002). **교직사회화에 따른 현직체육교사교육의 방향 모색**. 전남대학교대학원 박사학위논문.
이승배(1999). 초등학생의 체육 교과관. **한국스포츠교육학회지**, 6(2). 71-92.
이옥선(1996). 초등학생의 체육수업 참여유형 분석. **한국스포츠교육학회지**, 3(2). 39-49.
이재용(1994). 교사의 전문지식 형성: 한 중학체육교사의 사례연구. **한국스포츠교육학회지**, 1(1). 47-62.
이재용(1995). 체육과 스포츠에서 주요가치에 대한 고찰. **한국스포츠교육학회지**, 2(1). 103-116.
이재용(1996). 초등학교 예비교사의 체육경험과 체육수업에 관한 믿음과 가치. **한국스포츠교육학회지**, 3(1). 109-121.
이정우(2002). **고등학교 학생들의 체육수업에 대한 스트레스 요인 분석 및 해소 방안**. 계명대학교대학원 박사학위논문.
이정우(2003). 고등학교 학생들의 체육수업에 대한 스트레스 요인 분석 및 해소방안. **한국체육학회지**, 42(2). 173-184.
이제옥, 안양옥(2000). 초등학생의 체육수업에 대한 학습된 무기력의 매개요인 분석. **한국스포츠교육학회지**, 7(1). 83-98.
이종철(1993). **한·일 학교체육에 관한 비교 연구**. 세종대학교대학원 박사학위논문.
이종철, 김평석, 조홍식(2001). 중등 체육교사의 교수 계획 준비도에 관한 인식 분석. **한국스포츠교육학회지**, 8(1). 73-83.
이종철, 조홍식(2002a). 중등 체육교사의 교수관심사가 수업활동에 미치는 영향. **한국스포츠교육학회지**, 9(1). 129-140.
이종철, 조홍식(2002b). 중등 체육교사의 학생에 대한 관심과 고민거리에 대한 실천적 노력. **한국체육학회지**, 41(5). 261-274.

이종철, 조홍식(2003). 중등 체육교사의 수업관련 주요관심과 실천적 노력. **한국체육학회지, 42(2).** 185-196.
이종형(2001). 체육교과연구활동에 대한 장학협의실태 및 개선방안. **한국스포츠교육학회지, 8(2).** 85-101.
이종형(2002). 체육 교수장학의 실태 분석. **한국스포츠교육학회지, 9(2).** 168-181.
이표상(2001). **성평등 체육수업전략에 따른 중학교 남녀학생들의 성평등 인식과 행동의 변화.** 한국체육대학교대학원 박사학위논문.
이효진(1996). 초등학교 초임 체육지도교사의 교직사회화 연구. **한국스포츠교육학회지, 3(2).** 29-38.
이희선(1997). 체육교과의 영역별 교수계획 및 평가의 기준. **한국체육학회지, 36(2).** 315-325.
임현주(2002). 체육 수업의 성에 따른 차별에 관한 관찰 연구. **한국체육학회지, 41(5).** 275-283.
임현주, 유정애(2002). 중학교 학생들의 체육시간에 참여하는 신체활동에 관한 견해: 사례 연구. **한국체육학회지, 41(5).** 285-295.
정구인(1997). 초등 체육 교육과정에 제시된 기계운동의 교육내용 고찰. **한국체육학회지, 36(3).** 197-209.
정구인(2000). 체육교육과정에 나타난 체조영역 매트운동 학습내용 비교분석. **한국스포츠교육학회지, 7(1).** 21-32.
정구인(2001). 체조영역의 중학교 1학년 검인정 체육교과서 비교 분석. **한국스포츠교육학회지, 8(2).** 191-207.
조동일(1997). **인문학문의 사명.** 서울: 지식산업사.
조미혜(1998a). 체육 교과와 수준별 교육과정. **한국스포츠교육학회지, 5(1).** 83-98.
조미혜(1998b). 고등학교 체육Ⅰ 국가공통 절대평가기준 개발 연구. **한국체육학회지, 37(1).** 233-243.
조미혜(1999). 현행 초등학교 체육교과서의 개선방안 연구. **한국스포츠교육학회지, 6(1).** 89-103.
조미혜(2001). 제 7차 고등학교 2-3학년 체육교육과정 운영의 문제점 및 효율적인 실천방안 탐색. **한국스포츠교육학회지, 8(2).** 29-44.
조미혜(2002). 체육교육과정 국제 비교 연구. **한국스포츠교육학회지, 9(1).** 45-62.
조미혜, 김윤희, 서지영(1997). 제 7차 체육과 교육과정 개정에 따른 체육교육과정 변천의 탐색. **한국스포츠교육학회지, 4(1).** 1-16.
조미혜, 윤명희, 이명아(1997). 영국 체육교육과정의 탐색. **한국체육학회지, 36(2).** 334-348.
조성익, 조한무(2001). 사회적 구성주의관점에서 초등체육 수업방법 분석. **한국스포츠교육학회지, 8(2).** 163-175.
조순묵(1995). 국민학교 저학년을 위한 발달 단계적 움직임교육 프로그램 모형개발. **한국스포츠교육학회지, 2(1).** 1-11.
조순묵(1998a). 초등학교 체육수업에서의 과제제시 형태에 대한 사례연구. **한국스포츠교육학회지, 5(1).** 31-43.
조순묵(1998b). **수업반성을 통한 초등교사의 체육교수 활동 변화.** 서울대학교대학원 박사학위논문.

조순묵(2000). 초등학교 체육전담교사의 수업능력향상 방안에 관한 연구. **한국스포츠교육학회지, 7(1).** 33-47.

조순묵, 이기천, 최의창, 박종률(2002). 초등학교 예비교사의 반성성향과 수업운영전략 분석. **한국스포츠교육학회지, 9(2)**. 102-123.

조용환(1999). **질적연구: 방법과 사례**. 서울: 교육과학사.

조재민, 구창모(1996). 초등교사의 체육수업지식 분석. **한국스포츠교육학회지, 3(2)**. 51-66.

조정환(1999). 주관적 운동기능 측정의 오차 요인. **한국스포츠교육학회지, 6(1)**. 105-119.

조한무(1996). 체육교육에서 포트폴리오 평가 적용. **한국스포츠교육학회지, 3(2)**. 67-82.

조한무(2000). 수행평가 실행을 위한 수업과 평가도구의 방향. **한국스포츠교육학회지, 7(1)**. 65-82.

조홍식(2002). **중등 체육교사의 교직생활 관심사 분석**. 단국대학교 대학원 박사학위논문.

최관용(1999). **국가대표 여자 유도선수의 경기력 형성에 기여하는 지도자요인 분석**. 한국체육대학교대학원 박사학위논문.

최관용(2001). 유도 인구 감소 원인에 관한 질적 연구. **한국체육학회지, 40(2)**. 263-274.

최관용, 김현식(2000). 유도 코칭행동에 대한 선호·인식의 일치정도와 선수만족의 관계. **한국체육학회지, 39(3)**. 761-770.

최덕묵(1997). 교사의 다양한 과제제시 조건이 학생들의 포환던지기 학습에 미치는 영향. **한국스포츠교육학회지, 4(2)**. 1-16.

최덕묵(1998). **다양한 과제제시 조건이 포환던지기 학습에 미치는 영향**. 한국체육대학교대학원 박사학위논문.

최원준, 김진희(2002). 초등학생의 게임에 대한 개념적 지식 분석. **한국체육학회지, 41(4)**. 183-197.

최의창(1993a). 체육교육 학문화 운동과 실증주의적 체육교육학의 성립. **서울대학교체육연구소 논집, 14(1)**, 43-54.

최의창(1993b). 수업능력향상과 교사현장연구. **한국체육학회지, 32(1)**. 47-55.

최의창(1995). 교사 현장개선연구. **한국스포츠교육학회지, 2(1)**. 91-101.

최의창(1996a). 교사연구와 체육교사교육. **한국스포츠교육학회지, 3(1)**. 1-20.

최의창(1996b). **체육교육과정 탐구**. 서울: 태근문화사.

최의창(1996c). 교사전문능력 개발의 합리주의적 관점과 그 대안. **교육학 연구, 33(1)**, 331-348.

최의창(1998). 현행 중등학교 체육교과서 문제점 파악 및 개선방안 탐색. **한국스포츠교육학회지, 5(1)**. 66-81.

최의창(2000). 체육교육의 역사적, 철학적 탐구: 현황과 과제. **한국체육학회지, 34(3)**. 181-191.

최의창(2001). 인문적 체육과 하나로 수업. **한국스포츠교육학회지, 8(2)**. 45-64.

최의창(2002a). 중등학교 체육수업 개선을 위한 통합적 교과조직 및 지도방법 개발, **한국스포츠교육학회지, 9(1)**. 1-23.

최의창(2002b). 학교내 체육수업 개선의 실질적 장애요인에 대한 중학교 체육교사의 인식과 대처전략. **한국스포츠교육학회지, 9(2)**. 64-87.

최의창(2003). **스포츠교육학**. 서울: 도서출판 무지개사.

최희진(2002a). **중학교 초임 체육교사의 교직 사회화**. 서울대학교대학원 박사학위논문.

최희진(2002b). 초임 중등체육교사의 교직 적응과정. **한국스포츠교육학회지, 9(2)**. 43-63.

최희진(2002c). 중학교 초임체육교사의 교직 역할 수행에 관한 연구. **한국체육학회지, 41(2)**. 267-280.

최희진, 강신복(2000). 중학교 초임 체육교사의 초기곤란에 관한 연구: 한 체육교사의 사례연구. **한국스포츠교육학회지, 7(2). 1-14.

최희진, 신재정(2003). 이해중심 게임모형의 중학교 현장 적용 및 효과 분석. **한국스포츠교육학회지**, **10(1)**. 19-37.

홍원택, 곽은창(2000). 여고생의 체육수업 인식에 관한 주요사건 기록 연구. **한국스포츠교육학회지**, **7(2)**. 61-74.

Bain, L. (1990). Physical education teacher education. In Robert Houston & Jhon Sikula(Ed), *Handbook of Research on Teacher Education*, 758-781.

Bain, L. (1996). History of sport pedagogy in north america. In Paul G. Schempp(Ed.), *Scientific development of sport pedagogy*. New York: Waxmann Munster.

Cleary, R. E. (2000). *The public administration doctoral dissertation reexamined: An evaluation of the dissertations of 1998*. Public Administration Review, 60, 446-455.

Crum, B. (2001). The "Idola" of sport pedagogy researchers. *Quest*, 53, 184-191.

Crum, B. (1986). Concerning the quality of the development of knowledge in sport pedagogy. *Journal of Teaching in Physical Education*, 5, 211-220.

Graber, K. (2001). Research on teaching in physical education. In Virginia Richardson(Ed.), *Handbook of Research on Teaching, 4th edition*, Washington, D. C.: American Educational Research Association.

Hellison, D., & Templin, T. J. (1991). *A reflective approach to teaching physical education*. Champaign, IL: Human Kinetics.

Kirk, D. (1986). A critical pedagogy for teacher education. *Journal of Teaching in Physical Education*, 5(4), 230-246.

Klafki, W. (1971). Erziehungswissenschaft als kritisch-konstuktive theorie: Hermeneutik empirire Ideologiekritik [Science of Education as critical-constructive theory: Hermenuetics empricism-ideology criticism]. *Zeitschrift fur Pagagogik*, 17(3), 351-387.

Locke, L. F. (1977). Research on teaching physical education: New hope for a dismal science. *Quest*, 28, 2-16.

Naul, R. (1999). Sport pedagogy(reprinted from Vade Mecum-ICSSPE). *International Journal of Physical Education*, 36(4), 139-140.

Pieron, M. (1986). Analysis of the research based on observation of the teaching of physical education. In M. Pieron & G. Graham (Eds.), Sport Pedagogy. *Olympic Scientific Congress Proceedings*(Vol. 6, pp. 193-202). Champaign, IL: Human Kinetics.

Pieron, M., Cheffers, J., & Barrette, G. (1990). An Introduction to the terminology of sport pedagogy. Liege, Belguim: International Committee of Sport Pedagogy and Association Internationale des Ecoles Superieures d'Education Physique.

Seidman, I. (1998). *Interviewing as qualitative research: A guide for researchers in education and the social sciences* (2nd ed.). New York: Teachers College Press.

Sikula, J. (1996). *Handbook of Research on Teacher Education*. New York: MacMillan.

Silverman, S., & Ennis, C. (1996). Enhancing learning: An introduction. In S.J. Silverman & C.D.

Ennis(Eds.), *Student learning in physical education: Applying research to enhance instruction*(pp. 3-8). Champaign, IL: Human Kinetics.

Silverman, S., & Skonie, R. (1997). An analysis of published research. *Journal of Teaching in Physical Education*, 16, 300-311.

Tinning, R. (1992). Reading action research: Notes on knowledge and human interests. *Quest*, 44, 1-14.

Witt, P.A. (1984). Research in transition: Prospects and Challenges. *Parks and Recreation*, 60-63.

2

초등체육교육(학)의 학문적 동향과 발전과제

안 양 옥

한국의 초등체육교육(학)은 짧은 학문적 역사에도 불구하고 국내적으로 괄목할 만한 외적 성장을 이루면서 그 독자적 위상을 확보해 나가고 있다. 그러나 초등체육교육(학)이 보다 견고한 지식체계를 축적하여 '내적 성숙'의 단계로 진일보하기 위해서는 해결해야할 많은 과제를 안고 있다. 이에 본 연구는 우리나라 초등체육교육 관련 연구의 형성과 발달과정에 대한 점검을 통해 초등체육교육의 학문적 연구 성과를 조망하고 아울러 초등체육교육 연구가 앞으로 지향해야 할 발전 과제를 제시해 보고자 한국체육학회지 및 한국스포츠교육학회지와 주요 대학 석·박사 학위 논문을 중심으로 초등체육교육에 관련된 연구의 흐름을 개관하고 향후 발전과제를 모색하였다. 그 결과 우리나라의 초등체육교육(학)은 교사, 학생, 수업 및 교육과정 영역에서 다양한 주제로 연구가 이루어져 왔다. 또한 향후 초등체육교육(학)의 발전과제로서 초등체육의 학문화를 위한 학문영역의 독자성 확보 및 전문학술지의 발간, 그리고 이론과 실제의 공존과 조화를 위한 전문가의 육성 및 협력적 공동연구의 형식성 문제 등을 해결하기 위한 교사교육기관 교수자들의 깊은 관심과 실천이 필요함을 지적하였다.

I 서론: 아류에서 주류로

체육학이 주요한 한 가지 학문적 연구영역으로 인정받아 본격적인 연구가 진행된 1980년대 후반부터 우리나라의 초등체육교육(학)은 짧은 학문적 역사에도 불구하고 국내적으로 괄목할 만한 외적 성장을 이루면서 그 독자적 위상을 확보해 나가고 있다. 특히 체육교육학의 공식 학술지인 '한국스포츠교육학회지'가 1994년도부터 발간되면서부터 초등체육교육(학)에 대한 대학교수, 대학원생 및 각 급 학교 교사들의 뜨거운 학문적 관심을 불러일으킴은 물론, 이들에 의한 학문적 연구와 실천적 수행을 체험하고 있음은 글자그대로 매우 '고무적'이라 할 수 있겠다.

그러나 이러한 우리나라 초등체육교육(학)의 비약적인 성장과 발전을 도모한 학문적 컨텐츠의 중심은 늘 중등체육이 주류를 이루고 있었는데, 이는 '초등체육교육(학)*의 학술연구를 태동시키고 주도한 단체 또는 모임이 사범대학 이었다'라는 점도 있지만 1990년대 중반까지 전국의 교육대학에는 대학원 석사과정조차 개설되어 있지 않았던 '학문적 척박함'에도 그 원인을 찾아볼 수 있겠다. 실제로 1980년 중반까지 초등체육교육(학)은 명확한 연구 컨텐츠가 존재하지 않았다고 볼 수 있다. 단순히 사범학교 또는 그 후로 설립된 교육대학 교수들을 중심으로 국가수준 교육과정 및 교과서 자료를 개발한다거나, 현장실천을 전제로 한 체육지도방법의 탐색 정도가 연구 활동의 대부분 이었다고 볼 수 있었다.

하지만 그 후 사범대학에서 박사학위를 받은 젊은 연구자들이 교육대학의 교수로 부임하면서부터 초등체육교육은 본격적인 학문적 토대가 형성되기 시작하였다. 이들은 중등에 관련된 체육교육학의 여러 가지 내용을 초등에 접목하기 위한 다양한 각도의 노력을 감행하였는데, 때문에 이 무렵의 연구는 기존의 중등체육에 관

---

* 초등체육교육은 그 연구 수행 기간이나 내용적 성숙도를 고려할 때 아직 학문적 완성을 이루었다고 볼 순 없으나, 차후 지속적인 성장과 발전을 근간으로 '체육학 내에서 별도의 독립적 학문연구 분야로 정착할 수 있을 것'이라는 가정 하에 본고에서는 초등체육교육(학)이라는 명칭을 사용하였다.

련된 연구를 초등의 내용으로 변환하여 적용한 것들이 많있다. 그러나 이러한 시행착오의 과정에서 겪어온 경험을 바탕으로 추후 초등체육교육의 성장과 발전을 위한 중요한 기틀이 마련되었기에 이 시기를 실질적인 초등체육교육(학)의 '개척기'로 볼 수 있다.

1990년대 중반 이후 전국의 교육대학에 석사학위 과정이 개설되어 학문연구의 터전이 형성된 다음부터 초등체육교육 연구는 꾸준한 성장을 거듭하였다. 체육교육학의 주요한 연구흐름을 적극적으로 수용한 연구들이 양산되기 시작하였으며 학회지를 통한 연구발표도 본격화 되었다. 앞서 언급한 스포츠 교육학회지의 초등체육관련 논문의 투고편수와 내용수준을 점검해 보았을 때도 이 같은 사실을 확인될 수 있는데, 1994년 창간 이후 2008년 상반기 현재까지 게재된 총 310여건의 논문 중 초등체육에 관련된 연구가 100여건에 이르고 있으며 그 내용 또한 '체육교육학의 전반적인 연구 영역을 아우르고 있음'을 알 수 있다. 이는 초등체육관련 연구가 중등체육의 아류수준에서 가히 체육교육학 내에서 당당한 하나의 '학문적 주류로 성장했다'라고 볼 수 있으며, 2010년 이후로 교육대학에 박사과정이 개설 될 경우 이러한 학문적 성장이 보다 가속화 될 것임은 물론, 초등체육교육에 관련된 전형적인 학문적 체제와 내용이 구비된 '정착기'가 형성될 수 있으리라 판단된다.

표 1 초등체육교육(학)의 역사적 흐름과 특징

시대 구분	초창기 (1980 중반이전)	개척기 (1980 중반 ~ 90 중반)	성장기 (1990 중반 ~ 현재)	정착기 (2010 이후)
연구의 흐름 및 특징	• 연구 컨텐츠의 불명확성 • 교대교수 중심의 실천적 교수방법	• 중등 초등체육교육(학)의 초등접목시도 • 박사학위를 받은 신진 연구자 등장	• 석사과정설립 및 연구주제의 다양화 • 학회 참여 통한 학문적 수준심화	• 교대 박사과정 설립(추정) • 학문성장의지속 • 초등체육교육(학)의 정착

한편, 지금까지 제시한 바와 같이 초등체육교육(학)이 외적인 성장을 거듭하여 체육교육학 분야에서 독자적인 연구영역으로 발전하였다고 볼 수 있으나 보다 견고한 지식체계를 축적하여 '내적

성숙'의 단계로 진일보하기 위해서는 해결해야할 많은 과제를 안고 있다. 이와 같은 현실을 감안하여 볼 때 초등체육교육(학)의 '내적 성숙'을 위하여 현 단계에서 이루어져야 할 일차적 과제는 초등체육교육의 학문적 성장 과정을 고찰해 보는 것이라 생각된다. 이에 본고는 우리나라 초등체육교육 관련 연구의 형성과 발달과정에 대한 점검을 통해 초등체육교육의 학문적 연구 성과[1]를 조망하고 아울러 초등체육교육 연구가 앞으로 지향해야 할 발전 과제를 제시해 보고자 한다. 이것은 우리나라 초등체육교육 연구의 역사적 흐름을 총체적으로 점검해 나가면서 미약하나마 '학문적 성과를 체계적으로 문서화 하였다'라는 점에서 나름대로의 의의를 가질 수 있으리라 생각된다.

II 초등체육교육(학)의 학문적 동향

우리나라 초등체육교육(학) 연구의 학문적 동향을 점검하기 위해서는 먼저, 그간에 이루어져 왔던 다양한 연구 분야에 대한 분류작업이 선행되어야 한다. 즉, 지금까지 발표되어온 방대한 연구내용을 일정한 대주제별로 분류한 후 각각의 대주제 아래 세부적인 연구수행 유형을 다시 나누어 보는 것이 필요하다. 이러한 주제 분류 작업은 20여년에 가까운 기간 동안 생성된 초등체육교육(학)관련 연구물을 체계적이고 순차적으로 정리할 수 있게 할 뿐 아니라, 이를 통해 시대에 따른 초등체육교육(학) 연구주제의 흐름과 방향을 파악할 수 있도록 하였다. 이에 본 연구자는 교사, 학생, 수업 및 교육과정의 4가지 대주제를 선정하고 이를 중심으로 초등체육교육(학)의 연구실적을 하부내용영역별로 조망해 나가고자 한다.

---

[1] 본 연구에서 기술된 초등체육교육(학)의 연구동향은 상기한 초등체육교육(학)의 시대구분에 따른 '개척기'와 '성장기'를 중심으로 구성되었음

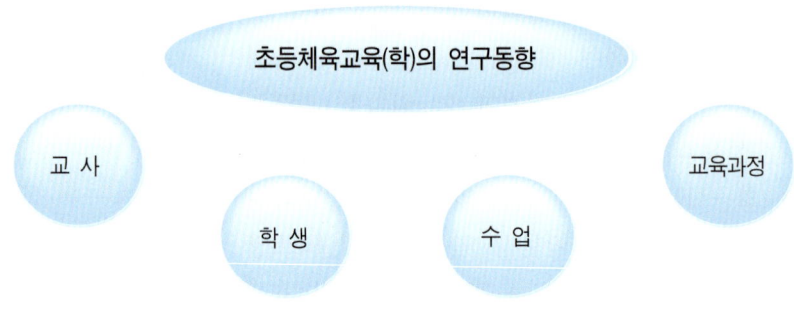

그림 1 초등체육교육(학)의 연구동향 주제 분류

1. 교사

　초등체육교육(학) 연구동향의 첫 번째 대주제는 교사이다. 교사는 아동과 함께 초등체육수업을 이끌어 나가는 주체요, 교육과정을 완성해 나가는 창조적 구현자이다. 그간의 연구는 초등학교에서 체육을 지도하는 담임교사와 전담교사, 또한 이들의 형식적 교육 단계인 예비교사들을 대상으로 한 다방면의 연구가 진행되었다. 즉, 이들이 체육을 지도하는 초등교사로 성장해 나가는 과정을 조망한 '사회화'와 이러한 사회화 과정 속에서 겪은 다양한 '경험'과 이를 통해 형성된 '인식', 그리고 이러한 것을 종합해 완성한 '교사지식' 등으로 나누어 볼 수 있다.

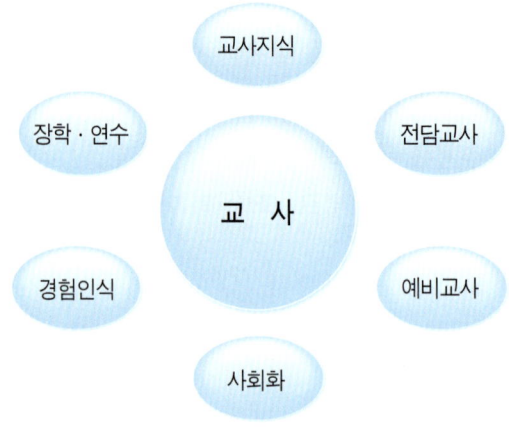

그림 2 교사에 관한 연구주제

가. 교사지식

우리나라에서 초등교사의 체육교과에 관련된 전문성을 나타내는 '교사지식 연구'의 물꼬를 튼 것은 안양옥(1995)의 연구로 볼 수 있다. 안양옥은 해당 연구에서 '초등학교 교사가 자신이 가르치는 교과내용에 대한 지식의 수준이 어떠한 가와 그것이 '수업지식'에 어떠한 영향을 미치는가'를 알아보려는 연구를 수행하였다. 이 연구는 초등학교 교사들이 '운동종목에 대한 경험이 있거나 없거나'에 관계없이 모두 낮은 수준의 교과내용 이해도를 보이고 있음을 밝혀 주었으며 교과내용에 대한 이해정도가 그 내용을 가르치는 방식에 영향을 미치는 것을 증명하였다. 이후 초등교사의 '수업지식'에 관련된 유사 또는 변형된 연구들(조재민, 1996; 안양옥, 1997; 안양옥, 1999)이 계속하여 이어졌으며 최근에는 이러한 수업지식과는 성격을 달리하여 '교사지식의 형성과정은 그들의 수행과 실천을 통한 경험에서 보다 주도적으로 비롯되고 있음'을 강조하고 있는 '개념적 지식'(안양옥, 신기철, 김기철, 2005)과 '실천적 지식'(강묘숙, 2007)에 관한 연구 등이 진행되었다.

나. 장학·연수

초등체육교육(학)에서 '장학과 연수'에 관련된 주제는 대부분 '장학에 관한 연구가 주를 이루고 있다'라는 것이 특징이다. 김시현(1999)은 경력 5년 미만의 초등학교 초임교사의 체육수업이 주변 동료 교사들의 조언과 도움을 통해 '얼마나 또한 어떻게 개선되어 나가는가'를 분석하려 하였으며, 이러한 동료장학의 효과성에 관한 연구는 최근에도 이어져 이를 통한 효율적인 체육수업전략에 관한 실행연구(이호철, 2007)가 수행되었다. 또한 이종형(2001)은 체육장학에 관련된 포괄적이고 전반적인 내용을 체계적으로 정리하여 이를 현장에서 효과적으로 적용·운영하기 위한 구체적 방안을 제시하였으며, 체육수업에서 벌어지는 적극적인 장학행위와 학생의 신체활동 참여수준과의 상관관계를 분석한 연구(김문규, 문부환, 2007)등도 최근에 수행되어 왔다.

한편, 연수에 관련된 연구로는 전국적으로 초등체육에 관련된 연수의 실태를 분석하고 이의 효과적인 운영방향을 세시한 박재정(2006)의 연구 정도가 있다.

다. 경험·인식[2]

초등교사들의 체육활동에 대한 경험과 인식에 관련된 초창기 연구는 주로 체육수업을 준비하고 진행해 나가는 과정에서 필요한 '사고와 가치'에 관한 것들이었다(김진국, 1997; 구성모, 안양옥, 2003). 그러나 최근의 연구에서는 초등교사가 체육수업을 통해 경험할 수 있는 '걱정거리', '교수관심사', '희로애락 감정' 등과 같이 세세하고 구체적인 정서의 일면까지도 낱낱이 다룸으로써 경험과 인식 연구의 내용적 깊이를 더하고 있다(이호철, 권오륜, 정우식, 2005; 문제민, 2006; 조홍식, 이종철, 성기훈, 2007).

한편, 이러한 초등 교사들의 경험과 인식에 관련된 연구는 그 경험과 인식의 구체적 대상으로 교과내용, 교과서 및 수업모형 등과 같이 다양한 종류를 형성하고 있는데, 신기철(2005)은 이해중심 게임수업 모형에 관한 초등학교 예비교사들의 경험의 유형과 특징을 분석하였으며 박대권 등(2007b)은 체육교과서에 대한 초등교사들의 인식과 활용실태를, 또한 최원순(2008)은 즐거운 생활의 신체활동영역에 대한 초등교사들의 인식과 활용실태를 연구의 대상으로 다루고 있다.

라. 사회화

우리나라에서 1990년대 초반부터 수행되어온 체육교과에 관한 교사사회화 연구는 중등학교 초임 체육교사의 교직사회화에 관련된 이재용(1993)의 연구를 모델로 삼은 이효진(1996)의 연구가 초등교사 사회화 연구의 시작이라고 볼 수 있다. 이효진은 이 연구에서 '초등학교 초임교사는 어떠한 교수가치관을 가지고 있으며 그러한 교수가치관을 형성하는데 영향을 미치는 것은 무엇인가'에

---

[2] 앞서 언급한 장학과 연수가 교사의 전문성 향상을 위한 의도적이고 체계적인 과정을 뜻한다면, 여기서 제시한 경험과 인식에 관련된 주제는 초등교사가 학교현장의 체육수업을 진행하면서 겪게 되는 자연 발생적이고 비계획적인 경험과 이를 통해 형성된 인식을 뜻한다.

관한 연구 자료를 제시하였다. 이어 탁영희(1997)는 초등학교 체육전담교사를 대상으로 하여 이들의 체육수업에 관한 지식과 가치관을 형성해 나가는 교직사회화의 과정을 조망하였으며, 김기철(2002)은 초등 교사들이 형성하고 있는 체육교과에 관한 수업지식의 구체적 형성 과정과 요인을 각 사회화 단계별로 분석해 나가는 연구를 수행하였다.

이러한 사회화 연구는 초등체육교육(학) 분야에서 '질적 연구에 대한 내용습득'이라는 체육학 연구방법의 이해의 폭을 넓히는 데 기여했을 뿐 아니라, 차후 이어지는 초등체육학 연구수행에 있어 질적 연구의 기법을 보다 적극적으로 활용하는데 계기를 마련했다고 볼 수 있다.

마. 예비교사

초등체육교육(학)내에서 다뤄지는 예비교사관련 초창기 연구는 주로 예비교사들이 보유하고 있는 체육교과 및 수업, 그리고 교육실습에 대한 현 상황적 인식과 실태를 소개하고 있으며(이재용, 1996; 윤정숙, 1998; 이재용, 2004), 이는 차후 교사교육기관의 수련과정을 통해 체육교과에 대한 그들의 인식 또는 수업기법의 변화과정을 조망하고자 하는 내용 쪽으로 발전하고 있다(조순묵, 2005). 특히 조순묵 등(2002)의 연구에서는 예비교사가 행하는 반성적 성향에 따라 그들의 수업운영전략이 어떻게 차이가 나고 변화하는가에 대한 분석을 실시함으로써 교사교육기관의 수련기간 동안 적극적으로 변화하고 발전해 나가는 예비교사들의 모습을 제시하였다. 또한 예비교사들의 무용교과 수강에 관한 '내적동기와 수업참여 의사 및 태도와의 관련성'을 분석한 연구(이기화, 2004; 김인형, 2006)와 '기계체조 강의에 대한 걱정거리'를 다룬 연구(백종수, 2004)등과 같이 교사교육기관에서 개설된 체육관련 강좌가 예비교사들에게 부여하는 의미와 특성 등을 다룬 연구도 해당 연구범주에서 다뤄지고 있다. 한편, 이러한 예비교사를 지도하는 교육자들에 대한 비교연구도 진행되었는데, 백병주(2000)는 초등교사교육자와 중등교사교육자간 예비교사를 지도하는 교육방법 차이분석을 통해 그들이 형성하게 될 교사 전문성의 차이점을 설명하고자 하였다.

바. 전담교사

초등학교에 체육전담교사 제도가 도입된 초창기 무렵에는 주로 새로운 제도에 대한 내용적 특성과 함께 이러한 '전담교사 제도가 어떻게 발전적으로 변화해야 할 것인가'를 다룬 연구가 주를 이루었다. 성기훈은(1996)은 초등학교 체육전담교사와 학급담임교사의 체육수업을 비교하여 분석함으로써 체육전담교사 제도의 긍정적 측면을 부각시킴과 동시에 앞으로 개선되어야 할 구체적 사항을 제언하고 있으며, 신종순(1997)은 초등학교 체육전담교사제도의 현실적 운영 실태를 보고하고 이에 대한 개선방향을 객관적으로 설명하였다. 또한 이승배(1999)는 체육전담교사에 의한 수업을 받은 학생들의 인식조사를 통하여 그전까지 학급담임 위주로 수행되어 온 초등체육수업의 변화와 발전가능성을 탐색하였다.

한편 연구 초창기 이러한 제도적 성격의 이해가 어느 정도 이루어진 이후에는 체육전담 교사 자체를 주요한 연구대상으로 한 연구가 등장하기 시작하였는데, 여기선 주로 체육전담교사들이 체험하는 교수가치관 및 역할갈등, 직무만족도 등의 측면에 관심을 기울이기 시작하였다(탁영희, 1997; 김종욱 외, 1998). 또한 체육전담교사의 경험과 그들의 교과전문성과의 상관관계를 해석적으로 분석하고자 하는 연구(이재용, 2001)를 통하여 초등체육 체육전담 교사가 지니고 있는 '교수전문성 및 능력에 대한 구체적 검증을 시도' 하기 시작하였으며 조순묵(2000)은 체육전담교사의 부족한 교수전문성 및 수업능력의 향상을 위한 구체적 방안을 제시하기 위한 연구를 진행함으로써 이러한 연구 흐름을 구체화 시켰다.

최근 들어서는 초등학교에 임용된 중등체육교사 자격증 소지자들이 대부분 자격증을 갱신하여 초등학교의 학급담임교사로 발령을 받는 상황이 발생하자 중등교원자격소지 초등교사의 교직 적응을 탐색하는 방향으로 연구흐름이 변모되었다(신기철, 강신복, 2004).

2. 학생

초등체육교육(학)에서 학생에 관련된 연구는 크게 4가지 주제로 나눌 수 있다. 먼저, 체육수업 및 기타 다양한 체육활동을 통해서 부가적 또는 의도적으로 얻을 수 있는 목적성 가치의 내용과 특성을 탐구하고자 하는 '외재적 가치'와 학습자들이 체육수업에 참여하는 다양한 유형 분석과 실태를 다루는 '참여유형', 또한 체육수업 또는 기타 체육활동을 통해 학습자들이 경험하는 그들만의 독특한 인식과 태도 등을 연구하는 '경험·인식', 마지막으로 역동적 체육수업 과정 속에서 형성되어 나타나는 인지적 사고의 과정을 뜻하는 '학생지식·사고'등으로 나누어 제시할 수 있다.

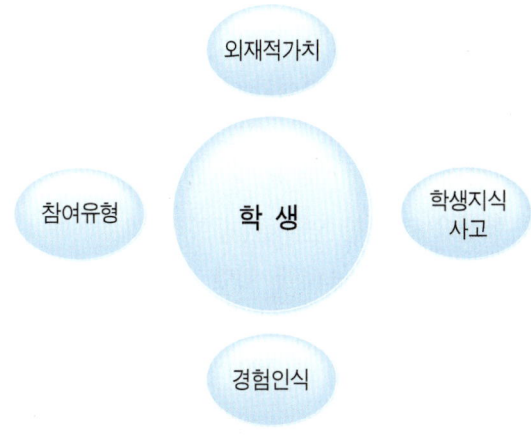

그림 3 학생에 관한 연구 주제

가. 외재적 가치

외재적 가치는 체육활동을 특정 분야의 의도적 목적을 위해 활용하는 것으로 체육교육을 실시함으로써 따라오는 부가적 가치로 볼 수 있다. 그러나 초등체육 또한 교육적 책무성을 중시하는 초등교육의 한 가지 분야임을 감안할 때 이러한 체육수업행위를 통해 발생되는 학습자의 긍정적 변화와 개선점들은 매우 중요하고 관심 있는 연구 분야가 될 수 있는 것이다. 때문에 이와 관련된 연구는 비교적 다양한 내용 분야에서 다양한 형태로 진행되어 왔으며 그 구체적 사항은 다음과 같다.

먼저, 윤만영(1997)의 연구는 '체육프로그램을 통한 초등학교 학생들의 도덕성 발달과 그 상관관계'를 분석하였고 박명기와 이문수(1999)는 간이축구프로그램을 통하여 발생될 수 있는 '초등학교 남여학생의 평등인식의 변화과정'을 분석함으로써 체육수업(활동)이 학교의 양성평등 교육의 일환으로 활용될 수 있는 가능성을 제시하였는데, 이러한 체육수업내의 성의식 관련연구는 성불평등을 조장하는 상호작용 유형을 분석한 이영국(1999)의 연구로 이어지게 된다. 다음으론 태권도수련을 통해 초등학생들의 예절, 학교생활 적응능력, 학습태도 및 자기통제능력, 자아개념 발달 등과 같은 다양한 교육적 성과를 확인한 연구들(고문수, 2004; 정억순, 유근직, 2004; 이규형, 송형석, 2006; 한권상, 유영창, 2006; 최광근, 2008)이 있으며, 무용학습을 통해 초등학생의 사회성과 성역할 태도의 변화를 증명하는 연구들(신종순, 최선화, 2004; 조미호, 2006)이 진행되었다. 또한 체육수업에 참여함으로써 스트레스의 해소 및 이를 통한 생활만족도의 향상을 분석한 연구들(송형석 외, 2004; 류민정 외, 2005)이 있으며 집단따돌림 문제에 대한 구체적 해결방안을 제시함으로써 초등학교의 생활지도 측면에 새로운 지도방향을 제시하기도 한 연구도 진행되었다(손준구, 2001; 현선희, 2007).

나. 참여유형

참여유형에 관련된 연구들은 초등학생의 체육수업 참여에 관한 다양한 양태를 분석하고 이를 분류하여 문제행동에 관련된 내용에 적절한 행동전략을 제시하고 있는 분야이다.

먼저 이옥선(1996)은 참여관찰과 인터뷰를 통하여 '초등학교 학생들이 체육수업에 어떻게 참여하는가'를 유형별로 구분하였는데 이러한 수업참여유형에 관한 연구는 차후 게임수업에서의 학생 참여 유형(성기훈, 박찬권, 2004), 체육과 수학교과 간 학습참여유형 분석(이웅기 외, 2002), 게임수업에서의 팀 선호 유형(권민혁,

김재운, 2003) 등과 같은 추가적이고 변형된 연구수행을 도모하였다.

다음으로 학습자인 아동이 체육수업에 참여하면서 겪게 되는 '부적응 현상과 이에 대한 행동전략'을 다룬 연구들로써 먼저, 이제옥과 안양옥(2000)은 초등학교 체육수업상황에서 발생하는 학습된 무기력의 문제를 초등학교 여학생을 대상으로 한 2년여에 걸친 종단 분석을 통해 구체적으로 확인하고 있다. 또한 이준상(2001)은 체육수업에서 발생되는 학생소외의 문제를 다룸에 있어 소외의 구체적 발생형태와 원인을 밝히고 이에 대한 각각의 행동전략을 제시하고 있다. 이러한 이준상의 연구는 중등 체육수업 상황에서도 발생되고 있는 소외의 문제를 실제적인 연구주제로 이끌어내기도 하였으며 초등체육교육(학) 연구에서 소외의 문제를 현상학적으로 부각시켜 다루는 후속연구(이호철, 권오륜, 2005)의 시작점이 되기도 하였다. 끝으로 고문수(2007)는 초등학교 게임수업에서 발생되는 학습자간의 갈등의 상황을 분석하고 이의 원천과 이를 해소하기 위한 전략 등을 구체적으로 제시하는 연구를 수행하였다.

다. 경험·인식

초등학생들의 체육교과에 대한 '경험과 인식'을 다루고 있는 연구들은 근래에 들어 두각을 나타내고 있는 연구주제 중 하나이다. 체육학 연구의 주체로써 학습자들이 경험하고 있는 내용과 이를 통해 형성되어 가는 인식과 태도의 실체를 파악하는 것은 초등학교에서 가장 선호되고 있는 교과로서 체육의 위상과 위치를 재확인 시켜 줄 수 있는 중요한 근거가 될 수 있기 때문이다.

먼저 이승배(1999)는 초등학생의 체육교과에 대한 전반적인 교과관을 파악하는 연구를 진행하였다. 이를 통하여 초등학생들이 인지하고 있는 체육교과에 대한 명확한 개념과 가치 등을 분석하였는데 이러한 연구흐름은 차후 이해중심게임에 대한 인식(고문수, 손천택, 2004), 더 나아가 여학생의 이해중심게임수업에 대한 인식(임문택 외, 2004) 및 표현활동의 인식(임소진, 김성곤, 2007)등과 같은 유사연구를 파생시켰다. 다음으로 초등학생들의 체육수업에 대한 경험을 다룬 연구들은 초등학교 체육수업에 관한 학생들의 이해를 전반석으로 다룬 이병관(2004)의 연구를 필두로 하여 이해중심게임수업에 대한 경험(임문택, 2005) 및 여학생과 남학생의 경험과 요구분석의 차이를 비교분석하는 연구 등이 수행되었다.

한편 게임수업을 진행하면서 게임의 형태별로 차이가 발생하는 '만족도 및 태도'의 유형을 분석한 연구(김영언, 2004)와 초등학생들이 느끼는 체육수업의 재미거리를 해석적으로 분석한 연구(여정권 외, 2005)등도 최근 들어 새롭게 시도되고 있는 관련 연구의 패턴이라고 볼 수 있다.

라. 학생지식·사고

교사지식과 마찬가지로 체육수업과정 중에 형성·변화하는 학생들의 지식에 관한 연구주제는 매우 가치 있고 의미 있는 분야로 볼 수 있다. 그러나 성인이 아닌 어린학생들을 대상으로, 그들이 형성하고 있는 추상적인 지식의 실체를 구체적으로 드러내도록 시도하는 것은 그리 만만한 일이 아니라고 볼 수 있다. 따라서 상기한 연구주제의 참신성 및 학문적 의의에도 불구하고 그 동안 수행되어온 연구의 절대 수치는 그리 많지 않다.

먼저, 초등학생의 게임에 대한 개념적 지식을 분석한 최원준과 김진희(2002)의 연구는 '학생들이 가지고 있는 개념적 지식은 수업시간과 일상의 경험을 통해 형성되어짐'을 밝히고 있다. 즉 수업시간에 배웠던 게임의 개념은 '공을 가지고 신체의 움직임 동작을 하는 것'으로 이해하고 있지만 이에 대한 일상 속 경험을 통해 형성한 개념적 지식은 '게임의 종류, 경기장, 규칙, 전략, 새로운 지식 등의 구체적 범주를 포함하고 있음'을 설명하고 있다. 결국 학생들의 게임에 대한 개념적 지식은 그들의 실제적 경험을 통해 축적된 노하우가 그들 사이에 하나의 '게임문화'로 지켜지고 있음을 밝히고 있다.

다음으로 농구형 게임수업에서 학생들의 전술적 의사결정능력의 변화를 다룬 박상봉 등(2006)의 연구에서는 5개 여월 간의 농구형 게임 학습과 이의 반복적 연습을 통하여 학생들이 실제 농구게임에서 수행하는 패스의 유형과 질적 측면에서 향상이 있었음을 증명하고 있는데, 이러한 패스의 향상은 근본적으로 초등학생들이 전술적 의미에서 '패스에 대한 인지적 의사결정 능력의 변화'가 발생하였음을 증명하는 것으로 일종의 학생사고 능력의 향상을 의미하는 것으로 볼 수 있는 것이다.

3. 수업

수업은 교사와 학생의 상호작용을 근간으로 교육 내용과 방법을 유기적으로 통합하여 제시한 교육 행위로 볼 수 있다. 따라서 이러한 수업을 '계획하고 준비해 나가는 과정' 및 '진행하고 평가하는 일련의 과정'은 초등체육교육(학)에서 빠질 수 없는 매우 핵심적이고 중요한 연구주제로 볼 수 있는 것이다.

그간 수행된 연구결과를 기초로 하여 정리한 초등체육교육(학)의 수업 관련 연구는 다음의 3가지 주제로 분류해 볼 수 있겠다. 먼저, 초등 체육수업 방법의 역사적 흐름과 이에 따라 변모해 온 지도법에 관한 연구를 다룬 '방법', 초등체육교육 또는 수업 등에서 확인될 수 있는 독특한 특징과 내용을 분석한 '특징·패턴', 마지막으로 초등체육수업의 평가 연구를 다룬 '평가'등이 그것이다.

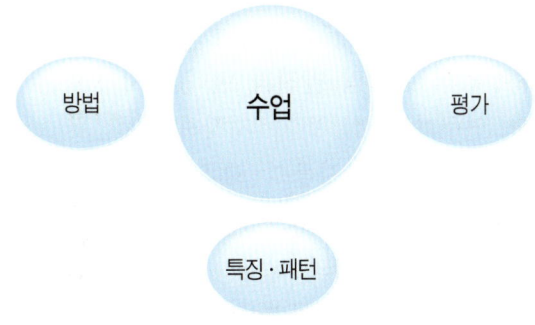

그림 4 수업에 관한 주요개념

가. 방법

초창기 교사들은 지도하는 방법을 '체육교육방법'(Physical education method)으로 정의하였다. 이 체육교육방법은 교사의 일 방향적 진행에 따른 직접적이고 형식적인 접근 방식을 말하는 것으로, 수업을 운영 할 때 학생들에게 최소한의 역할을 부여하며 본질적으로 교사는 방향을 제시하고 학생들은 그것을 따라하는 식을 뜻한다. 즉 학년과 학습 환경에 관계없이 대부분의 활동은 이와 같은 한 가지 접근방식에 의해 지도되어 온 것이다. 우리나라 초등체육교육(학)에서 다뤄지는 수업방식에 관한 연구도 이러한 수업방법에 대한 것으로부터 시작되었다고 볼 수 있는데, 이와 관련해 윤명희(1990)는 초등학교에서 행해지는 운동학습 지도방법 유형에 따른 체육학습의 효과를 분석한 연구를 수행하였다.

1990년대 수업방법 연구에서 주로 관심 있게 다뤄진 내용은 '효율적인 지도(effective teaching)'에 관한 것이었다. 이것은 '학생의 학습 수준을 한 층 증가시키고 향상시키는 의사결정과 실행의 총체'로 교사들은 지도전략 및 지도 스타일 범위 내에서 다양한 효율적인 지도 기술을 학교현장에서 적용해 나가기 위하여 노력하였다. 초등에서는 이러한 '효율적 체육수업'에 대한 교사들의 인식을 다룬 신기철(1997)의 연구정도가 있다. 그러나 이러한 체육수업에서의 효율성은 이내 비판받기 시작하였고 자신의 수업에 대한 철저한 반성과 성찰을 통해 수업의 전향적 발전과 변화를 시도하는 '반성적 체육수업'에 대한 연구가 관심 받기 시작하였다. 조순묵(1998a)은 수업반성을 통한 초등학교 교사들의 체육교수활동의 변화과정을 4가지 유형별로 분류하여 설명하고 있으며 김지현(2002)은 매체를 활용한 반성적 체육수업에서의 교사와 학생의 인식과 행동을 분석하였다. 이러한 연구흐름은 수업반성을 통하여 반성적 멘토링 모형의 초등학교 현장의 실천가능성을 탐색한 최근의 연구에서도 찾아볼 수 있다(이영국, 강신복, 2007).

한편, 1990년대 후반부터 최근까지는 수업모형에 관련된 연구가 매우 활발하게 진행되기 시작하였다. 이러한 연구들은 이론, 수업계획, 수업운영, 교수학습과정과 평가를 모두 포함하는 광범위하고 총체적인 내용을 담고 있으며 연구의 주제도 각각의 개별모형의 특성 및 효과 또는 교육적 가치 등을 제시하고 증명하는 것들이 주종을 이루고 있다. 좀 더 구체적으로 정구영 등(2003)은 초등학교 체육수업에서의 협동학습모형의 효과를 분석하고 있으며, 김명수(2004)는 초등학교 체육교과에서 협동학습모형을 적용한 수업구조의 적용사례를 연구하였다. 또한 김동환 등(2005)은 스포츠교육모형이 주말체육활동에 참여하는 초등학생들의 정의적 영역에 미치는 영향을 분석함으로써 해당 모형의 교육적 가치를 증명하고자 하였다.

최근에는 책임감 모형의 초등학교 체육수업 적용가능성을 탐색한 이안수와 최홍섭(2007)의 연구와 TPSR 모형을 적용한 초등학교 체육수업의 경험을 분석한 박대권과 남석희(2007a)의 연구 등이 있으며, 2000년대 초반부터 최의창에 의해 주장되어온 하나로 체육수업모형(최의창, 2001)에 관련된 내용도 초등체육에 적합한 새로운 연구주제로 다루어지고 있다(서장원, 2007).

나. 특징, 패턴

수업이라는 대주제 아래 선정된 두 번째 주요개념은 초등학교 체육수업이 지니고 있는 특징과 패턴을 다룬 연구로 이는 중등체육수업과 대비되는 초등체육수업만의 독특한 특성임과 동시에 초등체육수업에 관한 독립된 연구주제에 타당한 가치와 의미를 부여하는 중요한 작업이라 할 수 있다. 이러한 초등체육수업의 특징과 패턴을 다룬 연구들은 '수업의 세부단계 또는 방식에 관련된 것들'과 '교과의 내용영역 및 이의 지도에 관련된 것들'로 나눌 수 있다.

먼저, 수업의 단계 및 방식에 관련된 연구로는 '초등학교 담임교사들은 어떻게 체육수업을 위한 계획을 수립하고 이행 하는가'에 관련된 연구(김유진, 1998; 박재정, 조순묵, 2006)를 찾을 수 있다. 또한 과제를 제시하는 형태와 사례에 관한 연구(조순묵, 1998b; 윤창호, 조순묵, 1998), 내용선정 및 재구성에 관한 연구(신기철, 2007), 그리고 교수전략(고문수, 이재용, 2003)등에 관한 것들도 수행되었다.

다음으로 초등학교 무용수업의 운영실태 및 개선점을 모색한 연구(박은규, 박순이, 2002; 황숙영, 손천택, 2006; 황숙영, 2007)

와 초등학교 태권도 교육의 실태 및 활성화 방안을 다룬 연구(김명수, 2007), 그리고 내러티브라는 새로운 질적연구 기법을 활용하여 초등학교 씨름수업의 실제적 특징을 탐색한 양정모 등(2008)의 연구 등은 모두가 초등 체육교과의 세부 내용영역에 관련된 연구들로 볼 수 있다.

한편, 이러한 초등체육수업의 부분적 특징과는 달리 초등체육수업의 전반적인 특징과 성향을 종합적인 관점에서 분석한 연구(박재정, 2006; 신기철, 2006)들이 근래 들어 활발히 수행되고 있는데, 이러한 연구들이 기술하고 있는 연구결과의 주된 흐름은 '파행' 또는 '변칙적'으로 운영되고 있는 초등체육수업의 비판적 내용을 부각시키는 가운데 이러한 내용을 극복할 수 있는 실제적 방안을 제시하고 있다는 공통점을 가지고 있다. 먼저 박재정(2006)은 초등학교의 문화적 맥락 속에서 '초등 교사들은 체육수업 시간에 어떠한 준비를 통해 실제로 무엇을 가르치는가'라는 연구주제를 통하여 초등학교 체육수업의 주된 특징을 '형식적이고 즉흥적인 계획에 의한 수업', '타교과 및 학교행사로 인해 결손이 많은 수업', '교사의 개인적 흥미와 관심위주로 구성되는 소홀한 체육수업'등으로 나누어 설명하고 있으며, 이러한 실태적 어려움의 극복과 개선을 위한 구체적 방안으로 교사들의 개인적 '신념의 변화와 각성'을 촉구하고 있다. 또한 신기철(2006)은 초등학교 체육수업의 일상적 구조를 탐색하는 연구를 통해 초등학교 체육수업의 일상적 구조로 나타난 요인들은 체육수업의 부정적 관행을 유지시키는 원천임을 밝히고 이러한 체육수업의 일상성에 관여되는 다양한 요인들과 맥락을 '교사가 어떻게 인식하고 이에 반응하는지'에 따라서 체육수업 올바른 실천 여부가 결정되기 때문에 실질적인 체육수업의 개선은 수업 내에서 '교사의 인식과 실천'에서 비롯됨을 주장하고 있다.

다. 평가

체육수업에서 평가가 독립된 영역으로 분류되어 연구되어 온 것은 그리 오래전 일이 아니다. 1990년 후반부터 현장에 적용된 7차 체육과 교육과정에서 처음으로 등장한 '수행평가'의 개념을 파악하여 이를 적용하기 위한 갖가지 준비와 노력을 수행하는 과정에서 비롯된 이론적 근거와 실제적 평가도구들은 체육수업에서 평가가 차지하는 비중과 중요성을 깨닫게 했을 뿐 아니라, 체계적이고 합리적인 과정주의 평가의 시작을 알렸다고 볼 수 있다. 초등체육에 국한된 내용은 아니지만 오수학(2001)의 연구는 이러한 체육교과의 수행평가와 관련된 올바른 내용 이해와 방법적 지식의 폭을 넓혀주었던 계기가 되었다. 이 연구에서 오수학은 체육교과에서 수행평가의 진정한 의미와 유형 등을 설명함에 있어 평가의 '실제성' 개념을 소개하여 단순히 평가도구의 형식에 따라 수행평가 여부를 가름하였던 과거의 그릇된 이론을 수정하였다. 또한 현장에서 적용 가능한 수행평가 도구에 관련된 실제적 측면의 연구에서는 조한무(1997)의 포트폴리오 평가의 개념이 다양한 각도에서 연구되어왔다. 조한무는 그 동안 지필위주의 교과에서만 활용될 수 있는 평가도구로 여겨졌던 포트폴리오 방법을 체육수업에서 적용할 수 있는 다양한 방안을 제시함으로써 자칫 기능 위주로만 실시될 수 있는 체육평가방법의 오해와 편견을 바로잡는데 기여했다.

한편, 최근 진행된 연구로는 초등체육 평가 개선의 장애요인에 대한 심층적 분석을 다룬 조영제(2007)의 연구 정도가 있다.

4. 교육과정

초등체육 교육과정은 초등체육의 성격과 목표, 가르치고자 하는 내용과 방법 및 평가의 모든 문서적 내용과 실천적 사항을 담아내고 있는 개념이다. 따라서 교육과정에 관련된 연구는 시대별로 나타나는 특정 연구의 트렌드에 관계없이 꾸준한 관심을 바탕으로 주기적인 연구 성과물을 제시하고 있는 연구분야이기도 하다.

초등체육교육에서 다뤄지는 교육과정 연구는 크게 문서에 관련된 것과 현장 적용실천의 실태에 관한 것, 그리고 교육과정의 개정연구에 관한 것들로 나눌 수 있다.

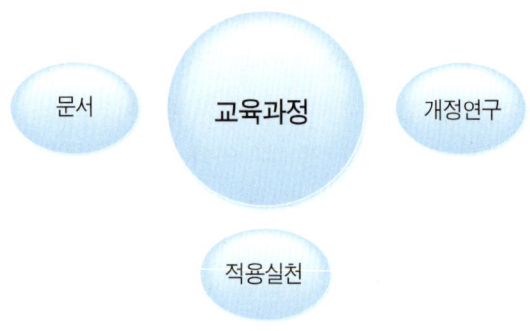

그림 6 교육과정에 관한 주요개념

가. 문서

일반적인 교육과정 연구가 그렇듯 초등체육교육(학)에서 다뤄지는 교육과정 연구의 대부분은 교과서를 포함한 교육과정 문서와 관련된 것이 많다. 먼저 안양옥(1996)은 체육과 교육과정의 문서적 구성 요소와 개발의 원리 및 절차 등을 해석적으로 분석한 연구를 통하여 초등체육과 교육과정 문서 이해의 이론적 기틀을 마련하였다. 이러한 안양옥의 연구흐름은 차후 교육과정 문서와 그 문서의 현장적용 실태를 통합적으로 재검토 하는 가운데 초등체육과 교육과정의 발전방향을 모색하는 교육과정 연구 패러다임의 변혁을 가져오게 된다(안양옥, 2004a).

다음으로 교육과정 문서 및 교과서의 내용분석을 통한 연구를 들 수 있는데, 먼저 정인구(1997)는 6차 체육과 교육과정에 나타나 있는 기계체조의 내용을 고찰하는 연구를 수행하였으며 이덕영과 이광무(2003)는 비슷한 연구주제의 내용을 7차 교육과정을 기준으로 수행하였고 이 중 이덕영(2003)은 6차와 7차 교육과정의 체육교과서에 나타난 게임 활동을 비교 분석하였다. 한편 이러한 교육과정의 비교연구의 또 다른 형태로 남북한과 일본의 초등학교 체육과 교육과정에 대한 연구수행이 앞서 이종목(1999)에 의해 수행되기도 하였다.

나. 적용·실천

교육과정 연구에서 빼 놓을 수 없는 분야가 바로 개발된 교육과정 문서의 현장 적용실태를 조사하고 분석하는 연구이다. 이러한 연구는 대개 교육과정 문서에 대한 '인식의 수준 및 차원을 다루는 것'과 '객관적이고 사실적인 교육과정 운영 실태를 다루고 있는 연구' 등으로 나누어 볼 수 있다.

먼저, 교육과정 문서에 대한 초등학교 교사들의 인식에 대한 박대권과 신영길(2003)의 연구는 수치적이고 계량적인 분석을 통하여 교육과정 문서의 각 활동영역별 내용에 대한 초등 교사들의 선호 정도와 교육정도를 비교 분석하고 있다. 한편 이러한 수치적 분석과는 달리 유정애(2004)의 연구에서는 문헌검토와 설문조사 및 심층면담 등의 다각적인 조사와 분석을 통하여 제7차 초등학교 체육교육과정이 '현장에서 어떻게 적용되어 나가며 이러한 과정에서 발생한 문제점을 어떻게 개선해 나가야 할 것인가' 등에 관련된 내용을 체계적이고 논리적으로 분석해 나가고 있다. 또한 박대권과 박창범(2006)의 연구에서는 현장의 초등 교사들이 '체육과 교육과정 문서를 어떻게 재구성하여 수업에 적용해 나가는가'를 연주주제로 삼고 있다.

다. 개정연구

교육과정의 개정에 관련된 연구는 대부분 초·중등을 통합하여 시행되는 것이 많기 때문에 초등체육과 교육과정 개정에 관련된 것만을 따로 분리하여 제시한 연구는 많이 찾아볼 수 없다. 다만 최근 들어 2007년 개정 체육과 교육과정의 개발과 맞물려 초등체육과 교육과정의 개정 시스템에 대한 새로운 개선방안을 다룬 조순묵(2006)의 연구와 이러한 개정 교육과정을 바탕으로 제작될 초등체육교과서의 개발 방향을 다룬 강신복 등(2008)의 연구 정도가 있으며, 체육과 교육과정의 개발과정에서 발생하는 연구개발진의 다양한 경험을 내러티브 기법을 통해 분석하고 기술해 나간 김기철(2008)의 연구 등도 최근의 교육과정 개정 연구의 주요한 흐름을 이루고 있다.

III 초등체육교육(학)의 발전과제

초등체육교육(학)이 기존학문과 견줄 수 있는 견고한 지식체계를 축적하여 '내적 성숙'의 단계로 진일보하기 위하여 앞으로 해결해야 할 과제는 초등체육교육의 학문적 성장과정에서 드러난 문제들을 지양하고 그에 대한 대안을 마련하는 일이다. 이하의 논의에서는 앞 절의 내용분석을 토대로 초등체육교육(학)이 추진해 나가야 할 발전적 과제를 제시하고자 한다.

1. 초등체육교육(학)의 학문화를 위한 시도

초등체육교육(학)이 체육학 내에서 독자적 성격을 지닌 일개 학문으로 성장하기 위해서는 초등체육교육(학)만의 독자적 학문영역과 자타가 인정하는 수준 높은 학술지의 보유가 필수적이다. 이것은 한편으로 초등체육교육(학)의 학문적 체계성과 전문성을 향상시킬 뿐만 아니라, 초등체육교육학 자체의 학문적 위상과 정당성을 확보하는 길이 될 수 있기 때문이다.

가. 학문영역의 독자성 확보

먼저, 체육학내에서 초등체육교육(학)의 독자적 학문영역 개척을 위한 논의가 필요하다. 오늘날 체육학은 연구대상의 다양성으로 인해 수많은 하부 학문 영역으로 전문화·세분화되고 있다. 그 과정에서 나타나는 초등체육교육(학)의 정체성 문제와 관련하여 학문 영역의 독자성에 관한 논의가 차후 주요한 관심사가 되어야 할 것이다. 이것은 체육학이 하나의 독자적인 학문이기 위해서는 다른 학문들과 구분될 수 있는 다양한 하부 학문영역을 보유하고 있음은 물론, 해당 하부 학문 영역마다의 독특한 독자성을 구비하고 있어야 한다는 의미다. 다시 말해 체육학이 하나의 학문으로 언급될 수 있는 것은 그가 지닌 고유의 학문적 체계와 내용을 보유하고 있기 때문이며, 이러한 관점에서 초등체육교육(학)은 체육학의 매우 중요한 '구성 요소'라 볼 수 있기에 그 학문적 독자성을 확보하는 것은 매우 중요한 일인 동시에 타당성이 확보되는 작업으로 볼 수 있는 것이다.

한편 이러한 과정에서 유의해야 할 점은 과거처럼 중등 또는 외국의 사례를 들여와 손쉬운 변형과정을 통해 또다른 학문적 아류작을 양산한다거나, 초등체육이 지니고 있는 고유한 특성과 차별성을 무시한 채 '체육교육'이라는 상위범주에 종속되는 일반적 연구만을 수행해 나가는 행태 등은 철저하게 지양되어야 할 것이다.

나. 전문 학술지의 발간

두 번째는 초등체육과 관련된 연구주제를 전문적으로 다룰 수 있는 수준 높은 학술지의 발간을 들 수 있다. 이는 앞서 언급한 초등체육교육(학)의 독자적 학문영역 구축과 그 궤를 같이하는 것으로 학문적 독자성을 구축하기 위해 생산된 연구물들이 구현될 수 있는 실체가 필요함을 뜻하는 것이다. 물론 '한국초등학회'에서 발간중인 '한국초등체육학회지'라는 정기학술지가 현존하고 있기는 하나, 수록된 연구물 내용의 대부분이 전국 교육대학교 대학원 학위논문을 요약·정리한 수준의 내용들이 주를 이루는 관계로 '연구의 질적 수준을 확보할 수 없다'라는 제한점이 존재한다. 따라서 이러한 제한점을 극복하고 초등체육교육의 독자적 학문 영역을 구축하기 위해서는 수준 높은 전문적 학술지의 발간을 필요로 하며, 이것은 또한 현존하는 체육교육학 관련 학회지인 스포츠교육학회지가 겪고 있는 '투고와 게재수치의 불균형 문제[3]'를 해소할 수 있는 좋은 대안이 될 수 있으리라 생각한다.

---

3) 스포츠교육학회지에 투고되고 있는 논문수와 게재율을 점검해 볼 때, 타 체육관련 학회지에 비해 스포츠교육학회지의 논문 게재율이 지나치게 낮다고 볼 수 있다. 이는 다시 말해 1년 단위로 수행되고 있는 수많은 체육교육학 관련 연구들 중에 적절한 보완단계를 거쳐 충분히 게재될 수 있는 수준의 것들도 단지 게재할 수 있는 '학술지의 절대적 지면의 제한으로 인해 빛을 보지 못하고 사장될 수 있다'라는 불합리성을 의미하기도 한다. 따라서 이러한 문제점을 바로잡고 체육교육학의 전문성과 체계성을 확보하기 위해서라도 초등체육교육에 관련된 전문적 학술지의 발간은 더더욱 요망되는 과제로 볼 수 있다.

2. 이론과 실제의 공존과 조화

초등체육교육(학)을 포함한 모든 교육학은 기본적으로 현장을 개선하는데 초점을 두고 있는 '실천적 학문'의 성격을 지니고 있다. 그러나 이러한 실천 중심적 연구 또한 학문적 이론 연구와 병행되어야 지속적 발전을 불러올 수 있다. 즉, 초등체육교육(학)내의 이론과 실제의 요소는 균형 있게 공존해야 하며 조화를 이루어야 하는 것이다.

가. '공존과 조화'를 이뤄낼 수 있는 전문가 육성: 초등체육교육(학) 박사학위 과정 개설

초등체육교육(학)의 학문적 지향성에 대한 이론가와 현장 관계자들의 입장은 대조적이다. 이론가들은 심도 깊은 학문적 이론과 역량을 중시하여 초등체육교육(학) 역시 학문적 기반과 성향을 보다 중시해야 한다고 주장하는 반면, 현장 관계자들은 현장 개선에 실질적인 도움을 줄 수 있는 실천 지향적 연구가 보다 많이 필요하다고 주장한다. 그러나 이러한 극단적 주장들은 초등체육교육(학)의 내용을 한쪽으로 치우치게 함으로써 '실효성이 없는 공상적 연구' 또는 '수준과 깊이가 없는 공허한 연구'로 만들어 버릴 위험성이 내포되어 있다. 따라서 이 둘 사이의 주장을 절충하여 '공존과 조화'를 이루게 할 전문가의 육성은 절대적으로 필요하다고 볼 수 있다. 즉, 단순한 이론가가 아닌 현장 경험과 감각이 풍부한 '이론전문가'요, 현장관계자 또한 단순한 현장경험 뿐만 아니라 학문적 이론 연구에도 능통한 '현장전문가'인 것이다.

표 2 초등체육교육(학) 전문가의 공존과 조화

이론가	공존과 조화	현장관계자
학문적 역량이 뛰어난 이론 중심의 사고와 명제적 지식의 소유자	현장 경험과 감각이 뛰어난 '이론전문가'	현장 감각이 뛰어난 실제 중심의 사고와 실천적 지식의 소유자
	현장경험과 이론연구에 능통한 '현장전문가'	

따라서 이러한 공존과 조화를 지닌 초등체육의 전문가를 육성하기 위해서 초등체육교육을 전공할 수 있는 박사학위과정의 개설은 필수적이다. 이는 이 연구의 서두에서 이미 언급한 바와 같이 이를 통해 장기적으로는 '초등체육교육(학)의 정착기를 이룰 수 있다'라는 것이 본 연구자의 판단이다. 실제로 우리나라에 현존하는 초등체육교육전공 박사학위 과정으로 한국교원대학교대학원 과정이 유일하게 존재하기는 하나, 이를 통해 초등체육교육의 학문적 일반화를 이루기에는 너무나 빈약한 수치로 볼 수 있기에 보다 많은 대학에 박사과정이 개설됨으로써 다양한 역량을 지닌 초등체육교육의 전문 인력이 배출될 수 있어야 할 것이다. 좀 더 구체적으로는 전국 11개 교육대학에 개설되어 있는 교육대학원에 박사과정이 개설될 수 있어야 할 것이며 이는 초등체육교육(학)을 연구할 수 있는 엘리트 학문의 요람으로서 뿐만 아니라 현직 초등교원의 심화 보수교육 차원의 과정으로도 활용될 수 있으리라 생각된다.

나. '공존과 조화'를 이룬 연구의 수행: 형식적 협력연구의 극복

재차 강조컨대 초등체육교육(학)은 실천을 전제로 한 연구가 필요하다. 이른바 '연구를 위한 연구'가 아닌 연구자의 초등체육교육에 대한 실천적 가치관을 새롭게 정립할 수 있는 연구가 필요한 것이다. 아울러 연구를 통해 얻어진 결과들이 초등학교 체육교육 현장에 실질적으로 적용할 수 있는 것인지에 대한 세심한 점검이 요구된다고 볼 수 있다. 최근 들어 이론가와 현장 실천가간의 '협력적 공동연구'가 활발히 진행되고 있는데, 이러한 연구 수행방법은 외형적으로 볼 때 이론과 실제의 적절한 조화를 이뤄낼 수 있는 대안적 모델로 비춰질 수 있으나, 실질적으로 이론가가 설정한 연구주제에 현장실천가가 단순히 동참하는 형식으로 변질 되어 운영될 수 있음을 유념해야 할 것이다. 구체적인 예로 스포츠교육학회지가 2004년부터 시행해 오고 있는 '현장논문' 코너는 '현장개선을 위한 연구에 현장실천가가 기여할 수 있는 가능성을 수용 한다'라는 좋은 취지를 담고 있으나(강신복, 2003), 실제로 이 코너에 게재되는 논문의 성격 및 내용을 검토해 볼 때 '과연 연구논문

코너에 게제 되는 일반논문들과 어떠한 차별성을 보유하고 있는가'에 대한 의구심이 들지 않을 수 없다. 결국, 외형적으로 분류된 편집에도 불구하고 학회지에 실리는 모든 논문은 대다수가 연구자의 이론중심적인 성향이 강한 논문이라고 밖에 볼 수가 없다. 또한 이러한 이론가와 실천가의 관계는 학위과정을 통한 사제관계로 맺어지는 되는 경우가 많기 때문에 스승의 이론적 연구스타일에 제자인 실천가가 수동적으로 동참하는 '도제'식의 방식으로 운영되는 경우가 많다. 결국 이 또한 외형적인 '협력연구'에 지나지 않으며 실질적으로 현장개선에 도움을 주지 못한 채 이론과 실제의 지속적인 '괴리'를 초래할 뿐인 것이다. 따라서 이러한 형식적 협력연구의 문제점을 바로 잡고 진정한 의미의 이론과 실제가 공존과 조화를 이룰 수 있는 협력연구가 진행되어야 할 것이며, 결국 그 주체는 학교 현장의 초등교사가 되어야 할 것이다. 즉, 향후 초등체육교육(학)의 연구는 현장에서 직접 체육을 지도하는 초등교사에 의한 현장 개선연구가 보다 활발히 실천되어야 할 것이되, 이를 위해 초등 교사들이 갖추어야 할 학문적 성향과 연구능력을 육성하기 위한 교사교육기관 교수자들의 깊은 관심과 실천이 필요하다고 볼 수 있다.

VI 결어: 진정한 주류가 되기 위해서

지금까지 본 연구는 한국체육학회지 및 한국스포츠교육학회지와 주요 대학 석·박사 학위 논문을 중심으로 초등체육교육에 관련된 연구의 흐름을 개관하고 향후 발전과제를 모색하였다. 이를 통해 초창기 연구의 실체조차 불분명하던 시기에서 시작해 불과 20여년이 지난 지금 글자 그대로 '괄목'할만한 성장을 이뤄온 초등체육교육(학)의 모습을 확인할 수 있었는데, 이는 초등체육교육(학)의 초창기부터 함께 해 왔던 본인에게도 큰 감격스러움이 아닐 수 없다.

하지만 서두에서 언급했던 바와 같이 이제 곧 '성장기'를 넘어 '정착기'를 향해 달려 나가야 할 초등체육교육(학)의 입장에서 현

시점은 가장 중요한 성장의 기로라 말할 수 있다. 아직까지도 부족한 학문적 독자성을 개척해야함은 물론, 이러한 독자적 능력을 발현할 수 있는 권위 있는 '매개물'을 스스로 만들어 내야 한다. 또한 이러한 난업(難業)들을 감당할 수 있는 초등체육교육(학)의 권위자와 전문가가 체계적으로 육성될 수 있도록 학위과정이 설립되어야 하며 이들을 통해 생산된 연구가 궁극적으로 초등학교 체육교육현장을 개선하기 위해 활용될 수 있어야 하는 것이다. 이는 어찌 보면 지금까지 이루어온 모든 것 보다 더욱 더 지난하고 고통스러운 과정이 될 수 있다. 그러나 초등체육교육(학)이 체육교육학 내에서 진정한 독립적 학문영역으로 인정받아 연구의 주요한 흐름으로 자리 잡기 위해 상기한 내용들은 최소한의 필요조건에 지나지 않을 것이다. 지금까지 축적하여온 연구 업적과 연구 성과에 대한 겸허하고 진솔한 성찰과 반성을 통하여 상기한 발전 과제의 해결에 국내 초등체육교육(학) 연구자들의 공통된 관심과 실천 노력이 결집되어야 할 것이며 이것이 가능할 때 초등체육교육(학)은 체육교육학의 진정한 주류로써 당당히 '초등체육교육학'의 이름으로 다시 태어날 수 있을 것이다.

참고 문헌

강신복(2003). 한국스포츠교육학 연구의 동향과 향후 과제. **한국스포츠교육학회**, 10(3).
강신복 외(2008). 초등학교 체육교과서 개발의 방향 탐색. **한국스포츠교육학회지**, 15(1).
고문수 외(2003). 초등학교 체육수업의 교수전략 탐색. **한국체육학회지**, 42(5).
_____(2004). 초등학생의 게임수업에 대한 인식. **한국체육학회지**, 43(1).
_____(2005). 초등학생 게임수업에서의 갈등상황탐색. **한국스포츠교육학회지**, 12(3).
_____(2006). 초등학교 게임수업에서 갈등의 원천. **한국스포츠교육학회지**, 13(3).
고문수(2004). 초등학생의 태권도 수련 프로그램에 관한 체험과 인식. **한국체육학회지**, 43(9).
_____(2007). 초등학교 게임수업에서의 갈등 해소 전략. **한국스포츠교육학회지**, 14(1).
구성모 외(2003). 초등학교 교사와 학생의 체육교육 가치정향의 비교분석. **한국스포츠교육학회지**, 10(1).
권민혁 외(2003). 초등학교 게임수업에서의 팀 선호 유형분석. **한국체육학회지**, 42(1).
김기철(2002). **초등학교 초임교사의 체육교과 전문지식 형성과정 분석**. 서울교육대학교 대학원 석사학위논문.
_____(2008). **체육과 교육과정의 개발과 적용과정 탐색**. 한국교원대학교 대학원 박사학위논문.
김동환외(2005). 스포츠교육모형이 주말체육활동에 참여하는 초등학생들의 정의적 영역에 미치는 영향. **한국체육학회지**, 44(6).
김명수(2004). 초등학교 체육교과에서 협동적 수업구조 적용 사례. **한국스포츠교육학회지**, 11(2).
_____(2007). 초등학교 태권도 교육실태 및 활성화 방안 탐색. **한국스포츠교육학회지**, 14(1).
김민환(2007). 교사 임파워먼트에 관한 연구동향과 전망 및 과제. **한국교원교육연구**, 24(1).
김승재 외(2006). 초등학교 체육전담수업 경험이 중학생의 체육학습 의욕에 미치는 영향. **한국체육학회지**, 45(6).
김양종(1993). 사회체육의 연구동향과 학문적과제. **한국체육학회지**, 32(1).
김영언(2004). 초등학교 이해중심게임 형태별 게임 만족도 및 태도분석. **한국체육학회지**, 43(1).
김유진(1998). **초등교사의 체육수업계획 분석**. 서울대학교 대학원 석사학위논문.
김인형(2006). 초등 예비교사들의 무용교과 수강에 따른 내적동기와 무용수업태도와의 관계. **한국체육학회지**, 45(6).
김종욱 외(1998). 초등학교 체육전담교사의 직무가치관, 역할갈등 및 직무만족도 관계연구. **한국스포츠교육학회지**, 5(1).
김지현(2002). **매체를 활용한 반성적 초등체육수업에서 교사와 학생의 인식과 행동분석**. 서울대학교 대학원 석사학위논문.
류민정 외(2005). 초등학생의 체육수업 선호와 스트레스 분석. **한국체육학회지**, 44(2).
문제민(2006). 초등교사의 체육수업에 대한 교수관심사 분석. **한국체육학회지**, 45(4).
박대권(2007). 초등학교에서 점심시간 행해지는 축구활동. **한국체육학회지**, 46(1).

박대권 외(2003). 초등학교 교사들의 체육과 교육과정에 대한 인식연구. **한국체육학회지**, 42(6).
_____(2006). 초등학교 교사들의 체육과 교육과정 재구성 실태. **한국체육학회지**, 45(4).
_____(2007a). 초등학생들의 TPRS모형 적용 체육수업 경험. **한국스포츠교육학회지**, 14(3).
_____(2007b). 초등학교 교사들의 체육교과서에 대한 인식과 활용실태. **한국체육학회지**, 46(3).
박명기 외(1999). 간이축구프로그램의 적용을 통한 초등학생의 남녀평등 인식변화. **한국스포츠교육학회지**, 6(2).
박상봉 외(2006). 농구형 게임에서의 패스에 관한 초등학생의 전술적 의사결정능력 변화분석. **한국스포츠교육학회지**, 13(2).
박은규 외(2002). 초등학교 무용수업의 운영실태 및 개선점 모색. **한국체육학회지**, 41(2).
박정화 외(2007). **초등학교 고학년의 운동능력과 음악적능력에 대한 판별분석**, 46(3).
박재정(2006). **초등학교 체육수업 실제에 관한 문화기술적 사례연구**. 한국교원대학교 대학원 박사학위논문.
박재정 외(2006). 초등학교 담임교사의 체육수업 계획. **한국스포츠교육학회지**, 13(1).
백병주(2000). 초등교사교육자와 중등교사교육자간 예비체육교사 수업방법 교육의 차이 분석. **한국스포츠교육학회지**, 7(1).
백종수(2004). 초등 예비교사의 기계체조 강의에 대한 걱정거리 분석. **한국체육학회지**, 43(5).
서장원(2007). 글쓰기로 체육활동 내면화하기: 하나로 수업모형의 초등체육교육 적용. **한국스포츠교육학회지**, 14(3).
성기훈(1996). 초등학교 체육전담교사와 학급담임교사의 체육수업 분석. **한국스포츠교육학회지**, 3(1).
성기훈 외(2004). 초등학교 게임수업에서의 학생참여유형 분석. **한국스포츠교육학회지**, 11(1).
손준구(2001). 방과 후 조직적 체육활동의 초등학생 집단따돌림(왕따) 감소효과 분석. **한국스포츠교육학회지**, 8(1).
손준구(2006). 초등학교 초임교사의 체육교수 전문성 제고를 위한 직전교사교육의 과제. **한국스포츠교육학회지**, 13(4).
송형석 외(2004). 초등학생의 인라인스케이트 참여와 생활만족도의 관계. **한국체육학회지**, 43(2).
신기철(1997). **초등 체육지도교사의 효율적 체육수업에 대한 인식분석**. 서울대학교 대학원 석사학위논문.
신기철 외(2004). 체육전공 중등교원자격소지 초등교사의 교직적응분석. **한국스포츠교육학회지**, 11(1).
_____(2005). 초등예비교사들의 이해중심 게임모형에 관한 경험분석. **한국체육학회지**, 44(2).
_____(2006). **초등학교 체육수업의 일상적 구조탐색**. 서울대학교 대학원 박사학위논문.
_____(2007). 초등교사의 체육수업 내용 선정 및 재구성 방식 이해. **한국스포츠교육학회지**, 14(3).
신정호 외(2001). 초등학생의 신체 유능성 지각이 체육수업에서 내적동기에 미치는 영향. **한국체육학회지**, 40(4).
신종순(1997). 초등학교 체육전담제도의 운영실태와 개선방향. **한국스포츠교육학회지**, 4(1).
신종순 외(2004). 초등학생의 무용학습이 사회성 발달에 미치는 영향. **한국체육학회지**, 43(4).
안양옥(1995). **체육 교과내용지식의 수준과 수업지식의 관련성**. 서울대학교대학원 박사학위논문.
_____(1996). 초등체육교육과정의 평가. **한국스포츠교육학회지**, 3(1).
_____(1998). 게임수업의 질적 제고를 위한 대안적 접근. **한국스포츠교육학회지**, 9(2).

_____(1999). 조등학교 직전교사의 체육수업지식 자이분석. **한국스포츠교육학회시**, 6(2).
_____(2002). **초등학교 게임수업 탐구**. 도서출판 무지개.
_____(2004a). 통합적 재검토를 통한 초등체육과 교육과정의 발전방향 모색. **한국스포츠교육학회지**, 11(1).
_____(2004b). **초등체육교과교육론**. 도서출판 무지개.
_____(2005). 한국체육의 지향과 초등체육의 역할. **한국체육정책학회 춘계학술세미나 자료집**, 1-17.
안양옥 외(2002). 초등학교 초임교사의 체육교과 전문지식 형성과정 분석. 83회 전국체육체전기념 40회 **한국체육학회 학술대회 자료집**, 345-352.
_____(2004). 초등학교 체육정책의 현황과 개선과제. **한국 체육정책학회지 2월호**.
양정모 외(2008). 초등학교 씨름수업 실제에 관한 내러티브 탐구. **한국체육학회지**, 47(2).
여정권 외(2005). 초등학생들의 체육수업 재미거리 분석. **한국체육학회지**, 44(3).
오준석 외(1996). 스포츠경영학의 연구동향과 학문적 과제에 관한 고찰. **한국사회체육학회지**, 6.
오재림(2006). 교육부문에서 성평등에 관한 국내연구의 동향과 과제. **아시아여성연구**, 45(1).
윤만형(1997). **초등학교 체육프로그램을 통한 도덕성 발달연구**. 서울대학교 대학원 석사학위논문.
윤명회(1990). 초등학교 운동학습 지도방법 유형에 따른 체육학습 효과연구. **한국체육학회지**, 29(1).
윤명회 외(2006). 초등학교 체육전담교사와 학습담임교사의 체육 교수행동 비교분석. **한국스포츠교육학회지**, 13(4).
유정애(2004). 제7차 교육과정에 따른 초등학교 체육교육과정 및 수업운영실태. **한국체육학회지**, 43(3).
유정애 외(2005). 초등학교 체육수업에 대한 여학생과 남학생의 인식, 경험 및 요구분석. **한국스포츠교육학회지**, 12(1).
윤정숙(1998). **초등체육전공 예비교사의 교육실습에 대한 인식**. 서울대학교 대학원 석사학위논문.
윤창호 외(1998). 초등학교 체육수업에서의 과제제시 형태분석. **한국스포츠교육학회지**, 5(2).
이규형 외(2006). 초등학생의 태권도 수련과 자아개념 발달의 관계. **한국체육학회지**, 45(1).
이기화(2004). 교육대학생의 초등무용 교과수강 동기가 무용참가 의사에 미치는 영향. **한국체육학회지**, 43(3).
이덕영(2002). 초등학교 제7차 체육교육과정의 체조활동 내용분석. **한국체육학회지**, 41(3).
_____(2003). 초등학교 제 6, 7차 체육교과서에 나타난 게임활동 비교분석. **한국체육학회지**, 42(5).
이병관(2004). 초등학교 체육수업에 대한 학생들의 경험 분석. **한국체육학회지**, 43(2).
이승배(1999). **초등학교 체육전담교사의 수업에 대한 학생의 인식**. 서울대학교 대학원 석사학위논문.
_____(1999). 초등학생의 체육교과관. **한국스포츠교육학회지**, 6(2).
_____(2006). 초등체육 교직문화와 구조적 현실에 대한 문화기술적 사례연구. **한국스포츠교육학회지**, 13(2).
이안수 외(2007). 책임감 모형의 초등학교 5학년 체육수업에 대한 적용가능성. **한국스포츠교육학회지**, 14(4).
이영국(1999). **초등학교 체육수업의 성불평등 상호작용유형 분석**. 서울대학교 대학원 석사학위논문.
_____(2007). 비유를 통해서 본 교사와 학생의 인간관계: 발해초등학교 체육수업의 사례를 중심으로. **한국체육학회지**, 46(2).

이영국 외(2007). 초등체육에서 반성적 멘토링 모형의 실천가능성 탐색. **한국스포츠교육학회지**, 14(4).
이옥선(1996). **초등학생의 체육수업 참여유형 분석**. 서울대학교 대학원 석사학위논문.
이용식(1995). 체육행정의 연구동향과 학문적과제에 관한 고찰. **한국체육학회지**, 33회 학술발표회 논문집.
이웅기 외(2002). 초등학교 체육과 수학의 교과간 학습참여유형 분석. **한국체육학회지**, 41(2).
이종길(1994). 레크리에이션의 연구동향과 학문적 과제에 관한 고찰. **서울대학교 체육연구소논집**, 15(2).
이종목(1999). 남북한과 일본의 초등학교 교육과정에 관한 비교 연구. **한국체육학회지**, 38(3).
이재용(1996). 초등학교 예비교사의 체육경험과 체육수업에 관한 믿음과 가치. **한국스포츠교육학회지**, 3(1).
_____(2001). 교과 전문성과 초등체육 전담교사 경험이 가지는 의미. **한국스포츠교육학회지**, 8(2).
_____(2004). 체육에서의 수치의 전당에 대한 예비교사의 인식. **한국스포츠교육학회지**, 11(1).
이제옥 외(2000). 초등학생의 체육수업에 대한 학습된 무기력의 매개요인 분석. **한국스포츠교육학회지**, 7(1).
이호철 외(2005). 초등 여교사의 체육수업 걱정거리. **한국체육학회지**, 44(3).
이호철 외(2005). 초등 체육수업에서 소외학생의 행동전략에 대한 현상학적 연구. **한국체육학회지**, 44(4).
이효진(1996). 초등학교 초임 체육지도교사의 교직사회화 연구. **스포츠교육학회지**, 3(2).
이현승(2004). 초등학교 우수 체육지도교사와 초임교사의 체육수업 과제제시에 관한 비교연구. **한국체육학회지**, 43(4).
임문택외(2004). 초등학교 여학생의 이해중심 게임수업에 대한 인식. **한국체육학회지**, 43(6).
임문택(2005). 초등학생의 이해중심게임수업에 대한 경험이야기. **한국스포츠교육학회지**, 12(2).
임소진 외(2007). 초등학생의 표현활동 수업에 대한 인식. **한국스포츠교육학회지**, 14(2).
예철해(2005). 듀이 교육이론의 연구동향과 과제. **한국교육사학**, 27(2).
장윤정 외(2005). 국내 무용학 연구동향과 과제. **한국체육학회지**, 44(5).
정구영 외(2003). 초등학교 체육수업에서 협동학습의 효과분석. **한국스포츠교육학회지**, 10(2).
정구인(1997). 초등체육교육과정에 제시된 기계운동의 교육내용 고찰. **한국체육학회지**, 36(3).
정억순 외(2004). 초등학교 태권도 수련생들의 예절 실천이 정서에 미치는 영향. **한국체육학회지**, 43(5).
조미호(2006). 초등학생의 댄스스포츠 참여가 아동의 성역할 태도에 미치는 효과. **한국스포츠교육학회지**, 13(2).
조성익 외(2001). 사회적 구성주의 관점에서 초등체육 수업방법 분석. **한국스포츠교육학회지**, 8(2).
조순묵(1996). 열린교육 실천을 위한 초등학교 체육교육의 과제. **한국스포츠교육학회지**, 3(2).
_____(1998a). **수업반성을 통한 초등교사의 체육교수활동 변화**. 서울대학교 대학원 박사학위논문.
_____(1998b). 초등학교 체육수업에서의 과제제시 형태에 대한 사례연구. **한국스포츠교육학회지**, 5(1).
_____(2000). 초등학교 체육전담교사의 수업능력향상 방안에 관한 연구. **한국스포츠교육학회지**, 7(1).
_____(2005). 초등 특별편입 예비교사의 체육에 대한 인식변화. **한국스포츠교육학회지**, 12(1).

_____(2006). 초능체육과 교육과정 개성시스넴 성립방안. **한국체육학회지**, 45(1).
조순묵 외(2002). 초등학교 예비교사의 반성성향과 수업운영전략 분석. **한국스포츠교육학회지**, 9(2).
조영제(2007). 초등학교 체육평가 개선의 장애요인. **한국체육학회지**, 46(5).
조용환(1999). 질적연구의 동향과 과제. **교육인류학회지**, 2(1).
조한무 외(2001). 초등체육교수 전문성 개발을 위한 교사포트폴리오 적용. **한국체육학회지**, 40(2).
조홍식(2007). 초등학교 교사의 직업적 삶에 대한 희노애락 연구. **한국체육학회지**, 46(5).
조홍식 외(2007). 초등학교 교사의 체육수업에 비춰진 희노애락 감정에 관한 연구. **한국체육학회지**, 46(6).
차성기(2007). 학술지를 통해 본 해양스포츠 연구동향과 과제. **한국체육학회지**, 46(1).
최광근(2008). 초등학생의 태권도 수련활동에 따른 자기통제능력이 학교생활적응에 미치는 영향. **한국체육학회지**, 47(1).
최원순 외(2008). 초등교사의 즐거움 생활 신체활동 영역에 대한 인식 및 경험. **한국스포츠교육학회지**, 15(1).
최원준(2002). 초등학생의 게임에 대한 개념적 지식분석. **한국체육학회지**, 41(4).
최의창(1999). **체육교육탐구**. 도서출판 태근.
_____(2002). **인문적 체육교육**. 도서출란 무지개사.
탁영희(1997). **초등학교 초임 체육전담교사의 교수가치관 분석**. 서울대학교 대학원 석사학위논문.
한권상(2006). 초등학생의 태권도 수련이 학습태도 및 자기통제능력에 미치는 영향. **한국체육학회지**, 45(4).
황숙영 외(2006). 초등학교 표현활동 수업의 실천과정. **한국스포츠교육학회지**, 13(2).
황숙영(2007). 초등학교 표현활동수업의 어려움: 꺼리와 관계. **한국스포츠교육학회지**, 14(2).
현선희(2007). 초등학생의 생활무용 몰입경험과 또래애착 및 집단따돌림 경험의 관계. **한국체육학회지**, 46(1).

체육교육과정 2부

3

중등학교 체육교과교육 50년의 반성과 전망

강 신 복

우리나라 교육개혁의 역사를 살펴보면 교육개혁과 관련된 변천사는 정권의 교체사와 틀을 같이 하고 있다. 이와 같은 맥락에서 지난 50년의 중등학교 체육교과교육 역시 국가의 교육정책과 지침에 의해 좌우될 수밖에 없었으며 특히 체육교과는 정권의 체육정책으로 인하여 국가수준의 체육교육과정 및 학교 현장의 체육수업이 변화되기도 하였다. 이에 본 연구는 과거 체육교과교육 50년에 대한 회고와 반성을 통해 미래의 체육교과교육을 전망하기 위하여 체육교육과정을 국가수준의 문서적 교육과정과 학교현장에서의 실천적 교육과정으로 나누어 고찰하였다. 그 결과 체육교과교육은 제1·2차 교육과정시기의 단순과 무지, 제3·4차 교육과정시기의 수난과 왜곡의 시기를 지나 제5·6차 교육과정시기에서는 자각과 변혁의 물결이 일기 시작하였다. 즉 스포츠교육학회를 비롯한 여러 학회의 등장과 전국체육교사모임과 같은 자생적 체육교사 운동 및 임용고사 출신의 우수한 교사들의 등장으로 시작된 체육교육의 변혁은 상당한 성과를 거두고 있다. 현재 적용되고 있는 제7차 교육과정이 성과를 거두기 위해서는 체육수업에 보다 내실을 기하고 체육수업을 행하는 사고의 전환이 이루어져야 할 것이다.

I 서 론

    중등학교 체육교과교육 50년을 정리하자면 몇 가지 난점에 봉착한다. 우선 중등학교 체육교과교육 50년을 어떻게 해석하고 이해해야 하는가 하는 문제이다. 체육교과교육 앞에 중등학교라는 수식어가 붙어있기 때문에 중학교, 고등학교라는 교육기관에서 체육교과교육이 50년 동안 어떻게 행해져 왔는가를 이해할 때 이를 어떤 관점에서 바라봐야 할 것인가에 대한 문제이다.

    제 일감(一感)은 학술대회의 주제에서 제시한 것처럼 각 교과교육의 목표, 내용 및 방법의 변천 즉, 교육과정의 변천에 따라 교과교육이 어떻게 변화되어 왔는지를 살펴보는 것이다. 그러나 여기에는 심각한 문제를 내포하고 있다. 체육교육과정의 변천이 곧 체육교과교육의 변천을 어떻게 담아낼 수 있으며, 이를 토대로 반성할 수 있느냐의 문제인 것이다. 체육교육과정의 변천 과정이 학교에서 행해지는 체육교과교육의 변천과 반드시 일치하지 않을뿐더러 별개의 문제일 수 있기 때문이다. 광복이후 그 동안 일곱 차례에 걸쳐 체육교육과정이 개정되었는데 이에 따라 체육교과교육도 당연히 변모했다는 가정이 있을 수 있고, 시대의 변화에 따라 체육교육과정이 개정되었고 그 과정과 결과로 체육교과교육이 변해 왔다는 가정을 해볼 수도 있다. 하지만 이는 너무도 단순한 생각일지 모른다. 닭이 먼저이건 달걀이 먼저이건 상관없이 체육교육과정의 변천이 학교에서 이루어지는 체육교과교육의 변천과는 심각한 괴리가 존재하기 때문이다. 문서로 존재하는 체육교육과정이나 해설서, 체육 교과서나 지도서를 세심하게 분석한다 하더라도 이와는 별개로 또는 차이가 두드러지게 실제로 행해져왔던 학교 현장의 체육교과교육이 존재하기 때문이다. 다시 말하면, 체육교육과정과는 무관하게 체육교육이 행해져 오기도 했으며 또는 그 반대로 체육교육과정의 내용이나 그 지침에 얽매여 프로그램 운영을 획일화함으로써 체육교육 자체가 진부하거나 파행적으로 변모해지는 현상도 엿볼 수 있다.

두 번째로, 체육교과교육은 타 교과교육에 비해 고유한 특성이 존재할뿐더러 상대적으로 여러 요인에 의해 영향을 받게 된다. 타 교과교육은 교과 내용이 시대적 상황이나 사회적 요청에 부응하여 구현토록 국가수준의 문서적 교육과정과 교과서에서 설정되고 운영되어 오고 있다. 그러나 체육교과의 경우 교육내용이 이론과 실기 요소로 구성되며, 그 프로그램 운영도 이들 두 요소 내용 영역이 통합적으로 이루어지는 특성을 지니고 있다. 그러나 그동안 체육교과의 교육과정 구성과 운영은 그 실효성 측면에서 답보적 상태에 머물러 왔다고 볼 수 있다. 제1차 교육과정에서부터 제7차 교육과정 개편과정에서 몇 가지 내용이 삽입되고 제외되었을 뿐 교육내용에 큰 차이가 없다. 또한, 주지교과목과 달리 체육교과교육은 교육내용의 위계 설정에서 관행적으로 융통성이 크게 허용되는 교과이기 때문에 교과서와 학습 진도를 확인하는데 어려움을 겪기도 한다. 예를 들어, 농구라는 교육내용을 가르친다고 할 때 학교 시설과 여건, 교사 자질에 따라 그 수업의 질적 수준에서 차이가 크게 나타난다.

한편, 체육교과교육은 운동장이나 체육관의 시설, 용기구, 학급수의 규모에 따라 큰 영향을 받으며, 여타 교과교육에 비해 정부의 교육정책과, 체육정책에 의해 교과교육 운영에 민감하게 영향을 끼치게 된다.

본고에서 필자는 위와 같은 여러 난점을 고려하여 체육교육과정을 국가수준의 문서적 교육과정과 학교현장에서의 실천적 교육과정으로 나누어 살펴보고자 한다. 이 두 가지 측면을 동시에 바라다 봐야만 체육교과교육 50년을 회고하며, 반성하고, 또한 전망해 볼 수 있을 것이다.

체육교과교육 50년은 편의상 다음과 같이 네 시기로 구분하여 살펴보겠다. 즉, 제1·2차 교육과정시기(1955~1973), 제3·4차 교육과정시기(1973~1987), 제5·6차 교육과정시기(1987~1997), 그리고 제7차 교육과정시기(1997~)로 구분하여 분석하였다.

이와 같은 시기 구분의 기본 틀은 교육과정 철학의 변화와 정권의 변화에 따른 교육관련 정책의 변화에 의해 체육교과교육의 방향에 상당한 정도의 변화를 가져왔다는 관점을 바탕으로 한 것이다.

　본고에서는 전국의 중등학교 체육교과교육의 형태를 모두 파악해내는 데에는 한계가 있다. 남학교와 여학교, 남녀 공학학교가 다를 수 있으며, 중학교와 고등학교, 실업계 고등학교의 상황이 다르며, 대도시와 중소도시, 읍면의 학교 환경이 모두 같을 수는 없기 때문이다. 특히, 고등학교 체육 수업의 형태는 초점을 맞추기 힘들기 때문에 본고에서는 중학교 체육교과에 초점을 맞춰 분석하였다. 또한, 50-70년대의 현장 체육교과교육의 실체를 본격적으로 연구한 연구물이 거의 없기 때문에 그 당시 체육수업의 형태는 몇몇 원로 및 중견 체육교사의 구술 자료에 의존하여 분석하였다.

II 제1·2차 체육교육과정의 시기(1955-1973)

　제1차 체육교육과정은 1954년 4월 20일 문교부령 제35호로 제정·공포된 '교육과정 시간배당 기준령 표'와 그 이듬해인 1955년 8월 1일에 문교부령 제45호로 공포된 '교과과정'에 '체육과 교과과정' 형태로 제시되어 있다. 제2차 체육과 교육과정은 1963년 2월 15일 문교부령 제120호로 공포된 이후 1973년 공포된 제3차 교육과정이 적용될 때까지 시행된 교육과정을 말한다.

1. 문서적 교육과정 :
　　교과중심 교육과정과 생활·경험중심 교육과정

　제1차 체육교육과정은 체육교육의 도입기로, 교과 자체를 중시하는 교육과정의 개념아래 구성되었다. 체육교과서가 새로이 마련되었으며, 교과서에 나타난 지도 목표와 내용을 구현하도록 강조하고 있다. 제1차 체육교육과정에도 학생들의 경험과 생활을 존중하는 생활 중심 교육과정의 개념이 내포되어 있기도 했다. 제2차 체육교육과정은 교육과정 총론에서의 철학적 기반인 생활중심 교육과정에 따라 구성되있는데, 학생들의 생활과 체육을 연관시켜 지도하도록 하였으며, 학생들의 신체적 경험을 중시하도록 하였다.

1) 구성체계

제1차 체육과 교과과정의 구성체계는 『보건과 및 체육과의 목적, 지도 방침, 지도상 유의점, 목표, 각 학년별 지도 내용』으로 체계화하여 제시되고 있다. 제2차 체육교육과정은 제1차와 큰 차이는 없으나 목표 기술에 있어 일반목표와 학년목표로 나누어 제시하고 있다.

2) 목적 및 목표

제1차 체육과 교과과정의 목적은 '보건과 및 체육과는 원만한 환경 밑에 신체 활동을 통하여 신체 각부를 고르고 튼튼히 발달시키고 굳세고 아름다운 정신과 사회적 성격을 기르며, 위생 생활을 습관화하여 민주적 사회 활동에 자기의 최선을 다 발휘할 수 있는 능력을 가지게 한다'라고 기술되어 있다.

체육 교과의 목표로는 신체적, 사회적, 지적·정서적인 발달에 공헌하고자 하는 목표로 기술되어 있고, 안전 및 레크리에이션 지도가 목표 영역에 포함되어 있다. 이는 중·고등학교가 동일하다.

제2차 체육교육과정은 총론에서 우리나라 학교들이 달성하여야 할 중요한 교육 목표로서 『교육과정 구성의 일반 목표』를 제시하고 있는데, 그 다섯 번째 목표로 체육에 대해 언급하고 있다. 그 내용은 '건전한 정신과 강건한 신체를 가진 국민을 양성하는 데 직접 기여할 수 있는 학습 활동을 계획하여야 한다'라고 제시하면서 체육 지도와 공중 위생에 대해 네 가지를 강조하고 있다.

제1차 체육교육과정과 달리 제2차 체육교육과정에서는 목표나 지도내용을 국민학교 교육을 이어, 고등학교로 발전하는 일관성 밑에서 체계화하였으며, 학교 목표로 심신 일체의 수련을 강조하고, 많은 항목의 나열을 정리하여 간결하게 제시하였다. 또한 서로 각 학년의 목표를 세우고, 각 운동에도 도달 목표를 명시하였으며, 학생의 적응도를 고려하여 지도 내용을 조절하고, 레크리에이션의 내용을 신설하였다.

　제2차 체육교육과정의 목표는 ① 신체적 발달, ② 사회적 자질의 발달, ③ 지적 정서적 발달, ④ 안전 지도, ⑤ 여가 선용 등 핵심적인 측면을 내세우고, 이것을 실현하기 위하여 각 학년별로 각각 그 대상자의 심신 발달 단계에 알맞도록 5개 항목의 목표를 설정하여 제시하고 있다.

구분		목적 및 목표
제1차	목적	보건과 및 체육과는 원만한 환경 밑에 신체 활동을 통하여 신체 각부를 고르고 튼튼히 발달시키고 굳세고 아름다운 정신과 사회적 성격을 기르며, 위생 생활을 습관화하여 민주적 사회 활동에 자기의 최선을 다 발휘할 수 있는 능력을 가지게 한다.
	목표	① 신체적 목표 ② 사회적 목표 ③ 지적, 정서적 목표 ④ 안전지도 ⑤ 레크리에이션 지도
제2차	목표	1. 운동의 기술과 기능을 발달 조장시켜 신체 각 부위의 생리적 성장 및 조화적 발달을 꾀한다. 2. 스포츠를 통하여 극기 자제하며 타인과 협력할 수 있는 사회성(社會性)을 길러 페어플레이하는 정신을 기른다. 3. 건강 생활과 각종 스포츠의 개요를 알려 감정과 의지의 통일 작용을 수련시키고, 미적인 표현, 창작, 감상력을 통하여 정서를 순화한다. 4. 보건과 안전에 대한 지식과 기능을 길러 사회 안전 훈련에 협력하도록 한다. 5. 레크리에이션 활동을 계획하고 창작하여 윤택한 민주 생활을 하도록 한다.
	학년목표	① 1학년　② 2학년　③ 3학년

3) 지도내용

　제1차 체육교육과정의 지도 내용은 각 학년별로 맨손체조(맨손체조, 기계체조, 스턴츠), 스포츠(육상경기, 구기, 헤엄, 투기), 무용, 위생, 체육이론 등 다섯 항목이 학생의 발달 단계, 단원의 계열성과 난이도 및 계속성을 고려하여 제시되어 있다. 중·고등학교에서는 스포츠 활동의 형태로 학습내용을 선정, 구성하였는데, 지도방침에서도 스포츠 활동을 중심으로 지도하라고 제시되어 있다.

　특이한 사항은 지도 내용에 '위생'의 영역이 제시되어 있는데, 이는 전후 열악한 환경에 따라 강조하는 내용을 체육 지도 내용에 포함시켰고, 위생 교육을 체육시간에 가르쳤던 것으로 추측된다.

또한 지도 내용의 항목이 이 이후의 체육교육과정의 내용과 비교했을 때 한두 가지 외에는 별 차이가 없고 또한 지나치게 많이 제시되어 있다.

제2차 체육교육과정의 지도 내용은 크게 체육, 보건 위생 및 체육 이론의 세 가지로 나눌 수 있고, 6개 영역으로 되어 있다. 6개 영역은 체조(맨손 체조, 기계 체조, 스턴츠), 스포츠(육상 경기, 구기, 헤엄, 투기), 무용, 레크리에이션, 보건 위생, 체육 이론이다. 이를 다시 분석해 보면, 운동 종목은 널리 사회적으로 실시되고 있으며, 생활에 활용할 수 있는 여덟 가지의 영역이 중심이 되어 있다. 즉, ① 맨손 체조, ② 기계 체조, ③ 스턴츠, ④ 육상 경기, ⑤ 구기, ⑥ 헤엄, ⑦ 투기, ⑧ 무용이며, 그밖에 보건 위생과 체육 이론이 있다.

구분	지도내용(중·고 동일)		
제1차	① 체조(맨손체조, 기계체조, 스턴츠) ④ 위생	② 스포츠(육상경기, 구기, 헤엄, 투기) ⑤ 체육이론	③ 무용
제2차	① 체조(맨손체조, 기계체조, 스턴츠) ④ 레크리에이션	② 스포츠(육상경기, 구기, 헤엄, 투기) ⑤ 보건위생	③ 무용 ⑥ 체육이론

4) 지도상의 유의점

제1차 체육교육과정은 14개 항목의 지도 방침, 6개 항목의 지도상 유의점이 제시되어 있다. 지도방침에서 위생과 휴양에 관한 종합적인 지도를 하라고 강조하고 있으며, '중학교, 고등학교에 있어서 스포츠를 중심으로 하여 지도함을 원칙으로 한다'라고 제시하고 있다. 제1차 체육교육과정에서부터 중·고등학교의 교육내용은 스포츠로 구성되어 있으며, 그 지도방법도 스포츠 중심 지도방법을 강조하고 있음을 알 수 있다. 특히 제1차에서의 지도방침 중에는 그 당시 전후 열악한 위생 상황에 따른 것으로 보이는데, 체육교과에서 위생에 관한 지도 - 학교 환경을 위생적으로 정비(整備)하고 건강생활을 계속 실천케 함으로써 습관이 되도록 노력한다 - 가 강조되어 있다. 지도상의 유의점에서 특이한 사항은 신체 활동의 목표를 달성하도록 강조하고 있으며, 항상 학생의 체력, 수련도, 연령, 성별, 학생 수 등을 고려하여 분단을 나누어 최고도의 지도 성과를 얻도록 함을 강조하고 있는 점이다. 개인차를 고려한 수준별 분단 지도의 강조는 제2차 체육교육과정의 지도상의 유의점에도 나타나고 있다.

제2차 체육교육과정의 지도상의 유의점에는 '체육과의 교육 과정을 운영하는 중추는 각 지역의 학교임이 틀림없다'라고 강조하면서, '실제 운영에 있어서는 각 학교가 그 실정에 맞는 계획을 재구성하여 전개하여야 한다'라고 제시하고 있다. 특히 제2차 체육교육과정은 운동에 관해 타 교과와의 관련성을 고려하여 역동적으로 지도하라고 제시하고 있다. 즉, 생활과 반공·도덕 지도, 스포츠 위생과 과학과의 관련, 보건 위생 면은 그 내용 자체가 과학이나 실과와 관련이 깊고, 체육 이론은 사회과와 관련하여 지도하라고 강조하고 있다.

5) 체육교과 시수

제1차 교육과정에서 체육 교과 시수는 중학교의 경우 매주 2시간, 고등학교는 3년간 이수 단위수가 24단위였다(1단위는 매주 50분 수업을 기준으로 하여 1학기 동안 이수하는 수업량을 의미한다).

제2차 교육과정에서 체육교과의 주당 시수는 중학교의 경우 주당 총시간수 30-33시간 중 34시간을 배당하고 있으며, 고등학교의 경우 24단위(1969년 이후에는 18단위)가 배당되어 있었다.

2. 학교 현장에서의 체육교육 : 단순과 무지의 시대

이 시기 학교 현장에서의 체육교육은 '단순과 무지'의 체육교육이 행해졌다고 할 수 있다. 단순한 목표를 설정하고, 단순한 수업 내용을 단순한 지도방법으로 체육수업이 운영되었다. 다시 말하면, 체육교과를 체위 향상과 건강을 위해 존재하는 과목과 상급학교 입시 과목으로 여겼으며, 육상이나 체조 등의 제한된 수입 내용을 통제적이며 획일적인 지도방법으로 행하였다. 또한 국민 전체적 차원에서의 체육활동에 대한 측면은 도외시되었고, 그 기저에는 체육교육 본래의 목적이나 목표, 교육과정에 대한 무지, 체육교사들의 무지가 그 밑바탕에 깔려있었다.

　이와 같이 학교에서의 체육수업이 실행될 수밖에 없었던 이유는 첫째, 제1공화국부터 제3공화국까지의 국가의 교육정책 또는 체육정책에 상당한 영향을 받은 측면이 있다. 제1공화국의 중하반기 문교정책이나 장학방침은 북한과의 대치라는 정치적 상황 속에서 체육을 일관되게 국토 방위의 수단으로, 군사교육의 한 수단으로 보아왔기 때문이다. 또한 5.16 군사 쿠테타 이후 수립된 제3공화국은 경제성장 제일주의를 표방하였고, 교육은 경제성장을 주도해나갈 인력을 개발하고, 생산력과 기술을 갖춘 인간을 육성하는 역할을 맡았기 때문에 이에 따라 체육에 적극적인 관심을 보였다. 제3공화국에서 강조된 안보와 국방이라는 부국강병적 정책은 학교 체육을 강화시키는 방향으로 전개되었는데, 우선 1차적으로 각급 학교 학생들의 발육을 위해 보건 체육시간을 증가시키거나 배당시켰고 체력 향상에 주안점을 두었다.

　이는 각급 학교의 입시 전형에 있어서 체능교사를 실시함으로써 학교 체육을 강화시켰으며, 학교 체육은 체능고사를 위한 수업으로 운영될 수밖에 없었다. 1962년 문교부가 발표한 고등학교 입시 요강을 보면, 체능검사는 점수로 계산하여 입시성적총점의 7분의 1로 하고 5등급으로 구분한다고 되어있으며, 체능검사의 배점은 200점 만점에서 25점을 차지하고 있었다. 체능검사는 남자의 경우에는 100m 달리기, 던지기(듣는 쪽, 안듣는 쪽), 넓이 뛰기, 턱걸이 등 4종목을, 여자의 경우에는 100m 달리기, 던지기(듣는 쪽, 안듣는 쪽), 넓이 뛰기, 손짚고 엎드려 팔굽혀 펴기 등 4종목을 실시하였다. 중학교 입학전형요소로 등장한 체능검사는 수험생들이나 학부형들에게 체력관리에 관심을 갖게 하는 계기가 되었다. 1969년부터 1972년까지의 고등학교 입학전형에서는 체능점수가 입학시험 총점의 30분의 1 이상으로 되어있었으며, 1973년도 입시부터는 체능검사를 없애고 각급 학교에서 실시중인 체력장 제도를 전형자료로 사용하였다. 이러한 입시 전형이 지배한 교육정책은 곧 중학교 체육수업이 육상이나 체조 등의 단순한 내용을 가지고 체력 향상 위주의 수업이 주를 이루었으며, 특히 중학교 3학년 체육수업은 거의 대부분 고등학교 입시를 위한 수업으로 운영될 수밖에 없었다.

둘째, 다인수 학급, 체육시설과 여건의 절대적 미비 등의 환경적 요인이 학교 현장의 실제적인 체육수업에 강력하게 작용하게 되었다. 1950년대 말 이미 초등학교의 전체 아동의 취학률이 96%를 넘어섰고, 한국교육 여건의 열악한 교육지표로 상징되는 과밀학급, 과대학교의 전통이 이때부터 만들어지기 시작하고 있었다. 1960년대 들어 중등교육의 팽창에 따라 중·고등학교 학급당 학생수가 60명을 훨씬 상회하고 있었고, 이러한 다인수 학급은 특히 학교 체육교육의 질을 가로막는 걸림돌로 작용하게 된다(이러한 다인수 학급은 2000년이 되어서야 40명 내외로 줄어들게 된다). 더불어 교육재정의 부족으로 인하여 교실 짓기에 급급한 나머지 체육시설에의 투자에 엄두를 내지 못했으며, 이 당시부터 '흙먼지 이는 운동장과 공 몇 개'로 대변되는 학교 체육의 교육환경이 만들어진 것이다.

셋째, 학교에서 체육을 가르치는 체육교사의 자질이나 능력, 수준 등 교사적 요인이 이 당시의 체육수업의 질을 가늠하는 하나의 척도가 된다. 김달우(1992)의 연구에 따르면 학생수의 급격한 증가와 이에 따른 교원의 부족, 무자격 교사의 다수 출현 등은 학교 체육교육의 정상화를 저해하는 주요 요인으로 볼 수 있다고 하였다. 체육교사 측면에서 보면 해방 직후 정규 체육교사 자격증을 가진 사람은 일본체육대학 출신 168명, 동경사범출신 몇 명 등 소수에 불과했으며, 절대적으로 부족했던 체육교사를 보충[1]하기 위해 단기간의 강습회 후 교사 자격증을 부여했다고 한다. 이러한

---

[1] 부족한 체육교원의 충원 장치 중 중등교원 양성소가 1947년 이후에 설치되었는데, 체육의 경우 서울대학교 사범대학, 대구사범대학, 숙명여자대학교에 각각 설치되어 중등체육교원을 배출시켰다. 당시 정규 체육교사를 배출했던 곳은 서울대학교 사범대학 체육과, 경북대학교 사범대학 체육과, 이화여자대학교 문리과대학 체육과, 조선대학교 문리과대학 체육과, 신흥대학(경희대학교 전신) 체육과, 부산사범대학 체육과, 광주사범대학 체육과, 수도여자대학 체육과, 조양보육 초급대학 교육무용과 등이었다(김달우, 1992).

사실은 당시의 체육교사가 된 이들이 성식 사범교육을 받지 못했다는 점에서 체육교사의 질을 하락시킨 결과로 작용했다고 한다.

김달우는 계속해서 '체육교사가 아직도 학생들에게 두려움의 대상으로 간주되고 그 교수방법이 주입식이고 획일적이며 다분히 군사문화적 요소가 도처에서 발견되는 것은 체육이 최초의 자기 형성 과정에서 체육교원 양성을 담당했던 사람들의 교육배경이 일본의 체육대학에 국한되었다는 점에 있다. 이러한 한계 속에서 그들의 이념적 경직성과 교수방법의 비민주성이 계속 이어져 내려올 수밖에 없었다.'라고 주장하고 있다.

이종원(1997)의 논문에서도 이와 유사한 내용을 기술하고 있다. 일제말기 학교체육은 군사적 교육으로 대체되고 군사적 전력 증강을 위한 체력 향상에 집중된 것을 생각할 때 50-60년대 학교체육은 군사적 학교체육으로의 회귀의 가능성도 엿보인다고 하였다. 이를 단적으로 보여주는 것이 체육교원의 부족을 배속장교로 대체하였다는 점이라고 밝히고 있다.

이는 그 당시의 불가피한 상황에 의한 것으로 판단되지만 체육교사 개인의 문제가 아닌 체육교사 교육과 재교육에도 문제점이 있었음을 알 수 있다. 이와 같이 당시 자격과 자질이 부족한 체육교사가 대량 유입되어 학교 체육교육을 담당하고 있었으며, 이들의 체육 교육적 신념, 교직문화, 지도방법 등이 상당 기간 동안 재생산되어 체육교사나 체육교과의 이미지에 결정적인 악영향을 미친 것으로 판단된다. 1950년대 중후반에 중·고등학교를 다녔던 한 퇴임 교장 선생님의 회고에 의하면 다음과 같다.

- 그 당시 체육시간에 뭐하셨어요?
= 주로 교련, 교련을 한 것 같아. 체육을 한다고 일정한 커리큘럼에 의해서 배구를 한다든가, 축구 이런 정상적인 교육은 못 받아봤고, 그래서 맨손체조 하나 순서를 모르는 거라.
- 체육시간에 교련했다면 하는 게 뭐였어요?
= 제식훈련, 제식훈련 뭐 그런 거 하지, 정상적으로 체육을 했다는 거 지금도 기억에 없으니깐 내가 이렇게 얘기하는 거야. 교련하지 않았나 싶어.
- 체조나 축구는?
= 우선 축구라는 것을 생각을 못했다는 것이 아니라 우선 기구가 없어, 애들은 많은데 공 한 두 개 들고나왔다고 차봐야 오십 명이 달라 붙어가고 뛰어다니니까 그게 축구도 아니고...

실제 학교 현장에서 행해졌던 체육교과교육은 위에서 기술한 바와 같이 제1, 2차에 걸친 문서적인 체육교과와는 상당 부분 차이가 존재한다. 제1차의 교과중심, 제2차의 생활중심 교육과정 하에 체육교육과정과 교과서가 만들어졌지만 실제 운영상에 있어서는 체육교과에 별다른 영향을 미치지 못하였고 체력을 강조하고 입시 교육에 이바지하는 수단적 의미로 체육교육이 행해지고 있었다.

III 제3·4차 체육교육과정의 시기(1973-1987)

제3차 체육교육과정은 1973년 8월 31일 문교부령 제325호로 제정·공포된 이후 1981년까지 시행된 교육과정을 말하고, 제4차 체육교육과정은 1981년 12월 31일 문교부 고시 제442호로 고시되어 1987년 공포된 제5차 교육과정이 적용될 때까지 시행된 교육과정을 말한다.

1. 문서적 교육과정 : 학문중심 교육과정과 복합적 성격의 교육과정

제3차 교육 과정에서는 구 과정에서의 생활 중심 교육 과정을 지양하고 학문 중심 교육 과정을 강조하였다. 지식의 구조를 이루는 기본 개념과 그 관계를 이해하고, 지적인 탐구 방법을 익힐 수 있도록 지도 내용을 정선하도록 함으로써, 명실 공히 학문 중심 교육 과정의 성격을 분명히 하였다. 이에 따라 각 교과의 내용 조직에서 지식 구조의 체계화에 의한 학교급별, 학년별 계열성을 더욱 뚜렷이 할 것과, 내용의 선택에서 기본 개념과 학문 원리 및 기초 이론을 일관된 지식 구조의 체계 하에서 전개하는 이른바 나선형 교육 과정으로 할 것, 그리고 학습의 방법 면에서 기억 위주나 단순한 경험의 방법이 아니라 철저한 발견, 탐구의 과정과 기본 개념의 이해 과정을 강조할 것을 선언하고 있다.

제4차 교육 과정의 이념이나 교육 과정 사조 또는 이론상의 특징은 어느 한 사조나 이념만을 반영하는 교육 과정이 아닌 종합적이고 복합적인 성격을 지니게 되었지만, 종래의 교과 중심, 경험 중심, 학문 중심의 입장이나 접근 위에 변화와 미래에 대한 인식을 강조하는 미래 지향적 교육 과정의 정신이 반영되었고, 지금까지 소홀히 고려되었다고 볼 수 있는 인간 중심 교육 과정으로서의 성격도 반영되어 개인적, 사회적, 학문적 적합성을 고루 갖춘 교육 과정이 되도록 하였다.

제1차에서 제4차에 이르기까지 운동 내용 숙달 중심 모형이 근간으로, 자아 실현이나 사회 재건의 가치들이 조금씩 첨삭되는 현상을 보이고 있었고, 운동 기능 숙달에 체육 교과의 중요한 가치를 두어 왔다. 따라서, 제4차 체육교육과정까지 전 체육교육과정의 내용 구성은 운동 종목의 단원으로 구성되었다.

1) 구성체계

제3차 체육교육과정의 구성체계는 제2차 때의 '지도내용'이 '내용'으로 명칭이 바뀌었을 뿐 구성 체계상의 큰 변화는 없었다. 제4차 체육교육과정의 구성체계는 '교과목표', '학년목표 및 내용', '지도 및 평가상의 유의점'으로 구성되어 있다.

2) 목표

제3차 체육교육과정은 개정 방향과 요점에 제시된 것처럼 당면한 국가 목표인 자주 국방과 자립 경제 건설에 필요한 국가 요구로서의 건민 정책(체육 진흥과 학교 체육 강화 방안, 체육의 생활화 등)의 실현을 목적으로 하여 체육 교육을 통하여 강건한 새 국민상을 부각시키려는 목적에 이바지하는 것이었다. 체육교과교육을 통하여 평화 시에는 생산력으로 능률을 확대하고, 비상시에는 군사력으로 대응할 수 있는 양면 체제의 저력을 가지게끔 강조하고 있다. 즉, 개인이 지닌 왕성한 체력은 곧 막강한 국력과 직결되고, 체육 교육이나 운동 경기에서 얻어진 건전한 사회성은 능률적이면서도 합리적인 국가 기상을 확립하는데 체육이 이바지할 것을 요구하는 것이다. 따라서, 목표면에 있어서는 건강 증진과 체력 향상에 특히 역점을 두었으며, 각 운동 영역의 내용은 체력 향상에 집중하게 되었다. 이에 따라 학년 목표는 학생의 발달 단계에 따라 적정하고 실행 가능한 목표를 수립하였다.

구분		목표
제3차	일반목표	(가)각종 운동을 통하여 체력과 운동 기능을 길러서, 왕성한 활동력과 실행력을 가진 강건한 국민으로 자라게 한다. (나)운동 경기를 통하여, 규칙과 질서를 지키고, 맡은바 책임을 서로 협력하고, 공명 정대하게 경쟁을 하는 태도를 기른다. (다)개인 위생과 공중 보건 및 체육 활동에 필요한 기초 지식과 실천을 통하여, 건강하고 안전한 생활을 하는 능력과 태도를 기른다. (라)운동을 생활화하게 함으로써, 여가 선용과 정서 순화를 도모하여, 명랑하고 활달한 성격을 기른다.
	학년목표	① 1학년 ② 2학년 ③ 3학년
제4차	목표	여러 가지 운동을 통하여 체력과 다양한 운동 기능을 기르고, 건강과 안전 및 운동에 필요한 지식을 습득하여 일상 생활에서 활용하며, 운동을 통한 건전한 생활 태도를 기른다. (1) 여러 가지 운동을 적극적으로 실천하여 체력을 기르고 운동 기능을 향상시킨다. (2) 건강 생활과 신체 활동에 필요한 지식을 습득하며, 이를 생활에 활용하는 능력을 기른다. (3) 운동 경기를 통하여 규칙과 질서를 지키고, 서로 협력하며, 공정하게 운동하는 태도를 기른다. (4) 운동을 통하여 여가를 선용하고, 정서를 함양하며, 명랑한 성격을 기른다.
	학년목표	① 1학년 ② 2학년 ③ 3학년

제4차 체육교육과정의 교과 목표는 위에는 체육과가 도달하여야 할 모든 행동 영역(心動的, 認知的, 情意的)을 조화있게 결합시켜 일반적이고 포괄적으로 진술하였으며, 그 아래에는 구체적인 행동 요인이 부각 되게 4항목으로 진술하고 있다. 학년 목표는 교과 목표를 학년 수준에 맞게 구체화하고, 상세화하여 학년별 지도 내용과 직접 연결될 수 있도록 하였다. 그리고, 구체적인 행동적 의미로 학년 목표를 해석할 수 있도록 하였다. 항목별 목표 간에 서로 모순이 없도록 하였고, 특히 학생의 발달 수준을 고려하였다.

그러나 사회성, 정서적인 면은 학년간 진술의 중복이 불가피하였다.

3) 지도내용

제3차 체육교육과정의 지도 내용은 순환 운동, 체조, 질서 운동, 육상경기, 구기, 투기(남), 계절 운동, 무용, 보건, 체육 이론 등 10개 영역으로 구성하였다. 이는 각 운동의 특성을 한층 명확하게 하고, 특히 체력 향상이라는 관점에서 통합하였는데, 구체적인 특징으로는 첫째, 순환 운동이라는 일련의 운동을 새로 선정 삽입하였으며, 둘째, 질서 운동을 새로 삽입하였다. 이 질서운동에 대해서는 실천적 교육과정에서 구체적으로 다루도록 하겠다. 셋째, 그 교육 과정 체조의 내용 중 스턴츠의 내용을 기계 체조와 맨손 체조에 흡수하였다. 넷째, 종전의 스포츠 영역의 소영역인 육상 경기나 구기, 투기는 독립 영역으로 그 비중을 높였다. 다섯째, 종전의 구기 내용의 소프트볼과 드라이 볼을 삭제하고 구기 영역에 핸드볼, 농구, 배구, 축구(남자)를 그 내용으로 하였다. 여섯째, 투기 영역 중 태권도를 새로 삽입하였다. 그리고, 투기 내용은 학년별로 나누어 남자에 한하여 이수하도록 하였다. 1학년은 씨름, 2학년은 태권도, 3학년은 유도를 할 수 있었다. 일곱째, 계절 운동이라는 영역을 새로 마련하여 종전의 스포츠 영역의 수영을 흡수하고, 새로 빙상 운동을 삽입하였다. 여덟째, 종전의 레크리에이션 영역을 삭제하여 그 이론적인 배경은 체육 이론에 흡수하고 실기는 모든 실기 종목을 활용할 수 있도록 하였다.

제4차 체육교육과정의 내용 영역은 각종 스포츠와 무용, 레크리에이션으로 구성된 신체 운동과 체육 이론 및 보건·안전을 바탕으로 하여 육상 운동, 체조, 개인 및 대인 운동, 구기, 수영 무용, 체육 이론, 보건 8영역으로 제시하고 있다. 학년별 내용 배열은 지도 내용의 배열에 있어서는 영역을 동일화하게 하고, 각 영역의 구체적인 전 내용을 학년 단계에 맞도록 하였다. 특히 학년간에 내용의 단계성을 가지기 위하여 1학년은 '기본적인 단순성'을 중시한 내용으로 조직(기본적인 단순기능 중시), 2학년은 '기본적인 복합성'을 중시하는 내용으로 조직(기본적인 복합기능 중시), 3학년은 응용의 다양성을 중시하는 내용으로 조직(활용성이 높은 기본적 경기 기능 중시)하였다. 그리고, 지식과 태도 면의 내용도 가급적 1학년은 기초적이고, 기본적인 것이어야 하며, 단순하고 간결한 것으로써 쉽게 이해하고 행동화할 수 있는 내용이어야 한다는 점을 강조하였고, 2학년은 1학년의 내용을 심화 확충하여 발전적이고 활용성이 높은 복합적인 내용을 도입하였다. 3학년은 일반화되어 있는 다양한 내용 중에 약간의 전문성이 가미된 수준 높은 내용이 첨가되었다. 학년별 영역별로 조직되어 있는 지도내용 중에 영역에 따라서는 동일한 내용이 1, 2, 3학년에 똑같이 제시되어 있으나 학년 수준에 맞게 단계를 두고 구체화시킨 것이다.

구 분		지도내용
제3차	중학교	① 순환 운동 ② 체조(맨손체조, 기계체조) ③ 질서 운동 ④ 육상경기(달리기, 뜀뛰기, 던지기) ⑤ 구기(핸드볼, 농구, 배구, 축구) ⑥ 투기(씨름, 태권도) ⑦ 계절 운동(수영, 빙상운동) ⑧ 무용(민속무용, 창작무용) ⑨ 보건 ⑩ 체육 이론
	고등학교	① 순환 운동 ② 체조(맨손체조, 기계체조) ③ 육상경기(달리기, 뜀뛰기, 던지기) ④ 구기(핸드볼, 농구, 배구, 축구) ⑤ 투기(씨름, 태권도) ⑥ 계절 운동(수영, 빙상운동) ⑦ 무용(민속무용, 창작무용) ⑧ 보건 ⑨ 체육 이론
제4차	중학교	① 육상운동(달리기, 뜀뛰기, 던지기) ② 체조(맨손체조, 기계체조) ③ 개인 및 대인운동(탁구, 배드민턴, 테니스, 씨름, 태권도, 유도) ④ 구기(배구, 축구, 소프트볼) ⑤ 수영 ⑥ 무용(민속무용, 창작무용) ⑦ 체육 이론 ⑧ 보건
	고등학교	① 육상운동(달리기, 뜀뛰기, 던지기) ② 체조(맨손체조, 기계체조) ③ 구기(농구, 배구, 핸드볼, 소프트볼, 축구, 럭비) ④ 평생스포츠 및 야외활동(크로스컨트리, 등산, 캠핑, 낚시) ⑤ 투기 ⑥ 수영 ⑦ 무용(민속무용, 창작무용) ⑧ 체육 이론 ⑨ 보건

4) 지도(및 평가상의) 유의점

제3차 체육교육과정의 지도상의 유의점은 총 14개 항목으로 각 지도 내용을 가르칠 때의 유의사항을 구체적으로 명시하고 있다. 그 중에서 제일 첫 번째 항목에서 '체육과 학습에 있어서는 건강 증진과 체력 향상에 역점을 두었으므로, 강인한 의지와 굳센 체력을 가진 강건한 새 국민을 기르려는 지도 노력이 선행되어야 한다'라고 기술되어 있는데, 이는 제3차 체육교육과정의 목적과 목표를 다시 한번 강조하고 있는 것이다. 또한 순환운동을 매 수업 시간 반드시 실시하라고 강조하고 있으며, 질서운동의 취지와 지도방법을 제시하고 있다. 그 외의 사항은 평이한 내용이시만 14번째 항목에서 체육교육과정 최초로 각 내용영역별 시간 배당 비율을 구체적으로 제시하였고, 특히 체조와 육상 경기에 역점을 두어야한다고 밝히고 있다. 이에 관한 내용은 후술하도록 하겠다.

제4차 체육교육과정에서는 지도상의 유의점과 평가상의 유의점으로 나누어 제시하였는데, 지도상의 유의점에 '개인 및 대인 운동은 학교와 지역 사회의 특성을 고려하여 남자는 2종목, 여자는 1종목을 학년별로 선택하여 지도하되, 남자의 경우 2종목 중 1종목은 투기 종목으로 한다'라고 기술하여 학년마다 가르칠 개인 및 대인 운동의 종목 수를 제시하고 있으며 투기(태권도 권장)지도를 강조하고 있다. 또한 '질서 교육은 정신적인 측면을 특히 강조하고, 실기는 교사의 재량에 따라 수시로 지도한다'라고 명시한 점이 특이한데, 이는 학교현장의 체육교육에 상당한 영향을 미치게 된다.

5) 체육교과 시수

제3차 체육교육과정에서의 체육교과 시수는 중학교가 주당 3시간, 고등학교가 주당 14-18단위로 편성되었으며, 제4차에서는 중학교는 제3차와 동일하고 고등학교는 필수가 6-8단위, 선택이 8-10단위로 편성되었다.

2. 학교 현장에서의 체육교육 : 수난과 왜곡의 시대

제3, 4차 체육교육과정 시기는 체육교과교육에 있어서 '수난과 왜곡'의 시기였다고 할 수 있다. 체육 본연의 교과에 충실하지 못한 외부적 요인이 강하게 작용하였기 때문이다. 따라서 체육수업의 목표나 내용, 지도 방법이 왜곡될 수밖에 없었으며, 체육수업 그 자체와 체육수업을 담당하는 체육교사는 수난을 당했다고 할 수 있다. 또한 이 시기부터 국가수준의 체육교육과정이 학교 현장의 체육교육의 모습이나 형태를 바꾸기 시작하였다.

우선 제3차 체육교육과정은 그 기본 방향을 강건한 국민 육성과 체력 향상에 역점을 두었고, 목표에서는 체력증진, 운동기능 향상, 건전한 사회성 함양, 정서 순화에 두었다. 그 내용으로는 강건한 국민육성을 위한 체력강화에 역점을 두고 내용을 정선했다고 밝히고 있는데, 그 중에서도 순환운동과 질서운동을 삽입한 것이다. 순환운동과 특히 육상, 체조 등으로 체력 증진과 운동기능 향상을 꾀하였으며, 질서 운동을 통해 건전한 사회성 함양과 정서 순화의 목표를 달성하고자 하였다. 지도상의 유의점에 다시 한 번 강건한 국민육성을 위한 지도를 강조하였으며, 순환운동, 태권도를 권장하고 질서 운동을 강조(강요)하고 있다.

이러한 지침은 학교 체육수업에 그대로 적용되었는데, 질서운동은 매년 3월 초에서 4월까지, 그리고 수시로 가르치게 되었다. 질서운동의 내용은 아래에서 보는 바와 같이 군대에 다녀온 사람은 알 수 있듯이 제식훈련의 내용으로 되어 있었다.

(가) 자 세	① 차려 자세	② 쉬어 자세
(나) 집합 정돈	① 종. 횡대로 집합 ③ 줄 수 늘리기와 줄이기	② 번호 부르기 ④ 거리 간격 넓히기와 좁히기
(다) 걷기와 뛰어가기	① 걷기와 서기 ③ 걷다 뛰어가기 ⑤ 제자리 걷기와 제자리 뛰기	② 뛰어가다 서기 ④ 뛰어가다 서기
(라) 방향 바꾸기	① 제자리 방향 바꾸기 ③ 걸으며 줄줄이 방향바꾸기	② 걸으며 방향 바꾸기 ④ 뛰며 줄줄이 방향 바꾸기
(마) 경례하기	① 몸 굽혀 경례하기 ③ 머리돌려 경례하기	② 손올려 경례하기 ④ 가슴에 손대고 경례하기

심지어 매 체육수업 시간에 '0학년 0반 인원보고, 총원 00명, 사고 0명, 현재원 00원, 사고내용 00, 열외 0명, 열외내용 00, 이상 수업준비 끝'과 같은 군대식 보고를 실시하고 있었다. 그리고 거의 강제적 지침사항으로 지도상의 유의점에 영역별 비율을 제시하고 있는데, 학교 현장에서는 이를 그대로 수용하고 실시하게 되었다. 그 영역별 비율은 다음과 같은데, 순환운동, 체조, 질서운동, 육상경기의 비율이 50% 내외이다. 이를 보면 체육수업은 거의 전적으로 제3차 체육교육과정의 목표대로 행해진 것으로 판단된다.

영역 \ 성별	남 자	여 자
순 환 운 동	30%	25%
체 조		
질 서 운 동		
육 상 경 기	25%	20%
구 기	20%	20%
투 기	5%	0%
계 절 운 동	5%	5%
무 용	0%	15%
보 건	10%	10%
체 육 이 론	5%	5%
계	100%	100%

1970년대 당시 체육교사를 했던 한 교장 선생님의 회고에 의하면, 이시기 학교 현장의 열악함과 다인수 학급, 정부의 강요 등으로 질서 운동을 강조하고 실시할 수밖에 없었다고 한다.

교육자체도 콩나물 교실, 아주 많은 학생들이 그렇게 과밀학급을 유지해야 되다 보니까 질서가 필요한 거예요. 교실, 복도에서, 운동장에서 서로 안 부딪치기 운동을 하고. 학교는 콩나물 교실인데다가 학생 수는 많고. 그러다 보니까 학생들의 안전과 질서교육이 매우 필요한 거예요. 국민들이 대체로 혼란기 이후에 국민들에게 질서가 필요하다는 것을 강조하고, 그래서 시대적인 요구가 교육과정에 반영되어서 질서운동을 하게 되는데…

정확하게 말해서 1969년 부분 개정 시 질서 운동의 항목이 교육과정에 포함되었는데, 체육수업에서의 질서운동은 80년대 중반을 넘어 90년대까지(10년이상) 실시되고 있었다. 1986년에 교직 발령을 받은 중견 교사는 초임 시절 체육시간에 질서 운동을 실시한 경험을 다음과 같이 말하고 있다.

그때는 많이 시켰지. 3월말 4월 달까지 했었던 것 같은데. 그때는 1학기 때 제식훈련 시험을 쳤으니까. 그게 20점에서 30점 정도 됐을걸. 그리고 아마 중학교 딱 들어오면 초등학교와는 다른 중학교의 다른 부분에도 관심을 많이 가져서 중학생은 단체생활도 잘 하고 질서정연하게 이런 동작을 잘한다 이런 거를 보여줬어. 그때 만해도 전체적인 사회의식이 그런 부분에 관심도 많고, 또 그걸 해야된다고 생각했었던 것 같아. 체육대회 할 때도 분열, 그런 것도

하고 그랬으니까. 그리고 그때까지만 하더라도 연세가 많으신 선생님들은 그렇게 하는 것이 '잘한다' 라는 그런 생각을 많이 가지시고. 또 그때까지만 해도 질서 있게 하는 수업을 잘한다고 생각하는 선생님이 많았어. 걸어 갈 때도 다 발맞춰서, 뛸 때도 발맞춰서 뛰는 게 수업을 잘한다고 생각했던 사람들이 많았던 것 같아. 지금은 그냥 자연스럽게 뛰는 것이 편안하고 또 그것이 학생들을 위하는 길이니까. 그때까지만 해도 다 그렇게 생각을 했지. 내가 기억하기로도 3월 달까지는 다 발을 맞춰서 뛰었으니까.

국가의 잘못된 지침이 체육 교과와 체육 수업을 심하게 왜곡시켰으며, 더욱 심각한 것은 그 당시 학생이었던 사람들 뇌리 속에 체력운동과 더불어 체육에 대한 부정적인 인식을 심어주기에 충분했다. 한마디 덧붙이자면 이 시기에는 체육교사들이 학교 내에서 학생들의 규율을 수호하는 역할과 특별활동 강조에 의한 각종 행사의 진행을 주로 담당하게 되었는데 이로 인해 체육교사의 이미지가 부정적으로 각인된 결정적인 작용을 하였다(자세한 내용은 이충원(2003)의 논문을 참고할 것).

또한, 순환운동은 체력장 제도와 결부되어 체육수업은 체력 향상을 위한 수업으로 운영되고 있었다. 고입, 대입 입시 전형에서 체능검사가 체력장 제도로 바뀐 1973년도부터 체력장은 전 국가적인 연례 행사가 되었으며, 중고 1, 2학년은 매년 가을철에, 중학교 3학년과 고등학교 3학년은 1년의 거의 대부분을 체력장 만점을 위한 체력 향상에 몰두할 수밖에 없었다. 이는 체력장제도가 폐지되는 1994년까지 지속되었다.

이시기 체육수업이 제대로 운영되지 못한 외부적 요인으로 체육교사의 운동부 담당이다. 제3공화국 체육정책에 따라 체육을 통해 국위를 선양하고, 나아가 유능한 전문체육인을 양성한다는 취지에서 1972년 체육특기자제도 시행과 함께 본격적으로 학교에서 운동부를 육성하게 되었는데, 제5공화국을 거쳐 현재까지 학교 운동부는 엘리트스포츠의 발전을 위한 토대를 제공해주었다. 기간 체육시설과 운동선수가 부족한 우리나라 현실에서는 가장 최소의 비용을 투자하여 가장 큰 효과를 얻을 수 있는 주요한 수단으로 육성된 학교 운동부를 체육교사가 담당하게 되었고, 이로 인해 운동부 지도 교사의 잦은 출장, 업무 가중으로 인하여 담당 체육수업뿐만 아니라 동료 체육교사의 수업마저도 파행적으로 운영될 수밖에 없었다.

IV 제5·6차 체육교육과정의 시기(1987-1997)

제5차 체육교육과정은 1987년 초·중학교 교육과정이 공포된 후 1992년까지 시행된 교육과정을 말하며, 제6차 체육교육과정은 1992년 공포된 이후 1997년까지 시행된 교육과정을 말한다.

1. 문서적 교육과정: 복합적 성격의 교육과정

제5차 체육교육과정은 제4차 교육과정과 마찬가지로 특별한 사조나 이념이 반영되었다기보다는 종합적인 성격을 띠고 있으며, 제4차 교육과정의 기본적인 성격을 유지하면서 개선이 필요한 부분만 개정하였다.

제6차의 체육교육과정은 그 이론적 배경으로 학습 내용의 운동 기능은 스포츠 교육 모형과 발달 단계 모형에서, 건강을 추구하려는 체력 운동은 체력 모형에서, 지식 영역은 학문 중심 모형에서, 태도 영역은 인간 중심 모형에서 강조하고 있는 내용들을 절충하여 전문적 지식 구조의 이론적인 틀로 구성하였다.

1) 구성체계

제5차 체육교육과정의 구성체계는 제4차 때와 유사하게 '교과 목표', '학년 목표 및 내용', '지도 및 평가상의 유의점'으로 구성되어 있으며, 제6차 체육교육과정의 구성체계는 체육과 성격, 목표, 내용, 방법과 평가로 나누어 제시하였다. 특히 체육교과의 성격을 처음으로 제안하였다.

제6차 체육교육과정은 지식 구조를 강화한 목표 개념 중심의 체제로 접근하여 교육 과정의 틀을 교과의 성격, 학교급별 목표와 내용, 방법과 평가로 구성하였다.

2) 목표

제5차 체육교육과정 상의 중학교 교과 목표는 초등학교 체육에서 강조한 기본 운동 능력 신장과 긍정적 자아 형성을 바탕으로 하여 경기를 즐길 수 있는 운동 능력과 바람직한 사회적 태도를 함양시키는 데 두고 있으며, 심동적 행동 목표, 인지적 행동 목표, 정의적 행동 목표로 나누어 강조하고 있다. 각 학년 목표의 세부 내용도 위의 목표 분류에 따라 제시하고 있다.

제6차 체육교육과정은 교육 과정 운영의 융통성을 높이고 현장의 활용성을 높이기 위하여 학년별 목표는 삭제하였으며, 체육 교육의 외재적 가치의 강화를 통한 정당성 확보를 위하여 건강을 추구하는 목표를 강화하고 있다. 또 운동을 가치 있고 올바르게 생각하고 적극적으로 참여하도록 하기 위하여 운동에 대한 태도를 중요한 목표로 강조하였다.

구 분		목 표
제5차	일반목표	여러 가지 운동을 통하여, 운동 능력을 기르고 운동과 건강에 필요한 지식을 이해·적용하며, 바람직한 사회적 태도를 가지게 한다. 1) 경기를 즐길 수 있는 운동기능과 체력을 기르게 한다. 2) 신체적인 표현 능력을 기르게 한다. 3) 운동과 건강 및 여가 선용에 필요한 지식을 습득하고 적용하는 능력을 기르게 한다. 4) 정서를 함양하고 사회적 태도를 가지게 한다.
	학년목표	①1학년 ②2학년 ③3학년
제6차	목표	여러 가지 신체 활동을 통하여 경기에 참여할 수 있는 운동 능력과 건강한 생활을 영위할 수 있는 능력을 기르게 한다. 가. 경기에 참여할 수 있는 운동 기능과 건강에 필요한 체력을 기르게 한다. 나. 신체적인 표현 능력을 기르게 한다. 다. 운동과 여가 활동 및 건강에 필요한 지식을 습득하여 실천하는 능력을 기르게 한다. 라. 바람직한 운동 태도와 사회적인 태도를 가지게 한다.

3) 지도내용

제5차 체육교육과정의 지도 내용은 내용의 분화성 원칙에 따라 심동적 영역, 인지적 영역, 정의적 영역으로 구분되었다.

심동적 영역은 육상 운동, 체조, 수영, 개인 및 단체 운동, 무용, 체력 운동을 내용으로 하였다. 심동적 영역의 목표는 여러 가지 운동의 기초 기능, 복합 기능 및 경기 기능을 습득하고 체력을 높임으로서 운동 능력을 향상시키는 데 있기 때문이다.
 인지적 영역에서는 운동의 개념을 이해하고 응용하는 내용의 이론 부분과 청결과 건강, 위생 및 안전을 포함하는 보건 부분으로 구성된다. 인지적 영역의 목표는 운동의 방법, 효과 및 적용에 관한 이해와 건강 및 안전에 대한 이해를 요구하기 때문이다. 정의적 영역은 적당한 경쟁과 우위에 대한 인정, 성공과 실패의 수용, 협동과 희생, 책임과 의무, 리더십과 복종심 등의 바람직한 사회적 태도를 육성할 수 있는 내용을 다루었다. 정의적 영역의 목표는 긍정적 자아 형성과 바람직한 사회적 태도의 함양에 있기 때문이다.
 이상과 같은 여러 영역들의 내용 구성은 체육 교육 과정 연구의 유력한 이론인 운동 발달 단계적 접근 이론(Development Stages Approach Theories)과 운동 분석 이론(Movement Analysis Theories)을 바탕으로 체계화되어 구성되었다(문교부, 1987).
 제6차에서는 내용 영역을 운동 영역별로 기능, 지식, 태도의 목표 개념으로 구성하였는데, 각 학년별로 내용 영역에 기능, 지식, 태도 항목을 두어, 내용 영역별로 달성하고자 하는 학습 목표를 명확하게 제시하였고, 교육 과정 운영에서 교사의 창의성과 자율성을 제고하였으며, 교수·학습 자료를 연구, 제작하는 데 있어 지식 구조의 분석적 틀을 제안하고 있다.
 특히 기능 영역인 심동적 영역은 운동 기능을 조작적으로 정의한 기초 기능, 복합, 기능, 경기 기능으로 분류하여 1학년에서는 기초 기능, 2학년에서는 복합 기능, 3학년에서는 경기 기능을 익히도록 제시하였다.

구 분		지 도 내 용
제5차	중학교	① 심동적 영역(육상운동, 체조, 수영, 개인 및 단체운동, 무용, 체력운동) ② 인지적 영역(이론, 보건)　　　③ 정의적 영역
	고등학교	① 심동적 영역(육상, 체조, 수영, 구기, 무용, 투기, 평생스포츠, 야외활동, 체력운동)　② 인지적 영역(이론, 보건)　③ 정의적 영역
제6차	중학교	① 육상운동　② 체조(맨손체조, 기계체조)　③ 수영　④ 개인 및 단체운동　⑤ 무용　⑥ 체력운동　⑦ 이론　⑧ 보건
	고등학교	① 육상　② 체조　③ 수영　④ 구기　⑤ 무용　⑥ 투기　⑦ 평생스포츠　⑧ 야외활동　⑨ 체력운동　⑩이론　⑪보건

4) 지도 및 평가상의 유의점/방법, 평가

제5차 체육교육과정의 지도 및 평가상의 유의점에서 특이한 사항은 그 전까지의 전통적인 체육에서 중점을 두었던 운동 기능과 체력 향상 지도를 반성하고 인지적, 정의적 목표까지 포괄적으로 달성되도록 지도해야 함을 명시하고 있다. 또한 종래의 체육이 교사 시범과 지시 일변도의 지도 방법이었음을 깨닫고 제5차에서는 학생 중심의 탐구력, 창의력, 및 문제 해결력을 신장시키려는 데 중점을 두라고 강조하고 있다. 평가에 있어서도 다양한 영역을 다양한 방법에 의해 평가하라고 기술하고 있다.

제6차 체육교육과정에서는 교육 과정의 현장 활용성을 높이기 위하여 방법과 평가를 분리하여 상세화하였는데, 학습 지도 교사의 전문성을 발휘하기 위해서는 구체적인 지도 방법이 필요하므로 질문, 피드백, 교수 단서 제공 등의 지도 방법을 상세히 제시하였다. 또, 현장 교사의 올바른 평가를 위하여 구체적인 평가 방법, 목표 영역별 평가 가중치, 평가 횟수 등의 방법을 상세히 제시하였다.

5) 체육교과 시수

제5차 체육교육과정에서의 체육교과 시수는 중학교가 주당 3시간, 고등학교는 필수 6단위, 선택 8단위로 편성되었다. 제6차 체육교육과정에서의 체육교과 시수는 중학교가 주당 3시간, 고등학교는 필수 8단위, 선택 6단위로 편성되었다.

2. 학교 현장에서의 체육교육: 자각과 변혁의 흐름

이 시기는 체육교과교육도 자각과 변혁의 물결이 출렁거리기 시작했다. 시대의 변화에 따라 체육교육을 변화시키려는 동력이 다양하게 분출되었다. 우선, 외국에서 스포츠교육학을 공부하고 돌아온 일군의 학자들과 체육교육학을 공부한 교사, 학생들에 의해 외국의 체육교육과정, 체육교수이론, 체육교수법 등의 책이 번역되어 배포, 확산되었다. 90년대에 들어서면서 스포츠교육학회를 비롯한 몇몇 학회에서 학교체육에 대한 관심이 급증하여 이에 대한 다각적인 연구가 본격적으로 이루어졌으며, 전국체육교사모임과 같은 자생적 체육교사 운동이 행해지기 시작했다. 또한 대학의 체육교사교육이 정상화됨에 따라 본격적인 교사교육을 이수한 386세대 교사 및 임용고사 출신의 우수한 교사들이 대거 현장에 투입되기 시작하였다. 이들 교사들이 체육교육의 변혁을 주도해나갔으며 상당한 성과를 거두고 있다.

그러나 제5차 체육교육과정 시기에는 교육과정 상의 내용으로 인하여 체육수업의 형태가 왜곡되어 나타나기도 했다. 체육교육과정의 내용을 학년별로 중학교의 경우 1학년은 기초기능, 2학년은 복합기능, 3학년은 경기 기능으로 분류하여 발달단계 모형에 적합하게 제시하였는데, 학교 체육수업에서는 다른 방식으로 행해졌다. 발달단계에 적절하게 가르치라는 교육과정 상의 이념은 탁월했으나 실제로는 그렇지가 못했다. 체육교사가 그러한 이론대로 가르치지 못했으며, 체육교사들은 1학년이나 3학년이나 동일한 수업 내용으로 동일한 수업의 수준으로 가르치게 된 것이다.

또한 제6차부터 '학교 교육 과정'을 편성하여 운영하도록 제도화하여 체육교과에서도 '학교수준의 체육교육과정'을 작성하였는데, 그 구성 내용이나 실행 방법이 평가를 우선시하게 되었다. 제6차 체육교육과정의 '평가'부분에 '운동 기능 평가는 한 학기당 4개 종목 이상을 대상으로 하고, 그 비율은 70% 정도로 한다, 지식 평가는 학기별로 실시한다'라는 조항으로 말미암아 체육수업은 평가에 급급하게 되고 평가가 수업방법을 구축하고 제한하는 형태가 나타났다. 그 결과로서 간단한 기초기능을 평가하고 그 단원의 수업이 종료되어 수업내용의 질이 얕아질 수밖에 없는 결과를 초래하기도 했다. 더군다나 '평가는 학년별로 동일한 기준, 내용, 도구 및 방법을 개발하여 실시한다'라는 반강제적 조항으로 인하여 학교 내 체육교사 집단 내에서 갈등이 발생하곤 했다.

변화가 가장 더딘 곳이 교육현장이라고 하는 것처럼 체육교과도 예외는 아닌 듯하다. 이 시기의 체육교과교육은 체육수업이 심하게 왜곡되었던 7, 80년대의 후유증으로 말미암아 타성과 개혁, 공존과 갈등, 조화와 충돌이 행해지고 있지만 시대의 도도한 흐름인 자각과 변혁의 노력을 꺾지는 못할 것이다.

V 제7차 체육교육과정의 시기(1997-)

제7차 체육교육과정은 1997년 12월 30일에 교육부 고시 제 1997-15호로 고시되었고 이 교육과정은 2001년도부터 시행하고 있다. 제7차 교육과정의 중요한 특징은 위 10개 학년의 '국민공통기본교육과정' 체제와 11, 12학년 2개 학년간의 '선택중심 교육과정'체제로 요약할 수 있다.

1. 문서적 교육과정: 수요자 중심 교육과정/학생중심 교육과정

1) 구성체계

제7차 체육교육과정은 『성격, 목표, 내용, 교수·학습방법, 평가』로 구성되어 있는데, 특히 체육과의 '성격'을 규정하고 있다. 체육과는 기능적, 학문적, 규범적 성격을 동시에 공유하는 종합 교과임을 성격으로 규정하면서, 움직임 욕구의 실현 및 체육 문화의 계승, 발전이라는 내재적 가치와 체력 및 건강의 유지·증진, 정서 순화, 사회성 함양이라는 외재적 가치를 동시에 추구함으로써 인간의 '삶의 질'을 향상시키는 데에 공헌하는 교과로 명시하고 있다.

2) 목표

제7차 체육교육과정에서는 국민공통기본교육 기간(10년) 동안 체육 교육을 받은 결과로서 학생들이 도달해야 할 최종 성취 기준을 목표로 설정하였다. 따라서, 국민공통기본교육 과정을 이수하면 성취하게 될 체육과 교육의 성과를 총괄적으로 묶어 체육과의 목표로 제시하고 있다.

체육과의 목표는 총괄목표로서의 교과목표로 체육 활동을 위한, 체육 활동에 관한, 체육 활동을 통한 교육으로서 체, 지, 덕이 조화롭게 통합된 전인의 육성에 기여한다고 밝히고 있으며, 하위 목표로 아래의 표 내용처럼 중학교의 목표와 내용 영역 목표를 제시하고 있다.

구 분	목 표
제7차	다양한 신체 활동을 통하여 학생 개개인의 움직임 욕구를 실현하고, 운동을 수행하는 데에 필요한 기능과 체력을 증진하며, 운동과 건강에 관한 지식을 이해하고, 사회적으로 바람직한 태도를 함양한다. 가. 다양한 운동에 적극적으로 참여해 운동 기능과 체력 및 심신의 건강을 증진한다. 나. 운동과 건강에 관한 다양한 지식을 이해하고 활용하는 방법을 익힌다. 다. 운동을 통해 사회적으로 바람직한 태도 및 문화적으로 가치 있는 규범을 익힌다.

3) 내용

국민공통기본교육 과정의 설정에 따라 체육과 학습 내용 구성에 있어서는 체육과에서 반드시 다루어야 할 교육 내용을 최저 필수 학습 요소를 중심으로 학습 내용을 정선함으로써 학습 분량을 최적화하였다. 각 내용 영역별로 '모든 학생들이 최소한의 동일한 내용을 학습해야 한다'는 국가 수준 교육 과정의 기본 원칙으로 '필수 내용'을 선정하였고, 그 밖의 내용은 지역별, 학교별, 교사별, 학생별 요구와 특성에 따라 '선택 내용'으로 가르치고 배울 수 있도록 하였다.

위와 같은 이론적 틀을 바탕으로 중학교의 경우 육상 운동은 달리기, 뜀뛰기, 던지기 운동으로 구성하고, 체조는 맨손 체조, 기계 체조, 리듬 체조로 구성하였다. 그리고 수영은 자유형, 배영, 평영을 익히도록 하였다. 개인 및 단체 운동은 태권도, 유도, 씨름, 탁구, 배드민턴, 테니스, 스케이트, 스키, 궁도, 사격, 축구, 농구, 배구, 핸드볼, 소프트볼 등의 종목들이 포함한다. 이 중에서 1학년은 핸드볼, 축구, 태권도를, 2학년은 농구, 배드민턴, 씨름을, 3학년은 배구, 소프트볼을 필수 내용으로 하며, 그 밖의 종목들은 학교와 지역적 특성을 고려하여 선택될 수 있도록 하였다. 무용은 창작 무용, 우리나라의 민속 무용, 외국의 민속 무용을 필수 내용으로 하고, 그 밖의 내용을 선택으로 한다. 체력 운동은 근력 및 근 지구력, 심폐 지구력, 유연성을 기를 수 있는 내용으로 구성하였다. 이론은 체육의 본질과 가치, 체육의 발달, 체육의 과학적 원리 등으로 구성하였고, 운동의 발달, 운동 학습 방법, 운동 생리학, 운동 역학 등의 영역에서 학습해야 할 개념들은 각 운동 영역 내에 포함하였다. 보건은 건강한 생활을 영위하는 데 있어서 예방적

중 학 교					고 등 학 교	
구분		7 학년	8 학년	9 학년	구분	10 학년
영 역		지도 내용	지도 내용	지도 내용	영역	지도 내용
체조	맨손 체조	맨손 체조, 매트 운동 외 선택	뜀틀 운동 또는 평균대 운동 외 선택	철봉 운동 외 선택	체조	맨손 체조, 기계 체조, 리듬 체조 등
	기계 체조					
	리듬 체조					
육상	달리기	단거리달리기, 멀리뛰기 외 선택	이어 달리기, 높이뛰기 외 선택	장애물달리기, 포환던지기 외 선택	육상	달리기, 뜀뛰기, 던지기 등
	뜀뛰기					
	던지기					
수영	자유형	자유형 외 선택	배영 외 선택	평영 외 선택	수영	자유형, 배영, 평영, 접영 등
	배영					
	평영					
	접영					
개인 및 단체 운동	개인 운동	핸드볼, 축구, 태권도 외 선택	농구, 배드민턴, 씨름, 외 선택	배구, 소프트볼 외 선택	개인 및 단체 운동	개인 운동, 단체 운동 등
	단체 운동					
무용	창작 무용	창작 무용 외 선택	한국의 민속 무용 외 선택	외국의 민속 무용 외 선택	무용	창작 무용, 민속 무용 등
	민속 무용					
보건	공중 보건	공중 보건	소비자 보건	안전	보건	환경 보건, 정신 건강, 올바른 성 의식 등
	소비자 보건					
	안전					
체력 운동	건강 체력	근력 및 근 지구력 운동, 심폐 지구력 운동, 유연성 운동 등의 개념 이해와 적용			체력 운동	심폐 지구력 운동, 근력 및 근 지구력 운동, 유연성 운동 등
이론	체육 관련 학문적 지식	체육의 본질과 가치	체육의 발달	체육의 과학적 원리	이론	체육과 현대 생활, 체육과 진로, 여가 생활과 건강 증진 등

활동을 중심으로 건강에 필요한 여러 가지 지식과 실천적 태도를 기르기 위한 단원으로 질병과 건강, 공중 보건의 이해, 성 교육, 환경 교육, 소비자 보건, 식품과 건강, 약물 오·남용, 건강과 영양, 생활 안전 및 운동 시의 안전, 응급 처치 등 우리의 생활과 직접 관련되는 내용을 포함하였다. 이 중에서 1학년은 공중 보건을, 2학년은 소비자 보건을, 3학년은 안전을 필수 내용으로 하였다.

이처럼 학년별로 필수 내용을 선정한 이유는 전술한 제6차 때까지의 체육교과교육의 형태에 대한 반성의 결과라고 할 수 있다.

4) 교수·학습 방법

제7차 체육교육과정에서는 체육과의 효율적인 교수·학습 방법에 관한 지침에 중점을 두어 교수·학습의 기본 방향, 계획, 조직, 유의점, 자율적 운영, 영역별 지도 등으로 세분화하여 제시하였다. 특히, 최근의 교수·학습 이론을 최대한 반영하여 학생들의 체육에 대한 교육적 경험을 질적으로 향상시킬 수 있도록 하였다.

5) 평가

평가는 체육과의 효율적인 평가에 관한 지침을 제시하는 데 중점을 두고 평가의 기본 방향, 다양한 평가의 방법, 평가의 활용 등으로 보다 구체화하여 체육과 교육 평가의 개선에 활용할 수 있도록 하였다.

6) 체육 시수

제7차 교육과정의 총론에서 재량활동시간을 할당했기 때문에 모든 교과에 걸쳐 주당 배당 시간이 다소 감소한 이유로, 체육교과도 중학교는 1·2학년이 주당 3시간, 중학교 3학년은 주당 2시간이 되었다. 고등학교의 경우 1학년은 4단위이고 2·3학년은 선택교과로 되어 체육과 건강, 체육이론이 4단위, 체육 실기가 4단위 이상 선택할 수 있도록 하였다.

2. 학교 현장의 체육교육: 내실과 전환의 시대

불과 3년 전부터 실질적으로 적용되고 있는 제7차 체육교육과정이 학교 현장에서 어떻게 행해지고 있는지 단정 짓기는 무리이다. 학교의 체육시설은 30여 년 전이나 지금이나 거의 변한 것이 없는 상태이지만 학생수는 40명 내외로 줄었고, 불과 5년 전의 학생들과 지금의 학생들은 큰 차이를 보이고 있다. 이제 체육수업은 내실을 기하고 체육수업을 행하는 사고의 전환을 해야 할 시점이라고 판단된다.

VI 요약 및 전망

1. 요약

우리나라 교육개혁의 역사를 살펴보면, 교육개혁과 관련한 변천사는 정권의 교체사와 틀을 같이 하고 있었음을 알 수 있다. 1948년 대한민국 정부를 수립한 이래 현재까지 교육은 항상 교육 외적인 동기와 목적을 위해 이용되는 수단적인 가치로서 인식되고 있었다. 이른바 '값싸고 질 좋은 교육'이라는 교육계의 구호가 지난 50년 동안 우리나라 교육의 기능적인 속성을 대표하는 것이라고 할 수 있다. 즉, 교육이 국가안보 및 경제발전에 종속하고 있었기 때문에 교육 본래의 이상을 지닐 수 없었던 것이라고 할 수 있다(교육인적자원부, 1997). 이런 측면에서 볼 때 체육교과교육 50년도 국가의 교육정책과 지침에 의해 좌우될 수밖에 없었으며, 특히 체육교과는 정권의 체육정책이 영향력을 행사하여 국가수준의 체육교육과정 및 학교 현장의 체육수업이 변화되기도 했다.

1955년 제1차 체육과 교육과정이 공포된 이후 1973년까지의 제1, 2차 체육교육과정의 시기에서 체육교과의 문서상의 교육과정은 제1차는 교과중심 교육과정, 제2차는 생활/경험중심 교육과정의 영향을 받아 구성되었다. 체육교과의 목적이나 목표는 구성체계상의 목적 또는 목표를 기술하거나 좀 더 세분화하여 학년목표가 포함되기도 했지만 신체적, 인지적, 정의적, 사회적 목표의 틀은 유지되는 것으로 보이며, 이는 현재 제7차 체육교육과정의 틀과도 큰 차이를 보이지 않는다. 다만 제1차 교육과정상의 목표에 안전 및 레크리에이션 지도가 포함되어 있는 것이 특이하다.

내용에 있어서 다양한 목표를 성취하기 위해 여러 가지 스포츠(신체활동) 기회와 경험을 학생들에게 제공하여 전인적 발달을 도모한다는 취지인 듯 아주 '다양한' 종류의 활동들로 가득차 있다. 이는 미국의 '신 체육'이나 '신체를 통한 교육'의 철학을 이어받아 교육과정이 구성된 것으로 판단된다. 이같은 체육교육과정 상의 내용 영역은 현재에도 그대로 유지되고 있다.

그러나 이시기 학교 현장의 체육교육은 문서상의 교육과정이 추구하는 방향과는 무관하게 운영되었던 것으로 사료된다. 그 이유는 그 당시 체육을 바라보는 정치가나 교육정책가들은 체육을 단지 건강을 위해 존재하는 과목이며, 체육수업을 통해 체력을 기르는 것이 가장 큰 목표라고 이해하고 있었다고 볼 수 있다. 또한 체육수업의 한 주체인 체육교사들은 그 당시 교사의 수급 사정이나 교사 교육으로 인해 체육의 목표나 내용, 방법, 평가에 대해 정통하지 못한 상태에서 체육교육을 실천하고 있었다고 보인다. 학교 교육에서 교과로 체육이 존재하는 것은 예전부터 있어왔기 때문이며, 건강과 체력을 위해 있어야 한다고 믿고 있었던 것 같다. 체육교육은 건강과 체력 향상을 위한 도구이고, 상급학교 진학을 위한 입시과목으로서의 체육인 것이다. 또한 절대적으로 부족한 체육시설이나 용기구, 여건, 다인수 학급으로 말미암아 체육수업은 수십 명이 동시에 할 수 있는 단순한 수업내용으로 통제적, 획일적인 교수방법으로 수업을 운영할 수밖에 없었을 것이다(체육수업에서는 물리적 환경이 절대적으로 수업의 질을 결정하는데 50년이 지난 지금도 이 부분이 제대로 해결되지 못하고 있다).

제3, 4차 체육교육과정의 시기인 1973년부터 1987년은 체육교과에 있어서 대단히 불행한 시기였다. 체육수업이 철저하게 왜곡되었고 수난을 당했다. '체력이 국력'이라는 단일 목표로 인해 제3

차 체육교육과정에는 순환운동이 강조되었으며, 세계 어느 나라에서도 유래를 찾아보기 힘든 기본 군사 훈련과 같은 '질서운동'이 교육과정에 포함되어 실시토록 강요된 것이다. 교육과정 자체는 학문중심 교육과정이나 복합적 성격의 교육과정에 따라 구성되었다고는 하나 이시기는 이와는 별개로 교육과정의 일부 내용(순환운동, 질서운동, 육상, 체조)을 50% 이상 체육수업에서 실시하도록 하였다. 체육수업은 '절대적 명령'에 의해 그대로 운영될 수밖에 없었다. 여기에 상급학교 입시에 상당한 영향을 미치는 체력장 제도가 있었으며, 체육교사들은 본연의 임무 외에 운동부 육성이나 학교의 의식, 행사 진행으로 인해 체육수업은 물론이거니와 체육교사의 이미지에 부정적인 영향을 미쳤다.

제5, 6차 체육교육과정 시기는 문서상의 교육과정 자체가 변화하기 시작했다. 특히 제6차부터 본격적으로 학문적, 전문적인 지식 구조의 이론적 배경을 바탕으로 교육과정을 구성하기 시작했다. 또한 현장에서는 체육교육 자체에 대한 자각이 일기 시작했으며, 변혁의 움직임이 실천되는 시기였다.

그러나 제5, 6차 시기에서 주목할 점은 지도 내용에 있어서 심동적, 인지적, 정의적 영역으로 구분하여 제시하고 있다. 이는 내용의 분화성 원칙에는 적합하나 현장 체육교육과 체육교사의 인식을 운동 기능, 지필고사, 태도 평가로 분리시키게 되었다. 또한 중학교 1학년부터 3학년까지 동일 내용으로 교육과정이 구성되어 있는데, 이 부분이 현장의 체육교육을 학년 구분없이 실시하게 된 빌미로 작용했다. 이 시기부터 교육과정 상의 몇몇 조항이 체육수업의 외형에 큰 영향을 미치기 시작했다(예를 들면, 평가는 한 학기당 4종목 이상, 운동 기능 평가의 비율은 70% 정도). 하지만 이 시기는 전체적으로 체육교육의 내실을 꾀하고 본연의 모습을 갖추기 위해 노력하는 시기라고 할 수 있다.

2001년부터 적용되기 시작한 제7차 체육교육과정 시기는 현재 그 성과를 판가름할 수는 없다. 체육교과의 시수가 처음으로 줄었으며(중학교 3학년이 2시간으로), 고2, 3학년의 경우 선택으로 변하였다. 체육수업의 내용의 질을 향상시키고자 필수와 선택으로 구성하였는데, 이로 인해 6차까지의 학년별 동일 내용으로 행해지던 체육수업이 상당 부분 시라진 것은 사실이다. 그러나 학교의 시설, 여건 등 체육수업의 환경이 개선되지 않은 채 시수 부족과 평가의 강제 조항으로 인하여 체육수업의 질은 별개의 문제로 남아있다. 보다 내실을 기해야 하며, 다양한 노력과 연구가 요망되고 있다.

2. 전망

체육교과교육 50년을 돌아볼 때 '반성' 그 자체인 것 같다. 체육교과교육의 긍정적인 형태보다는 그렇지 않은 실체를 의도적으로 부각시켰다. 감추고 싶고 외면하고 싶은 과거이지만 그런 과거가 있기에 현재가 있으며 이를 바탕으로 도약할 수 있는 계기가 될 것으로 믿기 때문이다. 역사적 사실을 묻어두는 것이 능사가 아니다. 아픔을 딛고 다시 일어서야만 발전할 수 있다. 그리고 전망도 가능할 것이다.

앞으로의 체육교과교육을 전망하는 것은 쉬운 일이 아니다. 다만 한 가지는 분명히 밝힐 수 있다. 과거 50년의 체육교과교육에서 잘해온 점은 보다 발전시키고, 그렇지 않은 부분은 반복되지 않도록 하는 것이다.

이러기 위해서는 먼저 전제조건이 있다. 체육교과교육이 '잘' 되기 위해서는 교과 특성상 물리적인 환경과 여건이 구비되어야 한다. 수십 년 넘게 학교 체육시설이나 여건의 개선은 너무나 미흡하다. 학생들을 체육수업에 적극적으로 참여토록 유도하기 위해서는 교사의 학습환경 조성이 우선되어야 하고 비효과적인 수업조직으로는 활발한 체육수업을 기대하기 어려운 것처럼 절대적으로 부족한 물리적 환경에서 체육수업이 원활하게 운영되기 힘들다. 말로만 개선이고 투자였지 현재까지도 비참한 체육 수업 환경이다. 기존의 열악한 운동장은 교육 정보화 시설 확보로 인해 더욱더 좁아지게 되어 학생들의 운동공간 확보율이 날로 악화일로에 있다.

학교마다 체육관이 있고 수영장이 있다면, 학급 인원수가 20명 정도라면 체육교과교육의 질은 당연히 향상된다고 확신한다. 과거

50년 동안 그 열악한 상황에서도 수업을 지도해왔던 체육교사들이다. 언제나 열심히 가르치겠다는 일념으로 교단을 지키는 현장교사들에게 희망을 안겨주기 위해서는 시설 확보를 포함한 교육 여건 개선의 노력이 우선적으로 이루어져야만 한다.

신체활동은 인간의 본능적인 활동이며 문화이다. 체육교과교육은 앞으로 이 부분에 초점을 맞춰 나가야 할 것이다. 본능적인 활동 자체를 학교의 체육교과에서 담아내야 하며, 삶의 주요 부분으로, 문화의 한 부분으로 만들도록 도와주어야 한다. 교수자와 학습자가 상호작용하며 신체활동이 만들어내는 체육수업에서 신체활동의 묘미를 일깨워 주어야 하며, 이를 토대로 개개인의 삶이 풍요로워 지는데 일조하여야 한다. 삶과 체육활동이 분리되지 않는 그 자체로서의 목적으로 체육교과가 존재하도록 하여야 한다. 체육 그 자체가 진정한 '전인'의 교과가 되도록 우리 모두 노력해야 할 것이다.

참고 문헌

강신복, 최의창(1997). 스포츠교육학의 발전과제. 서울대학교 체육교육과 창설 50주년 기념 학술논집. 81-105.
교육부(1997). **교육 50년사**. 서울: 교육부.
교육부(1997). **제7차 체육교육과정 해설**.
교육인적자원부(2001). **초·중·고등학교 체육과 교육과정 기준**. 서울: 신일문화사.
김달우(1992). **해방이후 학교교육의 재편 및 정착과정에 관한 연구**. 서울대학교 대학원 박사학위논문.
김동진(1993). 중등체육. **중등체육연구회** 1993년 11월호.
문교부(1963). 제2차 체육교육과정 해설.
문교부(1973). 제3차 체육교육과정 해설.
문교부(1981). 제4차 체육교육과정 해설.
문교부(1987). 제5차 체육교육과정 해설.
문교부(1991). 제6차 체육교육과정 해설.
이강우(1994). **한국스포츠의 지배이데올로기적 기능에 관한 연구**. 성균관대학교대학원 박사학위논문.
이돈희 외(1996). **한국의 교육정책**. 서울: 한국교육개발원.
이종원(1997). **제3공화국의 체육정책 및 체육의 전개에 관한 연구**. 서울대학교대학원 석사학위논문.
이종원(2002). **제5공화국의 스포츠정책 연구**. 서울대학교대학원 박사학위논문.
이충원(2003). **체육교사의 교직문화 형성**. 서울대학교대학원 박사학위논문.
장기옥(1991). **학교교육제도**. 서울: 대한교과서주식회사.
정재걸 외(1994). **한국근대 학교교육 100년사 연구(Ⅰ)**. 서울: 한국교육개발원.
조미혜, 오수학(2004). **체육교육과정과 평가**. 서울: 무지개사.
최의창(1999). **체육교육탐구**. 서울: 도서출판 태근.

4

2007 개정체육과 교육과정의 내용 분석

강신복

본 연구는 현행 제7차 체육과 교육과정의 문제점을 짚어보고, 이에 따라 2007 개정 체육과 교육과정의 특징을 살펴보는 데 그 목적이 있다. 또한 개정 체육과 교육과정이 학교 현장에서 그 취지를 살려 올바르게 실행되기 위한 바람직한 연수의 방향을 탐색하였다. 제7차 체육과 교육과정은 학교 현장의 적용성의 어려움, 교육과정 구성 요소간의 연계성과 일관성의 결여, 교육방법 및 평가의 효율성과 자율성의 부족 등의 문제점을 드러내었다. 이러한 문제점을 해결하기 위해 2007 개정 체육과 교육과정에서는 그 동안의 운동 기능중심 교육과정에서 신체활동의 가치를 추구하는 교육과정 기본 철학의 전환을 바탕으로, 체육교과의 인문성과 예술성을 강화하였다. 또한 체육교육의 내용을 건강·도전·경쟁·표현·여가 활동으로 통일하여 일관성과 연계성을 유지하였고, 학교 현장에의 상황에 맞게 운영할 수 있도록 교육 방법 및 평가 등에서 자율성과 효율성을 강화하였다. 이러한 2007 개정 체육과 교육과정이 학교현장에 안착하기 위해서는 다방면에 걸친 교사 연수가 실시되어야 할 것이며, 무엇보다 교사의 자발적인 참여의지가 중요할 것이다.

I 서 론

현대 사회는 지식과 정보의 급속한 팽창으로 빠른 변화의 길을 걷고 있다. 첨단 과학 기술의 발달은 사람들의 생활을 편리하게 해주면서, 생활 곳곳에 깊숙이 스며들고 있다. 특히 인터넷(Internet)으로 대변되는 정보 통신의 발달은 수많은 지식과 정보의 공유를 가능하게 해주고 있으며, 이는 이전의 지식 주입식 교육활동에 변화를 가져오게 되었다. 단순 지식의 암기력을 지닌 인재보다는 창의적이고 논리적인 사고를 지니고, 통합적인 사고력을 겸비한 인재를 요구하게 되었다. 이러한 시대적 변화와 사회적 요구는 교육 현장에 많은 영향을 미치고 있으며, 특히 학생들이 학습해야할 교육 내용과 교수-학습 방법 등에서 큰 변화를 가져오고 있다. 이는 곧 교육과정의 변화를 의미하는 것이다.

교육과정이란 말은 그 개념에 대한 정의가 매우 다양해서 어느 한 가지 관점으로 설명하기가 불가능하다. 넓은 의미로는 학생들이 경험하는 모든 경험에서부터 좁게는 수업 시간에 진행되는 수업 내용이라 할 수 있으며, 교육과정의 의사 결정 수준에 따라 국가 교육과정에서 학교 교육과정에 이르기까지 그 개념은 이해하는 관점과 상황에 따라 의미가 천차만별이다. 우리나라와 같은 교육체제에서 학교 교육과 관련하여 교육과정의 의미를 정리한다면 '교육이념 및 목적을 달성하기 위하여 국가, 시·도 교육청, 그리고 학교가 마련하는 일련의 학습과업체계'라고 정의할 수 있다(안양옥, 2006; 유정애, 2007).

학교의 교육활동을 위해 우리나라는 국가에서 교육과정을 제정하고 운영·관리하는 시스템을 채택하고 있다. 1955년 공포된 제1차 교육과정을 시작으로, 현재 2000년부터 시행된 제7차 교육과정이 적용되고 있다. 국가 교육과정을 운영하고 있는 우리나라에서 교육과정의 변화는 교육활동 전반에 걸친 변화를 의미하는 것으로, 교과목의 개설과 수업 시간 수, 교육 내용과 교육 방법 그리고 평가에 이르는 모든 교육활동의 과정을 교육과정에 명시하고 있기 때문이다. 이렇게 영향력이 지대한 교육과정의 개정은 그간 사회적 요구에 따라 즉각적으로 개정하기 보다는 6~7년의 정기적인 주기에 따라 전면적·일시적 개편으로 이루어진 관계로 여러 가지 문제점이 지적되었다. 대표적으로, 급변하는 사회 현상을 제대로 반영할 수 없었으며, 개정이 불필요한 교과의 개편과 함께 교과서의 전면 개정까지 이어지는 비합리성이 그러하다. 2000년부터 시행된 제7차 교육과정은 오랫동안 동일한 교육내용 및 내용 체계를 가지고 있어, 사회·문화적 변화를 잘 반영하지 못하고 있으며, 현행 교육과정의 학습량 및 수준이 학습자에게 적절하지 못하고, 학교급·학년·교과간 연계성의 강화가 요구되고 있다. 또한 주5일 수업제의 도입으로 수업시수의 조절이 필요하게 되어 새로운 교육과정의 개정을 연구하여 금년 2월에 고시하게 되었다(교육인적자원부, 2007).

이러한 개정의 주기적 시기성과 현행 교육과정의 문제점 개선을 위해 고시된 '2007 개정 교육과정'은 현재 실행중인 제7차 교육과정의 교육철학과 기본 체제는 유지하면서 국가·사회적 요구와 함께 여러 학계와 학교 교육 현장의 요구를 수용하여 총론 및 국민공통기본 교과와 선택교과군별 부분 수정을 실시하게 되었다. 체육과의 교육과정 개정에서도 이런 취지에 따라 제7차 교육과정의 기본 체제는 유지하면서, 체육교과에 대한 내·외적 변화 요구로 각 항목에 대한 내용의 개정이 이루어졌다.

체육과 교육과정개정의 큰 특징을 간략하게 살펴보면 신체활동 가치중심의 철학을 바탕으로 내용영역 체제에서 가장 큰 변화를 가져왔다. 학년별 운동 기능 위주의 내용 영역을 건강·도전·경쟁·표현·여가의 5개 활동으로 제시하고 각 하위영역과 활동의 예시를 제공하고 있다. 특히 사회 전반에 걸친 주5일 근무제의 시행에 따른 여가 생활의 중요성을 반영하여 교육 내용에 여가 활동이 새롭게 추가되었으며, 웰빙의 열풍과 함께 청소년들의 비만과 체력저하가 사회적 문제로 부각되고 있어 이를 해결하기 위안 교육 내용으로 건강활동 영역을 체력증진과 보건과 안전의 중영역으로 편성하여 내용을 제시하고 있다. 또한 이를 위해 학교 체육교육의 정상화와 청소년들의 신체활동 기회 부여를 위해 현재의 선택 과목군에서 예체능 과목군에 있던 체육 교과를 독립시켜 체육 과목군으로 새롭게 편성하였다. 성격영역 체제에서는 학생들의 전인적 성장을 도모하기 위해 이전까지 운동 기능 중심의 체육교육을 반성하고 지·덕·체의 조화로운 발달을 강조하는 통합적 체육교육의 방향을 제시하고 있다.

다른 나라에서도 사회적 변화에 때를 같이하여 체육과 교육과정의 변화가 진행되고 있다. 경제적 발전과 생활수준의 향상으로 인해 과도한 영양 섭취와 신체활동 시간의 축소는 청소년들의 체력저하와 성인병, 당뇨, 비만 등 각종 질병을 야기하는 심각한 사회문제로 대두되고 있다. 전 세계적으로 이에 대한 해결 방안을 고심하고 있으며, 해결 방안의 하나로 체육과 교육과정의 방향을 '스포츠 기술 습득'(sport skill acquisition)에서 '생활 기술'(active life skill) 발달로 옮겨가고 있다. 이 생활 기술은 개개인이 활동적인 삶을 계획하고 이를 실천할 수 있는 능력을 함양하는 것으로, 협동성, 타인 존중, 페어플레이 등이 강조된다(강신복, 2005). 이는 우리나라의 '신체활동 가치중심'의 교육과정 개정의 방향과도 일맥상통하는 것으로 볼 수 있다.

이와 같이 체육과 교육과정은 사회적 요구를 수용할 수 있는 문제해결의 기능을 가지고 있다. 따라서 앞으로 시행될 '2007 개정 체육과 교육과정'은 이러한 사회적 기대에 부응할 수 있어야 한다. 이에 본 연구에서는 '2007 개정 체육과 교육과정' 문서의 내용 분석을 통해 이러한 사회·시대적 요구가 제대로 반영되고 있는지 탐색하였다. 또한 학교 체육교육이 나아가야 할 방향을 짚어보기 위해 개정 체육과 교육과정의 목표를 구체적으로 확인하였으며, 교육과정 문서의 분석을 통해 체육과 교육 내용 체계가 기존 제7차 체육과 교육과정이 안고 있었던 문제점들을 개선할 수 있는 해결점을 갖추게 되었는지 확인하였다. 특히, 교육과정 개정과 맞물려 실시되는 교과서 개편에 있어서도 체육교과는 다른 교과에 비해 많은 변화를 시도하고 있다. 초등학교 5·6학년의 체육 교과서는 그 동안 국정교과서 발행 체제에서 검인정 교과서 체제로 전환하게 되었고, 5학년 체육 교과에서는 시범적으로 디지털교과서의 제작도 이루어질 예정이다. 새롭게 편찬되는 교과서 내용 체제의 근간이 교육과정임을 주시할 때, 교육과정의 내용을 분석하는 것이 얼마나 중요한 과제인지 알 수 있다.

학교 교육에서 체육교육을 통해 이루고자 하는 목표와 기대하는 인간상은 교육과정에 자세하게 명시되어 있다. 학교 교육의 목표를 달성하기 위해서라도 체육과 교육과정에서 제시하는 교육 목표와 교육 내용, 교수-학습 방법 등이 적절한지 살펴보아야한다. 또한 새로운 교육과정의 변화 방향의 탐색을 통해 새로운 교육과정의 실행을 준비하는 일선 학교의 교사나 각 지역 교육청의 체육교과 장학업무에도 큰 도움이 될 수 있다. 고시된 교육과정은 2009년 초등학교 1, 2학년을 시작으로 2013년에 전면적인 실시를 하게 된다. 실행에 앞서 충분한 준비 기간이 있는 만큼 모든 준비 단계의 첫 단추인 교육과정의 분석을 통해 교육 목표와 교육내용의 적절성·연계성을 확인해야 할 것이다.

교육과정이 개정됨에 따라 체육교육 활동의 많은 부분에서 교육 내용, 교수 방법 및 평가 등에 있어 많은 변화가 예상된다. 그러나 무엇보다 중요한 것은 이러한 변화를 실현 할 교사의 자질문제이다. 아무리 좋은 교육과정과 이를 위한 체육시설이 구비된다 하더라도 교육활동을 실천하는 일선에 있는 교사의 변화가 없다면 학교 체육교육의 정상화를 위한 제도적 노력은 무의미하다. '교육은 교사의 질을 능가할 수 없다'는 말처럼 교사의 역할이 중요하다. 새로운 교육과정의 시행을 앞두고 교육과정 개정에 따른 교사 연수가 시·도 교육청별로 시행되고 있다. 이에 따라 현재 진행 중이거나 예정인 체육과 교육과정의 교사 연수 프로그램을 살펴보고, 바람직한 방안을 모색하고자 한다.

따라서 본 연구에서는 현행 제7차 체육과 교육과정의 문제점을 짚어보고, 이에 따라 '2007 체육과 개정 교육과정'의 특징을 살펴보고자 한다. 또한 개정 체육과 교육과정이 학교현장에서 올바르게 시행되기 위해 현재 실시중인 교사연수 시책을 점검해 보고 바람직한 방향을 탐색하는데 있다.

II 연구의 내용 및 방법

1. 연구 내용

2007 개정 체육과 교육과정의 특징을 파악하기 위하여 우선, 현행 제7차 체육과 교육과정에서 제기되고 있는 문제점을 분석하였다. 문제점 개선을 위해 개정의 배경이 되었던 체육과 교육과정의 철학을 탐색해보고, 개정 체육과 교육과정의 구성 요소별 특징을 살펴보았다.

개정된 체육과 교육과정이 학교 현장에서 개정의 취지를 살리며 올바르게 시행되기 위해 현재 진행중이거나 예정인 교사 연수 프로그램을 분석해 보고, 효과적인 연수 방안을 함께 고찰하였다.

2. 자료 수집 및 연구 방법

2007 개정 교육과정의 특징을 살펴보고, 이를 전수하기 위한 교사 연수 프로그램을 분석하기 위해 각종 문헌을 고찰하였다. 체육과 교육과정의 개발 과정에서 실시하였던 공청회 및 세미나 자료와 관련자료를 수집하여 분석하였고, 교사 연수 프로그램은 지역교육청 홈페이지에 게시된 연수자료와 연수 담당자와의 인터뷰를 통해 그 내용을 수집하여 문헌고찰의 연구방법을 실시하였다.

III 2007 개정 체육과 교육과정의 변화

'2007년 개정 체육과 교육과정'의 변화된 내용을 살펴보기 위해 우선 제7차 체육과 교육과정을 운영하면서 제기되었던 문제점을 되짚어보고, 이를 해결하기 위한 개정 교육과정의 변화 모습을 탐색하였다. 이를 위해 교육과정 개정에 영향을 주었던 사회적·철학적 배경의 요인들을 살펴보고, 개정 체육과 교육과정의 구성 요소별 특징과 강조되고 있는 내용을 탐색하여 개정의 취지를 잘 나타내고 있는지 고찰하였다.

1. 제7차 체육과 교육과정의 문제점[1]

우리나라의 경우 국가에서 제시되는 교육과정은 학교 교육에서 차지하는 비중이 실로 막중하다. 학교 교육에 비록 자율성이 주어지기는 하나, 제공된 교육과정의 범위 내에서 이루어지기 때문이다. 지금까지 우리나라의 학교 교육은 국가에서 제시되는 교육과정을 준수하는 수준에서 이루어졌으며, 앞으로도 그 큰 틀은 지속적으로 유지될 것이다. 따라서 교육과정이 가지고 있는 문제점을 분석하는 것은 지극히 당연한 것이고, 꼭 필요한 연구과제이다. 따라서 본 연구에서는 현재 시행되고 있는 제7차 체육과 교육과정 문서의 학교 현장 적용성과 문서 내용 체계간의 일관성, 학습 내용의 적정성에 대하여 기존에 시행되었던 연구보고서와 논문을 고찰하여 문제점을 정리하였다. 현행 교육과정의 문제점 분석을 통해 개정된 교육과정의 개선점과 함께 제기된 문제들의 해결 모습을 엿볼 수 있다.

제7차 교육과정은 국민공통기본교육과정, 수준별 교육과정, 선택중심 교육과정 등과 같은 새로운 시도를 교육과정 체제와 내용 측면에 도입함으로써 우리나라 교육의 질적 변화와 성장을 도모하고자 하였다(유정애, 2005). 제7차 체육과 교육과정은 내부적으로

---

[1] 한국스포츠교육학회와 한국교육과정평가원에서 실시한 '국가수준 체육과 교육과정 반성 및 발전 방안 탐색'의 2005년 춘계학술대회 자료집의 내용을 참고하여 저자의 분석과 병행하여 기술하였다.

는 학년별 필수 내용과 선택 내용을 도입하였고, 초등학교에서의 기본 움직임 교육 등과 같은 새로운 시도가 있었으나, 학교 현장의 실태에 적합하지 않아 오히려 체육활동을 꺼리게 되는 부작용이 제기되고 있다. 특히 계절운동인 스키, 수영 등의 학습내용이 필수 내용으로 제시되고 있으나 학교 현장에서는 시설 여건상 교수-학습에 많은 애로사항이 있을 뿐만 아니라, 지도가 어려운 내용에 대한 보조자료 개발이 이루어지지 않아 오히려 필수 내용과 선택 내용 도입의 취지를 무색하게 한다. 학교 현장에 대한 실태 분석이 제대로 이루어지지 않아 개선된 많은 교육과정의 내용까지 탁상공론으로 매도되는 아픔을 겪어야했다. 교육과정은 학교 교육에서 실현이 될 때 빛을 발하는 것으로, 교육과정 문서와 학교 교육현장이 불일치하는 것은 교육과정을 공허한 서류로서만 남게 하는 것이다. 따라서 교육과정 개정에 있어 학교 현장의 실태분석이 좀 더 다각적으로 이루어져야 할 것이다.

제7차 체육과 교육과정은 제6차 체육과 교육과정의 기본 구성 체제를 유지하며 세부 내용을 개정하였는데, 이는 2007 개정 체육과 교육과정과도 같은 형태이다. 제7차 체육과 교육과정의 각 구성 요소별 내용은 사회의 요구를 수용하는 발전적인 방향으로 제시되고 있으나, 각 요소별 연계성과 일관성이 부족하다는 지적을 받고 있다. 성격 항목은 체육교과의 철학적 관점, 기본 방향, 목적을 기술하고 있는 중요한 부분이나, 성격에 진술된 내용과 목표, 내용의 구성이 일관성을 유지하지 못하는 비논리적 구조를 가지고 있다. 성격에서 강하게 제시된 내재적 가치가 목표에서는 진술되지 않는 것이 그러한 예이다(류태호, 2002). 또한 성격에는 지식, 기능, 태도의 통합을 도모하여 전인 교육을 목적으로 한다는 내용이 제시되어 있음에도 불구하고, 실제 목표는 인지적 영역, 심동적 영역, 정의적 영역이 각각 분절적으로 제시되고 있다. 그리고 내용 체계표에서는 활동위주의 내용만 제시되어 지식과 태도를 통합하여 표현한 구체적인 내용 제시가 미흡하다(안양옥, 2004; 유정애, 2003). <표 1>에서 보는 바와 같이 성격, 목표, 방법, 평가 등의 교육과정 구성 요소들은 서로 다른 용어와 구성 틀을 제시하며, 일관성이 없고, 동일한 지향점을 갖지 못하는 것으로 나타났다(유정애 외, 2005).

표 1 제7차 체육과 교육과정 체제와 세부 구성 방향(서지영, 2005)

성격	목표	내용	교수 학습방법	평가
기능, 지식, 태도의 통합을 추구	심동적, 인지적, 정의적 목표	이론과 보건 실기	이론과 보건 실기 태도	심동적, 인지적, 정의적 평가

제7차 체육과 교육과정의 교수학습 방법 및 평가의 요소에서 문제점으로 가장 많이 언급되는 것이 효용성의 문제이다(서지영, 2005). 이는 교육과정의 교수학습 방법 및 평가 진술 내용이나 형태가 매우 원론적이고 개론적이기 때문에 실제로 학교에서의 체육수업 현장에서 실제로 적용하는데 그다지 도움이 되지 않는다는 것이다(유정애 외, 2005). 서지영(2005)의 교육과정 문서에 담겨진 교육방법과 평가의 효율성에 대한 초·중·고교 교사들의 설문조사결과 모두 도움이 된다는 긍정적인 응답이 많이 나왔으나 도움이 되지 않는다는 부정적인 응답 또한 적지 않았고, 경력이 적은 교사들에게서 부정적인 응답의 빈도가 높게 나타났다고 보고하고 있다.

이밖에도 각각의 구성요소에서 심동적 영역에 치중한 내용 기술과 학교급 및 학년별 내용의 위계성이 미흡함을 문제로 제기되고 있다. 이는 체육교육에서 추구하는 체·지·덕의 전인적인 성장을 도모할 수 없으며, 학생들의 발달단계를 고려하지 않아 학교급별 특성이 반영되지 않을 수 있다. 또한 평가에서는 중등의 경우 평가 종목 수, 시기, 영역의 반영 비율 등이 구체적으로 언급된 것은 학교 현장의 상황을 고려하지 않아 일부 수업에서는 파행적인 운영이 이루어진다(유정애, 2004).

따라서 2007 개정 체육과 교육과정에서는 제7차 체육과 교육과정에서 제기된 학교현장의 적용성, 구성 요소간 연계성과 일관성, 교육방법 및 평가의 효용성과 자율성 등의 문제를 해결할 수 있도록 개정되어야 한다.

2. 교육과정 개정의 배경

　개정에 가장 큰 영향을 미치는 것은 주된 교육철학이다. 그 동안 '건강 및 체력증진을 위한 스포츠 기능'의 관점에서 '활동적인 삶을 위한 라이프 기술'로 체육 교육의 철학이 옮겨가고 있는 추세이다. '건강'은 일차적인 체육과의 교육목적으로 주장되어 왔음에도 불구하고 '운동기능 습득'이 강조되어왔다(Placek, 1992). 물론 운동기능이 습득되면 신체활동에 흥미를 느끼고 건강을 얻을 수 있지만, 건강 증진은 운동 기능 습득보다도 신체활동의 다른 차원 즉, 체력, 영양, 위생 등이 종합적으로 교육되어야만 한다. 설령 기능 습득이 되었다 하더라도 그 효과는 단기적으로 나타나며, 학생들이 활동적인 삶을 영위하는데 필요한 지식, 능력, 기술 등을 대신해 줄 수는 없다(Corbin, 2002). 이러한 기존 체육과 교육과정의 기본 철학에 한계점이 드러나면서 '신체활동의 가치중심 교육과정'으로 전환을 시도하게 되었다. 이는 체육과가 궁극적으로 추구하는 활기차고 건강한 삶을 살아가기 위한 평생 체육활동에 지속적으로 참여하는 자기주도적 체육인으로 인도할 수 있음을 의미한다(유정애, 2007).

　두 번째 개정의 방향은 체육교과의 본질 회복 차원에서 체육의 인문성과 예술성을 강화하는 방향으로 개정이 시도되었다. 신체활동 속에는 과학성과 예술성이 공존하고 있음에도 불구하고 이러한 측면을 교육과정에 반영하지 못하여왔다. 최의창(2002)은 체육을 기법적 측면과 심법적 측면으로 설명하면서 체육의 과학화로 강조되는 기법적 측면을 비판하고, '체육 문화에로의 입문' 차원에서 심법적 측면을 강조한다. 따라서 국가수준 체육과 교육과정은 체육의 과학적 측면만을 강조하여 진정한 예술적 가치를 간과하였던 우를 더 이상 범해서는 안 된다. 체육의 인문적, 예술적 가치를 깨달을 때 진정한 체육의 가치를 터득하게 되는 것이다. 한 쪽으로 치우친 그 동안의 체육교육에서 모든 요소를 균형 있고 조화롭게 교육의 활동으로 유입하도록 해야 한다.

　셋째, 그 동안 국가수준 교육과정의 내용을 체육 수업시간에 다루어지는 수업내용으로 인식하여 지도해 왔던 기조에서 교육내용으로 인식하는 교육과정 내용의 재개념화 시도를 볼 수 있다. 교육과정에서 제시된 축구를 이전에는 패스, 드리블, 게임 등 기능 중심의 수업내용으로 활용하였으나, 이를 더 확장하여 축구의 문화, 축구의 가치 그리고 건강과의 관계 등 보다 폭넓게 활용할 수 있는 교육내용으로 다루도록 하고 있다. 또한 단위 학교와 체육교사에게 교육과정 운영의 자율권을 갖도록 강화하였다. 이는 국가에서 제공하는 교육과정을 수용하는 차원에서 벗어나 적극적으로 재구성하여 활용하도록 개발자의 역량을 발휘하도록 하는 것이다(유정애, 2005).

끝으로, 체육과 교육과정 문서의 구성 요소 항목간 연계성이 강화되었다. 제7차 체육과 교육과정의 구성 요소 항목은 성격, 목표, 내용, 교수·학습방법, 평가로 구성되어 있으며, 이 항목들은 상호 연계성을 가지고 유기적인 관계를 가져야 함에도 불구하고 현행 교육과정에서는 이러한 측면이 미흡하다(류태호, 2002). 성격에 진술된 체육의 가치가 목표에 반영되지 않고, 내용에서도 운동 기능 위주의 외재적 가치만이 강조되는 불일치의 모습을 보여준다. 이런 의미에서 개정된 교육과정에서는 하나의 일관된 방향을 가지고 각 항목을 연계적으로 구성하도록 하였다. 체육의 성격에서 강조된 건강은 목표와 내용, 교수·학습방법 및 평가에 모두 반영되고 있으며, 체육교육의 내용도 국민공통기본교육과정에서는 건강·도전·경쟁·표현·여가 활동으로 통일하여 일관성을 유지하도록 하고 있다.

3. 체육과 교육과정 개정 내용

2007 개정 체육과 교육과정은 제7차 체육과 교육과정에서 분석된 문제점을 개선하고, 체육과 교육과정에 대한 철학의 전환에 근거하여 개정을 단행하였다. 개정된 체육과 교육과정은 '신체활동 가치중심 교육과정'을 표방하며, 체육교과의 본질 회복을 위해 인문성과 예술성을 강화하였다. 신체활동 지식(physical activity knowledge)을 중심으로 교육과정의 내용을 구성하고, 단위 학교와

일선 교사의 교육과정 운영 자율권과 교육과정 구성 요소간의 연계성을 강화하였다.

1) 성격

성격은 체육교과를 소개하는 부분으로 제7차 교육과정에서는 체육과의 특성, 가치, 교육내용, 강조점 등을 종합적으로 진술하였으나 개정 교육과정에서는 체육과의 정의, 추구하는 인간상, 교육과정의 내용 틀, 학교급별 체육교육의 방향으로 구조화되어 신체활동의 가치를 강조하고 있다. 체육과의 정의에서는 제7차 체육과 교육과정에서 제시된 체육의 내재적 가치와 외재적 가치를 일원화하여 체육과의 교육적 가치를 발전적으로 부각시키고 있다. 추구하는 인간상에서는 체육 교육을 받은 학생들에게 기대되는 모습으로 체육과의 교육적 가치를 내면화하여 건강한 사회와 국가를 만드는데 공헌할 수 있는 인간상을 제시하고 있다. 건강·도전·경쟁·표현·여가의 5가지 신체활동 가치중심으로 교육과정을 설계하여, 초등학교에서는 기초 교육을 담당하고, 중등학교에서는 심화 교육을 담당하도록 제시하고 있다. 체육교과의 각 세부 내용에서 신체 활동의 가치를 어떻게 추구할 것인지 구체적인 방안을 제시하고 있어 체육교육이 앞으로 나아갈 방향을 명확하게 제시해 주고 있다.

2) 목표

목표에서는 기존의 영역별 목표 제시 방식에서 벗어나 심동·인지·정의적 영역을 통합하고 포괄성 있는 체육과 목표 영역으로 제시하고 있다. 이를 위해 국민공통기본교육에서 최종적으로 도달해야 할 총괄 목표와 학교급별 목표를 구분하여 제시하고 있으며, 제7차의 총괄목표와 심동적·인지적·정의적 영역의 목표 진술 방식에서 5개의 신체활동 가치에 따른 목표를 제시하고 있는 것이 특징이다.

초등학교에서는 신체활동 가치의 의미 이해, 기초 수행 능력과 생활화를 강조하는 목표를 제시하고 있으며, 중등학교에서는 신체활동의 가치 인식, 경기 수행 능력과 감상 및 비평능력을 강조하고 있나. 성격에서 강조하고 있는 신체활동 가치중심의 교육과정이 목표에서도 일관성 있게 유지되고 있음을 확인할 수 있다.

3) 내용

내용에서는 많은 변화가 있었는데 가장 큰 특징이 제7차 교육과정에서 학년이 올라감에 따라 학습의 내용영역이 운동 종목의 제시 형태로 분화되고 확대되었으나, 개정된 교육과정에서는 전 학년 모두 건강·도전·경쟁·표현·여가활동의 5가지로 일원화 되었다. 이와 함께 신체활동의 가치 요소를 학년별로 각 활동영역에 제시하고 있다. 그 결과 신체활동 수를 축소하여 교육과정 내용의 적정화를 시도하였다. 특히, 학년별 5개 활동으로 일원화 하면서 학습 내용의 계열성을 확보하기 위한 노력을 기울였다.

초등학교에서는 신체활동 가치의 기초 교육을 담당하고, 각 내용영역에 대한 기본지식과 수행 능력을 익히는데 초점을 두고 있다. 중등학교에서는 신체활동 가치의 심화 교육을 담당하고, 각 내용영역에 대한 경기 기능 및 경기 방법, 경기문화 감상 등의 총체적인 안목을 형성하는데 중점을 두고 있다. 이는 교육 목표와도 직접적으로 연계되는 것이며, 초·중등의 교육내용을 계열화하고자 하는 모습을 엿볼 수 있다.

교육 내용의 조직에 있어서는 운동종목 나열 방식의 제7차 교육과정과는 달리 활동을 통해 학습할 수 있는 인지적·정의적·심동적 내용을 통합적으로 제시하고 있다. 필수와 선택으로 제시되었던 내용도 지역, 학교, 학생, 교사의 교육 여건에 따라 자율적으로 선택하여 운영할 수 있도록 자율권을 부여하였다.

내용 영역별로 구성과 의미를 살펴보면 건강 활동은 건강에 관한 지식을 탐구하고 심신의 건강을 증진하여 건강한 생활습관을 기르는 의미를 가진다. 이를 위해 체력 증진과 체력관리, 보건과 안전, 건강 관리의 3개 소영역으로 구성되었다.

도전 활동은 개인의 신체적 수월성과 타인의 신체적 기량에 도전하는 활동으로 기록·동작·표적·투기의 4개 도전과제로 구성되어 각 도전 활동에 필요한 기본 기능과 관련 덕목을 배우는데 초점을 맞추고 있다. 경쟁 활동은 게임 또는 스포츠 경기 상황에 존재하는 상호 경쟁적 요소를 과학적으로 수행하고 감상하는 활동이다. 집단 간 경쟁을 전제로 경기 수행 능력과 다양한 인지 전략을 익히고 협동심, 리더십, 스포츠맨십 등의 가치 덕목을 중시한다. 이를 위해 피하기형·영역형·필드형·네트형 경쟁으로 내용을 구성하고 있다.

표현 활동은 생각과 느낌을 신체 움직임으로 표현하고, 자신 및 타인의 움직임을 감상할 수 있는 신체활동의 의미를 지닌다. 움직임·리듬·민속·주제 및 창작 표현으로 구성되었으며, 초등학교에서는 이 구성 요소를 모두 표현의 과정으로 포함하고 있다. 여가 활동은 새롭게 강조되는 활동으로 다양한 유형의 신체 활동을 생활화하며, 바람직한 여가 문화를 자기 주도적으로 계획하고 실천하는데 의미가 있다. 여가 생활과 여가 문화의 2개 영역으로 가정, 학교, 지역 사회의 구성원과 함께 신체활동 중심의 여가에 참여할 수 있는 활동으로 구성되어 있으며, 과거 우리나라의 여가 활동인 민속놀이도 내용으로 편성되어 있다.

내용에서는 신체 활동 가치의 시대성, 지역성, 제도성을 동시에 고려하여 내용 영역과 내용 요소를 결정하였으며, 제7차에서 필수와 선택 내용으로 나뉘었던 내용 영역을 최소의 선택 내용으로 구성하여 자율권을 확보하고 있다.

4) 교수·학습방법

교수·학습방법에서는 개인차를 고려한 수준별 수업, 체육 교과 내의 통합적 교수·학습활동, 창의적인 교수·학습방법의 선정과 활용을 강조한다. 제7차에서는 교수·학습 방법의 구성 체제를 8개항으로 설정하였으나, 금번에는 3개 항으로 축소하여 국가 수준의 교수·학습 방법의 방향을 제시하고 있다. 특히 신체 활동에 관한 간접적인 학습활동인 읽기, 쓰기, 감상하기, 조사하기 등을 함께 지도하여 다양한 측면에서 신체활동의 가치를 깨닫도록 하고 있으며, 이를 위해 교육 목표와 내용에 적합한 창의적인 교수·학습방법을 활용할 것을 강조하고 있다. 이는 체육과 교육과정의 목표와 내용, 교수·학습 방법의 연계성이 강조되는 것으로 다양성 보다는 적합성이 우선시 되고 있음을 알 수 있다.

5) 평가

평가에서는 평가의 자율성을 확대하기 위해 기존에 제시되었던 중등학교의 평가 종목 수와 반영 비율을 삭제하였다. 교육과정의 지역화와 자율권 확대라는 시대적 흐름에 부합하는 것으로서 교사의 평가에 대한 책무성을 강조한다. 이를 위해서 교육과정과의 연계성, 평가 내용의 균형성, 평가 방법 및 도구의 다양성, 실기평가와 수행평가의 차별성을 강조하여 국가수준에서 지향하는 바람직한 평가의 방향을 제시하고 있다.

6) 체육과 교육과정 용어

체육과 교육과정 용어는 신설된 부분으로 체육과 교육과정에 대한 해석과 이해에 도움을 주고자 교육과정의 각 구성 요소에서 제시되고 있는 핵심 용어를 정리하여 그 개념을 설명하고 있다. 그 동안 별도의 교육과정 해설서가 편찬 되었지만 그 역할을 제대로 이행하지 못했다는 비판을 받았으며, 현장교사에게 국가 교육과정의 개정 내용과 의미를 정확하게 전달하고자 하는 의지가 담겨있는 것이다.

이상에서 '2007 개정 체육과 교육과정'의 변화된 내용을 각 구성 요소별로 살펴보았다. 제7차 체육과 교육과정에서는 학교 현장의 환경에 맞지 않는 교육내용의 적용성 문제와 교육과정 구성 요소간의 연계성과 일관성 문제, 그리고 교육방법 및 평가의 효용성과 자율성 등의 문제가 제기되었다. 이러한 문제를 해결하기 위해 개정 교육과정에서는 '신체활동의 가치'를 중심으로 교육과정을 구성하면서 건강·도전·경쟁·표현·여가의 5개 영역으로 교육내용의 체계를 구성하여 일관성과 계열성을 유지하였다. 최소의 신체활동을 예시로 제시하면서 학교 실정에 맞게 수업 내용을 선정하고 그에 따른 평가를 자율적으로 운영할 수 있도록 하였다. 교육과정 구성 요소간에도 일관성이 유지되어 제7차 교육과정의 문제점을 상당부분 개선한 것으로 사료된다.

IV 결론 및 제언

1. 바람직한 교육과정 교사 연수 방안

금년 2월말에 고시된 2007 개정 교육과정이 이제는 출판되어 각 학교에 보급되었다. 각 시·도 교육청에서는 일선 학교 교사를 대상으로 교육과정 연수를 계획하고 있다. 교육청 공지사항에 게시된 연수 계획과 연수 관련 담당자와의 인터뷰를 통해 연수의 방향을 살펴볼 수 있었다. 2개의 교육청을 확인한 결과 각 교과별로 연수를 담당할 전문가나 교사를 선발하여 집중연수를 실시한 후, 예하 교육청별로 순회하면서 연수를 실시할 예정이다. 연수에 참가하는 교사들은 초등의 경우 각 학교에서 교과별로 담당자를 참가시키고 있으며, 중등의 경우에도 이와 비슷하다. 일부 교육청에서는 중등의 경우 교과별로 담당 교사가 참가하거나 전원 참가하는 등 다소의 차이가 있었다.

교과별 전 교사가 연수에 참가하는 것이 이상적이나 학교 사정상 담당자에 의한 전달연수가 일반적으로 이루어지고 있다. 이는 과거의 교육과정 연수와 큰 차이가 없는 것으로 회심차게 준비한 개정 교육과정이 문서 수준에만 그칠 수 있는 우려를 낳게 된다. 특히 체육 교과의 경우 취지는 부분 개정이나 그 내용을 살펴보면 전면 개정에 가깝다. 따라서 개정의 의도와 방향을 일선 교사들이 반드시 숙지해야 교육과정에서 추구하는 신체활동의 가치를 중시하는 체육 교육을 실시할 수 있다. 초등학교의 경우 교사들이 전 교과의 개정 교육과정을 이해해야하는 부담이 큰 관계로 자칫 체육과에 대한 연수에 소홀할 수도 있다.

이러한 우려를 불식시키기 위해서라도 교사들에게 교육과정 연수를 독려해야 할 것이며, 온라인을 활용한 사이버 연수가 활성화된 만큼 담당자들을 통한 전달연수와 병행하여 다양한 연수 방법을 구축해야 한다. 또한 형식적으로 운영되고 있는 각급 학교와 지역 교육청의 교과연구회를 좀 더 적극적으로 운영하는 방법도 할만하다. 교육과정 연수의 우수 사례를 발굴하여 적절한 보상과 함께 학교 현상에 보급하는 것도 좋은 방안이 될 수 있다.

무엇보다 중요한 것은 교사들의 의지이다. 의무적으로 참여하는 수동적인 자세와 적극적으로 참여하는 능동적인 자세에는 엄연한 차이가 존재한다. 그 결과 또한 상당한 차이를 보인다. 교사로서의 전문성과 책무성을 갖추기 위해서라도 개정 교육과정에 대한 교사들의 적극적인 관심이 요구되는 바이다.

2. 개정 교육과정의 안착을 기대하며

우리 사회의 급속한 발전은 새로운 사회 현상을 만들어내고 있다. 변화된 사회에서는 그에 적합한 교육받은 인간상을 요구한다. 현행 교육과정의 개정 주기와 맞물려 2007 개정 교육과정이 고시되었다. 개정된 체육 교육과정은 건강·도전·경쟁·표현·여가의 5개 활동을 통하여 신체활동 가치의 체득을 강조하며, 체육교과의 본질이었던 인문성과 예술성을 되찾고자 한다. 이 밖에도 교육 내용의 일관성과 계열성을 갖추기 위해 노력하였으며, 평가의 자율성을 확보하고자 하였다.

이제 주사위는 던져졌다. 각급 학교들이 처해있는 상황이 다르고, 교사들이 바라보는 의도가 다르기 때문에 누구나가 만족할 수 있는 대안이 나올 수 없다. 개정된 체육과 교육과정이 완벽한 내용이 아니라는 말이다.

개정 교육과정에서 강조하는 신체활동의 가치에 대한 개념이나 체육과의 인문성과 예술성의 강화는 체육과의 본질적인 특성인 신체활동을 약화시킬 수 있다는 우려의 목소리가 들린다. 또한 5개 활동영역에 따른 가치 덕목의 지정에 대해서도 자율성을 추구하는 개정 교육과정의 취지에 부합되지 않는다는 쓴 소리도 있고, 가치 덕목을 함양 시킬 수 있는 구체적인 교수학습 방법을 원하는 구원의 목소리도 있다. 이러한 비판과 관심의 소리들은 체육교육과정을 더욱 견고하게 만들어줄 것이다. 교육과정은 만들어진 것이 아니라 만들어 나가는 것이다. 아직 시행까지는 시간이 남아있는 만큼 좀 더 준비를 하고, 부족한 부분은 계속해서 보충해 나가야 할 것이다.

　일선 학교의 교사들은 현행 제7차 체육과 교육과정에 이제 막 익숙해졌는데 다시 새로운 교육과정이 고시되면서 이해와 적응을 위한 한 차례 홍역을 치러야한다. 그러나 그 홍역은 미래의 우리 교육을 더욱 튼튼하게 만들어줄 영양제인 것이다. 사회도 변화하고, 학생들도 변하고 있다. 교사들만이 자기 자리에서 복지부동하는 것을 우리 사회는 용납하지 않게 될 것이다. 특히 개정 교육과정에서는 많은 부분 교사들이 교육과정을 편성하고 운영할 수 있는 자율권을 부여하고 있다. 교육과정에 대한 이해 없이는 좋은 교육을 할 수 없게 되었다. 이와 함께 새로운 교과서가 보급될 예정이다. 특히 금번에는 초등학교에서 체육을 비롯한 예능 교과의 교과서가 검인정체제로 전환되었다. 또한 교사 평가제와 교장 공모제 등 교직 사회에도 변화의 바람이 불기 시작했다. 예전처럼 스쳐가는 바람으로 여기기엔 바람의 양과 세기가 좀 다르다. 교사가 전문성을 갖추지 못하고서는 바람에 밀릴 수도 있으며, 소신껏 교직 생활을 할 수 없게 되어간다. 사회가 새로운 교육을 요구하는 만큼 교사가 앞장서서 변화를 주도해야 할 것이다.

　건강과 여가가 각광받고 있는 미래의 사회에서 체육은 생활과 더욱 밀접한 관계를 유지할 것이다. 그 사회 속에서 우리가 맡고 있는 이 아이들이 바로 우리의 미래를 이끌어갈 주인공들이다. 체육 교육에 종사하는 모든 사람들이 우리의 미래를 바꿀 수 있다. 우리 모두가 한발만 더 앞으로 내딛는다면 멋진 미래, 밝고 건강한 미래를 만들 수 있다.

참고 문헌

강신복(1994). **체육교육과정이론**. 서울: 보경문화사
강신복(2003). **체육 교과의 평가체제 전환 정책 추진에 대하여, 체육, 음악, 미술 교과 평가 체제 개선 연구**, 제1차 정책 토론회 자료집, 교육인적자원부, 한국교육과정평가원, 연구개발 RDM 2003-19, pp.24-31.
강신복(2005). **체육과 교육과정의 국제 동향 탐색**. 한국스포츠교육학회 및 한국교육과정평가원 공동 주최 춘계학술대회 자료집.1-22.
교육부(1997). **제7차 체육과 교육과정**. 서울: 교육부.
교육인적자원부(2006). 체육과 교육과정 개정안 토론회. 서울: 교육인적자원부.
교육인적자원부(2007). **초·중등교육과정**. 교육인적자원부 고시 제 2007-79호[별책 1]. 서울: 교육인적자원부.
교육인적자원부(2007). **교육과정 담당자 연수자료**. 인천: 인천광역시교육청.
류태호(2002). **제7차 교육과정 적용의 문제점과 개선 방안-제7차 초등학교 체육과 교육과정 적용의 문제점과 개선 방향**. 한국교원대학교 교과교육공동연구 학술세미나 자료집.
안양옥(2006). **초등체육 교과교육론**. 서울: 무지개사.
안양옥(2004). 통합적 재검토를 통한 초등체육과 교육과정의 발전방향 모색. **한국스포츠교육학회**, 11(2), 1-23.
유정애(2004). 체육과 교육과정 실태분석 및 개선 방향연구. **한국교육과정평가원, 연구보고CRC 2004-4-9**.
유정애(2004). 체육과 교육과정 운영실태. 한국교육과정평가원 연구자료 ORM 2004-23.
유정애(2005a). 체육과 '새' 교육과정의 개정 방향 및 의미. **한국교육과정평가원 연구자료 ORM 2005-33**.
유정애, 서지영, 안양옥, 조미혜(2005). 체육과 교육과정 개선 방안 연구. **한국교육과정평가원 연구보고서 CRC 2005-8**. 서울: 한국교육과정평가원.
유정애(2007). **체육과 교육과정 총론**. 서울: 대한미디어
서지영(2003). 체육과 교육목표 및 내용 체계연구(II). **한국교육과정평가원 연구보고서**.
서지영(2004). 체육과 교육내용 적정성 분석 및 평가. **한국교육과정평가원 연구보고서**.
소경희(2004). **교육내용 적정화 방안 탐색을 위한 논의-체육, 음악, 미술, 실과(기술,가정) 교과를 중심으로-교육과정연구**. 서울: 한국교육과정학회
최의창(2002). **인문적 체육교육**. 서울: 도서출판 무지개사.
한국교육과정평가원(2005). 체육과 교육과정 시안 공청회. **한국교육과정평가원 연구자료 ORM 2005-59**.
Corbin, C.(2002). Physical activity for everyone: What every physical educator should know about promoting lifelong physical activity. *Journal of Teaching in Physical Education, 21*, 128-144.
Drake, S. & Burns, R.(2004). *Meeting standards through integrated curriculum*. ASCD. Ch.1(pp.

1-17)

Kysilka, M.(1998). Understanding integrated curriculum. In D. Scott(Ed.), Curriculum studies -Major themes in education (Volume II)(pp.292-303). London: Routledge Falmer. 2003.

Placek, J.(1992). Rethink middle school physical education curriculum: An integrated, thematic approach. *Quest, 44,* 330-341.

Schramm, S.(2002). *Transforming the curriculum: Thinking outside the box.* Lanham, ML: Scarecrow press. ch.1(1-17)

5

중등체육교육과정 운영의 문제점과 발전 방향

문 호 준

이 글은 우리나라 국가수준 체육과 교육과정 문서에 담겨 있는 체육 교과 교육의 모습과 체육과 교육과정의 운영의 역사와 현황 그리고 앞으로의 발전 방향을 제시하는데 목적을 두고 있다. 연구 결과는 크게 5가지로 요약할 수 있다. 첫째, 체육과 성격은 '운동기능 교육중심 교육과정'에서 '신체 활동 교육중심 교육과정'으로의 교육과정 개정 철학에 입각하여 개선되어야 한다. 둘째, 체육과 목표는 심동적 영역, 인지적 영역, 정의적 영역이라는 학습 영역별 목표의 분류 방식을 지양하고 통합적으로 목표가 설정되어야 한다. 셋째, 체육과 내용은 그 동안 수차례의 교육과정 개정 과정에서 전통적으로 고수해 왔던 스포츠종목중심 내용 구성 틀을 지양하고, 체육과 내용을 재개념화한 '신체 활동 지식'을 토대로 구성되어야 한다. 넷째, 체육과 교수학습방법은 교수효율성이라는 교사중심 지향성에서 그 동안 수업의 과정에서 간과해 온 학습자중심의 교수학습방법을 유도할 필요가 있다. 또한 국가수준 체육과 교육과정의 교수학습방법항의 역할에 대해 재고할 필요가 있으며, 현장 교사들이 요구하는 수준의 구체적인 적용 사례와 다양한 수업의 모습을 담아낼 수 없는 한계점을 인식할 필요가 있다. 다섯째, 체육과 평가는 '평가위주의 체육 수업'을 지양하기 위해 국가수준 체육과 평가가 보다 자율적으로 제시될 필요가 있다.

I 서 언

　우리나라의 체육과 교육과정은 1955년 8월 1일 문교부령 제45호로 공포된 '교과과정' 내에 '체육과 교육과정' 형태로 제시되고 시행되고 있다. 그 동안 제1차 교육과정 개발이 시작된 이후로 여덟 차례의 새로운 교육과정 개발 작업이 국가 수준에서 진행되어 왔으며 국가수준 체육과 교육과정 개정이 이루어질 때마다, 체육교과의 위상과 발전을 도모하려는 체육교육 학자와 교사들의 노력으로 교육과정은 지속적인 변화와 발전을 추구해왔다. 그러나 교사의 수업 시수 부담, 체육 시설 및 용구의 부족, 현장 실천성을 결여한 체육교과서 등 체육교육의 현실 내에 내재된 많은 문제점들로 인해 체육의 이상이 제대로 실현되지 못하고 있다는 비판이 제기되어 왔다.

　지난 50년의 체육 교육 성과를 살펴 볼 때 체육 교과의 미래를 만들어 가는데 근간이 되는 국가수준 체육과 교육과정의 역할은 크지 못했다. 가장 근본적인 원인은 교육과정 개정 시기마다 체육 교과의 교육 방향에 근본적인 변화를 가져 올 수 있는 교육과정 철학의 전환이 거의 없었기 때문이라고 볼 수 있다. 즉 우리나라 체육과 교육과정 철학에 대한 반성 작업이 적극적으로 이루어지지 않은 채 '운동 기능 향상 지향의 체육교육'에 대한 관점을 고수하면서 국가수준 체육과 교육과정 개정을 진행하여 왔던 것이다. 이러한 결과로 인해 체육과 교육과정의 역사성과 체육 교육 관계자들의 노력에도 불구하고 학교와 사회에서는 체육과를 '기능 교과' 중의 하나로 바라보는 관점이 지배적이다. 이는 어느 개정 시기부터 서서히 진행되어 온 체육과의 수업 시수 감소와 열악한 체육 교육 환경 개선 부재로 연결되는 현실적 상황을 초래하게 되었다. 과거 50년 동안 체육과 교육과정이 지속적으로 지향하여 왔던 교육과정 철학을 반성해 보고, 그 교육적 성과를 냉정하게 분석함으로서 체육과 교육과정의 개선 방향을 설정할 시기에 직면해 있다(유정애, 2005).

　교육과정의 의미는 보는 시각과 관점에 따라 다양하게 해석되고 있다. 교육과정을 넓게 생각하느냐, 좁게 생각하느냐에 따라 그 의미가 달라질 수도 있고, 어디에 전제와 중점을 두고 있느냐에 따라서도 달라질 수 있다. 또, 누가 어느 수준에서 어떠한 준거와 방법으로 교육 내용을 결정하느냐에 따라서도 달라진다.

전통적으로 학교는 학생들에게 무엇인가를 가르쳐 왔다. 학생들에게 무엇인가를 의도적으로 가르치는 행위를 '교육'이라고 본다면, 그 '무엇'이 교육의 내용이 된다. 따라서 의도적인 학교 교육에서 학생들에게 어떠한 교육 목표를 성취시키기 위하여 일정한 수준의 교육 내용을 선정하고 조직해 놓은 공통적인 기준을 '교육과정'이라고 하는 것이 일반적인 경향이었다.

교육 과정에 대한 개념 규정의 어려움은 근본적으로 교육을 보는 시각, 인간과 사회를 보는 시각, 즉 사물을 보는 철학적 견해의 차이에서 온다. 우리는 흔히 '교육한다'는 말에서 핵심이 되는 요소로 교육의 대상(학생), 교육의 내용(교육 과정), 교육하는 사람(교사)을 생각하고 있다. 이것은 누가, 누구에게, 무엇을, 어떻게 가르치고 평가하느냐 하는 문제와 관련된다. 이 세 가지 요소 중에서 '무엇'에 해당되는 것만을 교육 과정으로 생각한다면, 교육과정 개념의 규정은 오히려 쉬울 것이다. 그러나 가르치고 배우는 내용이 배우는 학생이나 가르치는 교사와 무관할 수는 없다는 점에서 '왜, 무엇을, 어떻게 가르치고 배우느냐'는 것에 대한 복잡한 의사 선택과 결정의 어려움이 뒤따르게 되는 것이다.

교육부에서 고시하는 교육과정은 우리나라의 모든 학교에서 이루어져야 할 교육의 모습을 총체적인 입장에서 제시하고 있다. 교육과정은 현재의 학생이 교육을 통해서 앞으로 어떠한 사람이 되어야 하는가 그리고 그러한 사람으로 육성시키는데 필요한 교육의 내용과 방법은 무엇인가 등을 설계한 교육의 청사진이다. 따라서 교육과정에 무엇이 어떻게 담겨지고 또 그것을 어떻게 운영하느냐가 결국 한나라의 교육을 결정하고, 더 나아가 그 나라의 미래를 결정하는데 중요한 역할을 한다(김재복 외, 1996).

우리나라 국가수준 체육과 교육과정은 체육 교과를 대표하는 상징성을 가지고 있기 때문에 체육 교과 교육의 학문적 수준을 가늠할 수 있는 공식적 문서라고 볼 수 있다. 교육과정 문서는 각 교과 교육의 기본 철학과 정신을 담고 있는 모든 교육 활동의 근간이 되고 있기 때문에 체육 교과 교육의 모습과 위치를 이해하고자 할 때는 교육과정 문서가 중심이 된다. 따라서 본 글은 우리나라 국가수준 체육과 교육과정 문서에 담겨 있는 체육 교과 교육의 모습과 체육과 교육과정의 운영의 역사와 현황 그리고 앞으로의 발전 방향에 대해 살펴보고자 한다.

II 체육과 교육과정의 문제점

1954년 문교부령 35호로 제1차 교육과정 총론이 고시된 이후로 여러 차례 국가 수준의 교육과정 개정이 있어 왔다. 교육과정이 이렇게 변화를 추구하는 것은 시대와 사회가 요구하는 것들이 변화하고 있어 이러한 변화에 맞추어 나갈 수 있도록 체계적으로 학생들을 교육하고자 하는 사회·국가적 여망 때문이다. 또한 교육 경험의 질적 향상과 새로운 교육 사조나 지식 체계의 진보를 수용하여 체육교육의 성과를 극대화하기 위해 개정이 되는 것이다. 따라서 교육과정의 개정마다 그 시기에 요구하는 교육과정의 철학적 정신들이 있게 마련이다.

본 장에서는 우리나라 국가수준 체육과 교육과정 문서의 성격, 목표, 내용, 방법, 평가를 중심으로 제1차 체육과 교육과정부터 제7차 체육과 교육과정까지의 내용을 반성적으로 분석한다.

1. 체육과 교육과정의 성격

체육과의 성격은 체육 교과가 무슨 교과인지, 구체적으로 어떤 철학적 기반에서 무슨 목적을 가지고 어떤 내용을 가르치는 교과인지를 기술하고 있는 부분이다. 이 부분은 체육 교과를 가르치거나 연구하는 이들에게 체육 교과의 본질, 특성, 가치, 역할 등을 집약적으로 성명하고 있는 부분일 뿐만 아니라, 체육 교과 이외의 배경을 가지고 있는 이들에게도 체육 교과를 소개하는 대표적인 부분이라고 볼 수 있다. 이러한 점에서 체육과의 성격은 체육 교과의 현재 모습뿐만 아니라 미래의 모습까지도 담고 있어야 한다(유정애, 2005).

학교 교육의 한 부분으로서 체육교과는 모든 면에서 아직 온전하지 못한 학생을 보다 온전한 모습을 갖춘 사람으로 만드는 것, 즉 전인을 만드는 것을 목적으로 한다. 체육 교과는 전인 교육의 실현을 담당하는 한 부분인데, 체육만이 가지는 독특한 방식과 내용으로 이 목적을 실현하는 것이다(교육부, 1997).

체육은 신체 활동을 대상으로 하여 인간의 행동을 올바르게 변화시키려는 계획적이고 의도적인 교육 활동의 하나로 신체가 자체의 힘으로 주위 환경과 상호 작용하여 시간적, 공간적 위치 변화를 가져오는 신체의 에너지 체계에 관한 과학이자 예술로서의 성격을 가지고 있다(윤명희, 1997). 즉, 체육은 신체가 주위 환경과의 상호 작용을 할 때 나타나는 신체 형태, 힘, 공간과 시간의 변화형으로 특징지어지는 신체의 움직임으로서 육상, 체조, 수영, 구기와 무용 등의 신체 활동을 대상으로 한다. 따라서 체육 교육과정이란 교육적으로 가치 있는 활발한 신체 활동을 통하여 개인을 신체적, 정신적, 정서적, 사회적 및 지적으로 최적의 발달을 도모하게 하는 교육과정의 일부이다. 교육적으로 가치 있는 활발한 신체 활동이란 교육과정에서 추구하는 바람직한 인간상을 육성하는 데 도움이 되는 동적이며 활력적인 대근육을 사용하는 신체 활동을 의미한다.

전인 교육이라는 교과의 목적은 제1차 체육과 교육과정부터 주창하여 왔던 하나의 교육적 모토였다. 체·지·덕 중 체부분은 심동적 영역에 해당되는 것으로 체육과에서 담당하며, 지와 덕은 체육과에서 극히 일부분만 다루고 타 교과에서 상당 부분을 담당하는 것으로 인식하여 왔다. 즉 체육과에서는 타 교과에서 거의 다루지 않는 부분을 담당하는 부문에 대해 교과의 정체성이 성립하는 것으로 주장하여 왔다. 이러한 인식 때문에 초·중·고등학교 체육에 목표와 내용뿐만 아니라 평가에 이르기까지 심동적 영역은 핵심적으로 지도되고 평가되어 왔다. 체육과 목표에도 가장 핵심적으로 운동 기능 습득이 그 위치를 차지하고 있고, 내용 체계표를 보아도 해당 활동 및 스포츠 종목의 기능을 익힌다는 내용이 언제나 중심적인 위치를 차지하고 있다.

이러한 사실은 체육과 교육과정 내용 체계의 변천 과정을 살펴보아도 나타난다. 국가 교육과정 문서의 핵심 부분인 내용 체계는 사실상 제1차 체육과 교육과정부터 제7차 교육과정까지 변함없이 지켜져 왔다. 물론 제5차 체육과 교육과정에서는 내용 체계를 심동적 영역, 인지적 영역, 정의적 영역이라는 학습 영역별 내용 체계를 도입하고 있지만, 그 세부 내용 영역을 살펴보면 다른 교육과정 때와 마찬가지로 스포츠종목중심의 내용 구성임을 알 수 있다.

2. 체육과 교육과정의 목표

체육과 교육과정의 목표는 체육의 방향이나 성격에서부터 도출되는 구체적이고 현실적인 세부 개념으로 학습 행동의 지침이자 학습 평가의 준거가 된다. 따라서 체육의 성격과 부합되면서 학생에게 적합한 체육과 목표를 수립하는 일은 체육의 방향과 성패를 좌우하는 중요한 과제가 된다.

여러 학자들이 제시한 체육 목표를 살펴보면 대부분 신체적 발달, 운동의 발달, 정신적 발달, 사회적 발달을 포괄하고 있다. 이는 체육의 궁극적인 가치가 교육적으로 의미 있는 활발한 신체 활동을 수단으로 각 개인에게 신체적, 정서적, 사회적, 정신적으로 최적의 발달을 도모하고 민주 시민의 건강한 구성원으로서 충실한 생활과 안전한 생활을 누리게 하는데 있기 때문이다. 즉, 체육 교육의 목표는 계획적인 신체 활동을 통해서 인간의 행동을 바람직한 방향으로 변화시키는데 있으므로 결국 체육의 목표는 인간 형성을 이룩하기 위하여 위와 같은 측면에서 진술되어야 할 것이다. 또한 체육 교육의 목표는 개인의 운동 잠재 능력 개발이라는 체육 교육의 일차적 목적 실현이 달성되도록 설정되어야 한다.

전통적으로 체육과 목표는 학습 영역에 기초하여 진술됨으로써 목표 영역의 분절과 협소화를 초래하여 왔다. 즉 교육과정 개정 차시별로 약간씩의 차이는 있지만 기본적인 틀은 심동적, 인지적, 정의적 목표로 제시되어 왔다.

표 1 1차~7차 체육과 교육과정 목표 영역의 변천 과정

교육과정기	목표 영역
1차	① 신체적 목표 8개항 ② 사회적 목표 12개항 ③ 지적·정서적 목표 11개항 ④ 안전지도 5개항 ⑤ 레크리에이션 1개항 원만한 환경 밑에 신체 활동을 통하여 신체 각 부를 고르게 튼튼히 발달시키고, 굳세고 아름다운 정신과 건전한 사회적 성격을 기르며, 위생 생활을 습관화하여 민주적 사회 행동에 자기의 최선을 다 발휘할 수 있는 능력을 가지게 한다.
2차	① 신체적 목표 ② 사회적 목표 ③ 지적·정서적 목표 ④ 건강안전지도 ⑤ 레크리에이션 ◉ 운동 기술과 기능을 숙달시켜 신체 각부를 균형 있게 발달시키고, 건강증진에 힘쓰도록 한다. ◉ 스포츠를 통하여 명랑, 성실한 성격과 페어플레이의 태도를 지니게 하여, 솔선 실행하는 사회적 성격을 기른다. ◉ 건강과 안전에 대한 지식, 습관, 태도를 길러 사회 안전에 이바지하도록 한다. ◉ 레크리에이션 활동을 계획하고 참가, 지도할 수 있게 하여, 윤택한 민주 생활을 추진하도록 한다.
3차	① 신체적 목표 ② 사회적 목표 ③ 건강안전 ④ 정서적 목표 ◉ 각종 운동에 대한 이해와 실천을 통하여, 체력과 운동기능을 높여서 왕성한 활동력과 실행력을 가진 강건한 국민으로 자라게 한다. ◉ 운동경기의 자발적인 참여와 실천을 통하여, 공면 정대한 경쟁 의식과 협동심, 준법성, 책임감 등의 건전한 사회적 태도를 기른다. ◉ 심신의 건강과 안전 생활에 대한 이해와 실천을 통하여, 공중 보건 의식을 높이고 안전 능력을 기른다. ◉ 운동을 생활화하게 함으로서 여가를 선용하고 정서를 순화하여, 명랑한 성격과 활달한 기상을 지니게 한다.
4차	① 신체적 목표 ② 인지적 목표 ③ 정의적 목표 ④ 사회적 목표 ◉ 여러 가지 운동을 합리적으로 실천하여 체력과 운동 기능을 향상시킨다. ◉ 스포츠의 기초 과학과 보건 안전 지식을 운동과 생활에 적용할 수 있는 능력과 태도를 기른다. ◉ 자율적으로 운동 경기에 참여하여 공명정대한 정신과 협동심, 준법성, 책임감 등의 민주적인 생활 태도를 기른다. ◉ 평생 동안 운동을 생활화할 수 있는 바탕을 마련하여 여가를 선용하고 정서를 함양한다.
5차	① 심동적 목표 ② 인지적 목표 ③ 정의적 목표 ④ 사회적 목표 ◉ 종목별 경기 특성에 따른 운동 기능과 체력을 기른다. ◉ 신체 활동을 통하여 사상과 감정의 표현 및 감상 능력을 기르게 한다. ◉ 운동, 건강, 안전 및 여가 선용에 필요한 지식을 습득하고, 생활에 적용하는 능력을 기르게 한다. ◉ 운동에 대한 올바른 가치관을 가지고 운동을 생활화하며, 바람직한 사회적 태도를 가지게 한다.
6차	① 심동적 목표 ② 인지적 목표 ③ 정의적 목표 ◉ 운동 경기를 즐길 수 있는 운동 기능과 건강에 필요한 체력을 기르게 한다. ◉ 신체 활동을 통하여 사상과 감정의 표현 능력을 기르게 한다. ◉ 운동과 건강, 여가 활동에 필요한 체계적인 지식을 이해하여 실천하는 능력을 기르게 한다. ◉ 운동에 대한 올바른 가치관을 가지고 운동을 생활화하며, 바람직한 사회적 태도를 가지게 한다.
7차	① 심동적 목표 ② 인지적 목표 ③ 정의적 목표 **총괄목표** : 신체활동을 위한, 신체활동에 관한, 신체활동을 통한 교육으로서 체, 지, 덕이 조화롭게 통합된 전인의 육성 ◉ 운동·표현 능력 및 건강 체력의 발달 ◉ 체육학적 지식의 이해 및 활용 ◉ 운동 태도 및 사회적 규범의 함양

위에서 제시한 <표 1>의 교육과정 시대별 체육과 목표 영역을 개관해보면, 제1차 교육과정에서는 신체적, 사회적, 지적, 정서적인 발달에 다양하게 공헌하고자 하는 목표를 설정하였다. 또한 위생 생활의 습관화를 강조하였다. 제2차 교육과정에서는 생활 중심 교육과정이 도입되면서 놀이 및 여가 생활을 통하여 체육을 학습할 수 있도록 목표를 설정하였다. 제3차 교육과정에서는 학문 중심 교육과정에 다라 신체 활동을 계획적이고 구체적으로 실행하고 체력 향상 및 건강 증진을 위한 과학적인 지도가 될 수 있도록 목표를 설정하였다. 제4차 교육과정에서는 움직임 교육과정이 도입되어 기본 운동 기능을 향상하는데 역점을 두고 있다. 제5차 교육과정에서는 4차 교육과정과 비교하여 학문성과 전문성을 제고하는 조치가 대폭적으로 반영된 것이 특징이다. 제6차 교육과정에서는 운동 기능이라는 내재적 가치와 개인의 건강이라는 외재적 가치 조화롭게 절충한 교육과정이다. 제7차 교육과정에서는 체, 지, 덕이 통합된 인간을 육성하는데 주안점을 두었다. 종합적으로 초기의 교육과정에서는 발달, 위생, 놀이 등을 강조하였는데 점차 체력과 건강, 운동 기능, 여가 선용, 규칙 준수, 신체 표현, 능력, 태도 육성 등에 중요성을 두면서 목표가 변화되어 가는 것을 알 수 있다.

그러나 이러한 분류 방식은 Bloom(1956)이 제시하는 방식으로, 세계 여러 나라 중 우리나라에서만 존재하는 방식이다. 미국, 캐나다, 호주, 영국 등 주 수준 체육과 교육과정, 국가수준 체육과 교육과정에서도 이러한 분류 방식을 따르지 않으며, 우리나라와 유사한 중국과 일본의 국가수준 교육과정에서도 우리나라와 같은 학습 영역중심의 목표 진술을 따르지 않고 있다. 체육과와 마찬가지로 수행중심의 교과로 볼 수 있는 음악과와 미술과의 경우도 인지적, 정의적, 심동적 영역으로 목표를 제시하지 않고 있다. 대부분의 교과에서는 교육과정의 대영역별 목표를 제시하고 있다(유정애, 2005).

3. 체육과 교육과정의 내용

　체육과 교육과정에서 제시되는 내용은 많은 사람들의 중요한 관심 영역으로 교육과정의 핵심적인 주제라고 할 수 있다. 즉 학습 내용이란 교육 목표의 달성을 위한 직접적인 수단이기 때문에 설정된 교육 목표 달성에 적합한 학습 내용 선정이 매우 중요한 문제이기 때문이다. 특히 교육 내용은 교육 목표를 구체적으로 반영한 결과이므로 교사나 학생의 입장에서 보면 가장 중요한 핵심 사항이라 할 수 있다. 이러한 관점에서 볼 때 하나의 교육적 과정에서 실제로 작용할 목표 의식의 탐지는 문서화된 교육 목표의 나열에서보다는 선정 조직된 학습 내용의 분석에서 더 정확하게 이루어질 수 있을 것이다.
　그러므로 체육 교과에서는 이러한 교육 내용 부분에 대해서 어떠한 변화가 이루어져왔는가를 체육교육과정의 변천 과정을 통하여 탐색해 보고자 한다. 체육과의 학습 내용은 그 구성 체제나 내용 면에서 시대에 따라 많은 변화가 있어 왔다. 다음 <표 2>에서 보는 바와 같이 제1차 교육과정에서 7차 교육과정에 이르기까지 학습 내용을 살펴보면 초등학교에서는 주로 놀이 중심으로, 중, 고등학교에서는 운동 경기 중심의 구성 체제로 체육과 내용을 선정하고 조직하였음을 볼 수 있다(조미혜, 2002).
　제1차 교육과정에서 제시하고 있는 학습 내용 영역은 초등학교에서 체조놀이, 놀이, 리듬놀이, 위생으로 구성하였고 중·고등학교에서는 맨손체조, 스포츠, 무용, 위생, 체육 이론으로 영역이 제시되고 있다. 1차 교육과정의 특징으로 초등학교는 놀이의 형태로, 중고등학교에서는 스포츠 활동의 형태로 학습 내용을 선정한 것이라 할 수 있다.
　제2차 교육과정에서는 중학교의 학습 내용이 체조, 스포츠, 무용, 레크리에이션, 보건 위생, 체육 이론의 6개 영역으로 구성되어 있다. 1차 교육과정과 특별한 차이를 보이지 않고 있으며 다만 1차 때의 위생이 보건 위생으로 바뀌었으며 경험 중심 교육과정 철학의 영향을 받아 중고등학교에서 레크리에이션을 새롭게 추가하여 구성되었다.

표 2 1차~7차 교육과정 시기별 체육 학습 내용

	초등학교	중학교	고등학교
1차	① 체조놀이(맨손놀이, 재주놀이) ② 놀이(달리기놀이, 던지기놀이, 뜀뛰기놀이, 공놀이, 물놀이) ③ 리듬놀이(노래 맞추기, 표현놀이, 기타) ④ 위생	① 맨손체조(맨손체조, 기계체조, 스턴츠) ② 스포츠(육상경기, 구기, 헤엄, 투기) ③ 무용 ④ 위생 ⑤ 체육이론	① 맨손체조(맨손체조, 기계체조, 스턴츠) ② 스포츠(육상경기, 구기, 헤엄, 투기) ③ 무용 ④ 위생 ⑤ 체육이론
2차	① 체조놀이(맨손체조놀이, 재주놀이) ② 놀이(달리기놀이, 던지기놀이, 뜀뛰기놀이, 공놀이, 물놀이) ③ 춤놀이(리듬놀이, 표현놀이) ④ 보건 위생	① 체조(맨손체조, 기계체조, 스턴츠) ② 스포츠(육상경기, 구기, 헤엄, 투기) ③ 무용 ④ 레크리에이션 ⑤ 보건위생 ⑥ 체육이론	① 체조(맨손체조, 기계체조, 스턴츠) ② 스포츠(육상경기, 구기, 헤엄, 투기) ③ 무용 ④ 레크리에이션 ⑤ 보건위생 ⑥ 체육이론
3차	① 기초력운동(순환운동, 맨손체조, 질서운동, 씨름, 태권도) ② 기계운동(철봉운동, 뜀틀운동, 매트운동) ③ 육상운동(달리기, 뜀뛰기) ④ 공운동(농구형, 축구형, 야구형, 배구형) ⑤ 수영(헤기, 뛰어들기) ⑥ 무용(민속무용, 표현무용) ⑦ 보건	① 순환 운동 ② 체조(맨손체조, 기계체조) ③ 질서운동 ④ 육상경기(달리기, 뜀뛰기, 던지기) ⑤ 구기(핸드볼, 농구, 배구, 축구) ⑥ 투기(씨름, 태권도) ⑦ 계절 운동(수영, 빙상운동) ⑧ 무용(민속무용, 창작무용) ⑨ 보건 ⑩ 체육이론	① 순환 운동 ② 체조(맨손체조, 기계체조) ③ 육상경기(달리기, 뜀뛰기, 던지기) ④ 구기(핸드볼, 농구, 배구, 축구) ⑤ 투기(씨름, 태권도) ⑥ 계절 운동(수영, 빙상운동) ⑦ 무용(민속무용, 창작무용) ⑧ 보건 ⑨ 체육이론
4차	① 기본운동 ② 게임 ③ 무용 ④ 기계운동 ⑤ 계절 및 민속 운동 ⑥ 구기운동 ⑦ 육상 운동 ⑧ 보건	① 육상운동(달리기, 뜀뛰기, 던지기) ② 체조(맨손체조, 기계체조) ③ 개인 및 대인 운동(탁구, 배드민턴, 테니스, 씨름, 태권도, 유도) ④ 구기(배구, 축구, 소프트볼) ⑤ 수영 ⑥ 무용(민속무용, 창작무용, 감상) ⑦ 체육이론 ⑧ 보건	① 육상운동(달리기, 뜀뛰기, 던지기) ② 체조(맨손체조, 기계체조) ③ 구기(농구, 배구, 핸드볼, 소프트볼, 축구, 럭비) ④ 평생 스포츠 및 야외 활동(크로스 컨트리, 등산, 캠핑, 낚시) ⑤ 투기 ⑥ 수영 ⑦ 무용(민속무용, 창작무용) ⑧ 체육이론 ⑨ 보건
5차	① 심동적 영역(기본운동, 리듬 및 표현 운동, 기계 운동, 게임, 계절 및 민속 운동) ② 인지적 영역(이론, 보건) ③ 정의적 영역	① 심동적 영역(육상운동, 체조, 수영, 개인 및 단체 운동, 무용, 체력 운동) ② 인지적 영역(이론, 보건) ③ 정의적 영역	① 심동적 영역(육상, 체조, 수영, 구기, 무용, 투기, 평생스포츠, 야외활동, 체력운동) ② 인지적 영역(이론, 보건) ③ 정의적 영역
6차	〈3,4학년〉 ① 기본운동 ② 리듬 및 표현운동 ③ 기계운동 ④ 게임 ⑤ 계절 및 민속 운동 ⑥ 보건 〈5,6학년〉 ① 리듬 및 표현운동 ② 기계운동 ③ 게임 ④ 계절 및 민속 운동 ⑤ 체력운동 ⑥ 보건	① 육상운동 ② 체조 ③ 수영 ④ 개인 및 단체 운동 ⑤ 무용 ⑥ 체력운동 ⑦ 이론 ⑧ 보건	① 육상 ② 체조 ③ 수영 ④ 구기 ⑤ 무용 ⑥ 투기 ⑦ 평생스포츠 ⑧ 야외활동 ⑨ 체력운동 ⑩ 이론 ⑪ 보건

7차	〈3,4학년〉
	① 체조활동
	② 게임활동
	③ 표현활동
	④ 보건
	
	〈5,6학년〉
	① 체조활동
	② 육상활동
	③ 게임활동
	④ 체력활동
	⑤ 표현활동
	⑥ 보건
		① 육상 ② 체조
		③ 수영 ④ 개인 및 단체 운동
		⑤ 무용 ⑥ 체력운동
		⑦ 이론 ⑧ 보건
			〈고등학교 2, 3학년〉
			• 체육과 건강 :
			  ① 개인운동 ② 단체운동
			  ③ 야외운동 ④ 체력운동
			  ⑤ 무용 ⑥ 건강과 운동처방
			• 체육 이론
			• 체육 실기

제3차 교육과정에서는 2차 교육과정에 비하여 학습 내용 영역이 보다 세분화되었다. 즉, 초등학교는 4개 영역에서 7개, 중학교는 6개 영역에서 10개, 고등학교는 6개 영역에서 9개 영역으로 많아졌음을 살펴볼 수 있다.

제4차 교육과정 시기는 3차 교육과정과 비교하여 큰 변화를 보이지 않았으나, 고등학교의 경우 다양한 운동 경험이 이루어질 수 있도록 활동의 폭을 넓히며 평생 동안 즐겨 할 수 있는 평생스포츠 및 야외 활동 영역을 강조하였다.

제5차 교육과정에서는 구체적인 지도 내용을 심동적, 인지적, 정의적 영역으로 분류하여 제시하였고 이에 따라 지도 내용도 이 세 영역으로 나누었다.

제6차 교육과정은 실기와 이론의 통합을 위하여 운동 단원에 기능뿐만 아니라 운동을 하는 데 필요한 운동의 주된 원리를 학습 내용으로 제시하였다. 특히, 초등학교에서는 체력 운동 영역을 신설하였고 중·고등학교에서도 체력 육성을 강조하는 등 학생들의 기초 체력 저하에 따른 문제점을 해결하기 위한 대책안을 제시하였다.

제7차 교육과정은 국민공통기본교육과정(초등학교 1~10학년)과 선택중심교육과정(고등학교 2~3학년)으로 체계의 구성을 다르게 하였다. 체육 교육의 내용도 이 체제에 따라 기본적인 내용을 달리 구성하여 초등학교의 경우, 영역의 명칭이 '활동'으로 변화하였는데 이는 활동중심의 7차 교육과정의 기본 정신을 반영한 것으로 보여진다. 중·고등학교의 내용 영역 특징은 학습해야 할 내용을 필수와 선택으로 나누어 제시함으로써 학습 내용을 적정화하였다는 점이다. 또한, 선택교육과정에서 고등학교의 「체육과 건강」이라고 하는 과목이 신설되었다.

지금까지 체육 교육과정 내용의 변천을 개괄적으로 살펴본 결과, 다음과 같은 특징 및 시사점을 살펴볼 수 있다(조미혜, 2002).

첫 번째는, 1차에서 7차 교육과정에 이르기까지 시대별로 강조된 학습 내용 영역이 조금씩 다르게 변해왔다고는 하지만 각 시기별로 체육 내용이 매우 유사하게 선정·조직되어 왔음을 볼 수 있다. 또한, 체육 내용은 초·중·고등학교 학교 급별로 서로 유사한 교육 내용이 양과 수준을 달리하면서 반복하여 제시되고 있는 나선형 교육과정의 전형적인 모습을 보여주고 있다. 물론 내용 수준면에서는 학교급별, 학년별로 서로 다른 수준 차를 가지고 있겠지만, 학교 시설 및 기구, 수업 시간, 학교 내외 상황 등 모든 여건이 거의 비슷한 환경을 가진 우리나라에서 실제로 학교 현장에서 가르치는 내용들은 거의 비슷하다고 볼 수 있겠다.

두 번째는, 체육 교육 내용이 1차부터 7차까지 주로 스포츠 종목 중심으로 조직되어 있음을 볼 수 있다. 비록 제5차 교육과정 시기에 심동적 영역, 인지적 영역, 정의적 영역으로 구분은 하고 있으나 심동적 영역에 거의 모든 스포츠 종목이 포함되어 있음을 볼 때, 이 역시 스포츠 종목 중심의 구성이라고 볼 수 있다. 체육 교과의 목표를 한 번 되새겨 볼 때, 스포츠 종목 중심의 선정과 조직이 과연 합리적인가에 대해서는 생각해 볼 여지가 있겠다.

세 번째는, 이론과 실기가 분리되어 제시되고 있다. 이론이라고 할 수 있는 체육 이론과 보건의 경우 체육과의 내용에서 실기 종목과 별개의 영역으로 다루고 있었다. 하지만, 체육 이론이 실기와 별개로 다루기보다는 함께 다루는 통합적 관점을 생각해 볼 수 있겠다. 또한, 보건 영역의 경우 모든 교육과정기의 모든 학교급에 걸쳐서 제시되고는 있으나 학교 체육에서 실제 가르치는 비중이 타 실기 영역에 견줄만큼 학교 현장에서 가르치고 있는가를 반성해 볼 필요가 있다.

네 번째는, 우리 민족 고유의 전통 체육이 내용 영역에 나타나고 있지 않다. 현재 교육과정에서는 중고등학교의 경우 '개인 및 단체운동' 영역에서 태권도, 씨름 등이 다루어지고 있으나 지구촌 시대를 살아갈 학생들에게 남녀 모두 우리 고유의 민족 전통 체육을 강조하는 것은 의미가 있으리라고 본다. 그러한 의미에서 우리 고유의 민족 전통 체육이 하나의 영역으로 제시될 필요도 있다고 생각한다.

다섯 번째로는, 수영과 같은 영역은 교육과정상에는 언제나 선정되고 있으나 실제 수업에서는 시설 및 여건상 학습이 이루어지기가 어려운 점을 들 수 있다. 물론, 교육과정상에 선정되어 있지 않으면 그나마 학교내에 수영장 시설이 있는 학교나 근처 바닷가 및 주변 수영장 시설을 이용할 수 있는 학교 또는 여름철에 집중 강의를 하고자 하는 학교에서 수영을 체육 내용으로 학습할 수 없을 것이라는 이유로 언제나 교육과정에 제시되어 왔다. 하지만, 전체 학교 현장을 살펴볼 때 실제 수업이 이루어지기가 어려운 점이 많다는 의미에서 재검토가 필요한 부분이라고 보여진다.

우리나라 국가수준 체육과 교육과정 내용은 대영역에서 부터 하위 내용에 이르기까지 스포츠종목중심으로 구성되어 있다. 동시에 제1차부터 제7차까지 항상 '체육이론' 혹은 '이론'과 '보건'이란 내용 영역이 설정되어 왔다. 스포츠종목에 해당되는 영역은 심동적 영역, 이론과 보건은 인지적 영역으로 이해할 수 있으며, 정의적 영역에 해당되는 영역은 제5차 교육과정을 제외하고는 제시된 적이 없었다. 제1차부터 국가수준 체육과 교육과정 내용으로 구성되어 온 이 틀은 비판적인 시각없이 관행적으로 사용되어 왔다고 볼 수 있다.

국가수준 체육과 교육과정 심동적 영역의 내용 구성 틀을 스포츠종목중심으로 설정한 것은 결과적으로 체육과 교육 내용의 범위와 계열성을 선정하는데 문제점을 가지고 있다. 최근에 스포츠의 본질과 속성이 급속도로 변화되고 있고 그 종류도 매우 광범위하게 확장되고 있다. 최근 체조, 농구, 축구와 같은 전통적인 스포츠 이외에도 전 세계적으로 새로운 스포츠(new sports)가 생성되어 실제로 각 학교 혹은 올림픽 경기에서 시행되고 있다. 따라서 과거와 같이 스포츠종목중심의 교육과정 내용 틀을 그대로 준수하고자 한다면 그 정당성을 확보하는데 총력을 기울여야 한다.

또한 스포츠종목중심의 내용 체계는 교육 내용의 범위를 설정하는데 뿐만 아니라, 교육 내용의 계열성을 확립하는데도 문제가 있다. 초등학교에 있는 체조 활동과 중등학교에 있는 체조와의 차이점은 무엇인지, 중학교 '개인 및 단체 운동'에서 중학교 1학년은 핸드볼, 축구, 태권도를, 중학교 2학년은 농구, 배드민턴, 씨름을, 중학교 3학년은 배구, 소프트볼을 필수 내용으로 제시하고 있는 근거가 무엇인지 학문적으로 또는 이론적으로 그 설명을 명료하게 할 수 없다. 따라서 체육과 내용 체계는 그 계열성에 많은 문제점을 내포하고 있고, 이러한 현상은 학생들로 하여금 체육 시간을

'동일한 교육 내용을 반복하여 배우는 시간'으로 인식하는데 부정적인 영향을 미치고 있다.

체육과에서 정의적 영역의 내용은 심동적 영역이나 인지적 영역처럼 국가수준 교육과정 문서에서 제시되지 못하고 있는 실정이다(유정애, 오수학, 2000; 유정애, 2003a; 유정애, 2005; 최의창, 2002b, 2003; Siedentop, Mand, & Taggart, 1986). 제5차 체육과 교육과정 시기와 제6차 체육과 교육과정에만 정의적 영역이 교육과정 내용에 포함되어 있었다. 그러나 실제적으로 제5차와 제6차에서도 인지적 영역 또는 심동적 영역과 마찬가지로 내용(content)으로 인식되기 보다는, 심동적 영역의 내용을 통해 부수적으로 얻어지는 '목표'(objective)로 인식되어 왔음을 알 수 있다.

교육은 의도적인 행위이다. 만일 교육자가 정의적 영역에 대해 의도적으로 지도하지 않는다면 교육의 성과는 결코 긍정적으로 나올 수 없게 된다. 팀웍, 협동심, 스포츠맨십 등과 같은 정의적 영역의 긍정적인 측면뿐만 아니라 이기심 및 속임수와 같은 정의적 영역의 부정적인 측면을 학습할 수 있는 가능성이 있기 때문에 긍정적인 측면을 체계적인 교육을 통해서 의도적으로 교육할 필요가 있다. 정의적 영역의 효과적인 지도는 심동적 영역의 내용과 같이 체육교사의 철저한 계획과 교육적 의도로 가능하게 된다(유정애, 2003; 유정애, 2005a, 2005b).

4. 체육과 교육과정의 교수·학습방법

교육 목표가 설정되고 학습 내용의 선정과 조직이 이루어진 후 실제 지도 단계에 들어간다. 실제 지도는 수업 과정과 생활 지도로 나누어 생각할 수 있는데 생활 지도는 교육과정과는 별개의 영역으로 취급하고 있으므로 교과 지도에 있어서의 실제 지도는 수업 과정을 의미한다고 할 수 있다(김종서 외, 1988).

실제 지도 즉 수업 과정에서 어떻게 가르치는 교사가 잘 가르치는 교사인지, 어떻게 가르치는 교사의 학급 학생들이 보다 높은 학습 성취를 가져오는지, 그리고 보다 잘 가르치는 교사와 보다 높은 학습 성취는 어떤 차원에서 어떻게 평가하는 것이 가장 타당한 것인지를 밝히려는 것은 교육을 담당하고 있는 학자들의 공통된 연구 관심이 되어 왔다.

국가수준 체육과 교육과정 문서에 '방법' 또는 '교수학습방법'이라는 명칭으로 소개된 것은 제6차 교육과정 시기부터이다. 이 시기부터 체육과에서는 조직화된 교수학습방법의 내용을 제시하였다. 제1차에서 3차까지는 '지도상의 유의점'이 일반적인 용어로 사용되어 왔다. 세부내용을 살펴보면, 일반적인 지도의 방향, 고려점, 강조점뿐만 아니라 평가에 대한 일부 내용이 포함되고 있다.

제4차와 제5차에서는 '지도상의 유의점'이 '지도 및 평가 상의 유의점'이란 명칭으로 변경되면서 교수학습방법 항의 내용이 체계적으로 수립되어 발전되고 있음을 알 수 있다. 제6차에서는 앞에서 언급된 바와 같이 '방법'이란 명칭이 처음 도입되고 있다. 그러나 실제 '방법' 항의 구체적인 내용은 과거의 교육과정과 크게 다르지 않음을 알 수 있다. 제7차 교육과정에서 '교수학습방법'으로 다시 개칭되면서 보다 외적으로 체계화된 모습을 띠게 되었다. 명칭이 개칭된 이유는 교육의 과정에서 '교사의 지도 과정'뿐만 아니라 '학생의 학습 과정'에 대한 고려가 반영된 것으로 볼 수 있다.

그 동안 체육과 교수학습방법의 학문적 동향과 교육 현장의 흐름이 교수효율성 증진이었기 때문에, 이러한 시대적 현상이 제7차 체육과 교육과정에 반영되었다고 볼 수 있다. 교수효율성은 학생의 학업성취를 기반으로 하며, 이때 체육과에서의 학업 성취는 운동 기능 향상에 초점을 둔 것이다. 예를 들면 제7차 체육과 교육과정에서는 교수 효율성을 높이기 위해 실제학습시간의 증가를 강조하는데, 체육과에서 언급되는 실제학습시간(Academic Learning Time in Physical Education)은 운동 수행의 성공률로 판단되는 측면이 있다. 즉 제7차 체육과 교육과정의 교수학습방법 항에서도 심동적 영역의 학습 증진에 많은 초점을 두어 왔던 것이 사실이다.

결과적으로 체육과 교수학습방법의 전체 방향은 '학습자에 대한 적극적인 고려'가 미흡했음을 알 수 있고, 구체적인 내용 측면에서는 심동적 영역의 내용에 적합한 교수학습방법 뿐만 아니라

인지적 영역과 정의적 영역 내용에 필요한 교수학습방법이 미흡했음을 알 수 있다.

5. 체육 교육과정의 평가

교육에서 평가는 두 가지 필요성에 의해서 실시한다. 첫 번째는 학생들이 무엇을 어떻게 학습하고 있는지 확인하기 위해서, 두 번째는 제시된 목표를 성취하였는지를 평가하기 위해서 이루어진다. 따라서 체육 평가는 교육이 추구하는 목표의 성취 정도를 알아보고 그 결과를 효율적인 체육 교육에 활용할 수 있어야 한다.

국가수준 체육과 교육과정 문서에 '평가' 항이 정식으로 소개된 것은 제6차 교육과정 시기부터이다. 제1차에서 3차까지는 '지도상의 유의점'이라는 항목에 평가 내용이 극히 제한적으로 포함되어 있었다. 제4차와 제5차에서는 국가수준 체육과 교육과정 문서에 '평가'라는 명칭이 '지도 및 평가 상의 유의점'으로 제시되면서 평가 관련 내용이 강화되기 시작했다. 제6차 교육과정에 접어들면서 평가 항의 내용이 체계화되고 구체화되기 시작했다. 동시에 이때 처음으로 평가 종목 수(4개 종목 이상)와 운동 기능 평가 비율(70% 정도)이 국가수준 체육과 교육과정에 제시되기 시작했다. 제7차에서는 체육과 평가가 보다 정확하고 객관적이고 타당성 있게 실천될 수 있도록 교수학습방법과 마찬가지로 내용의 체계화와 명료화에 중점을 두어 개발되었다.

제6차와 제7차 체육과 교육과정 문서에서 평가 항이 가지는 가장 큰 한계점은 평가의 종목 수와 운동 기능 평가 비율에 대한 규정으로 볼 수 있다. 이 규정이 도입되어 학교 현장에 미친 긍정적인 측면도 없지 않지만 최근에 들어서 부정적인 비판이 제기되고 있다. 즉, 평가 종목 수를 학년별로 규정함으로써 교육 내용이 일부 스포츠 종목에 치우칠 수 있는 문제점을 최소화하고자 하였으나, 수업 시수의 축소, 체육 시설의 낙후, 잦은 학교 행사, 기후 변화에 따른 체육 수업의 정상적인 운영의 어려움으로 인해 체육 수업이 '평가를 위한 수업'으로 변질된 것이다(류태호, 2002; 성경희 등, 2004; 장봉석, 2002).

III 체육과 교육과정의 발전 방향

시대와 문화를 막론하고 학교 교육의 중심 과제는 학습자들에게 무엇을, 어떻게, 왜 가르치는가에 관한 것이고 이는 다시 말해서 교육과정의 문제라고 할 수 있다. 보다 나은 교육을 위하여 교육과정이 더욱 합리적으로 개혁되고, 교육 현장에 실질적으로 실현되기를 기대하는 것은 너무도 당연한 일이라 하겠다. 이에 선진 외국에서는 최근 들어 교육 개혁에 보다 심도 있는 관심을 보이며, 교육의 목표, 내용, 방법, 평가 등에 대하여 새로운 교육과정을 구성하고 있다. 이러한 변화의 밑바탕에는 지금까지와는 다른 교육적 패러다임 즉, 학습자 중심의 교육, 자유와 평등의 조화, 교육의 다양화, 교육의 정보화, 자율과 책무성의 제고, 평가를 통한 교육의 질 제고를 기본 개념으로 삼고 있다(조미혜, 2002). 본 장에서는 우리나라 국가수준 체육과 교육과정의 성격, 목표, 내용, 교수학습방법, 평가 발전 방향을 제시하고자 한다.

1. 체육과 교육과정의 성격

최근 전 세계적으로 체육 교육의 철학이 근본적으로 변화되고 있다. 공통적인 특징은 '건강 및 체력 증진을 위한 스포츠 기능'(sport skill)에서 '활동적인 삶(active lifestyle)을 위한 라이프 기술'(life skill)로 교과 교육의 철학이 옮겨가고 있는 추세이다. 최근까지 스포츠 기능 습득을 최상의 목적으로 인식하는 체육과 교육과정 프로그램에서 강조되는 교육 내용은 여러 가지 스포츠 기능이 될 수밖에 없다. 반면에 라이프 기술을 강조하는 체육과 교육과정 프로그램에서는 그 동안 체육 교과에서 강조되지 못했던 전술 이해, 스포츠 문화, 신체 문화, 팀웍, 스포츠정신, 도전 정신, 자기 관리, 책임감 등이 체육 교육 내용으로 유입된다. 전통적으로 중요시되어 왔던 운동 기능 중심의 체육 교육 한계가 국내뿐만 아니라 세계적으로 확산되고 있는 이유는 다음과 같다(Corbin, 2002).

첫째, 체육 수업 시간 및 교육 환경의 제약으로 운동 기능 교육은 성공할 수 없다는 인식이 확산되고 있기 때문이다. 현실적으로 고등학교 때까지 체육 교사들이 기대하는 상위 수준의 운동 기능 습득은 불가능함에도 불구하고 대부분의 체육 교사들은 다양한 스포츠 종목의 상위 수준의 운동 기능을 지도하고자 하고 이를 지나치게 강조하고 있다는 점이 문제시 되고 있다. 이로 인해 학생들은 신체 활동에 대한 좌절감과 흥미 저하로 체육 교과를 싫어하고 졸업 후에도 생활 체육 활동으로 진입하는 길을 방해하고 있다는 것이다. 따라서 높은 수준의 운동 기능을 필요로 하는 운동 기능 교육은 지양되어야 하고 학생들이 '활동적인 삶'(active life)을 영위하는데 필요한 지식, 능력, 기술 등을 교육해야 한다고 설명한다.

둘째, 학생들이 상위 수준의 운동 기능을 배운다고 해서 체육 교사가 학생들에게 궁극적으로 기대하는 활동적인 삶에 필요한 행동 변화를 가져오는데 한계가 있음이 주장되고 있다. 일정 수준의 운동 기능 습득은 단기적인 교육적 효과가 나타날 수 있으나, 수동적인 체육인을 만들게 되므로 평생 체육 활동에 참여하는 능동적인 체육인을 길러내지 못한다고 설명한다. 이와 달리 라이프 기술의 한 요소인 자기 관리 기술(self-management skill)은 체육 교육을 통해서 모든 학생들이 활동적인 삶을 살아가고 평생 체육 활동에 참여하는 독립적인 체육인으로 인도할 수 있다고 설명한다.

따라서 최근 국내·외 체육 교육의 변화 분석을 통해 운동 기능 및 체력 발달 지향의 체육 교육 한계점이 이론적 또는 경험적으로 드러나면서 체육 교과의 역할이 체육 활동의 문화적 측면과 생활 능력 기술을 강조(최의창, 2003; Himberg, Hutchinson, & Russell, 1999; Penny & Chandler, 2000; Ziegler, 2003)하는 '신체 활동 교육'(physical activity education)으로 전환될 필요가 있다(유정애, 서지영, 조미혜, 최의창, 2004). 신체 활동 교육이란, "학교 교육 체제뿐만 아니라 일상생활 환경 속에서 이루어지는 운동, 스포츠 및 신체적 여가 활동에 관련된 지식, 능력, 기술을 교육하는 것을 의미한다"(Zeigler, 2003) 즉 체육 교과의 성격은 '운동 기능중심 교육과정'보다는 신체 활동 지식을 교육하는 '신체 활동중심 교육과정'으로 표현할 수 있다. 신체 활동중심 교육과정은 기존의 체육 교과 영역을 확장하는 것으로, 그동안 체육 교과에서 강조되지 못했던 교육과정 목표와 내용을 포괄할 수 있으며 새롭게 부각되고 있는 목표와 내용을 흡수할 수 있는 체육교육과정 철학이라고 볼 수 있다.

2. 체육과 교육과정의 목표

제7차 체육과 교육과정에서 도입하고 있는 심동적 영역, 인지적 영역, 정의적 영역의 목표 제시 방식은 체육 교과가 구현할 수 있는 각 영역의 목표들을 부분적으로 제시·강조함으로써, 체육 교육의 시대적 변화에 따른 목표 범위의 확장을 수용하지 못하고 있다는 한계점이 있다. 물론 이러한 교육 목표 분류 방식은 체육과 교육과정의 목표를 쉽게 이해하는데 큰 도움을 주고 있다. 하지만 비록 학교 현장에 체육과 목표를 이해하고 구현하는데 긍정적인 역할을 하고 있을지라도, 동시에 이 목표 분류 방식이 미치는 부정적인 영향을 간과해서는 안 된다. 부정적인 영향을 두 가지로 살펴 볼 수 있는데, 첫째는 목표 영역별로 체육 교육이 분절적으로 이루어지고 있다는 점과, 둘째 목표 영역의 세부 목표 범위가 축소되어 체육 교육이 이루어지고 있는 현상이다(유정애, 서지영, 안양옥, 조미혜, 2005).

첫째, 분절적인 목표 영역 제시는 체육 교과에서 무엇을 가르치고 어떻게 가르칠 것인가를 조직하는데 활용되어 왔다. 즉 국가 수준 체육과 교육과정, 체육 교과용 도서 등의 교육과정 관련 문서뿐만 아니라, 체육 수업조차도 인지적, 정의적, 심동적 영역으로 구분하여 계획 또는 운영되어왔다. 그러나 대부분 학교에서는 교실과 운동장에서 서로 다른 학습 영역을 지도하고 있는 상황이다. 학생들이 교실에서 배우는 것들은 운동장이나 체육관 등의 교실 밖에서 배우는 것과 무관하다. 교실에서는 주로 인지적 영역을 다루고, 운동장에서는 심동적 영역을 다루며, 정의적 영역은 교실에서도 운동장에서도 지도되지 않고 있다(유정애, 오수학, 2000; 유정애, 2002; 최의창, 2003). 체육 교과는 내·외부적으로 체육 교과의 중요성을 주장할 때마다 인지적 영역과 정의적 영역뿐만 아니라 심동적 영역의 균형적인 발달에 공헌하는 교과로 전인 교육을 실현하는 교과임을 설명한다.

둘째, 체육 목표의 세부 영역 축소이다. 국가수준 체육과 교육과정의 목표가 교사수준의 수업 목표로 협소하게 설정됨으로써 수업 내용의 범위가 축소되고 교수학습활동의 범위도 함께 제한받는 현상을 야기시키고 있다. 실제로 국가수준 체육과 교육과정의 목표 영역 중 심동적 영역은 운동기능 이외에도 참여, 전술, 표현 및 창작, 체력, 구성 등의 다양한 차원이 존재한다. 인지적 영역에도 지식 이해 및 활용뿐만 아니라, 신체 언어 능력, 분석력 및 문화 비평 능력, 심미력, 문제 해결 능력 등의 다양한 차원과 수준의 지식이 존재한다. 또한 정의적 영역에 해당되는 목표에는 사회적으로 바람직한 태도 및 문화적으로 가치 있는 규범뿐만 아니라, 팀웍, 스포츠정신, 타인 배려, 리더십, 자기 관리, 신체 및 건강 문화의 가치 판단, 신체 문화의 애호 및 감상 등의 다양한 영역이 존재한다. 따라서 국가수준 체육과 교육과정 목표는 학습 영역별(인지적, 정의적, 심동적 영역) 목표 제시 방식에서 벗어나, 통합적이고 포괄성 있는 체육과 목표 영역으로 제시될 필요가 있다.

3. 체육과 교육과정의 내용

체육 교과도 교육과정의 큰 테두리 내에 있기 때문에 당연히 교육과정의 개정 방향에 따라 교육의 목적에 공헌하는 방향으로 체육의 목표와 내용이 초점을 맞추어 왔다고 할 수 있다. 교육과정이 바뀌면 학교 교사가 가장 민감하게 느끼는 부분이 교육 내용의 변화이다. 교육 내용은 교육을 통해서 학생들에게 학습시키고자 하는 '어떤 의도' 즉 교육 목표의 구체적 표현이라고 할 수 있다. 따라서 설정된 목표를 충실히 반영시켜서 선정되고 조직되어야 하는 것이 교육 내용인 것이다. 이를 적극적으로 표현한다면 교육 내용 속에 들어가지 않는 교육 목표는 공개념에 불과하다고 할 수 있을 것이다(김종서 외, 1994).

지금까지 체육과에서는 국가수준 교육과정의 내용을 체육 수업 차원에서 다루어지는 수업 내용 또는 수업 활동으로 인식하여 왔다. 일상적으로 체육 수업에서는 축구, 농구, 체조, 육상 등과 같은 다양한 스포츠 또는 운동을 수업 내용 또는 수업 활동으로 다루어 학생들에게 교육한다. 국가수준의 체육과 교육과정 내용은 교육 내용으로 이해되어야 하며, 수업 내용이나 수업 활동보다는 광범위하고 높은 수준의 내용으로 볼 수 있다. 다시 말하면, 체육과에서는 축구, 농구, 배구 등을 수업 내용 또는 활동으로 선정 및 조직하여 학생들에게 가르치지만 축구, 농구, 배구 자체에 대한 학습으로 끝나길 기대하지 않는다. 예를 들면, 체육과에서는 학생들에게 축구 수업을 통해서 축구의 기능뿐만 아니라 신체 활동의 다양한 현상을 배우기를 희망한다. 이 때 축구는 수업 내용 또는 수업 활동으로 볼 수 있으며, 여러 가지 신체 활동에 공통적으로 나타나는 포괄적이고 광범위한 현상은 '교육 내용'으로 볼 수 있다.

Mosston & Ashworth(2002)가 지적하였듯이 체육 교과에서의 지식은 신체적 표현으로 나타난다는 사실이다. 이들 학자의 주장에 따르면, 운동 기능은 지식과 무관하지 않은 것이 아니라 운동 기능 자체가 지식일 수 있음을 의미하는 것이다. 일반적으로 지식 또는 지능은 읽기, 말하기, 듣기 등의 활동과 밀접한 관련이 있다고 생각하는 경향이 많다.

지금까지 국가수준 체육과 교육과정의 내용은 운동 또는 스포츠종목중심 구성 틀을 갖추어왔다. 이런 구성 틀 속에서 학교급별 내용 위계 혹은 학년별 내용 위계, 즉 내용의 계열성을 수립하고자 하는 노력이 쉽지 않다. 따라서 그 동안 과거의 체육과 교육과정은 내용의 계열성(sequence)보다는 내용의 범위(scope) 규정에 많은 관심과 노력을 기울여 왔던 것이 사실이다.

그러나 신체 활동 지식으로 내용 구성 단위를 전환한다면 체육과 내용의 위계성을 확립하는 것이 쉽지는 않겠지만 불가능한 일은 아니라고 본다. 그 동안 체육과의 경우 교과 교육의 역사성과 학자들의 인력풀이 타 교과에 비해 열악하기 때문에, 내용의 계열성 확립 노력을 타 교과만큼 기울여 오지 못한 것이 원인일 뿐이다. 체육과와는 달리 타 교과에서는 오래전부터 이러한 문제의식을 가지고 일찍부터 많은 시간과 노력을 투자하였기 때문에 교육 내용의 위계가 확립된 것일 뿐이다. 반면 체육과에서는 이러한 문제의식을 거의 가지지 못한 채 본질적으로 체육과 내용은 계열성이 없는 특성이 있다고 자인하여 왔다. 어느 교과는 계열성이 있고 체육 교과는 없다고 할 수 있는 것인지 그 근원을 찾아 볼 수 없다(유정애, 2005).

4. 체육과 교육과정의 교수·학습방법

제7차 체육과 교수학습방법의 구체적인 세부 내용은 교수 효율성 증진에 초점을 두고 기술되었기 때문에 '체육 수업의 구조화와 체계화' 등에 긍정적인 영향을 미치고 있다. 그러나 이로 인해 체육 수업에서 간과되었던 측면은 '학습자'였다. 교수 효율성 증진 방법은 주로 '학습자'보다는 '교사'에게 비중을 두고 있는 것으로, 이 방향은 학습자의 내면적인 학습 경험과 가치 인식에는 소홀해질 수 밖에 없다. 제7차 교육과정에서 제6차 교육과정과 달리 총론 수준에서 '방법' 항을 '교수학습방법' 항으로 개칭한 이유도, 각 교과 교육에서의 학습자를 고려한 수업을 강조하기 위함으로 이해할 수 있다. 따라서 국가수준 체육과 교육과정 문서의 교수학습방법에서는 학습자를 고려한 교수학습방법이 제시될 필요가 있다. 이런 의미에서 체육과 교수학습방법의 방향을 학습자의 개별성과, 교수학습 내용의 다양성으로 구분하여 설명하고자 한다(유정애, 2005).

우리나라 학교에서는 학습 부진아에 대한 교육적 관심이 증가되고 있다. 국어, 수학 등에서 기초학력에 미진한 학생들을 대상으로 보정교육 프로그램이나 수준별 학습 자료들이 국가차원에서 개발되고 각 학교급에 보급되고 있다. 그런데 체육 분야의 경우에서는 체육의 학습부진아에 대한 관심이 거의 없는 실정이다.

수준별 수업의 근본적인 취지는 학업 성취 능력이 낮은 학생들에게 있어 온 교육적 불평등을 해소하는 데 목적을 두고 있다. 그 동안 학업 성취 능력이 높은 학생들보다 상대적으로 교육적 관심과 지도를 충분히 받지 못했던 학생들에게 학습 잠재력과 교육의 효율성을 극대화할 수 있는 방안을 찾기 위한 노력에서 출발한다. 체육 교과에서도 그 동안 행해져 왔던 교수-학습 방법은 주로 상위 집단의 남학생들을 대상으로 활용되어 왔다.

한국체육과학연구원에서 수행된 보고서(유승희 외, 2001)에 따르면, 중등학교 학생의 ⅓(중학생: 39.6%, 고등학생: 34.2%)가 체육 수업에 대해 불만족하는 것으로 나타났다. 불만족하는 이유에 대해 질문한 결과, 그 학생들이 지적한 가장 주된 이유는 '개인차를 고려하지 않는 수업'인 것으로 확인되었다. 체육 수업에서도 다른 교과와 마찬가지로 능력, 흥미, 성향, 학습 유형 등의 특성이 서로 다른 학생들의 다양성이 명백히 존재함에도 불구하고 이러한 측면을 체육 수업에서 수용해오지 못한 것이 현실이다. 체육 수업에서 제공되고 있는 교육 내용과 방법의 대부분들은 이와 같은 학생들의 다양성을 고려하지 않은 것으로, 모든 학생들은 동일한 방식으로 학습 활동에 참여하도록 요구되어 왔다.

지금까지의 연구 결과를 토대로 정리해보면, 운동기능이 낮은 학생들과 여학생들이 수업 속에서 배제되거나 소외감을 느끼는 것은 학생들만의 문제로 볼 수 없다. 물론 일부 학생들은 선천적으로 운동기능이 낮거나 신체 활동에 대한 흥미가 적을 수도 있다. 그러나 체육 수업을 회피하거나 싫어할 만큼 선천적으로 운동기능이 낮은 학생들은 거의 없다. 이러한 현상은 선천적인 요인보다는 후천적인 요인과 환경에서 만들어지고 심화된 것이다. 전통적인 체육 수업은 모든 학생들에게 동일한 학습 내용과 방법을 주로 제시하여 왔다. 이런 수업 환경에서는 분명히 일부 학생들은 소외감 또는 실패감을 느끼게 되고 이것이 지속되면 체육 수업에 참여하는 자체를 꺼려하는 현상이 나타난다(You, 2002).

5. 체육과 교육과정의 평가

평가의 주된 목적은 교육의 효과성을 높여 교육의 질적 개선을 추구하고 학습자가 교육의 목표를 효과적으로 달성할 수 있도록 교수-학습의 내용과 방법을 발전시켜 나가는 과정이다. 교육의 궁극적 목표가 훌륭한 전인을 기르는 것이라고 한다면 시대와 상황에 알맞은 전인적 평가가 이루어져야 할 것이다. 체육 평가가 합리적이고 타당하게 이루어지기 위해서는 체육 평가의 내용과 방법이 체육의 목표와 일관성 있게 제시되어야 하며, 체육 평가를 실행하는 과정에 있어서도 평가의 전문적인 지식과 경험을 토대로 한 객관성이 확보되어야 한다(교육부, 1997).

제7차 체육과 교육과정에서 '평가' 항은 학교 현장의 체육과 교육과정 운영을 주도한다는 주장이 제기되고 있다. 예를 들면 제한된 수업시수와 열악한 체육 교육 환경 속에서 중등학교의 평가 종목 수와 운동 기능 평가 비율 규정은 체육 수업을 평가위주로 진행하도록 만들고 평가 내용에 따라 수업 내용이 결정되는 현상을 초래하고 있다고 한다. 또한 내신 제도의 영향으로 체육과 평가는 결과중심의 객관도를 강조하는 평가가 학교 현장에서 선호되고 있다는 지적이 제기되고 있다. 이와 같은 현상은 체육과 교과의 평가 특수성에 따라 제기되는 문제라고 볼 수 있다.

실제로 체육과 평가 영역은 매우 광범위하기 때문에 각 영역 평가를 체계적으로 실시하기에는 어려움이 따르고, 타 교과에 비해 인지적 영역과 정의적 영역 평가 이외의 심동적 영역의 평가를 실시해야 하는 부가적인 업무가 요구되고 있다. 이로 인해 동작 평가보다는 기록 평가에 치중하고 있는 현실이고, 체육 교과의 지식 평가 문항 개발 및 시행에 대한 교사의 개인적인 부담이 큰 것으로 나타났다. 또한 정의적 영역에 해당되는 절대 평가 기준 설정 및 도구 개발의 부족으로 인해 정의적 영역의 평가 범위가 축소되고 있다. 이처럼 학교 현장에서는 체육과 평가로 인해 쉽게 해결할 수 없는 어려움에 직면해 있다. 따라서 국가수준 체육과 교육과정에서는 학교 현장의 혼란을 최소화하면서 바람직한 체육과 평가의 방향을 제시할 필요가 있다(유정애, 2005).

우선적으로 국가 교육과정에서는 평가 종목 수나 평가 반영 비율과 같은 구체적인 조항을 제시하기 보다는 체육과 평가를 자율적으로 실시할 수 있는 여건을 마련하는 것이 올바른 방향이다. 과거와 달리 체육 교사의 전문성이 신장됨에 따라 각 체육 교사들이 자신의 교육 철학에 따라 평가 방법과 운영을 결정할 수 있는 권한을 부여할 필요가 있다. 또 하나의 방법은 시·도 교육청 또는 지역 교육청으로 권한을 이양하는 것이다. 각 지역의 특성을 고려하여 각 시·도 교육청 및 지역 교육청에서 평가의 기본 방향을 설정하고 단위 학교에서는 이 지침에 따라 자율적으로 평가를 시행할 수 있도록 해야 한다(유정애 등, 2004).

IV 결론 및 시사점

본 글은 우리나라 국가수준 체육과 교육과정 문서에 담겨 있는 체육 교과 교육의 모습과 체육과 교육과정의 운영의 역사와 현황 그리고 앞으로의 발전 방향을 제시하는데 목적을 두고 수행되었다. 학교 교육 체제 속에서 체육과가 하나의 교과로서 그 역할을 공고히 하기 위해서는 다른 교과와 마찬가지로 '신체 활동에 관한 학문적 지식'을 전수하는 교과로써 그 위상을 올바로 정립해야만 한다.

이를 위하여 체육과 교육과정의 운영의 역사를 체육과 교육과정 성격, 목표, 내용, 교수학습방법, 평가 측면에서 살펴보았고, 이를 토대로 체육과 교육과정의 발전 방향을 마련해보았다. 이러한 발전 방향을 현실적으로 실행하기 위하여 몇 가지 시사점을 정리하면 다음과 같다(유정애, 2005).

첫째, 교육과정 목표의 진술을 보다 구체화하여 체육 교육을 통해 성취할 도달점의 위치와 방향에 대하여 이해하기 쉽도록 하고, 이에 대한 교사들의 인식을 제고할 수 있는 방안을 마련해야 한다. 이를 위하여 국가수준의 체육교육과정에 학교급별, 학년별 목표가 구체적으로 설정이 되어야 하며, 체육 교육의 주안점을 어디에 둘 것인지 명확히 제시해줄 수 있는 교육과정이 되어야 한다. 또한 교육과정, 교과서, 수업 내용이 서로 연계될 수 있도록 해야 한다. 현재 교육과정이나 교과서에서 제시하고 있는 내용과 실질적 수업에서 이루어지고 있는 내용의 불일치는 교사의 교육과정 이해 정도나 충분한 교재 연구 그리고 수업 목표에 대한 분명한 인식이 이루어지지 않은 결과로 생각된다.

둘째, 체육과 성격은 '운동기능 교육중심 교육과정'에서 '신체 활동 교육중심 교육과정'으로의 교육과정 개정 철학에 입각하여 개선되어야 한다. 구체적으로 '신체 활동'을 교육하는 체육과의 정의, 체육과에서 추구하는 인간상 정립, 체육과 교육과정 내용의 개념 틀, 학교급별 체육 교육의 방향이라는 체제 속에서 기술될 필요가 있다.

셋째, 체육과 목표는 심동적 영역, 인지적 영역, 정의적 영역이라는 학습 영역별 목표의 분류 방식을 지양하고 통합적으로 목표가 설정되어야 한다. 이는 학습 영역에 따른 목표 분류로 인해 체육과의 목표, 내용, 교수학습방법, 평가에 이르기까지 '지식, 기능, 태도'라는 3분법적인 방식으로 체육 교육을 분절시키는 결과를 낳고 있다. 동시에 체육과 목표를 '운동 기능 향상, 운동 지식 이해, 태도 함양'이라는 매우 협의의 목표로 단순화시킴으로써 최근 전 세계적으로 확대되고 있는 체육과 목표를 적절히 수용하지 못하는 현상을 초래하고 있다. 따라서 체육과 목표의 분류 방식을 통합적·포괄적으로 진술할 필요가 있다.

넷째, 체육과 내용은 그 동안 수차례의 교육과정 개정 과정에서 전통적으로 고수해 왔던 스포츠종목중심 내용 구성 틀을 지양하고, 체육과 내용을 재개념화한 '신체 활동 지식'을 토대로 구성되어야 한다. 스포츠종목중심 내용 구성 틀은 심동적 영역의 범위와 위계를 선정하는데 한계가 있으며 기능 습득으로 체육 교육을 유인하는 역할을 하고 있다. 또한 '이론'이라는 인지적 영역의 내용을 설정함으로써 체육을 이원화(이론과 실기)시키는 결과를 낳고 있다. 스포츠종목중심 내용 구성 틀 속에서 정의적 영역은 하나의 목표로만 제시될 뿐 '가르쳐야 할 내용'으로써 인식되지 못하는 결과를 초래하고 있다.

다섯째, 체육과 교수학습방법은 교수 효율성이라는 교사중심 지향성에서 그 동안 수업의 과정에서 간과해 온 학습자중심의 교수학습방법을 유도할 필요가 있다. 국가수준 체육과 교육과정의 교수학습방법항의 역할에 대해 재고할 필요가 있으며, 현장 교사들이 요구하는 수준의 구체적인 적용 사례와 다양한 수업의 모습을 담아낼 수 없는 한계점을 인식할 필요가 있다. 따라서 국가수준의 체육과 교수학습방법은 체육 교육의 과정에서 학습자를 고려한 방향으로, 학습자의 개별성을 존중하는 개인차를 고려한 수준별 수업, 수업 내용의 다양성을 고려한 통합적 교수학습활동을 강조할 필요가 있다.

여섯째, 체육과 평가는 '평가위주의 체육 수업'을 지양하기 위해 국가수준 체육과 평가가 보다 자율적으로 제시될 필요가 있다. 최근의 국가수준 체육과 평가의 방향과 구체적인 내용은 평가를 통해서 교육 내용을 통제하고자 하는 경향이 강했다. 국가에서 의도하는 방향과는 달리 학교 현장에서는 왜곡되고 획일화된 평가 방법의 시행으로 인해 체육 수업의 본질이 훼손되는 결과를 초래하였다. 따라서 단위 학교와 교사에게 평가에 관한 자율성을 대폭 확대할 필요가 있다.

일곱째, 충실한 교사교육을 제공해야 한다. 체육과 교육과정 운영의 정상화를 위해 교사의 전문성 신장이 중요한 해결책이라 할 수 있다. 그리고 성차, 운동 능력 차이 등 다양한 개인차를 극복할 수 있는 교육과정 방안이 모색되어야 한다. 이 문제는 교육의 평등권이나 신체 활동에 대한 긍정적인 태도 형성의 측면에서 중요한 부분이다.

여덟째, 목표나 내용 부분에 정의적 영역을 강조해야 할 것이다. 교사들은 정의적 영역의 목표에 대하여 학교 수업의 적용 가능성을 높게 평가하면서도 실제 현장 수업에서 이를 실현시키지 못하고 있는 양면성을 보이고 있다. 따라서 교육과정에서 정의적 영역에 대한 목표나 내용을 구체적으로 제시하여 이를 수업에 적용할 것인지를 안내하는 것이 필요하다.

아홉째, 문서적 체육교육과정과 실천적 체육교육과정간의 괴리 극복의 문제이다. 이는 체육교과의 내부적인 문제로 체육교육과정의 목표와 실제 학생들이 배우는 학습 경험 또는 결과간에 괴리가 상당히 존재한다는 사실이다. 따라서 교육과정의 문서상 계획과 그 실천의 간극을 좁힐 수 있는 방안을 마련해야 한다.

참고 문헌

강신복(2004). 중등학교 체육교과교육50년: 반성과 전망. 개교 20주년 기념학술 심포지움 "학교교육 50년 반성과 전망", 542-573.

교육부(1997). **제7차 교육과정 해설**. 서울: 대한교과서주식회사.

김재복 외(1996). **현행 교육과정의 분석·평가 연구**-제6차 교육과정을 중심으로. 교육과정 개정 연구위원회.

김종서 외(1988). **교육과정과 교육평가**. 서울: 교육과학사

류태호(2002). 제7차 체육과 교육과정의 문제점과 개선 방안. 교과교육 공동연구 학술세미나 발표집, **한국교원대학교 부설 교과교육공동연구소**. 625-636.

성경희 등(2003). **제7차 교육과정의 현장 운영 실태 분석(I)** - 초등학교 교과 교육과정을 중심으로(총론). 한국교육과정평가원 연구보고서 RRC-2003-3-1.

성경희 등(2003a). **제7차 교육과정 운영 실태 연구(I): 통합 교과를 중심으로**. 한국교육과정평가원 연구보고서 RRC2003-3-2.

성경희, 차우규, 류상희, 유정애, 이경언, 박소영(2003b). **제7차 교육과정 운영 실태 연구(I)**: 도덕·실과·체육·음악·미술 교과를 중심으로. 한국교육과정평가원 연구보고서 RRC 2003-3-4.

유승희 등(2001). **학교체육 실태조사 및 개선 방안**. 서울: 체육과학연구원 연구보고서 2001-01.

유정애, 오수학(2000). 체육교과명의 현재와 미래. **교육과정평가연구**, 3(1), 163-171.

유정애(2002). 체육과 교육내실화 방안 연구: 좋은 수업 사례에 대한 질적 접근. **한국교육과정평가원 연구보고서**.

유정애(2003). 체육 교과 지식의 의미 재정립에 따른 학습 영역 구조의 방향. **한국스포츠교육학회지**, 10(3), 81-96.

유정애(2004a). **교과 교육과정 개선 방안**. 한국교육과정평가원 연구자료 ORM 2004-29, p250-275.

유정애(2004b). **체육과 교육과정 운영실태**. 『제7차 교육과정 운영실 세미나-초·중등학교 국민공통기본 교과 교육과정의 운영실태』. 한국교육과정평가원 연구자료 ORM 20004-23.

유정애(2004c). 체육과 교육과정의 개선 방안 탐색. **교과 교육과정 개선 방안 교육과정 세미나**. 한국교육과정평가원.

유정애, 서지영, 조미혜, 최의창(2004d). **체육과 교육과정 실태 분석 및 개선 방향 연구**. 한국교육과정평가원 연구보고서 CRC 2004-4-9.

유정애(2005a). 교사수준의 체육과 교육과정 개발 과정 및 내용. **한국스포츠교육학회지**, 12(1), 31-56.

유정애(2005b). **국가수준 체육과 교육과정 목표 및 내용의 반성과 발전 방안**. 국가수준 체육과 교육과정의 반성과 발전 방안. 한국스포츠교육학회와 한국교육과정평가원 공동세미나 학술대회 발표집, 67-106.

유정애, 서지영, 안양옥, 조미혜(2005). **체육과 교육과정 개선 방안 연구**. 한국교육과정평가원 연구보고서 RRC 2005-8.

윤명희(1997). **체육과 교육론**, 서울: 태근문화사

조미혜, 김윤희, 서지영(1997). 제7차 체육과 교육과정 개정에 따른 체육교육과정 변천의 탐색. **한국스포츠교육학회지**, 4(1), 1-16.

조미혜, 서지영, 김윤희(1997). **제7차 체육과 교육과정 개발 연구**. 한국교육개발원 교육과정개정연구위원회. 서보인쇄주식회사.

조미혜(2001). 제7차 고등학교 2-3학년 체육교육과정 운영의 문제점 및 효율적 실천 방안 탐색. **한국스포츠교육학회지**, 8(2), 29-44.

조미혜(2002). 체육교육 내용 선정 및 조직의 재검토. 체육과 목표 및 내용 체계의 새로운 방향 설정. 한국교육과정평가원 세미나. 한국교육과정평가원.

조미혜, 오수학(2004). **체육교육과정과 평가**. 서울: 무지개사.

장봉석(2002). 제7차 중학교 체육과 교육과정 적용의 문제점과 개선방안, 교과교육공동연구 학술세미나 발표집, 한국교원대학교부설 교과교육공동연구소. p637-640.

최의창(2001). 읽는 스포츠의 매혹: 서사적 글 읽기를 통한 스포츠의 이해. **체육과학연구**, 12(3), 1-15.

최의창(2002b). 중등학교 체육수업 개선을 위한 통합적 교과조직 및 지도방법 개발. **한국스포츠교육학회지**, 9(1), 1-23.

최의창(2002c). 중등학교체육의 통합적 접근: 국제사례비교와 시사점. **체육과학연구**, 13(4), 65-84.

최의창(2005). 학교 체육의 내실화와 초등체육의 역할. **한국체육정책학회 춘계학술세미나**. 19-39.

Bloom (1956). *Taxanomy of education objectives: cognitive domain*. New York, David McKay.

Corbin, C. (2002). Physical activity for everyone: what every physical educator should know about promoting lifelong physical activity. *Journal of Teaching in Physical Education, 21*, 128-144.

Himberg, C., Hutchinson, G., & Russell, J. (2003). *Teaching secondary physical education: preparing adolescents to be active for life*. Champaign, IL: Human Kinetics.

Penny, D. & Chandler, T. (2000). Physical Education: what future(s)? *Sport, Education, and Society, 5(1)*, 71-87.

Siedentop, D., Mand, C., & Taggart, A. (1986). P*hysical education: Teaching and curriculum strategies for 5-12*. Palo Alto, CA: Mayfield publishing company.

You, J. (2002). From exclusion to inclusion: meeting equity and excellence. *Paper presented at the 5th International Sport Pedagogy Seminar*. Korea Association of Sport Pedagogy, Busan. Korea.

Zeigler, E. (2003). Guiding professional students to literacy in physical activity education. *Quest, 55*, 285-305.

6

체육과 교육과정의 국제 동향

강 신 복

우리나라 국가 수준의 체육과 교육과정은 국가라는 교육의 공급자가 일방적으로 무엇을 배우기를 강요하는 공급자 중심 교육체제 하의 교육과정이라고 할 수 있다. 하지만 공급자 중심으로 만들어진 체육과 교육과정은 다양화, 특성화, 자율화를 추구하는 새 시대의 흐름에는 어울리지 않는다. 이에 본고는 체육과 교육과정이 시대의 흐름에 발맞춰 변화해야 한다는 당위성을 인정하면서, 이에 기여할 하나의 방편으로 세계 각 국의 체육과 교육과정은 어떤 방향을 지향하고 있으며, 어떤 목표와 내용이며 어떤 방법과 평가로 행해지고 있는지 그 동향을 탐색하는데 목적을 두고 있다. 이에 따른 현 시대적인 요구사항은 5가지로 요약된다. 첫째, 각 국의 체육교육은 스포츠 기술 습득에서 활동적인 생활 기술의 습득으로 전환되고 있다. 둘째, 각 국의 체육교육과정은 체육문화에 대한 이해 및 참여, 그리고 실질적인 운동능력 고양을 강조하고 있다. 셋째, 각 국의 체육교육과정은 학교체육의 교육적 가치 중 학생들의 인성 함양을 강조하고 있다. 즉, 각 국의 체육교육과정 목표를 살펴보면 협동심, 책임감, 준법정신, 스포츠맨십, 도덕성 등의 가치덕목을 제시하고 있다. 셋째, 각 국의 체육교육과정 목표를 살펴보면 협동심, 책임감, 준법정신, 스포츠맨십, 도덕성 등의 가치덕목을 제시하고 있어 학교체육의 교육적 가치 중 학생들의 인성 함양을 강조하고 있다. 넷째, 각 국의 체육교육과정을 살펴본 결과 학교 교육에서 학생의 학력과 지성에 대한 올바른 인식전환 및 체육인재 육성이 필요하다. 다섯째, 문서적 체육교육과정과 실천적 체육교육과정 간의 괴리를 좁힐 수 있는 방안의 마련이 요구된다.

I 서론

한국스포츠교육학회와 한국교육과정평가원이 공동 주최하는 이번 체육과 교육과정 세미나의 주제는 '국가수준의 체육과 교육과정 반성과 발전 방안 탐색'이다. 국가수준의 체육과 교육과정이라 함은 교육과정을 편성하고 운영하는 주체가 국가이고, 우리나라의 경우 교육인적자원부에서 고시하는 '초·중등학교 체육교육과정' 즉, 학생들이 배워야할 체육의 목표, 내용, 방법, 평가를 문서로서 명시화하여 제시하고 있는 것을 말한다(조미혜, 오수학, 2004).

우리나라의 체육과 교육과정은 1955년 8월 1일 문교부령 제45호로 공포된 '교과과정' 내에 '체육과 교과과정' 형태로 제시되고 시행된 이래 2005년 현재 시행중인 제7차 교육과정까지 '국가'가 체육과 교육과정을 제정, 공포하였고, 이에 따라 우리나라와 같이 국가 수준의 교육과정을 운영하는 나라에서는 학교 체육교육을 반드시 이렇게 고시된 체육과 교육과정을 따르도록 요구하고 있다. 물론 1992년에 공포, 시행된 제6차 교육과정부터 교육과정을 편성하고 운영하는 주체를 지역 및 학교에 부분적으로 재량권을 부여하였으나, 지역이나 학교의 실정에 따라 전면적으로 재구성되어 시행되고 있지 않으므로 국가 수준의 교육과정이 거의 대부분의 지역과 학교 현장에 국가 수준의 교육과정이 의도하는 바 그대로 시행되고 있다고 해도 과언이 아닐 것이다(성경희 외 5인, 2003).

이러한 우리나라 국가 수준의 체육과 교육과정은 국가라는 교육의 공급자가 일방적으로 무엇을 배우기를 강요하는 '공급자 중심 교육체제' 하의 교육과정이라고 할 수 있다. 하지만 시대가 급격하게 변하고 있고, 시대의 변화는 그 변화에 따라 많은 것을 변화하길 요구하고 있다. 공급자 중심으로 만들어진 체육과 교육과정은 다양화, 특성화, 자율화를 추구하는 새 시대의 흐름에는 어울리지 않는다. 변화하는 시대를 읽어야 하며, 무엇인가를 변화시키도록 실천해야 한다. 이런 측면에서 체육과 교육과정도 변화를 요구당하고 있으며, 그 방안을 모색하는 본 세미나는 시의 적절하다고 할 수 있다.

본고는 체육과 교육과정이 시대의 흐름에 발맞춰 변화해야 한다는 당위성을 인정하면서, 이에 기여할 하나의 방편으로 우리 밖의 다른 여러 나라에서 실천되어지고 있는 체육교육의 모습, 다시 말하면 세계 각 국의 체육과 교육과정은 어떤 방향을 지향하고 있으며, 어떤 목표와 내용이며 어떤 방법과 평가로 행해지고 있는지 그 동향을 탐색하고자 하는 것이다.

체육과 교육과정의 국제 동향을 탐색하고자 하는 목적은 세계 각 국의 체육과 교육과정을 탐색해봄으로써 타산지석의 교훈과 이득을 얻는 것이다. 하지만 '타산지석'의 교훈과 이득이 수월하게 얻을 수는 없을뿐더러 반드시 고려해야 하는 사항이 발생한다. 곧 '체육교육'과 '보편성-특수성'의 문제 때문이다. 체육교육이 세계 여러 나라의 공교육 체제, 의무교육 하에서 거의 필수적으로 행해지고 있는데, 이는 체육이 가지는 보편적인 교육적 가치와 의미가 있기 때문일 것이다. 반면에 각 나라의 사회성, 역사성의 특수성으로 인해 동일하게 행해지고 있지는 않다. 여러 문화권에서 보편적으로 행해지는 체육교육이지만 그 나라의 특정한 사회-문화적 상황에 따라 체육교육의 목적과 방법이 다르고 그 자리매김이 다를 수 있기 때문이다. 이 글을 접하는 독자들은 이 두 가지 관계를 염두에 두고 다른 여러 나라의 체육교육과정의 동향을 파악할 필요가 있다.

본고는 몇 가지 한계를 가진다. 첫째, 세계 각 국의 체육교육과정의 동향을 탐색하려고 할 때 세계 각 국의 범위를 어떻게 한정 지어야 하는 문제가 발생한다. 본고에서는 우리 보다 상대적으로 더 활발하게 체육교육이 이루어지는 나라의 체육교육과정을 집중적으로 분석하고자 하였다. 대륙별로는 오세아니아, 북미, 유럽의 몇 나라를 살펴보았고, 우리나라와 문화적, 정서적으로 유사한 중국과 일본을 포함시켰다.

둘째, 수집하여 분석한 나라의 체육교육(또는 체육교육과정)이 실제로 어떻게 행해지고 있는지에 대한 폭과 깊이의 문제이다. 필자가 수집한 각 나라의 체육교육 실태는 그 나라의 체육교육 전문가에 의해 집필된 것인데, 글쓴이에 따라 자국의 체육교육 현황을 문서상의 자료로 대치한 글이 있는가하면 비판적이고 심도있게 분석하여 기술한 글도 있다. 이러한 자료로 인해 각 나라의 체육교육과정 동향을 제대로 포착해내지 못한 가능성을 배제할 수 없다. 또한 국가 체제가 연방이거나 지방 분권이 명확할 때 그 나라의 모든 주, 지역의 체육교육과정을 섭렵할 수가 없었음을 밝힌다. 예를 들어 영국의 경우 잉글랜드, 스코트랜드, 웨일즈, 노던 아일랜드로 나눠지고, 각 지역은 거의 독자적으로 체육교육과정이 운영되므로 이 모두를 살펴보는 것은 거의 불가능하기 때문이다(미국이라면 50개 주이며, 주와 지역, 학교에 따라 체육교육과정이 상이함).

II 각 국의 체육교육과정 현황

교육과정의 전반적인 틀인 총론 수준의 내용은 각론 수준인 교과를 통해서 구체화되며, 각론 수준의 각 교과는 총론에서 요구되는 바를 충분히 반영해야 한다. 이러한 교육과정은 각 국의 정치·사회적 상황 및 현안 문제의 해결을 위한 방향과 직·간접적으로 관련되어 있다. 따라서 각 국의 정치·사회적 상황과 직면한 과제에 따라 교육과정에서 추구하는 방향과 목표, 이를 구현하는 내용 등에 차이가 있을 수 있다. 이에 체육교육과정은 각 국이 처한 시대적 상황 및 당면 과제, 이를 전반적으로 제시하고 있는 범국가적인 교육의 방향과 면밀하게 연관되어 있어 체육교육과정은 각 나라마다 상이할 수 있다.

그러나 각 국의 특수한 상황에도 불구하고 체육교육과정을 통해 충족되어야할 보편적인 측면들이 있다. 이에 본 장에서는 각 국의 특수한 상황하에서 공통적으로 추구되는 체육교육과정의 방향, 목표, 내용, 방법 및 평가에 대한 구체적인 현황(Pühse & Gerber, 2005)에 대하여 논하고자 한다.

1. 체육교육과정의 방향

가. '활동적인 생활 기술'(active life skill) 강조

근대이후 자동화·정보화가 가속화됨에 따라 인간의 삶의 형식 자체가 변하고 있다. 신속한 일처리를 위해 컴퓨터를 비롯한 각종 기계 및 정보에 의존하는 경향이 커지면서 좌식 생활의 시간이 확대되고 있는 것은 세계적인 추세라고 할 수 있다. 또한, 각 국의 경제적 발전 수준은 다르지만 생활수준의 향상으로 과도한 영양섭취와 함께 움직이는 신체활동의 시간은 줄어들고 있다. 이러한 생활 양식의 변화는 학생들의 일상생활에서도 동일하게 나타나고 있다. 따라서 성인 사회 뿐 만 아니라 자라나는 청소년들에게 있어서도 당뇨, 비만 등 각종 질병이 심각한 사회문제로 대두되고 있고, 전 세계적으로 이에 대한 해결 방안은 중요한 관심 사안이다.

이와 같은 국가차원의 문제를 해결하기 위해 체육 교육과정의 방향 '스포츠 기술 습득(sport skill acquisition)'에서 '생활 기술(active life skill)' 발달로 옮겨가고 있는 중이다. 이 생활 기술은 개개인이 활동적인 삶을 계획하고 이를 실천할 수 있는 능력을 함양하는 것으로, 구체적으로 움직임 기술(movement skill)뿐만 아니라 협동성, 문화 인지, 타인 존중, 페어플레이, 리더십 기술, 타인 배려 등이 강조된다. 이와 같은 체육 교육 철학의 변화는 미국, 호주, 캐나다, 영국, 프랑스, 독일, 핀란드 등 선진 외국의 학교 체육 방향을 전통적인 스포츠 프로그램에 의한 체육 교육 성과에 치중하기 보다는 아동 및 청소년들이 신체 활동 본질을 이해하고 그 활동 자체를 체험함으로써 자신의 삶을 활동적으로 영위하는데 초점을 두게 한다. 이 생활 기술을 강조하게 된 배경은 전 세계적으로 체육 교과의 수업 시수의 감소로 인해 이제 학교 정규 체육 수업 시간만으로는 체육 교과가 기대하는 수준의 생산적인 교육 결과를 가져오기 어렵다는 인식에서 출발한 것이다.

각 국의 체육과 교육과정의 변화는 교육 목표, 내용, 방법, 평가에 이르기 까지 체육 교과 교육의 중심을 흔들고 있다. 특히 '생활 기술'(life skill)에 초점을 둔 체육 교육 철학은 체육 교과의 교육 활동을 크게 확장시키고 있다. 기존에 다루어져 왔던 육상, 농구, 배구, 수영 등의 스포츠종목 뿐만 아니라, 일상생활에서 이루어지는 신체 움직임(걷기, 달리기, 계단오르기, 자전거타기 등)을 교육적 소재로 포함시키고 있다. 체육 교과 수업에서는 일상 생활 속에서 이루어지는 신체 활동의 중요성과 가치 교육 또는 의식 교육을 담당함으로써 학생들이 자신의 삶 속에서 이를 능동적으로 실천할 수 있는 능력을 함양하는데 목적을 두게 된다.

또한 그 동안 체육 교과 수업에서 크게 주목을 받지 못했던 부분들, 예를 들면 사회성 기술(social skills), 페어플레이, 스포츠맨십, 자기 관리, 책임감 등이 체육 교육 프로그램으로 자리잡게 되면서 야외 및 모험 활동들이 수업 내용으로 유입되고 있다. 더불어 다학문적 접근(예: 과학, 영양학, 지역사회학, 복지학 등)을 활용한 교수학습방법과 자료가 활발하게 개발되고 있으며, 루브릭(rubric) 중심의 평가 방법 등이 강조되고 있다.

미국의 경우 학교 교육에서 체육수업은 학교 건강프로그램의 중요한 구성요소로서 그 중요성이 더해지고 있다(Allensworth, Lawson, Nicholson, & Wyche, 1997). 최근 미국체육학회(AAHPERD) 산하 체육·스포츠교육학회(NASPE)와 미국심장학회(AHA)에서는 각급 학교에서 매일체육 체제를 운영하기 위해 체육수업 시수가 확보되어야 한다는 강력한 권고안을 채택하고 있다(U.S. Department of Health and Human Services, 2000). 특히, NASPE에서 개발된 '학교 체육 프로그램 가이드라인'(New Physical Activity Guidelines)은 청소년들이 신체적으로 활발한 생활양식(physically active lifestyle)으로 생활해 가도록 학교 체육 프로그램에 적극적으로 참여하도록 유도하자는 내용을 기본 골격으로 하고 있다. 그리고 어린이들을 위한 스포츠, 놀이 및 활동적인 레크리에이션(Sports, Play, and Active Recreation for Kids: SPARK) 프로그램은 초등학교 고학년의 학생들에게 운동 기능과 신체 활동을 가르치는 건강중심 체육프로그램이다. 국립건강협회 산하 심장, 폐, 그리고 혈액협회는 약 7년간 SPARK에 재정지원을 크게 늘렸고, 미국교육부는 SPARK를 영향력 있는 프로그램으로 인증하기도 하였다(McKenzie, 2003). 또한, 미국체육학회

(AAHPERD)에서는 1990년에 제1단계로 시작된 '건강한 국민 2000'의 후속조치로 '건강한 국민 2010'(Healthy People 2010)이라는 슬로건을 내걸고 스포츠 생활화를 위한 범국민적 운동을 전개하고 있다(AAHPERD, 1998).

영국의 경우 2000년 8월부터 적용된 국가 교육과정(National Curriculum)에서는 학생들이 배워야 할 필수 학습 영역이 제시된 후 학습프로그램이 각 연령 단계별로 제시되고 있다(조미혜, 오수학, 2004). 학습의 핵심 내용으로는 지식, 기능, 그리고 이해라고 하는 세 가지 측면을 강조하고 있다. 영국의 초·중등학교 교육과정 및 교육평가를 담당하는 중앙부처인 '교육인적부'(Department of Education and Employment: DfEE)와 국가 수준의 교육과정 및 교육평가를 관리 지원하는 '자격인증 및 교육과정원'(Qualifications and Curriculum Authority: QCA)에서는 체육교과에서 추구해야 할 목표를 운동기능 습득과 발달, 기초 기능 및 게임 전략 그리고 복합적 아이디어 선택과 적용, 운동수행의 평가와 향상, 그리고 체력 및 건강에 대한 지식과 이해 등으로 제시하고 있다(DfEE & QCA, 1999). 이와 같이 영국에서도 체육교육과정을 통해 체력 및 건강에 대하여 그 중요성을 강조하고 있다.

일본은 문부과학성(Ministry of Education, Culture, Sport, Science and Technology)에서 교육·문화·스포츠 및 과학기술에 관련된 제반 사항들을 관장하고 있다. 국가수준의 교육과정은 '학습지도요령'(Course of Study)으로 고시된다. 학습지도요령의 소학교, 중학교, 고등학교의 목표에서 마음과 신체를 하나로 한 운동경험의 중요성를 제시하고 있으며, 건강의 유지·증진과 체력 향상의 중요성 및 실천을 강조하고 있다.

이상과 같은 신체활동을 통한 활동적인 생활 기술(active life skill)에 관한 문제는 비단 미국, 호주, 캐나다, 영국, 프랑스, 독일, 핀란드, 일본 등 선진 외국의 문제가 아니다. 그 외 세계 각 국의 체육교육과정 문서에서도 이러한 생활 기술과 관련된 내용을 강조하고 있다.

나. 체육문화의 이해 및 참여 확대

문화는 집단이 공유하는 생활 양식과 사고 방식의 총체이며, 그것은 다양한 배경 속에서의 힘의 경쟁 그리고 갈등과 타협의 역사적 과정 속에서 비로소 의미를 갖는 삶의 세계 전반에 걸쳐 작용하는 현실적 실천이다(김광억 외, 1998). 체육은 인류사 이래로 변화와 발전을 거듭하면서 인간의 역사와 함께 공존해 왔으며, 현재도 인류의 생활 양식과 사고 방식에 녹아있는 문화 중의 하나이다. 또한, 이러한 체육 문화는 신체 활동이 지니고 있는 고유한 내재적 가치로 인하여 인류가 생존하는 한 지속될 수밖에 없는 것 중에 하나이다.

이러한 인류문화사적 근거로부터, 인간을 보다 완전하게 성장시키는 것을 목적으로 하는 교육은 역사적으로 일찍이 놀이, 스포츠, 무용 등 체육 활동을 교육의 이상 실현을 위한 그 내용으로 인정하고, 학교 교과의 한 영역으로 포함시키고 있다(교육부, 1999). 특히, 근대 이후 학교라는 교육제도가 등장하면서 체육은 교육의 궁극적인 목표인 전인적 양성에 크게 기여한다는 점을 널리 인정받게 됨으로써 학교에서 없어서는 안 될 중요한 교과로서 그 위치를 확고히 해왔다(강신복, 2003). 이는 각 국이 자국의 모국어를 교육과정 속에 필수교과화 시키는 것처럼 체육을 기초교과 혹은 필수교과로서 여기고 있다. 각 국의 국가수준의 교육과정 문서명은 달라도 체육교육과정은 엄연히 존재하고 있다.

미국의 경우 '국가기준'(National Standards) 및 주단위의 '교육과정 지침서'(curriculum guideline)를 통해서 체육교육의 내용 기준 및 운동수행 기준을 제시하고 있다. NASPE(1995)에서는 체육교육을 받은 사람에 대한 특징을 다섯 가지로 제시함으로써 문화로서의 체육교육인의 상을 제시하고 있다. 호주의 경우 '교육과정 개념틀'(Curriculum Framework)에서 '건강과 체육' 교과 교육을 받은 학생들이 성취할 목표 및 내용을 학습결과(learning outcome)로 제시하고 있다. 이러한 학습결과에는 체육문화에 대한 지적 이해, 태도와 가치, 체육활동 능력, 자기 관리 능력 그리고 대인 관계 능력 등이 포함되고 있다(Curriculum Council of Western Australia, 1998). 또한, 뉴질랜드의 '교육과정 개념

틀'(The New Zealand Curriculum Framework)에서도 호주와 유사하게 학생들의 학습결과를 평가함으로써 체육문화에 대한 가치 교육을 강조하고 있다. 영국의 경우 '국가 교육과정'(National Curriculum)의 성취목표(attainment target)에서 체육문화를 학습한 결과들을 구체적으로 제시하고 있다. 독일의 경우 스포츠의 다면성을 강조하는 움직임 문화(movement culture)를 강조하고 있는데, 그 안에는 (1) 움직임의 지각 기술 및 경험, (2) 신체 표현 및 움직임 표현의 증진, (3) 도전 및 책임감, 협동, 경쟁, 의사소통 향상, (5) 건강 인지 능력 향상이 포함된다. 일본 또한 '학습지도 요령'의 목표를 구체적으로 제시함으로써 체육문화의 고유한 가치를 이해하고 참여하도록 유도하고 있다.

이상에서 각 국의 체육교육과정은 체육문화의 가치 전승을 위한 장으로서 체육교육의 가치와 목적을 제시하고 있다. 이러한 세계적인 동향은 체육을 단순히 스포츠나 신체활동으로서가 아니라 그 활동속에 내재된 가치에 대하여 인류의 고유한 문화적 가치로 평가하고자 하는 것이다. 따라서 학생들은 평생교육·평생체육의 체육문화적 관점에서 이를 소중히 여기고 충분히 내면화시키는 것이 요구된다. 유아 및 청소년들은 왕성한 신체 활동 욕구를 지니고 있으며, 문화양식으로서의 신체 활동에 대한 생활양식이 습득되어야만 하는 중요한 시기이다. 이러한 생활양식은 저절로 습득되는 것이 아니라 체육교육을 통해서 체계적으로 학습되어야 한다. 따라서 각 국은 이에 대한 중요성을 강조하며, 체육교육과정을 통해 이를 실현하고자 하는 방향성을 지니고 있다.

다. 사회성 및 인성 교육 강화

각 국의 체육교육과정은 활동적인 생활 기술의 강조와 체육문화의 이해 및 참여 확대의 방향외에 또 다른 측면을 추구하고 있다. 즉, 체육교육과정을 통해서 각 국이 처해있는 사회의 제문제를 해결하기 위한 방안으로 사회성 및 인성 교육을 강화하고 있다. 세계 각 국의 언론 보도 자료를 살펴보면 청소년 문제와 관련해서 학교 안팎에서 살인, 자살, 폭행, 강간, 약물복용, 왕따 등 비인륜적인 행각을 자주 접할 수 있다.

며칠 전에 기사화된 사건이다. 미국 시카고 인근 버팔로 그로브의 한 중학교 교실에서 12세의 여학생이 집에서 가져온 칼로 동급생을 찌른 사건이 발생했다. 이 여학생은 전날밤 미리 범행을 계획하고 집에서 칼을 상자에 넣어 가져온 다음 이날 오전 교실 컴퓨터 앞에 앉아 있는 남학생에게 다가가 등을 찌른 뒤 달아났다고 한다(2005년 5월 16일, 조선일보 국제칼럼(http://www.chosun.com/international/news).

현재 일본의 경우 청소년 범죄의 증가, 학교 내 폭력과 집단괴롭힘(이지메) 현상, 그리고 학생들의 장기 무단결석 현상 등이 심각한 사회적인 문제로 여겨지고 있다(조미혜, 오수학, 2004). 따라서 문부과학성(Ministry of Education, Culture, Sport, Science and Technology)에서는 2002년부터 적용된 교육과정인 '학습지도요령'에서 도덕교육을 더욱 강화하고 있다. 일본에서의 도덕 교육은 전체 교과 가운데 하나가 아니라, 전체 교과와 견줄 수 있을 정도의 별개의 영역으로 구성되어 있다(조미혜, 오수학, 2004). 이는 그 만큼 학교 문제의 심각성을 드러내는 단적인 예라 할 수 있다.

청소년 범죄는 비단 외국만의 문제가 아니다. 한국의 경우, 며칠 전에 보도된 자료를 살펴보면 다음과 같다(2005년 5월 16일 동아일보 사회칼럼, http://www.donga.com). 폭행과 절도 등을 포함한 전체 청소년 범죄는 지난해(2004년) 10만4천158건으로, 지난 2002년 12만3천921건에 비해 1만9천763건 감소했다. 또한, 올 상반기(2005년)의 전체 청소년범죄는 4만3천428건으로 역시 줄어드는 추세였다. 그러나 최근 청소년 범죄 수는 줄어드는 추세이지만, 강도와 강간 등 강력범죄는 오히려 증가하고 있는 것으로 나타났다.

이러한 현대 사회 청소년들의 병폐적인 문제에 대하여 비행청소년들을 단지 사회에서 격리수용함으로써 해결할 수는 없다. 그렇다고 이를 방치할 수도 없다. 따라서 문제의 출발점에 대한 재고와 함께 이에 대한 근본적인 해결책을 마련해야 할 것이다. 이러한 현대 사회의 심각한 제 문제 특히, 청소년 범죄는 급박하고 메마른 현실에서 기인된 것이기도 하지만 근본적으로 인간으로서의 사회성 및 도덕성 즉, 인(본)성 부재로부터 유발된 것이다. 따라서 이러한 문제 해결의 출발점을 인간성 회복이라는 차원에서 그 해결책을 마련해야 할 것이다.

이와 같이 많은 문제점을 안고 있는 현대 사회는 학교체육을 통하여 자라나는 청소년들에게 바람직한 인성을 함양시킬 것을 요구하고 있다. 이에 부응하여 학교체육에서는 다양한 프로그램 개발 및 교육 활동이 이루어지고 있다. 각 국의 교육과정은 이러한 체육의 교육적 가치를 인정하고, 체육교과를 통해서 사회의 제반 문제에 대한 해결방안을 찾고자 한다. 이에 각 국에서는 다양한 체육 프로그램이 개발·보급되고 있다.

학교 체육의 프로그램의 새로운 접근방법으로 '챌렌지 프로그램'(challenge program)을 도입할 수 있다(Kang, 2000). 이 프로그램은 최근 학생의 체력 및 건강의 약화, 비행청소년의 증가, 사회 윤리도덕의 퇴조 등으로 인한 사회의 제 문제에 대하여 근원적인 예방과 교육을 목적으로 한다. 즉, 학생 스스로가 자기 주도적으로 자신과 대상, 그리고 환경에 대한 도전 의식을 함양함으로써 현대 사회의 제 문제에 대한 근본적인 대안을 마련하도록 유도한다. 한편 미국 시카고 대학의 Hellison(2003)은 체육 활동을 통한 인성 및 사회성을 함양하기 위한 방안으로 '책임감 모형'(the responsibility model)을 제시하고 있다. 이 모형은 청소년들이 스포츠 활동을 하면서 길러질 수 있는 책임감의 수준을 단계별로 제시하고 있다. 즉, 무책임 단계에서부터 시작하여 자기조절력 향상, 참여 및 노력, 책임감 습득에 이어 타인을 배려하는 단계로 구분하여 목표와 전략들을 구체적으로 소개하고 있다.

또한, 호주에서는 비행청소년을 대상으로 '야외 모험 프로그램'(outdoor program)을 운영하고 있다. 이 프로그램은 극기훈련 중심의 자연체험 캠프, 고난도의 모험활동 및 군대식의 훈련활동 등을 통하여 실질적인 체험과 치료를 주요 목적으로 한다. 즉, 비행청소년들이 비행과 약물복용으로 이루어지는 자신의 생활 양식에 대안을 제공하고, 참가자들은 새로운 체험과 자아의 발견 및 기술 습득을 통해 사회성, 책임감 및 자신감을 얻도록 하고자 한다(체육과학연구원, 2001).

2. 체육교육과정의 목표

미국은 교육과정의 통제 수준 측면에서 보면 주 교육과정을 운영하고 있다. 따라서 미국의 교육은 전적으로 주 정부의 책임 아래 놓여있기 때문에 연방 정부 수준에서의 표준화된 교육과정은 존재하지 않는다(소경희 외, 2000). 그러나 최근 미국 교육개혁의 방향은 중앙집중형 교육과정 개발에 관심을 기울이고 있다.

체육교육과 관련해서 NASPE(1995)에서는 '체육교육을 받은 사람(a physically educated person)'의 특징을 5가지로 규정하고 이를 20개의 하위 목표로 구체화하고 있다. 그리고 학생들이 성취해야할 7가지의 내용 기준을 제시하고 있다. 이러한 내용 기준에는 운동기능 습득, 운동기능의 학습 및 발달과 관련된 움직임 개념과 원리의 적용, 건강 및 체력 증진, 그리고 원활한 사회생활을 하기 위해 요구되는 책임감 및 대인 관계 발달, 운동을 통한 즐거움, 도전정신, 자기표현 및 사회적 상호작용의 기회가 보장됨을 이해하는 것 등이 포함된다. 운동수행 기준은 이러한 내용 기준을 토대로 각 학년별로 제시되고 있다. 따라서 미국에서의 체육교육과정은 내용기준이 곧 목표라고 볼 수 있고, 이 목표는 각 학년별로 제시되고 있다.

캐나다는 미국과 매우 유사한 교육과정 체제를 지니고 있다. 교육과정은 주 교육과정에 의해 운영되고 있으며 연방 정부 수준에서의 교육과정은 존재하지 않는다. 일반적으로 체육교육 환경이 좋은 British Columbia주의 사례를 살펴보면 다음과 같다. 체육교육 목표는 활동적인 삶(active living), 움직임(movement), 개인 및 사회적 책임감(personal and social responsibility)으로 구분되어 제시되고 있다. 활동적인 삶이란 신체활동에 대한 가치를 인식하고, 일상생활 속에서 신체활동을 추구하는 것을 의미한다. 학생들은 이러한 삶의 양태를 통해서 건강과 체력을 증진하고, 신체활동을 통해 삶의 질을 향상시킬 수 있는 기회를 갖게된다. 체육의 두 번째 목표로서 제시되는 움직임은 신체활동에 포함되는 기능과 관련 개념 등을 습득하는 것을 뜻한다. 마지막으로, 개인 및 사회적 책임감은 다양한 신체활동에 참여함으로써 개인 및 사회적 행동을 원활하게 하기 위해 필요한 덕목의 중요성을 강조하고 있다. 이러한 세 영역에는 각각 학년에서 성취하도록 요구되는 지식, 기능, 태도를 반영하는 학습결과(learning outcome)들이 제시되고 있다. 이러한 학습결과는 내용기준을 나타내는 것으로 지식, 기술, 개념, 태도, 아이디어 등을 제시하고 있다.

호주는 퀸스랜드, 빅토리아 등 8개의 주로 이루어져 있으며, 교육과정은 미국의 경우와 마찬가지로 주 교육과정에 의해 운영되고 있다. 따라서 교육과정은 전통적으로 지방분권형 성격을 취하고 있었으나, 1987년 이후 학교 교육의 질을 높이고, 각 주들간에 교육의 질을 균등화시키기 위해 중앙집중형으로 변혁을 도모하고 있으며, 1989년 4월에 호주교육위원회는 호주 학교 교육의 10대 국가적 목표를 합의했다(전성연 등, 1995, 조미혜, 오수학, 2004 재인용). 호주는 '교육과정 개념틀'(Curriculum Framework)에서 '건강과 체육'(Health and Physical Education: HPE)교과 교육을 받은 학생들이 성취할 목표 및 내용을 학습결과(learning outcome)로 제시하고 있다. 이러한 학습결과에는 개인 및 지역사회의 건강 증진, 신체활동에 대한 개념 이해와 운동수행 능력 발달, 자아정체성, 대인관계 등 자기개발의 촉진과 같은 요소들이 포함된다(Curriculum Corporation, 1994, 2-3). 이러한 학습결과는 난이도에 따라 기본형 학습결과와 심화형 학습결과로 구분되어 개념중심으로 제시되고 있다.

전술한 국가들과 달리 영국은 1988년 교육개혁법을 단행한 이후 1989년부터 국가수준의 교육과정을 운영하고 있다. 따라서 '국가 교육과정'(National Curriculum) 문서를 통해 학생들의 성취목표(attainment target)와 학습 프로그램(programs of study)을 제시하고 있다. 체육교과의 성취목표는 2개 학년씩의 연령 단계(key stage)별로 묶어서 지식, 기능, 이해의 측면을 난이도에 따라 수준별로 제시하고 있다. 구체적인 체육교육의 성취목표는 다음과 같다. '운동기능습득 및 발달', '기능·전술 및 아이디어의 선택 및 적용', '운동수행의 평가 및 향상', 그리고 '체력과 건강에 대한 지식과 이해'로 범주화 되어 있다. 따라서 영국의 체육교육과정은 주제 및 개념에 대하여 수준별로 제시되고 있다.

아시아권인 일본과 중국은 한국의 국가수준의 교육과정과 같이 중앙집중형 교육과정 체제로 운영되고 있다. 일본의 교육과정은 '학습지도요령'(Course of Study)으로 국가수준의 교육과정이 고시되고, 체육교육의 목표는 소학교의 경우 2개 학년씩 통합적으로 제시하고 있다. 그리고 중등학교의 체육 교과명은 보건·체육으로 되어 있고, 학교급 별로 체육 영역과 보건 영역으로 구분되어 제시되고 있다. 소학교의 경우 건강과 안전에 대한 이해를 통하여 운동과 친숙해 질수 있도록 하여 건강 및 체력을 유지·증진시키고, 즐겁고 명랑한 생활을 영위하는 태도를 기르는데 주안점을 두고 있다. 중등학교는 소학교 체육의 목표를 심화시키고 이에 더 나아가 운동기능 숙달 및 자신의 신체변화에 대한 합리적인 사고와 태도를 강조하고 있다. 중국의 경우는 학교급별로 체육교육의 목표를 제시하고 있으며, 사회주의 국가체제를 반영하는 내용으로 신체단련, 단결심, 용맹성, 규율 엄수 등의 목표가 강조되고 있다.

이상에서 각 국의 체육교육 목표를 종합적으로 살펴볼 때 각 국의 체육교육 목표는 그 나라가 처한 정치·사회적 상황 및 현안 문제의 해결을 위한 방향과 밀접하게 관련되어 있다. 그럼에도 불구하고 건강 및 체력의 증진 그리고 기본 운동능력의 발달은 전통적으로 각 국의 체육교육과정에서 끊임없이 중요한 목표로 제시되고 있다. 특히, 신체활동을 수반하는 체육교과는 자국민의 건강 및 체력 증진에 대한 국민적 요구의 충족과 일상생활을 유지하기 위한 개인적 요구에 의해 전 세계적으로 기초·필수교과로서 여겨지고 있다. 또한, 현대에 이르러 성인뿐만 아니라 유소년들에게 까지 나타나고 있는 비만과 심장병 등 각종 성인병은 각 국의 심각한 사회문제로 대두되고 있다. 따라서 활동적인 생활 기술의 강화를 위한 체육교육의 필요성이 어느 때보다 강조되고 있다.

이에 반하여 과거 체육교육과정에서 강조되었던 운동기능의 숙달 혹은 발달은 강조되고 있지 않다. 각 국의 체육교육 목표 현황에서 살펴보았듯이 운동기능 학습에 대한 의미와 가치는 여전히 중요한 목표로서 제시되고 있다. 이러한 부분은 상급학교로 갈수록 보다 복합적이고 세련된 활동 능력을 요구하고 있다. 그러나 활동적인 생활 기술 수준에서 강조되고 있지는 않다.

체육교육과정에서 활동적인 생활 기술 강화와 함께 각 국의 체육교육 목표에서 강조되는 것 중에 하나는 체육문화 자체에 대한 이해와 함께 직·간접적인 참여의 중요성이다. 이는 체육을 인류의 역사 이래로 내려오는 고유한 문화적 가치로 인정하고 이에 대한 교육적 의미를 부여하고 있기 때문이다. 체육문화에는 신체활동을 통한 운동수행 및 표현 그리고 이에 대한 이론적 지식 습득 및 태도와 같은 사회적 관습과 전통을 포함한다. 따라서 각 국의 체육교육과정은 이러한 체육문화를 이해하고, 체육문화에 학생들이 적극 참여할 수 있도록 목표로 제시하고 있다.

각 국의 체육교육과정에서 강조하는 또 다른 부분으로 신체활동을 통하여 학생들이 훌륭한 사회인으로 성장하기 위한 덕목을 강조하고 있다. 이는 청소년범죄와 관련해 현대 사회의 제 문제에 대한 문제해결의 출발점을 인간성 회복이라는 차원에서 그 해결책을 마련해야 한다고 보기 때문이다. 사회성이나 도덕성과 같은 인간의 본성은 성인이 되면서 자연스럽게 습득되는 것이 아니라 지속적이고 체계적인 교육을 통해 함양되는 것이다. 인성 즉, 태도와 같은 문제는 인지적인 이해나 암기와 같은 방법으로 내면화되기 어렵다. 이러한 문제는 신체 활동을 수반한 체험을 통해 보다 효과적으로 학습하게 된다. 각 국의 체육교육과정에서 사회성, 도덕성, 도전정신, 책임감, 자아와 타인에 대한 존중심 등 인(본)성 함양을 위한 목표를 강조하는 것은 체육교육이 이러한 체험 활동을 전제로 하기 때문이다. 아울러 인간은 체험의 구조로 학습하기 때문이기도 하다.

3. 체육교육과정의 내용

체육교육에서 내용이라고 하면 '무엇을 가르칠 것인가'의 '무엇'을 말하는데 통상적으로 스포츠 종목을 제일 먼저 떠올리게 된다. 체육수업에서 교사나 학생들도 그렇게 생각하는 경향이 강하다. 이는 체육교육이 신체활동을 매개로 하여 이루어지는 교육이라고 여기기 때문에 당연한 반응이라고 볼 수 있다. 세계 각 국의 체육교육 내용을 살펴보면 활동 자체를 내용 또는 영역으로 제시하는 나라가 있는가 하면 내용의 범위를 스포츠 종목만으로 한정하지 않는 나라도 있고, 위 둘을 분리 또는 통합적으로 제시하는 나라도 있다. 본고에서는 이를 '스포츠 중심의 교육 소재'로서의 교육 내용과 '다양한 주제'로서의 교육 내용으로 나누어 각각 살펴보도록 하겠다.

단, 여기에서 말하는 '다양한 주제'로서의 교육 내용은 스포츠 종목 그 자체가 체육교육과정 내용의 전부가 아닌 체육교육과정의 목표를 성취하기 위해 제시하고 있는 또 다른 내용을 말한다. 세계 어느 나라이건 게임이나 스포츠 종목이 곧 체육교육과정 내용은 아니다. 게임, 스포츠를 포함한 넓은 의미의 (신체)활동을 매개로 하되 체육교육이 추구하는 교육 목표와 부합되는 다양한 내용 예를 들면, 지식이나 태도, 신체(스포츠) 문화를 '주제'로 선정하여 교육 내용으로 포함시키고 있다는 것이다.

가. 스포츠 중심의 교육 소재

오세아니아의 호주의 경우를 살펴보면, 스포츠 형태의 신체 활동이 주를 이루는데, 육상, 수영과 같은 개인운동과 배구, 축구, 필드하키, 호주 풋볼, 넷볼 등의 단체운동, 테니스 등이 실시되고 있다. 체조는 거의 이루어지지 않는 것이 특색이다. 이와는 별도로 학교 내 스포츠 활동으로 교내 수영대회, 크로스컨트리, 육상 경기 등이 행해진다. 호주에서는 여러 종목을 경험시키는 것에 중점을 두는 다활동 체제(multi-activity system)로 운영되고 있어 통상적으로 3-4주에 한 종목을 종료하는 모습을 보이기에, 몇몇 학자들은 '가짓수만 많고 먹을 것이 없는 밥상 형태'의 체육교육과정 내용이라고 비판하기도 한다.

뉴질랜드에서는 일곱 가지의 주요 학습 영역을 설정하고 있는데, 정신적 건강, 성 교육, 식품과 영양, 신체 관리와 안전, 신체 활동, 스포츠 연구, 야외 교육이 그것이다. 하지만 체력 향상 및 검사, 운동 기능 습득과 수행에 초점을 맞추고 있어 중등(9-11학년)의 경우 스포츠 활동이 90% 이상을 차지하고 있다. 주로 이루어지는 스포츠 중심 활동으로는 수상활동, 무용, 체조, 단체 운동

(농구, 필드하키, 넷볼, 럭비, 축구, 배구 등) 등이 있다.

　북미권의 미국의 경우, 체육교육과정 내용은 축구, 배구, 농구, 소프트볼, 미식축구, 체조, 레슬링과 같은 전통적인 스포츠가 주를 이루고 있으며, 요즈음에는 테니스, 배드민턴, 골프, 양궁, 수영, 호신술, 마샬아트, 에어로빅, 웨이트 트레이닝과 같은 평생 스포츠를 학교 체육교육과정에 도입하고 있는 추세이다. 미국도 호주와 유사하게 다양한 스포츠를 학교에서 경험시키는 것에 중점을 두고 있다.

　캐나다는 초등학교에서는 여가 및 참여에 중점을 두는 협동 게임 형태로 이루어지고 있으며, 중학교의 경우 단체운동이 주로 행해지며 배드민턴이나 육상과 같은 개인운동 형태의 스포츠가 주를 이룬다. 고등학교에서는 농구나 배구 등의 특정 단체 운동이 행해지며, 학교별로 팀을 구성하여 지역 대회에 출전하고 있다.

　유럽에서 영국(잉글랜드)은 초등학교부터 고등학교까지 공히 댄스 활동, 게임 활동, 체조 활동, 수영 활동 및 수상 안전, 육상 활동, 야외 및 모험 활동 등 주요 여섯 활동 영역이 있다. 초등학교 수준인 KS 1-2에서는 댄스, 게임, 체조 활동이 필수이며, 초등학교 상급 학년에서는 나머지 세 영역에서 두 영역이 추가된다. 수영 활동 및 수상 안전은 반드시 이수하여야 한다. KS 3(12-15세)에서 게임 활동이 필수로 행해지고 있으며, 무용 활동이나 체조 활동에서 한 종목, 수영 활동 및 수상 안전, 육상 활동, 야외 및 모험 활동에서 두 종목을 선택하여 실시하고 있다. KS 4(15-17세)에서는 위 여섯 활동 영역에서 두 영역을 선택하여 실시하고 있다.

　독일의 경우 육상, 수영, 무용/맨손 체조, 기계 체조 등의 네 가지의 개인 운동 영역과 축구, 하키, 배구, 배드민턴과 같은 단체 및 대인 운동 영역이 체육교육과정 내용에 포함되어 있다. 독일에서는 학교 자체적으로 필수 종목을 선정하여 반드시 가르치는 종목이 있으며, 학교의 시설이나 용구, 교사의 능력이나 취향, 학생의 흥미에 따라 거의 모든 스포츠 종목에서 선택할 수 있도록 하였다. 선택 종목의 경우 지역의 스포츠클럽과 연계하여 제공하고 있다. 그러나 권투와 같은 몇 가지 스포츠는 금지되고 있지만, 일부 선택 스포츠 종목은 교육적으로 인정되고 있다.

프랑스 중등학교의 경우 다양한 신체활동을 체험 또는 탐색케 하는데 초점을 맞추고 있는데, 공식적으로는 여덟 가지 영역을 제시하고 있다. 수영, 육상, 체조, 단체 스포츠, 라켓 스포츠, 무용, 야외 스포츠, 격기 스포츠가 그것이다. 교사는 학생의 다양한 흥미를 고려하고 문화적 탐색을 부여하기 위한 종목을 선택하며, 이를 통해 학생들이 인성적으로 통합적 발달이 이루어지도록 하고 있다. 고학년으로 올라갈수록 선택 종목은 제한적이며, 학생의 흥미와 능력을 고려하여 보다 전문화된 종목을 교사가 선택하게 된다.

노르웨이는 특히 문화적 활동으로서의 무용과 민족적 정체성으로 여기는 야외 활동에 초점을 두고 있다. 물론 중등학교 수준에서 몇몇 스포츠가 포함되어 있기도 하다. 덴마크의 경우 2003년 체육교육과정 규정에 기본 움직임 기능, 팀 스포츠, 개인 스포츠, 게임, 준비운동과 기초적인 컨디셔닝, 기구 운동, 리듬 운동, 무용과 연극, 야외 활동, 수상 활동 등이 포함되어 있다.

아시아에서, 중국의 체육교육과정 내용은 지난 몇 십년간 눈에 띌만한 변화가 없었다. 주요 내용은 육상, 구기 종목, 체조, 우슈로 이루어져 있는데, 여전히 체육을 일련의 훈련으로 간주하는 경향이 짙다. 체육교육의 내용은 다양하나 어느 것 하나 제대로 숙달되지는 못하며 단지 '벽돌을 쌓는 듯한' 내용으로 채워지고 있다. 요즈음은 새로운 종목과 레크리에이션 스포츠가 지속적으로 소개되고 있는데, 신종 스포츠(new sports)라고 할 수 있는 인라인 스케이트, 암벽 등반, 에어로빅, 모노 사이클 등이 학교체육에 도입되고 있다. 또한 중국은 다민족 국가이기 때문에 각 지역에 따라 다양한 민속 스포츠를 체육교육과정 내용에 포함시키고 있다.

일본은 중·고등학교에서 우리와 유사하게 체력 운동, 기계체조, 육상, 수영, 구기운동, 무도, 무용, 체육이론 등의 8개 영역을 제시하고 있다. 체력운동과 체육이론은 전 학년 필수 내용이며, 나머지 6개 영역에서 둘 또는 네 가지 영역을 선택하고, 영역 내에서는 하나 또는 두어 종목을 선택하도록 되어있다.

나. 다양한 주제로서의 교육 내용

호주의 경우에는 개인과 지역 사회의 건강을 도모하고, 신체활동을 위한 운동 기능 향상 및 개념을 이해시키고, 개인적 성장을 촉진하는 것을 주요 목표로 삼고 있다. 지금까지는 신체활동의 기능 향상과 개념 이해에 관련된 목표를 강조하였으나 점차 그 폭과 범위를 넓히고 있으며 이를 주제로서 교육 내용에 포함시키려 하고 있다.

뉴질랜드의 건강과 체육교육과정은 네 가지 주제(또는 요소)로 구성되어 있는데, 웰빙, 건강 증진, 사회적-생태적 관점, 태도와 가치이다. 이러한 핵심 주제가 전술한 일곱 가지 학습 영역 - 정신적 건강, 성 교육, 식품과 영양, 신체 관리와 안전, 신체 활동, 스포츠 연구, 야외 교육 - 에 녹아들어가 있으며, 다양한 신체활동/스포츠를 통해 성취하고자 하는 것이다. 비록 신체활동의 비율이 실제 교육내용의 70-90% 정도를 점하고 있으나, 이러한 신체활동은 운동 기능의 향상뿐만 아니라 위 주제에 대한 성취를 도모하면서 시행되고 있는 추세이다.

미국은 '다양한 스포츠'가 주 교육 내용임에는 틀림없다. 그러나 미국도 주요 학습 내용을 스포츠 중심으로부터 벗어나기 위한 노력을 경주하고 있다. 예를 들면, 지난 10년 전부터 국가에서 요구하는 (성취)기준과 목표에 부합하기 위하여 자신감, 협동 기술 및 팀웍을 발달시키기 위한 일명 'Project Adventure'를 시행하고 있으며, 이해중심 게임지도(Teaching Games for Understanding: TGfU) 방식을 통해 게임의 과정과 전략에 초점을 맞추고 있다. 또한 'Physical Best'라는 국가적 프로그램을 통해 과학적인 개념에 기반을 둔 교육적 경험을 부여토록 노력하고 있다. 이러한 사례들은 운동 기능 발달에 초점을 둔 교육내용이 다양한 '주제'로 옮겨가는 징후로 볼 수 있다.

캐나다는 체육교육 프로그램의 요소가 '핵심 지식 범주'로 구성되는 개인적 발달 영역으로 통합되고 있다. 다시 말하면, 핵심 지식은 '다양한 운동 상황에서 발현되는 움직임 기술 수행', '다양한 운동 상황에서 타인과 상호작용 하기', '건강하고 활동적인 라이프 스타일 습득'과 관련되어 있다. 예를 들면, '다양한 운동 상황에서 발현되는 움직임 기술 수행'은 다시 '개념학습', '기술', '행동(태도)'의 세부적인 주제 또는 요소로 구성되어 있다. '개념학습'에는 신체 구성 요소, 시간/공간 개념, 균형과 협응의 원리와 같은 초보적인 내용으로부터 근골격 체계, 신체활동과 관련된 기술적 측면과 규칙 등의 중급 내용으로 이루어져 있다. '기술'은 단지 운동 기술이 아닌 움직임의 과학적 원리가 포함된 내용이다. '행동'의 주제는 정의적인 영역의 제 내용들이 포함되어 있다. 이러한 내용이 개별적인 주제이며, 주제는 곧 학습내용이 되는 것이다. 이때 게임이나 스포츠 종목은 이러한 주제를 해결 또는 성취하기 위한 수단이나 방편의 역할을 하는 것이다.

영국에서는 전술한 주요 여섯 활동 - 댄스 활동, 게임 활동, 체조 활동, 수영 활동 및 수상 안전, 육상 활동, 야외 및 모험 활동 - 을 지식, 기능, 이해의 측면으로 접근하고 있으며, 이는 곧 학습내용이 된다. 다시 말하면 각각의 활동을 지식, 기능, 이해의 요소로 세분하고 이를 신체활동의 과정 속에서 습득시키고자 하는 것이다.

프랑스의 경우에는 전술한 바와 같이 스포츠 종목을 내용으로 가르치나, 가르치는 내용의 접근 방식이 변하고 있다. 구성주의적 철학과 생태학적 관점으로 단순한 운동기능 습득보다는 운동전략 터득에 초점을 맞추고 반성적인 실행을 하도록 유도하고 있다. 능동적이고 적극적인 라이프스타일에 요구되는 지식과 기술을 제공하려고 하며, 이를 위해 연습이나 훈련보다는 '문제 해결 상황'을 수업내용에서 강조하여 제시하고 있다.

노르웨이는 의무교육에서 체육교육을 세 단계로 나누고 이를 다시 각각 4개의 영역으로 나누어 주제 형태로 내용 영역을 제시하고 있다. 초등학교 단계에서의 영역은 감각과 움직임, 나와 타인들, 놀이의 문화, 지역 환경과 자연이며, 중학교 단계는 자아상과 움직임의 즐거움, 협동과 우정, 스포츠와 무용, 야외 활동이다. 고등학교 단계에서는 신체 활동과 건강, 스포츠, 무용, 야외 모험 활동이다. 이들 12개의 주제 영역은 서로 관련성이 있다.

노르웨이에서는 무용과 야외활동을 강조하고 있는데, 이러한 (신체)활동이 곧 주제가 되는 것이다. 특히 주제를 성취하기 위해서는 교수 방법의 연관성을 강조하고 있다. 교수 방법은 주로 신체활동과 밀접하게 연관을 맺고 있어야 하며, 이론적인 이해나 지식에 초점을 맞춘다 하더라도 실제 체험으로부터 파생되어야 함을 강조한다. 신체활동과 연관되어 신체 인식을 통한 학습에 의미를 두고 있으며, 모든 단계에서 - 특히 초등학교 단계 - 놀이의 중요성을 강조하고 있다.

덴마크에서는 1975년 이래로 교육내용에 대한 요구가 광범위하게 변화하여왔는데, 예를 들면 간단한 내용에서 복잡한 내용으로, 전통적인 종목에서 대안적인 새로운 종목으로, 이론의 부재에서 이론의 적용으로, 움직임 중심의 스포츠 종목에서 움직임과 스포츠 문화 내용으로, 자연과학적 내용에서 사회, 인문학 내용으로, 종목 중심으로 가르치는 것에서 주제 중심으로 가르치도록 변화하여 왔다. 덴마크는 특히 스포츠 종목보다는 스포츠를 둘러싼 문화를 가르치기 위한 방향으로 전환시켜왔으며, 내용 또한 이러한 방향에 부합되도록 하고 있다.

중국은 현재까지도 체육교사들이 기초적인 체육 지식을 경시하는 경향이 있어 종목 중심의 내용으로 구성되어 있다. 일본은 8개 영역을 ① 기술과 전술, ② 스포츠와 안전에 대한 사회적 태도, ③ 스포츠 활동 시 문제를 식별하고 해결하는 능력 등 세 가지 관점으로 구분하여 가르치도록 하고 있으나, 표면적으로 드러나는 교육 내용은 스포츠 종목 중심으로 구성되어 있다.

4. 체육교육과정의 방법

체육교육에서 교수 방법은 교수자(교사나 지도자)의 입장에서 가르치는 방법을 말한다. 그런데, 체육수업의 구조가 교사 한 명과 20-40명의 학생이 신체적 활동을 매개로 하는 교육적 상호작용 형태의 구조로 이루어진다고 하면 이러한 체육수업은 세계 어느 나라에서건 일관된 형태를 취하지 않을 수 없을 것이다. 즉, 체육수업은 준비운동-주운동-정리운동의 절차로 이루어지며, 교사의 과제 제시, 설명/시범, 학생들의 신체활동 참여, 교사의 순회지도의 순으로 이루어지는 것이 보통이다. 이런 이유로 각 나라마다 널리 사용되거나 유행하는, 지배적인 교수 방법의 형태를 살펴보면 거의 대동소이하다고 할 수 있다.

그러나 외현상으로는 대동소이한 교수 방법의 형태라고 할지라도 수업 목표와 수업 내용에 따라 교수 방법의 형태가 변하기도 하며, 교사의 교육적 신념과 의도, 각 나라별로 체육교육에서 강조되는 초점에 따라 다른 교수 방법을 동원하기도 한다. 세계 각 국의 체육교수 방법은 전통적인 교수 방법이 행해지면서 다양한 교수 방법을 도입, 활용하는 형태를 보이고 있는데, 교육과정 문서상으로 교수방법을 제시하는 경우도 있으며 지침이나 요령, 요강, 가이드라인의 형태로 제시하는 경우도 있다.

우선, 호주의 교수 방법은 일반적으로 교사 중심의 수업 방법이 대부분이다. 교사가 먼저 시범하고 설명한 다음 학생들이 연습하는 형태로 이루어지고 있다. 학생들은 지루한 기술 연습과 간이 게임 대신에 '진짜 경기'를 요구하면서 교사들과 타협을 시도하고, 대부분 교사는 학생들의 의견을 수용한다. 물론 호주의 교사들도 다양한 교수 방법 - 예를 들면 스포츠교육 모형, TGfU 또는 게임 의미 모형, Mosston의 수업 스펙트럼 수업 등 - 을 어렴풋이 파악하고 있지만 실제 수업에서는 취급하지 않는다고 호주의 한 체육학자는 전하고 있다.

뉴질랜드에서는 체육수업의 구조를 준비운동, 기술 지도, 게임 관련 활동, 정리운동으로 파악하고 있다. 여기에서도 다양하고 대안적인 교수 방법을 탐색하고 있다. 학생 중심의 포괄적인 교수 방법을 모색하고 있는데, 특히 학생들의 요구를 반영하고 체육의 사회적 결과에 초점을 맞추는 교수 방법을 도입하고 있다. 학생들에게 보다 폭넓은 스포츠 경험을 제공하기 위하여 스포츠교육모형을 실시하며, 학생들의 관심을 반영하는 혁신적이고 창의적인 게임을 강조하는 이해중심게임모형을 도입하여 부분적으로 실시하고 있다. 야외 활동에서는 리더십이나 협동심, 환경 교육 또는 개인의 성장을 도모하기 위한 교수 방법을 실행하고 있다.

미국은 라이프 스킬(Life Skills)을 습득시키기 위하여 Siedentop의 스포츠 교육 모형과 Hellison의 책임감 모형을 활용하고 있으며, 체력을 향상시키기 위한 방안으로 AAHPERD의 Physical Best Program을 활용하고 있다. 이는 체력을 통합적으로 가르치기 위한 접근 방식이며 초등학교 수준에서 널리 활용되고 있다. 'PE 4 Life'프로그램도 많이 활용하는 방법이나 고등학교에서는 부적절한 교수 방법으로 알려져 있다. 이외에도 'Project SPARK'나 'Children's Moving'의 아이디어가 널리 수용되어 행해지고 있다.

캐나다는 'Success for All'이라는 새로운 비전을 제시하면서 학생들로 하여금 유능감을 심어주기 위한 교수 방법을 도입하고 있다. 사회구성주의 관점에 입각하여 유능감 향상에 매진하고 있는데, 활발하고 지속적인 학습 과정 속에서 지식이 구성되도록 하고 있다. 이러한 변화로 교수 방법이 혁신되는 것을 기대하고 있는 중이다.

영국의 경우 체육수업에 대한 교수-학습 방법적인 문제는 학교의 특수성, 열의있는 교사들의 신념과 실천의 문제, 그리고 유용한 재원 등에 의해 좌우된다고 믿고 있다. 영국에서 일반적이고 전 학교에서 발견할 수 있는 보편적인 체육 교수 방법의 모습을 찾기란 쉬운 일이 아니다. 교사들은 학생들이나 환경, 그리고 교과내용을 고려하여 최적의 수업 방법을 선택하고자 하며, 학생들을 위한 효과적인 학습 환경을 제공하기 위해서 일정한 수업 전략을 적용하고 있다. 전통적으로 내용 숙달과 결과에 초점을 맞추던 것을 이제는 교수학습 과정에서 과정 중심적이며 학생중심적인 사고를 반영할 수 있는 교수 방법을 도입하기 위해 노력하고 있다. 특히 영국에서는 혼성 수업(co-education)에 대한 논쟁이 오랫동안 지속될 만큼 주요 쟁점화 되었는데, 영국의 국가적 상황은 복잡해서 명확한 국가수준의 관점을 제시하기가 어렵다고 한다. 체육교육의 교수 방법 원리로서 혼성수업의 채택은 학교, 학생의 연령, 그리고 활동 상황에 따라 다양하다.

독일에서는 교사들에게 일반적으로 수용되어 있거나 널리 유행하는 교수 방법이 별로 없다. 전통적으로 독일의 체육교수 방법은 스포츠를 할 수 있는 능력 습득에 초점을 맞춰왔는데 이 초점이 변모하고 있는 추세이다. 이에 따른 교수 방법이 수용되고 널리 각 학교에 확산되어야 하는데 아직은 기대수준에 미흡한 실정이다.

프랑스는 요 근래 교수방법의 변혁을 꾀하고 있다. 급진적 구성주의 접근 방법으로 간접적 교수 방법과 문제 해결 방법을 교수방법으로 도입하고 있지만 아직은 널리 보급되고 있지는 않다.

노르웨이에서는 1970년대 후반부터 교수 관련 탐색 모형(model of didactical relation-thinking) 또는 연계적 교육과정 설계 모형(model of relational curriculum design)을 사용하고 있는데, 이는 하나의 범주에 대한 교육이 다른 요소들과의 관계망 속에서 행해지는 모형이다. 이 모형은 교육내용, 방법, 목표, 환경요소, 평가 등 다섯 가지 주요 범주를 포함하고 있으며, 일반 교과 교육은 물론 체육교육에서 그 타당성과 신뢰성을 유지하고 있다. 특히 체육교육에서는 문화적, 역사적 환경과 맥락 하에서 개인과 사회에 관한 자각 또는 반성하는 과정으로서의 체육을 실행토록 한다. 장점으로는 교사들에게 다양한 변인들을 고려토록 하여 수업에 대해 반성할 수 있는 구조를 이끌어내는 것이다. 반면 단점으로는 교육에 영향을 미치는 다양하고 특수한 충격이나 영향이 미치는 그 차이를 분별하지 못한다는 것이다. 최근에는 어떤 교육 목표가 우선인지를 고려하여 교수 방법을 선택토록 권고하고 있지만 여전히 이 모형은 또 다른 문제점을 안고 있다고 한다.

덴마크는 지배적인 교수 모형으로 체육에 대한 움직임 문화와 관점 모형(Movement culture and perspective model for PE)을 채택하고 있는데, 체육 교수법의 표준화된 접근방식이다. 이 모형에 의하면 체육은 여러 다른 방식으로 기술되고 행해질 수 있는 교과이며, 체육교육 내용은 덴마크 사회 움직임 문화의 여러 양식으로부터 나와야 하고, 사회문화적 변화와 참여자의 경험을 조화시키기 위하여 개방적이어야 한다. 그러나 개방적인 교육 내용은 의도적인 '교수-학습 상황'이 되기 위하여 관점의 선택을 필요로 한다. 이 관점은 교사나 아이들이 활동에 참여할 때 적용되는 가치를 나타내고 있다. 설명이 가능해야 하고, 선택된 활동과 관련하여 관점을 비판적으로 평가하고 반영해야 한다. 이는 모형이 다양한 문화 형태를 둘러싼 상이한 관점을 두는 이유이다. 이 관점은 모든 다른 활동을 연결하여 실행할 수 있다. 이는 여러 관점들이 움직임과 스포츠 문화로부터 신체활동의 실천에 채택될 수 있다는 것을 보여준다. 심지어 이 관점이 특수한 문화에 속하는 것처럼 보인다 할지라도 말이다. 이 모형은 가치기반 관점이 어떤 주어진 활동내로 통합된다는 사실을 강조한다. 다른 관점 또한 가능하며, 교사와 학생은 명확한 관점과 관련되어 검증받고 경험하게 된다.

중국에서는 최근 스포츠 교수법에 대한 다양한 접근이 있으나 현재까지도 가장 영향력 있는 수업방식은 준비운동, 기술 습득, 마무리 운동의 순으로 이루어지는 교수 방법이다. 성공적인 수업은 교사의 적절한 설명과 시범, 적절한 교수 수단을 적용하는데 있으며, 교사의 안내와 협조 하에 학생들이 운동 기술을 연습하는 것이다. 요즈음은 일본의 영향을 받은 수업 방식으로 초·중학교에서 행복한 스포츠 모드(Happy Sports Mode)라 하여 학생들이 스포츠에 대한 흥미를 유발하고 신체활동을 통해 배우는 기쁨을 증진시키려고 하고 있다. 1980년대부터 학생들의 정서적 경험을 통해 능동적으로 신체활동을 할 수 있도록 노력하고 있다.

일본에서는 '수업 스타일'이나 '수업 모형'과 같은 용어는 널리 쓰이지 않으나 실제로 많은 체육수업은 이러한 스타일이나 모형에 따라 수업을 진행하고 있다. 초등학교 교사들은 종종 동료교수 모형을 사용하고, 협동학습모형, 이해중심게임모형, 스포츠교육모형은 초·중등학교의 체육수업에서 공통적으로 사용하고 있다. 특히 '질 높은 체육수업을 위한 조건'을 제시하는데, 이 내용은 좋은 체육수업을 위한 기초 환경 - 수업분위기, 학습자관리, 수업운영 - 이 어떠한지, 체육 수업의 내용 - 객관적인 목표설정과 성취, 교수용구, 교수방법 - 이 어떠한지를 판단하도록 하고 있다. 1977년 개정된 교육과정은 체육수업의 계획과 실행시 학생들의 심리적인 요구를 참고하도록 강조하고 있는데, 체육수업의 실행과 계획을 위한 지침서를 통해 교사는 간접교수유형의 형태로 설정된 체육의 목표를 학생에게 제공하도록 하고 있으며, 학생은 스스로 목표를 설정하고 문제해결을 위한 방법을 찾도록 기대하고 있다.

5. 체육교육과정의 평가

　교육에서의 평가는 통상 학생들이 무엇을 어떻게 학습하고 있는지를 확인하는 역할과 제시된 목표를 어느 정도 성취하였는지를 점검하기 위한 역할을 한다. 체육교육과정에서의 평가도 이와 다르지 않다. 각 나라마다 체육이 추구하는 방향이 있을 것이며, 이에 따라 목표를 설정하고 내용을 선정하며, 이에 부합되는 교수-학습 방법으로 시행, 그리고 평가를 하게 된다.
　세계 각 국의 평가 동향을 살펴보면, 거의 대부분의 나라가 평가에 대해 상당히 고심하고 있음을 발견할 수 있다. 이러한 이유는 크게 두 가지로 파악할 수 있는데, 첫 번째는 체육교육의 특성상 '보여지는 것'에 대한 평가 측면에 대한 문제이며, 두 번째는 '보여지지 않는 것, 잘 볼 수 없는 것'에 대한 평가 측면이다. 다시 말하면, 체육교육이 통합적인 목표를 지향한다고 할 때 '눈에 보이는' 체력이나 운동 기능의 평가는 상대적으로 수월할 수 있지만 체육교육의 목표가 그 이상이고 다른 측면에 보다 비중을 둔다면 이에 대한 평가가 수월하지 않을뿐더러 곤란하고 모호한 과정이 되기 때문이다. 이를 염두에 두고 각 국의 평가 동향을 살펴보도록 한다.
　우선, 호주에서는 명확한 학습결과는 책무성의 판단 기준이나 형태로 활용되는데, 이는 국가에서 제시된 학습결과를 어느 정도 성취하였는지에 관해 교사와 학교가 평가되고 비교되어진다. 타 교과와는 달리 '건강과 체육' 교과에서는 체육교사에게 어느 정도 목표가 성취되었는지를 강하게 요구하지는 않는다. 하지만 앞으로는 보다 더 평가와 책무성을 요구하게 될 것이다.
　호주의 일부 학교에서는 학생들의 체력 수준을 검사하는 것에 초점을 맞추고 이를 '건강과 체육' 교과나 체육교사의 책무성의 형태로 제시하는데, 이러한 체력 검사에 대해 학생은 물론 교육 행정가들조차 부정적으로 생각한다. 사실 '건강과 체육교과에서 학습한 결과(내용)'는 어쩔 수 없이 '보여지거나 드러내기'에는 제한적이며 한계를 가질 수밖에 없으나, 타 교과의 평가와 비교하여 체육교육 평가의 중요성을 고려할 때 체육교육에서의 학습 결과를 명확하게 알릴 수 있도록 체육교육계와 체육교사의 책무성이 요구된다.

뉴질랜드의 '건강과 체육' 교과에 있어서 평가에 관한 가장 타당한 정보는 '실제 학습 경험'으로부터 얻을 수 있다고 본다. 학생들이 학습한 체육교육의 가치에 대해서는 평가할 수 없지만 건강 증진에 대한 태도의 발달 등의 평가는 타당하고 유용할 수 있다. 1999년 교육과정의 평가 문서에는 '학생의 태도 발달 상황'을 평가 항목에서 고려되어야 할 중요한 요소로 보고 있다. 문서상의 체육교육과정에서는 여덟 가지 성취 목표 수준을 제시하고 있는데, 체육교사들은 성취 목표 수준으로부터 특정 학습 결과의 잣대나 척도를 개발하여야 한다. 학생의 학습 결과는 하나 또는 그 이상의 성취 목표와 관련되기도 하며, 주요 학습 영역과 관련되기도 한다. 예를 들어, 움직임 개념이나 운동 기술에 관한 제1수준의 첫 번째 성취 목표를 달성하기 위해서 '학생들은 다양한 움직임 기술을 숙달할 수 있다', 수상 활동에 대하여 한 가지 적정한 학습 결과로서 '학생들은 자신의 신체를 완전히 물속에 잠그고 숨을 내쉴 수 있다'가 될 것이다. 체육교사들은 평가 계획 수립 시 학생 개개인의 발달 상황과 전체 학생의 성취 결과에 대해 평가 절차를 마련하여야 한다. 국가 수준의 교육과정 평가 영역에는 학생 개개인의 성격이나 인성 발달의 성취 정도를 평가하는 항목은 없다. 이에 대한 평가는 개별 학교에서 체육교사가 행하고 있다.

미국의 경우 체육교과에서 평가 영역이 중대한 국면에 처해 있다. 체육에서 성취의 지표로서 여전히 체력 검사나 스포츠 기능 검사가 널리 행해지고 있으며, 행정가나 지역 사회에 계량적인 성과로서 이해시키기 수월하다. 그러나 신체활동이나 협동심, 책임감, 신체나 운동, 영양에 관한 지식 등을 평가하는 태도 평가 측면은 여전히 복잡하고 어려운 문제이다. 요즈음은 실제 평가 척도 개발을 위해 많은 노력을 경주하고 있다.

최근 미국 체육이 추구하는 'Life Skills'에 대한 평가도 유사한 문제에 직면해 있는데, 이를 평가하기 위해 성취 기준에 의거한 루브릭(rubrics)을 개발해왔으나 여전히 많은 논쟁이 일고 있다. 현재까지 만들어진 루브릭은 드물기도 하거니와 신뢰성에 대해 문제 제기가 많아 기존의 단순 평가 체제를 그대로 행하는 경향이 발생한다. 이로 인해 체육 프로그램 자체가 도전을 받고 있는 상황이다.

캐나다에서는 체육 평가를 혁신하기 위해 많은 노력을 기울이는데, 특히 어느 정도 지식을 학습했는지, 학습 목표를 어느 정도 달성했는지, 유능감을 어느 정도 획득했는지에 관심이 많다. 특히 최근의 교육 개혁의 흐름에서는 '유능감'에 초점을 맞추고 있는데, 체육에서는 여전히 '누가, 무엇을, 어떻게' 평가할 것인지에 대해 고심하고 있다. 또한 체육 학습 과정 자체에 중점을 두는 과정 중심의 평가로 전환하려고 하지만 지금까지 이어져 내려오는 지배적인 평가 관행인 결과 중심의 평가로 인해 어려움이 큰 것이 사실이다. 국가적인 학습 평가 정책으로 체육에서도 평가 방식을 변화시키고 개혁하려고 하나 학교 현장의 체육 교사들이 직접 시행하기에는 요원한 상태이다.

영국에서는 학교별로 가르치는 전 교과에 대하여 평가를 한다. 따라서 각급 학교 및 교과는 그 상황에 가장 적절한 평가 기법을 도입한다. 그러나 이러한 모든 것들은 교육기준청(OFSTED)에서 제시한 학교 평가에 대한 국가수준의 계획안에 의해 이루어진다. 학교 장학 편람(OFSTED, 2003)에는 학교의 효율성 및 지도성, 학교 운영과 관련된 평가 내용은 물론 교수 및 교육과정에 관한 사항을 제시하고 있다. 즉, 학생의 성취 기준, 학교에서 제공되는 교육의 질적 수준, 학교에서의 관리 및 운영 사항 등이다. 체육교육의 평가도 위 편람에 의해 시행되고 있는데, 성취 목표에 따라 단계별로 성취 수준을 설정하고 있으며, 교사는 학생들의 운동수행 상황을 총체적으로 관찰하여 판단·기술토록 하고 있다.

독일에서의 평가는 항목별로 분리된 평가 방식에서 목표에 대한 성취 수준을 질적으로 관리하는 방향으로 전환하려고 노력하고 있다. 예를 들어 '건강 증진'을 교육적 관점에서 평가하기란 복합적인 개념인데, 이를 적합하고 타당하게 평가하기가 쉽지 않다. 이를 부분으로 쪼개어 평가하기 보다는 사회적 학습과 같은 특정한 지향이 실현되는 것에 중점을 둔다. 또한 (건강 증진을 위해) 다양한 측면에서 신체활동이 통합적으로 행해지기를 기대하는 등 평가의 질 관리에 경주하고 있으나 학교와 교사에게 잘 만들어진 기준을 제공하는 등 적극적인 지원이 있어야 할 것이라고 한다.

프랑스에서는 '수행 및 행동 전략에 관한 종합적인 체계적 평가'방식을 취하고 있다. 체육교과는 필수 평가 항목인데, 스포츠를 연습하는 과정에서 지식과 운동 기능을 평가하는데 초점을 맞추고 있다. 운동 학습에 관한 평가는 운동 기능을 어느 정도 숙달했는지, 어느 정도의 수행 능력을 보이는지에 초점을 맞춘다. 프랑스에서 대학입학자격시험을 보려면 학생들은 육상, 단체운동, 무용의 세 영역에서 각각 하나의 신체활동 수행 능력을 보여줘야 한다. 운동 수행 중에 학생의 판단 능력, 수행 정도, 효율성 정도를 평가한다.

노르웨이에서는 국가 차원에서 체육의 목표를 체계적으로 검사 또는 측정하는 평가가 없었는데, 1997년부터 교육개혁안에 의해 교육목표와 의도에 대한 평가가 이루어지기 시작했다. 이로 인해 체육 평가 영역에서 질적, 양적 연구가 수행되기 시작했으며, 국가가 추구하는 체육의 방향과 목표, 내용에 대한 평가에 대해 많은 고심을 하고 있다.

한편, 덴마크의 체육교육에서는 평가가 존재하지 않으며, 심지어는 새로운 교육법에도 체육의 평가 체제는 취급하지 않고 있다. 체육은 전 학년에 걸쳐 지속적인 과정이 중요한 것이지 특정 학년의 특정 성취 결과가 중요하지 않다고 여기기 때문이다. 또한 학생이나 학부모, 지역 사회의 눈높이에 맞춰 교과의 지위를 향상시키는 것이 곧 교육의 질이 향상된다고 믿기 때문이다. 체육교과는 현재까지도 많은 관심을 받고 있지 않으며, 평가 도구가 개발되고 교사들이 사회의 요구를 감지한다 하더라도 평가 문제는 여전히 논쟁거리일 뿐이다.

중국은 학생의 학습을 평가할 때 네 가지 요점에 초점을 맞추는데, 첫째, 학생 학습 조건과 필수적으로 요구되는 수준을 알아야 하며, 둘째, 학습 과정에서 발생하는 곤란한 점을 명확히 하여 학생들이 그 이유를 분석하도록 협조해야 한다. 셋째, 학생들에게 자신들의 능력과 특성을 보여줄 수 있는 다양한 기회를 제공하고, 넷째, 학생들의 자기 정체성과 자기주도적 학습 능력을 훈련시키는 것이다. 체육교사의 전문적인 능력과 관련하여 교수 능력이나 도덕성, 교육적 연구 능력 등의 교사 자질과 수업 능력을 강조하고 있다.

학생 평가에서 평가 내용은 신체능력, 지식과 기술, 학습하는 태도, 감성과 협동 정신 등이다. 학생들을 평가할 때 학습 결과뿐만 아니라 학습과정에 유념하며, 수행 능력의 양적, 질적인 측면을 함께 평가하여야 한다. 또한 상대적, 절대적 평가를 병행하도록 하고 있다. 지식 평가시 단순 암기보다는 지식의 이해와 적용에 중점을 둔다.

일본에서의 체육 평가는 2002년 '체육평가기준과 평가방법의 향상을 위한 보고서'에서 4가지 관점을 제시하고 시행토록 하고 있다. 이들 4가지 관점은 ❶ 스포츠, 건강, 안전을 위한 흥미/동기/태도, ❷ 스포츠, 건강, 신체 안전에 대한 사고 능력과 판단 능력, ❸ 스포츠 기능, ❹ 건강과 안전에 대한 지식과 이해이다. 각각의 관점에서 탁월(A), 만족(B), 불충분(C)으로 분류한다. 체육교사는 이러한 관점에 입각하여 학생의 성취를 평가할 수 있는 평가 기준을 수립하여야만 한다. 다양한 평가 기법이 사용되는데, 정의적 영역에서는 아홉 항목의 형성 평가 기법을 사용하며, 운동 영역에서는 운동 기능 검사와 게임 수행평가도구를 사용한다. 인지적 영역에서는 일반적으로 지필고사를 실시하며, 사회적 영역의 평가는 교사에 의한 관찰과 학생 자신의 평가 기록지를 사용한다.

II 결론: 체육교육에 거는 새로운 기대

세계 어느 국가이건 간에 한 국가 또는 사회는 '교육'을 통해 그 성장과 발전의 초석을 놓고, 수많은 기대 또는 요구를 해왔다. 체육도 예외일 수 없다. 아니 체육에 대한 기대와 요구는 그 정도가 심하면 심했지 약하지는 않았을 것이다. 때로는 국방을 위해, 또는 생산성 향상을 위해서 체육을 수단화·도구화하기를 서슴지 않았다. 체육교육 본연의 가치가 이와 같은 현실적 문제 즉, 사회적 요구와 기대에 부응함으로써 그 위상이 정립되지 못하였다. 그러나 사회 전반에 만연한 제 문제에 대한 국가적인 차원에서의 기대와 요구에 무관심할 수는 없다. 전술한 각 국의 체육교육과정 현황에서 살펴보았듯이 체육교육은 많은 문제점을 내포하고 있지만 다양한 측면에서 기대되는 바가 크다. 이에 체육교육과정에 대한 국제 동향을 살펴보고 현 시대적인 요구사항을 몇 가지로 다음과 같이 정리하고자 한다.

우선, 이러한 기대와 요구 중에 가장 큰 부분을 차지하는 것은 '활동적인 생활 기술의 강화'라는 측면이다. 인간이 생물학적 존재임을 부정할 수 없다면 국가는 누구나 건강한 삶을 영위할 수 있도록 보장해야 할 것이다. 근대 이후 학교 교육 특히, 공교육 또는 의무교육에서 이러한 건강과 체력의 문제를 주로 담당하는 교과가 '체육'이었다. 따라서 체육은 건강 및 체력의 유지·증진에 직접적으로 기여하고 이에 대한 교육의 중요성이 인정되어 왔기에 현재에도 모든 국가에서 기초·필수 교과로 존속해 왔다. 하지만 많은 나라에서는 체육교과에 걸었던 이와 같은 기대와 요구에 심각한 회의감을 품기 시작했다. 왜 국민들은 날로 비만해지고, 심장 질환이나 각종 성인병이 심지어 청소년들에게 까지 나타나는 것일까? 지금까지 체육교과는 어떤 역할을 해왔단 말인가? 이 모든 일이 비단 체육교과만의 문제가 아니다. 그러나 건강 및 체력 증진의 문제는 그 교육적 가치와 문제의 심각성을 고려할 때 반드시 해결해야 할 문제이고, 체육교육은 이 문제 해결의 한 가운데 위치한다. 따라서 보다 포괄적이고 활동적인 라이프스타일(active lifestyle)을 위한 활로를 모색해야 할 것이다.

둘째, '체육문화에 대한 이해와 참여를 통한 운동(스포츠)능력의 고양'이라는 측면이다. 현대에 와서 체육은 삶의 질을 향상시키고 풍요로운 삶을 영유하기 위한 문화교육적 관점에서 그 가치가 점증하고 있다. 이러한 가치는 체육문화에 대한 충분한 이해와 적극적인 참여를 통해 실현된다. 전통적으로 학교의 체육교육은 운동기능의 습득을 중요한 목표로 여겨왔다. 학교의 체육교육을 통해 운동기능을 습득한다는 것은 단순한 기술(skills)적인 측면만을 의미하는 것이 아니다. 체육문화 즉, 신체활동을 통한 운동수행 및 표현, 그리고 이에 대한 이론적 지식 및 태도를 내면화함으로써 사회적 관습과 전통을 이해하고 적극적으로 참여함으로써 운동(체육)능력을 고양한다는 것이다. 의무교육기간을 이수한다 하더라도 일부 소수를 제외하고는 각 국의 유소년들은 체육에 대한 이해와 참여, 그리고 실제의 운동능력 측면에서 많은 문제가 있는 것이 현실이다. 그러므로 체육교육과정은 체육문화에 대한 이해 및 참여, 그리고 실질적인 운동능력 고양을 위한 대안을 마련해야 한다.

셋째, 학교체육의 교육적 가치 중에 '학생들의 인성 함양'과 관련된 측면이다. 학교의 체육교육을 통하여 협동심, 책임감, 준법정신, 스포츠맨십, 도덕성 등 정의적 영역과 관련된 많은 가치덕목들이 각 국의 교육과정 목표에 제시되어 있다. 그러나 청소년 범죄나 일탈현상 등 사회의 제반 문제가 여전히 줄어들지 않고 심각하게 대두되고 있다. 이는 단지 문서 수준에서 형식적으로 제시되고 있지만 실천적인 교육이 이루어지고 있지 못하기 때문이다. 물론 부족한 체육수업 시수나 물리적 인프라의 취약으로 인한 것이기도 하지만 그 보다 인적·제도적 요인에 의한 문제가 보다 심각하다. 즉, 체육교사의 전문성은 교육선진국뿐만 아니라 대부분의 국가에서 중요시 되고 있으면서도 해결되지 못하고 있는 사안 중의 하나이다. 이는 전문가로서의 체육교사의 자질 및 능력과 관련해서 교사교육의 문제와도 관련해서 조속히 해결해야 할 사안이다. 또한, 정의적 영역에 대한 평가 및 검증 기준을 개발·보급함으로써 문서상에 제시된 체육교육과정의 목표 및 내용을 구현하고 이를 평가할 수 있도록 여러 방안들이 모색되어야 한다.

넷째, '학력과 지성에 대한 올바른 인식과 체육인재 육성'이 요구된다. 학교 교육은 지성을 계발하여 나라의 동량이 되는 '인재를 육성'하는 곳인데, 체육교과는 이와 거리가 멀다는 인식의 문제이다. 지식기반 정보화 사회에서는 지식과 정보가 최우선의 가치가 되며, 이를 창의적으로 생산해내는 인간이 요구된다. 그러나 체육교과는 이 같은 국가 사회적 요구에 대해 기여할 바가 없다고 여기고 있다. 또한, 각 국의 학력신장을 위한 위기의식을 논의하는 자리에서 체육교육에 대한 문제는 논외의 대상으로 여겨지는 현실이다. 일반적으로 학력 신장을 위한 정책 개발이나 교육과정 개발시 체육은 중요한 부분으로 고려되지 않는 경향이 있다. 이는 학력과 체육은 관련성이 낮다는 잘못된 인식에서 비롯된 것이다. 따라서 많은 나라에서 체육교과에 많은 예산과 시간, 노력을 투자하는 것보다는 주지 교과에 더 많은 예산과 시간, 노력을 투자하고 있다. 따라서 학력과 지성에 대한 올바른 이해를 위한 인식의 전환과 체육인재 육성이 요구된다.

끝으로, '문서적 체육교육과정과 실천적 체육교육과정간의 괴리 극복'의 문제이다. 이는 체육교과의 내부적인 문제로 체육교육과정의 목표와 실제 학생들이 배우는 학습 경험 또는 결과간에 괴리가 상당히 존재한다는 사실이다. 문서상의 교육과정과 실천적 교육과정과의 괴리는 어느 나라에서나 고민하는 문제이다. 더욱 문제가 되는 것은 이에 대한 해결 방안을 제시하지 못하고 있는데 있다. 체육교육과정의 목표에 문제가 있는 것인지 아니면 그 내용에 문제가 있는 것인지, 그것도 아니라면 실천적 과정에서 방법과 평가에 문제가 있는 것인지에 대해 명확한 해결 방안이 제시되지 못하고 있다. 따라서 교육과정의 문서상 계획과 그 실천의 간격을 좁힐 수 있는 방안을 마련해야 한다.

세계 각 국의 체육교육과정 동향을 살펴본 바에 의하면, 어느 나라이든 체육교육을 둘러싼 내·외부적인 문제가 항존하고 있으며 작금의 체육교육은 심각한 위기의 상태라 할 수 있다. 그러나 이러한 위기 상황에 대해 정확히 문제를 진단하고 이를 해결하기 위한 대안을 도출하면 이는 곧 새로운 도약의 기회가 된다. 이런 연유로 체육교육과정에 대한 개혁 또는 개선의 문제가 항상 뒤따르게 되는 것이다. 이번 기회에 세계 각 국의 체육교육과정 동향을 탐색해봄으로써 그 시사점을 얻고자 하였다.

참고 문헌

강신복 (2003). 체육교육 위상 정립을 위한 발전 방안. **체육교육의 위상정립 방안**, 이화여자대학교 개교 117주년·체육과학대학 창립 58주년기념 학술세미나 논문집, pp. 1-17.

김광억 외 (1998). **문화의 다학문적 접근**. 서울: 서울대학교출판부.

교육부 (1999). **중학교 교육과정 해설(IV)**. 서울: 대한교과서 주식회사.

성경희 외 5인 (2003). **제7차 교육과정 운영 실태 연구(Ⅰ): 도덕·실과·체육·음악·미술 교과를 중심으로**. 한국교육과정평가원 연구보고서 RRC 2003-3-4.

조미혜, 오수학 (2004). **체육교육과정과 평가**. 서울: 무지개사

체육과학연구원 (2001). **학교체육 실태조사 및 개선**.

AAHPERD (1998). *Update*, AAHPERD Newsletter, Jul./Aug.

Pühse, U. & Gerber, M.(Eds) (2005). *International comparison of physical education*. Meyer & Meyer Sport(UK) Ltd.

Allensworth, D., Lawson, E., Nicholson, L., & Wyche, J.(Eds) (1997). *School and health: Our nation's investment*. Washington, DC: Institute of Medicine, National Academy Press.

Curriculum Corporation. (1994). *A statement on health and physical education for Australian schools: Australian Education Council*.

DfEE, & QCA. (1999). *Physical education: The National Curriculum for England (www.nc.uk.net)*. London: Department for Education and Employment/Qualifications and Curriculum Authority.

Hellison, D. (2003). *Teaching responsibility through physical education*. 2nd ed. Champaign, IL: Human Kinetics.

Kang, S. (2000). Developing a challenge program in school physical education. *New paradigm of sport pedagogy*, Korean Association of Sport Pedagogy & Inchon National University of Education, 3rd International Sport Pedagogy Seminor, Inchon, Korea, pp. 45-56.

McKenzie, T.L. (2003). Health-related Physical Education: Physical activity, fitness, and wellness. In Stephen J. silverman & Catherine D. Ennis, *Student learning in Physical education: Applying Research to Enhance Instruction*(pp. 207-226). 2nd ed. IL: Human Kinetics.

NASPE(1995). *Moving into the future: national standards for physical education*. AAPERD. St. Louis: Mosby- Year Book, Inc.

OFSTED. (2003). *Inspection schools-Handbook for inspecting secondary schools*. London: Office for Standards in Education.

U.S. Department of Health and Human Services. (2000). *Healthy people 2010*(conference edition, in two volumes). Washington, DC: U.S. Government Printing Office. Available: http://web.health.gov/healthypeople/Document/tableofcontents.htm.

국제칼럼.(2005, 3. 16). **조선일보**(http://www.chosun.com/international/news).

사회칼럼.(2005, 5. 16). **동아일보**(http://www.donga.com).

7

중학교 체육과 교육과정 국제비교

강 신 복

본 연구는 9개국(한국, 영국, 뉴질랜드, 핀란드, 일본, 싱가포르, 미국, 캐나다, 호주)의 중학교 체육과 교육과정에 대한 목표, 내용, 평가 영역을 비교·분석함으로써 체육과 교육과정에 대한 최근의 세계적인 동향을 파악하고, 향후 한국의 체육과 교육과정 개발 및 개선을 위한 시사점을 도출하는 데 그 목적이 있다. 본 연구를 위하여 각 국의 다양한 교육과정 문서와 문헌 자료를 수집 및 분석하는 과정에서 Bereday의 4단계 비교 방법을 수정하여 활용되었으며, 교육과정 개요와 목표, 내용, 평가의 구성 방식을 이해한 후 분석과 비교가 가능하였다. 본 연구 결과에 대한 논의 및 시사점을 토대로 하여 도출된 결론은 다음과 같다. 첫째, 교육과정 문서의 구성 원리 및 체제 측면에서, '신체활동 가치 중심'의 철학적 맥락을 유지하면서 학생의 학습 발달 단계나 수준을 고려하고 목표-내용-평가에 대한 문서의 논리적 일관성을 고려해야 한다. 둘째, 목표 및 내용 측면에서, 다양한 신체활동을 통하여 건강한 삶과 생활 속에서 환경에 적응하는 데 필요한 사고력 및 판단 능력이 강조되어야 한다. 셋째, 평가 측면에서, 한국교육과정평가원 및 교육청 등의 관련 전문 기관 수준에서 개발한 여러 가지 형태의 평가 도구 및 정보와 유용한 평가 사례를 현장 교사가 쉽게 접근하여 활용할 수 있는 통로와 지원이 필요하다. 교육과정은 문서적 가치와 함께 실천적 의미가 내재되어 있다. 따라서 신체활동의 통합적 가치 구현을 위해 체육과 교육과정에 대한 학교 현장의 실천적 노력 또한 요구된다.

I 서 론

한 국가의 발전은 새로운 시대 및 사회에 적합한 교육을 통해 예견될 수 있고, 글로벌 무한경쟁 시대를 맞이하여 학교교육에 대한 국가차원의 방향 설정은 어느 때 보다 그 중요성이 더욱 부각되고 있다. 이와 같은 변화와 요구에 부응하듯이 국가차원의 교육과정에 대한 수정과 보완의 필요성이 제기되어 왔다. 또한, 제7차 교육과정이 준비되고 고시되었던 십여 년 전에 비하면 2007년 현재, 한국 사회는 질적으로 다른 양태로 변모하고 있으며 학문의 발전에 힘입어 교육을 통하여 추구하는 바도 달라지고 있다. 따라서 이러한 시대적 변화 추세에 발 맞추어 우리는 다시 한 번 학교교육의 모습을 새롭게 조명해 보는 노력을 기울여야 할 시점이다.

이러한 시대적 변화에 대한 인식에 터하여 학교교육의 중추적인 역할을 담당하는 체육교과 또한 예외가 될 수 없다. 그러나 그 동안 학교교육에서 체육교육의 위상과 역할은 그다지 만족스러운 수준이었다고 할 수 없다. 해방 후 체육교과 활동은 한 때 학교 내 군사 훈련의 일환으로도 그 역할을 수행하여 왔으며, 건강 및 체력 육성, 단순 운동기능 습득 등 체육교육의 가치가 편향되고 오도되는 경향이 강했다. 또한, 주지주의 교육풍토와 맞물려 체육교과는 국어, 영어, 수학 등 소위 대학입시 관련 과목을 중시하는 학생과 학부모들의 관심에서 멀어질 수밖에 없었다. 이러한 현상은 체·지·덕 전인교육의 한 축을 담당하고 있는 학교체육의 가치를 고려할 때 심각한 문제라고 볼 수 있다.

특히, 학교체육의 가치와 중요성을 강조하여 새로운 프로그램을 개발하고 있는 선진 외국의 경향에 비추어 볼 때 현 한국의 학교체육은 시대적 변화에 역행하고 있음을 보여주고 있다. 가령, 미국, 영국, 일본, 호주 등의 국가에서는 이미 오래전부터 학교체육의 위기를 진단하고, 이를 극복하기 위하여 체육과 교육과정의 개혁을 통해 질 높은 체육프로그램을 운영하려는 노력을 경주해 왔다(Locke, 1992; Lawson, 1995, 1998; Stroot, 1994; Tinning & Fitzclarence, 1992). 이러한 노력은 국가 또는 주 수준에서 교육과정 변화의 움직임으로 연결되어 최근에는 각 수준의 교육과정 문서에 그 경향성이 가시화되고 있다(Penny & Jess, 2004; Tinning et al., 2001). 이는 국민의 건강과 체력 문제, 청소년 비행과 관련된 일탈 문제, 현대인의 삶의 질 고양 등 사회 전반의 제 문제를 학교체육을 통하여 해결하고자 하는 움직임이라 할 수 있다.

이러한 측면에서 학교체육의 개선과 발전을 위해 국가차원에서 적극적인 투자와 지원을 아끼지 않으며, 체육교육과정을 통해 이러한 제 문제를 해결하려는 소위 '학교체육 선진국'들로부터 우리는 어떠한 시사점을 얻을 수 있을까? 과거, 이러한 노력의 일환으로 체육교과와 관련해서 몇 편의 교육과정 국제비교 연구가 이루어져 왔다(강신복, 성기훈, 1986; 공기화, 1996; 김동환, 1991; 김평섭, 1987; 성기훈, 1991; 서지영 등, 2002; 윤명희, 1980; 이명아, 1998; 이종철, 1993; 조미혜, 2002; 최영일, 1993).

그러나 대부분의 연구가 미국, 일본, 호주 등 소수 특정국에 한정되어 있거나, 최근의 체육교육과정에 대한 정보로서 활용하기에는 시의성이 크게 떨어지는 연구가 대부분이라고 사료된다. 즉, 현재 적용되고 있는 제7차 교육과정에 대한 반성과 함께 2007년 2월에 확정 고시된 체육과 교육과정에 대한 비판적 검토를 위해 다양한 국가에 대한 최신 정보 및 자료가 절실히 요구되고 있으나 적절히 활용할 수 있는 관련 선행 연구가 부족한 실정이다. 또한, 범국가적 차원에서 교육과정 국제비교 연구가 연차적·체계적으로 이루어지고 있는 총론수준의 국제비교 연구(노국향 등, 1999; 소경희 등, 2000; 박순경 등, 2001; 허경철 등, 2002)에 비해 각론 수준의 체육과 교육과정에 대한 기초자료가 부족한 실정을 감안할 때 이에 대한 심층적인 비교분석 자료가 절실히 요구된다. 그리고 학교교육의 실제가 교과의 형태로 발현됨을 고려할 때 그 중요성은 더욱 부각된다.

이에 본 연구는 9개국(한국, 영국, 뉴질랜드, 핀란드, 일본, 싱가포르, 미국, 캐나다, 호주)의 중학교 체육과 교육과정에 대한 목표, 내용, 평가 영역을 비교·분석함으로써 체육과 교육과정에 대한 최근의 세계적인 동향을 파악하고, 향후 한국의 체육과 교육과정 개발 및 개선을 위한 시사점을 도출하는 데 그 목적이 있다.

II 연구방법

1. 연구 설계

본 연구는 비교대상국의 체육과 교육과정 목표, 내용, 평가 영역에 대한 구체적인 내용을 기술, 병치 및 비교하게 되는 비교방법론에 의해 설계되었다.

본 연구의 타당성 확보를 위하여 다음과 같이 협의진을 구성하였다. 협의진은 체육과 교육과정 개발 및 연구참여 경험이 있는 스포츠교육학 전공 박사 및 박사과정 대학원생 5명으로 이루어졌다. 구체적인 연구 설계 및 절차는 각각 <그림 1>, <표 1>의 내용에서 제시하는 바와 같다.

2. 연구 대상 및 범위

본 연구는 체육과 교육과정 국제비교 분석을 위해 한국을 포함하여 총 9개국(한국, 영국, 뉴질랜드, 핀란드, 일본, 싱가포르, 미국, 캐나다, 호주)을 연구대상으로 선정하였다.

본 연구에서 선정된 비교대상국은 다음의 세 가지 측면을 고려하여 선정되었다. 먼저, 체육시설 및 용기구 등 교육환경적인 측면에서 적극적인 투자와 지원이 이루어지고, 제도적인 측면에서 체육교과가 필수 교과로 지정되어 있어 학교체육이 비교적 활발히 이루어지는 학교체육 선진국을 연구 대상국으로 선정했다.

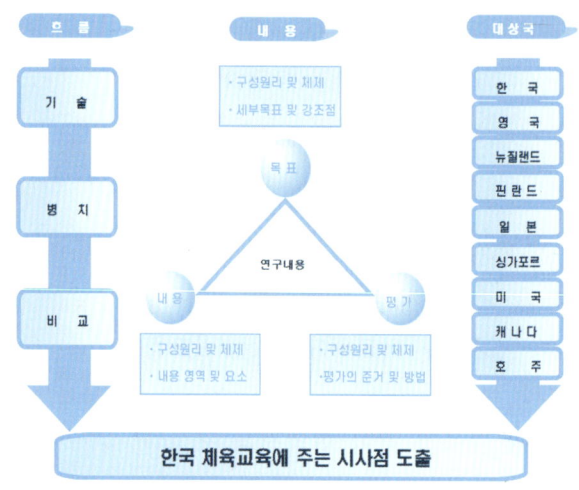

그림 1 연구 설계

또한, 한국이 당면한 시대적·사회적 문제를 다소 공유하고 있거나, 지리적으로 유사한 문화권에 있어 한국과 유사한 상황에 처한 국가를 대상국에 포함시켰다. 마지막으로, 자료 수집의 용이성을 고려하여 연구자의 언어적 접근 가능성 및 문헌 수집이 가능한 국가들을 비교 대상국으로 선정하였다(Pühse & Gerber, 2005).

선정된 연구대상국의 초·중등 체육과 교육과정 전체를 비교하기보다는 한국의 7~9학년에 해당하는 학년 및 연령의 범위 내로 한정하여 비교 분석하였다.

3. 자료 수집 및 분석

각 국의 체육과 교육과정을 분석하기 위한 자료는 2006년 2월부터 8월까지 수집된 각 국의 체육과 교육과정 문서자료(인터넷에 탑재된 기관 공보 자료, 전문 연구·개발 기관에 요청한 자료, 국제 학술세미나에 초청 및 방문한 연구자들의 연구자료 등), 국·내외 선행연구 및 문헌 자료를 활용하였다.

Bereday(1964)에 의하면 비교분석은 기술(description), 해석

(interpretation), 병치(juxtaposition), 그리고 비교(comparison)의 4단계 절차에 의해 연구가 진행된다. 그러나 본 연구에서는 Bereday가 제시한 비교분석 방법론을 연구목적에 맞게 수정해서 활용하였다. 즉, 각 국의 정치, 경제, 사회 및 문화적 맥락과 역사적 배경을 고려한 해석의 과정을 제외하고, 각 국의 교육과정 문서에 제시된 자료를 토대로 기술, 병치, 비교 분석하였다. '기술 분석 단계'에서는 각 국의 체육과 교육과정과 관련된 다양한 문서와 문헌을 수집하여 체육과 교육과정 관련 내용을 이해하기 위한 전반적인 개요, 체육과 교육과정의 목표, 내용, 평가 영역에 대하여 구체적으로 기술하였다. '병치 분석 단계'에서는 기술 분석된 자료를 토대로 연구진 및 전문가 협의회를 통하여 각 국의 기술 분석된 자료를 대비시켜 공통점과 차이점을 분석하면서 본 연구에서 내용상 통합될 수 있는 결과는 통합적으로 제시하였다. '비교 분석 단계'에서는 설정된 비교 준거에 의해 한국의 체육과 교육과정에 대한 시사점을 도출하였다.

표 1 연구 기간 및 절차

연구기간	연 구 절 차		전문가 협의회
2005년 12월	연구 설계 및 선행 연구 검토		
2006년 01월	분석의 방향 및 틀 개발		1 차 협의회
2006년 02월 ~ 2006년 08월	자 료 수 집 · 인터넷 탑재 기관 공보 자료 · 전문 연구 · 개발 기관 요청 자료 · 국제학술세미나 초청 및 방문 연구자료 등	문 헌 연 구	2 차 협의회
2006년 07월 ~ 2006년 09월	자 료 분 석 · 기 술 · 병 치 · 비 교		3 차 협의회
	수 정 보 완		
2006년 10월	연구보고서 작성		
2006년 11월	최 종 검 토		

한편, 연구의 객관성과 타당성 확보를 위해 총 3회에 걸쳐 전문가 협의회를 실시하였다. 구체적으로 1차 전문가 협의회는 분석의 방향 및 틀(framework) 개발 단계에서 실시되었다. 이 단계에

서는 대상국 선정의 적절성에 대한 검토 및 비교대상국의 교육과정 분석 준거의 타당성에 대한 심층적인 토의가 이루어졌다. 2차 전문가 협의회는 자료 수집 단계에서 실시되었으며, 인터넷과 전문 연구·개발 기관에서 수집된 자료들이 대표성을 띠고 있는지를 협의하였다. 마지막으로 3차 전문가 협의회는 자료 분석 단계에서 실시되었다. 이 단계에서는 구성원 간 협의를 통하여 분석틀에 의해 비교 분석한 연구 결과와 논의에 대한 객관성 및 타당성을 확보하였다.

III 체육과 교육과정 국제비교

본 장에서는 우리나라의 2007년 체육과 교육과정을 비롯하여 영국, 뉴질랜드, 핀란드, 일본, 싱가포르, 미국, 캐나다, 호주를 포함한 총 9개국(Pühse & Gerber, 2005)의 중학교 체육과 교육과정의 개요, 구성 원리 및 체제, 목표 및 내용, 평가를 중심으로 비교분석한 연구결과를 제시하고자 한다.

1. 국가별 교육과정의 개요

비교대상국은 교육과정 개발 및 영향력의 통제 수준에 따라 국가수준과 주수준의 교육과정으로 구분된다. 이는 각 국가의 학제와도 관련되어 있다. <표 2>에서와 같이 국가 별 학제 기간에서 한국과 일본의 경우 초·중·고(6-3-3)가 명확히 분리되어 있지만, 대부분의 국가와 주에서는 연령과 학년을 중심으로 범주화하여 학제를 구분하여 왔다. 이러한 구분은 각 국의 교육과정 문서를 통해서도 살펴볼 수 있다.

본 연구에서 다루게 될 중학교 수준에 해당하는 교과목명은 「체육」이 가장 많고, 건강을 중시하는 최근의 동향에 따라 「체육과 건강」 혹은 「건강과 체육」이라는 교과목명으로 '체육'과 '건강'이라는 두 용어를 함께 제시하고 있는 국가도 상당수에 이르고 있다. 또한, 수업시수에 있어서 대부분의 국가는 중학교 수준에서 주당 2시수 이상을 이수하도록 하고 있다. 이수시간을 제시하는 방식은 각 국 별로 다양하며, 핀란드와 호주의 경우는 학년군 별로 묶어서 제시하고 있다.

표 2 국가별 체육과 교육과정 문서명과 학제

통제수준	국 가 명	교육과정 문서명	학 제
국가 수준의 교육과정	한 국	체 육-2007	6-3-3
	영 국	체 육-1999	2-4-3-2/ 4-4-3
	뉴질랜드	건강과 체육-1999	8-2-3 (의무교육10년)
	핀 란 드	체 육-2004	9-3
	일 본	보건체육-2003	6-3-3
	싱가포르	체 육-2005	6-4/ 5-2/ 3
주 수준의 교육과정	미 국 (일리노이)	NASPE-2004 (체육과 건강-1997)	8-4/ 3-4-3-3/ 5-3-4
	캐 나 다 (브리티쉬 컬럼비아)	체 육 (1995)	6-6
	호 주 (퀸즈랜드)	건강과 체육 (1999)	7-5

2. 교육과정 구성 원리 및 체제

비교대상국에 대한 교육과정 문서의 구성 원리 및 체제에 대하여 목표, 내용, 평가 영역을 중심으로 비교하면 아래 <표 3>과 같다.

본 연구의 비교대상국 교육과정 문서의 '목표' 영역 구성 원리는 모든 국가가 학교체육 교육의 전반적인 목적과 함께 세부적인 목표를 구체적으로 제시하고 있는 것으로 분석되었다. 즉, 목표 영역에 대한 명칭은 총괄 목표, 일반 목표(체육의 중요성, 영역별 목표 등)와 같이 다양한 형태로 제시되고 있으나, 세부 목표 제시에 앞서 전반적인 목적을 언급하고 난 뒤 이를 구체적인 세부 목표로 이원화하고 있다.

그러나 '세부 목표' 설정 형태에 있어서 본 연구의 비교대상국들은 국가별로 다소 차이가 있는 것으로 분석되었다. 이에 본 연구에서는 이러한 세부 목표 설정의 형태를 '수준별 제시형', '내용 연계형', '혼합형'으로 구분하여 분석하였다. '수준별 제시형'은 목표 설정에 있어서 수준이나 연령(또는 학년)의 차이를 고려하여 성취 기대의 목표를 단계별로 구분하여 제시하는 것을 의미하고, '내용 연계형'이란 목표 설정에 있어서 목표와 내용 영역이 일관된 흐름을 가지고 연계되어 전개되는 형태이다. '혼합형'이란 수준별 제시형과 내용 연계형을 모두 고려하여 목표를 설정하고 있는 형태를 의미한다.

표 3 국가별 체육과 교육과정 구성 원리 및 체제

국 가	목 표	내 용	평 가
한 국	• 총괄 목표 • 세부 목표 (학교급 별, 내용영역 별진술)	• 내용체계 (5개의 신체활동가치중심) • 학년 별 내용 (영역과 선택적 신체활동 예시, 이해와 실천 중심의 진술)	• 평가의 방향 • 평가의 계획 • 내용영역 별 평가
영 국	• 일반 목표 (the importance of P.E.) • 영역별 목표 (attainment targets)	• 학습프로그램 (6개) - 지식, 기능, 이해 - 학습 범위	◆ 평가항 없음
뉴 질 랜 드	• 일반 목표 • 성취 목표 (맥락요인별 제시/수준별 성취 고려)	• 주요 학습 영역(7개) - 영역별 특성 - 영역별 학습 기회	• 기획과 평가 (교육과정 실행의 한 부분)
핀란드	• 목표	• 핵심 내용	• 학년별 최종평가기준
일 본	• 목표(目標) • 분야별 목표 (체육, 보건)	• 체육 분야 내용(8개) - 내용 취급 (内容の取扱い)	◆ 평가 항 없음
싱 가 포 르	• 총괄 목표 • 세부 목표 • 학습 기대 목표	• 내용 영역 (6개)	■ 평가 (의미/방법/수준별 점수제시)
미 국 (NASPE/ IL)	• 국가 기준 (6가지) - 각 기준별로 최종 학년 말 성취 기대 내용 제시 - 각 기준별 운동 수행 성취 결과 예시		◆ 평가 항 없음(NASPE) ■ IL: 5단계 (루브릭: 학년 말 최소 성취 기준)
캐나다 (B C)	• 목적 • 교육과정목표 • 영역별 목표 (curriculum organizers)	• 움직임 영역 (5개)	• 평가
호 주 (Q L)	• 학습 목표 • 수준별 목표	• 기본 학습내용 (3영역)	• 평가의 원리 • 자료수집방법 • 평가와 기록

'수준별 제시형'에는 영국, 뉴질랜드, 핀란드, 캐나다(브리티시 컬럼비아 주)와 같은 나라가 해당된다. 가령, 영국은 연령 단계에서 기대되는 성취수준을 단계별(key stage: KS)로 제시하고 있고, 뉴질랜드의 경우도 수준별 차이 및 연계성을 고려하여 성취 목표를 제시하고 있으며, 핀란드 역시 5~9학년군의 형태로 목표를 제시하고 있다. '내용 연계형'에 해당하는 국가로는 일본과 미국을 들 수 있다. 일본은 '체육'과 '보건' 분야를 목표와 내용에서 모두 구분하여 제시되고 있으며 체육 분야의 경우 목표와 내용이 일관된 흐름을 유지하고 있는 내용 연계형을 취하고 있다. 미국의 경우, 스포츠·체육교육학회(NASPE)에서 학년군별 기준(national standard)의 구체적인 내용을 중학교(6~8학년) 수준에서 6가지로 제시하고 있다. 각 기준 별 구성은 목표에 해당하는 학년 말 성취 기대와 내용에 해당하는 운동수행 성취결과의 예시 내용으로 제시되고 있다. '혼합형'에는 싱가포르와 호주 및 한국이 포함된다. 싱가포르는 중학교 과정을 두 개의 학년 군으로 나누어 단계별 기대 학습 결과를 제시하면서도 그 단계를 고려하여 내용을 별도로 구분하고 있다. 호주도 수준별 학습 목표에서 내용 영역과 관련된 요소를 언급하고 있다. 한국의 2007 개정 체육과 교육과정의 경우, 제7차 체육과 교육과정에서 미흡했던 목표의 수준 제시나 내용과의 연계성에 대하여 초등과 중등이라는 학교급의 수준으로 명확히 구분하고, 신체활동 가치와 관련된 목표와 내용의 연계성을 구체화시키고 있다.

비교대상국 교육과정 문서의 '내용' 영역에 대한 구성 원리 및 체제는 '종목중심형'과 '주제중심형'이라는 두 가지 형태로 나타나고 있다. 본 연구에서 '종목중심형' 교육과정 내용 편성이란 운동종목이나 스포츠 활동군을 중심으로 내용 영역 및 요소를 구성하는 형태를 의미하고, '주제중심형'은 특정 주제나 가치를 강조하는 교육과정 내용으로 편성하는 형태를 뜻한다. 이를 구체적으로 살펴보면 다음과 같다.

첫째, <표 4>에 제시된 것처럼 내용 영역 및 요소에 대하여 '종목중심형'으로 편성하고 있는 국가로는 영국, 핀란드, 일본, 싱가포르를 들 수 있다. 이처럼 내용 영역 및 요소를 '종목중심형'으로 편성하고 있는 국가들의 경우, 운동종목이나 스포츠 활동군에 '필수와 선택'의 개념을 도입하여 교육과정을 구성하는 경향이 두드러진다. 즉, 학생의 선택권을 인정하되, 필수 영역 및 요소를 일부 지정하고 나머지 범위 내에서 제한적으로 선택하게 되는 부분 선택의 형태로 교육과정을 구성하고 있다.

표 4 종목중심 국가별 중학교 내용 영역 비교

국 가 명	내용 영역 및 요소
영 국	• 필수(1) - 게임 • 선택(3) - 체조, 무용, 수영 및 수상안전, 육상, 야외 및 모험활동(무용과 체조 중 1개는 필수)
핀 란 드	• 다양한 신체활동 속에서 달리기, 점핑, 던지기, 체조(마루운동, 기계체조, 기구를 이용한 체조), 뮤지컬 및 표현활동, 무용, 구기 경기, 오리엔티어링 및 하이킹, 동계 스포츠, 수영 및 수상 인명구조, 기능적 능력의 관찰과 개발(근력운동), 새로운 신체활동의 소개(운동지식)
일 본	• 체력운동, 기계운동, 육상경기, 수영, 구기경기, 무도, 무용, 체육이론(체력운동과 체육이론 필수)
싱가포르	• 교육체조, 무용, 게임(영역형, 네트 및 벽형, 치기와 필드형), 건강과 체력 관리, 육상, 수영

영국은 Key Stage 3단계(11~14세)에서 이수해야할 총 4개의 활동 영역 중 '게임'을 필수로 지정하고, 다른 6가지 활동 중 3가지를 선택하도록 하고 있다. 특히, 교육과정 문서상에 무용이나 체조 활동 중 하나는 반드시 선택하도록 하여 부분적으로 학생의 내용 영역 선택권을 인정하고 있다. 이러한 특징은 일본의 경우에서도 제시되고 있다. 즉, 중학교의 전 학년에서 '체력운동'과 '체육이론'을 필수로 지정하고, 2~3학년에 한하여 3가지 내용 영역 중 2가지를 선택하도록 하는 맥락과 유사하다. 한편, 싱가포르의 경우, 선택과 필수의 개념은 아니지만 각 학년군별로 내용 영역(종목)의 중요도에 따라 비율(%)을 적용하고 있다. 즉, 내용 선택에 있어서 단위학교의 실정에 맞게 내용의 비중을 조정할 수 있도록 하고 있다. 따라서 내용 영역 구성에 있어서 단위학교의 자율성을 보장하고 있다는 점에서 여타의 종목중심 국가들과 다소 차이를 보이고 있다.

둘째, '주제중심형'으로 내용 영역 및 요소를 구성하고 있는 국가로는 <표 5>에서 제시된 것처럼 한국, 미국, 캐나다, 호주 등을 들 수 있다. 이처럼 교육과정 내용 영역 및 요소를 주제중심적인 형태로 편성하고 있는 경우, 종목중심형으로 교육과정 내용을 편성하는 국가와 달리 강조하는 내용을 구성하는 체제에서 차이를 보이고 있다. 즉, 주제중심적 내용 구성 체제의 경우 학교체육을 통해 기르고자 하는 가치 덕목이나 주제를 중심으로 내용을 구성하고 있다.

표 5 주제중심 국가별 중학교 내용 영역 비교

국가명	내용 영역 및 요소
한국	• 건강 활동 - 체력 증진과 체력 관리, 보건과 안전, 건강관리 • 도전 활동 - 기록, 동작, 표적, 투기 도전 • 경쟁 활동 - 피하기형, 영역형, 필드형, 네트형 • 표현 활동 - 움직임, 리듬, 민속, 주제 및 창작 • 여가 활동 - 여가 생활, 여가 문화
미국 NASPE 수준별 운동 수행성취 기대 · (결과예시)	• 기준1 - 다양한 신체활동 수행에 필요한 기능과 움직임 시범(예시: 배구 언더핸드 서브, 포크댄스, 배드민턴 드롭 샷, 암벽타기 등) • 기준2 - 신체활동 학습 및 움직임의 개념, 원리, 전략, 전술에 대한 이해력(예시: 농구 자유투 동작 오류 발견과 수정, 테니스 복식의 게임전략, 기능에 대한 생체역학 원리 설명 등) • 기준3 - 규칙적인 신체활동 참여(예시: 신체활동 주간 기록 일지 등) • 기준4 - 체력의 증진 및 유지(예시: 건강증진 신체활동 참여, 신체활동 기록 일지, 체력 요소 증진과 유지를 위한 신체활동, 개인 체력 목표 설정) • 기준5 - 자아와 타자를 존중하는 개인적·사회적 행동(예시: 운동 상황에서 책임 있는 의사결정, 동료 존중, 대인 갈등 상황 해결 등) • 기준6 - 건강, 즐거움, 도전정신, 자기표현력, 사회적 상호작용을 위한 신체 활동의 가치 부여
캐나다 (B C)	• 활동적인 삶 - 신체활동의 개념, 실천의지, 장단점 파악, 효과 탐구 등 • 움직임 - 대안적 야외 활동, 무용, 게임, 체조, 개인 및 대인 활동 • 자아 및 사회적 책임감 - 운동 및 스포츠 활동을 통해 길러질 수 있는 다양한 가치 덕목
호주 (Q L)	• 개인 및 사회적 건강 - 건강유지, 도전·위험·안전, 영양, 건강 관련 자원, 사회적, 물리적 환경 • 신체활동의 개념 및 기능발달 - 운동 기능, 안전, 전술적 인식, 건강 관련 체력, 사회문화적 관점 • 자기 계발 증진 - 정체성 및 인간관계, 협력과 의사소통, 성장과 발달

<표 5>와 같이 한국의 경우, 신체활동을 통해 추구하는 가치를 건강, 도전, 경쟁, 표현, 여가 활동으로 구분하여 제시하고 있다(교육인적자원부, 2007). 또한, 캐나다의 경우는 활동적인 삶, 움직임, 자아 및 사회적 책임감으로 구성하고 있으며, 호주의 경우는 개인 및 사회적 건강, 신체활동의 개념 및 기능발달, 자기 계발 증

진 등으로 교육과정 내용을 구성하고 있다. 미국의 경우도 기준 3~기준6까지의 내용 영역들은 모두 주제중심적 접근을 통하여 내용 영역 및 요소를 강조하고 있다.

그러나 비교대상국의 교육과정에는 이러한 주제적인 부분과 함께 각종 운동종목이나 스포츠 활동군들을 그 하위 요소로서 함께 제시하고 있다. 이는 체육이 신체활동을 매개로 하는 교과의 특성을 반영하여 교육과정 내용을 구성하고 있기 때문인 것으로 사료된다. 따라서 체육교과 교육에 내재된 가치와 특성을 현대 생활에서 요구되는 포괄적 개념의 주제로 구성한 것이라 할 수 있다.

그 외, 종목중심형과 주제중심형이라는 두 가지 형태의 '내용' 영역 구성 원리 및 체제로 분류하기 어려운 국가도 있는 것으로 분석되었다. 즉, 뉴질랜드의 경우는 보건 관련 내용을 포함한 7가지 영역(신체활동, 스포츠과학, 야외모험활동 등과 함께 정신건강, 성교육, 식품과 영양, 신체보호와 안전)으로 구성되어 있다. 이는 종목중심형이나 주제중심형으로 분류하기 어려운 독특한 형태로 간주된다.

비교대상국 교육과정 문서의 '평가' 영역에 대한 구성 원리 및 체제는 평가 영역(부분)의 제시 방식에 주안점을 두고 분석하였다.

연구 결과, '평가' 영역의 독립된 형태로의 제시 여부와 관련하여 <표 3>에서 제시된 것처럼 한국, 핀란드, 싱가포르, 미국의 일리노이주, 캐나다, 호주의 경우 평가 부분을 교육과정 문서에서 제시하고 있었다. 특히 한국, 핀란드, 싱가포르, 일리노이주, 호주의 경우 목표나 내용 영역과 대등하게 평가항을 구체적으로 제시하고 있다. 이와 달리, 교육과정 문서에 '평가' 영역(부분)의 제시 방식에 있어서 부록의 형태로 제시하거나 여타 교육관련 기관의 수준에서 구체적으로 제시하고 있는 경우도 있다. 가령, 캐나다 브리티시 컬럼비아 주의 경우는 교육과정 문서의 부록에 평가에 대한 구체적인 예를 언급하고 있다. 또한, 국가교육과정을 운영하고 있는 뉴질랜드의 경우 부록형 소책자(뉴질랜드 교육부, 1999)를 통해 목표 및 내용과 연계하여 성취기준의 형태로 평가에 대한 구체적인 예시를 제시하고 있다. 일본의 경우는 국가 교육과정 문서에는 평가에 대한 내용을 제시하고 있지는 않지만 국가교육정보센터(NICER)에서 평가 기준과 방법에 대하여 구체적인 예를 제시하고 있다. 한편, 영국이나 미국의 스포츠·체육교육학회(NASPE)의 경우는 교육과정 문서에서 '평가' 영역(부분)을 제시하지 않는다. 이를테면, 영국은 1989년부터 국가수준의 교육과정을 개발함으로써 교육과정에 대한 보편성을 추구하고 있으나 단위학교의 자치권 인정(empowerment) 및 평가에 대한 교사 자율성 보장의 전통이 강하게 남아있다. 그래서 국가수준의 교육과정이라도 단위학교에서 이를 구체적으로 실현할 수 있도록 평가 항을 독립적으로 제시하고 있지 않다.

'평가' 부분을 문서의 형태로 구체적으로 제시하는 경우는 평가의 실제 적용에 있어서 구체적인 기준이 되기도 하며, 문서 수준에서 단위학교에 구체적인 지침으로서의 성격이 강하게 나타날 수 있다. 종합적으로 볼 때, 교육과정 문서의 '평가' 영역에 대한 제시 여부는 평가의 특정한 준거에 의해 결정되기보다 해당 국가의 교육적 전통과 상황에 따라 다를 수 있음을 확인할 수 있고, 국가 및 주의 통제 수준과도 관련되어 있다고 보인다.

3. 교육과정 목표 및 내용의 주안점

본 연구에서 비교대상국의 체육과 교육과정 '목표' 및 '내용' 영역의 공통적인 주안점은 크게 2가지 측면 즉, 기능·지식·태도 형성 등과 같은 '수행적인 측면'과 '주제적인 측면'으로 구분하여 분석하였다.

첫째, '수행적인 측면'에서는 교육과정의 목표 및 내용에서 기능·지식·태도의 세 가지 영역과 관련된 내용이 구체적으로 어떻게 다루어지는지 분석하였다. 한국의 2007 개정 체육과 교육과정은 신체 활동 가치 중심의 철학에 기반을 두고 해당 영역에 맞는 '이해, 실천 또는 수행, 감상' 능력을 강조하고 있다. 영국은 일반 목표에서 정서적·도덕적·사회적·문화적 측면의 발달 내용을 제시하는 동시에 KS 3(level 5~6)에서는 각 수준에 맞는 지식·기능·이해의 내용 범위를 함께 제시하고 있다. 영어권 국가 중 뉴질랜드의 총괄 목표에서는 성취 목표와 내용의 포괄적인 줄기가 되는 4가지 맥락 요인(strands) 중 '개인 건강과 신체발달'이나 '타인과의 관계'에 관한 지식·이해·기능·태도에 대한 능력을 특히 발달시키도록 강조하고 있다. 무엇보다도 이러한 4가지 맥락 요인들이 7가지의 주요 학습내용 영역에 복합적·암묵적인 형태로 함의되어 있음을 알 수 있다. 앞에서 제시한 <표 5>와 같이 미국은 국가차원에서 제시한 기준 내용에서 운동능력과 움직임 형태의 시범(기준 1), 움직임의 개념과 원리 및 전술에 대한 이해(기준 2), 자신과 타인에 대한 책임감과 사회적 상호작용(기준 5~6)에서 각각 기능·지식·태도의 측면들을 별도의 범주로 다루고 있다. 한편, 일본의 경우, 운동기능을 중시하는 종목중심으로 내용을 구성하고 있으나 총괄목표에서 기능·지식·태도 측면에 대한 통합을 강조하고 있다.

둘째, 목표 및 내용에서 주로 강조되는 '주제적인 측면'은 4가지, 즉 '건강 및 체력 증진', '생활관련 사회성 및 인성 발달', '기본 운동 능력 발달', '생태학적 관점을 고려한 환경과의 조화'에 따른 각각의 구체적 분석이 가능하였다.

'건강 및 체력 증진' 측면에서는 건강한 삶을 실천하기 위한 신체활동의 중요성이 강조되고 있다. 건강 교육에 대한 최근 세계적인 동향이 '운동을 통한 건강'이라는 통합적 관점을 중시하는 것(유정애 등, 2006; 유정애, 2007)에서 알 수 있는 바와 같이, 건강의 의미는 개인의 신체 및 정신 건강뿐 아니라 사회의 건강을 포괄하는 추세이다. 이러한 흐름은 연구 결과에서도 다양하게 드러나는데 가령, 뉴질랜드의 '건강과 체육'에서 제시하는 7가지 주요 학습 영역은 다양한 웰빙의 개념을 전제로 4가지 맥락 요인과 상호복합적인 관계를 가진다. 호주의 퀸즈랜드 주의 경우도 '개인과 사회의 건강'을 동시에 강조하면서 스포츠나 게임을 통한 개인의 체력 발달을 언급하고 있다. 보건 분야를 별도로 두고 있는 일본의 경우, 체육 분야에서 운동을 통한 체력의 향상과 심신의 건강을 강조하고 있고, 싱가포르는 학습 기대 목표나 내용 영역에서 '건강과 체력 관리' 부분을 별도로 두고 있다. 미국의 경우, 국가 기준(national standards)에서 건강 체력의 중요성을 강조하고 있다. 또한, 한국은 5가지 신체 활동 가치 영역 중 건강활동 영역에서 체력의 중요성을 강조하고 있다. 이와 같이 본 연구의 비교대상국들은 목표 및 내용 영역에서 공통적으로 건강교육 및 체력의 중요성에 많은 비중을 두어 강조하고 있다.

'생활관련 사회성 및 인성 발달'과 관련하여, 대부분의 국가에서 대체로 '개인' 뿐 아니라 '사회 내지 공동체'에 대한 배려와 책임감 등 타인과의 관계에서 수반되는 생활기술(life skill)의 측면과 인성적 측면을 강조하는 것으로 분석되었다. 본 연구에서 비교대상국의 국가별 관련 주요내용은 다음과 같다. 영국의 자신과 타인에 맞는 역할 수행 강조, 핀란드의 자립심과 공동체의식 및 복지 강조, 일본은 실천력을 비롯한 공정한 태도와 협동심 및 책임감을 완수하도록 언급하는 점, 싱가포르의 긍정적 자아존중감과 팀워크 강조, 미국은 자신의 즐거움과 도전 이외에 사회적 상호작용을 신체활동의 가치에 부여하면서 타인을 존중하도록 하는 점, 캐나다의 개인적·사회적 책임감 강조와 다문화 활동을 고려하는 측면, 호주는 의사소통 능력과 대인관계 발달을 강조하고 있는 점 등을 들 수 있다. 물론, 한국에서도 공동체 생활에 필요한 선의의 경쟁력과 협력하는 태도를 반영하고 있을 뿐 아니라, 도전이나 경쟁과 같은 가치를 통하여 이러한 측면을 구체적인 활동 내용으로 제시하고 있다. 이 주제의 관점을 교육적 안목으로 보는 경우, '문제해결능력'이라는 고차원적인 생활기술 내지 역량(competency)을 함께 유도하고 있다고 보인다. 개인이 타인과 운동에 참여하는 과정 속에서 원리와 과정을 함께 이해하며 생활에서 직면하는 다양한 문제를 능동적으로 대처할 수 있도록 하기 때문이다.

'기본 운동 능력 발달'의 측면은 전반적으로 영국, 핀란드, 일본, 싱가포르와 같이 종목 중심으로 내용 영역을 구성하는 국가에서 상대적으로 더욱 강조하고 있다. 주제 중심의 내용 영역을 구성하는 국가 중에서도 한국이 '신체활동 가치중심'의 영역을 두고 있는 것과 같이 뉴질랜드가 움직임 기능을 강조하는 맥락요인과 함께 다양한 신체활동의 수행에 관련된 내용 영역을 별도로 두고 있는 점, 미국과 같이 국가 수준의 기준을 통하여 신체활동의 규칙적인 참여를 강조하는 점, 캐나다(브리티시 컬럼비아 주)의 효율적이고 효과적인 움직임 강조와 세부 기능을 발달시키도록 고무시키는 점 등을 통해 확인할 수 있다.

'생태학적 관점을 고려한 환경과의 조화'의 측면은 주로 여가나 평생 스포츠와 같이 야외에서 즐길 수 있는 신체활동 속에서 환경에 대한 적응력이 요구되는 부분을 강조하는 것이다. 예를 들면, 핀란드는 야외 모험 활동이나 동계 스포츠 활동을 통한 자연 속의 체험과 수행 정보를 찾도록 강조하며, 평생 스포츠의 연계로 수영을 강조하는 싱가포르는 실생활이나 여가 환경과 조화를 이루면서 적응하고 사고하는 활동을 교육과정에서 강조하고 있다. 또한, 캐나다의 경우에는 대안적 야외활동 영역에서 환경에 따른 다양한 활동과 그 안에서 이해할 수 있는 역학적 원리를 이해하도록 한다는 점에서 인지적 측면이 포함되어 있다고 볼 수 있다. 영국은 참여자의 연령 단계가 높아지면서 무용, 게임, 체조에 비하여 육상, 야외 및 모험활동을 상대적으로 강조하고 있으며 환경에 맞는 전략과 전술을 설명하는 능력을 함께 고려하고 있다. 특히, 뉴질랜드는 독특하게 교육과정 상에서 보다 포괄적인 문화와 이질적인 종족의 전통적인 맥락까지 고려함으로써 사회·문화적 환경에 대한 적응과 이해의 측면을 동시에 고려하고 있음을 확인할 수 있다.

반면, 한국은 '여가'를 하나의 가치활동 영역으로 제시하면서 비중을 두고 있지만 환경에 관련된 적응과 조화에 대한 부분은 그 중요도만큼 교육과정에서는 직접적으로 드러나지 않고 있다. 따라서 여가활동 영역 지도시 환경에 대한 안전 및 적응력에 대하여 현장 교사들의 교육과정 재구성 능력이 요구된다.

4. 교육과정 평가의 준거 및 방법

본 연구의 체육과 교육과정 '평가' 영역의 주안점에서는 주로 평가의 준거와 방법에 대한 내용을 중심으로 분석하였다.

첫째, 평가의 준거에 관한 논의에서는 영역별 평가 기준이 제시하는 내용, 그리고 평가가 목표 및 내용과 연계되고 있는지의 여부에 대하여 비교대상국들 간의 공통점과 차이점을 분석하였다.

한국의 2007 개정 체육과 교육과정의 경우 '평가 내용'의 핵심은 이해력, 운동 수행 능력, 규범 실천 능력의 세 가지로 요약하여 평가의 준거를 보다 구체화시켰다는 특징을 보이고 있다. 핀란드와 일본의 경우에도 기능, 지식, 태도 면을 고려한다는 점에서는 다른 나라와 큰 차이가 없지만, 핀란드의 '이해 및 실천'이나 일본의 '사고 및 판단'이 평가 준거로써 추가로 제시된 특징적인 내용은 주시할 필요가 있다. 특히, 일본의 국가교육정보센터(NICER)라는 기관에서는 평가 기준과 방법을 구체적으로 제공하면서, 평가에 대한 관점을 4가지(운동에 대한 관심, 의욕, 태도/운동에 대한 사고 및 판단/운동기능/운동에 대한 지식과 이해)로 나누어 구분하는 특징이 있다. 영국도 국가수준의 교육과정에서 일본과 마찬가지로 별도의 평가 항은 두고 있지 않지만, 연령 단계별 성취 목표를 평가의 준거로 활용한다는 점에서 호주와 별반 차이가 없다. 이에 비하면, 뉴질랜드는 평가를 교육과정 실행의 한 부분으로 간략히 제시하고는 있지만, 부록에 있는 학습 및 평가의 사례들은 4가지 맥락요인을 고려한 내용과의 통합과 연계 과정을 평가의 준거에 반영하고 있는 것으로 분석되었다. 캐나다와 호주 교육과정도 평가와 내용의 연계가 적절하게 반영되고 있는데, 특히 호주는 영역별 평가 전략에서 '판단하기와 기록하기'의 부분을 통하여 교사의 일관성 있는 평가를 강조하고 있다.

둘째, 평가 방법과 관련된 내용을 분석한 결과, 국가별로 제시하고 있는 평가 방법은 크게 '등급제시형', '유형제시형', '혼합형'의 3가지로 압축하여 분석되었다. 위에 언급된, 목표 및 내용과 연계하여 평가의 준거를 제시하는 영국, 일본, 뉴질랜드, 캐나다는 여기서 제외하고 분석한 것이다. 물론 호주의 퀸즈랜드 주도 평가가 목표와 내용에 연계는 되지만, 평가 영역(평가의 원리, 정보 수집의 방법, 판단하기와 기록하기)이나 평가 유형으로 '읽고 말하고 실천하기' 형식을 명확히 드러내므로 '유형제시형'으로 간주하였다.

국가별로 분석해보면, 동일한 준거를 통하여 점수를 차등 제시하는 '등급제시형'(미국), 평가의 방법이나 전략에 비중을 두는 '유형제시형'(한국-7차/2007 개정, 핀란드, 캐나다) 및 이들을 동시에 고려하는 '혼합형'(싱가포르)으로 구분 할 수 있다. 혼합형에 해당하는 싱가포르는 등급제시형과 유형제시형을 혼합하여 제시하고 있다.

　우선 '등급제시형'은 학생들의 평가 결과에 대한 등급을 제시하는 형태인데 가장 대표적으로 미국이 여기에 해당된다. 미국의 일리노이 주는 루브릭을 활용하여 학생의 수준을 0~4까지 총 5단계의 수준으로 나누어 지식과 운동 수행 내용 및 설명 능력을 상세히 제시하고 있다. 또한 운동 수행에 대한 수준은 학년 군별로 구분한 후 다시 수행 수준에 따라 초·중·상·고급이라는 4단계로 세분화함으로써 수행의 범위, 빈도, 숙련도, 창의성, 질에 대한 판단을 골고루 고려하고 있다.

　한편, 교육과정 문서상에서 평가 결과에 대한 등급은 제시하지 않지만 학생들을 평가하기 위한 다양한 평가 방법을 제공하는 '유형제시형'에 해당하는 나라로 한국, 핀란드, 캐나다, 호주를 들 수 있다. 한국은 교육과정에서 평가 유형을 제시하고 있으나 그 방식에 있어 차이가 있다. 즉, '내용 영역별 평가'라는 세부 항에서 학교급에 따른 적절한 평가 방법의 사례를 신체활동 가치 영역별로 제시하여 다양한 평가를 위한 노력을 기울이고 있다. 핀란드는 8학년의 최종 평가 기준만을 교육과정에서 제시하고 학습과정에 대한 구체적인 평가 방법은 언급하고 있지 않다. 그러나 '학생평가' 항이 별도로 마련되어 있어서 학습과정 평가와 최종 평가를 구분하여 제시하고 있다. 캐나다의 브리티시 컬럼비아 주에서는 학년과 3가지 교육과정 영역을 고려한 평가 전략이 자연스럽고 구체적으로 연계되어 있으면서, 동료 평가, 자기 평가, 포트폴리오 등 다양한 평가방법을 제안하고 있다.

　싱가포르는 평가 방법으로 등급제시형과 유형제시형을 동시에 고려한 '혼합형' 평가 방법을 채택하고 있는 국가로 분석되었다. 특별한 이유나 의학적 면제 명분을 제외하고 등급을 3개로 구분하여 지식, 기능, 개인적·사회적 특성의 수준에 따라 간단히 점수를 제시하면서도, 4가지 평가 유형(루브릭, 기능 수행, 체크리스트, 포트폴리오)을 별도로 언급하고 있기 때문에 다른 국가의 유형들과는 다소 구분되는 복합적인 특징을 가졌다.

5. 논의 및 시사점

지금까지 한국을 포함한 총 9개국의 체육과 교육과정의 문서에서 목표, 내용, 평가라는 3가지 준거로 분석한 결과들을 병치하는 과정에서 구성 원리 및 체제, 목표 및 내용, 평가의 측면으로 결과를 재구성하여 비교할 수 있었다. 이러한 세 가지 측면의 비교 결과를 토대로 몇 가지 논의를 거쳐 우리나라의 체육과 교육과정에 대한 시사점을 도출하고자 한다.

목표 측면에서는 크게 두 가지를 중심으로 논의의 대상을 삼고자 한다. 하나는 목표 제시에 있어서 바람직한 구성 원리 및 체제의 방향을 모색하는 것이며, 다른 하나는 목표의 내용에 관한 것이다.

첫째, 목표가 보다 바람직한 구성 원리와 체제를 갖추기 위한 대안의 방향에 관한 고민이다. 목표에서 '수준'을 고려하는 경우, 학교 급이 아닌 '학년 군'별로 목표를 다르게 제시하는 국가로는 영국, 핀란드, 싱가포르, 미국, 호주 등을 들 수 있다. 일본의 경우에도 초등과 중등을 구분하지만 초등에서는 2개 학년끼리 묶어서 목표를 제시하며, 중등에서는 체육과 보건을 나누어 제시한다는 차이점이 있다(조미혜, 오수학, 2004). 한국의 경우 학제 자체의 변화가 교육적인 논의 대상이 될 수도 있지만, 학제가 그대로 유지되어도 국민공통기본교육과정의 10년과 고등학교 2~3학년까지의 연령을 고려하여 2개 학년씩 6개의 수준으로 묶어서 구성할 수 있다. 결과적으로, 수준별 최종학년말의 성취기준을 목표로 제시하면서 그것을 평가와 연계시켜 고려하는 안을 생각할 수 있다. 이러한 목표-내용-평가의 연계성과 함께 국가 문서로서의 체육과 교육과정은 일관성이 유지되어야 할 것으로 사료된다(박명기, 2005; 유정애, 2005a). 이러한 시각에서 새로 개정된 한국의 2007 개정 체육과 교육과정 문서가 분석될 필요가 제기될 수 있다.

둘째, '목표에서 제시되는 세부 내용 및 강조점'에 관한 논의가 있을 수 있다. '체력과 건강' 뿐만 아니라 '개인과 사회'를 더불어 중시하는 관점은 전 세계적으로 공통적인 강조 내용으로 볼 수 있다(유정애 등, 2006). 특히, 영어권 국가인 뉴질랜드, 호주, 캐나다,

미국의 경우에 '개인'의 웰빙이나 건강한 삶의 질과 관련된 지식, 이해, 기능, 태도의 측면들 뿐 아니라, '사회'나 '공동체'와의 상호작용 및 원만한 대인관계에 대한 중요성을 강조하고 있다(강신복, 2005). 핀란드와 캐나다의 경우에도 '책임감'을 강조하고 있으며, 핀란드, 일본, 싱가포르의 경우에 '운동 상황에서의 공정성'에 초점을 두는 것 또한 전반적인 이해의 수준에서 유사하게 해석될 수 있는 맥락이라 할 수 있다. 요컨대, 현대의 개인주의적인 삶보다 '타인과 함께 더불어 존재하는 나의 삶'이 교육적으로 보다 의미 있는 삶이라는 관점을 함의하는 것이다. '삶의 의미'를 체육교과 교육과 관련지어 해석해 볼 때 한국의 체육과 교육과정은 그 성격 항에서 "건강하고 활기찬 삶에 필요한 능력을 기르고"라는 표현으로 명시하고 있다(교육인적자원부, 2007). 이는 체육교과 교육의 목적에 대한 최근 세계적인 동향과 현대적 관점에 대한 재해석을 반영하고 있는 것이라고 사료된다.

한국의 2007 개정 체육과 교육과정의 총괄목표에서는, 특히 '도전 정신, 창의적 사고력, 선의의 경쟁력' 등에 대한 정의적 영역과 태도가 구체적으로 강조되고 있다. 또한, '여가 활동'의 가치를 담은 부분은 뉴질랜드나 핀란드와 같이 '평생 스포츠'로서의 체육의 다양성과 체험을 강조한다는 점에서 시대의 흐름에 상응하는 바람직한 변화로 간주되지만, 환경에 대한 적응력을 강조하는 부분이 확연하게 드러나거나 강조되지 않는 아쉬움이 있다.

다음으로 내용 측면에서는 내용의 바람직한 구성 원리와 체제에 관한 것과 내용의 영역 및 요소에 관한 것의 두 측면을 논의의 대상으로 볼 수 있다.

첫째, 내용을 구성하는 체제와 원리에 관한 바람직한 방향에 대한 논의가 있을 수 있다. 우선 영국, 핀란드, 일본, 싱가포르 및 현행 우리나라의 제7차 교육과정과 같이 '종목중심형'의 내용 영역을 취하는 경우에도 국가별 차이는 다소 존재한다. '지식, 기능, 태도'의 측면을 서로 분리하여 이해하려고 하는 관점(유정애, 오수학, 2000; 유정애, 2005b; 최의창, 2003)이 우리나라 제7차 체육과 교육과정에서 드러나는 반면, 영국과 일본은 다소 통합적인 목표의 방향을 기술하려는 부분을 볼 수 있다. 한편, 뉴질랜드는 목표와 평가의 연계성과는 달리 내용과 평가는 상호간의 연계성이 부족한 것으로 분석되었다. 타 교과와의 통합적 시도는 긍정적인 방향으로 해석될 수 있겠지만, 주객전도 격으로 신체활동의 중요성이 상대적으로 간과되고 있다는 점에서 미흡한 측면이 존재한다. 미국은 특정 활동이나 영역에 치중하는 대신, 국가의 '기준'을 제시하여 주제와 의미를 담은 능력을 범주화하고 다양한 활동을 사고하며 실천할 수 있는 '문제해결식 접근'을 유도하는 장점을 가진다(강신복, 2005; 조미혜, 오수학, 2004).

한국의 과거 '종목중심형'의 내용체계는 2007 개정 체육과 교육과정에서 학년 별로 각각 다섯 가지 '신체활동 가치'를 중심으로 구성하는 형태로 변모되었다. 신체활동 가치에 따라 학년 별로 대영역, 중영역 및 소영역을 함께 제시하고 있는 '주제중심형'으로 간주할 수 있고 다양한 활동들을 사례로 제시하는 특징도 있다. 그런데 '학년 별'로 포함하는 각 신체활동의 가치나 정의적 내용의 위계가 서로 중첩되거나 겹쳐지는 부분이 많으면 굳이 '학년 별' 구분 체계를 고수해야 할 것인지에 대한 의문을 제기할 수 있을 것이다. 즉, 내용영역의 명확한 구분보다는 현장에서 적용하고 응용을 할 때 융통성 있게 허물 수 있는 개연성도 존재한다는 생각이 필요하다.

또한, 사계절이 뚜렷하면서도 황사와 태풍의 피해가 심해진 우리나라의 기후적 변화와 물리적 환경을 고려할 때, 뉴질랜드와 핀란드처럼 '환경과 생태학적 관점'에 대한 신체의 적응과 체험을 강조하도록 함의하는 내용도 필요할 것이다. 최근에는 세계의 체육과 교육과정에 '생활기술'의 측면이 중요한 부분으로 자리 잡고 있으며(유정애 등, 2006), 미래에 대한 삶의 체험형 학습과 역량(competency) 중심의 교육이 보다 절실히 요구되는 추세이다(임진호, 김형주, 2006).

둘째, 내용 중 특히 '중학교 수준에서 강조되는 내용 요소나 신체활동'에 대하여 논의해보자. 우선 '종목중심형'에서 나타난 부분적 선택에 관한 것이다. 영국은 '게임'을 특히 강조하고, 뉴질랜드와 싱가포르는 수중 환경에서 이루어지는 신체활동을 상대적으로 더 강조한다. 한편, 일본은 중학교에서 체력운동과 체육이론 영역을 특히 필수로 이수하도록 한다. 이렇게 '부분적인 필수와 선택'의 영역을 통하여 활동의 제한을 두는 특성은 우리나라 제7차 교육과정에는 있었으나 2007 개정 교육과정에서는 볼 수 없게 되었다. 이 점은 현장 교사의 융통성은 다소 완화하였다는 점에서는 긍정적으로 볼 수도 있겠지만, 교사의 전문성이나 책무성, 혹은 '범주의 딜레마'에 빠질 수 있는 개연성에 대한 고려의 여지를 남겨놓고 있다(김원정, 2006). 따라서 '필수와 선택의 결정'을 꼭 해야 하는 경우, 현장의 교사만큼이나 학생의 관심과 흥미에 대해서도 너무 소원하지 않는 탄력성과 융통성이 요구된다고 보인다.

한국의 2007 개정 체육과 교육과정에서는 '여가 활동'에서 중학교 수준의 활동으로 스포츠 클라이밍, 스키, 골프, 수상 스포츠, 산악 스포츠 등의 자연 환경을 즐길 수 있도록 하는 활동들을 아주 다양하게 언급하고 있다. 다른 국가들의 경우에 야외활동을 별도 내용의 한 부분으로 두고 있거나(영국, 뉴질랜드, 캐나다), 그렇지 않은 나라에서도(핀란드, 싱가포르, 미국) 대부분은 공통적으로 수상활동, 오리엔티어링, 하이킹 또는 암벽타기를 기본적인 활동으로 제시하고 있다. 또한, '무용'이 '표현활동'의 한 부분으로 포함되고 있으면서 음악 줄넘기, 피겨 스케이팅, 창작 체조 등의 스포츠 활동도 표현의 가치 범주 안에 함께 포함하여 감상과 비평의 대상으로 보고 있는 특징이 있다. 한편, '도전 활동'과 '경쟁 활동'이 별도의 다른 영역으로 간주되고 있는 부분에 대한 의구심이 있을 수 있다. 주로 개인 경기와 자신의 한계에 대한 도전과 극복에 대한 활동은 전자에, 타인과 어우러져 즐길 수 있는 대인 및 단체 경기는 후자에 두고 있는데, 실상 '도전 속의 경쟁'이나 '경쟁을 통한 도전'도 가능하며, 야외에서 '모험 활동을 통하여' 도전 정신과 경쟁의식이 길러질 수 있다. 이럴 경우, 가치의 분화와 학습의 경계는 어떻게 교사가 현장에서 수행해야 할 것인지 과제로 남게 된다. 도전 활동, 경쟁 활동, 여가 활동 간의 명확한 구분을 강조하기 보다는 그것을 통합하여 수업할 수 있는 학교 운영상의 자율적 측면에 대한 가능성을 열어두는 것은 어떨까?

마지막으로, 평가 측면에서는 평가의 방법을 중심으로 논의하고자 한다. 비교대상국 중 구체적인 평가 유형을 언급하는 나라로는 싱가포르와 미국의 일리노이 주를 먼저 들 수 있다. 이 두 나라는 공통적으로 통합을 지향하는 방식의 '루브릭' 형태를 평가 유형으로 제시하고 있다(강신복, 2005; 유정애 등, 2007). 지필평가와 실기평가의 이원화 및 실기 평가와 수행평가와의 혼돈된 개념(유정애, 2005c)으로 인한 문제들은 우리나라 제7차에서도 내재하고 있다. 분화된 평가 방식은 교사에게 평가에 대한 자율성을 제한하는 걸림돌이 되고 있다는 점에서 위 두 나라가 우리나라에 주는 시사점은 크다고 할 수 있다.

한국은 평가의 구체적인 계획을 학기 초에 학생들에게 알리도록 하면서, 내용 영역별 평가에서 학교 급별로 각 내용 영역에 해당하는 가치 영역별 평가의 내용과 예시를 함께 제시한다. 다시 말해서, 초등과 중등으로 구분하여 각 가치 영역에 따라 준거에 해당하는 '평가 내용'과 평가 사례를 보여주는 '평가 방법'이 제시하고 있다는 점에서 다소 발전된 모습을 보이고 있다. 그러나 평가 준거나 목표에 근거하여 판단되어야 할 성취 수준 및 결과에 대한 평가 내용은 아직 미흡하다고 보인다.

현 시점에서 2007 개정 체육과 교육과정에 대한 평가 방식에 대한 공식적인 논의는 아직 끝나지 않았다. '신체활동 가치영역'을 중심으로 다양한 평가의 사례와 준거들에 대한 구체적인 방안이 다양하게 개발되어야 하는 시점이 아닐까 한다. 실제 현장에서 교사들이 유용하게 활용할 수 있는 다양한 평가의 사례는, 새로운 교육과정을 실행하는 과정에서 국가나 한국교육과정평가원, 시·도 교육청 등에 의하여 보다 체계적으로 제공되는 것이 바람직할 것이다(박명기, 2005).

목표와 내용의 연계, 목표와 평가의 연계 측면은 전체적인 하나의 통합적인 흐름과 줄기를 제공한다는 점에서 큰 의미가 있다. 뉴질랜드의 내용은 종목이나 주제 중심의 중간적인 성격을 지니지만, 총괄 목적이 성취 목표와 연계되어 목표의 내용이 심층적으로 세분화되면서 부록에서 '평가' 내용이 성취 목표와 맥락 요인의 연계를 통해 드러나고 있다. 가장 최근에 개정된 싱가포르 교육과정의 경우에도 종목 중심의 전통적인 형태를 띠고 있지만, 단계별 기대 학습 결과가 영역별로 수준에 맞게 제시되어 있어 목표가 내용 및 평가와 연계되는 부분을 찾을 수 있다. 주제나 가치 중심의 체제를 갖춘 미국, 캐나다, 호주는 목표가 '기준'이라든지 '교육과정 내용 영역'이라는 연결 고리를 통해 보여주는 일관된 흐름은 내용 자체가 목표를 전제로 전개되는 것을 보여준다.

우리나라의 2007 개정 체육과 교육과정은 어떠한가? 한국은 다섯 가지의 '신체 활동 가치'의 개념 틀을 목표, 내용, 교수학습 방법, 평가로 일관성 있게 통합하려는 측면에 많은 노력을 기울인 것으로 보인다. 그러나 목표와 평가에서는 '학교 급'별로 제시하면서, 내용은 '학년 별'로 제시하고 있기 때문에 학년의 수준을 고려한 내용을 구체적으로 평가에서 어떻게 반영될 수 있을지에 대한 의문이 남을 수 있고, 이 과제를 해결하기 위한 실천적 접근이 필요할 것이다.

Ⅳ 결론 및 제언

체육과 교육과정의 목표, 내용, 평가와 관련하여 본 연구 결과에 대한 논의 및 시사점을 토대로 하여 도출된 결론은 다음과 같다.

첫째, 교육과정 문서의 구성 원리 및 체제 측면에서, '신체활동 가치중심'이라는 철학적 맥락을 유지하면서 학생의 학습 발달 단계와 수준을 고려하여 목표-내용-평가에 대한 교육과정 문서의 논리적 일관성이 고려되어야 한다.

둘째, 목표 및 내용 측면에서, 체육과 교육과정은 다양한 신체활동을 통하여 건강한 삶과 생활 속에서 환경에 적응하는 데 필요한 사고력 및 판단 능력이 강조되어야 한다.

셋째, 평가 측면에서, 한국교육과정평가원 및 교육청 등 관련 전문 기관 수준에서 개발한 여러 가지 형태의 평가 도구 및 정보와 평가 사례를 현장 교사가 쉽게 접근하여 활용할 수 있는 통로와 지원이 필요하다. 이러한 지원은 학교현장의 실제평가와 관련하여 체육교사에게 유용한 정보와 기준으로서의 의미를 제공할 수 있다.

　교육과정은 문서적 가치와 함께 실천적 의미가 내재되어 있다. 따라서 신체활동의 통합적 가치 구현을 위해 체육과 교육과정에 대한 학교 현장의 실천적 노력 또한 요구된다. 이에 본 연구를 토대로 몇 가지 구체적인 제언을 하면 다음과 같다.

　첫째, 체·지·덕이라는 전인교육의 한 축을 담당하는 체육의 가치에 대한 인식은 체육교과 교육의 정체성에 토대를 두고 있다. 따라서 체육과 교육과정 개발시 체육교과의 정체성 확립을 위한 구체적 방안으로 교육과정 문서에 학교체육 교육의 성격과 추구하는 방향성을 명확하고, 구체적으로 제시되어야 할 것이다.

　둘째, 체육과 교육과정 개발 및 실천에 있어서 신체활동의 가치에 대한 영역들 간의 통합적 접근이 요구된다. 이는 '이론'과 '실기'를 통합적으로 이해하고, 영역별 가치들의 상호보완적이며 범영역적인 관점 즉, '통섭'(consilience)의 관점(Wilson, 1998)을 반영하는 것이라 할 수 있다.

　마지막으로, 후속 연구와 관련하여 본 연구와 같은 문헌 중심의 국제 비교 연구 뿐만 아니라, 다양한 국가 및 주 수준의 교육과정과 관련된 학교 현장의 구체적인 실천 사례 중심적 연구 또한 요망된다.

참고 문헌

강신복(2005). **체육과 교육과정의 국제 동향 탐색**. 2005년 춘계학술대회자료집 연구자료 ORM 2005-25, 3-23.
강신복, 성기훈(1986). **체육교육과정 국제비교 연구**. 1986년 서울올림픽 스포츠과학 학술대회 조직위원회 연구논총집.
공기화(1996). **한국의 국민학교 체육의 개선에 대한 제언**. 부산교육대학교 초등연구소.
교육인적자원부(2007). **체육과 교육과정**.
김동환(1991). **교육 선진국의 학교체육 운영**. 한국체육학회 학교체육의 방향정립을 위한 심포지움.
김원정(2006). 국가수준 체육과 교육과정 개정에서의 의사결정과정 이해. **한국스포츠교육학회지, 13(1)**, 1-24.
김평섭(1987). **중등학교 체육교육과정 비교 연구**. 석사학위 논문. 서울대학교 대학원.
노국향, 진경애, 김왕규, 신동희, 박경미(1999). **OECD 학업성취도 국제비교연구 -읽기, 수학, 과학 영역을 중심으로-**. 한국교육과정평가원 연구보고 RRC 99-8.
뉴질랜드 교육부(1999). Health and Physical Education.
뉴질랜드 교육부(2006). The New Zealand Curriculum draft for consultation 2006.
박명기(2005). **학교체육의 현실과 미래**. 학교체육진흥을 위한 대토론회 자료집, 3-44.
박순경, 김수동, 노국향, 정경근, 황성원(2001). **교육과정·교육평가 국제비교(Ⅲ) - 국가수준 교육과정 질관리 방안을 중심으로-**. 한국교육과정평가원 연구보고 RRC 2001.
서지영, 유정애, 김현정(2002). **체육과 교육 목표 및 내용 체계 연구(Ⅰ)**. 한국교육과정평가원 연구보고 RRC 2002-6.
성기훈(1991). 한국과 독일의 초등학교 체육교육과정 비교연구. 한국체육학회 **'91국제스포츠세미나 학술발표회**, 145-147.
소경희, 채선희, 정미경(2000). **교육과정·교육평가 국제비교(Ⅱ) - 주요국의 학교 교육과정·교육평가 운영 실태 분석-**. 한국교육과정평가원 연구보고 RRC 2000-6-1.
싱가포르 교육부(2006). Physical Education Syllabus (Primary, Secondary, Pre-University).
영국 자격인증 및 교육과정원(QCA)(1999). Physical Education.
이명아(1998). **초·중등학교 체육교육과정 국제비교 분석**. 석사학위 논문. 한국교원대학교 대학원.
이종철(1993). **한·일 학교체육에 관한 비교연구: 중·고등학교를 중심으로**. 박사학위 논문. 세종대학교 대학원.
임진호, 김형주(2006). **유비쿼터스 시대의 학제 개편 방향 및 시사점**. 한국교육학술정보원 연구보고 RR 2006-10.
유정애(2005a). **국가수준 체육과 교육과정 목표 및 내용의 반성과 발전 방안**. 국가수준 체육과 교육과정 반성 및 발전방안 탐색. 2005년 춘계학술대회자료집 연구자료 ORM 2005-25, 67-107.
유정애(2005b). **체육과 교육과정 개선방안 연구**. 한국교육과정평가원 연구보고 RRC 2005-8.

유정애, 오수학(2000). **체육 교과명의 현재와 미래**. 교육과정평가연구, 3(1), 163-171.

유정애(2005c). **체육수업비평(개정판)**. 서울: 무지개사.

유정애, 김원정, 구현정, 김선희(2006). **고등학교 체육과 선택중심 교육과정 개선 방안 연구**. 한국교육과정평가원 연구보고 RRC 2006-8.

유정애(2007). 체육 교과의 건강 교육 쟁점 분석과 방향 탐색. **한국스포츠교육학회지**, 14(2), 1-19.

유정애, 이충원, 신기철, 김선희, 최희진, 김윤희, 김원정, 조남용, 김종환, 문도순(2007). **체육수업 모형(개정판)**. 서울: 대한미디어.

윤명희(1980). **각 국의 초등학교 체육과 교육목표 비교 분석**. 석사학위 논문. 이화여자대학교 대학원.

조미혜(2002). 체육교육과정 국제 비교 연구. **한국스포츠교육학회지**, 9(1), 45-62.

조미혜, 오수학(2004). **체육교육과정과 평가**. 서울: 무지개사.

최영일(1993). **제6차 한·일 체육교육과정 비교 연구-중학교를 중심으로-** 석사학위 논문. 공주대학교 대학원.

최의창(2003). **체육교육탐구**. 서울: 태근.

핀란드교육부(1999). Youth in Finland. Helsinki: Helsinki University press.

핀란드교육부(2006a). Education and Science in Finland. Helsinki: Helsinki University press.

핀란드교육부(2006b). Sport Policy in Finland.

핀란드 교육위원회(2004). National Core Curriculum for Basic Education 2004: National Core Curriculum for Basic Education intended for pupils in compulsory education. Vammala: Vammalan Kirjapaino.

핀란드 대사관(2006). 핀란드의 교육제도.

허경철 외(2002). 교육과정·교육평가 국제비교(IV)-교육과정 개정 방식을 중심으로-. 한국교육과정 평가원 연구보고 RRC 2002-2.

Pühse, U. & Gerber, M.(Eds) (2005). *International Comparison of Physical Education*. Meyer & Meyer Sport(UK)Ltd.

Bereday, G. F.(1964). *Comparative method in physical education*. New York: Holt, Rinehart, & Winston, Inc.

Illinois State Board of Education.(2007). *Introduction and Use of Descriptors*.

Illinois State Board of Education.(2007). *Physical Development & Health*.

Province of British Columbia.(1995). *Physical Education K to 12*. British Columbia, Canada.

Lawson, H.(1995). School reform, families, and health in the emergent national agenda for economic and social improvement: implications. *Quest, 45*, 289-307.

Lawson, H.(1998). Rejuvenating, reconstituting, and transforming physical education to meet the needs of vulnerable children, youth, and families. *Journal of Teaching in Physical Education, 18*, 2-25.

Locke, L.(1992). Changing secondary school Physical education. *Quest, 44*, 361-372.

NASPE.(2004). *Moving into the future: National standards for physical education*(2nd ed.). Reston, VA: Author.

Penney, D., & Jess, M.(2004). Physical education and Physically active lives: A lifelong approach to curriculum development. *Sport, Education and Society, 9(2)*, 269-287.

Queensland School Curriculum Council.(1999). *Years 1 to 10 Health and Physical Education Syllabus*.

Stroot, S.(1994). *Contemporary crisis or emerging reform?*. A review of secondary school.

Tinning, R., & Fitzclarence, L.(1992). Postmodern youth culture and the crisis in Australian secondary school physical education. *Quest, 44*, 287-303.

Tinning, R., Macdonald, D., Wright, J., & Hickey, C.(2001). *Becoming physical education teacher*: Contemporary and enduring issues. Prentice Hall.

Wilson, E. O.(1998). *Consilience: the unity of knowledge*. ScienceBooks. US: Vintage. 최재천·장대익 역(2005). 통섭. 서울: 사이언스 북스.

http://www.bced.gov.bc.ca/irp/irp_pe.htm. 2006.08.18. 검색.

http://www.inca.org.uk/australia-system-mainstream.html. 2006.10.28. 검색.

http://www.inca.org.uk/canada-system-mainstream.html. 2006.09.26. 검색.

http://www.isbe.state.il.us/. 2007.01.22. 검색.

http://www.isbe.state.il.us/ils/pdh/standards.htm. 2007.01.25. 검색.

http://www.mext.go.jp/b_menu/shuppan/sonota/990301/03122602.htm. 2006.08.13. 검색.

http://www.mext.go.jp/b_menu/shuppan/sonota/020502.htm. 2006.08.22. 검색.

http://www.minedu.fi/export/sites/default/OPM/Julkaisut/2006/liitteet/SportPolicy.pdf?lang=en. 2006.11.15. 검색.

http://www.moe.gov.sg/cpdd/doc/Physical_Education (2006)pdf. 2006.11.01. 검색.

http://www.moe.gov.sg/corporate/eduoverview/Sec.htm. 2006.11.11. 검색.

http://www.mofat.go.kr/ek/ek_a003/ek_fifi/ek_a06/ek_b22 /1199224_ 13526.html 2006.08.11. 검색.

http://www.nc.uk.net/webdav/harmonise?Page/@id=6004&Subject/@id=4006. 2006.10.03. 검색.

http://www.nicer.go.jp/guideline/j-hyouka-hot01.htm#m1. 2006.10.30. 검색.

http://www.qsa.qld.edu.au/yrs1to10/kla/hpe/syllabus.htm. 2006.10.10. 검색.

http://www.tki.org.nz/r/nzcurriculum/. 2006.11.07. 검색.

체육수업모형 3부

8

스포츠교육 모형

조 미 혜

스포츠교육은 짧은 시간에 기능 습득만을 강조한 교사중심의 전통적 수업의 문제점을 해결하키 위해 개발된 모형이다. 스포츠교육은 한 시즌동안 학생들이 다양한 역할(주장, 코치, 기록원, 해설가, 사진사, 홍보원, 심판, 진행원, 기자 등)을 경험하고 기능, 지식, 태도 등을 통합적으로 이해할 수 있는 기회를 가짐으로써 학생들의 학교 밖 체육활동을 확대시킬 수 있으며, 나아가 평생체육까지 연계해 주는 장점이 있다. 전통적 스포츠 활동과 비교해 볼 때 스포츠교육은 모든 사람의 참여, 발달단계에 알맞은 참여, 학생에게 다양한 역할 부여 등의 요소가 포함되어 교사와 학생 모두에게 의미있는 수업 경험을 제공할 수 있다. 따라서 본 장에서는 Daryl Siedentop에 의해 개발된 스포츠교육모형에 대해 다룬다. 제2절과 제3절에서는 스포츠교육모형의 개발 배경 및 모형의 개요에 대해 살펴본다. 제4절과 제5절에서는 스포츠교육모형과 관련된 국내외 선행연구를 고찰한다. 제6절에서는 다양한 접근을 통한 스포츠교육모형 적용의 예를 제시하고, 마지막으로 제7절과 제8절에서는 스포츠교육모형의 개선을 위한 분석 및 발전 전망에 대하여 살펴보도록 한다.

I 서언

　　스포츠교육모형은 체육 프로그램 개발을 위한 교육과정 모형이며, 동시에 교수학습 모형이다. 일반적으로 체육시간에 스포츠에 참여하는 학생들은 체력이나 운동 기능이 우수한 학생들이었다. 이들은 스포츠교육을 특별하게 받지 않아도 스포츠 활동에 흥미를 느껴왔고, 스스로 스포츠 활동에 적극적으로 참여하였다. 하지만 기능이 부족하거나 체력이 약한 학생들은 스포츠 활동에 참여하는 것을 기피하거나 다른 사람들 앞에서 스포츠 활동을 하는 것 자체를 부끄러워하였다.

　　스포츠교육모형을 개발한 체육 교육자들은 운동 기능이 우수한 학생들뿐만 아니라 스포츠에 관심이 없거나 스포츠를 제대로 접해보지 못한 학생들, 소위 체육수업에서 소외된 학생들에게 관심을 기울이게 되었다. 그리하여 다양한 아이디어를 통해 여러 수준의 학생들이 스포츠 활동에 함께 어울려 참여토록 하는데 성공할 수 있었다.

　　스포츠교육모형은 전통 체육수업에서 수행하는 스포츠보다 학생들에게 좀 더 완벽하고 확실한 경험을 제공한다. 학생들은 이 모형을 적용한 수업에서 스포츠를 즐기는데 필요한 경기 방법을 익힐 뿐만 아니라 스포츠 참여를 통해 경험을 통합하고, 운영하는 방법을 학습하게 된다. 또한 팀을 통해 개인적 책임감과 효율적인 협동 학습을 경험하게 된다.

　　스포츠교육모형에서는 학생들이 다양한 역할을 맡게 된다. 선수로서의 역할 뿐만 아니라 주장, 심판, 매니저, 트레이너, 기록원 등과 같은 다양한 경기 운영원으로서의 역할이 주어지기 때문에 운동 기능이 다소 부족한 학생들에게 참여의 동기 및 흥미 거리를 제공한다. 체력이 부족하고 운동 기능이 다소 부족하다 하더라도 자신에게 주어진 역할이 스포츠 경기에서 매우 중요한 부분임을 알게 되면서부터 학생들은 팀에서 자신이 맡은 역할의 중요성을 점차 깨닫게 된다. 또한, 기능이 부족한 자신도 팀에 도움을 줄 수 있고, 이를 통해 스포츠의 적극적 참여자가 될 수 있음을 느끼게 된다.

스포츠교육모형을 적용한 체육수업에서는 게임에 참여하는 선수로서의 역할도 보다 쉽게 학습할 수 있다. 이는 게임의 본질은 훼손하지 않는 범위 내에서 경기장, 경기규칙, 경기방법 등을 변형한 변형게임에 선수로 참여하면서 점차 경기수행방법을 익히게 된다. 예를 들어, 보통 학생들인 경우 프로 축구 선수들처럼 정규 규격의 넓은 축구장에서 규칙을 정확하게 적용하여 축구 게임을 하는 것은 쉽지 않다. 하지만, 축구 경기장을 보다 조그맣게 변형하고, 규칙을 변형하여 1:1 축구 게임, 2:2 전술 축구 게임 등에 참여하면서 규모가 작아진 축구 경기에 대해 흥미를 갖게 할 수 있다. 또한, 실외 축구 경기장뿐만 아니라 실내 체육관에서 7:7 규모의 축구 경기를 하면서 전반적인 축구 경기 감각을 보다 쉽게 익히도록 할 수 있다. 이는 반드시 정규 규모의 축구 경기를 통해서가 아니더라도 축구 선수로서의 역할에 쉽게 성공하도록 할 수 있는 것이다. 즉, 경기규칙, 경기구장, 경기방법 등을 학생들의 수준에 알맞도록 변형해 적용함으로써 다양한 수준의 학생들이 쉽게 스포츠로 접근할 수 있도록 하는 것이다.

이와 같이 스포츠교육모형은 모든 학생들이 보다 쉽게 스포츠 활동에 경기자로서 참여할 수 있도록 해주며, 게임의 운영과 구조에 대한 의사결정에 적극적이며 능동적으로 참여토록 함으로써 학생들로 하여금 스포츠의 장에서 얻을 수 있는 실제적이고 다양한 경험을 할 수 있도록 해준다.

II 스포츠교육모형의 개발 배경

스포츠교육모형은 Siedentop의 신화라 불릴 만큼(Oslin, 2002) 새 시대 새로운 사회에서 요구하는 사회인을 학교 내(또는 밖)에서 의미 있고, 교육적인 스포츠교육 제공을 통해 길러내고자 한다. 스포츠교육모형의 개발 배경을 살펴보면, 1968년 미국 오하이오 주립대학의 Daryl Siedentop이 그의 박사학위논문에서 스포츠교육의 철학적 배경인 '놀이이론'을 제안하였으며, 이 놀이이론이 점차 발전되어 1980년대 중반부터 본격적으로 Daryl Siedentop과 체육교사들을 중심으로 스포츠교육모형이 개발되기 시작하였다 (Siedentop, Hastie, & Mars, 2004). 이 모형은 스포츠교육에 관심이 있는 체육교육자들과 학교 교사들이 오랜 동안 함께 스포츠교육 경험을 쌓으면서 점차적으로 발전된 모형으로 순간적인 아이디어에 의해 만들어진 것이 아니다.

스포츠교육모형은 미국을 벗어나 호주의 SPARC(Sport and Physical Activity Research Centre)연구소에서 이 모형에 대한 활발한 이론 및 실제적 연구가 진행되었으며, 뉴질랜드에서는 국가 프로젝트로 진행되면서 많은 고등학교에서 스포츠교육모형이 시범적으로 진행되었다. 여기에서 스포츠교육모형 이론의 정교화와 더불어 광범위한 실제 적용 및 탐구가 이루어졌는데 이는 현재의 스포츠교육모형 연구의 근거가 되었다.

이후 스포츠교육은 미국(Siedentop, 1994), 영국(Kinchina, 2001; Kinchin, Penney, & Clarke, 2001), 호주(SPARC, 1995; Alexander & Lukeman, 2001), 뉴질랜드(Grant, 1992), 러시아(Hastie & Sinelinkov, 2006), 한국(문호준, 1998; 조미혜, 2002), 아일랜드(McMahon & MacPhail, 2007) 등으로 퍼져나가 현재까지 지구촌 곳곳에서 활발한 스포츠교육모형 이론 연구 및 초·중·고·대학교 등에서의 현장적용이 활발하게 수행되고 있다.

스포츠교육모형은 농구, 배구, 핸드볼, 축구, 소프트볼과 같이 주류를 이루는 스포츠뿐만 아니라 댄스, 역도, 오리엔테어링, 프리스비(prisbee) 등 다양한 게임 형태의 스포츠에도 적용될 수 있어 체육교육 프로그램의 모든 영역에서 활용될 수 있다. 또한, 스포츠교육모형은 학교 상황에서 학생들에게 실제적이고 교육적으로 풍부한 스포츠 경험을 제공하기 위해 만들어진 모형이기 때문에 학생들의 수준에 맞추어 다양한 경험을 제공하는 모형으로 설계되었다.

현재, 스포츠교육모형 연구는 전통적인 팀 스포츠뿐만 아니라 체조, 무용, 배구, 소프트볼, 육상 등 다양한 종목의 스포츠교육모형 시즌운영 사례들이 계속적으로 현장에서 수행되고 있어 학교체육에서의 확대가 기대된다.

1. 스포츠교육이 스포츠와 구분되는 특성

Siedentop(1994)은 엘리트 스포츠와 스포츠교육을 구별되게 하는 중요한 특성으로 다음의 세 가지 즉, 모든 학생의 참여, 발달단계에 알맞은 참여, 다양한 역할 부여를 특성으로 제시하였다. 이러한 차이점들은 이모형이 단지 스포츠 활동을 수행하는 데 그치지 않고 한 차원 더 나아가 '스포츠를 교육하는 것'과 관련되어 있음을 알려준다.

가) 모든 사람의 참여(Participation Requirements)

일반적 의미에서 볼 때 스포츠에서는 경기의 승패가 최우선적으로 고려되는 가장 중요한 요인이다. 따라서, 경기에 참여하는 선수는 당연히 경기력이 뛰어난 선수가 선발된다. '경쟁에서 승리'를 궁극적인 목적으로 하는 스포츠에서는 교육적 배려가 내재되어 있을 여지가 적다. 하지만, 스포츠교육모형에서는 전 시즌에 걸쳐 모든 학생이 완전하게 참여하는 것을 가장 중요시 여긴다. 따라서 운동기능이 다소 모자라서 참여를 꺼리는 학생들을 배려하고, 이들이 적극 참여할 수 있는 방법을 여러모로 모색해야 한다. 그러므로 탈락 방식을 적용하는 토너먼트 경기는 스포츠교육모형에서는 적절하지 않으며, 팀의 규모 역시 너무 커서도 안 된다. Siedentop (1994; 조미혜, 2002, 재인용)은 그 이유에 대해서 일부 기능이 우수한 학생들이 경기를 주도하게 되면 많은 학생들은 경기에서 소외되어 앉아 있게 될 가능성이 크기 때문이라고 설명하고 있다. 스포츠교육모형은 선천적으로 운동기능을 타고난 학생이나 그렇지 못한 학생이나, 성별, 인종, 사회적 배경, 장애 등을 차별하지 않고 스포츠문화를 체험할 수 있는 동등한 기회를 부여하는 것을 스포츠교육 목표 달성에 중요한 교육적 도구로 삼고 있다.

나) 발달단계에 알맞은 참여
(Developmentally Appropriate Involvement)

학생의 발달단계를 고려하는 것은 학생 참여를 유도하는 데 있어 매우 중요한 요소로 작용한다. 이는 학생의 흥미를 유도하여 학교 수업에서 뿐만 아니라 학교 밖에서까지 지속적으로 스포츠에 대한 관심을 유지시키기 위한 전략이다. 이 같은 관점에서 발달단계에 적합하지 않은 높은 수준의 성인 스포츠는 학생들에게 교육적으로 부적절 할 수 있다. 학생들은 자신들의 발달단계에 적합하도록 규칙, 경기장, 장비, 인원 등이 변형된 스포츠의 참여를 통해 흥미를 느끼며 스포츠를 체험 할 수 있다.

다) 다양한 역할 부여(Diverse Roles)

일반적 의미의 스포츠에서 보통 학생이 맡을 수 있는 역할은 주전 선수 혹은 교체선수가 전부이다. 즉, 게임에서 선수로서 시합에 참가하는 것 말고는 다른 경험은 할 수 없다. 하지만, 스포츠교육모형에서는 학생들에게 선수로서의 역할 뿐만 아니라 학급 전체와 팀을 위해서 각자 다양한 역할이 주어진다. 이러한 역할에는 주장, 심판, 기록원, 스포츠위원, 홍보위원 등이 있으며, 그밖에 수행 과제의 특성에 따라 다양한 역할이 주어질 수 있다. 학생들은 자신들의 역할을 충분히 수행하면서 책임감을 배우고 스포츠와 관련된 다양한 문화를 체험할 수 있다.

스포츠교육의 실행은 현재 심각한 문제로 지적되고 있는 체육수업 현실에 대한 비판과 함께 청소년 이해에 근거한 새로운 프로그램의 실행이라는 두 가지 필요성을 반영하고 있다. 체육수업의 현실이란 대부분의 체육수업이 스포츠 기능 습득으로만 운영되고 있어 학생들은 '게임을 통한 참여의 즐거움'을 거의 갖지 못하고 흥미를 잃고 지겨워한다는 비판과 함께 간혹 게임이 이루어지더라도 학생들의 수준을 무시한 채 성인 기준으로 만든 경기규칙을 적용하여 게임이 진행되고 있다는 것이다. 이는 체육교과를 '주변 교과'의 상황으로까지 오게 한 주요한 원인이 되고 있다. 이에 체육이 교육적으로 의미가 있으려면, 학생들에게 '올바른 학습 경험'을 제공해야 하며 이를 위해 다양한 방법이 시도되어야 한다. 스포츠교육은 이를 위한 새로운 프로그램의 하나로 인정받고 있다(조미혜, 김진희, 최희진, 문호준, Penney, 2005).

기존의 전통적 체육수업과 스포츠교육 체육수업을 비교하면 <표 1>과 같다.

표 1 전통적 체육수업과 스포츠교육 체육수업의 비교

전통적 체육수업	스포츠교육 체육수업
교사주도의 수업으로 학생의 주도적이며 능동적인 참여가 부족하다.	학생중심의 학습으로 학생들이 주도적으로 참여하는 시간이 많아진다.
여학생 및 운동 기능이 낮은 학생은 체육수업에서 소외되기 쉽다.	여학생 및 운동기능이 낮은 학생도 변형된 게임에 참여하고, 팀 내에서 역할을 수행하기 위해 적극적으로 참여하게 된다.
스포츠 기능습득으로만 운영되어 잘하지 못하는 학생들은 흥미를 잃게 된다. 공평한 기회가 제공되지 않는다.	학생의 수준과 환경을 고려한 변형 게임으로 흥미를 느껴 자발적으로 참여한다.
게임이 진행되더라도 엘리트 스포츠의 규칙 적용으로 모든 학생들의 참여가 어렵다.	학생들의 수준에 맞춰 변형된 게임의 진행으로 학생들이 모두 참여할 수 있다.
청소년 시기의 부정적 스포츠 경험으로 점차 스포츠 활동의 참여가 줄어든다.	학창시절 긍정적 스포츠 경험이 평생 스포츠의 기틀이 된다.

III 스포츠교육모형의 개요

1. 스포츠교육이란?

스포츠교육모형은 초·중·고·대학교의 모든 체육수업에서 사용될 수 있으며, 팀 스포츠나 개인 스포츠뿐만 아니라 댄스나 체조 등에도 적합하게 적용할 수 있는 모형이다.

"좋은 체육수업이란 어떠한 모습을 지닌 것일까?"를 생각해 볼 때 교사와 학생 모두에게 의미 있는 수업이 바로 좋은 체육수업이

며, 그것은 좋은 스포츠 문화를 잘 가르칠 때 실천될 수 있다. 좋은 스포츠 문화를 가르치기 위한 목적을 가진 스포츠교육은 교육과정 재구성을 통한 시즌 운영 계획을 바탕으로 학생들을 팀에 소속하게 하고, 사회적 책임감과 협력적 학습 분위기를 위해 자신에게 알맞은 역할을 제공함으로써 학습활동에 기여할 수 있는 참여 기회를 만들어 준다. 또한 전 시즌동안 경기와 결승행사 등에 리더십과 책임감을 가지고 임하여 이를 통해 좋은 스포츠 행동과 페어플레이를 보여주게 된다. 이러한 과정들은 모두 기록으로 작성·유지되어 학습에 도움을 주는 실제 평가의 역동적인 과정으로 이어진다. 이 과정을 통해 학생들은 단순한 기능인으로서의 스포츠인이 아니라 유능하고, 박식하며, 열정적인 스포츠 문화인으로 거듭나게 되는 것이다(김진희, 최희진, 조미혜, 김택천, 2004).

스포츠교육은 학습자 중심의 재미있고 즐거운 수업 운영이 가능하며, 모든 학생이 자기 역할에 충실하고, 팀 활동에 협력하며, 함께 참여하는 특징을 갖고 있다. 또한, 짧은 시간에 기능 습득만을 강조한 교사중심의 전통적 수업에서 벗어나 한 시즌동안 학생들이 다양한 역할(주장, 코치, 기록원, 해설가, 사진사, 홍보원, 심판, 진행원, 기자 등)을 경험하고 기능, 지식, 태도 등을 통합적으로 이해할 수 있는 기회를 가짐으로써 학생들의 학교 밖 체육활동으로 확장시킬 수 있으며, 나아가 평생체육까지 연계해 주는 장점이 있다.

2. 스포츠교육모형의 특징

스포츠교육모형이 전통적인 체육수업과 구분되는 중요한 특징은 다음 <그림 1>과 같다. 다음의 여섯 가지 중요한 특징은 제도화된 스포츠의 성격을 규명하고, 스포츠를 다른 형태의 운동과 구별하는 특별한 의미를 부여한다. 이러한 특징들은 전통적인 체육 교육 안에서 가르쳐질 때는 경시되거나 아예 나타나지 않는 것들이다(Sisdentop, 1994).

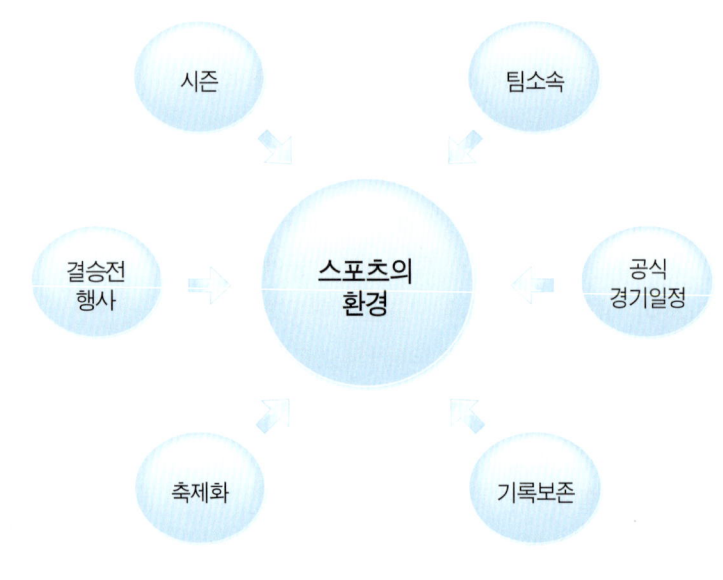

그림 1 스포츠교육모형의 6가지 특징

가) 시즌(Seasons)

　스포츠교육모형에서 시즌은 프리시즌, 경기시즌, 결승전 행사로 구성된다. 스포츠교육의 '시즌'은 전통적인 체육수업의 '단원'보다는 길기 때문에 학생들이 의미 있는 경험을 할 수 있는 충분한 시간을 제공해 준다. 시즌은 기본 기능 연습 및 팀 정체성을 위한 활동을 하는 프리 시즌, 공식 경기를 하는 경기 시즌, 그리고 결승 행사를 포함한다. 초기 스포츠교육의 시즌은 초등학교의 경우 50분 단위의 수업에서 4일에 한 번씩 총 11번의 수업을 하는 것으로 시작하였다. 뉴질랜드 정부에서 지원한 고등학교 스포츠교육과정 모델(Grant, 1992)에서는 한 시즌을 20시간의 수업으로 운영하였다. 스포츠교육 시즌이 일반적인 체육교육의 단원보다 긴 것은 다음 두 가지 이유 때문이다. 첫째는, 스포츠를 좀 더 완전하고 실제적으로 지도하기 위해서이다. 이를 통해 학생들은 보다 많은 성취를 기대할 수 있다. 두 번째는, 학생들의 발달 단계나 환경에 따라 스포츠에 유능한 참여자가 될 수 있도록 학습에 보다 많은 시간을 할애하기 위해서이다. 이러한 과정을 통해 학생들은 경기 상황에서 다양한 전략을 활용하여 경기를 이끌어 갈 수 있는 능력을 키울 수 있을 뿐만 아니라 나아가 진정한 스포츠 문화를 경험하게 된다.

나) 팀 소속(Affiliation)

스포츠교육모형에서 학생들은 시즌 동안 팀의 일원이 되면서 계속 그 관계를 지속하게 된다. 팀 내에서 동료 관계는 다양한 역할 및 팀에 대한 개인적 책임을 요구하며, 그러한 과정은 학생들의 자아 성장을 위한 잠재력으로 작용한다. 시즌동안 같은 팀에 소속됨으로써 열정적인 동료애가 생기기도 하고, 간혹 서로의 의견 충돌이 생겨 문제를 야기하기도 하지만, 팀 내의 동료 관계 속에서 발생하는 문제를 스스로 해결해 가는 과정을 통해 학생들은 성장하고, 성숙하게 된다. 그리고, 학생들은 새로운 시즌이 시작되면 다시 팀을 바꾸고, 새로운 동료 관계를 형성하고, 팀의 정체성을 형성해 가면서 사회적 상호작용을 경험한다.

전통적 체육 교육에서 학생들은 모두 한 학급의 구성원일 뿐이다. 그러나 스포츠교육에서는 활동 면에서 볼 때 팀 구성은 매일 매일 변화될 수 있으며, 심지어는 같은 수업 시간 내에서도 변화될 수 있다.

다) 공식 경기 일정(Formal Competition)

스포츠 시즌은 2인 경기, 라운드 로빈 경기, 리그전과 같은 다양한 경기 형태의 공식 경기를 통해 진행된다. 시합 일정은 팀들과 개개인들이 준비할 수 있도록 시즌에 앞서 미리 발표되어야 한다. 전통적 체육교육에서 공식적인 경기는 거의 이루어지지 않는다.

스포츠교육에서 공식 경기 일정은 시즌 초반에 결정된다. 팀은 공식 일정을 통하여 많은 경기에서 가장 최적의 수행을 하기 위한 의사결정을 하게 된다. 또한, 공식 경기 일정은 개인이나 팀의 목표 설정에 도움을 준다. 스포츠교육은 시즌 초기에는 운동기능 연습에 주안점을 두고 있기 때문에 개개인의 학생들은 운동 기능을 학습하고, 팀 단위에서는 전술을 개발하게 된다. 시즌이 진행 될수록 기초적인 연습 시간이 줄어들고, 실제 운동 경기나 전략을 동반한 경기 상황과 같은 연습에 많은 시간을 할애하게 된다. 이러한 공식 경기 일정은 팀들로 하여금 취약점과 새로운 전략을 수립하여 다가올 시합에 대한 준비를 할 수 있도록 한다. 경기 일정은 매우 다양한 방식으로 설정될 수 있다.

라) 결승 행사(Culminating Event)

'어느 팀이 가장 뛰어난가?'를 결정하는 것은 스포츠의 주요 특성 가운데 하나이다. 전통적 체육 교육에서는 결승 경기를 단원별로 실시하고 있다. 그러나 팀 협력 관계나 공식적인 경기 일정이 없는 상황에서 그 의미는 퇴색될 수밖에 없다.

스포츠교육에서 한 시즌은 결승전을 끝으로 종결된다. 시즌의 경기는 라운드 로빈, 팀 경쟁, 혹은 개인 경쟁 등 다양한 형태로 진행되고, 이는 결승 행사로 이어진다. 결승전은 시즌 중 경기 성적에 따라 선발된 팀끼리 할 수도 있고, 행사 당일 대진표 추첨을 통해 토너먼트 또는 라운드로빈 형태로 진행 할 수도 있다. 결승전 경기에 참여하지 않는 학생들은 게임 진행을 하거나, 각자가 맡은 적절한 역할 속에서 능력을 발휘하여 적극적으로 참여할 수 있다. 결승전 행사장 꾸미기, 팀 및 개인 상장 준비, 시상품 준비 등의 여러 활동을 통해 결승전 경기에 참여하는 사람뿐만 아니라 모든 학생이 함께 참여하는 축제의 장이 되도록 하며, 이러한 활동들은 결승전 분위기를 고조시키기도 한다. 결승전이 끝나고 나면 시상식과 다과회 및 자기 반성 활동을 하기도 한다. 이렇게 전체 학생들이 참여하는 것은 스포츠교육을 일반적 스포츠와 구별되게 하는 또 하나의 특징이다.

마) 기록 보존(Keeping Records)

스포츠교육모형에서 기록은 항상 유지·관리되어야 하며, 이것은 교육적인 경험을 강화하는 역할을 한다. 기록은 득점이나 방어 등과 같은 단순한 것일 수도 있고, 또는 학생들의 특징적인 말과 행동, 농구 경기의 여러 통계(슛 성공률, 리바운드, 가로채기, 어시스트 등)등과 같이 복잡한 것일 수도 있다. 전통적 체육 교육에서 기록의 작성은 출석이나 단편적 기능 시험의 점수를 기록할 뿐이지만, 스포츠교육에서 기록은 다양하게 사용될 수 있다. 학생의 이해 및 수행 능력 수준에 따라 기록은 단순 기록부터 복잡한 기록까지 다양하다. 기록은 배팅 타율, 득점수, 도루, 아웃, 시간, 거리 등 모든 양식과 형식을 포함한다. 기록은 개인과 팀의 피드백 역할을 하며, 선수나 팀의 기준을 설정하는데 도움을 주고 목표를 제공한다. 기록은 스포츠의 전통을 세우는 중요한 양식중의 하나이다. 예를 들면, 기록을 제시함으로써 경기 일정 준비에 전략적으로 사용될 수 있으며, 다음 경기를 위한 목표 설정에 이용될 수 있다. 경기 결과가 제시된 통계 자료들은 학생 코치와 선수들에게 자신의 팀 전략뿐만 아니라 상대팀의 전력도 분석할 수 있게 해준다. 또한 기록은 팀 내 혹은 팀 간의 흥미를 유발시키고, 학생의 학습을 평가하고, 경기 기록을 게시하는 데 유용하게 사용될 수도 있다.

바) 축제화(Festivity)

스포츠의 축제적인 특성은 올림픽 경기나 월드컵 경기 등을 통하여 볼 수 있다. 지역마다 열리는 축구 경기나 야구 리그전 등은 나름대로 축제 분위기를 가지고 있다. 스포츠의 이러한 축제적 특성은 참여자에게 더욱 큰 의미를 부여하고, 중요한 사회적 요소를 경험케 한다는 의미를 지닌다. 전통적 체육수업에서 스포츠 단원은 이러한 축제적인 요소가 결여되어 있다. 시즌, 팀 소속, 공식 경기 일정, 결승전 행사, 기록 보존, 축제적인 분위기 등과 같은 스포츠의 중요한 특징은 전통적인 체육수업에서는 쉽게 찾아보기 어려운 것들이다.

스포츠교육모형에서 교사와 학생은 매 시즌을 축제와 같은 분위기로 만들어 나가야 한다. 팀의 이름을 짓고, 유니폼을 맞추며, 스포츠 게시판을 꾸미고, 개인이나 팀의 기록을 게시하는 활동 그 자체가 축제의 한 부분이 되어야 한다. 축제적 모습은 결승전 행사에서 절정에 다다른다. 결승전이 이루어지는 장소를 다양한 장식물로 장식하며 축제 분위기를 조성하기도 하고, 스포츠의 의식과 전통을 강조하기도 한다. 준결승전, 결승전 경기에서 뿐만 아니라 시즌 중의 경기에서도 교사는 가능하면 축제 분위기 속에서 모두가 함께 축하하는 자리가 될 수 있도록 유도해야 한다. 이러한 특성들은 학교의 수준이나 스포츠의 종목에 상관없이 모든 스포츠교육에 포함될 수 있다. 이렇게 함으로써 학생들은 게임의 승패를 떠나 스포츠를 통해 다양하고 긍정적인 경험을 한다.

3. 스포츠교육모형의 목적

　스포츠교육모형은 학교체육 시간에 학생들에게 스포츠를 통해 모두가 적절하고 평등한 스포츠문화를 체험할 수 있는 기회를 제공하며, 이를 통해서 학생들을 유능하고, 열정적이며, 박식한 스포츠 문화인으로 육성하는 것을 목적으로 하고 있다.
　유능한 스포츠인(competent sportsperson)이란 경기를 만족하게 수행할 만큼 충분한 운동 기능을 갖추고 있으며, 복잡한 경기 상황에 따르는 적절한 전략을 이해하고 실행할 수 있으며, 게임에 대해 해박한 지식을 가진 경기자이다.
　박식한 스포츠인(literate sportsperson)이란 스포츠의 규칙, 의식, 전통의 가치를 이해하며, 어린이 스포츠나 프로 스포츠를 막론하고 다양한 스포츠 활동에서 바람직한 행동과 그렇지 못한 행동을 구별할 수 있다. 박식한 스포츠인은 스포츠팬이건 또는 관람자이건 간에 보다 유능한 참여자이며, 분별 있는 소비자이다.
　열정적인 스포츠인(enthusiastic sportsperson)이란 스포츠 문화를 보존하고, 보호하며, 향상시킬 수 있는 방향으로 행동하고 참여할 뿐 아니라 스포츠에 참여하는 집단의 일원으로서 지역 수준, 국가 수준, 또는 국제적인 수준의 경기에 참여한다.
　이러한 목적은 높은 수준을 추구한다. 교사들은 단순한 특정한 운동 기술을 교수하는 것에 그치는 것이 아니라 이러한 운동 기술이 사회에 어떠한 의미가 있는가, 또는 어떻게 사회에 기여하는가를 이해해야 한다.

4. 스포츠교육모형의 목표

유능하고, 박식하고, 열정적인 스포츠인을 기르기 위해 Siedentop(1994)은 다음과 같은 구체적인 10가지 목표를 제시하고 있다.

가) 스포츠를 수행할 수 있는 운동 기술과 체력의 개발

스포츠의 특성에 알맞은 기술과 체력을 연마하는 것이 스포츠교육모형의 목표가 될 수 있다. 예를 들면, 농구를 배우기 위해서는 패스, 슛, 리바운드, 드리블 등의 기술이 필요하고 또한 점프, 인터셉트를 위한 스피드, 수비를 위한 순발력, 공격과 수비로의 빠른 전환의 연속을 견디어 내는 지구력 등의 체력이 필요하다. 스포츠 종목의 특성에 따라 요구되는 기술과 체력은 다르다. 학생들이 각 각의 게임 특성에 알맞은 기술을 연습하고, 충분한 수준의 체력을 가질 수 있도록 하는 것이 스포츠교육모형의 여러 목표 가운데 하나라고 할 수 있다.

나) 경기 전술의 이해 및 수행

스포츠교육모형에서는 전술을 중요시 한다. 전술이란 팀과 선수가 시합에서 유리하게 사용한 기술과 전략을 의미한다. 스포츠교육모형에서는 운동 기술과 더불어 경기 전략의 사용을 중요시한다. 학생들은 '어떻게 게임을 하는가'와 '어떻게 움직이는가'에 대해 플레이하는 기본적인 전술을 배워야만 한다. 시합에서 운동 기술이 뛰어난 사람만이 승리를 할 수 있는 것이 아니라 전술에 따라 운동 기술을 적절하게 사용할 수 있는 능력을 키울 수 있도록 스포츠교육모형에서는 전술의 기본을 학습하도록 한다.

다) 발달 단계에 알맞은 스포츠 참여

전통적인 스포츠 활동에서는 정해진 모든 규칙과 더불어 정해진 규격의 경기장을 적용한다. 하지만, 스포츠교육에서는 스포츠 참가자의 수준에 알맞은 경기장과 규칙을 적용함으로써 스포츠에 더 쉽고 친숙하게 플레이를 할 수 있도록 유도한다. 예를 들면, 축구경기에 있어서 정해진 11명의 선수 대신 더 작은 수(7명, 5명 등)의 선수가 경기에 임하게 하고, 경기장도 예를 들면 핸드볼 경기장과 같이 더 작은 경기장을 사용하여 학생들이 골을 넣을 수 있는 기회를 더 많이 가질 수 있도록 한다.

또한, 패스를 쉽게 할 수 있도록 '태클을 금지하는 것' 등과 같이 규칙을 변형하는 것은 스포츠 참여자가 자신의 기술이 부족하더라도 흥미 있게 스포츠 활동에 참여하도록 도와주는 역할을 한다. 스포츠교육모형에서는 이러한 변형 게임을 통하여 친숙하게 스포츠 활동에 참여한다. 하지만, 유의해야 할 점은 게임을 변형하더라도 그 스포츠가 가지고 있는 특성을 훼손시켜서는 안되며, 그 스포츠가 가지고 있는 본질적인 게임의 특성에 점차적으로 쉽게 접근할 수 있도록 변형해야 한다는 점이다. 이렇게 학생들이 변형 게임을 통하여 점차적으로 스포츠의 본질에 접근하게 함으로써 결국 모든 수준의 학생들이 정해진 룰과 경기장에서 스포츠 활동을 할 수 있게 된다.

라) 다양한 역할 경험

스포츠교육모형에서는 선수로서의 참여뿐만 아니라 선수 이외의 다른 역할을 경험 하도록 한다. 그 역할이란 스포츠 장면에서 필요로 하는 주장, 코치, 매니저, 심판, 통계원, 트레이너, 기록원 등과 같은 역할이며, 각자 이러한 역할들을 맡아서 해야 할 일들을 배워가게 된다. 즉, 학생들은 스포츠 경기에 필요한 행정가와 보조자의 역할 모델을 경험하게 된다. 여기서 중요한 것은 소속감과 책임감이다. 스포츠 참가자들은 선수로서의 역할 뿐만 아니라 위의 다양한 역할들을 수행하는 책임 있는 사람으로서의 경험을 하게 되는 것이다. 이러한 활동은 학생들에게 다양한 의미를 경험하게 해준다. 예를 들면, 스포츠 경기에서 필요한 심판의 역할을 한다는 것은 쉬운 일은 아니다. 경기장에서 심판의 판정에 의해 그 경기의 승패가 좌우 될 수 있기 때문에 어쩌면 갈등을 야기 시킬 수도 있다. 경기에서 체험할 수 있는 역할 경험은 곧 사회생활에서 경험할 수 있는 것들과 연계된 경험이라 할 수 있는데 스포츠교육에서는 이러한 소중한 경험을 할 수 있는 기회를 제공해 준다. 또한 경기자로서 스포츠에 참여하는 사람들은 심판의 규칙 적용에 순종하는 것을 배워가게 된다.

마) 책임 있는 리더십 함양

스포츠교육모형의 목표는 리더로서의 역할을 할 수 있도록 하는 것이다. 코치 역할, 매니저 역할, 주장 역할 등을 통하여 스포츠 참가자들은 리더십을 경험하게 된다. 예컨대, 코치로서의 역할이 부여되었을 경우, 자기 팀에 속한 학생들에게 운동 기술을 가르치는 역할 뿐만 아니라 상대팀의 특성에 따라 자기 팀원의 포지션을 구성하는 일을 하게 된다. 매니저로서의 역할이 부여되었을 경우, 자신의 팀이 적절한 시간에 게임에 임할 수 있도록 리드하고, 팀원들이 다음 게임의 상대를 인지할 수 있도록 지도하는 일 등과 같은 리더 역할 수행을 통해 리더십을 배우게 된다. 스포츠교육에서는 다양한 리더로서의 역할을 경험하도록 해준다.

바) 적극적인 팀 참여

스포츠교육에서는 매 시즌마다 팀의 구성원들이 바뀔 수 있다. 스포츠교육에서 중요시하는 것은 함께 공동의 목표를 성취하는 노력을 배우는 것이다. 팀원 각자는 팀이 성공할 수 있도록 팀원을 격려하고, 팀의 컬러를 만들고, 팀을 응원하는 등 팀이 하나가 될 수 있도록 노력하는 것이다. 스포츠교육에서는 이렇듯 팀원이 각자의 팀에 소속감을 느끼고, 팀원 간 유대감을 형성하고, 공동의 목표를 향해 협동할 수 있도록 노력하는 것을 배우게 된다.

사) 스포츠에서의 예절 및 전통 이해

스포츠교육에서는 기술과 전술 이외에 예절 및 전통의 이해와 같은 가치 있는 것들을 배울 수 있다. 예컨대, "경기에서 승리 후에 어떠한 태도를 취해야 하는가?", "경기 중이나 경기 후에 상대방에게 어떠한 태도를 보여주어야 하는가?" 이러한 요소들은 경기에 필요한 기술이나 전술 외에 스포츠교육을 통해 익힐 수 있는 경기 외적인 요소들이다. 사회 생활처럼 스포츠에서도 스포츠의 특성에 따라 지켜야하는 예절이 있다. 예를 들면, 테니스에서 경기가 진행되는 동안 조용히 관전하는 예절, 상대와 경기할 때 최선을 다하는 태도, 경기가 끝난 후 상대방에 대한 배려, 자신의 상태를 인정할 줄 아는 것 등을 학습하게 한다.

아) 의사 결정 및 갈등 해결에 관한 책임감

스포츠교육모형에서는 참가자들에게 다양한 책임감이 요구되는데 그것은 의사 결정과 관련된 책임감이라 할 수 있다. 시즌이 진행되면서 고려해야 할 필수 불가결한 요소가 갈등이다. 팀들은 이러한 갈등을 조절하고 해결해야 한다. 시즌이 마무리가 될 무렵 팀 간의 경쟁이 심해지면 갈등의 골은 더욱 깊어 질 수가 있다. 이러한 갈등 상황에서 학생들은 스스로 스포츠 경험을 통해 서로간의 이해를 구하며, 지혜롭게 해결하는 법을 배워가게 된다. 스포츠 상황에서는 사회생활에서 야기되는 것들과 비슷한 갈등들이 수시로 야기될 수 있다. 이러한 갈등을 조절하고 해결해 가는 방법을 배워가는 것은 스포츠교육모형의 중요한 목표 중 하나라고 할 수 있다.

자) 주어진 역할에 대한 학습

모든 학생들은 각 스포츠 시즌동안 심판의 역할을 경험 하게 된다. 대부분의 체육 교육에서는 경기 규칙을 가르치는데 소홀해 왔다. 하지만, 스포츠교육모형에서는 학생들이 모두 심판의 역할을 해야 하는데 심판의 역할은 경기 규칙을 알지 못하는 상태에서는 할 수가 없다. 그래서 학생들은 규칙을 당연히 학습해야하고, 그럼으로써 자신에게 주어진 심판의 역할을 수행할 수 있는 것이다. 다른 역할이 주어졌을 때도 마찬가지로 그 역할을 수행한다는 것은 책임이 따르는 것이다. 예를 들면, 트레이너의 역할을 맡은 학생은 피트니스 트레이닝, 부상방지, 부상 처치에 대한 지식을 배워야 한다. 주어진 역할에 대한 책임을 완수하기 위해서는 자신에게 주어진 역할에 대한 사전 지식이 있어야만 한다. 이렇게 자신에게 주어진 역할을 수행하는 과정에서 학습자들은 관련 스포츠 지식을 다양하게 학습하게 된다.

차) 방과 후 스포츠 활동에 자발적인 참여

스포츠교육모형은 학생들이 지역 사회를 배울 수 있게 하고, 그들이 지역사회에 어떻게 속해 있는 가를 알 수 있게 한다. 예를 들면, 학생들에게 핸드볼을 소개했을 때, '우리 지역사회의 어느 곳에서 핸드볼 경기를 할 수 있는가?' '우리 고장에서 언제 핸드볼 경기가 열리는가?' 등과 관련된 정보를 처음에는 알지 못한다. 하지만, 핸드볼을 스포츠교육으로 학습하면서 이와 관련된 지역사회에 대해 관심을 가지고 정보를 수집하거나, 지역 사회의 핸드볼 시설을 이용함으로써 지역사회 시설에 대한 지식을 가질 수 있다. 이렇듯 스포츠교육모형은 스포츠를 통해 지역사회에 대한 관심과 정보를 공유할 수 있는 계기를 마련해 준다.

스포츠교육모형의 목적과 목표를 달성하기 위해서는 장기적인 실행이 필요하다. 오랜 기간 동안 스포츠교육모형은 학생들의 참여가 극대화된 바람직하고 건전한 스포츠 문화를 형성하는 데 목표를 두어 왔다. 스포츠교육의 장기적인 목적은 모든 사람을 위해 다양한 형태의 참여자 수준에서 스포츠를 변형하여 참여토록 하는 것, 그리고 성, 인종, 장애, 사회·경제적 지위, 나이 등이 스포츠 참여에 장애가 되지 않도록 스포츠를 누구나 쉽게 접할 수 있도록 하는 것이다(Siedentop, 1994).

5. 시즌에 따른 스포츠교육모형의 적용

일반적으로 스포츠교육에서의 시즌은 프리시즌, 경기시즌, 결승전 행사로 구성되는데 이를 학교체육수업에 알맞도록 시즌전, 시즌중, 시즌 마무리의 단계로 진행할 수 있다(조미혜, 김진희, 최희진, 문호준, Penney, 2005).

표 2 시즌 단계별 내용

단계	내용
시즌 전	시즌이 본격적으로 시작되기 전 준비 단계로 스포츠교육 수업을 조직화하기 위한 여러 가지 활동들이 교사주도로 진행된다. 팀을 구성하여 활동하도록 하고, 게임 상황에서의 연습 방법, 전략 활용, 규칙 준수, 페어 플레이와 같은 중요한 개념들을 명확하게 안내해 준다. 이러한 활동과 함께 수업을 위한 기구 준비, 점수 획득, 기록 유지 및 보관, 심판 등의 다양한 역할을 수행하는데 필요한 제반 환경을 마련한다.
시즌 중	학생들을 게임에 자발적이며 적극적으로 참여토록 하고, 페어플레이를 배우고, 진행 팀의 활발한 수행 등을 통해 시즌을 지속적인 축제의 장으로 만들어 나가도록 한다. 다양한 직·간접적 활동의 경험을 통해 게임의 확장은 물론 나 또는 다른 사람과 함께 당면한 문제해결을 위한 의사결정 능력을 습득한다.
시즌 마무리	시즌 마무리를 위한 다양한 토너먼트 또는 챔피언 결정전 등과 같은 결승행사로 축제의 하이라이트를 볼 수 있다.

가) 시즌 전

○ 시즌을 계획하고 설계하기

스포츠교육모형의 성패를 가르는 것 중 하나는 시즌 설계를 어떻게 하느냐이다. 시즌 설계는 한마디로 교사와 학생이 즐겁게 스포츠교육에 참여할 수 있는 열쇠에 해당된다. 시즌의 계획은 특정 스포츠의 선택, 학생들의 참여 수준, 시즌 진행에 필요한 자료, 학생들의 동기가 유발되도록 축제 분위기를 만들어가는 전략 등을 고려해야 한다. 시즌 계획과 운영 시 고려해야할 사항들을 정리해 보면 <표 3>과 같다.

표 3 시즌 계획과 운영시 고려사항

고려항목	준비 목록
스포츠 선정	학교 교육과정, 학년별 내용을 고려한 스포츠 내용 선정
시즌 길이	학기별 체육수업시수 / 학교행사를 제외한 실제 수업 가능한 시간 수
공간과 장비	활용 가능한 실내외 공간 크기, 경기장 수, 새로 설계할 장비 및 구입 장비 목록
팀 정하기	팀의 수, 선정 방법, 선정과정에 필요한 자료(투표 용지, 퀴즈 등)
역할	필수와 선택의 역할 결정 필수 : 선수, 심판, 기록원, 코치, 주장 등 선택 : 통계원, 트레이너, 스포츠위원, 사진기자, 방송위원 등
학습 지원 자료	서약서, 학습 및 역할별 시트지, 평가지 등
팀 정체성	이름, 색상, 마스코트, 노래, 깃발, 응원구호, 응원 춤, 뉴스 게시판 등
진행 팀 임무	장비 배치 및 경기장 준비, 경기장별 심판, 기록원 인원수

진행 팀 장비	기록지, 화이트보드, 볼펜, 심판 유니폼(모자, 휘슬 등)
과제 개발	변형게임 고안 및 계열성, 기술과 전략 교수 방법, 역할별 교수(심판, 기록원 등), 학습활동의 연속성, 스포츠문화 경험을 위한 간접활동
차시별 계획	과제활동(여분의 과제 준비), 팀활동, 학생역할활동, 교사역할활동, 학습준비물
주요 활동	한 시간 수업 목표를 분명하게 설정하라
페어 플레이	페어 플레이를 강조하기 위한 시스템 고안, 평가방법
시즌마무리	행사범위 결정, 하루 또는 합동 결승행사, 상의 종류와 평가도구 고안
평가	역할별 수행 평가 방법, 기록원 자료 및 경기를 위한 평가도구 고안
결승행사&챔피언	유인물 또는 포스터 게시(페어플레이, 진행팀, 규칙, 승패 등 모든 활동에 공정한 점수가 부여된다는 것 등)

교사 재량 및 학교의 여건에 따라 고려사항은 축소 또는 확대할 수 있다. 스포츠교육은 학교체육 안에서 이루어지는 것이지 학교체육과 별개의 대체 프로그램이 아님을 이해하고 시즌 계획을 세워야 한다. 그렇게 되었을 때, 시즌의 설계는 융통성 있게 구성될 수 있다.

나) 시즌 중

● 게임을 변형하고 참가하기

스포츠교육이 추구하는 '모든 학생들이 참여하는 프로그램'이라는 철학적 관점에서는 운동기능이 뛰어난 학생뿐만 아니라 운동을 잘 못하는 학생들까지 모두 경기나 시합에 참여해서 즐거움을 경험할 권리를 가지고 있다. 그러나 대부분의 스포츠 종목들은 발달단계상 아직 미성숙한 어린 학생들이 참여하여 만족과 즐거움을 느끼기에는 여러 면에서 어렵고 부적합한 측면들이 많다. 따라서 학생들의 적극적인 참여와 흥미를 유발하기 위해서는 학생들의 발달 단계에 적합하도록 스포츠를 변형할 필요가 있다. 변형된 게임은 그 종목의 특성을 잘 이해할 수 있고, 기능 발달이 단계적으로 연습될 수 있도록 계획되어야 한다. 또한 학생들의 신체적, 인지적, 정서적 능력이 충분히 반영될 수 있도록 변형되어야 한다.

게임을 변형하는데 있어 요구되는 전략은 게임의 용구와 시설 등을 학생들이 더욱 쉽고 흥미를 느낄 수 있는 방향으로 변형시키는 것이다. 예를 들어, 발달 초기에서 성공을 경험하도록 표적의 크기나 목표 영역을 증가시키는 것 등이 포함될 수 있다(강신복, 손천택, 곽은창, 1995).

이와 함께 게임을 변형하는 데 있어 게임의 규칙을 단순화시키는 방법이 있다. 성인 경기에 적용되는 규칙은 스포츠에 이제 막 입문한 초보 학생들에게 너무 어렵게 느껴 질 수 있다. 이러한 어려움은 학생들의 흥미를 반감시키거나, 운동기능이 뛰어난 학생들에게만 유리하게 작용하는 요인이 될 수 있다. 따라서, 스포츠교육에서 변형된 게임은 모든 학생들이 참여할 수 있도록 게임의 규칙을 단순화 시키거나 덜 엄격하도록 수정하는 것이 필요하다. 예를 들면, 농구 경기에서 공을 들고 세 발자국 이상 움직이면 반칙인 '워킹'반칙을 네 발자국 혹은 다섯 발자국으로 완화한다던지, 배구에서 '한번 바운드 된 후 토스해도 인정해 준다'와 같은 변형된 규칙들은 학생들로 하여금 엄격한 규칙에 의해 위축되지 않은 플레이를 가능케 해 준다.

다음으로 생각해 볼 수 있는 게임 변형의 방법은 게임에 참여하는 인원의 수를 변형하는 것이 있다. 축구에서 각 팀 당 11명씩 22명이 경기를 하는 것은 초보 경기자들에게는 너무 복잡하여 공을 드리블하거나 슛팅 해볼 기회를 좀처럼 갖기 어렵게 한다. 또한, 하나의 운동장을 22명의 선수들이 모두 차지해 버리면 나머지 학생들은 앉아서 응원만 하게 된다. 스포츠교육 수업에서 변형된 게임은 2:2 혹은 3:3의 소규모 단위의 게임을 운동장의 여러 장소에 걸쳐 나누어 실시함으로써 이와 같은 문제를 해결한다. 학생들은 소규모로 인원이 제한된 변형된 게임을 통해서 공을 갖고 있을 때 뿐 만 아니라 공을 갖고 있지 않을 때도 전술적인 움직임을 경험할 수 있으며, 교사는 작은 규모의 시합을 통해 학생 개개인의 능력을 보다 잘 파악할 수 있게 된다. 동시에 여러 장소에서 펼쳐지는 소규모 시합은 운동장 사용의 효율성 측면에서도 모든 학생이 참여할 수 있는 공간을 제공하게 된다.

게임을 변형하는 과정에는 학생들이 모두 참여할 수 있도록 하는 것이 중요하다. 학생들의 아이디어를 수렴하여 스포츠위원과 교사가 합의하여 게임의 규칙, 용구, 인원 등을 변형하게 되면 스포츠교육이 추구하는 학생 주도적이며 창의적인 수업의 목표를 달성할 수 있을 뿐만 아니라 학생들의 자발적인 참여 유도에 도움이 된다(김진희, 최희진, 조미혜, 김택천, 2004).

● 수업하면서 동시에 평가하기

스포츠교육모형에서는 수업 중에 교수·학습에 대해 피드백을 주고받으며, 수업 과정을 기록하고, 과정평가가 이루어지는 등 다양하고 풍부한 평가 기회가 제공된다. 스포츠교육에서 평가 환경은 다양하게 이루어져야 한다. 단지 학생들의 기술이나 전술을 연습하기 위해 주어지는 제한된 과제 상황의 평가는 별 의미가 없다.

교사는 경기, 행사, 팀 활동, 팀원의 역할 등을 관찰하고 평가해야 하며, 학생들에게는 수업의 모든 상황에 필요한 기술과 전술을 배우는 많은 기회가 제공된다. 그 결과, 평가는 학습수행의 현장성이 내재된 가치 있고 의미 있는 과제로 구성되며, 단지 운동 기능만을 평가하는 것이 아니라 학습자가 참여하는 여러 학습 상황 하에서 실제적이며 총체적인 평가가 이루어진다.

스포츠교육에서 평가는 사전에 계획을 수립하고 잘 검토된 후에 실행해야 한다. 평가 계획에 포함되어야 할 사항으로는 규칙, 역사, 전통 등과 같은 게임과 관련된 지식, 경기에 필요한 심판, 기록원, 코치나 감독 등과 같은 역할 수행 능력, 경기를 즐길 수 있는 기술과 전술의 사용, 책임감, 협동심, 페어플레이를 지속적으로 이해하고 유지하는 태도 등이 있다.

스포츠교육에서 평가는 단지 학생들에게 성적만을 부여하는 것이 아니라 수업에서 학습한 내용의 성취 정도와 아울러 피드백을 제공한다는 의미를 동시에 가지고 있어야 한다. 따라서 평가 계획은 수업에서 가르치고자 하는 목표가 충분히 달성될 수 있도록 수립되어야 한다.

다) 시즌 마무리
● 축제에 모두 참여하기

스포츠교육의 중요한 특징 가운데 하나인 축제는 청소년 시기의 학생들을 보다 가까이에서 이해할 수 있는 '문화의 장'으로 연결할 수 있는 장점이 있다. 예를 들면, 학교의 공식축제는 많은 학생의 참여 방법, 부담스러운 예산 등이 문제가 되지만 스포츠교육모형에서의 축제는 축제를 게시판을 통해 알리고, 각종 상장 및 메달을 직접 만들면서 특별한 우리들만의 시간을 한자리에서 가질 수 있는 이점이 있다.

시즌을 마무리하는 축제는 스포츠교육의 하이라이트이다. 축제에서는 교사와 학생이 함께 참여하는 즐거운 장이 되도록 다양한 프로그램을 구성해야 한다. 시즌을 통해 체계적인 학습을 해온 학생들은 스포츠에 대한 기량을 마음껏 발휘하여 최고의 팀과 선수를 가려보는 축제행사에 많은 기대와 흥분을 가지고 기다린다. 또한, 마지막 결승 행사는 팀원 간의 즐거움을 나누기도 하지만 그동안의 활동을 정리하며 반성해 보는 기회를 가짐으로써 스포츠교육이 갖는 교육적 효과를 극대화 할 수 있다.

축제를 준비할 때 시간운영은 시즌 마지막 부분에 2시간 이상 확보하는 것이 좋고, 축제준비위원을 각 팀에서 배정하여 일정 및 프로그램 구성 등을 미리 협의할 수 있도록 한다. 특히, 결승 행사를 준비할 때 최종 결승에 올라간 소수의 학생, 또는 1~2팀만 참여하지 않도록 구성하고, 이를 위해 교사와 학생이 준비해야할 목록을 미리 정해 최소한의 시간과 경비로 스포츠교육모형의 목적과 특징을 포함한 축제가 되도록 해야 한다.

결승 행사를 운영하는 방법은 다양하다. 실격되는 팀 없이 똑같은 횟수의 게임을 치르는 무실격 토너먼트로 팀순위가 결정되거나, 미리 리그전이나 토너먼트를 통해 경기 결과가 나왔으면 순위별로 결승전을 실시하면 된다. 이때의 결승경기는 모든 팀이 경기에 참여하는 것을 원칙으로 해야 한다. 결승전 방법은 종목에 따라서 달리 운영할 수 있다. 육상, 체조, 수영 등 개인 스포츠는 세부 종목별로 참가 선수를 정해 종목별로 경기를 치르는 '미니 올림픽'으로 운영하면 좋다. 그리고 배구, 축구, 소프트볼, 농구 등 팀 스포츠는 팀별 리그전이나 토너먼트를 통해 순위별로 동등한 경기 기회를 가지는 방식이 좋다.

시상식은 축제 마지막 행사 중 하나로 시즌동안 기록된 각종 기록지와 교사의 관찰 평가지, 개인 및 팀별 상호평가를 통해 시상의 내용이 결정되기 때문에 학생들에게 관심 있는 부분이다. 시상식에 비디오 감상을 프로그램으로 넣어 그동안 스포츠교육을 진행하면서 촬영한 내용을 분석하여 즉석에서 개인 또는 팀에 대해 주제별로 상을 선정해도 좋다. 이때는 반드시 교사가 미리 비디오 내용을 파악하고 난 후, 감상의 초점을 학생들에게 안내해 주어야 한다. 그리고 미리 시상의 종류와 내용을 각 팀의 스포츠위원 회의를 통해서 알려주고, 개인상과 팀 상 등으로 분류하여 선정하면 좋다. 상장, 메달, 행운권 및 상품권 쿠폰 등은 축제의 규모에 따라 다양하게 활용하도록 한다.

IV 스포츠교육모형과 관련된 국내연구

스포츠교육모형과 관련된 국내의 초기 연구로 문호준(1998)의 박사학위 논문 "스포츠교육모형의 중등체육수업 사례연구"가 있다. 그는 국내 중학생을 대상으로 스포츠교육모형을 체육수업에 적용하였는데 그 결과 첫째, 스포츠교육모형 수업에서 대다수의 학생들은 자신이 맡은 역할에 상당한 책임감을 느끼고 있었으며, 학생들에게는 '동료의식'이 큰 비중을 차지하고 있었다고 하였다. 또한 교사의 개입이 비교적 적은 수업분위기에서 학생들의 자율성이 자연스럽게 유도되는 것으로 나타났다. 학생들은 스포츠 시즌이 지날수록 승패에 집착하는 경향을 보였고, 기능수준이 높은 학생이 경기 경험을 독점하는 현상도 나타났다. 둘째, 심동적 영역에서 운동기능 향상은 개인의 심리적·사회적 특성과 상당한 관계를 맺고 있었으며 개인의 성향에 의해 좌우되는 것으로 관찰되었다. 특히, 승부욕, 책임감, 자신감이 상대적으로 높은 학생들이 보다 높은 운동 기능의 향상을 보이는 것으로 나타났다. 셋째, 인지적 영역에서 역할 지식은 학생이 습득한 가장 중요한 요소로 나타났으며, 시즌 내내 심판, 코치, 선수, 기록원등 다양한 역할을 수행한 학생들은 경기가 진행되면서 그 경기가 가지는 여러 가지 측면을 이전보다 더 깊이 이해할 수 있었다고 하였다. 또한 다양한 역할의 수행은 스포츠에 대한 학생들의 안목을 확대하는 기능을 하는 것으로 나타났다.

2000년대에 들어와 조미혜(2002)는 스포츠교육의 원저인 "Sports Education" (Siedentop, 1994)을 번역하여 한국에 소개하였는데, 이 책은 미국의 초·중·고등학교 및 뉴질랜드 고등학교의 체육수업에서 스포츠교육을 운영하는 방법 및 활용 가능한 전략들을 학교 단위로 보여줌으로써 우리나라 체육교사들이 스포츠교육모형을 학교 현장에 적용할 때 쉽게 참고해 볼 수 있는 역할을 하였다.

또한, 한국과 호주 간의 '스포츠교육모형'을 주제로 한 협동연구가 2003년 12월부터 약 1년간 한국학술진흥재단의 후원으로 이루어졌다. 이 프로젝트에는 한국의 몇몇 스포츠교육학자 및 초·중·고 체육교사들과 호주의 A. Targart, D. Penney 및 호주의 초·중·고 체육교사들이 함께 참여하여 한국과 호주 양국의 체육수업에 스포츠교육모형을 적용하면서 도출된 결과들을 함께 공유하고 교류하기 시작하였다. 2004년도 한국스포츠교육학회지 11권 3호에는 '스포츠교육'을 특집호의 주제로 하여 한국·호주의 협동연구 결과물 4편을 포함한 총 6편의 논문이 제시되었다. 2005년도에는 한국스포츠교육학회 주관으로 현장 체육교사들에게 필요한 '학교체육 개선을 위한 스포츠교육'(조미혜, 김진희, 최희진, 문호준, Penney, 2005)이 활용가능한 CD와 함께 핸드북 형태로 발간되어 현장 체육 교사들이 스포츠교육모형을 체육수업에 활용하는데 손쉽게 접근할 수 있도록 제공되기도 하였다.

스포츠교육모형과 관련된 국내 연구는 주로 석박사 학위논문을 중심으로 초·중·고등학교의 학교 현장에 '스포츠교육모형을 적용하였더니 학생들에게 어떠한 효과가 있었는가?'와 관련된 효과성 검증 연구와 '스포츠교육모형의 인식 및 만족도' 연구가 대부분의 연구 형태를 이루어왔다. 이밖에도 스포츠교육모형 평가 연구, 스포츠교육모형 적용 체육교사의 사고과정 연구, 접근경향성, 학습성향, 젠더, 혼성수업에서의 스포츠교육모형 적용 연구가 꾸준하게 지금까지 수행되고 있다.

1. 스포츠교육모형의 효과성 검증 연구

　체육수업에서 육상, 배구, 농구, 티볼 등의 수업을 하면서 스포츠교육모형을 적용하여 학생들의 교육적 효과를 검증한 석사학위 논문(한광희, 2000; 심순옥, 2001 조병엽, 2002; 이종기, 2002; 박이수, 2003; 이재우, 2003; 김인회, 2004; 최원준, 김진희, 2004; 백정기, 2005; 하의진, 2006; 정병모, 2006; 정순섭, 2007; 김진오, 2008)이 국내연구에서는 가장 많은 부분을 차지하고 있는데 이는 전통적 수업과 스포츠교육모형 수업을 비교하여 어떠한 집단에서 심동적, 인지적, 정의적 측면에서 더 좋은 효과를 나타내었나를 비교하는 연구들이다.

　체육수업의 목표 가운데 한광희(2000), 박이수(2003), 이재우(2003), 김인회(2004), 백정기(2005), 하의진(2006), 정순섭(2007), 김진오(2008)는 심동적, 인지적, 정의적 영역 중 두 영역 이상의 영역을 전통수업과 스포츠교육모형 수업의 두 집단간 비교를 하였다. 한광희(2000)는 '스포츠교육모형을 통한 배구 수업의 효율적 학습지도'를 연구하였다. 전통적 체육수업을 한 집단과 스포츠교육모형을 적용한 두 집단간 기본적 태도, 심리적 측면, 사회적 측면에서는 두 집단간 유의한 차이가 나타났으며, 심동적 영역에서는 패스의 기능 발달 측면에서 특히 유의한 차이가 나타났다고 하였다. 이와 유사한 연구로 정순섭(2007)과 김진오(2008)의 연구가 있다. 정순섭(2007)은 '초등체육수업에서 스포츠교육모형 적용이 학습 영역에 미치는 영향'을 연구하였다. 스포츠교육모형집단이 직접학습모형집단에 비해 심동적 영역에서 대체로 높은 점수를 얻었는데 특히, 드리블에서 유의한 차이를 보였다고 하였다. 체육수업에 대한 기본적인 태도의 사후검사에서는 스포츠교육모형을 적용한 집단이 직접학습모형을 적용한 집단에 비해서 정의적 영역 중 충성도 부분에서 유의한 차이가 나타났다고 하였다. 사회적 특성에서는 스포츠교육모형을 적용한 수업에서 사회적 특성의 점수가 전반적으로 많이 향상이 되었으며, 특히 결속력에서 유의한 차이가 있는 것으로 나타났다고 하였다. 이는 스포츠교육모형을 적용한 수업이 다양한 역할을 통하여 역할지식이 습득되어 본인 스스로 스포츠맨십에 대한 태도를 인식하게 되었으며, 동료의식과 협동심, 결속력, 구성원을 이해하고 배려하는 자세가 향상된 것으로 분석하였다. 김진오(2008)는 '초등학교 축구수업의 스포츠교육모형 적용 효과'를 연구하였다. 전통적 체육수업을 한 집단과 스포츠교육모형을 적용한 두 집단간 기본적 태도, 심리적 특성, 사회적 특성에서 스포츠교육모형을 적용한 집단이 더 높은 점수를 보여주었으며, 심동적 영역에서 신체활동량은 스포츠교육모형 적용 집단이 보다 많은 신체활동량을 나타내었다고 하였다. 이것은 스포츠교육모형을 적용하였을 때 일반적인 수업모형에서 보다 많은 신체활동 시간을 확보할 수 있어서 보다 효율적인 체육수업을 할 수 있었다고 하였다. 박이수(2003)는 '스포츠교육모형에 기초한 넷볼 수업의 교육 효과'를 연구하였다. 그 결과 넷볼 수업을 실시한 집단에서 심동적 영역인 농구의 슛과 드리블에 대한 교육효과가 높았으며, 인지적 영역인 경기기능에 대한 이해력도 향상되었다고 하였다. 또한, 넷볼 수업을 실시한 집단에서 체육수업에 대한 흥미와 관심이 높아졌고, 수업을 통해 즐거운 기분상태를 경험하는 만족감이 향상되었으며, 동료간의 친화력 같은 결속력이 향상되었다고 하였다. 반면에 넷볼 수업을 실시한 집단에서 게임을 통해 타인을 공격하는 공격성이 높아졌음을 보고하였다. 이재우(2003)는 '스포츠교육모형의 적용을 통한 초등체육수업의 효율적인 지도'를 연구하였다. 스포츠교육모형을 적용하여 수업을 실시한 결과 전통적인 수업모형을 적용하는 것에 비해 정의적 영역 중 체육수업에 대한 태도, 심리적 특성, 사회적 특성이 보다 높았으며 심동적 영역에서 신체 활동량이 보다 높게 나왔다고 하였다. 김인회(2004)는 '스포츠교육모형을 적용한 핸드볼 수업의 효과'를 연구하였다. 중학교 1학년 70명을 대상으로 한 핸드볼 수업에서 정의적 영역과 심동적 영역의 효과를 검증하였는데 스포츠교육모형의 집단이 전통적인 수업모형의 집단에 비해 높은 향상을 보여 스포츠교육모형이 효과적임을 알 수 있었다고 하였다. 백정기(2005)는 '스포츠교육모형을 적용한 체육수업 활성화 방안'을 연구하였다. 운동기능의 향상에 효과적으로 나타났으며, 체육수업에 대한 태도, 심리적, 사회적 특성의 변화도 스포츠교육모형을 적용한 방법에 학생들이 흥미를 느끼며 만족하는 것으로 나타났다. 따라서 스포츠교육모형을 활용한 수업방법이 단순한 기능 숙달 위주의 체육수업을 개선할 수 있는 효과적인 방법이라고 하였다. 하의진(2006)은 '스포츠교육모형을 적용한 체육수업이 중학생들의 심동적, 인지적, 정의적 영역에 미치는 영향'을 연구하였다. 중학생들의 심동적 영역의 '서전트 점프'에서는 전통적인 수업모형과 스포츠교육모형 수업의 두 집단간 유의한 차이가 있었으나, '10m 왕복달리기'에는 차이가 없음을 제시하였다. 인지적 영역인 경기의 유래, 역사, 기술 등의 요인에서는 두 집단간 유의한 차이가 나타나지 않았으나, 경기 규칙과 심판법, 선수의 움직임 등에 대한 경기 요인에서는 유의한 차이가 나타났다. 정의적 영역인 수업태도 분야에서 전체적으로는 유의한 차이가 나타나지 않았다고 하였다.

'스포츠교육모형을 적용한 수업방식이 혼성 체육수업에 미치는 영향'을 연구한 심순옥(2001)은 스포츠교육모형 적용 집단과 전통적 교수 모형 적용 집단의 두 집단 간에 인지적 지식, 만족도 및 선호도 등에 어떠한 차이가 있는지를 알아보았다. 그 결과 스포츠교육모형의 적용 집단이 전통적 교수모형 적용 집단에 비해 농구 기능의 이해, 경기규칙의 이해에 관한 점수가 유의하게 높아서 스포츠교육 모형의 적용 수업이 전통적 교수모형 보다 혼성수업에서 더 효과적으로 사용될 수 있는 것으로 나타났다고 하였다. 그리고, 스포츠교육 모형의 적용 집단의 경우 전통적 교수모형 적용 집단에 비해 만족도 및 선호도에 관한 점수가 높았으며, 특히 여자 집단에서 수업에 더 적극적으로 참여하는 것으로 나타났다고 하였다. 수업진행측면에서는 스포츠교육 모형의 적용 수업집단이 전통적 교수모형 적용 집단보다 게임요령에 더 흥미를 갖는 것으로 조사되었다. 요약하면, 스포츠교육 모형의 적용 수업이 기능수준과 전략수준, 그리고 다양한 역할 경험 등에서 전통적 교수모형 수업보다 혼성 수업에서 더 효과적으로 사용될 수 있는 것으로 나타났다고 하였다. 경기에 대한 안목의 측면에서 조병엽(2002)은 '스포츠교육모형을 적용한 400m이어달리기 수업효과'를 연구하였다. 스포츠교육모형을 적용한 수업을 통해 학생들은 단순기능을 연습할 때 알 수 없었던 경기흐름에 대한 안목과 경기 전체를 볼 수 있는 안목이 지속적인 역할 수행의 결과로 향상되는 것으로 나타났다. 결과적으로 지속적인 역할 수행은 경기력에 영향을 미치고 있으며 수업의 질 향상에도 영향을 미치고 있었다고 하였다.

심동적 영역 발달에 초점을 맞추어 '스포츠교육모형 적용 집단과 전통적 교수모형 적용 집단 간에 운동 기술 습득 등에 어떠한 차이가 있는지'를 분석한 연구(이종기, 2002; 정병모, 2006)가 있다. 이종기(2002)는 '스포츠교육모형이 농구의 기본기능과 경기기능에 미치는 효과'에 대해서 중학교 2학년, 2개 학급, 남학생 90명을 대상으로 6주간의 스포츠교육모형을 적용한 결과 농구 수업에서 학생들의 세트 슛과 자유투, 드리블, 패스, 어시스트에 대하여 전통적인 수업과 비교할 때 유의한 차이가 나타났다고 하였다. 정병모(2006)는 '스포츠교육모형이 축구의 기본기능과 경기기능에 미치는 효과'에 관한 연구를 하였는데 축구의 기본기능인 리프팅, 드리블, 인사이드킥, 패스에서 스포츠교육모형 집단이 전통적인 수업 집단과의 비교에서 유의한 차이를 제시하였다.

스포츠교육모형의 효과성 검증 연구에서도 특히 초·중·고 학생들의 정의적 영역 발달에 초점을 맞춘 연구들(강일, 조순묵, 2000; 송기명, 2000; 이나미, 2003; 민형규, 2003; 박태진, 2003; 배현배, 2005; 민동식, 2005; 임영택, 2006; 이승배, 2006)이 있는데 이를 구체적으로 살펴보면 다음과 같다.

강일과 조순묵(2000)은 '스포츠교육모형이 초등학생의 정의적 영역에 미치는 영향'을 연구하였다. 스포츠교육모형 수업은 학생들에게 만족감, 자신감 등의 심리적 특성과 협동성, 경제성, 결속력 등의 사회적 특성에 효과적이었음을 밝히고 있다. 송기명(2000)은 '초등체육수업에 스포츠교육모형의 적용'을 연구하였다. 수업 현장에 적용된 스포츠교육모형의 효과는 정의적 영역에서 책임감, 동료의식, 자율성, 공정한 경쟁 등을 학습하는 것으로 나타났다. 초등학교에서의 스포츠교육모형의 적용 가능성을 탐색한 이 연구에서는 학생들이 자신의 역할 수행에 대하여 불안감과 당혹감을 느끼면서도 심판이나 감독 등과 같은 역할 수행에서는 다른 역할 수행자보다 더욱 책임감을 느낀다는 사실을 밝혀냈다. 그는 팀의 선정과 역할 부여는 학생들로 하여금 팀 정신에 대한 인식과 협동의 필요성을 느끼게 한다고 하였다. 그는 또한 팀의 구성과 경기의 진행 및 전략의 결정 등 수업의 진행과 의사결정 등이 학생들의 자율로 이루어지는 것을 관찰하고, 그러한 특성들이 학생들의 자율성을 유도하는 요인이라고 제시하였다. 이나미(2003)는 '스포츠교육모형을 적용한 티볼(Tee-ball) 수업개발'을 연구 하였다. 스포츠교육모형을 적용한 집단이 전통 체육수업모형을 적용한 집단보다 행동적 특성에 있어서 체육교과를 통한 도움, 생활의 유효성, 학생 중심적 수업, 적극적 수업 참여를 보여 주었으며, 심리적 특성에 있어서는 만족감, 소외감, 자신감, 그리고 사회적 특성에서 공격성, 경쟁성에 집단간 유의한 차이가 있음을 보여주었다. 스포츠교육모형을 적용한 티볼 수업은 중학생의 정의적 영역 중 행동적 특성과 심리적 특성에 긍정적인 영향을 미친다는 사실을 확인할 수 있었으나, 사회적 특성에 있어서는 긍정적인 영향을 미치지 못한다는 것을 알 수 있었다고 하였다. 민형규(2003)는 '스포츠교육모형수업이 고등학생의 체육학습에 미치는 효과'를 연구하였다. 스포츠교육모형을 적용한 집단이 전통적 수업을 진행한 집단보다 만족도, 학습 의욕 및 관심, 학습태도, 사회성 함양에 있어서 유의수준 내에서 높게 나타났으나 학습성과 요인에서는 별 차이가 없음을 발견하였다. 박태진(2003)은 '스포츠교육모형을 통한 체육수업이 정의적 영역 발달에 미치는 영향'을 연구하였다. 스포츠교육모형 수업은 원만한 인간관계의 형성, 책임감, 친구에 대한 이해심, 결과에 대한 수용성 등 사회적 측면세서 학생들에게 큰 변화를 준다는 사실을 보여주었다. 스포츠교육모형을 적용한 체육수업에서 학생들의 자율적 선택과 결정, 자유로운 분위기는 수업의 활성화를 도모하여 만족감, 즐거움, 감정통제 등의 측면에 매우 유용한 반면, 운동기능이 부족한 학생들의 심리적 위축은 자신감 및 정신력, 성취감에 역효과를 가져올 수도 있다고 하였다. 배현배(2005)는 '스포츠교육모형을 적용한 소프트발리볼 수업이 여중생의 정의적 영역에 미치는 영향'을 연구하였다. 정의적 영역 중 체육 수업의 기본적 태도에서 실험집단이 비교집단에 비해 높은 점수를 얻었으며, 특히 능력발휘 기회의 제공과 교과의 중요성 영역에서는 집단간 1%유의수준에서 차이가 나는 것으로 나타났다. 또한 심리적 측면 중 만족감과 자신감 그리고 강인한 정신력 영역, 사회적 측면 중 공정한 결과 수용 영역을 제외한 모든 영역에서 1% 유의수준에서 차이가 나는 것으로 나타났다. 민동식(2005)은 '스포츠교육모형 적용을 통한 태도 개선 연구'를 하였다. 스포츠교육모형의 적용을 통하여 여학생들의 수업 후 태도가 어떻게 변화되었는지, 또 그 변화에 영향을 주는 요인들은 무엇인지를 파악하기 위하여 체육과의 목표 및 내용, 교수학습 방법, 평가에 대한 영역으로 나누어 분석하였다. 그 결과 여학생들은 바람직하고 긍정적인 태도의 변화가 왔음을 확인할 수 있었다고 하였다. 임영택(2006)은 '스포츠교육모형의 적용이 중학생의 내적동기, 자기효능감, 집단응집력에 미치는 영향'을 연구하였다. 그 결과 스포츠교육모형은 중학생의 내적동기에 정적인 영향을 미치는 것으로 나타났으며, 자기효능감과 집단응집력에도 정적인 영향을 미친다고 하였다. 이승배(2006)는 '스포츠교육모형 수업이 고등학생들의 운동태도에 미치는 영향'을 연구하였는데 스포츠교육모형 수업이 고등학생들의 운동태도에 대하여 체력과 운동의 가치 그리고 흥미와 즐거움에는 영향을 미치는 것으로 나타났으나 도전심과 미적가치에는 영향을 미치지 않는 것으로 나타났다고 하였다. 그 이유로는 아직까지 체계화되지 않은 스포츠교육모형 수업은 경기 위주로 진행되기 때문에 높은 기능 수준과 승패에 집착하는 분위기, 학생들의 심리적 위축 등의 문제가 나타나기에 이러한 과정에서 다수의 학생들에게 성공 경험을 제공하고, 섬세한 수업계획과 운영의 묘를 살릴 줄 아는 능력을 갖추는 일은 교사가 해야 할 주요한 과제라고 제안하고 있다.

지금까지 스포츠교육모형과 관련된 효과성 검증 연구는 주로 석박사 학위논문 수준에서 양적 연구로 다루어져 온 경우가 많았다. 다음 최원준과 김진희(2004)의 연구는 한명의 초등학생을 추적해서 그 학생의 스포츠교육 체험을 통한 사례를 보여주고 있다. 이 연구에서는 운동기능이 낮은 여학생이 스포츠교육모형을 적용한 농구 체육수업에 점차적으로 참여하는 과정을 사례연구를 통해 보고하였는데, 행동이 느리고 운동기능이 떨어지는 한명의 학생이 스포츠교육 수업을 통해 다양한 활동에 열정적으로 참여하는 스포츠문화인으로 거듭나는 과정을 볼 수 있다.

위의 여러 연구결과에서 볼 수 있듯이, 국내의 효과성 검증관련 많은 연구물은 스포츠교육모형을 체육수업에 적용한 결과 학생들의 심동적, 인지적, 정의적 측면에서 긍정적인 영향을 끼치고 있다고 보고하고 있다. 특히, 학생들의 심리적 측면과 사회적 측면에서 그동안 학생들이 전통 체육수업에서는 경험하지 못한 체육에 대한 감정들이 점차 좋은 감정들로 바뀌게 되었으며, 스포츠 활동에 자발적이며 적극적으로 참여하게 된다고 하였다.

2. 스포츠교육모형에 대한 인식 및 만족도 연구

스포츠교육모형에 대한 인식 및 만족도와 관련된 연구로 이계순(2001)은 '스포츠교육모형 체육수업에 대한 학생들의 인식'을 분석하였다. 그는 스포츠교육모형 체육수업에 대한 학생들의 긍정적 경험과 부정적 경험을 범주화하는 작업을 하고 이를 순위를 매겨 학생들의 인식 상황을 파악하고자 하였다. 그는 긍정적 경험을 10개 대 영역으로 분류하고 순위를 매겼는데 다음과 같이 활동과제의 참여, 학생중심의 운영, 경기의 참여 기회 증대, 팀 중심 활동, 페어플레이 정신, 교사의 긍정적 역할, 평가에 대한 만족, 휴식, 응원, 기타 순으로 나타났다. 또한, 체육수업에 대한 부정적인 경험을 9개의 대 영역으로 분류하였는데 팀 중심 활동, 학습 환경, 평가에 대한 불만, 교사의 역할, 진행 미숙, 활동 과제, 편중된 참여, 준비와 정리, 경기위주 - 순으로 부정적 경험을 나타내고 있음을 보여주었다. 양정모(2003)는 '스포츠교육모형을 통한 초등학생의 체육수업 인식 변화'를 연구하였다. 그는 스포츠교육모형을 적용하기 이전에 체육수업을 받은 학생의 인식과 스포츠교육모형 체육수업을 받은 후의 학생 인식을 교과관, 교사관, 수업 운영관, 평가관으로 범주화하였다. 참여자의 체육수업 인식변화에 영향을 미치는 요인은 교사의 역할, 다양한 역할 수행, 역동성으로 나타났다. 조영원(2004)은 '변형 스포츠교육모형이 초등체육수업 참여와 성취도에 미치는 영향'을 연구하였다. 축구 경기를 변형게임으로 만들어 학생들에게 스포츠교육모형으로 수업한 결과 다음과 같은 결론을 얻었다. 첫째, 스포츠교육 시즌에 참여한 학생들은 비과제 행동을 적게 하였을 뿐만 아니라 체육 실제학습시간이 매우 높았으며 둘째, 학생의 패스, 드리블 및 슈팅 기능이 현저하게 향상되었다. 셋째, 체육 실제학습시간과 기능 분석에 대한 자료를 토대로 얻어진 결과 교사는 변형 스포츠교육모형에 만족하였고 또한 학생들도 변형 스포츠교육모형을 선호하였다고 하였다. 김세호(2006)는 '스포츠교육모형을 적용한 소프트볼 수업이 수업만족도에 미치는 영향'을 연구하였다. 그의 연구에서 중학교 3학년, 176명의 남학생과 156명의 여학생을 대상으로 실시한 소프트볼 수업에서 스포츠교육모형 적용 집단이 전통적 수업모형을 적용한 집단에 비해 수업만족도가 높게 나타났는데, 특히 여학생 집단에서 비교적 높게 나타나 남녀공학, 남녀혼성 수업에서 스포츠교육모형의 적용이 효과적임을 제시하였다. 그러나, 평가만족도는 두 집단간 유의한 차이를 나타내지 않았는데, 이로써 남녀혼성으로 이루어지는 스포츠교육모형 수업에서 남, 녀학생 모두에게 평가만족도를 높일 수 있는 실제적이고, 효과적인 평가도구가 필요함을 알 수 있다. 안경찬(2007)은 '스포츠교육모형을 적용한 체육수업과 여고생들의 수업만족도와의 관계'를 규명하고자 하였는데, 그 결과 체육수업운영 만족도, 체육수업시설 만족도, 체육수업평가 만족도, 체육교수행동 만족도는 스포츠교육모형을 적용한 체육수업에서 더 높은 것으로 나타났다. 하지만, 운동기능향상 만족도에 대한 영역에서 는 실험집단과 통제집단의 유의한 차이가 없는 것으로 나타났다.

이처럼 스포츠교육모형을 적용한 체육수업에서 학생들은 스포츠교육모형을 대부분 긍정적으로 평가하면서 체육수업에서 만족감을 나타내는 것으로 나타났다.

3. 스포츠교육모형 평가 연구

스포츠교육모형과 관련된 평가 연구로 체육수업에서 수행평가와 GPAI 적용한 평가연구가 있다. 수행평가와 관련된 연구로 박용건(2001)은 '중학교 체육수업에 스포츠교육모형을 적용한 수행평가 사례 연구'를 하였다. 그 결과 학생들은 사회·심리적 측면에서 다양한 역할을 수행하면서 책임감, 협동심, 자율성을 기르고 경쟁심과 승부 근성을 고취시킬 수 있다고 하였으며, 심동적 측면에선 경기 참여와 역할 수행을 통한 전체 경기의 흐름을 파악하는 경기 안목이 향상되었고, 역할 책임을 다하기 위해 자율적인 기능 학습을 하게 되었다고 하였다. 또한 인지적 측면에서 경기규칙과 심판의 신호를 이해하고 상대팀에 대한 작전을 세우면서 단순 지식이나 암기가 아닌 지식의 적용능력이 향상되었다고 하여 긍정적 평가를 하였다. 체육수업의 평가방법 면에서 그는 수행평가 방법을 도입하여 수업의 결과뿐만 아니라 수업의 모든 과정을 평가함으로써 그동안의 전통적 평가 방법이 가진 문제점을 극복할 수 있는 대안적 사례를 보여주었다. 그러나 기초 운동기능 미흡, 지나친 경쟁, 소외감 등이 스포츠교육모형의 문제점으로 나타났다. 또 다른 수행평가 관련연구로 노승수(2007)는 '스포츠교육모형 수업에서 평가 사례연구'를 하였다. 여기서는 스포츠교육모형을 적용해서 체육수업을 운영하는 체육교사의 평가 활동 사례와 학생들의 활동을 심층적으로 분석하였는데 평가 후 교사의 반성적 사고는 본인의 의도와는 다르게 학생들이 부담을 느끼는 부분에 대해서 반성을 하고 이러한 경험을 토대로 차후 스포츠교육모형 수업을 운영할 때 학생들에게 과제위주의 평가 보다는 수행을 관찰해서 평가하기로 하는 발전된 사고를 하게 되었다고 하였다. 또한, 한명선(2007)도 '스포츠교육모형의 여고생 체육수업 실천 사례 연구'에서 스포츠교육모형을 체육수업으로 운영하면서 수행평가를 적용한 사례를 보여주고 있는데, 연구결과 교수학습과 동시에 다양한 평가가 가능하며, 이는 학교 현장의 체육평가 개선에 기여하는 바가 크다고 제안하고 있다.

일반 체육교사가 실제 스포츠교육모형을 활용하여 체육수업을 개선하려면 제일 먼저 해야 할 일이 평가항목을 바꾸는 것이라고 제안한 문호준, 조남용(2004)의 연구는 평가를 개선하는 대안으로 GPAI(Game Performance Assessment Instrument)를 제시하였다. GPAI는 게임능력을 평가하는 도구로 체육수업이 궁극적으로 게임을 가르치는 것이라면 당연히 게임능력을 평가해야 한다는 실제성에 근거한 것이다. 이 연구에서는 2명의 체육 교사에게 연구 동의를 얻고 그들과 수업개선을 위한 아이디어와 토론을 거듭하였고, 주된 자료 수집방법은 대화와 면담, 그리고 문서수집이었다. 이 연구의 결론은 스포츠교육모형에서 GPAI는 충분히 활용할 수 있었으며, 수업의 개선을 위해서는 담당교사, 체육교사, 부장교사, 교감, 교장, 스포츠교육학자로 구성된 체육수업지원체제가 절대적으로 필요하다는 것을 제시하였다.

평가는 체육수업을 보다 잘 하기 위한 학습 전략에도 활용 가능하다. 특히 평가의 본연의 목적인 학생들의 성취 목표 달성의 기준으로써 체육수업과 연관하여 평가를 연구할 가치가 충분히 있다고 하겠다. 이와 같은 관점에서 볼 때, 스포츠교육모형과 관련하여 이루어지는 평가 연구는 체육 교수학습과 평가를 곧바로 연결하여 수업=평가라고 하는 바람직한 평가체계를 제공해 줄 수 있어 앞으로 더욱 연구되어야 할 분야이다.

4. 스포츠교육모형을 적용한 체육교사의 사고과정과 관련된 연구

스포츠교육모형이 체육수업에서의 대안적 모형이며 새로운 접근이라고 한다면 이와 관련하여 스포츠교육모형을 체육수업에서 활용하고 있는 체육교사의 사고과정은 어떻게 변화되어 가는가에 초점을 맞춘 연구들이 있다. 임현주(2004)는 '스포츠교육모형 적용에 대한 체육교사의 사고과정'을 연구하였다. 이 연구에서는 스포츠교육모형을 적용하는 체육교사의 수업계획, 실행과 반성의 사고과정을 심층적으로 기술하였는데 12년 교사경력을 가진 중등체육교사를 연구 참여자로 선정하여 자극회상질문법, 심층면담, 참여관찰과 토론을 실시한 결과 연구 참여교사는 수업단계에서 자신의 수업과 학교 행정에 대한 불합리성을 인지하고 있었고, 동료나 교장의 협조에 어려움을 느끼고 있으며, 스포츠교육모형과 관련된 도구 및 방법에 관한 자료 제공이 필요함을 느끼고 있었다. 또한 실행단계에서 심리적 부담감이나 이론을 현장에 적용하기 위한 실질적 어려움, 경쟁 문화적 특성에 의한 현실적 한계와 학생들을 이해시키기 위한 어려움을 경험하였다. 김무영과 조미혜(2006)는 '스포츠교육 초보 운영교사의 사고과정 이해' 연구에서 스포츠교육 모형을 처음 적용하는 초보 스포츠교육 운영 교사의 사고과정을 인지 심리학적 측면에서 심층적으로 이해하고자 하였다. 연구 결과 스포츠교육 초보운영 교사의 사고에 가장 큰 영향을 준 것은 '효율성'이었으며, 초보 스포츠교육 운영 교사는 교사 중심적 종목 선정, 수렴적 사고에 의한 계획 수립, 환원적 사고를 바탕으로 한 시즌 운영, 반성과정을 통한 시즌의 외형적 세련화의 사고를 갖고 있음을 발견하였다. 김무영(2006)은 그의 박사학위 논문으로 '스포츠교육 수업 운영에서의 체육교사 사고과정 이해'를 연구하였다. 스포츠교육모형의 초보운영 교사와 경력 교사의 스포츠교육모형의 계획, 실행, 반성과 관련된 사고과정을 비교, 분석함으로써 두 교사의 스포츠교육 운영 전반에 관련된 사고과정을 심층적으로 기술하였다. 그 결과 초보운영 교사는 광범위한 정보를 수집하고 수집된 정보를 목적에 따라 걸러내는 수렴적 사고과정을 거쳐 환원적 사고과정으로 수업을 운영을 하였고, 경력운영 교사는 수렴적 사고과정을 통해 시즌 계획을 세우고 확산적 사고과정으로 수업을 운영하였다. 그리고 두 교사 모두 반성적 사고를 하고 있다는 것을 발견하였다.

 이처럼 스포츠교육모형을 적용하고 있는 체육교사의 사고과정에 관한 연구가 새로운 연구 관점으로 떠오르면서 지금까지는 교사들의 사고과정에서 공통된 부분이 무엇인가를 밝혀내고자 하는 연구였다면 앞으로는 '교사들에게 왜 그러한 사고과정이 일어났는가?'와 관련하여 이를 밝혀내는 심층적 연구 및 다양한 학습 환경적 조건과 관련하여 변화되는 교사의 사고과정 등과 관련된 연구들이 계속 수행될 것으로 기대된다.

5. 접근경향성, 학습성향, 젠더, 실행연구 등

　최근의 스포츠교육과 관련된 연구는 학생들의 스포츠교육 체험을 바탕으로 양적연구에서 밝혀낼 수 없었던 부분을 질적인 연구방법을 사용하여 분석하기 시작하고 있다. 특히, 체육수업에서 스포츠교육모형의 적용을 중심으로 교사, 학생, 환경적 요소 등 전체적인 수업상황을 총체적으로 이해하려는 분위기와 함께 학교 현장에 더 잘 적용하도록 하기 위하여 어떠한 노력이 기울여져야 할 것인가에 대한 고민을 하기 시작하였다.
　강문석(2005)은 '스포츠교육모형을 적용한 초등학교 간이 야구의 접근 경향성'을 연구하였는데, 연구방법으로는 참여관찰, 수업에 대한 VTR촬영, 심층면담, 관련문서 등을 주된 자료수집 방법으로 사용하였다. 연구 결과, 스포츠교육모형을 적용한 초등학교 간이야구 수업은 학생들의 체육학습에 대한 접근 경향성의 특성을 갖는 것으로 나타났으며, 이러한 특성은 경험, 목표, 팀, 규칙, 절차, 환경 요인에 의하여 나타나는 것으로 분석되었다. 학생들의 학습성향에 대하여 유정선(2006)은 '스포츠교육모형을 적용한 초등학생의 학습성향'을 분석하였다. 이 연구는 스포츠교육모형을 적용하여 초등학생의 학습 성향을 질적으로 분석함으로써 스포츠교육모형과 초등학생의 학습 성향과의 관계를 심층적으로 이해하고자 한 연구이다. 연구결과, 교사의 선호도에서는 '멋진 선생님, 친근한 선생님, 동행하는 선생님'으로 범주화가 되었으며, 교과 선호도에서는 '즐거운 체육, 자신감 있는 체육, 도전하는 체육'으로 범주화 되었다. 학습태도는 '자율과 노력, 호기심과 이해, 학원과 운동'과 같이 범주화 되었다고 제시하였다. 김승재와 김진희(2007)는 '스포츠교육모형 실천을 통해 드러난 젠더 관점'을 연구하였는데, 이 연구에서는 스포츠교육모형 연구물에서 논의된 젠더의 개념 및 담론이 어떠한 논리 속에서 현상을 조망하고 있는지 문헌분석을 하였으며, 스포츠교육모형 실천에서 나타난 젠더의 인식과 경험의 기제를 교사와 학생의 관점에서 파악하려는 연구를 하였다. 자료는 2명의 교사와 학생을 대상으로 개방형 질문지, 포트폴리오, 면담 및 비디오 관찰 자료를 수집하였고, 사례간의 상호관련분석 방법으로 분석하였다. 스포츠교육모형에서 젠더 맥락을 엿볼 수 있는 요인으로 교사의 언어, 학생역할 실천, 젠더 공평의 측면을 들고 이를 논의하였다. 최원준(2006)은 그의 박사학위 논문인 '초등학교 체육수업을 위한 스포츠교육의 실행연구'에서 연구결과를 다음과 같이 제시하고 있다. 첫째, 교사는 스포츠교육모형 실행을 통해 도전과 갈등을 경험하였지만 그 속에서 변화와 희망의 정체성을 형성하고 있었다. 둘째, 학생들은 스포츠교육을 구체적인 학습 경험, 팀 활동, 직접 체험, 역할 경험, 자율적인 체육수업의 의미로 이해하고 있었다. 셋째, 스포츠교육 수업에 대한 학생들의 의미는 시즌이 진행될수록 긍정적으로 변화되었다. 넷째, 스포츠교육의 실행은 즐겁고 의미 있는 좋은 체육수업의 사례였다. 다섯째, 스포츠교육 수업이 잘되기 위해서 교사는 다양한 아이디어로 무장한 부지런한 실천가가 되어야 한다고 밝히고 있다. 또한, 교사의 연구에 대한 신념과 개인적 이데올로기에서 벗어나 개방과 실천의 학교문화를 만들어야 한다고 제안하였다. 최원준과 김진희(2007)는 '학생의 스포츠교육 수업에 대한 체험'을 연구하였다. 그들은 초등학교 6학년 32명을 참여자로 1년 동안 육상과 네트형 게임 시즌을 운영하였다. 교육과정을 재구성하여 시즌 계획을 수립하고 다양한 학습경험을 제공하였으며, 학생들은 개인 역할을 팀 중심으로 활동하였다. 학생들은 체험은 시즌 초반에 부담, 갈등, 다툼, 짜증, 승리, 열광으로 나타났으며 중후반에는 즐거움, 성취감, 열정, 협동, 참여, 반성의 변화가 있었다. 학생들은 두 시즌의 수업 결과는 스포츠교육을 생생한 학습경험, 팀과 역할이 있는 수업, 직접 체험하는 수업, 자율권 보장 수업으로 이해하였다. 김진영(2008)은 '스포츠교육모형 적용 사례 연구'를 하였는데 스포츠교육모형을 도입하여 그 적용 과정을 도입·실행 과정으로 나누어 심층적으로 분석하였다. 교직 경력 6년째인 체육교사 3명이 연구참여자로 선정되었는데, 연구결과 특이한 사실은 스포츠 교육모형을 적용하는 체육교사의 가장 큰 갈등 요인은 동료 교사인 것으로 나타났다. 교사가 열의를 가지고 스포츠교육모형 등 다양한 수업을 시도하려고 할 때, 개방적이며 수용적인 태도를 가진 동료 교사는 긍정적으로 받아들이기 때문에 오로지 수업 자체에 대한 고민과 노력만이 필요한데 비해 비판적이며 비수용적 태도를 가진 동료교사와의 관계에서는 수업에 대한 고민과 노력보다 동료 교사를 설득하기 위한 기나긴 갈등이 뒤따르며 결국 내실 있는 수업을 하기 위한 교사의 노력이 시도로만 끝날 수도 있다고 하였다. 이것은 수업을 도입하고 실행하는데 있어 동료 교사가 얼마나 중요한 요인으로 작용하는지 보여준다. 반면, 부정적 측면으로는 소외되는 학생들, 팀 점수의 불합리성, 규칙변형에서 오는 혼란 및 시간의 부족인 것으로 나타났다. 이러한 문제는 다양한 수업 방법 연구를 통해 해결될 수 있을 것이라고 제안하고 있다.

Ⅴ 스포츠교육모형에 관한 국외 연구

Siedentop이 스포츠교육모형에 대한 연구를 하기 시작한 1980년대 중반 이후부터 미국을 포함한 외국의 다른 나라들 특히 영국, 호주, 뉴질랜드 등의 국가에서(1990년대부터) 활발하게 스포츠교육모형에 대한 연구가 수행되었으며 현재까지 꾸준하게 이루어져 오고 있다. 2000년대 들어서 최근에는 러시아(Hastie & Sinelnikov, 2006), 아일랜드(McMahon & MacPhail, 2007) 등의 국가에서도 스포츠교육모형에 대한 관심을 가지고 연구를 하고 있다.

Siedentop(2002)은 저명한 스포츠교육학 저널지인 Journal of Teaching in Physical Education 21권 4호에서 특집 주제로써 스포츠교육을 회고한 논문에서 지금까지 약 50개의 논문이 체육교육 분야에서 지속적으로 출판된 점을 들면서, 스포츠교육이 체육교육에 많은 부분 기여한 점에 주목하고 있다. 특히, 현장중심 연구수행을 통해 교사들의 이해를 돕고 보다 합리적인 시즌 계획 방법에 대한 구체적인 가이드의 제공은 스포츠교육의 장점을 분명하게 해준 실증자료이며, 이러한 스포츠교육 틀 안에서 올바른 학생평가의 대안제시가 분명하게 이루어지고 있음을 들고 있다(Hastie, 1998c; Kinchin, 2001b; Kirk & Kinchin, 2003, 재인용: 최희진 외, 2004). 뉴질랜드의 Grant(1992)는 스포츠교육모형이 뉴질랜드의 체육교육에 기여할 바가 많다고 하였는데, 뉴질랜드의 여러 고등학교에서는 체육수업에 스포츠교육모형을 적용하는 국가 프로젝트가 진행되기도 하였다. 미국에서는 스포츠교육모형을 적용한 수업에서 시즌동안 학생들이 선수와 선수 이외의 다양한 역할(기록원, 통계원, 심판, 코치 등)을 수행함으로써 스포츠에 대하여 많은 지식을 쌓고, 의사결정 능력을 기를 수 있음을 밝히는 연구가 수행되었다(Hastie, 1996). 또한, Carlson & Hastie(1997)에 의한 연구에서는 스포츠교육모형을 통하여 학생들의 사회적 시스템에 어떠한 변화를 가져오는가에 대한 연구를 하였는데 그 결과 학생들은 네 가지의 변화를 보였다고 하였다. 첫째, 학생들이 스포츠교육을 통하여 팀웍이나 협동과 같은 발달을 강조한 사회화 과정에서의 변화를 보였고, 둘째, 리더십과 협동과 같은 개인 및 사회적 발달의 기회에서의 변화, 셋째, 경쟁의 개념변화인데 이는 시합에서의 우승이 더 중요한 것이고 그래서 학생들을 더욱 노력케 하는 '경쟁'이란 것의 근본적인 개념에 대해 학생들의 생각이 바뀌게 된 변화, 넷째, 학생들이 체육 수업 내에서 학습을 바라보는 방법의 변화를 가져왔다고 하였다.

스포츠교육모형이 학생들의 참여나 팀웍 등만을 강조하여 운동기술이나 전략을 학습하는 측면에서 전통적 체육수업에 비하여 부족하지 않을까하는 우려에 대하여 Hastie(1998b)의 '스포츠교육 시즌동안 운동 기술 및 전략의 발달' 연구는 우리에게 시사점을 제공해 준다. 그는 한 시즌을 30시간의 스포츠교육모형 수업으로 운영하면서 한 팀에 소속된 6명의 학생들을 관찰한 결과 프리스비 시즌에서 학생들이 게임 선정과 실행의 측면에서 더 나은 향상을 보였다고 하였다. 농구 시즌에서도 전통적 체육수업보다 스포츠교육모형 시즌에서 더 나은 게임 수행이 이루어졌음을 관찰하였다. 스포츠시즌에서 운동기술과 전략이 발달하게 된 이유로 먼저 스포츠시즌의 길이가 학생들이 운동기술과 전략을 익히기에 결정적으로 충분한 시간을 제공하기 때문임을 밝혔으며, 두 번째로, 한 팀에 소속한 학생들이 자신의 운동기술과 전략을 팀 안에서 자연스럽게 익힐 수 있었다고 하였다. 운동기술 수준이 낮은 학생조차도 그들은 자신이 게임에서 소외되었다고 생각하지 않았으며, 운동기술을 익히는데 잘하는 학생들과 동등한 기회를 가지고 있다고 말하였다. 또한, 스포츠교육모형 시즌동안 운동 기능이 높은 학생과 낮은 학생 모두 신체활동 수준과 기능이 발달했으며, 전술과 전략을 이해하고 사용하는 능력이 향상되었다는 연구 보고가 있다 (Clarke & Quill, 2003; Hastie & Trost, 2002).

그렇다면 실제 스포츠교육을 경험한 외국의 학생들은 스포츠교육을 어떻게 인식하고 있을까? 호주의 Alexander와 그의 동료들(1993)의 연구에 의하면 학생들은 스포츠교육이 매력적인 교육과정 및 수업모형이라고 하였으며, 이전 전통적 체육 시간보다 스포츠교육을 더 선호하는 경향을 보이는 것으로 조사되었다. 일부 학생들은 선생님들이 계속해서 미래의 체육수업에 스포츠교육모형을 사용했으면 좋겠다는 의견도 보이는 것으로 조사되어 스포츠교육에 대한 학생들의 인식은 긍정적이라고 할 수 있다. Hastie(1998a)는 초등학교 6학년 학생들에게 플로어하키 수업을 하면서 스포츠교육모형을 적용하여 학생들의 참여와 인식을 알아보았다, 그 결과, 비록 남학생들이 심판이나 코치의 역할을 맡으면서 독단적인 의사결정과 파워를 보였음에도 불구하고 여학생들은 남학생과 혼성으로 수업을 한 것에 대해 즐거움을 표시했으며, 수업에서 책임감이 늘어났다고 하였다. 영국의 Kinchin과 그의 동료들(2004)은 남학교 세 학급 총 96명을 대상으로 15시간 동안을 축구, 럭비, 농구로 스포츠교육을 실시한 후 스포츠교육의 많은 요소 - 팀 구성, 역할 담당, 학습에 대한 능동적 태도 - 에 관한 남학생들의 인식을 조사하였다. 그 결과 남학생들의 반응은 스포츠교육에 대해 긍정적인 것으로 나타났다.

스포츠와 스포츠교육의 개념에 대한 학생들의 인식을 알아보기 위하여 MacPhail, Kinchin, & Kirk(2004)는 영국의 한 초등학교에서 스포츠교육모형을 적용한 시즌을 관찰하였다. 관찰대상은 영국 초등학교 5학년 학생들로서 학교체육 수업에 스포츠교육모형을 적용하면서 스포츠와 학교 사이의 학습 전이의 잠재성에 대해서 조사를 하였다. 자료는 학생들과의 인터뷰 및 그림을 통해서 수집되었으며, 이를 통해 학생들의 스포츠에 대한 인식 및 학교 밖의 스포츠와 그들의 경험, 스포츠교육에 대한 그들의 개념을 알 수 있었다. 결론적으로 학생들의 스포츠교육에 대한 경험과 스포츠의 개념 사이에 양립 가능성을 보여주고 있었다. 또한, 학생들의 스포츠교육 경험 및 인식을 평가하는 도구로서 학생들에게 '그림을 그리도록 한 뒤 그들의 경험과 인식을 평가하는 것'이 과연 적합한 도구인가에 대한 연구가 MacPhail & Kinchin(2004)에 의해 수행되었다. 그들은 영국의 초등학교 5학년 3개 학급 학생 76명을 대상으로 스포츠교육 수업을 실시한 후 학생들에게 프로그램을 통해서 얻은 경험을 그림으로 표현하게 하여 그들의 인식을 파악하고자 하였다. 학생들이 표현한 그림의 내용은 다양했으며, 그 가운데 즐거움에 관한 표현이 가장 많았고, 그 다음 팀웍(유대감), 게임 플레이, 경쟁 순으로 나타났다. 또, 그림을 그린 어떤 학생은 미디어 스포츠를 통해서 받은 외부 영향을 스포츠교육 내용 중의 하나로 표현하기도 했다.

그림 2 팀에서 게임을 하면서 즐거움을 표현한 학생 작품

<그림 2>를 분석해 보면 네 가지의 주제가 그림 속에서 나타나는데, 공과 후프가 분명하게 그려져 있고, 게임에 참가하고 있는 모든 학생들이 웃음을 띠고 있음을 찾아볼 수 있다. 팀 티셔츠(빨강과 파랑)를 통해 팀에 대한 소속감을 볼 수 있고, 공을 던져주는 주장과 학생들간의 모습을 통해 팀웍을 발견할 수 있다. 선수와 볼의 이동 경로를 화살표를 사용하여 표현함으로써 학생들이 게임에 참가하여 연습하는 활동의 모습을 묘사해 놓았다.

그림 3 팀웍을 그린 학생 작품

<그림 3>은 '팀소속'을 알려주는 그림의 예이다. 그림에서 보면 팀웍이라고 커다랗게 써 놓은 글자, 그리고 그림 아래에 써놓은 팀의 이름과 학생들의 티셔츠에 적혀있는 이름 등을 통해 팀웍을 강조한 모습이 보인다. 이 그림을 그린 제인은 스포츠교육모형을 통한 팀웍의 향상이 중요하다고 강조하였다. 이는 MacPhail, Kirk, & Kinchin(2004)의 '스포츠교육: 체육수업을 통한 팀 소속감의 증진'연구에서도 나타난 결과처럼 팀 소속감은 팀의 일원으

로서 학생들의 정체성을 심어주며, 체육수업을 매력적으로 만드는 것이라고 하였다.

MacPhail & Kinchin(2004)의 연구에서 한 가지 재미있는 결과는 가르친 교사에 따라 학생들의 표현된 그림 내용이 두드러지게 다른 양상을 보였다는 것이다. 한 반은 팀 멤버의 역할에 관련된 그림이 많은 반면, 다른 반은 경쟁에서 이기는 그림이 많이 나타났다. 이는 교사가 어떤 것을 중점적으로 가르쳤는지에 따라 학생들의 스포츠교육 경험 인식이 달라질 수 있다는 것을 보여준다.

가장 최근에 국제 저널지에 발표된 연구로 MacPhail, Gorely, Kirk & Kinchin(2008)의 '스포츠교육 시즌동안 어린이들의 즐거움과 재미와 관련된 경험' 연구가 있다. 그들은 학생들이 16주간 팀의 일원이 되면서 스스로 움직이고, 경쟁을 하면서, 팀 동료들과 함께 소속감을 느끼며 즐거움과 재미를 체육수업에서 찾았다고 하였다.

그런가 하면, 교사를 대상으로 스포츠교육모형의 인식에 대한 조사가 호주에서 이루어졌는데, Alexander & Lukeman(2001)은 호주의 초·중등학교 체육교사 377명을 대상으로 스포츠교육모형을 적용한 후 설문 조사를 실시하였다. 교사들이 스포츠교육모형을 어떻게 인식하고 있는지와 스포츠교육모형이 더 나은 학습 결과를 가져온다고 생각하는지를 알아보고자 한 연구이다. 연구 결과, 교사들은 스포츠교육을 통해서 예상했던 학습 결과보다 더 긍정적이고 좋은 교육 결과를 추구할 수 있다고 하였으며, 교사들과 학생들과의 상호작용에 있어서도 스포츠교육을 통해서 불만과 갈등이 해소가 되었다고 하는 등 긍정적 인식을 가지고 있는 것으로 조사되었다. 결론적으로, 스포츠교육이 교사의 질을 한 단계 높이는 좋은 기회를 제공해 주었다고 인식하고 있었다. 또한 교사들은 스포츠교육모형을 통한 다양한 교수방법과 전략을 사용할 수 있어서 자신의 교수법을 향상 시킬 수 있는 좋은 기회였다는 의견을 보인 것으로 조사되었다. 조사 대상 중 80%이상의 교사들은 스포츠교육모형으로 인하여 자신들의 능력에 발전을 가져올 수 있었다고 하였다. 또한, 스포츠교육을 경험한 것이 학교 교육에서 스포츠교육이 왜 필요한지 그 필요성에 대하여 강하게 주장할 수 있는 근거 및 신념을 제시할 수 있는 계기가 되었다고 하여 스포츠교육 모형의 적용이 교사들에게는 상당히 좋은 경험을 할 수 있는 기회였다고 말하였다.

영국은 국가교육과정에서 제시한 단계별 성취결과(achievement)를 스포츠교육 경험을 통해 논의하고자 시도했으며, 첫 결과로써 2003년도에 대표적인 유럽 체육 저널인 European Physical Education Review(vol. 9 no.3)에 스포츠교육 특집호로 7편의 현장연구를 발표하였다. 보다 구체적인 스포츠교육의 영역별 탐구를 위해 수행된 후속연구에서는 현장교사와 대학연구자가 연계하여 교사를 위한 스포츠교육 안내서인 '체육수업에서의 스포츠교육'(Penney, Clarke, Quill, & Kinchin, 2005)이 출판되기도 하였다.

스포츠교육모형의 운영과 관련되어 "스포츠교육의 한 시즌에 적합한 총 시간은 얼마일까?"에 대한 해답을 찾는 연구가 호주에서 수행되었다. 연구 결과, 호주 국가교육과정에서 제안하고 있는 스포츠교육 시즌은 고등학교의 경우 전체적으로 20시간, 즉 10주 동안 1주일에 2시간씩 수행하도록 하며, 일년에 4시즌으로 구성되도록 제안하고 있다(SPARC, 1995). 이러한 제안은 뉴질랜드 10학년 체육수업에 스포츠교육모형을 적용해보는 국가 교육과정 프로젝트에서 비롯되었다(Grant 1992). 그 프로젝트에 시범학교로 참여하기 위해서는 최소 20시간 이상을 지속하는 시즌을 가져야만 했다. 그래서 적어도 고등학교 수준에서는 20시간이 추천된 기준이라고 한다(Mohr, Townsend, & Pritchard, 2006).

스포츠교육에서 학생들의 역할과 책임감은 스포츠교육이 전통적 체육과 구별되는 특성 중 하나이다. 스포츠교육을 통한 학생들의 역할과 책임감에 관련한 연구를 살펴보면, 영국의 Kinchin(2001a)은 20일간의 스포츠교육모형을 적용한 배구 수업에 참여한 운동기능이 높은 한 남학생을 관찰하고 인터뷰하면서 연구한 결과, 스포츠교육모형 초기에 강한 거부감을 나타내었던 이 학생이 시즌이 진행되면서 점점 팀원들을 수용하게 되고, 팀원들과 함께 운동하면서 팀원들을 돕고 격려하는 것에 거부감이 줄어든 연구 결과를 보고하였다. 결과적으로 스포츠교육은 운동 기능이 뛰어난 학생이 스포츠교육을 통하여 운동 기능이 낮은 다른 학생들을 도와

주는 기회를 통하여 배움을 넓히고 자신의 역할의 중요성을 알 수 있도록 해준다는 교육적 효과를 입증시켰다.

　Wallhead & Ntoumanis(2004)는 스포츠교육모형을 통한 학생들의 참여동기 증진 효과를 검증하였다. 영국의 한 남자 고등학교 체육수업에서 스포츠교육으로 수업을 받은 남학생 25명과 스포츠 활동에 기반을 둔 전통적 체육수업 남학생 26명을 선정하여 60분간 8번의 농구수업을 실시하게 하였다. 그 결과, 스포츠교육 수업을 받은 그룹이 비교 그룹보다 지각된 효능감과 과제 참여 및 자율성 영역에서 통계적으로 유의한 향상을 보여주고 있는 것으로 나타났다. 결과적으로 스포츠교육모형을 적용한 체육수업을 받은 학생들은 과제참여에 대한 지각의 향상, 과제 참여의 자율성 향상 등을 통하여 체육수업에 참여하는 동기 유발을 높여주는 것으로 나타났다.

　러시아에서도 스포츠교육모형과 관련된 인식을 조사하는 연구가 진행되었는데 Hastie & Sinelnikov(2006)는 러시아의 한 초등학교 6학년 37명 학생을 대상으로 학생들이 스포츠교육에 어떻게 참여하고, 인식은 어떻게 하고 있는지 알아보았다. 이를 위하여 27년 교직경력을 가지고 있는 교사 1명과 2년 경력의 초임 교사 1명을 선정하여 20명과 17명으로 구성된 반을 각각 한 반씩 맡게 하여 체육수업에 스포츠교육모형을 적용하였다. 수업은 한번에 40분 수업으로 총 18주를 스포츠교육모형으로 운영한 농구 수업을 진행토록 하였다. 비디오 관찰을 통하여 얻어진 연구 결과, 학생들은 기술연습, 연습게임, 정식게임 등에서 남녀의 성차나 운동기술의 차에도 불구하고 모두 똑같이 수업시간에 활발하게 운동 과제 학습에 참여하는 것으로 나타났다. 인터뷰를 통해서 학생들은 코치 역할이 즐거웠다는 것과 더불어 팀 유대감을 발전시킬 수 있어서 좋았다는 의견을 보였다. 설문 조사 결과, 학생들은 농구의 기술을 배우고 농구를 이해하는데 많은 도움이 되었다고 하여 결과적으로 스포츠교육에 대한 러시아 학생들의 인식은 긍정적이었다.

　학교별 연구에서는 초등학교(Bell, 1998), 중등학교(Carlson & Hastie, 1997), 그리고 대학(Bennett & Hastie, 1997)에서의 대표적 선행연구와 함께 보다 심도 깊은 주제들로 접근한 연구들인 운동기능이 낮은 학생의 경험(Carlson, 1995a), 운동기능이 높은 학생의 이해와 팀의 지원(Kinchin, 2001a), 체조, 무용, 배구, 소프트볼, 육상 등의 다양한 종목의 스포츠교육 시즌운영 사례들이 수행되고 있다(Graves & Townsend, 2000; Graves & Townsend, 2000; Kirk & Kinchin, 2003, 재인용)

한편, 체육교사교육에서 스포츠교육모형을 다룬 연구물들을 살펴보면, McCaughtry, Sofo, Rovegno, & Curtner-Smith (2004)는 지금까지 논의가 활발하지 못했던 교사교육에서 예비교사가 스포츠교육을 가르치는 방법을 어떻게 배워가는가에 대해 인지발달 이론을 사용하여 분석하고 있다. 그들은 스포츠교육 가르치기를 통해 스포츠교육에 대한 오해와 교육학적 어려움, 저항에 대해 비평적으로 기술함으로써 체육교사교육자들에게 올바른 스포츠교육 가르치기 위해 무엇이 필요한지 시사점을 주고 있다. 또한, 스포츠교육모형이 체육교사 교육에 있어서 어떠한 영향을 끼치는가에 대한 것으로 아일랜드 McMahon & MacPhail(2007)의 연구를 들 수 있다. 이를 위해 그들은 아일랜드의 체육 교사교육 프로그램을 미래 지향적으로 발전시키는데 있어서 무엇이 필요한지를 알아보는 연구를 수행하였다. 중학교 예비교사 한 명을 선정하여 10주 동안 실제 스포츠교육을 진행하도록 한 후, 예비교사의 학습에 대한 심도 있는 이해와 특별한 사례를 인터뷰와 일지를 통해 알아보았다. 이는 예비교사의 시각에서 스포츠교육을 학습하는데 있어서 학습을 촉진시키는 요소 및 학습 방해 요소가 무엇인지 알아보고자 한 것으로, 예비교사의 일지 및 인터뷰를 통한 자료 수집 결과 예비교사는 실제 수업 과정에서 자신 스스로 스포츠교육에서의 교수 전략이 부족하다고 인식하고 있었던 것으로 나타났다. 스포츠교육모형에 대해 단순히 이론만 학습한 것으로는 실제 학교 현장에서 이를 적용하기 어려웠다고 하였으며, 실제로 스포츠교육모형과 관련된 제 이론을 어떻게 체육수업에 적용하는지와 관련된 방법론 측면을 배우는 것이 매우 중요하다는 인식을 가지고 있었다. 따라서, 스포츠교육모형을 실제로 운영하고 경험해볼 수 있는 실습의 기회가 반드시 필요하다고 하였다. 또한, 스포츠교육모형의 수업에서 학생들에게 역할과 책임을 어떻게 가르쳐야 하는지 방법론적 측면에서 어려움을 느꼈으며, 스포츠교육모형의 특성을 가르치는 것에 대해서도 어려움을 느꼈던 것으로 조사되었다. 이 연구는 스포츠교육모형과 관련된 다양한 교수학습 경험이 체육 교사교육 프로그램에서 제공되어야 할 필요성을 제기하였으며, 특히 스포츠교육모형과 연관된 실제적인 교수 경험이 예비교사들에게 제공되어야 할 것을 제안하였다. 스포츠교육모형의 실습과 관련하여 Kinchin(2003)은 2명의 예비교사를 대상으로 이론수업을 들은 후와 실제로 스포츠교육을 적용해 본 후의 스포츠교육에 대한 인식을 비교해 보기 위한 설문을 실시했다. 이들은 대학에서 이론 중심 수업을 수강한 후에는 스포츠교육에 대해 회의적이었지만, 실제 실습을 통해 스포츠교육을 활용해 보고 나서는 회의적인 시각이 줄어들게 되었음을 보고하였다. 실습교육은 스포츠교육에 대한 이론과 실제 사이의 거리를 좁히는데 매우 중요한 것임이 밝혀졌다.

학교 현장에서는 교육과정 개혁에 대한 요구가 빈번하고 있지만, 학생들의 관점에서 교육과정의 적용 및 평가에 초점을 맞춘 연구물들은 거의 없는 실정이다. 이러한 관점에서 Kinchin & O'sullivan (2003)은 교육과정 개혁의 지지 및 저항의 범위에 대하여 연구하였다. 그들이 연구대상으로 삼은 고등학교는 블록식 교육과정을 운영하고 있었는데 77분간의 수업을 네 블록으로 운영하고 있었다. 체육수업은 필수과목으로 지정되어 있었고, 이 연구에 자원하여 참여한 25명의 학생들은 9학년(10명)과 10학년 학생들(15명)로 체육수업을 일주일에 4일간 참여하고 있었다. 체육교사는 23년간의 티칭 경험을 가지고 있는 경력 교사로서 배구수업을 진행하였는데, '문화적 연구단원'이라 이름 붙인 두 세션의 수업 즉, 스포츠교육모형 세션 과 이론 세션으로 구성된 수업으로 진행하였다. 연구 결과, 학생들은 스포츠교육의 원리 및 사회정의와 같은 비판적 이슈들에 대해서는 상당히 호의적이었으며, 그러한 내용들은 체육에서 적합하다고 여겨졌다. 또한, 교사중심의 수업에서 학생중심의 수업으로 변화된 것에 대해서는 환호하는 모습을 보였다. 하지만, 수업단원의 어떤 측면에서는 표면적인 것과 내부적인 것 둘 다에서 일부 저항이 있었다. 초기에 교실 안에서 앉아서 하는 수업에 대하여, 특히 숙제를 내주는 것 등에 대해서는 저항감을 나타내었다.

　스포츠교육과 관련된 여러 연구 결과들을 자세히 살펴보면, 스포츠교육이 체육수업에서 반드시 긍정적 측면만 가지고 있는 것은 아니라는 사실도 유의해서 보아야 한다. Parker & Curtner-Smith, (2005)는 예비교사 남녀 한명씩 선정하여 시즌을 각 10번씩 총 20번의 축구 시즌을 운영하였다. 그들은 두 가지의 수업 형태로 체육수업을 운영하였는데 6학년 수업에서는 과거의 전통적 다활동 중심 수업 MA(traditional multi-activity)수업, 7~8학년에는 스포츠교육 수업 형태로 나누어 운영하였다. 그들은 수업 내용을 비디오와 SOFIT(System for Observing Fitness Instruction Time)시스템으로 담아서 이를 비교, 분석하였다. 그 결과 스포츠교육을 받은 학생들의 체력 활동 수준은 USDHHS(US Department of Health and Human Service)가 권장하는 체력활동 기준의 50% 수준에도 미치지 못하였다. 반면, MA 수업 시간에는 기준을 조금 넘는 활발한 신체활동 수준을 보였다. 따라서, 학생들의 체력 활동 측면에서는 다활동 중심 수업의 MA 수업이 스포츠교육모형 적용 수업보다 더 적합하다는 연구 결과를 보이고 있다.

　최근 스포츠교육모형 분야에서 활발한 연구를 하고 있는 연구자 중의 하나인 Peter A. Hastie는 미국과 영국, 호주저널에 스포츠교육모형 운영 결과를 소개하였다. 스포츠교육 시즌의 생태통합적 분석(Hastie, 2000), 교사들을 위한 스포츠 시즌 설계 방법(Hastie & Kinchin, 2004), 럭비에서의 전통적 수업과 스포츠교육 수업 비교(Browne, Carlson, & Hastie, 2004)를 통한 교사와 학생의 학습경험, 시즌동안 학생들의 민주적 참여과정에서 나타나는 장점과 한계(Hastie & Carlson, 2004) 등 다양한 관점의 연구들이 수행되고 있어 스포츠교육이 갖는 가능성과 도전을 새롭게 제안하고 있다.

　2000년도에 진행된 스포츠교육 시즌의 생태통합적 분석 연구에서는 시즌을 운영하면서 참여수준이 높은 학생에게는 스포츠교육모형을 유지하기 위해 긍정적인 공헌을 하게 하는 세 가지의 벡터가 있음을 밝혀내었다. 세가지 벡터들은 첫째, 교사들의 운영적 과제 체계, 둘째, 학생의 사회적 시스템, 셋째, 스포츠교육모형과 깊은 관련이 있는 책무성이다. 따라서, 스포츠교육모형은 과거 전통적 체육교육 상황에 비교해 볼 때 다면적 프로그램의 성격을 제공하고 있다고 하였다. 또한 수업모형으로서 협동학습과 전술중심 모형과의 교육적 관계와 정의를 논의(Dyson, Griffin, & Hastie, 2004)하여, 각 모형이 배경과 특징은 다르지만 학생의 적극적인 의사결정, 사회적 상호작용, 인지적 이해 등 교육학적 함의를 공통적으로 강조하고 있는 점을 들어 수업모형의 통합적 검토 작업을 수행하였다.

이상의 연구 결과들을 종합해 보면 Siedentop(2002)이 언급한 것처럼, 연구 결과들은 차이점을 나타내기 보다는 많은 유사점들을 지니고 있다. 다음은 국외 연구결과들을 요약한 것이다(Kirk & Kinchin, 2003).

- 학생들이 전통적인 과거의 체육수업에 참여한 경험과 비교해 볼 때 스포츠교육모형에 참여한 경험은 일반적으로 대부분의 학습자들에게 더 선호되는 것으로 나타났으며(Hastie, 1998b), 이는 스포츠교육모형이 학생 중심의 모형이라는 사실을 지지해 주고 있다.
- 스포츠교육모형의 장점이라고 할 수 있는 팀 소속 및 팀의 일원이 되는 것(팀에 소속하고, 팀에서 친구와 사귀고, 즐거움을 함께 나누는 것)을 겪으면서 학생들은 이와 같은 사회화과정을 즐거워하고 있었다(Carlson & Hastie, 1997).
- 학생들은 자신의 선수외의 역할을 중요하게 여기고, 그 결과로써 더욱 그 역할에 대해서 알려고 노력하는 자세를 보였다(Hastie, 1996).
- 일부 학생들 사이에는 더 높은 수준의 참여가 일어나고 있었다(Alexander et al, 1993).
- 운동기능이 낮은 학생들도 팀 친구들에 의해서 자신을 더 긍정적으로, 그리고 자신이 귀중한 존재임을 느끼게 되었다(Carlson, 1995b).
- 운동기능이 높은 학생들은 자기보다 못한 다른 친구들에 대해 더 참을성이 있게 되었고, 또 그들을 지원해 주는 분위기가 생겨났다(Kinchin, 2001a).
- 스포츠교육모형은 침략형 게임에서 경쟁심을 더 강화시켜 주는 역할을 하였다(Hastie, 1998a).
- 일부 학생들은 자신들이 경험한 것이 의미가 있었으며 신뢰감이 간다고 긍정적으로 평가하였다(Kinchin & O'Sullivan, 2003).
- 교사들은 스포츠교육모형에 긍정적이었다(Alexander & Lukeman, 2001; Grant, 1992).

그런가 하면 2005년에는 그동안 스포츠교육모형과 관련된 연구물들을 리뷰해보는 연구가 등장하였다(Wallhead & O'Sullivan, 2005). 이 연구에서는 스포츠교육모형이 체육교육에서 학생들의 학습에 영향을 끼친 다양한 변인들의 효과에 대하여 최근까지 알려진 연구물들을 종합 리뷰하고 있는데, 이를 위해 스포츠교육모형과 관련된 62편의 저널에 소개된 논문들이 수집되었다. 이 논문들은 두 개의 큰 카테고리로 분류되었는데 하나는 이론적 연구물들로 모두 34편이고, 다른 하나는 데이터에 근거한 경험적 연구물 28편들이다. 28편의 경험적 연구를 리뷰해본 결과 스포츠교육모형은 체육교육과정내에서 학생중심의 학습으로 학생들의 참여를 이끌어내면서 이 모형의 효율성을 강조하고 있었다. 특히, 스포츠교육에서는 학생들이 팀에 소속되면서 학생들의 책무성, 협동심과 상호간의 믿음에 근거한 개인적·사회적 발달을 증진시키고 있었다. 하지만, 스포츠교육모형 내에서 학생들의 리더십은 효율적인 내용 발달 및 동등한 참여를 증진시키는 데 있어서 잠재적 문제거리로써 규정되었다. 앞으로의 연구에서는 체육수업에서 학생이 리드하는 과제 시 동료 상호관계의 역동성 및 그 다음의 학습내용과 운동수행과의 관계를 연구하는 것이 필요하다. 또한, 스포츠교육모형의 이론적 연구물들은 스포츠와 신체활동에 있어 문화적 면들을 더욱 긍정적인 시각으로 볼 수 있도록 하는 잠재력을 지니고 있으며, 제도화된 많은 스포츠에서 지금까지 제외된 이야기들에 도전토록 하는 이론적 근거를 제공해 주고 있다. 또한, 이러한 이론적 주장을 뒷받침해 줄 수 있는 경험적 연구들이 앞으로 필요하다.

VI 다양한 접근을 통한 스포츠교육모형 적용의 예

1. 자전거 타기 수업

그림 4 자전거 시즌의 적용: 안전하게 자전거 타기

 미국에서는 건강을 유지하고 활발한 신체활동을 위해 한때 자전거 타기 붐이 일었으나, 자전거 관련 사고가 점차 늘어남에 따라 안전 의식 고취와 더불어 자전거 타기에 대한 우려의 목소리가 높게 되었다. 이에 몇 학자들(Sinelnikov, Hastie, Cole, & Schneulle, 2005)이 스포츠교육모형을 적용하여 안전하게 자전거를 탈 수 있도록 하는 체육수업을 고안하여 안전하게 '자전거 타기 시즌'으로 총 15차시에 걸친 수업을 진행하였다.
 시즌을 계획하고, 팀 역할을 정하고, 자전거 점검, 자전거 타기 기술 학습, 수신호 등을 이용한 경쟁 및 평가, 심판, 시즌상 수상 등의 활동이 체육수업에서 진행되었다. 시즌 설계에 대해서는 처음 시즌을 계획할 때 최소 15차시에 걸친 시즌 설계를 제안하였으며, 두 번째로 5차시 정도의 미니 시즌으로 3회에 걸쳐 나누어 운영이 가능하며, 다른 학기에서나 다른 학년이 되어서도 시즌을 연결한 수업이 가능하다고 제안하였다. 단, 첫 미니 시즌 중에는 교사와 코치에게 주목해야 하며, 교사는 팀별 연습을 시작하기 전 조직과 활동규칙 등을 준비해야 한다고 제안하고 있다.

이 수업에 참여한 학생과 교사 모두 열정적이었고 자전거 타기를 즐길 수 있었으며, 무엇보다 생명을 지키는데 도움이 되어 큰 의미가 있었다고 보고하였다

표 4 자전거 시즌 수업

수업(차시)	내 용
1차시	오리엔테이션, 수업 목표 설명, 팀 결정, 팀에서의 역할 결정- 주장, 장비담당자(2명), 심판, 안전담당자(2명), 기본적인 자전거 타기 기술 강의, 자전거 점검, 시작과 멈춤
2차시	자전거 점검에 대한 강의, 수신호, 자전거 점검 및 수신호에 대한 연습
3차시	자전거 점검 및 수신호에 대한 연습, 팀연습, 평가기준에 대한 소개, 평가하는 방법 연습
4차시	팀간 경기 - 수신호 및 자전거 점검
5차시	자전거 타는 기술 습득, 장애물 피하는 법 연습
6차시	자전거 타기 컨트롤- 높고 낮은 속도에서 조정하는 법
7차시	팀 연습
8차시	코스 주행
9차시	팀간 경기 - 자전거 조종법
10차시	위급 상황 대처법 강의
11차시	그룹으로 자전거 타는 법 강의, 팀연습
12차시	팀 연습
13차시	팀 연습, 평가 기준의 적용
14차시	팀간 경기 - 팀들간 동시에 자전거 타기
15차시	시상식

 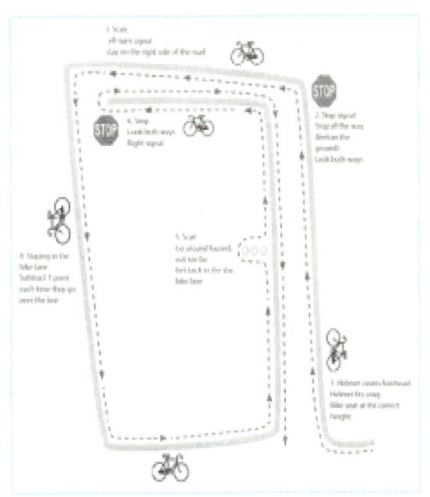

그림 5 수신호 연습(좌)과 팀 주행코스 지도(우)

2. 스포츠교육모형과 체력수업의 통합

앞서 국외 연구에서 살펴 본 바와 같이 Parker & Curtner-Smith(2005)의 연구에서는 전통적 신체 활동 수업을 한 집단에 비해 스포츠교육모형 수업을 적용한 학생들의 체력 활동 수준이 현저히 부족한 것으로 나타났으며 이와 같은 결과는 스포츠교육이 해결해야 할 과제라고 제시하고 있다. 이처럼, 스포츠교육모형이 가지고 있는 다양한 팀 활동과 체험의 장점이 체력을 강화하고 운동기능을 발달시킨다는 체육교육의 전통적 관점을 가지고 있는 사람들의 입장에서는 우려되는 현상으로 보일 수도 있다.

이에 대해 Beaudet, Acquaviva, & Grube(2004)는 스포츠교육모형과 체력 수업을 통합하여 운영하는 것으로 대안을 찾고 있다. 이는 대부분의 학교들이 팀 스포츠의 체육수업을 하고 있으나, 그것이 학생의 건강과 체력에 큰 도움이 되지 않고 있음을 문제점으로 제기하면서, 이것을 극복하는 방법으로 스포츠교육에서 체력운동과 농구기술을 함께 익힐 수 있도록 지도한 사례를 보여주고 있다.

그들은 먼저 예시 단원을 통해 제일 우선적으로 해야 할 활동으로, 교사 주도에서 학생주도의 수업으로 전환되는 스포츠교육의 특징 때문에 '안전의식 확보'를 우선적으로 해야 할 활동으로 제시하였다. 또한 체력 육성과 관련된 구성 요소의 설정에서 이론 및 체력 개념과 관련된 적합한 운동기술에 대하여 일관성을 유지하고 이를 주의하여 제공해야 한다고 하였다. 예를 들면, 수업 내용 중 심폐지구력과 관련하여, 심박수 개념과 FITT의 법칙(Fitt's Law)의 활용하여 심폐지구력을 설명하고 이를 학생들이 사용하도록 하였다. 한 가지 특이한 사항은 여기에서는 스포츠교육을 통해서 체육교육을 받은 학생이라면, NASPE(2004)에서 제시한 6가지 성취기준을 모두 충족할 수 있을 것이라고 제시함으로써 스포츠교육에서 제시한 '유능하고, 박식하며, 열정적인 스포츠인'의 개념을 전적으로 사용하지는 않았다. 이러한 점에서, 교수-학습 모형으로서 스포츠교육이 제시하는 목표가 우선되는 것이 아니라 모형의 틀은 스포츠교육이라 할지라도, 궁극적인 목표는 NASPE에서 정한 6가지 성취기준에 두었다는 것을 눈여겨 볼 수 있다.

Week	Fitness Concepts Focus	Sport Activity Focus	Suggested Activities
1	Introduction to fitness; discuss fitness components	Intro to sport education unit. Unit pre-test. Team selection (draft), captain, strength-conditioning coach roles. Skill & strategy practice.	Passing drills, shooting drills, intrasquad scrimmages; modified games (i.e., 2v2 w/ no dribble)
2	Importance of proper warm-up and cool-down	Continue skill & strategy practice. Introduce officiating, statistician, scorekeeper roles. Play preseason games.	• Preseason practice: captains organize practices, offensive/defensive strategies, preseason scrimmages and games. • Officials' clinic.
3	Discuss cardiorespiratory endurance, FITT principle, target heart rate.	Continue skill & strategy practice. Begin round-robin play. Odd team handles duties. Team fitness score.	• Cardio drills: outlet pass drill, lay-up drills • Begin regular season and continue skill practices.
4	Define muscular strength & endurance. Discuss principles of resistance training, (e.g., frequency/repetitions/sets). Introduce personal-fitness program assignment.	Continue skill & strategy practice. Continue round-robin play.	• Strength camp: upper-body lifts, abdominal exercises, plyometrics • Continue skill practice and season play.
5	Define flexibility, static vs. ballistic stretching, and basic stretching principles, and give examples of inappropriate stretches.	Continue skill & strategy practice. Continue round-robin play.	• Flexibility training: dynamic stretching activities, static stretching (large muscle groups) • Continue skill practice and season play.
6	Assign students the development of a personal fitness program.	Nonelimination tournament, awards ceremony, regular season champs, tournament champs & places, top statistical leaders, fitness champs. Unit post-test.	• Tournament play • Complete personal fitness plans as homework to be turned in.

그림 6 농구 스포츠교육모형 체력단원 구성표

VII 스포츠교육모형 개선을 위한 분석

1. SWOT(Strength, Weakness, Opportunity, Threat) 분석

전통적 수업 장면에서는 교사가 원하는 행동 목표를 학생이 긍정적으로 수용하고 따르지 않을 수도 있다는 점에서 교사의 교수 목적과 학생의 사회적 행동 목표 사이에서 충돌이 발생할 수도 있다. 그러나, 스포츠교육을 통해 수업에 참여하는 학생들은 자발적이고 적극적인 참여로 인하여 스포츠교육을 통해 가치 있는 교육 목표를 달성하며, 또한 팀 참여와 협력 등의 활동들로 인해 자연스럽게 사회화 과정을 경험하게 되고 그것을 성취하게 된다.

SWOT분석은 강점, 약점, 기회, 위협의 네 요소로 구성되어 있으며, 교사는 환경 여건에 따라 4가지 전략(강점-기회 전략, 약점-기회 전략, 강점-위협 전략, 약점-위협 전략)을 변형하여 적용할 수 있다. 한국적 상황에서 자신(스포츠교육)과 외부환경(전통교육 또는 기존교육)에 대한 분석으로, 현재 스포츠교육이 지닌 특별한 장점이나 다른 교육(전통교육이나 기존교육)이 가지고 있지 않은 강점 같은 핵심적인 장점과 단점을 파악하기 위해 학생, 교사, 교육과정 및 교수학습의 세 측면에서 분석해 보았다. 다음 <표 5>의 SWOT 분석결과를 통해서 현재 스포츠교육모형에 대한 타당하고 체계적인 개선 방안을 마련할 수 있다.

표 5 스포츠교육에 대한 SWOT 분석

	강점 (S)		위협 (T)	
학생	• 참여 기회 증가 • 동기유발 • 책임감 배양 • 다양한 역할 및 활동 • 오랜 시즌 기간으로 충분한 학습 • 학생중심 - 자기주도적 수업	학생	• 팀 활동 강조로 인한 내적 몰입 감소 • 체력 및 건강체력 운동의 감소	
교사	• 수업에서 시간 활용도 향상 • 높은 교수타당도 확보 • 실제적이고 다양한 평가 가능	교사	• 방관적 수업 초래 • 현재와 같은 학교 상황에서는 장소 및 시설이 부족하여 운영하기 어려운 모형이라고 여김	
교육과정 및 교수학습	• 교육과정의 목표 현실화 • 타 교과와 통합수업 • 환경 조건과의 경쟁을 통한 교육적 효과	교육과정 및 교수학습	• 지나친 경쟁으로 인한 파행적 수업 초래 가능 • 교사의 수업 운영과 국가 교육과정의 불균형 초래 • 팀 스포츠에 초점, 개인운동 감소	

	기회 (O)		약점 (W)	
학생	• 생애 체육으로의 전이와 확대	학생	• 시즌 기간의 부담 • 성적(입시위주의 현실로 인한 체육 수업 경시)	
교사	• 교사의 학생평가 전문성 신장 • 교수법 향상 • 교사교육의 전문성 향상 • 예비교사교육의 강화 (대학교육과정에서 스포츠교육이 적용된 수업의 경험) • 예비교사의 지도력 향상	교사	• 스포츠교육에 대한 경험 부족 • 교사 경험과 주관에 따라 변형 • 평가 기준 및 척도 부재 • 평가도구 부족 • 교사의 전문성 요구 증가	
교육과정 및 교수학습	• 경쟁을 통한 향상 • 학제간 연계 및 확대로 학문, 연구 분야 발전 가능 • 개인운동 영역의 스포츠교육모형 개발	교육과정 및 교수학습	• 스포츠 종목에 따른 구체적인 교육과정 내용 정립 부재 • 교육과정목표와 평가지침의 일관성 결여	

VIII 스포츠 교육모형의 새로운 관점 및 발전 전망

1. 스포츠교육모형이 통합 교육 측면에서 체육교육에 기여할 수 있는가?

체육교육에서 통합교육(교과 간 연계)의 실현을 위해 "과연 스포츠교육이 해답이 될 수 있는가?"에 대하여 Penny, Clarke, & Kinchin(2002)은 다음과 같이 제안하고 있다. 스포츠에서의 성공은 승리나 패배의 관점이 아니라 스포츠에 대해 긍정적인 태도를 갖추거나 또는 공정한 경기를 치르는 것과 같이 올림픽 정신 또는 스포츠맨십을 학생들이 함양하는 것이며, 학교체육수업은 스포츠교육을 통해 지식과의 연결로 이어져 앞으로의 발전 가능성을 볼 수 있다. 스포츠교육은 무엇을 위해, 그리고 무엇과 연계할 것인가 하는 관점에서는 폭과 방향(확장)차원을 고려해야 하며, 연결과 확장에 관해 '미래는 저절로 발생하는 것이 아니라 만들어진다.'라는 글을 인용하여 교육과정과 현실의 문제를 지속적으로 개선해 나아가야 함을 제시하였다. 또한 통합교육의 실현을 위한 협력의 확대(형성)차원에서 다음과 같은 학교의 협조 즉, '교육행정, 교육과정, 동료교사, 학생, 운동 클럽' 등의 관계가 지속가능한 연결로 이어져야 할 것이라고 하였다.

또한, 스포츠교육모형 실행에 있어 교사의 역할이 중요한데 교사는 교수학습에 있어 폭과 깊이 측면에서 적절한 균형을 이루어야 하고, 교수학습과 평가는 다문화적인 영역으로의 확대해야 하며, 이를 통합교육으로 발전시키도록 해야 한다(Penny & Taggart, 2004). 또한 교사는 새로운 역할과 책임감으로의 교육적 관점의 변화가 필요하며, 학생의 학습을 위해 서로 책임감을 공유하도록 반영해야 하고, 이와 더불어 학교의 적극적인 지원은 성공적인 스포츠교육에 중요한 근간이 될 수 있다.

2. 스포츠교육모형이 체육수업 평가의 개선에 기여할 수 있는가?

현재의 운동 기능이 강조된 평가 시스템으로는 스포츠교육모형에서 학생들의 다양한 활동과 체험을 제대로 평가하기 어렵다. 이러한 관점에서 하나의 대안적 평가방법 중의 하나로 게임분석에 쓰이는 GPAI(Game Performance Assessment Instrument)의 활용을 고려해 볼 수 있다. GPAI는 원래 이해중심게임 모형에서 제안된 평가 방법으로써 게임을 분석하고 평가하는 도구이다. 이는 평가자의 의도에 따라 가지고 있는 구성요소를 평가 상황에서 적절히 활용하여 사용할 수 있어서 스포츠교육모형의 수업에 활용 가능한 평가도구라 할 수 있다.

스포츠교육모형 수업에서 교사는 상대적으로 늘어난 시간적 여유를 평가활동의 개선에 적극적으로 발전시킬 수 있다. 평가 대상은 학생의 기능 평가와 태도 평가 그리고 팀 활동, 팀 또는 개인의 역할 등에 대해서도 가능하다. 평가 방법이나 도구 역시 평가하고자 하는 대상에 따라서 다양한 평가 방법을 모색하고, 이에 알맞은 다양한 평가 도구를 사용하도록 한다. 평가자도 교사만이 아닌 동료평가, 짝평가, 그룹 평가 등으로 다양화 할 수 있어 평가의 종합적 측면에서 볼 때 한층 업그레이드된 평가가 가능하다. 또한, 스포츠교육모형에서는 기록원, 코치, 심판 등과 같은 학생들의 역할이 주어짐으로 해서 교수학습과 동시에 평가가 가능하다. 이것은 평가의 본연의 모습을 회복하게 도움을 줄 수 있으며, 과정평가를 하는데 절대적으로 기여할 수 있다.

3. 스포츠교육모형의 성공적 적용을 위해서 무엇을, 어떻게 해야 하는가?

가) 교사교육에 스포츠교육모형 프로그램 운영

스포츠교육은 체육교육이 발전하는데 큰 공헌을 할 것이며, 그 성공을 위해서는 개념 정의뿐만 아니라 예비교사들과 교사들이 직접 스포츠교육을 경험하고 실제 학교에서 활용할 수 있도록 교사교육 프로그램에서 제공되어야 한다. 스포츠교육모형을 성공적으로 만들 수 있는 요소에 대하여 Taggart & Penny(2004)는 교사교육 측면에서 그 방법을 안내하고 있다. 스포츠교육에서 가장 큰 문제점은 스포츠교육에 대한 기본적인 이해가 부족한 것을 문제점으로 제기하였으며, 이를 위하여 교사교육에서 스포츠교육에 참여하는 학생과 교사의 이해, 시즌 다루기, 학생 및 교사의 시즌 참여 등이 다루어져야 한다고 하였다. 또, Jenkins(2004)는 스포츠교육을 적용하여 교사교육을 운영한 사례로, 스포츠교육을 경험해본 교사가, 또는 대학에서 스포츠교육을 경험한 예비교사가 스포츠교육이 가져다 줄 수 있는 교육적 효과들을 직접 검증하게 될 것이며, 학생들을 향상시킬 수 있는 능력을 갖출 수 있을 것이라고 제시하였다. 결국, 예비교사들이 앞으로 학교에 나아가 수업하기 위한 준비를 잘 갖출 수 있도록 하기 위해서는 체육교사교육 프로그램에서 예비교사들이 다양한 교육과정 모형을 통합하여 운영할 수 있는 지식과 경험을 쌓을 수 있도록 제공해 주어야 한다.

나) 적극적인 팀 활동

스포츠교육이 학생에게 성공적인 수업으로 작용하기 위해서는 학생 스스로 적극적인 팀 활동을 유지해야 한다. 자발적이고 적극적인 팀 활동이 유지되지 못한다면, 수업의 형태적인 관점에서 스포츠교육 수업은 한 순간에 모든 것이 무너질 수도 있다. 따라서 자발적이고 적극적인 참여와 더불어 팀 활동의 유지가 스포츠교육의 성공 요인이라고 할 수 있다. 이러한 적극적 팀 활동을 위해서 필요한 사항은 다음과 같다.

● 부적절한 학생 코치 및 심판으로 인한 문제 해결

학생 코치 및 심판이 모두 긍정적이며, 올바른 판단과 리더십을 지니고 있다고 할 수는 없을 것이다. 부적절한 학생 코치 및 심판은 여러 문제를 발생시킬 수 있다. 팀 내에서 발생하는 학생들 간의 사소한 문제에서부터 다른 팀에게 커다란 피해를 줄 수 있다. 때로는, 학생 코치 및 심판의 단순한 태도상의 문제만이 아니라 그들의 능력이나 자질의 문제가 어려움으로 등장할 수도 있다. 예를 들면, 문제해결능력이 부족하거나 또는 잘못된 판단력으로 인하여 팀원들의 지원을 받지 못하고, 따라서 팀 운영이 미숙하게 될 경우에도 여러 가지 문제가 발생할 수 있다. 게다가 교사와 의사소통 과정에서 교사의 안내를 반복적으로 오해하거나, 내용을 왜곡시키는 경우에도 문제가 발생하게 된다. 따라서, 교사는 학생코치 및 심판을 잘 교육시켜야 할 책임이 있다. 다음은 능력있고 좋은 심판을 만들기 위해 교사가 주도적으로 가르쳐야 할 단계별 심판역할 학습 내용이다.

표 6 능력있고 좋은 심판이 되기 위한 단계별 학습

단 계		심 판
1단계	선수되기	게임에서 학생은 선수이다.
2단계	선생님 따라하기	학생은 교사의 게임진행을 관찰하고 흉내내어본다.
3단계	보조심판	교사가 게임을 진행하고 학생들은 교사의 게임 진행을 보조한다.
4단계	협동심판	학생이 주가 되어 게임을 진행하고 교사는 학생을 보조하며 피드백을 제공한다.
5단계	학생심판	학생이 주도적으로 게임을 진행한다.

● 학생 역할의 점차적 학습

학생들은 스포츠교육모형 수업에서 팀의 일원으로서 다양한 역할을 맡게 되면서, 자기가 속한 팀을 성공적으로 이끌기 위해 강한 책임감을 갖게 된다. 즉, 학생들은 각 시즌의 지속 기간 동안 팀원이 되면서 동시에 코치, 심판, 트레이너, 홍보담당자, 관리자, 주장, 통계학자, 점수기록자 등의 역할을 맡게 된다. 이러한 역할 부여 및 책임감을 학습하는 것은 학생들이 앞으로 성장함에 있어서 그리고 사회생활을 지속 유지하는데 있어 매우 중요한 학습의 한 부분으로 작용하고 기여할 수 있다.

예를 들면, 미국 컬럼버스 여학교 학생들의 경우 학교의 교육 목표는 "학생들이 공공의 선을 위해 협력하고 이성적인 판단을 내릴 수 있는 강하고 독립적인 지도자로 성장하는 것"으로 두고 있다. 이것은 비단 체육교육만이 아닌 컬럼버스 여학교의 전체 교육과정을 통해서 추구하는 교육목표이다. 스포츠교육모형 수업에서 6, 7학년의 학생들은 코치 역할을 통해 팀을 이끄는 리더의 역할을 배우고, 팀원들에게 격려의 말을 해주며, 모든 학생들을 같은 시간 동안 경기에 참여할 수 있도록 시간을 배정하고 운영하는 방법을 배운다. 8학년 학생들은 이 모든 활동과 더불어 시즌을 위한 경쟁의 목표를 계획하는 역할을 하기도 한다. 9학년과 10학년에서 각 팀의 코치들은 시즌을 위한 경쟁을 설계하고, 기술을 가르치고, 훈련을 조직하고 이끌어나가며, 어떻게 팀이 시즌 동안 다양한 수준의 경쟁을 구성해나갈 수 있는지에 대한 결정을 한다. 실제 9학년과 10학년에서의 역할은 책임감이 중요한 요소가 된다. 학생 심판과 같은 역할을 맡은 학생은 게임 상황에서 어떤 규칙을 적용할지 정해야하고 위반자에게 어떤 패널티를 주어야 하는지도 결정하게 되는 등 책임 있는 행동을 하게 된다.

다음 <표 7>은 스포츠교육모형 수업에서 역할을 맡았을 때 학생들의 발달단계(여기서는 학년을 기준으로)에 따라 역할별 학습이 어떻게 이루어질 수 있는가하는 전략적 측면을 보여주고 있다.

표 7 학년별 역할 학습

역할	6~7학년	8학년	9~10학년
코치	팀을 이끌고 격려하기 모든 팀원이 경기를 하도록 확인하기	팀을 이끌고 격려하기 모든 팀원이 경기를 하도록 확인하기 토너먼트 계획하기	팀을 이끌고 격려하기 모든 팀원이 경기를 하도록 확인하기 토너먼트 계획하기 기술 훈련 및 선수의 위치 배정하기 팀 선수 조직하기
주장	게임 현장에서 팀을 이끌고 동기 부여하기 좋은 본보기 보이기	게임 현장에서 팀을 이끌고 동기 부여하기 좋은 본보기 보이기	게임 현장에서 팀을 이끌고 동기 부여하기 좋은 본보기 보이기 게임을 위한 팀 조직하기 분쟁 해결하기
매니저	장비 설치하기 장비 정리하기	장비 설치하기 장비 정리하기	장비 설치하기 장비 정리하기 필요한 장비 목록 작성하기
트레이너	체력 수업 리드하기	체력 수업 리드하기	부상 예방 지도하기 부상 처치하기 물 제공하기 의약품 관리하기
홍보담당	시합 홍보하기 게임 결과 보고하기 스포츠와 관련된 새로운 소식 알리기	시합 홍보하기 게임 결과 보고하기 스포츠와 관련된 새로운 소식 알리기	시합 홍보하기 게임 결과 보고하기 스포츠와 관련된 새로운 소식 알리기 상장 마련하기
통계가	게임이 진행되는 동안 기록 통계하기	게임이 진행되는 동안 기록 통계하기	게임이 진행되는 동안 기록 통계하기 통계기록 시트 만들기 코치에게 통계 기록 보고하기 홍보담당자에게 결과 제공하기
기록원	게임이 진행되는 동안 기록 보존 하기 시간 유지	게임이 진행되는 동안 기록 보존 하기 시간 유지	게임이 진행되는 동안 기록 보존하기 시간 유지 규칙 알기 게임을 전체적으로 관리하기
심판	게임 심판하기	게임 심판하기	게임 심판하기 규칙 지도하기 게임에 적합하도록 규칙 변경하기

다) 기타

이밖에도 스포츠교육을 성공적으로 이끄는데 교사가 고려해야 할 사항들은 다음과 같다.

- 교육과정의 범위는 다양한 활동들을 가르칠 수 있도록 포괄적이어야 한다.
- 모든 교사가 모든 스포츠를 가르치는 것은 아니다. 스포츠교육모형 수업에서 교사는 자신의 흥미와 경험으로 구성된 특정 스포츠에 초점을 둘 수 있다.
- 시즌 시작 전에 스포츠맨십, 책임감 등에 대해 가르쳐야 한다.
- 경쟁이 지나치게 강조될 경우 파행적으로 운영될 가능성이 있으므로 주의한다.
- 다른 팀의 학생들과 잘 어울릴 수 있는 환경을 마련한다.
- 소속된 팀에 관심과 애정을 갖도록 지도한다.
- 연습이 효과적으로 이루어지도록 지도한다.
- 교과 내용을 체계적으로 발달 단계에 맞도록 전달해야 한다.
- 긴 시즌의 기간이 일부 학생에게 부담이 될 수 있다.

요약해서, 앞으로 스포츠교육모형의 성공 여부는 스포츠교육에서 강조하고 있는 두 가지 전제 조건을 잘 해결할 수 있는가에서 찾아볼 수 있다. 첫 번째는 바로 적극적인 참여이다. 학생들의 자발적이고 적극적인 참여가 필요하다. 이것은 자연스럽게 두 번째 전제 조건인 경쟁으로 이어지게 된다. 학생들은 스포츠교육모형의 체육수업에서 다른 동료 학생이나 다른 팀과의 직접적인 경쟁을 통해 적극적으로 참여하게 되는 것이 아니라, 수업에서 주어지는 여러 가지 상황이나 조건들(장애, 제약, 규칙, 기능의 향상, 인지적 발달, 정의적 성숙 등)에서의 어려움을 극복하고 이를 해결해내는 과정에서 교육적 목표들을 성취해야 한다. 그러한 과정에서 다른 팀보다 앞서 해결하거나, 보다 더 우수하게 해내기 위해 노력하는 과정이 2차적인 경쟁으로 관찰되는 것임을 학생들이 이해 할 수 있도록 가르치는 것이 한국에서 스포츠교육을 보다 성공적인 교육 모형으로 발전할 수 있도록 만들어줄 것이다.

참고 문헌

강문석(2005). **스포츠교육모형을 적용한 초등학교 간이 야구의 접근 경향성**. 한국교원대학교 석사학위논문.
강신복, 손천택, 곽은창(1995). **체육학습 교수법**. 서울: 보경문화사.
강신복, 최의창(1997). 스포츠교육학 연구의 발전과 전망. 한국스포츠교육학회지. 4(2), p.29-54.
강일, 조순묵(2000). **스포츠교육모형이 초등학생의 정의적 영역에 미치는 영향**. 한국교원대학교학교보건체육연구소.
김무영(2006). **스포츠교육 수업 운영에서의 체육교사 사고과정 이해**. 인하대학교 박사학위논문.
김무영, 조미혜(2006). 스포츠교육 초보 운영교사의 사고과정 이해. 한국스포츠교육학회, 13(1).
김세호(2006). **스포츠교육모형을 적용한 소프트볼 수업이 수업만족도에 미치는 영향**. 중앙대학교 석사학위논문.
김승재, 김진희(2007). 스포츠교육모형에서의 젠더 관점. 한국체육학회지 2007, 제46권 제1호 377-390.
김인희(2004). **스포츠교육모형 적용 핸드볼 수업의 효과**. 인천대학교 석사학위논문.
김진영(2008). **스포츠교육모형 적용 사례 연구**. 한국교원대학교 석사학위논문.
김진오(2008). **초등학교 축구수업의 스포츠교육모형 적용효과**. 강원대학교 석사학위논문.
김진희, 최희진, 조미혜, 김택천(2004). 우리나라의 스포츠교육 프로그램: 시즌 설계와 운영 사례. 한국스포츠교육학회지, 11(3) 29-65.
노승수(2007). **스포츠교육모형 수업에서 평가 사례연구**. 인하대학교 석사학위논문.
문호준(1998). **스포츠교육모형의 중등체육수업 사례연구**. 서울대학교 대학원 박사학위논문.
문호준, 조남용(2004). 스포츠교육모형을 활용한 체육수업에서 심동적 영역 평가에 대한 네러티브 연구. 한국스포츠교육학회지, 11(3).
민동식(2005). **스포츠교육모형 적용을 통한 태도 개선 연구**. 대구교육대학교 석사학위논문.
민형규(2003). **스포츠교육모형이 고등학생의 체육학습에 미치는 효과**. 한국교원대학교 석사학위논문.
박용건(2001). **중학교 체육수업에 스포츠교육모형을 적용한 수행평가 사례 연구**. 서강대학교 석사학위논문.
박이수(2003). **스포츠교육모형에 기초한 넷볼 수업의 교육 효과**. 인천대학교 석사학위논문.
박태진(2003). **스포츠교육모형을 통한 체육수업이 정의적 영역 발달에 미치는 영향**. 공주대학교 석사학위논문.
배현배(2005). **스포츠교육모형을 적용한 소프트발리볼 수업이 여중생의 정의적 영역에 미치는 영향**. 서울시립대학교 석사학위논문.
백정기(2005). **스포츠교육모형을 적용한 체육수업 활성화 방안**. 금오공과대 석사학위논문.
송기명(2000). **초등체육수업에 스포츠교육모형의 적용**. 인천대학교 석사학위논문.
심순옥(2001). **스포츠교육모형을 적용한 수업방식이 혼성 체육수업에 미치는 영향**. 인천대학교 석사학위논문.

안경찬(2007). **스포츠교육모형을 적용한 체육수업과 여고생들의 수업 만족도와의 관계**. 서울시립대학교 석사학위논문.
양정모(2003). **스포츠교육모형을 통한 초등학생의 체육수업 인식변화**. 한국교원대학교 석사학위논문.
유정선(2006). **스포츠교육모형을 적용한 초등학생의 학습성향 분석**. 공주대학교 석사학위논문.
이계순(2001). **스포츠교육모형 체육수업에 대한 학생들의 인식분석**. 한국교원대학교 대학원, 석사학위논문.
이나미(2003). **스포츠교육모형을 적용한 티볼(Tee-ball)수업개발**. 숙명여자대학교 석사학위논문.
이승배(2006). **스포츠교육모형 수업이 고등학생들의 운동 태도에 미치는 영향**. 단국대학교 석사학위논문.
이재우(2003). **스포츠교육모형의 적용을 통한 초등체육수업의 효율적 지도**. 인천대학교 석사학위논문.
이종기(2002). **스포츠교육모형이 농구의 기본기능과 경기기능에 미치는 효과**. 중앙대학교 석사학위논문.
임영택(2006) **스포츠교육모형의 적용이 중학생의 내적동기, 자기효능감, 집단응집력에 미치는 영향**. 연세대학교 석사학위논문.
임현주(2004). 스포츠교육모형 적용에 대한 체육교사의 사고과정, **한국스포츠교육학회지**, 11(3), 85-102.
정병모(2006). **스포츠교육모형이 축구의 기본기능과 경기기능에 미치는 효과**. 중앙대학교 석사학위논문.
정순섭(2007). **초등체육수업에서 스포츠교육모형 적용이 학습 영역에 미치는 효과**. 한국교원대학교 석사학위논문.
조미혜 역(2002). **스포츠교육**. 서울: 대한미디어.
조미혜, 김진희, 최희진, 문호준, Penney(2005). **학교체육 개선을 위한 스포츠교육**. 무지개사.
조병엽(2002). **스포츠교육모형을 적용한 400m이어달리기 수업 효과**. 국민대학교 석사학위논문.
조영원(2004). **변형 스포츠교육모형이 초등체육수업 참여와 성취도에 미치는 영향**. 경인교육대학교 석사학위논문.
최원준(2006). **초등학교 체육수업을 위한 스포츠교육 실행연구**. 경북대학교 박사학위논문.
최원준, 김진희(2004). 스포츠교육 모형을 통한 운동기능이 낮은 여학생의 체육수업 참여 과정 분석. **한국체육학회지**. 43(5), p.217-227.
최원준, 김진희(2007). 학생의 스포츠교육 수업에 대한 체험. **한국체육학회지**, 46(3), 135-148.
최희진, 조미혜, 김진희, Targart, Penney, 한명선, 남기엽, 최원준(2004). 체육수업 개선을 위한 스포츠교육 실행: 한국·호주 협동연구. **한국스포츠교육학회지**, 11(3), 7-28.
하의진(2006). **스포츠교육모형을 적용한 체육수업이 중학생들의 심동적, 인지적, 정의적 영역에 미치는 영향**. 서울시립대학교 석사학위논문.
한광희(2000). **스포츠교육모형을 통한 배구 수업의 효율적 학습지도**. 한국교원대학교 석사학위논문.
한명선(2007). **스포츠교육모형의 여고생 체육수업 실천 사례 연구**. 서울대학교 석사학위논문.
Alexander, K & Lukeman, J. (2001). Australian teachers' perception and uses of the sport education curriculum model. *Eropian Physical Education Review. 7(3),* 243-267.
Alexander K., Taggart, A. & Medland, A. (1993). Sport education and physical education: Try before you buy. *ACHPER, 40(4),* 16-23.
Beaudet, B., Acquaviva, J., & Grube, D. (2004). Take sport education a step further : add fitness. *Journal of Physical Education, Recreation, and Dance. 75(9),* p.39-50.
Bell, C. (1998). Sport education in the elementary school. *Journal of Physical Education,*

Recreation and Dance, 69(5), 36-39,48.

Bennett, G. & hastie, P. (1997). A sport education curriculum model for a collegiate physical activity course. *Journal of Physical Education, Recreation and Dance, 68(1), 39-44.*

Browne, T., Carlson, T. & Hastie, P. (2004). A comparison of rugby seasons presented in traditional and sport education formats. *European Physical Education Review, 10(2), 199-214.*

Brunton, J. (2003). Changing hierarchies of power in physical education using sport education, *European Physical Education Review, 9(3), 267-284.*

Carlson, T. B. (1995a). Now I think I can : The reaction of year eight low-skilled students to sport education. *ACHPER Haelthy Lifestyles Journal, 42(4);6-8.*

Carlson, T. B. (1995b). We hate gym: Student alienation from physical education. *Journal of Teaching in Physical Education,* 14,467-477

Carlson, T. B. & Hastie, P. A. (1997). The students social system within sport education. *The Journal of Teaching in Physical Education, 16, 176-195.*

Clarke, G. & Quill, M. (2003). Researching sport education in action: a case study. *European Physical Education Review, 9(3), 253-266.*

Curtner-Smith, M. D., Hastie, P. A., & Kinchin, G. (2008). Influence of occupational socialization on beginning teachers' interpretation and delivery of sport education. *Sport, Education and Society. 13(1), p.97-117.*

Dyson, B. & Griffin, L. & Hastie, P. (2004). Sport education, tactical games, and cooperative learning: theoretical and pedagogical considerations. *Quest, 56(2)* 226-240.

Garrett, R., & Wrench, A. (2008). Connections, pedagogy and alternative possibilities in primary physical education. *Sport, Education and Society. 13(1), p.39-60.*

Grant, B.C (1992). Intergrating sport into the physical education curriculum in New Zealand secondary school. *Quest, 44, 304-316.*

Graves, M.A., & Townsend, S. (2000). Applying the sport education curriculum model to dance. *Journal of Physical Education, Recreation and Dance, 71(8), 50-54.*

Hastie, P.A (1996). Student role involvement during a unit of sport education. *Journal of Teaching in Physical Education, 16(1), 88-103.*

Hastie, P.A (1998a). The participation and perception of girls within a unit of sport education. *Journal of Teaching in Physical Education 17(2), 157-171.*

Hastie, P.A (1998b). Skill and tactical development during s sport education season. *Research Quarterly for Exercise and Sport, 69(4), 368-379.*

Hastie, P.A (1998c). Applied benefits for sport education model. *Journal of Physical Education, Recreation and Dance. 69(4), 24-26*

Hastie, P.A (2000). An Ecological Analysis of a Sport Education Season. *Journal of Teaching in Physical Education 19(3).*

Hastie, P.A. & Carlson, T. (2004). The infusion of participatory democracy in a season of sport education. *ACHPER Healthy Lifestyles Journal, 51*(1), 17-20.

Hastie, P. & Kinchin, G. (2004). Design a Season of Sport Education. *The British Journal of Teaching in Physical Education, Spring,* 14-18.

Hastie, P.A & Mowling, C & Brock, SJ. (2006). Fourth Grade Students' Drawing Interpretation of a Sport Education Soccer Unit. *Journal of Teaching in Physical Education 25(1)*.

Hastie, P.A & Sinelnikov, O.A. (2006). Russian students' participation in and perception of a season of sport education. *European Physical Education* Review *12(2), 131-150*.

Hastie, P.A & Trost, S. G. (2002). Student physical activity levels during a sport education saeson, *Pediatric Exercise Science, 14, 64-74*.

Jenkins, J. M.(2004). Sport Education in a PETE Program. *Journal of physical Education, Recreation, and Dance. 75(5), p.31-36*.

Kinchin, G.D. (2001a). A high skilled pupil's experience with sport education. *The ACHPER Haelthy Lifestyles Journal, 48(3-4)*, 5-9

Kinchin, G.D. (2001b). Using team portpolios in sport education season. *Journal of Physical Education, Recreation and Dance. 72(2), 41-44*

Kinchin, G.D. (2003). Sport education at the student teacher. *PE and Sport Today, 13, 40-42*.

Kinchin, G.D., & O'Sullivan, M. (2003). Incidencies of student support for and resistance to curricular innovation in high school physical education,. *Journal of Teaching in Physical Education,* 22(3), 245-260.

Kinchin, G., Penney, D., & Clarke, G. (2001). Teaching the national curriculum physical education: try sport education. *British Journal of Teaching Physical Education, 32*(2), 41-44.

Kinchin, G., Quill, M., & Clarke, G. (2002). Focus on Sport Education in Action. *The British Journal of Teaching Physical Education, 33*(1), 10-12.

Kinchin, G., Wardle, C., Roderick. S., & Sprosen, A. (2004). A survey of year 9 boys perceptions of sport education in one English secondary school. *The Bulletin of Physical Education, 40*(1), 27-40.

Kirk, D. & Kinchin, G.(2003). Situated learning as a theoretical framework for sport education. *European Physical Education* Review, *9*(3), 221-235.

MacPhail, A., Gorely, T., Kirk, D. & Kinchin, G. (2008). Childrens experiences of fun and enjoyment during a season of sport education. *Research Quarterly for Exercise and Sport. 79(3) 344-355*.

MacPhail, A. and Kinchin, G.D. (2004). The use of drawing as an evaluative tool: student's experience of sport education. *Physical Education and Sport Pedagogy, 9(1), 87-108*.

MacPhail, A., Kinchin, G., & Kirk, D.(2003) Students' conceptions of sport and sport education, European Physical Education Review, 9(3), 285-299.

MacPhail, A., Kirk, D & .Kinchin, G. (2004). Sport education : Promoting team affiliation through physical education. *Journal of Teaching in Physical Education,* 23(2), 106-122.

McCaughtry, N., Sofo, S., Rovegno, I. & Curtner-Smith M. (2004). Learning to teach sport education: misunderstandings, pedagogical difficulties, and resistance. *European Physical Education Review, 10*(2), 135-155.

McMahon, E. and MacPhail, A. (2007). Learning to teach sport education: The experience of a pre-service teacher. *European Physical Education Review 13(2)*, 229-246.

Mohr, D. J., Townsend, J. S., & Pritchard, T. (2006). Rethinking Middle School Physical Education- Combining Lifetime Leisure Activities and Sport Education to Encourage Physical Activity. *Physical educator. 63(1), p.18-29.*

National Association for Sport and Physical Education(NASPE) (2004). Moving into the future: National Standards for Physical Education (2nd edition). AAHPERD. St. Louis: Mosby-Year Book, Inc.

Ntoumanis, N.(2004). Effects of sport education intervention on students' motivational responses in physical education. *Journal of Teaching in Physical Education. 23,* 4-18.

Oslin, J. (2002). Sport Education: Cautions, Considerations, and Celebrations. *Journal of Teaching in Physical Education,* 21, 419-426.

Parker M. B & Curtner-Smith, M. D (2005). Health- related fitness in sport education and multi-activity teaching. *Physical Education and Sport Pedagogy. 10(1) ,* 1-18

Penny, D., Clarke, G., & Kinchin, G. (2002). Developing Physical Education as a 'Connective Specialism'- Is Sport Education the Answer?. *Sport, Education and Society. 7(1), p.55-64.*

Penney, D., Clarke, G., Quill, M. & Kinchin, G. (2005). *Sport Education in Physical Education: Research-based,* practice. London: Routledge.

Penny, D., & Taggart, A. (2004). Key challenges in the development of sport education: Primary and middle school teachers' exprinences. 한국스포츠교육학회지. 11(3), p.117-134.

Sheri J, Perter A. Hastie (2006). Fourth Grade Students' Drawing Interpretations of Sport Education Soccer Unit. *The Journal of Teaching in Physical Education, 25(1).*

Siedentop, D. (1994). *Sport education: Quality PE through positive sport experiences.* Champaign, IL: Human Kinetics.

Siedentop, D. (1995). Improving Sport Education. *The ACHPER Healthy Lifestyles Journal, 42*(4), 22-23.

Siedentop, D. (2002). Sport Education: A retrospective. *Journal of Teaching in Physical Education, 21(4),* 409-418.

Sinelnikov, O., Hastie, P. A., Cole, A., & Schneulle, D. (2005). Bicycle Safety : Sport Education Style. *Journal of Physical Education, Recreation, and Dance. 76(2), p.24-29.*

Siedentop, D., Hastie P., & Mars H. (2004). *Complete guide to sport education.* Champaign, IL: Human Kinetics.

Siedentop, D., & Kinchin, G. (2003). What makes Sport Education Different? *The British Journal of Teaching Physical Education, 34*(2), 10-11.

SPARC(Sport and Physical Activity Research Centre)(1995). *Report on the 1994 trial of sport education.* Canberra : Australian Sport Commission.

Taggart, A., & Penny, D. (2004). Sport education in teacher education: The key to succesful and sustainable development of sport education in schools. 한국스포츠교육학회지. 11(3), p.103-116.

Wallhead, T. L. & Ntoumanis, N.(2004). Effects of sport education intervention on students' motivational responses in physical education. *Journal of Teaching in Physical Education. 23, 4-18.*

Wallhead, T. L. & O'Sullivan, M. (2005). Sport education: physical education for the new millennium. *Physical Eeducation and Sport Pedagogy. 10(2), 181-210.*

9

하나로 수업 모형

최 의 창

체육교육에서 오랫동안 추구해온 한 가지 교육적 이상이 있다. 그것은 전인교육이다. 전인교육이란 학생을 전체적으로 균형있게 발달된 사람으로 성장시키는 교육을 말한다. 신체적·인지적·사회적·영성적 측면들이 조화를 이루며 하나로 통합되어 바람직한 상태로 된 사람으로 키우는 것을 의미한다. 그런데, 최근들어서는 전인교육으로서의 체육에 대한 논의와 실천모형에 관한 이야기를 듣기가 매우 어려워졌다. 운동기능, 비판적 사고, 과학적 지식, 게임전술 등의 향상에 대한 체육교육의 역할만이 새롭게 강조되고 있는 형편이다. 본 장에서는 전인교육으로서의 체육교육에 대한 주의를 환기시키고자 한다. 전인교육의 실천방법으로 한 가지 수업방법론을 제시한다. 이 수업방법론은 "하나로 수업"이라고 부르며, 그 구체적인 개념적 토대와 실천적 방법들을 소개한다. 하나로 수업은 그 철학적 배경으로서 "인문적 체육교육"의 아이디어를 활용하고 있다. 인문적 체육교육의 전체적 개념에 대하여 소개하며, 마지막에는 체육교사를 위한 교육의 모습에 대하여 몇 가지 제안한다.

I 서론

학교에서 체육으로 이루고자 하는 것 가운데 가장 궁극적인 것을 찾으라고 한다면, 누구도 머뭇거리지 않고 학생을 '전인'으로 만드는 일이라고 답할 것이다. 학교체육은 전인교육을 위한 것이다. 이 주장은 교육인적자원부의 체육과 교육과정에도 명시되어 있고, 또 체육을 가르치는 대부분의 교사들의 마음에도 새겨져 있다. 우리가 학교에서 체육을 가르치는 가장 큰 이유는 아이들을 '호울 퍼슨'(전인)으로 키워내기 위함이다.

그렇다면 실제로 이 일을 해내기 위해서 우리는 학교에서 어떤 체육을 펼쳐왔는가? 수업시간에 어떤 방식으로 가르쳐왔는가? 사실, 체육수업에 대한 학생들의 현실적이고 일반적인 인식은 체육교수들이 주장하는 체육수업의 웅대한 이상과는 머나먼 거리차가 난다. 학생들은 단지 체육수업이 교실수업에서 벗어나 노는 시간, 스트레스 해소를 위해 마음껏 뛰는 시간으로 간주하고 있다. 또한 체육교사는 전인을 키워내는 또 다른 전인이 아니라, 단순하고 무식한 인물의 대명사로 취급하고 있는 실정이다.

그리하여 우리는 되묻지 않을 수 없다 - 이런 교사가 그런 방식으로 가르치는 체육수업을 통해서 도대체 전인교육이 가능할 것인가? 우리는 학생으로 하여금 전인으로 성장하도록 돕는 것을 목표로 하는 교과이며 교사인가? 물론, 체육교사 집단은 다양한 사람들로 구성되어 있다. 이런 교사가 있는가 하면 저런 교사도 있고, 그런 방식의 수업도 있으며, 요런 방식의 수업도 있다. 체육교사 집단 전체와 체육수업 형태 전체가 그러한 부정적 특징을 띤다고 단정지을 수는 없다. 분명하고도 사실적으로 학생을 전인으로 만드는 데에 공헌하는 체육교사와 체육수업은 있는 것이다.

이 글은 그런 방식의 체육수업 가운데 한 가지에 대해서 소개하려고 한다. 이 체육수업은 '하나로 수업'이라고 부르는 모형으로서, 일군의 체육교사들에 의해서 학교현장에서 지난 3년간 지속적으로 시행착오를 겪어가며 실천되어 오고 있다. 그동안의 성과는 매우 만족할 만하다고 할 수 있는 것으로서, 학생들을 '참 좋은 사람'(전인)으로 성장하도록 하는 데에 긍정적 영향을 미치고 있음을 확인하고 있다. 특히, 이 모형은 체육교사 자신 스스로를 더욱 전인스럽게 만들려는 마음과 노력을 가지도록 함으로써 학생과 함께 성장할 수 있도록 도와주는 것이 큰 특징이다.

하나로 수업이 갖는 전인교육 실천방안으로서의 전체적 특징을 이해하기 위해서, 먼저 하나로 수업에서 가정하는 인성교육의 접근과 전인의 모습에 대해서 알아본다. 그리고 하나로 수업의 철학적 토대가 되는 인문적 체육교육을 소개한다. 뒤이어 하나로 수업의 구조를 중심으로 특징들이 설명되며, 그동안의 실천을 통해서 얻어진 효과에 대한 학생들의 이야기를 잠깐 들어본다. 마지막으로 학교에서 전인교육의 통로로서 역할하는 교과가 되기 위해서 체육교사의 교육이 어떤 모습이 되어야 하는가에 대하여 몇 가지 제언한다.

II 전인과 전인교육

'전인'(whole person)은 어떤 사람인가? 흔히들, 우리가 전인에 대해서 가지고 있는 오해가 있다. 전인은 '완벽한 사람'이라는 생각이다. 물론, 호울 퍼슨은 신체적, 사회적, 정신적, 정서적 측면들이 골고루 조화롭게 발달된, 총체적인 특성을 지닌 사람을 말한다. 사람의 특성을 이루는 다양한 측면들이 어느 한편으로의 지나친 치우침없이 균형있게 발달된 모습을 말한다. 그런데, 전인을 그릴 때, 우리는 이 '균형있게 발달된 모습'을 지나치게 최상급의 수준에서 그린다. 이런 사람은 지덕체(지정의, 지인용 등등) 모든 측면이 '최고도'로 성취된 사람이라고 간주해버린다. 그래서 영화나 전설에서나 나오는 완벽한 사람을 상상한다. 성인(예수, 석가), 군자(공자, 소크라테스), 슈퍼맨 등이 전인으로서 우리가 생각하는 구체적 모습이다(이계학, 2004).

하지만, 이런 호울 퍼슨들은 너무도 우리의 사회적, 시대적 현실과 멀리 떨어져 있다. 특히 학령기의 어린 청소년들에게는 이들의 모습이 자신의 현재와 장래에 주는 현실감이 거의 없다. 체육시간에 아이들로 하여금 호울 퍼슨으로 성장하도록 돕는 체육적 경험을 제공해주기 위해서는 이보다 훨씬 더 사실적이고 구체적이며 자신에게 의미있는 방식으로 전인의 개념과 이미지를 제시해주어야만 한다. 지덕체가 조화롭게 발달한 사람이지만, 성인군자가 아닌 내가 주변에서 쉽게 찾아볼 수 있는 사람, 그래서 내가 그렇게 되고 싶은 마음을 불러일으킬 수 있는 모습의 사람이 필요한 것이다.

그리하여 나는 하나로 수업 모형을 위하여 다양한 출처로부터 얻은 이론과 개념들을 기초로 하여, 전인의 개념을 보다 구체화시켰다.[1] 나는 전인(호울 퍼슨)을 '참 좋은 사람'이라고 규정한다. 우리가 주위에서 볼 수 있는 좋은 사람 중에서 좀더 좋은 사람을 말한다. 참 좋은 사람은 여러 가지 특징들을 지니고 있겠으나, 나는 그것을 4가지로 요약한다. (체육에서 실현하려고 하는) 참 좋은 사람은 '자신을 성찰하고, 타인을 배려하며, 체육을 사랑하고, 세계를 존중하는' 사람이다.

참 좋은 사람은 우선, 자신이 제대로 된 생각을 하며 좋은 태도를 지니며 올바른 행동을 하는지를 고민한다. 마음속으로 자신의 개인적 욕심과 사회적 책무를 항상 저울질하며 무엇이 더 옳은 것인지를 갈등한다. 그리고 주어진 상황과 자신의 역량에 따라 시의적절한 판단과 행동을 하도록 스스로를 깊이 생각한다. 참 좋은 사람은 이런 과정에서 나를 생각하는 것과 함께 나만이 아니라, 나와 함께 하는 우리라는 존재, 그리고 타인에 대하여 고려하고 배려한다. 나와 함께 다른 사람들도 잘 되기를 바라며 그렇게 행동하려고 힘쓴다.

참 좋은 사람은 자신이 하는 것, (즉, 체육교과에서는) 체육을 사랑한다. 사랑한다는 것은 항상 생각하고 실행한다는 것이다. 그것을 소중히 여기며 그것이 제대로 되도록 관심을 갖고 보호한다

---

[1] '참 좋은 사람'으로서의 전인이 갖는 특징은 기독교와 불교, 노장철학과 공맹철학, 그리고 특히 신유학에서 강조하는 올바른 인간의 특징들로부터 정리된 것이다. 보다 구체적으로는 대학의 팔강령을 중심으로 체육을 사랑하고(격물, 치지), 자신을 성찰하고(성의, 정심), 타인을 배려하며(수신, 제가), 세계를 존중하는(치국, 평천하) 참 좋은 사람의 사덕을 뽑아내었다(신창호, 2005; 이효범, 2001; 진립부, 1992 참조).

는 말이다. 체육이 새롭게 성장하고 발전하며 올바른 전통이 그대로 유지되도록 힘쓴다는 말이다. 그리고 참 좋은 사람은 세계를 존중한다. 참 좋은 사람은 자기와 우리와 체육을 둘러싸고 있는 가시적 세계와 비가시적 세계에 대하여 받아들이며 그것이 발전되도록 노력한다. 이 세상을 둘러싸고 있는 자연물리적 환경과 사람들이 만들어낸 정신적이고 형이상학적인 세계를 존중한다.

체육수업은 체육활동을 통하여 청소년을 참 좋은 사람으로 성장하도록 만드는 과정이다. 참 좋은 사람은 자신을 성찰하고, 타인을 배려하며, 체육을 사랑하고, 세계를 존중하는 사람이다. 그리하여 전인교육을 위한 체육수업은 이런 특징들을 반영하는 내용과 방식으로 구성되고 진행되어야 한다. 예를 들어, 체육교사는 농구단원을 통하여 아이들로 하여금 농구라는 스포츠를 좋아하고 사랑하며, 사람들이 형성해놓은 농구의 문화를 존중하고, 농구를 배우는 과정에서 학급의 다른 친구들을 항상 생각하고 배려하는 행동을 보이며, 농구의 연습과 게임을 통하여 자기 성품의 내면으로 깊이 파고들어가는 경험을 할 수 있도록 해야 하는 것이다.

이런 방식으로 체육수업을 진행하는 것은, 체육수업을 통하여 '인성교육'을 하는 것과 다른 것이 아니다. 전인교육을 위한 체육수업은 체육수업을 통한 인성교육이다. 전인교육에는, 예를 들어, 지성과 덕성과 체성이라는 사람의 세 측면이 모두 들어가고, 인성교육에는 덕성이라는 측면만이 강조된다고 생각할 수 있다. 하지만, 체육교과에 있어서는 전인교육이 바로 인성교육이고, 인성교육이 곧 전인교육이다. 체육교과에서는 신체와 신체활동을 교육의 매체와 내용으로 하기 때문에, 체성은 물론 덕성과 지성의 교육이 온전히 하나로 될 수 있는 대표적 교과이다. 신체활동을 통해서 '참 좋은 사람'을 만드는 일은 체육에서의 인성교육이다.

최근 인성교육을 위해서 가장 주목받고 있는 도덕교육 접근은 '서사적 접근'(the narrative approach)이다. 도덕교육에서는 그동안 콜버그나 피아제 등의 영향을 받아 주로 인지적 접근이 지배적이었으나, 최근 들어서는 서사적 접근이 많은 주목을 받고 있다 (이왕주, 김형철, 예정민, 최용성, 2003; 정미진, 2003; Bruner, 1986; McIntyre, 1984). '서사적'이라는 말은 '이야기식'(storytelling)이라는 의미를 띠며, 어떤 주어진 상황 속에서 시간의 흐름에 따라 사람(들)이 벌여내는 사건의 진행을 이야기화한 것을 말한다. 도덕교육에의 서사적 접근은 이야기하기, 듣기, 쓰기 등의 활동을 적극적으로 활용한다(도홍찬, 1999).

인지적 접근에서처럼 도덕적 딜레마를 해결하는 비판적 사고능력을 키워서 도덕적 행동으로 옮겨가도록 기대하는 것은 실제 상황에서 실효성을 지니지 못한다는 것이다. 인지적으로 해결하도록 만든 도덕적 딜레마 상황을 효과적으로 풀어내는 연습으로는 도움이 되지 않는다. 즉, 인지적으로 똑똑한 사람을 만드는 것이 아니라, 윤리적으로 좋은 사람을 만드는 데에는 서사적 사고양식의 육성을 통하는 것이 보다 더 본질적이며 효과적이라는 것이다. 최병태(1996)는 도덕교육은 윤리학적 공부를 통해서 이루어지지 않는다고 말한다. 그것은 지적 탐구를 위한 것이지 도덕적으로 훌륭한 사람을 만드는 일이 아니라고 한다.

> 내 생각에는 윤리학의 관심은 도덕 교육의 관심과는 기본적으로 다른 것이다. 윤리학 공부는 知的 탐구이다. 윤리학을 탐구할 때는 진리성 여부가 관심사이다. 그러나 도덕 교육의 관심은 그런 것이 아니다. 도덕 교육의 관심은 아이들을 도덕적 제도에 입문시키는 것, 혹은 다른 말로 표현하면, 도덕적으로 훌륭한 사람이 되게 하는 것이다. (p. 309).

도덕교육의 서사적 접근에서는 덕교육적 방법을 강조함으로써 교육자의 솔선수범과 모범을 매우 중요한 교육방법으로 간주한다. 아리스토텔레스에 기초한 덕교육적 방법은 '습관화'(habituation)를 강조하는데, 좋은 성품은 좋은 행동을 반복적이고 지속적으로 행함으로써 함양된다고 본다.[2] 그리하여 당사자의 내면에 인의예지와 같은 마음의 바탕, 마음결을 키워서 다시 도덕적 행동이 내면적으로 우러나올 수 있도록 한다. 이를 위해서는 좋은 모범을 많이 보고, 따라하고, 도덕적 이야기를 많이 읽는 것이 큰 도움이 된다. 교과서보다는 소설 등의 문학작품을 읽는 것이 훨씬 더 도덕적으로 훌륭한 사람을 만들 가능성이 높다(Carr, 2001, 2005).

---

[2] 도덕교육에의 인지적 접근이 심각한 이론적 비판과 실제적 회의에 직면하면서, 아리스토텔레스 윤리학에 기초한 덕교육적 접근, 인격교육적 접근이 주목받고 있다. 국내에서의 대표적인 저술로는 최병태(1996)와 홍은숙(2006), 국외에서는 Carr(1991) 등이 있다.

체육교육에서도 아리스토텔레스의 덕교육론적 관점이 조금씩 주목을 받아가고 있다(Clifford & Feezell, 1997; Feezell, 2004; MacNamee, 1995, 2005). 그리고 이를 바탕으로 체육활동을 통한 인성교육의 이론과 실제에 서사적 접근을 보다 더 적극적으로 활용해야 함을 주장하고 있다.

> 내러티브 즉, 서사적 이야기의 활용은 스포츠와 체육 영역에서 도덕교육을 실천하려는 노력에 있어 아주 중요한 자리를 차지한다. 직관적 실행을 목표로 하는 형태의 이야기와 반성적 실행을 목표로 하는 형태의 이야기, 이 둘 모두가 다양한 방식으로 우리의 도덕적 사고방식을 자극하며 돕는다. 이런 서사적 이야기는 우리가 선수들에게 전달하고자 희망하는 중요한 도덕적 원칙들을 생각나도록 하며, 이런 원칙을 새롭고도 창의적인 방식으로 다시 해석할 수 있도록 만들며, 체육과 우리 삶 속에 존재하는 도덕적 이슈들에 대한 우리의 안목을 고양시키는 기능을 한다.
> (Hochstetler, 2006, p. 44)

일예로 Lange(2006)는 중학교 학생들로 하여금 좋은 성품과 인성을 기르는 데에 스포츠 성공 스토리가 긍정적 공헌을 할 수 있음을 이야기한다. 고난을 극복하고 삶을 의미있는 것으로 만든 스포츠인들의 '자서전'이 특히 바람직한 품성을 키워나가는 데에 효과가 있음을 보여준다. 참 좋은 사람을 길러내는 인성교육의 장으로서 하나로 수업에서는 이같은 서사적 접근을 적극적으로 활용한다. 청소년들에게 간접체험활동으로서 서사적 체험들을 수업내용으로 제공하며, 체육교사로 하여금 간접교수활동으로서 인의에 지로운 수업방법을 사용하도록 한다.[3]

---

3) 체육교육에서 이루어지는 도덕교육의 실천을 아리스토텔레스의 덕윤리학적 관점에서 바라보며, 특히 서사적 방식으로 인성교육을 실천하려는 동향이 영어사용권 국가를 중심으로 조금씩 제시되고 있다. Anderson(2002), Hochstetler (2006), Jones(2005) 등 참조.

III 하나로 수업[4]

1. 인문적 체육교육

하나로 수업은 어떤 방식으로 행해지는 수업인가? 이 모형을 이해하기 위해서는 그것이 기초하고 있는 체육교육철학에 대한 이해가 필요하다. 이 개념적 토대는 '인문적 체육교육'(*Humanities-Oriented Physical Education, HOPE*)이라고 한다. 여기에서는 간단히 그것에 대해서 알아보기로 한다.

기능스포츠에 중독된 우리는 그동안 체육에서 지나치게 (자연)과학을 강조하였다. 아니, 우리 사회, 문화, 교육 전체가 과학을 강조해왔다. 과학적인 것이 가장 믿을 만한 것으로, 배울 가치가 있는 것으로 인정되고 있는 것이다. 인문은 과학에 상대되는 것이다. 인문적인 것은 과학적인 것과 대비되는 것이다. 이런 의미에서의 인문적 체육교육이다. 체육에 있어서 과학적인 것으로 파악되기 어렵고 실천되기 힘들고 해결되기 어려운 측면, 현상, 그리고 차원 등에 대한 관심이다.

과학적 체육교육에서는 스포츠를 잘 하는 것이 중요시된다. 이때 스포츠를 잘 하는 것은 기능을 습득하여 발휘하는 것이다. 규정과 전술을 숙지해서 시합을 잘 하는 것이다. 스포츠를 잘 하는 것은 각 종목의 기술, 전술, 규칙을 완전하게 익혀서 상대방과의 게임을 잘 하는 것을 의미한다. 과학적 체육교육에서는 기능을 완전하게 익히기 위해서 학문적 지식의 중요성을 강조한다. 과학적으로 학자들이 밝혀놓은 연구결과들을 스포츠수행에 적용시켜, 경기력 향상을 가져오기 때문이다. 스포츠를 잘 하기 위해서는 체육학 이론지식의 습득이 필수적이다. 이런 연유로, 우리 체육교과서 실기편에는 각종 스포츠종목의 기술, 전술, 규칙이 내용으로 들어있고, 이론편에는 운동역학, 운동생리학, 스포츠사회학, 스포츠역사학 등의 지식이 실려있는 것이다. 이론과 실기의 완벽한 조화가 체육을 잘 하는 것을 보장해준다는 게다.

---
[4] 본 절의 내용은 최의창(2006b) 제3절(pp. 35-46)의 내용을 전재하고 보완하였음.

인문적 체육교육에서는 두 가지가 강조된다. 기법보다는 심법적 측면이 중요시되고, 과학적 지식과 학문적 이론보다는 인문적 지혜와 서사적 이야기가 중시된다. 기법이란 어떤 스포츠의 기술, 전술, 규칙과 관련이 있다. 이런 것들을 신체적으로, 기능적으로 잘 하도록 만드는 방법을 말한다. 기법적 측면이란 이것들을 잘 하는 것과 관련된 여러 측면을 가리킨다. 심법이란 어떤 스포츠의 정신, 전통, 안목과 관련이 있다. 사람의 정신, 안목을 그 사람의 마음이라고 할 수 있듯이, 어떤 스포츠의 마음이라고 할 수 있는 것들이다. 그래서 심법이다. 스포츠의 마음을 받아들여서 그것을 내 마음으로 만드는 것 - 이것이 스포츠를 배운다는 의미이다. 스포츠의 마음과 나의 마음이 하나가 되는 것, 스포츠의 정신, 전통, 안목을 내 것으로 만드는 것 말이다. 과학적 체육교육에서는, 스포츠의 외면적 차원이라고 할 수 있는, 기술을 능란하게 시합을 능숙하게 하는 것이 바로 스포츠 배우기를 의미한다. 학생의 외면적 차원이라고 할 수 있는 신체적, 기능적 측면에 익숙하게 만드는 것이다. 인문적 체육교육에서의 스포츠 배우기는 그 스포츠의 내면적 차원을 학생의 내면적 차원에 스며들게 하는 것이다. 스며든다는 말은 내면화한다는 말이다. 하나가 되게 한다는 것이다.

바로 이렇게 되는 것이 어떤 스포츠를 그 스포츠답게, 그 스포츠처럼, 그 스포츠로서 배우는 것이다. 학생이 이런 상태가 될 때, 그 학생은 그 스포츠에 입문하게 되는 것이고, 그 스포츠와 하나 된 사람(예, 배구인)이 되는 것이다. 그렇다면, 이런 방식으로 학생으로 하여금 스포츠를 내면화시키고 스포츠에 입문시키는 이유는 무엇인가. 그 이유는 스포츠를 제대로 배우는 것이 사람을 제대로 만드는 것과 관련이 있기 때문이다. 다시 말하면, 배구를 배구답게, 배구로서, 배구처럼 배우는 것이 바로 어떤 사람을 그 사람답게, 그 사람으로서, 그 사람처럼 만드는데 공헌하기 때문이다. 바로 우리가 그렇게 바라마지 않는 '참 좋은 사람'(전인)으로서 성장하도록 도와주기 때문이다.

스포츠와 전인의 인과관계에 대하여 객관적 실험결과를 제시하라면 보여줄 것이 없다. 그 증거는 현재도 없지만 앞으로도 있을 것 같지는 않다. 이 둘의 관계는 그 만큼 미묘하기 때문이다. 주관적 체험으로 밖에는 확인할 수 없는 것이기 때문이다. 실험 데이터는 없지만, 난 수많은 사례들을 알고 있다. 스포츠를 제대로 배운 사람들 가운데 올바른 사람이 되지 않은 경우는 거의 없는 것 같다. 물론, 나는 '제대로' 배운 사람들을 말한다. 그리고 난 스포츠를 소재나 주제로 쓰여 진 문학, 예술, 종교, 역사, 철학 서적들을 많이 보는 편인데, 그곳에는 온통 그런 사람들 이야기로 가득 차 있다. 이런 책들이 영어로 쓰여 지고 우리에게 번역되지 않아서 잘 알려져 있지 않지만, 이런 간접적인 증거를 통해서도 우리는 스포츠와 전인의 관계에 대한 확신을 가질 수 있는 것이다. 이렇게 직접적, 간접적으로 내가 보고들은 것을 통해서 난 스포츠를 제대로 배우는 것이 올바른 사람이 되는 아주 훌륭한 통로라는 것에 점점 더 확신을 갖게 되었다.

그러나 스포츠를 기법에 제한시키고 이론에 한정시키는 방식으로는 어렵다. 심법적 측면과 서사적 차원에 대한 고려가 주어져야 한다. 이것은 스포츠의 전통, 안목, 정신을 올바로 깨닫고 체험할 수 있어야만 가능하며, 시합을 잘 하는 것만으로는 부족하다. 이런 측면에 대하여 자주 보고 읽고 듣고 해야만 하는 것이다. 인문적 지식이 강조되는 이유가 바로 여기에 있다. 스포츠에 담겨진 (물론 기법적 측면도 함께) 심법적 측면에 대하여 문학과 예술, 역사와 철학, 그리고 종교적 방식으로 이해할 수 있도록 해놓은 인문적 지식들을 습득해야 한다. 이것이, 예를 들어, 배구를 배구답게, 배구로서, 배구처럼 이해할 수 있도록 도와준다. 그럼으로써 배구를 배우는 일이 나의 참모습을 찾는 길이 될 수 있는 것이다. 인문적 지식이 이런 일을 하는 것은 우연이 아니다. 우리가 이런 영역을 '인문'(人文)이라고 부르는 이유는, 이런 지식이 바로 사람으로 하여금 참된 의미의 사람이 될 수 있도록, '사람의 무늬'가 생기도록 만들어주기 때문이다.

이렇게 요약할 수 있다. 학생을 참 좋은 사람으로 성장시켜주기 위해서는 스포츠의 기법적 차원을 넘어서 심법적 차원까지의 입문을 통해서 가능하다. 심법적 차원에의 입문은 스포츠의 문학적, 예술적, 종교적, 역사적, 철학적 측면들을 이해하고 체험함으로써 가능하다. 이런 차원을 이해하고 체험하기 위해서는 단순히 스포츠를 하는 것만으로는 어렵다. 인문적 지혜의 습득이 절대적이다. 그리하여 전인교육으로서의 체육은 인문적 교육이 되어야 한다. 이것이 참 좋은 사람을 만드는 체육의 모습을 인문적 체육교육이라고 부르는 이유이다.[5] 기법적 차원과 심법적 차원이 하나를 이루는 온전한 모습의 스포츠가 바로 '호울 스포츠'다.[6]

2. 하나로 수업

인문적 체육교육은 어떻게 실현될 수 있는가? 인문적 체육교육은 하나의 이상이기 때문에, 구체적 실천론에서는 매우 다양한 모습으로 실천될 수 있을 것이다. 나는 그 실천을 '하나로 수업'이라는 모형으로 정리하여 실천하고 있다. '하나로'라는 표현은 매우 다양한 의미를 내포하고 있는 용어로서, 호울 스포츠와 하나가 된다는 의미를 갖고 있다. 호울 스포츠에의 입문은 스포츠와 내가 하나로 되는 것을 요청한다. 스포츠와 내가 하나로 되는 것이다. 스포츠와 내가 하나로 된다는 것은 나의 모든 측면들이 스포츠를 매체로 하여 하나로 된다는 것을 말한다.[7] 이 때의 나는 호울 퍼슨이다. 호울 스포츠에 입문함으로써 호울 퍼슨(참 좋은 사람)이 되고 호울 퍼슨이 됨으로써 호울 라이프(참 좋은 삶)를 살 수 있게 된다(그림 1 참조).

---

5) 학교에서 가르치기 위한 체육교육론으로서 인문적 체육교육과 하나로 수업의 보다 자세한 교육철학적 기반과 구체적 운영 원리를 알기 위해서는 졸저 <인문적 체육교육>(최의창, 2003) 참조. 최근의 실제 수업사례와 그 결과를 보기 위해서는 김숙경(2005). "중학교 체육에의 통합적 접근: 하나로 수업 모형의 실행과 효과". 건국대학교 교육대학원 석사학위논문, 조민주(2005) "하나로 수업 모형의 중학교 체육수업 실천: 과정과 결과" 및 cafe.daum.net/HOPEschool 자료실 참조(논문목록첨부 참조).
6) '호울 스포츠'의 개념과 그것을 지도하는 인문적 스포츠교육론에 관한 보다 자세한 설명은 최의창(2006a) 참조.
7) 이런 측면에서 하나로 수업 모형은 통합적 접근이다. 그동안 서로 따로 분리되어 가르치거나 배워왔던 것들을 통합시켜 지도하는 것을 기본으로 한다. 그런데 여기서 통합되는 것은 교과내용이나 방법의 통합에 그치는 것이 아니라, 보다 중요한 것으로서, 학생의 내면 안에서 모든 것들이 통합되는 것을 말한다. 이렇게 통합된 사람이 바로, 온전한 사람, 즉 전인이다(유한구, 김승호, 1998). '하나로 수업'에서 '하나로'의 의미는 바로 이처럼 내용이나 방법과 같이 겉이 하나가 되는 수준에서 그치는 것이 아니라, 학생의 전 측면이 그 안에서 하나로 되어지는 것을 말한다.

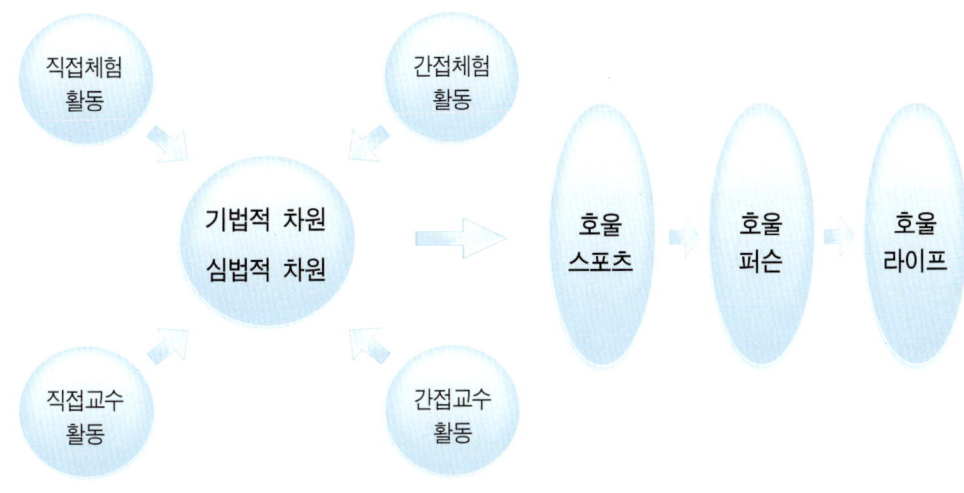

그림 1 하나로 수업의 구조

가. 수업목표

학생을 스포츠의 심법적 차원에 입문시키는 것(호울 스포츠를 맛보도록 하는 것)이 하나로 수업의 목적이다. 그리고 이것을 통하여 학생을 '참 좋은 사람'으로 성장할 수 있도록 돕는 것이 인문적 체육교육의 궁극적 지향점이다. 그러나 현재 우리에게 주어진 학교교육과정의 구조 속에서 이런 목적과 지향점은 참으로 멀게만 느껴진다. 이것을 현실적으로 가능한 형태와 양식으로 번안하는 것이 요청된다. 이 번안된 형태와 양식을 교육함으로써, 최종적으로 스포츠에 입문하고 전인으로 완성되는 도정에 들어서도록 만드는 것이다. 여기까지가 학교체육이 할 수 있는 정도일 것이다, 현재 주어진 체제 속에서.

이를 위해서는 학교 현장의 실제 수업시간에 전달되는 교육내용으로서의 스포츠를 '게임'(기법적 차원)과 '문화'(심법적 차원)의 두 수준으로 구분하여 이해해야 한다. 스포츠를 게임으로 이해한다는 말은, 스포츠를 단지 기술, 전술, 규칙을 제대로 익히고 배워서 시합, 즉 게임을 한다는 것이다. 스포츠를 문화로 파악한다는 말은, 스포츠를 전통, 안목, 정신을 파악하고 받아들이는 것, 즉 스포츠를 속속들이 안다는 것이다. 게임으로서의 스포츠는 할 수 있게 되는 것이고, 문화로서의 스포츠는 알 수 있게 되는 것이라고 말할 수 있다. 우리가 스포츠를 배우는 것은 이 두 가지 측면을 모두 습득하게 되는 것이다. 스포츠는 게임이면서 문화이기 때문이다. 그동안 우리는 전자에만 모든 초점을 맞추어 왔다. 그러나 스포츠는 동시에 문화이기도 하다.

스포츠가 문화라는 말은 이렇게 해석해도 된다. 스포츠는 문화활동이면서 문화현상이다. 스포츠는 체육관과 운동장에서만 행해지는 것이 아니다. 스포츠는 우리 삶의 전 측면에서 이루어지고 벌어지고 있다. 사회, 정치, 경제, 교육, 예술 등 스포츠가 관여하지 않거나 스포츠가 관여되지 않는 우리 삶의 영역이 없는 것이다. 그러므로, 스포츠에 제대로 입문한다는 것은 스포츠를 행할 수 있게 되는 것보다 훨씬 더 많은 것을 의미한다. 스포츠에 제대로 들어서기 위해서는 스포츠를 입체적으로 알아야 하는 것이다. 이런 것은 스포츠를 하는 것만을 통해서는 제대로 파악할 수 없다. 스포츠를 알아야 하는 것이다. 스포츠를 문화로서 이해할 수 있어야 하는 것이다. 스포츠가 가진 문화적 성격을 입체적으로 알기 위해서는, 스포츠의 인문적 차원을 이해해야만 한다. 문학적, 예술적, 종교적, 역사적, 철학적으로 스포츠를 파악하는 것이 바로 스포츠를 문화로서 받아들이게 되는 것이다.

시합 혹은 게임으로서의 스포츠에 그치는 것이 아니라, 문화로서의 스포츠(호울 스포츠)에 입문시키는 목적을 성취시키기 위해서(그리하여 온전한 사람으로 학생을 성장시키기 위하여) 다음의 4가지 구체적인 수업목표들을 추구한다. 첫째, 하기·읽기·쓰기·보기·듣기를 하나로(그리하여 온몸과 마음으로 겪는 체육이 되도록), 둘째, 기능·지식·태도를 하나로(그리하여 참자기를 찾는 체육이 되도록), 셋째, 체육활동과 일상생활을 하나로(그리하여 삶의 체육이 되도록), 넷째, 서로 다른 사람들을 하나로(그리하여 모두를 위한 체육이 되도록). 문화로서의 스포츠에 입문한다는 말을 체육수업의 현장에서 구체적으로 기술하라고 한다면 바로 이러한 측면들을 하나로 될 수 있도록 성취하는 것이다.

첫째 목표는 배우는 교과내용으로서의 스포츠를 그 스포츠의 본 모습에 가장 가까운 형태로 체험하기 위한 것이다. 하는 것만이 아니라 오감을 입체적으로 활용하여 다양한 측면들에 대한 종합적인 체험을 함으로써 그 스포츠에 대한 보다 총체적인 이해를 갖게 되기 때문이다(체육을 사랑하는 사람). 둘째 목표는 이러한 총체적 스포츠체험을 통해서 나의 겉모양과 나의 속 모습이 하나가 되는 기회를 갖는다는 것이다(자신을 성찰하는 사람). 스포츠수행의 과정이 바로 배우는 이가 참된 자신의 본모습을 깨닫고 발견하는 과정이 될 수 있기 때문이다. 셋째 목표는 학교 내에서 배우는 내용들이 학교 밖 일상생활에서도 실제적으로 활용되고, 학교 밖에서 배운 것들이 수업 시간에 배우는 내용에 구체적으로 적용될 수 있도록 한다는 말이다. 삶과 교육의 일치를 이루는 방식으로 배우고 가르쳐야 하기 때문이다(세계를 존중하는 사람). 넷째 목표는 자신 이외에 우리 삶에서 소중한 다른 사람들을 이해하고 배려하고 사랑하는 것을 배워서 자신처럼 여길 수 있어야 한다는 것이다. 타인과의 하나됨을 통하여 체육과 삶을 사랑할 수 있게 되기 때문이다(타인을 배려하는 사람).

나. 수업내용

문화활동과 문화현상으로서 스포츠를 체험하고 이해할 수 있기 위해서는, 체육교과서 속만이 아니라, 현재 우리 생활과 사회 속에서 스포츠란 것이 어떤 식으로 행해지고 있는가를 살펴보아야 한다. 체육교과서 속에는 게임으로서의 스포츠만 들어있기 때문이다. 문화로서의 스포츠를 알기 위해서는 우리 삶 속에서 스포츠가 어떻게 살아지고 있는가를 훑어보아야 한다.

그리하여, 하나로 수업으로 진행하는 체육수업에서 학생들은 스포츠기능을 습득하고 게임시합을 실시하는 것 이외의 수업활동과 학습과제를 맛보고 해본다. 이 다양한 활동과 과제들은 그 성격상 '직접적 체험을 겪게 하는 것'과 '간접적 체험을 도와주는 것'들로 크게 나눌 수 있다. 그리하여, 수업을 위한 과제는 직접체험을 위한 것과 간접체험을 위한 것들로 구성되어진다.

직접체험활동이란 '스포츠를 잘 하는 것'(기능, 전술, 게임)과 관련을 맺는다. 즉, 스포츠의 기법적 차원에 대한 경험을 맛보도록 함으로써 스포츠기능을 향상시키는 효과를 가져다준다. 이를 위한 통상적인 수업활동 및 학습과제는 다음과 같은 것이 있을 수 있다. 전통적 방식과 창의적 방식의 기술연습과 전술연습을 하도록 하는 것, 실지게임을 해보도록 하는 것, (기능습득상태와 자기의 태도에 관한) 반성일지를 작성하도록 하는 것, (관찰과 비디오 녹화를 통하여) 동작을 분석하도록 해보는 것, 새로운 기술, 전술, 규칙을 만들도록 해보는 것, 심판법을 숙지하도록 하는 것, 그리고 규칙준수와 기본예의를 지키도록 하는 것 등. 이러한 활동들은 학생으로 하여금 스포츠를 기능적으로 잘 수행할 수 있도록 도움을 준다.

　간접체험활동은 '스포츠를 잘 아는 것'(안목, 정신, 전통)과 관련을 맺는다. 스포츠의 심법적 차원에 대한 체험을 해보도록 함으로써 그 스포츠의 정신세계 속으로 입문하도록 이끈다. 간접체험활동으로 활용될 수 있는 활동들은 원칙상 무제한적이다. 가르치는 체육교사의 창의력과 상상력에 전적으로 의존한다. 스포츠의 인문적 측면에 대한 인식과 체험을 가능하게 돕는 활동은 무엇이든 가능하다. 문학, 예술, 종교, 역사, 철학과 관련된 인문적 지식을 활용하거나, 스포츠에 담겨진 이같은 인문적 측면을 경험하도록 하는 활동들이 도움이 된다. (스포츠에 연관된) 음악을 감상하도록 하거나 편집해오도록 하는 것, 스포츠영화를 보고 감상문을 작성하도록 하는 것, 스포츠관련 소설이나 시를 읽고 독후감을 써오도록 하는 것, 생활체육동호회를 방문하도록 하는 것, 국내외 선수들의 시합을 관람하도록 하는 것, 신앙생활에서 스포츠가 차지하는 역할에 대하여 생각하게 하는 것 등(표 1 참조).

표 1 하나로 수업의 직간접 체험활동 및 과제의 예시

수업활동 및 학습과제	세 부 내 용
수업아이디어 개발	학기 중 2주 1회의 정기회의, 방학 중 자체연수 및 스터디, 그리고 인터넷 커뮤니티(cafe.daum.net/HOPEschool)를 통한 수업계획의 수정·보완, 수업자료 개발을 위한 수시모임, 교내 학급 체육부장과의 수업계획, 카페·보고서·일기 등을 통한 학생의견 수렴.
창작준비체조	각 종목의 특성을 살린 창작체조 만들기, 계단스포츠, 도안그리기, 흥미를 살리기 위한 대중음악 적극 활용, 창작터에서의 패별 동작 개발, 심판 시그널을 활용한 창작체조(시그널 외우기)
자기다짐	각 종목 마음의 준비를 위한 다짐(뜀틀, 사격), 마음에 힘을 주는 노래·구절 찾기(멀리뛰기, 허들), 패별 다짐문 만들기
사진, 과제카드 탐색	외국의 교과서, 또는 외국어로만 표현되어 있는 기능, 전술에 관한 책 보며 탐구하기, 교사가 제공한 연습카드 보며 자발적 연습하기(시범이와 이끔이 적극 활용)
팀 아이덴터티 개발	동요를 활용한 패 노래 만들기, 하나로 박수, 패 구호, 패별 엑세서리, 패 액션, 패 마크, 패별 팜플렛, 패 로고, 패 이름, 패록 활용, 칭찬릴레이
비디오 촬영 및 분석	각 종목의 동작분석을 위한 보기터 활용, 카페 100GB실 활용
자기동작 사진	패별 포토샵 만들기(수업 중 사진), 나도 핸드볼 스타(사진 작품 만들기), 찰칵!찰칵!(수업 중 친구 모습 찍고 올리기)
기능 및 전술토론	얘기터·쓰기터 활용(공격·수비전술, 역할분담, 경기전략), 패록 활용
반성일지 쓰기	보고서, 각종 주제에 따른 글쓰기, 체육일기
서사적 표현 연습	종목을 주제 소재로 하는 시·시화쓰기, 한줄 느낌 쓰기, 각 종목 기술을 은유적으로 표현하기, 각 종목을 경험한 느낌을 표현한 사진 찾기, 경기장 미니어쳐 만들기, 체육달력 만들기, 만화 스토리 만들기, 개사하기
종교적 생활 연계	기도문 만들기, CCM을 활용한 음악줄넘기, 종교적 의미를 표현하는 사진 찾기
체육관 및 스타디움 감상	스포츠 조형물 조사, 월드컵 경기장 견학, 스포츠장에 쓰는 편지, 스토리가 있는 상상의 경기장 그리기
스포츠문학 읽기	스포츠 책·만화책(스포츠교육연구실 읽는 스포츠 목록 참조), 스포츠영화
스포츠 문화비평	스포츠 기자되기, 패별 체육신문 만들기, 인터넷 투표(카페), 스포츠광고 꿰뚫어보기
역사적 탐색조사	역사스페셜(규칙·용구·패션 그리고 자신의 역사 조사하기)
가족 스포츠체험	방학동안 가족스포츠 사진(달리기, 줄넘기)이 들어간 보고서 쓰기, 집에서 자율학습하는 사진 찍기, 패 응원가 가족 앞에서 부르기, 부모님이 활동하는 동호회 탐방기, 건강마라톤 참가하기
스포츠사진 감상	카페에 사진(장애우, 여성스포츠) 탑재 및 감상, 사진스토리
동호회탐방	동호회탐방기(인터뷰, 사진), 인터넷 커뮤니티 가입하기, 종목별 생활체육 대회 관람기

다. 수업방법

　수업목표를 성취하기 위해서 선정된 수업내용을 전달하기 위한 체육교사의 수업방법에는 직접교수활동과 간접교수활동이 있다. 직접교수활동은 내용의 기법적 차원(기술, 전술, 규칙)을 가르치기 위한 교사의 수업행동들이다. 설명하기, 피드백주기, 시범보이기, 이론설명하기 등의 교수활동으로 밖으로 드러나는 수업지도행동들을 말한다. 직접체험활동을 직접적으로 학생에게 전달하는 교사의 행동들을 말한다. 직접교수활동은 체육교수법 서적에서 많이, 명시적으로 다루고 있는 교수법적 기능들이다.

　간접교수활동은 교사가 직접교수활동을 할 때 간접적으로 학생들에게 전달되는 측면들, 그리고 수업시간이나 일상생활에서 학생들에게 간접적으로 전수되는 측면들을 말한다. 교과내용을 직접 가르치려는 의도나 목적으로 행해지지는 않았지만, 학생들의 내면에 (간접적, 묵시적) 영향을 미치는 교사의 행동과 마음씀씀이를 말한다. 교사의 열정, 유머, 용모, 어투, 사랑, 매너 등으로 교사가 직접교수활동을 행사할 때 그것들을 펼쳐내는 방식과 스타일, 일상 학교생활을 할 때 여러 문제들에 대해서 생각하는 방식과 일을 처리하는 스타일을 통해서 학생들이 배우게 되는 측면들이다.

　교사는 직접교수활동만이 아니라 간접교수활동들을 통해서도 학생들을 가르친다. 문화로서의 스포츠에 제대로 입문하는 과정은 이미 스포츠에 입문되어 있는 체육교사로부터 직접체험활동과 간접체험활동을 올바로 배우는 것을 통해서 이루어진다. 직접교수활동과 간접교수활동을 올바로 펼쳐냄으로써 학생들을 스포츠의 기법적 차원과 심법적 차원에 깊이 입문시킬 수 있게 된다. 학생들은 스포츠에 입문함으로써 전인으로서 성장할 수 있는 바탕을 마련하고 그 길에 들어설 수 있게 된다.

　체육교사의 간접교수활동을 위하여 보다 구체적으로 '수업활동의 인의예지론'이라는 원칙을 활용한다. 학생들도 이 원칙을 따르려고 노력한다. 학교생활과 수업활동에서 교사와 학생, 학생과 학생들이 주어진 내용을 가르치고 배우면서, 서로 함께 의사를 교환하고 감정을 나누는 가장 중요한 활동들이 있다. 마음가짐, 행동거지, 얼굴모양, 말씀씀이 이 네 가지가 핵심적 활동이다. 이것들이 어떠한 방식으로 행해지느냐에 따라, 학생과 교사의 배우고 가르치는 활동의 성과와 질이 결정된다. 교사와 학생은 어진 마음, 멋진 행동, 밝은 표정, 고운 말씨로서 교육활동에 참여해야 한다. 이런 기준이 지켜져야만 기법적 차원만이 아니라 심법적 차원의 교육이 이루어지며, 하나로 수업에서 추구하는 4대 목표가 성취될 수 있다. 교사는 가르치기를 인의예지롭게, 학생은 배우기를 인의예지롭게 해야 한다.

첫째, 마음가짐(仁)이다. 하나로 수업에는 '어진 마음'을 지니고 참여한다. 어질다는 것은 착하다, 온유하다, 사랑하다 등의 모든 것에 대하여 포용하고 이해하는 마음을 한 가지로 표현한 것이다. 교사와 학생은 서로가 어진 마음을 지니고 수업에 참여함으로써 학생과 친구들을 이해하고 감싸 안는다. 나 자신은 물론, 나와 함께 현 상황에 있는 다른 사람들을 사랑하고 그들을 성숙시켜줄 수 있는 마음을 유지하면서 수업에 참여한다.

둘째, 행동거지(義)이다. 하나로 수업에서는 '멋진 행동'을 보여준다. 멋지다는 말은 한마디로, 스포츠맨십을 보여주는 행동들을 말한다. 스포츠맨다운 행동은 각각의 상황 속에서 참된, 올바른 행동이다. 어려운 상황에서 솔선수범하고, 친구에게 양보하며, 서로가 믿음을 가질 수 있도록 만들어주는 행동들을 말한다. 교사와 학생은 서로가 멋진 행동을 보여줌으로써 신뢰를 쌓아가도록 한다.

셋째, 얼굴모습(禮)이다. 하나로 수업에서는 '밝은 표정'으로 참여한다. 밝다는 것은 환하다, 미소짓다, 명랑하다, 즐겁다 등의 상태가 표현되는 그런 얼굴모양이다. 자기중심적인 마음상태에 사로잡혀있어 굳어있거나, 짜증스럽거나, 우울하거나, 무섭거나, 무표정한 얼굴가짐을 버리고, 긍정적인 사고와 타인중심적인 생각으로 즐거운 참여를 한다. 상대방을 최대한 배려하는 예를 갖추는 얼굴표정을 가진다.

넷째, 말씀씀이(智)이다. 하나로 수업에서는 '고운 말씨'를 쓴다. 곱다는 것은 올바르다, 아름답다, 따뜻하다, 격려하다, 칭찬하다 등의 의미를 갖고 있는 표현이다. 말은 사람을 살릴 수도 있고 죽일 수도 있는 명약이자 독약이다. 교사는 말로써 학생들을 살릴 수 있는 교실의 의사이다. 학생들도 마찬가지다. 각각의 상황에 적합한 말을 올바른 방식으로 씀으로써, 즉 지혜롭게 말을 함으로써 사람을 살리는 말을 사용한다.

라. 수업운영

직접체험활동과 간접체험활동은 지도하는 체육교사의 의도와 상황에 따라 적절하게 혼용하여 실행한다. 이 활동들은 다양한 방식으로 조직되어 학생들로 하여금 실행하도록 할 수 있다. 예를 들면, 지시설명형(그날 배울 기술의 시범과 설명이 주어지고 학습활동에 대한 학생의 연습이 뒤따른다), 탐구발견형(교사와 학생, 학생과 학생간에 문답으로 학습과제를 연습하고 해결해나간다), 동료협동형(학생들이 서로 힘을 합쳐 도와주고 도움받으며 학습과제를 연습해나간다), 시합대회형(변형되거나 완성된 형태의 시합을 통해 전술을 발휘하거나, 스포츠경기가 진행되는 방식으로 실제 게임을 즐기도록 한다), 자유경기형(학생들로 하여금 자유롭게 게임을 하도록 한다), 자기학습형(자신이 스스로 자기가 배울 내용을 정하고 그에 따라 수업방식을 선택한다) 등으로 조직하여 학생들이 연습할 수 있다.

하나로 수업의 가장 큰 특징으로서 '터'와 '패'의 아이디어가 있다. 터는 수업활동이 이루어지는 공간을 말하며, 패는 수업활동을 이루어내는 학생들의 소그룹 모둠을 가리킨다. 위에서 언급한 어떠한 수업방식을 택하던지 간에 교사는 학생들을 패(牌)로 조직하여 모든 수업활동들을 하도록 한다. 학생들은 작은 소그룹으로 나누고, 그 안에서 각자의 역할을 담당한다. 특히 이 패 안에서는 각 성원의 역할분담이 기본으로 이루어진다. 이는 조금 더 책임 있는 수업활동의 참여와 자기주도적인 학습활동을 원활히 하는데 필수적인 요소라고 할 수 있다. 학생들은 자신들이 관심 있는 또는 자신 있는 역할(하기, 읽기, 쓰기, 보기, 듣기 중)에 포함되기를 희망하고 각 역할별로 모인 성원들을 조합하여 한 개의 패가 구성된다. 각 역할(5개 기본역할: 패몫)은 패의 리더로서 이끌어가는 역할인 이끔이, 기능적인 부분과 관계되는 역할인 시범이, 각종 보는 것과 관계된 역할인 영상이, 읽기와 쓰기의 주도적인 역할을 맡는 기록이, 듣는 것 및 분위기 조성과 관련된 역할인 장단이 등이 있다. 각 패별로 스스로 수업활동을 수행하고 성취해나가도록 자율권과 독창성을 인정한다. 패별 참여를 통하여 학생들은 서로 다른 사람들이 하나가 되는 과정을 체험할 수 있게 된다. 서로 함께 연습하고 과제를 해결하고 즐거움과 곤란함을 맛보는 과정에서 타인에 대한 이해와 자기 자신의 참모습에 대한 발견이 이루어지기 때문이다. 팀과 팀 사이의 경쟁과 협동, 그리고 각 팀 안에서의 경쟁과 협동을 균형적으로 활용하는 것이 수업조직의 핵심이다.

각 터에서는 하기·읽기·쓰기·보기·듣기 등이 포함되는 다양한 수업활동들을 소화해낸다. 학생들은 다양한 직접 및 간접체험활동들을 수업시간에 한 곳에서 행하는 것이 아니라, 여러 곳의 터에서 동시다발적으로 행하게 된다(5개 기본터). 배움터는 교사가 수업내용을 설명하는 곳, 하기터는 배운 내용을 연습하거나 실행하는 곳, 보기터는 TV나 비디오 등 동영상 자료를 시청각적으로 볼 수 있도록 만든 곳, 읽기터는 유인물, 사진집, 스포츠만화 등 각종 읽는 자료들을 읽을 수 있는 곳, 얘기터는 수업에 관련된 다양한 측면들에 대해서 이야기를 나눌 수 있는 곳이다. 각종 다양한 체험활동들을 순환적으로 제공하고 체험함으로써 체육활동에 입문할 수 있는 가능성을 높인다. 패에서 맡은 패몫의 분담은 각 터에서의 활동을 원활히 하는 데에도 아주 커다란 효과를 낸다. 각 터에서 주도적인 역할을 하는 '터주'의 지정에 근거가 되므로 모든 학생들이 자연스럽게 수업의 주도자로서의 경험을 할 수 있기 때문이다. 예를 들어, 보기터에서는 영상이가 터주가 되며, 하기터나 배움터에서는 시범이가 터주가 될 수 있다.

표 2 2006년도 2학기 공진중학교 배드민턴 단원 수업계획표(한민국 선생)

어울림	⊙ 주위에서 흔히 볼 수 있고 한 번쯤 경험했을 법한 배드민턴경기를, 하고·읽고·쓰고·보는 방법으로 경험 할 수 있다. ⊙ 배드민턴의 하는 능력을 기르며 여러 가지 관련 지식을 알아갈 수 있고, 또 경기 에티켓 등을 몸에 배게 할 수 있다. ⊙ 수업에서 배운 배드민턴을 방과 후에도 행할 수 있는 삶속의 배드민턴을 경험할 수 있다. ⊙ 나 그리고 다른 사람이 함께 어울려 즐기며 모두를 위한 배드민턴으로 승화시키는 노력을 할 수 있다.

차시	수업주제	수업 중 학습활동		과제활동(수업외 활동)		간접 교수활동	수업방식	공간활용
		직접체험활동	간접체험활동	직접체험활동	간접체험활동			
1	우리 함께	• 패조직 (하나로 의식 적용) - 패장, 패원 재조직 • 셔틀콕과 만나기	• 패이름 짓기 하나, 인문, 사랑, 마음		• 패이름의 다짐글 • 패구호 만들기	• 사랑스런 몸짓과 에투	• 지시 전달형	• 하기터 • 얘기터
2	호기심과 관심	• 경기장 경험 및 무규칙 경기 • 라켓과 친해보기 - 풋 워크 & 그립 & 스트로크	• 배드민턴 준비운동 만들어 보기 - 창의적이고 자유롭게	* 배드민턴 경기장 만들어 오기 (중간과제로 대체 가능 - 희망과제)		• 호기심 자극과 배우려는 의지와 동기유발을 위한 진지함과 유머 스러움	• 동료 협동형 • 자기 학습형 • 시합 대회형	• 하기터
3	익숙하기 위한노력	• 스트로크와 풋 워크 포함 경기 • 스트로크의 종류와 방법 익히기 • 배드민턴 경기관람 • 배드민턴 책과 유인물		* 배드민턴 스트로크와 타법 알아오기 (수업자료-사랑·하나패)				• 하기터 • 보기터 • 읽기터
4	내안의 배드민턴	• 경기규칙 포함 경기 • 타법의 종류와 방법 익히기 • 배드민턴 경기관람 • 배드민턴 책과 유인물		* 배드민턴 경기방법 및 규칙 알아오기 (수업자료-인문·마음패)	• 배드민턴의 예절, 매너 조사하기 (수업자료-희망과제)			
5	경기와 삶의 예절	• 배드민턴 게임 (단식-11점 경기) - 같은 성별의 친구들과 교대로	• 배드민턴의 예절, 매너 얘기하여 적어보기		• 배드민턴에 관련된 문학적 글 찾아오기 (배드민턴의 조화)	• 수고했다 사랑한다는 표현으로 기운주기	• 시합 대회형 • 동료 협동형	• 하기터 • 보기터 • 읽기터 • 얘기터
6	배드민턴과 우리	• 배드민턴 게임 (단식-11점 경기) - 같은 성별의 친구들과 교대로			• 라켓, 셔틀콕, 손과 조화된 느낌을 글로 표현하기 (카페이용-필수과제)			
7	세상과 배드민턴	• 배드민턴 게임 (단식-11점 경기) - 같은 성별의 친구들과 교대로	• 셔틀콕을 대용할 수 있는 셔틀콕 발명	* 방과 후 학교에서나 집에서 제일 친하고 좋아하는 친구나 가족과 배드민턴 한 게임(필수과제)		• 잘 할 수 있다는 격려와 잘한다는 칭찬하기		
8	배드민턴과 나의 삶	• 배드민턴 게임 (단식-11점 경기) - 같은 성별의 친구들과 교대로			• 스포츠 서적 읽고 소감문 (희망과제)			

하나로 수업의 효과

하나로 수업은 학생을 참 좋은 사람으로 성장하도록 돕기 위하여 직접·간접교수활동을 활용하여 직접·간접체험활동에 참여하도록 한다. 자신을 성찰하고 타인을 배려하며 체육을 사랑하고 세계를 존중하는 마음을 갖고 행동을 하도록 학생들을 인도한다. 이 과정에서 학생들은 하나로 수업의 4가지 목표를 통합적으로 체험하게 된다. 2006학년도에 수업에 참여한 두 학생의 소감문을 소개한다 (이름은 가명임).

♣ 하나로 수업을 하면서 내가 받은 것 ♣

하나로 수업을 하면서 난 배운 것이 너무나도 많다. 몸으로도 마음으로도 많은 것을 느끼고 배웠지만, 4가지 목표 중에서 하나를 고른다면, 넷째인 '서로 다른 사람들을 하나로!'에서 가장 많은 것을 배우고 느낀 것 같다.
그 소중했던 시간은 바로 '농구' 수업시간이었다. '축구', '피구'는 우리에게 친근한 단어였지만 '농구'는 그다지 쉽게 익숙해지지가 않았다. 그래서 처음에 우리들은 때별로 하기터, 보기터, 읽기터, 얘기터, 등등으로 나누어서 '농구'와 더욱 더 가까워지고 실력도 나날이 일취월장해 나갔다. 시험을 보고 우리는 구기 대회에 할 농구시합을 위하여 예선부터 시작하게 되었다. 내가 가장 이야기하고 싶은 부분은 이 부분이다. 구기대회를 위해서 우리반 아이들은 1쿼터, 2쿼터, 3쿼터, 4쿼터를 정하고 서로 팀워크를 맞추기 위하여 매일매일 연습을 하였다. 하루는 서로의 팀을 갈라서도 시합해보고 여자아이들을 반으로 갈라서 시합해보기도 하고 때로는 남자애들과도 시합해보았다. 서로 친하다는 이름은 있었지만 마음은 이어지지 않았던 친구들, 그런 친구들이 '농구'라는 이름아래에서 서로 하나가 되어 한 곳을 향해서 가고 있었던 것이다.
어느 날은 학교에서 일이 생겨 해가지고서야 학교밖을 나서게 되었다. 집에 가려고 신발을 갈아 신고 발을 내딛는 순간 '난 내 눈이 잘못되었나?' 하고 생각하게 되었다. 해가 지고 밤이 내려 않은 그 시간, 학교 운동장에서는 많은 우리 반 아이들이 남자 여자 할 것없이 삼삼오오 모여서

웃으며 농구 연습을 하고 있었다. 교실에 가만히 앉아 수업을 하면서는 볼 수 없었던 내 친구들의 색다른 모습... 말은 친구라고 하면서 난 고정관념을 벗어나지 못했던 것일지도 모른다. 그 순간을 영원히 잊지 못할 것 같다.

그렇게 우리는 하나가 된다는 하나로 수업 안에서 정말 하나가 되고 있었던 것이다. 몸도 마음도. 그런 우리의 노력과 하나가 된 마음이 맺은 결과였을까? 우리는 구기대회 예선, 본선을 연이어 승리하고 결승전까지 올라가게 되었다. 말 그대로, 능력, 성별, 생각 모든 것이 다른 우리들이 배려하고 양보하고 도와주면서 스스로 성장할 수 있게끔 도와주는 바탕이 되어주었고 버팀목이 되어주었다.

처음에는 하나로 수업을 정말 이해할 수 없었다. 도대체 하나로 수업은 무엇이 특별한 것인가? 고민하고 또 고민하였다. 그러나 시간이 지나면서 난 스스로 깨닫게 되었다. 하나로 수업의 열쇠는 우리들 마음속에 있다는 것을. 우리가 마음을 열고 서로 조금만 노력하면 우리는 하나가 되어 많은 것을 이뤄낼 수도 있고 많은 것을 받아들일 수 있다는 것이다.

'농구'... 이 두 글자 안에서 난 하나로 수업을 찾고 친구를 찾고 내 마음의 열쇠를 푸는 방법을 찾을 수 있었다. 그리고 무엇보다도 친구와의 하나가 된 것과 조금이라도 농구인들의 마음을 느낄 수 있었던 것같다. 더 이상 무엇을 말 할 수 있을까? 우린 지금 하나로 수업에서 너무나도 많은 것을 받고 있는 것같다. 사랑합니다.

(2006년 11월 25일)

방원중학교 2학년 6반 최 가 은

♣ 마음이라는 서랍 속의 창작체조라는 오래된 편지 ♣

나에게 가장 즐거웠던 한 때가 언제냐고 묻는다면 과감히 대답하겠다. "9월 11일, 창작체조에 임하는 다짐을 했던 순간부터 10월 23일, 노력의 결실을 맺었던 그 날까지입니다."

9월 11일. 그날은 창작체조라는 역사의 한 페이지가 기록된 날이다. 새로운 사랑때원들과의 만남. 그 일은 우리가 함께 해야 할 43일을 좌우하는 가장 큰 관건이었다. 4교시가 시작되기도 전에 모두들 열심히 하는 친구와 적극적인 친구와, 창의적인 친구와 같은 때가 되고 싶다는 표정들을 감추지 못하고 있었다. 약간의 신경전도 있었다고 말하는 것이 옳을 지도 모르겠다. 나 역시 크게 우려하고 있었지만, 때장으로 뽑히고 때원들을 하나하나 뽑으면서 속으로 안도의 박수를 때렸다. 황주원, 김혁진, 윤은지, 이규하, 조상은, 이창훈, 심다희, 김건주, 최인수 우리 아홉은 이제부터 한 몸이라는 사실에 부담감 반, 기대감 반으로 시작되었다.

9월 24일. 본격적으로 창작체조를 시작한지 3번째 시간인데 우리는 다른 때들보다 동작들이 뒤떨어져 있었고, 덜 짰기에 나는 촉박해졌다. 하지만 "똑똑한 부모는 아이를 느리게 키운다" 라는 책의 한 구절을 되짚어보며, "똑똑한 때장은 때원들을 천천히 이끌되, 동작 하나하나에 혼신의 힘을 다한다" 라고 내 나름대로의 신조를 세웠다. 동작하나라도 참신하고, 재미있게 할 수 있는 것을 고심의 고심 끝에 결정했다. 그것은 *Cutie Honey* 춤이었다. 모든 때원들의 반대가 심했고, 난 그들의 반발을 억지로 무마시켰지만, 속으로는 "지금이라도 때원들이 하자는 대로 해야하나?" 고 걱정을 했었다. 그 날은 각 때가 차례로 다목적실로 올라가서 거울을 보며 연습하는 날이어서 우리는 나의 억지스러운 결정이 떨어지자마자 다목적실로 옮겨갔다.

벽면에 가득한 거울을 마주 쳐다보며 연습을 시작했다. 순간 나는 깜짝 놀라 동작들을 잊어버리고, 내 눈을 의심했다. "지금 거울에 비춰지는 저 열심히 하는 자들이 정말 우리 사랑 때원들인가!" 약간의 거부반응을 보였던 때원부터 가장 반발이 심했던 때원까지 모두가 땀을 뻘뻘 흘리며 그 누구보다도 역동적이고, 열심히 하고 있었다. 난 항상 맨 앞에서 해왔기에 내 뒤에는 어떤 일들이 벌어지고 있는지 몰랐다. 아무 것도 보질 못했으면서, 사랑때원들이 대충하고 있을 거라고 내 멋대로 단정지으며, 혼자서 걱정을 잔뜩 하곤 했었는데, 내가 보지 못한 나의 등 뒤에서 저런 아름다운 모습들이 있었는지는 전혀 상상조차도 못했기에 감동은 두 배로 다가왔다.

10월 13일. 2학기 중간고사가 끝난 후, 추석 연휴가 연달아 이어져서 "다들 여태껏 우리가 짰던 동작들을 잊으면 어떡하지" 하는 걱정이 자꾸 앞섰다. 나의 걱정은 10% 적중했다. 지난 9일, 우리는 오랜만에 맞는 체육시간에 우리의 동작들을 맞춰보았다. 그런데 왜 아무도 기억을 못하는 것인지.. 그리고 13일, 역시나 모두 아직도 얼떨떨해 하며 눈치 보기에 바빴다. 도저히 안되겠다는 생각에 담임선생님께 허락받고, 방과후에 교실에 남아서 연습을 했다. 처음 몇 번은 잘 안되었는데, 계속하다보니까 때원들도 서서히 감을 잡기 시작했고, 내친 김에 뱃놀이 동작도 짰다. 1교시 때와는 확연히 달라진 그 순간, 우리는 서로의 챔피언이었다.

　　10월 22일. 주말이지만 우리 사랑때는 창작체조에 대한 열정을 표현했다. 아침 일찍 학교 구령대 앞에서 만났다. 내일이 시험이기에 미처 짜지 못한 동작들을 만들고, 마지막으로 정리할 겸해서 만났다. 먼저 도착한 나랑 은지부터 9개의 음료수를 사오느라 늦은 인수까지 모두 도착한 후, 우리는 Baby Got Back에서의 눈 스프레이 퍼포먼스를 가상으로 연습하고, 캐논에서 아직도 잘 안되고 있는 Anymotion의 농구춤을 다희에게 다시 한 번 부탁했고, 혹여나 실수할까 (강강술래) 청어엮기와 풀기를 연습하는 등 할 수 있는 최대한의 노력을 다했다. 다른 때들보다 월등히 잘할 수는 없지만, 월등히 열심히 할 수는 있었다. 우리 사랑때가 지난 시간동안 배운 것은 잘하는 것이 아닌 열심히 하는 것이기에 점수를 목적으로 시작했던 창작체조가 서로를 웃게 하는 것으로 끝맺음 지으려했다.

　　10월 23일. 43일의 모든 여정이 끝나는 그 날 4교시가 오지 않았으면 하는 바램뿐이었다. 힘들긴 했지만, 창작체조에 미운정, 고운정 다 들었기에 이대로 끝낼 수는 없었다. 창작체조가 끝나고, 중학교가 끝나고, 자란다는 것이 싫었다. 하지만, 영원히 피터팬으로 살 수 없으니, 그때그때 나의 삶에 충실하고, 유종의 미를 거둘 수 있기를 간절히 바랬다. 4교시. 우리 사랑때의 순서는 2번째였다. 전주가 나올 무렵, 지금껏 열심히 했던 노력의 땀방울들을 숨김없이 보여주고, 마지막에 모두가 웃을 수 있었으면 좋겠다는 생각뿐이었다. 눈 스프레이 퍼포먼스 때, 반응이 너무 좋아서 모두들 자신감이 충전된 듯 했다. 내가 간간히 실수를 해서 때에 악영향을 끼치진 않을까 걱정이 되었지만, 모두의 땀 한 방울, 한 방울이 모여 만들어진 우리의 소중한 창작체조 이기에 마지막에 모두 웃을 수 있는 결과가 나왔다. 꼭 A라서 그런 것은 아니었다. 우리 스스로가 무언가를 창조해내고, 누군가는 그것을 보고 감동을 한다는 것에 기쁨을 누리고 있을 따름이다. 사랑때. 정말 최고다. 사랑때. 정말 사랑해!

이젠 어딜가도 창작체조를 더는 볼 수 없다. 하지만 그런 사실에 대해 슬퍼하거나, 노하지 않으려고 한다. 추억은 추억 나름의 아름다운 빛을 내는데 그 빛을 보지 못하고, 그때 그 시절만을 그리워 한다는 건 얼마나 어리석은가. 내가 창작체조를 통해서 많은 것을 배우고, 평생 내 머릿속을 그 생각이 지배한다면 그것으로 된 것이다. 그것으로 만족하는 것이다. 소중한 내 기억이다. 추억이다.

　각기 다른 곳에서 16년을 살아 온 9명의 사람이 모여, 43일 동안 한 몸이 되어, 같이 희로애락을 느끼며, 함께 웃을 수 있다는 것. 별 것 아닌 것처럼 보이지만, 결코 별 것 아닌 게 아니라는 걸 배웠기에 소중한 내 기억이고, 추억이고, 보물이다. 살면서 가끔은 이 소중한 기억을 잊고 살지 모른다. 하지만 마음 어딘가에는 항상 자리잡고, 삶에 힘든 나에게 용기를 줄 것이라는 걸 믿는다.

　황주원과 김혁진이라는 바늘같은 때장과 조상은, 윤은지, 심다희, 최인수, 이규하, 이창훈, 김건주라는 실같은 때원들이 모여 아름다운 작품을 만들어냈다. 우리 손으로, 우리 스스로 만들어낸 인생의 첫 작품이었다. 사랑합니다. 창작체조.

　마음이라는 서랍속의 오래된 편지같은 나의 창작체조... 이젠 안녕.

(2006년 11월 26일)

청담중학교 3학년　황 주 원

V 제언: 체육교사의 교육

　요즘처럼 학교교육에 대한 기대가 땅에 떨어진 때에 학교교육에서 전인교육을 희망한다는 사실 자체가 어불성설일 수도 있다. 실제로 많은 교사들이 자신의 역할을 교과내용 지도와 행정업무 수행으로 한정하여 생각하기도 한다. 학생의 전인적 발달은 학교에서는 불가능하거나 너무 힘들거나, 아예 가정에서 이루어져야 한다고 믿고 있다. 이런 경향은 체육교과에서도 점차 퍼져나가고 있는 추세이다. 학생과 타과목 교사들은 이미 예전부터 체육수업이 전인을 육성한다는 말을 믿지 않았지만, 이제는 체육교사들 사이에서도 체육수업이 전인교육과 인성교육의 장이 될 수 있다고 믿거나 그것을 실행하려는 사람이 사라지고 있다.

　그럼에도 불구하고 나는 체육교과가 전인교육과 인성교육의 마지막 보루가 되어야 하며, 할 수 있다고 확신한다. 학교교육 내에서 다른 교과들이 주지적 성격으로 인하여 인성교육의 추진이 쉽지 않음에 비교해볼 때, 체육교과는 신체활동을 매체로 함으로써 보다 손쉽게 학생의 인성에 영향을 미칠 수 있는 우세한 위치에 있다. 특히, 아리스토텔레스의 윤리학을 바탕으로 한 덕교육적 관점에서 서사적 접근을 취할 경우, 실천중심의 인성교육에 가장 적합한 학교교과는 바로 체육이 된다. 신체활동의 연습과 경기시합의 참여를 통하여 학생들은 바람직한 덕목들을 습득하고 인성을 함양할 수 있는 체험을 갖게 된다. 학생들은 참 좋은 사람으로 성장하는 서사적 체험들을 맛보게 되며, 그로 인하여 마음결을 조화롭게 다듬는 훈련을 받게 된다. 이 잘 다듬어진 마음의 무늬, 모양이 바로 인성인 것이다.

　물론, 학교에서의 체육수업 만으로는 학생들을 완성된 '전인'으로 만들어낼 수는 없을 것이다. 학교에서는 학생들이 그 길로 들어서도록 안내하고 도와주어야 할 것이다. 청소년을 전인으로 성장시키기 위한 교육은 학교는 물론, 가정과 사회 속에서도 이루어지기 때문이다. 사회환경과 풍토가 만들어내는 도덕교육인 사회화와 함께 생활하는 부모님들의 영향으로 이루어지는 가정교육도 인성교육의 커다란 두 축이다. 학교교육, 사회교육, 가정교육이라는 전인교육과 인성교육의 세 축이 함께 맞물려 돌아가야만 우리는 우리 미래의 주역들을 온전한 사람으로 키워낼 수 있는 것이다. 학교교육은 그것이 맡아내야만 하는 몫을 충실히 수행해내야 한다.

학교체육도 전인교육으로서 그 맡은 몫에 최선을 다해야 한다. 하나로 수업은 그 일을 해내도록 하는데 도움을 줄 수 있는 한 가지 체육수업 모형이다. 본 발표는 이 점을 주장하고 보여주기 위한 것이었다. 하나로 수업이 학교에서 그 효과를 최대한 성취해내기 위해서는 다른 여러 요건들 중에서도 체육교사가 가장 핵심적으로 중요하다. 전인교육으로서의 하나로 수업을 실행할 수 있는 체육교사를 육성하기 위해 요청되는 세 가지(자기교육, 현직교육, 직전교육)를 제시하고 본 발표를 마무리 짓는다.

첫째, 체육교사 자신이 '참 좋은 교사'가 되기 위해서 스스로 노력하고 반성하는 모습을 보여야 한다. 즉, 체육교사의 자기교육이 필수적으로 요청된다. 덕교육의 관점에서 덕성의 습득과 함양은 '본보기 따라하기'(modeling)를 통해서 이루어진다. 학생들은 지덕체, 지인용, 지정의 등이 균형잡힌 사람이 보이는 행동과 태도를 통해서 자신도 그렇게 성장해나간다. 참 좋은 생각과 태도와 행동의 구체적 모습들을 보면서 자신도 그렇게 해야만 하며 하고 싶어하는 마음을 갖게 된다. 따라서 체육수업에서 체육교사가 학생들에게 어진 마음을 갖고, 멋진 행동을 하고, 밝은 표정을 짓고, 고운 말씨를 씀으로써 학생들도 스스로 친구와 선생님에게 그같은 행동을 보이게 된다. 다시 말하면, 체육교사는 스스로가 전인이 되려고 힘써야만 하며, 그럴 경우 학생들이 그것을 간접교수활동을 통하여 가르침을 받게 된다. 이를 위해서는 체육교사 자신이 삶에 대한 보다 진지한 태도를 취하며, 보다 올바로 사는 삶이 어떤 것인지 깊게 반성하고, 보다 나은 체육수업을 펼치려고 하는 자세를 취하는 것이 최우선이다. 즉각적인 조처로서 인성교육에 대한 공부, 교육대학원에의 진학, 타교사들과의 공부모임 조성 등으로 시작할 수 있다.

둘째, 체육의 인문적, 서사적 차원에 대한 관심을 높일 수 있도록 현직연수에서 다양한 프로그램과 활동을 제공한다. 체육교사가 참 좋은 사람으로 성장하기 위해서는 지속적인 훈련과 교육이 필요하다. 아리스토텔레스에 의하면 인성은 타고나는 측면도 있지만, 부단한 자기함양을 통하여 스스로 체득하는 것이기도 하다. 그동안 현직연수는 실기습득과 교과내용적 지식의 습득이 주된 활동이었다. 최근 지도방법에 보다 도움이 되는 교과교육학적 내용이 강화되고는 있으나, 이 역시 교사의 성품, 성격, 인성 등에 변화를 가져다 줄 수 있는 내용은 아니다. 그동안 체육교사의 자질 가운데 지식적 측면과 기능적 측면만이 주목을 받아왔고, 인성적 측면의 자질에 대한 고려는 없었다. 현직교사교육에서 체육교사의 품성적 자질을 함양시키기 위하여 보다 적극적이고 강화된 프로그램의 제공이 요청된다. 이것은 체육수업이 이론적 지식을 전달하고 경기적 기능을 숙달케하는 것만으로 완성되지 않음을 인식시켜 주는 것으로부터 시작되어야 한다. 이를 위해서는 체육활동의 문학적, 예술적, 종교적, 역사적, 철학적 차원들이 보다 두드러지게 부각되어 체육교사들에게 가르쳐져야 한다. 이런 차원들은 인문적인 성격을 띠는 것으로서 '사람의 무늬'(人文)를 만들어주는 것이기 때문이다. 특히, 체육활동과 관련된 읽는 스포츠 작품을 읽고, 스포츠 예술 작품을 감상하며, 신앙적 체험을 위한 통로로서 믿음생활을 수행하는 것이 직접적 조치가 될 수 있다.

셋째, 만약 이런 인문적 지혜의 공부와 서사적 체험의 습득이 체육교사가 되기 위한 직전교사교육에서부터 제공된다면, 그 효과는 더욱 크다고 할 수 있다. 예비체육교사들은 초중고등학교에 다닐 동안 개인적으로 체육적 경험을 맛보고 나름대로의 체육에 대한 개념을 형성하고 있지만, 그것이 성숙하고 고착되며 강화되는 것은 그 어디 보다도 가장 오랫동안 체계적인 교육을 받는 대학교 학부 시기이다. 이 때 받는 교육은 그 효과가 매우 강하여 아주 오랜기간 동안, 혹은 평생동안 예비체육교사의 생각과 태도를 지배한다. 그리하여 만약 체육교사를 전인교육을 수행하는 대표교사로 성장시키고 싶다면, 가장 먼저 체육교육과(및 체육관련학과)의 학부 프로그램을 인성적 자질을 강화시키는 방향으로 구성해야만 할 것이다. 이를 위해서는 우선 스포츠윤리학이나 체육교육윤리 등과 같은 교과목을 새롭게 개설할 수 있으며, 또는 기존 과목들에서 체육지도의 도덕적, 인성적, 윤리적, 심법적 측면과 자질에 관한 성찰과 대화를 강화할 수 있다. 특히, 육상, 축구, 수영 등 전공실기 교과목들을 가르칠 때, 하나로 수업과 같이 인성적 측면이 핵심인 수업 모형을 채택하여 지도하는 것이 절대적으로 필요하다. 예비체육교사들 스스로가 실기수업을 배울 때에 그같은 체험을 먼저 맛보는 것이 가장 효과적인 방법인 것이다.

전인교육을 위한 체육수업 모형을 학교현장에서 효과적으로 운영해나가기 위해서는 물리적, 풍토적, 제도적 여건 등이 제대로 잘 갖추어져야만 한다. 하지만, 그 여건들이 불충분함에도 우리는 전인교육을 위한 체육수업을 더 이상 연기할 수 없는 상황이다. 그리고 동서를 막론하고 역사상 그런 여건이 충분했던 곳과 때는 한번도 없었다. 그런 상황은 앞으로도 없을 것이다. 전인교육의 실현이라는 점에서 학교교육은 언제나 어려웠고 앞으로도 여전히 어려울 것이다. 이 어려운 다양한 여건들을 헤쳐 나가면서 전인교육을 실천할 수 있는 열쇠꾸러미는 바로 체육교사가 지니고 있다. 하나로 수업은 그 꾸러미 열쇠들 가운데 하나이다.

체육교사는 그것을 사용하는 방법을 배워야 한다. 그리하여 전인교육의 도량(道場)으로서 그 역할을 상실해버린 학교의 위신과 지위를 복원하는 일에 큰 몫을 담당해내야만 한다. 더욱이, 체육교사로 하여금 그 막중한 과업을 수행해낼 수 있도록 만드는 일은 다시 이들을 대학에서 가르치는 체육교수들임을 명심하여야 한다. 우리는 학생을 참 좋은 사람으로 키워내는 일은 참 좋은 체육교사만이 할 수 있듯이, 참 좋은 사람으로 예비체육교사들을 길러내는 일도 참 좋은 체육교수만이 할 수 있음을 깨달아야만 할 것이다. 그리하여 결국, 학교에서 전인교육을 위한 체육수업이 실행될 수 있기 위해서는, 먼저 대학에서 전인교육을 위한 체육강의가 선행되어야함이 요청된다. 이 요청은 곧바로 그를 위한 대학에서의 전인적 체육강의 모형이 무엇인지에 대한 궁금증을 증폭시킨다. 하지만, 그것은 또 다른 글의 몫이다.

참고 문헌

김숙경(2005). **중학교 체육에의 통합적 접근: 하나로 수업 모형의 실행과 효과**. 건국대학교 교육대학원 석사학위 논문.
도홍찬(1999). **도덕교육 방법으로서 내러티브 접근법에 관한 연구**. 서울대학교 대학원 박사학위 논문.
신창호(2005). **수기: 유가 교육철학의 핵심**. 서울: 원미사.
유한구, 김승호(1998). **초등학교 통합교과교육론**. 서울: 교육과학사.
이계학(2004). **교육의 알파와 오메가**. 서울: 청계.
이왕주, 김형철, 예정민, 최용성(2003). **서사와 도덕교육**. 부산: 부산대학교출판부.
이효범(2001). **끝없는 물음, 인간: 종교, 학문, 그리고 전통사상의 창으로 인간을 보다**. 서울: 소나무.
정미진(2003). **도덕교육방법으로서의 서사**. 한국교원대학교 대학원 석사학위논문.
진립부(1992). **중국철학의 인간학적 이해(정인재 역)**. 서울: 양지사.
최병태(1996). **덕과 규범: 도덕교육의 이해**. 서울: 교육과학사.
최의창(2003). **인문적 체육교육**. 서울: 무지개사.
최의창(2006a). **가지 않은 길: 인문적 스포츠교육론 서설**. 서울: 무지개사.
최의창(2006b). 인문적 체육교육과 하나로 수업: 몸과 마음의 서사적 대화. 한국체육학회, **한국교육학회 공동학술세미나 자료집**(pp. 25-54). 서울대학교 사범대학 교육정보관.
홍은숙(2006). 후기 허스트의 도덕교육론 고찰: '실천전통에의 입문으로서의 교육관'에서의 도덕교육. **도덕교육연구, 17(2)**, 163-186.
Anderson, D. (2002). The humanity of movement or "It's not just a gym class". *Quest, 54*, 87-96.
Bruner, J. (1986). *Actual minds, possible worlds*. Cambridge, MA: Harvard University Press.
Carr, D. (1991). *Educating the virtues: An essay on the philosophical psychology of moral development and education*. London: Routledge.
Carr, D. (2005). On the contribution of literature and the arts to the educational cultivation of moral virtue, feeling and emotion. *Journal of Moral Education, 34(2)*, 137-151.
Clifford, C. & Feezell, R. (1997). *Coaching for character*. Champaign, IL: Human Kinetics.
Feezell, R. (2004). *Sport, play & ethical reflection*. Chicago: University of Illinois Press.
Hochstetler, D. R. (2006). Using narratives to enhance moral education in sport. Journal of *Physical Education, Recreation and Dance, 77(4)*, 37-44.
Jones, C. (2005). Character, virtue and physical education. *European Physical Education Review, 11(2)*, 139-151.
Lange, C. (2006). Sports success stories, character, and personal development. Retrieved December 2, 2006, from http://www.uh.edu/hti/쳐/2002/7/02.pdf.
MacIntyre, A. (1984). *After virtue: A study in moral theory(2nd ed.)*. Notre Dame, IL: University of Notre Dame Press.

McNamee, M. (1995). Sporting practices, institutions, and virtues: A critique and a restatement. *Journal of Philosophy of Sport, XXII*, 61-82.

McNamee, M. (2005). The nature and values of physical education. In K. Green & K. Hardman(Eds.), *Physical education: Essential issues*(pp. 1-20). London: Sage Publication.

Stevensen, L., & Haibern, D. (2006). *Ten theories of human nature*. 박중서(역), 인간의 본성에 관한 10가지 이론. 서울: 갈라파고스.

10

개인적·사회적 책임감 모형

이 옥 선

체육은 단순한 신체활동이 아니라, 신체활동과 아울러 감성 및 사회성도 함양 시킬 수 있는 전인교육임을 표명하기 위해 쓰여진 Donald Hellison(1978)의 '볼과 방망이를 넘어서'라는 저서가 나온지 이제 30년이 지났다. 신체활동을 통한 개인적 사회적 책임감의 향상에 초점을 둔 개인 사회적 책임감 모형은, 그 동안 많은 실천가들의 지지속에서 지속적으로 변화와 발전을 거듭하여 왔다(Hellison, 1985, 1995, 2003). 본 장에서는 Donald Hellison에 개발된 개인 사회적 책임감 모형에 대하여 다룬다. 제2절에서는 개인 사회적 책임감 모형이 나오게 된 개발 배경과 이론적인 토대를 살펴본다. 제3절에서는 모형에 대한 전반적인 소개가 이루어지고, 이어서 제4절에서는 모형과 관련되어 현재까지 이루어진 연구성과들을 살펴본다. 마지막으로, 제5절에서는 개인 사회적 책임감 모형의 문제점과 앞으로의 당면 과제들에 대하여 살펴보도록 한다.

I 서언

　　체육이 학교 교과목으로 받아들여진 이래로 체육교육의 궁극적인 목적에 인성교육이나 전인교육은 항상 묵시적으로든지 명시적으로든지 포함되어 있었다. 1910년대로 거슬러 올라가 Clark Heatherington은 신체육의 목표가 도덕적, 사회적, 개인적인 성품을 개발하는 것이라고 규정하였다(Van Dalen & Bennett, 1971). 최근에 미국체육교육협회에서 규정한 국가 수준의 체육 교육목표에도 자기 자신과 다른 사람을 존중하는 책임감 있는 행동을 보이는 것과 자기표현, 즐거움, 사회적인 상호작용을 위해 신체활동을 가치롭게 받아들이는 것이 포함되어 있다(National Associaton for Sport and Physical Education, 2004). 이같은 도덕적, 사회적, 개인적 성품의 계발에 대한 중요성과 강조에도 불구하고 실제 교육현장에서는 이같은 자질들은 신체활동을 가르치면 당연히 따라오는 부수적인 목표들로 인식하는 경향이 있다. 하지만, 도덕적, 사회적, 개인적 성품의 계발은 운동기능의 향상과 마찬가지로 구조화된 수업모형과 발달단계에 적합한 내용, 수업 전략, 그리고 체계적이고 반복적인 연습을 필요로 하는 영역이다. 이런 측면에서, 개인적 사회적 성품을 계발을 위한 구체적인 수업 모형을 살펴보는 것이 도움이 될 것이다.

　　본장에서는 개인적 사회적 성품을 계발하는 것에 초점을 둔 Hellison의 개인 사회적 책임감 모형에 대하여 다룬다. 제2절에서는 개인 사회적 책임감 모형이 나오게 된 개발 배경과 이론적인 토대를 다룬다. 제3절에서는 모형이 담고 있는 개인 사회적 가치 체계, 모형의 주제, 수업의 구조에 대한 전반적인 소개가 이루어지고, 이어서 제4절에서는 모형과 관련되어 현재까지 이루어진 연구 성과들을 과정중심 연구와 결과 중심 연구로 구분하여 살펴본다. 마지막으로, 제5절에서는 개인 사회적 책임감 모형의 문제점과 앞으로의 당면 과제들에 대하여 살펴보도록 한다.

II 개인 사회적 책임감 모형의 개발 배경

신체활동을 매개로 하여 개인 사회적 책임감을 가르칠 수 있다는 아이디어는 '볼과 방망이를 넘어서'라는 Donald Hellison의 책이 출판되고 나서 비로소 시작되었다(Hellison, 1978). 학부에서 역사학을 공부하고 석사 과정에서 사회학을 전공한 Hellison은 비교적 체육 분야에 뒤늦게 입문하였다. 체육에 대한 그의 관심은 문제 학생들을 대상으로 하는 체육프로그램에서 일하면서 본격화되었고, 그는 자신이 가지고 있는 체육교육의 관점을 '인간중심 체육교육'이라는 최초의 저서에서 명시적으로 밝혔다(Hellison, 1973). 헬리슨의 현장에 대한 관심은 그가 일리노이 대학 시카고 캠퍼스의 대학교수로 있을 때에도 계속되어, 문제학생들과 탈선의 가능성에 노출되어 있는 청소년들을 위한 체육 프로그램을 제공하는 것으로 지속되었다.

실제로 개인 사회적 책임감 모형은 체계적인 이론적 토대 위에서 시작되었다기 보다는 문제학생들에게 신체 활동을 통하여 전인교육을 해보겠다는 헬리슨의 열정과 아이디어의 산물이었다. 체육을 통해서 문제학생들의 인성교육을 하겠다는 열정 하나만으로 매달린 그는 곧 현실적인 이론과 전략의 부재에서 오는 한계에 직면하게 되었다. 그는 스스로에게 '우리 학생들이 직면하고 있는 가장 큰 문제는 무엇인가'와 '어떻게 하면 그들이 직면하고 있는 문제를 도울 수 있는가'의 두 가지 질문을 묻고 고민하게 되었다. 첫번째 질문과 관련하여, 헬리슨은 오늘날 우리 학생들이 직면하고 있는 가장 큰 문제는 올바른 선택과 의사결정을 할 수 있는 능력을 키우는 일이라고 보았다. 특히 그는 오늘날의 청소년들은 직면하고 있는 문제를 '가이던스 갭'(guidance gap)이라는 말로 설명한다.

> 우리 아이들이 변했고, 세상 또한 많이 변했다. 물론, 학교도 변했다. 아이들은 예전과는 비교도 안될 정도로 텔레비전, 폭발적인 지식의 증가, 다원화된 사회가 쏟아 내는 각기 다양한 가치체계 등의 엄청난 선택의 폭에 노출되어있다. 그에 비하여 오늘날의 청소년들은 맞벌이 부부의 증가와 이혼 가정의 증가 등으로 주변에서 그들의 올바른 의사결정과정을 제대로 가르치고 안내 해 줄 사람이 없다. 한때 아이들의 교육에 도움을 주었던 지역

> 사회와 이웃마저도 점점 더 유동적이 되어가고 있고, 게다가 익명성을 더해 가면서 우리 아이들을 제대로 안내 하거나 도와 줄 수 없게 되었다 (Hellison, 1985, p. 1)

가이던스 갭(guidance gap)에 직면하고 있는 청소년들을 돕기 위해서는, 그들이 합리적인 선택과 신중한 의사결정을 내릴 수 있는 과정을 가르쳐야 한다. 헬리슨은 학생들이 배워야 할 중요한 가치를 자신과 타인에 대하여 책임을 질 줄 알도록 배우는 것이 중요하다고 생각하였다.

헬리슨은 정서적인 측면과 신체활동 측면을 두루 포함하면서 많은 상호작용을 요구하는 스포츠와 신체 활동이 개인 사회적 책임감을 가르치는 데 좋은 매개체가 될 수 있다고 보았다. 실제로 스포츠와 체육활동 프로그램은 문제학생을 위한 프로그램이나 청소년들에게 삶의 기술(life skill)을 가르치는 프로그램에 널리 이용되고 있다(Hartmann, 2003). 즉, 체육활동이나 스포츠 활동 중에는 인위적인 조작 없이도 팀웍이나 문제 해결, 목표 설정과 같은 삶의 기술을 실제 상황에서 가르칠 수 있는 가능성이 많이 내재 되어있다(Martinek & Hellison, 1997). 따라서, 개인 사회적 책임감이라는 가치는 체육활동 프로그램에 통합하여 가르치기에 용이한 장점이 있다.

이와 더불어 넘쳐 나는 사회병리학적 문제 또한 체육 교육의 변화를 요구하고 있다. 오늘날 청소년들은 그 어느때보다도 심각한 빈부의 격차, 약물 중독, 폭력 등의 심각한 사회문제에 노출되어 있다. 이러한 사회 문제는 사회 문제로 그치지 않고, 학교 교육의 문제와 직결되어 있다. 학생들이 학교에 안고 오는 사회문제는 결국 학교 교육을 위협하게 되어 학교와 사회를 모두 위협하는 "도미노 현상"(Lawson, 1998)을 초래하게 된다. 이같은 문제는 기존에 이용되던 학생 통제 방식을 이용해서는 해결될 수 없다. 이와 같은 사회 문제에 대하여 대처하는 방식에 대하여 Lawson(1997, 1998)은 체육계 전체가 전문지식을 가지고 함께 나서는 것이 우리 학문 분야가 당면하고 있는 사회적 책임이라고 주장한다. 이제 체육은 학교라는 울타리를 벗어나서 청소년들의 건전한 발전을 도모 할 수 있는 종합적인 프로그램의 개발에 주력해야 한다. 특별히 과거의 청소년을 위한 프로그램들이 문제 행동의 수정이나 문제 학생들을 위한 것이었다면, 앞으로는 긍정적 자질을 개발할 수 있는 보다 예방적이고, 학생들의 건전한 발달을 도울 수 있는 모두를 위한 프로그램이 되어야 한다는 것이다. 개인 사회적 책임감 모형은 이같은 사회문제에서 기인한 문제 행동이 있는 청소년들을 위한 프로그램으로 시작되었지만, 최근에는 보다 긍정적 자질을 계발하기 위한 프로그램으로 널리 받아 들여지고 있다.

III 개인 사회적 책임감 모형의 개요

1. 모형의 주제

개인 사회적 책임감 모형은 통합(integration), 전이(transfer), 의사결정권의 이양(empowerment), 교사-학생간의 관계(relationship)라는 네 가지 기본 원칙에 기초하고 있다. 따라서, 개인 사회적 모형에 기초한 수업을 구안하거나 프로그램을 개발 할 때에는, 네 가지 기본원칙을 프로그램과 수업에 일관성 있고 충실하게 적용해야 한다.

1) 통합(integration)

개인 사회적 책임감 모형을 대표하는 가치들은 신체활동과 스포츠에 통합되어 지도되어야 한다. 다시 말해서, 개인 사회적 모형은 신체 활동에 가치 체계를 첨가해서 가르치는 가법적 접근이 아니라, 신체활동에 가치를 통합시켜서 가르치는 접근을 취한다. 결국 교사는 신체 활동에 관한 지식, 또 신체 활동을 가르칠 수 있는 수업지식, 그리고, 개인 사회적 책임감 모형에 대한 지식에 모두 능통해야만 한다.

2) 전이(transfer)

모든 교육이 마찬가지이듯이, 개인 사회적 책임감 모형의 최종적인 목표는 프로그램에서 배운 것을 실제 생활에 연계하여 적용 할 수 있는 능력을 함양하는 것이다. 체육관이나 운동장에서 배운 가치 체계는 교실과 가정 등의 실제 생활에 적용될 수 있도록 교육되어야 한다.

3) 의사결정권의 이양(empowerment)

책임감을 가르칠 수 있는 가장 좋은 방법은 학생들에게 책임감을 부여 하는 것이다. 학생들은 자신이 의사결정을 내릴 수 있는 기회를 수시로 가져야 하고, 자신이 내린 결정에 대하여 책임을 지는 연습을 통하여 책임감을 배양 할 수 있다. 교사 중심의 수업 방식에 익숙한 사람들은 학생들에게 의사결정권을 부여 하는 것에 대하여 불안감을 느끼게 되기도 하지만, 책임감 모형의 성패는 사실상 의사 결정권의 이양에 달려 있다고 해도 과언이 아니다. 따라서, 학생들은 실제로 선택을 할 수 있는 기회를 많이 가져야 하고, 또한 선택에 대한 자기 성찰의 기회를 가져야한다.

4) 교사-학생의 관계(relationship)

개인 사회적 책임감 모형은 정의적 영역의 개발에 초점을 둔 모형이다. 학생의 가치, 감성, 의지, 그리고 태도는 교사와 학생의 관계가 온전히 정립되었을때만 가르칠 수 있다. 학생을 한 인격체로서 존중하고, 학생의 부족한 점 대신에 장점을 개발할 수 있도록 하는 교사의 능력이 중요하다. 교사와 학생의 관계에 중요한 두 요소는 배려와 공감적인 능력이다.

2. 모형의 단계

개인 사회적 책임감 모형은 개인적 책임감과 사회적 책임감을 배양하기 위한 두 가지 가치체계로 구성되어 있다. 개인적 책임감을 배양하기 위한 가치체계로는 자기 주도성과 노력하기가 들어 있다. 자기와 다른 사람에 대한 존중 그리고 협동은 사회적 책임 감을 배양하기 위한 가치체계이다. 개인적 사회적 책임감 모형은 초창기에는 자기와 다른 사람에 대한 존중(respect), 노력(effort), 자기 주도(self-direction), 협동(helping others)의 네 가지 가치체계로 시작되었다. 이 네가지 가치에 전이(outside the gym)라는 가치가 더해진 것은 1990년대 초반의 일이다. 이와같이 하여 개인 사회적 모형은 다섯 가지 가치체계를 가지게 되었다.<표 1 참조> 헬리슨은 이 다섯 가지의 가치체계를 지칭하면서 단계라는 용어를 처음에 사용하였다. 즉, 다른 사람과 자신을 존중하는 것을 제1단계로 보고, 그 다음에 참여와 노력을 2단계, 자기 주도성을 3단계, 협동을 4단계로 보아서, 각 단계의 순서로 가르치는 것이 옳다고 보았다. 물론 단계라는 용어를 사용함으로써 어떤 것을 먼저 가르쳐야 할 것인지에 대한 순서를 정하는 데 도움을 받기는 하였지만, 또 다른 한 편으로는 학생들의 발달 단계가 직선적으로 발달하는 것이 아니라는 점에서 단계라는 용어는 한계를 가지게 되었다. 즉, 학생들은 자기 주도적(3단계)이 될 수 있기는 하지만, 동시에 다른 사람을 존중(1단계)하는데는 어려움을 겪을 수 있다. 이 같은 문제점을 극복하기 위해서 오랫동안 개인 사회적 책임감 모형에 기초한 프로그램을 제공하였던 Tom Martinek은 단계라는 용어 대신에 프로그램의 목표라는 용어를 사용하였다. 즉, 자기와 다른 사람의 존중, 노력, 자기 주도성, 협동 등을 단계적인 개념이라기 보다는 별개의 프로그램 목표로 불렀다. 결국, 어떠한 용어를 사용할 것인가는 프로그램을 진행하는 교사의 철학과 학생의 발달 단계적 특성에 따라 결정된다고 볼 수 있다.

표 1 개인 사회적 책임감 모형의 단계 (Hellison, 2003에서 요약 및 수정하였음)

단 계	구 성 요 소
V. 적용과 전이	⊙ 지역사회에서 자원 봉사로 다른 사람 가르치기 ⊙ 가정에서 개인 체력 프로그램에 따라 운동하기 ⊙ 학교 밖에서 좋은 역할 모델이 되기
IV. 협동과 리더쉽	⊙ 다른 사람의 필요를 파악하기 ⊙ 겸손하게 다른 사람을 도와 주기 ⊙ 타인에 대한 배려와 온정을 베풀 수 있는 리더되기
III. 자기 주도성	⊙ 교사의 지시나 감독 없이 맡은 일 수행하기 ⊙ 자신에게 알맞는 구체적이고 실천적인 목표 설정하기 ⊙ 부정적인 영향 (친구들부터의 압력, 매스미디어)을 물리칠 수 있는 능력 갖기
II. 참여와 노력	⊙ 포기 하지 않고 계속 시도하기 ⊙ 새로운 과제나 어려운 과제를 회피하지 않고 시도하기
I. 타인에 대한 존중	⊙ 다른 사람에게 피해 주지 않고 참여하기 ⊙ 언어나 행동, 분노의 표출을 절제하기 ⊙ 다른 사람과의 갈등이 있을때 평화롭게 해결할 수 있는 방법 모색하기

3. 수업의 구조

개인 사회적 책임감 모형을 이용한 수업은 카운슬링 시간(counseling time), 모형에 대한 관심을 불러일으키기(awareness talk), 수업(lesson), 그룹미팅(group meeting), 반성의 시간(reflection time)으로 이루어진다. 개인 사회적 책임감 모형에 기초한 수업은 일반적으로 카운슬링 시간을 가지면서 시작된다. 이 시간은 학생들과 마주 앉아서 상담을 나누는 시간이 아니라, 신체활동을 하는 중에 학생들과의 일대일 상호작용을 통해 관계를 정립하는 시간이다. 일반적으로 개인 사회적 책임감 모형을 이용한 수업에서는 학생들이 체육관에 들어오자마자 자리에 앉아서 교사의 지시를 기다리는 것이 아니라, 자유롭게 2-3분정도 자기가 선택한 운동을 한다. 예를 들어 학생들은 농구공을 가지고 드리블이나 슛을 연습할 수도 있고, 줄넘기를 연습할 수도 있다. 학생들이 자유롭게 활동을 하는 이 시간동안, 교사는 순회 하면서 개별 학생들의 장점을 칭찬해준다든지, 노력수준이나 기능의 향상 등을 언급하면서 개별 학생들을 인정해 주고, 이를 통하여 관계를 정립한다. 앞서 모형의 주제에서 살펴 보았듯이, 개인 사회적 책임감 모형은 교사와 학생의 온전한 관계정립이 없이는 성공할 수 없다. 따라서, 일대일로 이야기를 나눌 수 있는 카운슬링 시간은 이런 측면에서 중요성을 가진다.

    카운슬링 시간이 끝나면, 학생들은 수업을 시작하기 위해서 모이고, 다음 단계인 모형에 대한 관심을 불러 일으키는 단계로 옮겨간다. 이때, 교사는 학생들에게 어떠한 목표(단계)에 중점을 둘 것인지 학생들에게 선택을 하게 할 수 있다. 예를 들어, 교사는 개인 사회적 책임감 모형이 담고 있는 다섯가지 목표들을 포스터로 제작하여 체육관 벽에 붙여 놓고 학생들로 하여금, 오늘 수업에서 어떠한 가치에 중점을 두고 싶은지를 가리켜 보게 하는 방법도 있다. 좀 더 성숙한 수준의 학생들에게는 자신들의 일상생활과 경험에 비추어 보았을때 특별히 오늘 수업에서 강조하고 싶은 가치가 있으면 어떤 것이 있는지 질문하는 것도 한 방법이다. 모형에 대한 관심을 불러일으키는 단계는 개인 사회적 책임감 모형에 기초한 문제 인식을 가지고 출발하도록 하는 매우 중요한 단계이다. 하지만, 장황한 설명이나 학생들에게 훈화를 하는 식의 오류를 범해서는 안되고, 간결하게 2~3분내에 마치도록 해야 한다.

    일단 학생들이 그 날의 수업에서 어떠한 목표(단계)에 중점을 둘 것인지 선택하고 나면, 수업의 단계로 넘어간다. 이 단계에서 교사는 신체활동에 책임감 모형의 가치를 통합시킴으로써 학생들이 책임감과 운동기능을 동시에 배울 수 있도록 해야 한다. 예를 들어, 학생들이 다른 사람에 대한 존중하기를 목표로 골랐다면, 교사는 학생들이 신체활동을 하는 동안 다른 사람을 존중하는 것을 경험할 수 있도록, 운동 기능이 낮은 학생들도 게임에서 소외 되지 않고 참여 할 수 있도록 규칙을 수정하는 방법 등의 전략을 적극적으로 활용해야 한다. 또한 수업에서 당면하게 되는 문제 상황에도 교사가 직접 개입하여 해결사의 역할을 담당하기 보다는 학생들이 스스로 의사결정을 내려서 문제를 해결할 수 있도록 단계적으로 안내하는 역할을 담당해야 한다. 예를 들어, 학생들간의 다툼이나 갈등이 생겼을 때, 교사는 문제학생들이 지정된 장소에 가서 대화를 통하여 문제를 해결하고, 앞으로의 계획을 세운다음에야 비로소 수업에 다시 돌아 올 수 있게 하는 방법이 있다. 이 단계에서 교사는, 학생들이 문제 인식단계에서 선택한 책임감의 가치를 스포츠든지, 문제상황이든지 어떠한 상황에든지 적극적으로 통합시킴으로써 학생들이 최대한으로 책임감의 가치를 내재화 할 수 있는 기회를 갖도록 해야 한다.

신체활동이 끝나면, 학생들은 그룹미팅의 시간을 갖는다. 이 시간동안 학생들은 수업을 평가하고, 어떤 활동을 좋아 했는지, 어떻게 수업을 향상 시킬 수 있는지에 대하여 이야기 한다. 교사는 학생들에게 어떻게 하면 이 수업을 향상시킬 수 있는지와 같은 질문을 함으로써 학생들에게 목소리를 부여하고 의사결정의 경험을 할 수 있도록 한다.

마지막으로 반성의 시간을 갖는다. 이 시간동안 학생들은 개인 사회적 책임감 모형의 가치에 비추어 자기들의 행동을 평가해 보는 시간을 갖는다. 일례로, "나는 오늘 자기 주도적으로 행동하였는가?"와 같은 질문을 하고 스스로 평가 해 보게 하는 것이다. 더 나아가 학생들이 그 날 배운 가치를 교실에 돌아가거나 아니면 집으로 돌아갔을때 어떻게 실천하고 적용할 것인지에 대하여 이야기 하는 것이다. 반성의 시간은 결국, 개인 사회적 책임감 모형의 최종 단계인 체육관을 넘어서 삶의 다른 영역으로 이 가치들을 적용 시킬 수 있도록 연계하는 역할을 한다.

V 개인 사회적 모형에 관한 연구

초창기에 주로 문제 학생들을 위한 프로그램에 주로 이용되던 개인 사회적 책임감 모형은 이제는 정규 학교 체육수업에서도 인간적, 도덕적, 사회적 품성의 함양과 함께 삶의 기술을 가르칠 수 있는 교육과정 모형으로 널리 받아들여지고 있다 (Bain, 1988; Hellison & Martinek, 2006; Hodge & Danish, 1999; Steinhardt, 1992). 개인 사회적 책임감 모형의 이같은 폭넓은 수용과 함께, 책임감 모형에 기초한 프로그램의 효과를 검증해내려는 연구 또한 역시 증가 하고 있는 추세이다 (Hellison & Walsh, 2002). 개인 사회적 책임감 모형의 평가는 크게 과정 중심 평가연구와 결과 중심 평가연구로 나누어진다. 과정중심(process-oriented)평가는 총체적인 프로그램의 의한 부분으로서 학생과 교사들이 지속적으로 프로그램에 참여 하면서 느끼는 경험에 초점을 둔 평가이다. 결과 중심(outcome-oriented)의 연구는 프로그램의 참여가 참가자의 학교 성적향상이나 비행 예방과 같은 프로그램 외적인 요소에 어떠한 영향을 미치는 가에 초점을 둔 연구이다.

1. 과정 중심의 연구(Process-oriented research)

개인 사회적 책임감 모형에 기초한 프로그램들은 대부분 일회성 프로그램이 아닌 장기적인 프로그램으로 실행되었다. 따라서, 프로그램 참여에 관련된 이슈들이 과정 중심 연구의 한 중요한 영역으로 자리잡게 되었다. 일례로, Schilling(2001)은 어떠한 요인들이 참가자들을 프로그램에 오랫동안 붙어 있게 하는지를 탐색하였다. 이 연구에 따르면 참가자들은 방과후에 별다른 활동이 없기 때문에, 동료 및 프로그램 지도자와의 긴밀한 인간관계 때문에, 좋은 시설과 환경을 갖춘 프로그램의 환경에 이끌려서 프로그램에 참여 하게 된다고 하였다. 또한 참가자들은 프로그램에 대한 진정한 참여를 정의함에 있어서, 자신들이 프로그램에서 보여주는 노력의 정도, 정서적인 몰입의 정도(재미, 동기유발), 그리고 프로그램 참가 기간이나 출석률과 같은 행동으로 정의하는 것으로 나타났다.

유사한 맥락에서 Hellison & Wright(2003)은 장기적인 개인 사회적 책임가 프로그램을 제공하고 나서, 그 프로그램안에서 참가자들의 출석률의 추이를 분석하였다. 이들은 9년동안의 방과후 활동 프로그램과 6년동안 연속적으로 제공된 여름 캠프 프로그램에 참가한 학생들의 출석률의 추이를 분석하였다. 이 연구에 따르면, 58%의 학생들이 9년간의 프로그램중에 적어도 2년간 연속적으로 참여한 것으로 드러났다. 현저히 많은 학생들이 프로그램에 참여하기 시작한 지 1년후와 3년후에 프로그램에서 탈락하는 것으로 나타났다. 이같은 연구는 청소년들이 어느 시기에, 어떠한 이유로 인하여 프로그램에서 탈락하는지에 대한 정보를 제공하고, 또한 프로그램에서 탈락한 학생들이 어느 곳에서 시간을 보내는지 밝힘으로써, 향후의 프로그램 개발과 개선에 유용한 정보를 제공할 수 있다.

과정 중심연구의 또 다른 영역은, 개인 사회적 책임감 프로그램에서 가르치고자 의도하고 있는 가치들을 참가자들이 어떻게 인식하고 있는가에 대한 연구이다. Martinek & Schilling(2003)은 개인 사회적 책임감 모형에 5-6년간 연속적으로 참여한 중고등학교 학생들을 청소년 리더로 세워서, 자신들이 배운 것을 유치원 학생들에게 가르치는 활동을 통하여 리더쉽을 계발하는 Youth Leader Corps이라는 프로그램을 개발하였다. 이들은 연구에서 청소년 리더들이 과연 프로그램에서 의도하고 있는 리더쉽을 어떻게 인식하고 있는지 연구하였다. 연구 결과에 따르면, 청소년 리더의 리더쉽은 크게 4단계로 분류되었다. 자신의 필요에만 초점을 두고 있는 첫번째 단계, 어린 학생들을 가르치는 것에 초점을 둔 두 번째 단계, 가르치는 활동을 통하여 자기 자신을 더 잘 알게 되는 상호적 단계, 그리고 어린 학생들에게 온정적인 리더쉽을 가르치고 실천하는 단계로 구분되었다.

Buchanan(1997)의 연구는 프로그램 참여자가 개인 사회적 책임감 모형의 가치를 어떻게 인식하고 있는가에 대한 또 하나의 연구이다. 그녀는 개인 사회적 책임감 모형에 근거한 스포츠 캠프에 참가한 청소년들이 개인 사회적 책임감이라는 가치를 어떻게 인식하고 있는지 연구한 결과, 프로그램에서 시키는 대로 잘 따라하는 말 잘듣고 고분고분한 행동을 바람직한 행동으로 인식하고 있음을 밝혀 내었다. 참가자들은 이같은 잘못된 인식은 프로그램 지도자와 참가자들 사이의 왜곡된 의사소통으로 인하여 이루어진 것으로 나타났다.

대부분의 과정 중심의 프로그램 평가가 프로그램 참가자의 인식을 중심으로 이루어진 반면, 몇몇 연구는 개인 사회적 프로그램을 실행하였던 교사와 프로그램 지도자의 인식에 초점을 두었다.

Mrugala(2002)는 개인 사회적 책임감 모형을 체육수업에 도입하였던 체육교사들의 인식에 관하여 연구하였다. 이 연구는 인터넷을 통한 서베이 방법을 통하여 교사들이 인식하고 있는 프로그램의 목표 및 책임감의 단계, 교수전략, 핵심 개념에 대하여 조사하였다. 질적인 내용 분석을 통하여 도출해 낸 이 연구의 결과에 따르면, 교사들은 존중, 노력과 같은 책임감의 단계는 강조한 반면, 의사결정권의 이양이나 교사학생간의 관계와 같은 핵심 개념에는 소홀한 것으로 나타났다. 결국 교사들은 책임감 모형을 사용하여 학생들의 행동을 통제하는 수단으로 사용하는 것으로 나타났다.

Buchanan(2001)은 개인 사회적 모형에 기초한 여름 캠프를 맡았던 프로그램 지도자들의 인식을 조사하였다. 이 연구에서, 프로그램의 지도자들은 프로그램에 투입되기 전에 개인 사회적 모형에 대한 워크샾에 참여하여 개인 사회적 모형에 대한 배경지식과 전략을 습득한 사람들이었다. 그러나, 이 연구는 프로그램의 진행을 맡았던 프로그램 지도자들 사이에서 조차 책임감 모형이 담고 있는 가치를 정의하는데 차이를 보였다고 보고하였다. 일부 지도자들은 의사결정권의 이양과 같은 책임감 모형이 담고 있는 가치를 인정하였지만, 많은 사람들은 이와는 달리 좋은 행동과 나쁜행동을 정의하는 방식으로 모형의 가치를 사용하였다고 하였다. 대다수 프로그램 지도자들은 참가자의 행동을 통제하는데 중점을 두었고, 프로그램 참가자들이 책임감 있는 행동을 할 수 있는 기회를 부여하는데 소극적이었다. 이같은 연구 결과는 개인 사회적 책임감을 지도하는 교사나 프로그램 지도자는 단기간의 연수나 훈련을 통하여 양성 할 수 있는 것이 아니라, 기능과 지식을 넘어서는 프로그램의 가치를 가르칠 수 있는 전문가이어야 함을 지적한다고 볼 수 있다.

2. 결과 중심의 프로그램 평가 연구

결과 중심의 연구는 개인 사회적 책임감에 기초한 프로그램의 참가가 학생들의 삶에 어떠한 영향을 주는가에 초점을 둔 연구이다. 결과 중심 연구의 핵심은 프로그램 참가자들이 프로그램에서 배운 가치들을 일상 생활에 얼마나 잘 적용 및 전이 시킬 수있는 가를 탐구하는 것이다. 특히, 대다수의 책임감 모형에 기초한 프로그램들이 방과후 프로그램이나 방학중 캠프에서 실행되었다는 점을 감안할때, 프로그램 참가자들이 프로그램에서 배운 것들을 일상적인 학교 생활에 잘 적용시킬 수 있는지에 대한 관심사가 증가하는 추세에 있다. 예를들어, Wright(1998)은 책임감 모형에 기초하여 설계된 프로그램에 참가한 학생들이 학교 폭력의 감소나 출석률의 향상을 가져왔는지를 연구하였다. 그는 참가자들을 2년간의 프로그램 출석률을 기초로 하여 두 그룹으로 나누고, 각 그룹 간에 갈등해결 기술을 사용하는 데 어떠한 차이가 있는지를 연구하였다. 연구결과, 프로그램에 낮은 출석률을 보인 참가자들은 보다 공격적이고 폭력적인 방식으로 갈등을 해결한 반면, 제일 높은 출석률을 보인 참가자들의 그룹은 보다 평화적이고 단호한 기술을 사용하여 갈등을 해결한 것으로 나타났다.

DeBusk & Hellison(1989)의 연구는 개인 사회적 책임감 모형에 관한 최초의 연구 논문이자, 참가자의 전이와 적용능력에 관심을 둔 연구이다. 이들은 초등학교에서 문제가 있는 학생들만을 모아서 개인 사회적 책임감 모형에 기초한 특별 체육프로그램을 만들어 운영하였다. 이들은 4학년 남학생들을 대상으로 하여 6주간 프로그램을 실행한 후에, 학생들의 행동을 특별체육프로그램, 일반 체육 수업, 그리고 일상적인 교실 상황으로 분류하여 관찰하고 비교하였다. 이 연구에 따르면, 프로그램 참가자들은 일반 체육 수업 시간과 비교하여 개인 사회적 책임감 모형에 기초한 특별 프로그램에 있을때에 보다 더 바람직한 행동을 보였다. 흥미롭게도, 참가자들의 행동은 교실에 있을때보다 일반 체육수업 시간에 더 바람직한 것으로 드러났다. 이 연구는 프로그램의 전이와 적용이 판이하게 다른 상황에서 보다는 비교적 유사한 상황에서 더 잘 이루어 질 수 있음을 추측케 하고 있다.

개인 사회적 책임감 모형의 전이와 적용력의 연구는 노스캐롤라이나 대학의 *Project Effort* 라는 프로그램으로 더욱 더 활성화되게 되었다. 개인 사회적 책임감 모형에 기초하여 *Project Effort* 라는 프로그램을 만든 Tom Martinek은 학생들의 전이와 적용력을 증진시키기 위해서는 체계적이고 구체적인 노력이 필요하다는 전제하에, 멘토링 프로그램과 가족 및 교사들을 위한 협력 프로그램을 체육활동 프로그램에 접목시켰다. 그는 방과 후 체육활동 프로그램에 참가하는 모든 참가자들을 대학생으로 이루어진 멘터와 일대일로 연결시켜 주었다. 이들 멘터는 일주일에 한 번씩 학교를 방문하여 방과 후 프로그램에서 다루었던 책임감의 가치를 상기시켜 주고, 참가자들이 학교 생활에서 어떤식으로 적용할 것인지에 관한 구체적이고 실제적인 목표를 설정하도록 돕는 역할을 하였다. 이와 아울러, 그는 가족 및 교사들을 프로그램에 초대하여 프로그램이 어떠한 철학으로 운영되며, 실제로 프로그램에서 어떠한 일이 벌어지고 있는지를 공개함으로써, 프로그램과 학교, 가정을 연계한 전이와 적용이 활성화되도록 노력하였다.

이같은 실제적인 노력과 아울러, Martinek과 그 동료들은 (Martinek, McLaughlin, & Schilling, 1999), 프로그램의 참여가 학생들의 학교 생활에 전이 되는지를 알아 보기 위하여 학생들의 출석률, 성적, 그리고 문제 행동의 빈도 등에 영향을 미치는 지를 연구하였다. 이 연구 결과에 따르면, 프로그램의 참가가 학생들의 성적 향상에는 그다지 큰 영향을 미치지 않았지만, 학생들의 문제 행동의 감소에는 현저한 향상을 보였다. 또한 교사들은 모두 학생들이 학교 생활의 태도나 노력하는 면 등에서 큰 향상을 보였다고 보고 하였다.

그 후속으로 진행된 연구에서 Martinek과 그 동료들은(Martinek, Schilling, & Johnson, 2001) 보다 더 구체적으로 *Project Effort*에 참가한 학생들이 프로그램에서 배운 것들을 어떻게 학교 생활에 적용 및 전이 시키는 지에 초점을 둔 연구를 실행하였다. 이들은 프로그램 참가자와의 면담, 담임 교사의 저널, 그리고 멘토링 프로그램에 참가한 멘터들과의 면담을 통하여, 각 학생들이 개인 사회적 책임감 모형의 가치인 존중, 노력, 자기 주도적이 되기, 협동과 같은 가치들을 얼마나 잘 적용시키는지 알아 보았다. 이 연구에 따르면, 프로그램 참가자들은 노력과 자기 통제에서는 향상을 보였지만, 자기 주도적이 되기 위한 목표 설정이라든지, 다른사람과 협동 하기 위해서 필요한 배려 등에서는 그다지 큰 전이를 보이지 못하였다고 보고 하였다.

이상의 연구에서 살펴본 바와 같이, 개인 사회적 책임감에 기초한 프로그램의 참여가 실제로 일상생활로 전이되는지 여부와 과연 어떠한 요인들이 프로그램 참가자의 전이를 촉진 또는 저해하는지에 대한 연구는 아직까지 미흡한 실정이다. 또한 프로그램 참가자들이 프로그램에서 명시적으로 공표하고 있는 책임감 이라는 가치를 과연 어떻게 해석하고 있으며, 그 가치가 학교나 기타의 생활장면에서는 어떤 식으로 받아들여지고 있는지가 전이의 중요한 요소가 됨에도 불구하고, 이러한 연구들은 이루어지지 않았다.

최근들어 Lee & Martinek(in press)은 이러한 기존의 연구들이 가지고 있는 문제점들을 극복하고자 *Project Effort* 와 참가자들이 다니는 학교의 문화를 비교하고, 문화적인 동질성이나 이질성이 프로그램 참가자들의 전이 능력에 어떠한 영향을 미치는지를 연구하였다. 이 결과에 따르면, 프로그램 참가자들이 느끼는 학교 문화와 체육활동 프로그램 사이에서는 현저한 차이가 있었다. 참가자들은 체육활동 프로그램에서는 정서적 안정감과 많은 배려를 경험하였지만, 학교생활에서는 심리적 안전성의 결여, 지루함, 분노 등을 경험하였다고 하였다. 흥미로운 것은, 체육활동 프로그램에서 강조하였던 존중, 노력, 자기 주도성, 협동과 같은 가치 체계들은 학교 문화에서도 동일하게 강조되는 아주 보편적인 가치들로 나타났다. 참가자들과의 면담과 관찰에 따르면, 학교에서도 표면적으로는 동일한 가치를 가르치기는 하지만, 그 가치들이 학생들을 통제 하기 위한 방식으로 왜곡되어서 전달되는 것으로 나타났다. 예를 들면, 학생들은 존경이라는 가치를 수직적, 수평적 존경을 모두 포함하는 가치가 아니라, 오직 교사나 권위에 대한 순응하는 것으로 정의되었다. 같은 방식으로, 학생들은 책임감이라는 것을 진정한 의사 결정과 함께 배울 수 있는 행동이라기보다는 규칙과 명령에 순응하거나 아니면 그에 상응하는 댓가를 받아들이는 방식(obey or suffer)으로 전달 받는 것으로 보고 하였다. 결국, 개인 사회적 책임감의 가치 체계들은 학생통제와 질서유지를 최우선으로 삼는 학교 교육의 이상이라는 프리즘에 굴절되어서 프로그램에서와는 전혀 다른 형태로 소통되고 있는 것으로 드러났다. 이

같은 가치체계의 왜곡과 더불어 최근 강조 되고 있는 표준화된 평가체제의 강화로 야기되는 시험 성적 중심의 학교 문화는 체육 활동 프로그램에서 배운 가치체계를 학교에서 적용하는데 큰 걸림돌이 되는 것으로 드러났다. 프로그램과는 판이하게 다른 학교교육 체제가 전이를 위한 구조적인 걸림돌이었다면, 그로부터 파생되는 학생들의 좌절감과 분노는 사회심리적 걸림돌로 작용하는 것으로 나타났다.

이상에서 살펴 본 바와 같이, 개인 사회적 책임감 모형의 적용이 확대 되어 감에 따라 그 연구도 여러 가지 측면에서 증가 되어 가고 있는 추세이다. 특히, 프로그램에 참여 하는 학생들의 경험을 질적으로 알아보는 수준의 연구에서 최근에는 프로그램이 추구하는 목표인 책임감이라는 가치를 삶의 여러 방면으로 전이시켜 적용시키는 효과를 보는 연구로 옮겨가고 있는 추세이다. 일반적으로 많은 모형들이 방과 후 체육 프로그램이나 여름 방학동안의 집중적인 프로그램을 중심으로 문제학생의 지도나 비행 청소년을 대상으로 실행되어 왔기 때문에 연구의 결과를 문제 행동의 감소나 행동 수정의 관점에서 바라본 연구들이 주종을 이루었다. 그러나 개인 사회적 책임감 모형이 가지는 인간 중심적 가치를 체육활동에 통합 시킬 수 있다는 장점 때문에 앞으로는 체육 수업에서 확대 적용이 기대 되며, 따라서 정규 체육 수업에서 이루어지는 연구도 기대가 된다.

V 문제점과 과제

1970년대 태동된 개인 사회적 책임감 모형은 그 동안 많은 현장 교사들과 실천가들에게 수용되어 정규 체육 수업 뿐 만 아니라 방과 후 체육활동, 여름 방학 캠프 등과 같은 다양한 장면에서 실행되었다. 1990년대 초반, 노스캐롤라이나 대학의 Tom Martinek 이 *Project Effort* 라는 프로그램을 만들어 장기적이고 지속적인 프로그램을 제공하면서, 이 모형은 더욱 더 실행의 추진력을 얻게 되었다. 최근들어서, 이 모형은 뉴질랜드와 스페인, 그리고 쓰나미 참사로 영향을 받은 인도네시아의 청소년을 위한 프로그램의 모형으로서도 받아 들여 지고 있다 (Martin, 2000; Mutohir, 2003). 현장교사들과 실천가들의 이같은 폭넓은 수용과 더불어 이 모형을 바탕으로 한 프로그램에 대한 평가 연구도 증가하는 추세에 있다. 과거에 비하여 프로그램 평가 연구는 양적으로나 질적으로 많은 진전을 이루었다. 하지만, 아직도 보다 체계적인 관심을 가지고 다양한 각도의 연구가 이루어져야 한다. 특별히 연구 방법면에서 다양하고 체계적인 질적인 방식과 양적인 연구 방법을 통하여 프로그램의 효율성을 검증하려는 노력이 지속적으로 이루어져야 할 것이다.

둘째로, 개인 사회적 책임감 모형이 다른 수업모형과 가지는 다른 점은 가치 중심 모형이라는 점이다. 즉, 이 모형이 의도한 바 대로 온전히 실행되기 위해서는 이 모형을 가르치는 교사와 프로그램 지도자들의 가치에 대한 점검이 선행되어야 한다. 개인 사회적 책임감 이라는 가치를 가르치는 것은 다른 수업 모형과 달리, 기능이나 지식 중심이 아니라 정의적 영역의 변화를 목표로 삼는 일이다. 개인 사회적 모형을 가르치는 교사 교육자들이나 교사들은 이 모형에 대한 전략이나 배경 지식만으로는 이 모형을 실행하는 데 충분하지 않다는 점을 유념하여야 한다. 전통적인 체육수업에서 행하여졌던, 직접적 전달이나 교사 중심 의사결정 방식에 익숙한 교사들은 학생들에게 책임감을 부여하고, 의사 결정을 내릴 수 있는 기회를 부여하고, 반성적인 생각을 공유하는 데에 어려움을 겪을 수 있다. 아울러서, 이 모형을 지도하는 교사들이 어떠한 가치 체계를 가지고 접근하고 있으며, 실천 과정에서 그들의 가치가 어떠한 변화의 과정을 겪는지를 알아보는 연구가 필요할 것이다.

셋째, 개인 사회적 책임감 모형에 기초한 프로그램의 궁극적인 목적인 프로그램에서 배운 것을 일상생활의 다양한 상황에서 적용하고 실천하는 전이력을 증가시키는 것이다. 특별히 적용과 전이에 대한 관심사는 1990년대 초반 전이(transfer)라는 구체적인 목표를 개인 사회적 모형의 구체적인 한 단계로 언급하면서 더욱 더 활성화 되었다. 이같은 관심사에도 불구하고, 실제적으로 개인 사회적 책임감 모형에 기초한 프로그램이 학생들의 바람직한 개인 사회적 책임감 형성에 얼마만큼 영향을 주고 있는지에 대한 연구는 미흡한 실정이다. 이와 아울러, 실천적인 측면에서 어떠한 구체적인 전략들이 학생들의 적용과 전이를 도울 수 있는지에 대한 연구도 필요하다. 이제까지 알려진 바에 의하면, 학생들이 프로그램에서 배운 내용을 가정이나 교실, 이웃 등으로 전이하는데 어려움을 겪는 이유로는 판이하게 다른 문화적 특성, 동료들간의 압력 등이 영향을 미치는 것으로 나타났다. 또한 실제적으로 체육활동이라는 특정한 상황에서 배운 다른 사람에 대한 존중이나 자기 주도성, 협동과 같은 가치들이 일상생활로 당연하게 적용 및 실천될 수 있다는 생각에서 벗어나 구체적고 체계적인 전략을 개발하는 노력이 필요하다.

넷째, 개인 사회적 책임감 모형은 신체활동과 정의적인 영역의 통합을 통하여 전인교육의 가능성을 실현하겠다는 취지에서 제기된 모형이다. 하나의 수업 모형이 교육현장에서 수용되고 실천되기 위해서는 학교 현장의 제도적, 문화적인 변화가 수반되어야 한다. 특히, 효율성과 성과 중심의 교육현장의 문화는 교육활동과 결과사이가 비교적 느슨하게 연결되어 있는 개인 사회적 책임감 같은 모형의 적용을 어렵게 할 수 있다. 이 모형을 처음 도입하는 교사들은 한 번에 모든 측면을 도입하기 보다는 소규모로 시작하여 점진적인 도입을 시도하는 것이 요구된다.

참고 문헌

Bain, L. (1988). Curriculum for critical reflection in physical education. In R.S. Bradnt (Ed.), *Content of the curriculum: 1988 ACSD yearbook* (pp. 137-147).

Buchanan, A. M. (1997). Girls' and boys' interpretations of responsibility and respect in a sport camp. *Research Quarterly for Exercise and Sport Supplement*, A-73.

Buchanan, A. M. (2001). Contextual challenges to teaching responsibility in a sports camp. *Journal of Teaching in Physical Education, 20*, 155-171.

Danish, S. J. (2000) Youth and community development: How after-school programming can make a difference. In S.J. Danish, & T.P. Gullotta. (Eds.), *Developing competent youth and strong communities through after-school programming.* (pp.275-301). Washington: DC: CWLA Press.

DeBusk, M., & Hellison, D. (1989). Implementing a physical education self-responsibility model for delinquency-prone youth. *Journal of Teaching in Physical Education, 8*, 104-112.

Hartmann, D. (2003). Theorizing sport as social intervention: A view from the grassroots. *Quest, 55*, 118-140.

Hellison, D. (1973). Humanistic physical education. Englewood Cliffs, NJ: Prentice-Hall.

Hellison, D. (1978). Beyond balls and bats: Alienated (and other) youth in the gym. Washington, DC: AAHPER.

Hellison, D. (1985). *Goals and strategies for teaching physical education.* Champaign, IL: Human Kinetics.

Hellison, D. (1995). *Teaching responsibility through physical activity.* Champaign, IL: Human Kinetics.

Hellison, D. (2003). *Teaching responsibility through physical activity (2nd ed.).* Champaign, IL: Human Kinetics.

Hellison, D., & Martinek, T. (2006). Social and individual responsibility programs. In D. Kirk, D. Macdonald, & M. O' Sullivan (Eds.), *The handbook of physical education* (pp. 610-626). Thousand Oak, CA: Sage.

Hellison, D., & Walsh, D. (2002). Responsibility-based youth programs evaluation: Investigating the investigations. *Quest, 54*, 292-307.

Hellison, D., & Wright, P. (2003). Retention in an urban extended day program: A process-based assessment. *Journal of Teaching in Physical Education, 22*, 369-381.

Hodge, K., & Danish, S. (1999). Promoting life skills for adolescent males through sport. In A.M. Horne & M.S. Kiselica (Eds.), *Handbook of counseling boys and adolescent males: A* practitioner's guide (pp. 55-71). Thousand Oaks, CA: Sage.

Lawson, H. (1997). Children in crisis, the helping professions, and the social responsibilities of universities. *Quest, 49*, 8-33.

Lawson, H. (1998). Rejuvenating, reconstituting, and transforming physical education to meet the needs of vulnerable children, youth, and families. *Journal of Teaching in Physical Education, 18*, 2-25.

Lee, O., & Martinek, T. (in press). Navigating two cultures: An investigation of cultures of responsibility-based physical activity program and school. *Research Quarterly for Exercise and Sport*

Martin, P. S. S. (2000). *An intervention model for values education to at risk youth through physical activity and sport.* Doctoral dissertation, Technical University of Madrid, Madrid, Spain.

Martinek, T. J., & Hellison, D. R. (1997). Fostering resiliency in underserved youth through physical activity. *Quest, 49*, 34-49.

Martinek, T., & Schilling, T. (2003). Developing compassionate leadership in underserved youths. *Journal of Physical Education, Recreation and Dance, 74*(5), 33-39.

Martinek, T., & Hellison, D. (1998). Values and goal setting with underserved youth. *Journal of Physical Education, Recreation and Dance, 69*(7), 47-52.

Martinek, T., Schilling, T., & Johnson, D. (2001). Transferring personal and social responsibility of underserved youth to the classroom. *The Urban Review, 33*(1), 29-45.

Martinek, T. J., McLaughlin, D., & Schilling, T. (1999). Project Effort: Teaching responsibility beyond the gym. *Journal of Physical Education, Recreation, and Dance, 70*(6), 59-65.

Mrugala, K. (2002). *An exploratory study of responsibility model practitioners.* Unpublished doctoral dissertation, University of Illinois at Chicago.

Mutohir, A. T. (2003). *Peace, friendship, and sustainable development.* Paper presented at the International Conference on Sport and Sustainable Development, Yogyakarta, West Java, Indonesia.

National Association for Sport and Physical Education. (2004). *Moving into the future: National standards for physical education* (2nd ed.). Reston, VA: Author.

Schilling, T.A. (2001). An investigation of commitment among participants in an extended day physical activity program. *Research Quarterly for Exercise and Sport, 72*(4), 355-365.

Steinhardt, M. (1992). Physical education. In P.W. Jackson (Ed.), *Handbook of research on curriculum* (pp. 961-1001). New York: Macmillan

Van Dalen, D., & Bennett, B. (1971). *A world history of physical education: Cultural, philosophical, comparative* (2nd ed.). Englewood Clifs, NJ: Prentice Hall.

11

협동학습 모형

김 윤 희

협동학습은 경쟁학습과 개별학습의 문제점을 해결하고 이들을 보완하기 위해 개발된 모형이다. 협동학습은 공동의 목표를 달성하기 위해 4-6명으로 팀을 구성하여 수업이 운영되는 방식으로 학생들의 심동적, 인지적 영역뿐만 아니라 정의적 영역을 향상시킬 수 있다는 장점이 있다. 팀을 이루어 과제를 수행한다는 특성상 협동학습은 전통적인 소집단과 동일한 개념으로 사용되고 있다. 하지만 협동학습은 구체적인 목표 제시, 긍정적 상호의존성, 대면적 상호작용, 개별적 책무성, 팀 보상, 이질적인 팀 구성, 집단 과정 중시, 충분한 학습 시간 제공, 성공에 대한 균등한 기회 제공, 팀 단합 강조, 과제의 세분화, 동시다발적 상호작용 등의 요소가 포함되어 전통적인 소집단과는 구별된다. 협동학습은 모둠간의 경쟁여부에 따라 크게 학생 팀 학습(Student Team Learning: STL) 유형과 협동 과제 학습(Cooperative Project: CP) 유형으로 나눌 수 있다. STL유형은 학생 팀 학습으로 팀 내에서 협동을 하고 팀간에는 경쟁을 도입한 것으로 학생 팀 성취 배분(Student Teams-Achievement Division: STAD), 팀 게임 토너먼트(Team Game Tournament: TGT), 직소Ⅱ(JigsawⅡ) 등이 있다. CP유형은 협동 과제 학습으로 팀내와 팀간 협동을 도입한 것으로 직소Ⅰ(JigsawⅠ), 협동을 위한 협동학습 전략(Co-op Co-op), 집단 연구(Group Investigation: GI), 함께 학습하기 전략(Learning Together: LT) 등이 있다. 경쟁적이고 교사중심의 체육수업에서 협동적인 수업 분위기를 조성하기 위해 협동학습을 체육수업에 적용하고 있는 교사들이 증가하고 있다. 이러한 협동학습을 체육수업에 적용하므로써 협동적인 학습 환경을 조성할 뿐만 아니라 학생 중심의 자율적인 체육수업이 가능하다. 이외에도 직전 교사교육기관에서 협동학습을 적용하므로써 예비 체육교사들의 지도 능력을 향상시킬 수 있다.

I 서언

옛날 세 부족이 살았다.
한 부족은 매사에 경쟁하기를 좋아하였다. 가장 살기 좋은 동굴을 찾고 가장 좋은 사냥감을 차지하기 위해서 항상 경쟁했다. 음식을 차지하지 못한 사람은 죽어갔다 … (중략) … 살아남은 자들은 좋은 음식과 자리를 차지하려다가 죽었다. 마침내 한 사람만 살아남았으나 그도 곧 죽고 말았다. 왜냐하면 그들은 누군가와 경쟁하지 않고 살아가는 방법을 몰랐기 때문이다.
또 다른 부족이 살았다. 이들은 혼자 살아가기를 좋아했다. 이들은 혼자 사냥을 했고, 위험이 닥쳤을 때도 혼자 해결했다. 큰 홍수가 일어났을 때 많은 사람들이 죽었다. 왜냐하면 다른 사람을 무시하고 자기의 동굴에만 제방을 쌓았기 때문이다. … (중략) … 이러한 이유로 이 부족은 사라지고 말았다. 극단적인 개인주의가 되어 제대로 재생산을 하지 못하였다.
세 번째 부족은 매일 서로 협동하면서 일하는 것을 좋아하였다. 사냥을 할 때 몇 몇은 사냥감을 몰아, 다른 이들은 쉽게 사냥감을 포획할 수 있었다. … (중략) … 그들은 서로 도우면서 생활하였기 때문에 서로 인정해주고 친하게 지냈으며 즐겁게 생활하였다. 이들은 일을 하고 여가를 즐기는데 필요한 의사소통 방법, 그들의 독특한 인성을 개발하는 방법 등을 발달시켰다. 이부족은 살아남아 번영하였고 우리의 조상이 되었다(Johnson & Johnson, 1975, pp. 24-25; 정문성 2002, 재인용).

위의 예는 경쟁학습, 개별학습, 협동학습을 설명한 것이다. 첫 번째 사례는 지금 우리 나라 학교 현장에서 가장 많이 발견되는 경쟁학습을 묘사한 것이다. 경쟁학습은 개인의 잠재력을 발현시키기 보다는 승자와 패자를 가리는 데 기준을 두고 있어 수업 상황을 매우 경쟁적, 비교육적으로 만든다는 단점이 있다. 이러한 경쟁학습에 문제점을 해결하기 위해 학생의 자율성을 강조한 개별학습이 개발되었다. 두 번째 사례인 개별 학습은 학생들과의 비교에서 벗어나 자율적으로 자신의 수준에 맞는 학습을 할 수 있고 자신의 능력을 더 성장시킬 수 있는 기회도 확대시켰다. 하지만 개별학습은 사회성이 결여된 극단적 개인주의자와 다른 사람과 교류없이 편견으로 가득한 편협된 지식인을 만들어 낸다는 단점이 있다(정문성, 2002). 협동학습은 이러한 경쟁학습과 개별학습의 가지고 있는 문제점을 해결하기 위해 1940년대 Deutch가 발달심리와 사회심리학의 연구 업적에 기초하여 만든 이론이다.

협동학습은 cooperative learning을 번역한 용어로 협동학습의 정의는 학자마다 조금씩 다를 뿐 거의 대동소이하다. Slavin(1987)에 의하면, 협동학습이란 학습 능력이 각기 다른 학생들이 동일한 학습 목표를 향하여 소집단 내에서 함께 활동하는 수업 방법을 의미한다. 이 과정에서 학생들은 '전체는 개인을 위하여(all-for-one)', 개인은 전체를 위하여(one-for-all)라는 태도를 갖게 되고 집단 구성원들의 성공적 학습을 위하여 서로 격려하고 도움을 줌으로써 학습 부진을 개선할 수 있다. 그리고 Cohen(1994)은 협동학습을 모든 학습자가 명확하게 할당된 공동과제에 참여할 수 있는 소집단에서 함께 학습하는 것으로 정의하였다. 따라서 협동학습은 소집단의 구성원들이 공동으로 노력하여 주어진 학습과제나 학습 목표에 도달하는 수업방법이라고 정의할 수 있다(문호준, 2004; 변영계, 김광휘, 2000).

협동학습은 학습활동을 다양하게 구조화하여 학생들에게 흥미롭고 유익한 학습 경험을 제공할 수 있는 융통성 있는 수업전략이다. 구성원들간의 긍정적인 상호 의존성을 강조하는 협동학습 분위기는 심동적인, 인지적인 학습 결과 뿐만 아니라 태도와 같은 정의적인 측면에서도 효과적인 것으로 알려져 있다(정문성 2002; Hooper, 1992; Kagan, 1994; Slavin, 1995). 또한, 협동학습에서는 집단이 성공하면 그에 대한 대가가 집단 구성원간에 공유되는 집단 보상 구조가 강조되고 있다(정문성, 2002). 특히 소집단 공동 목표와 각 구성원들의 개별적인 책무성을 바탕을 둔 집단 보상은 학업 성취도에 직접적인 영향을 미치는 것으로 보고되고 있다(Slavin, 1995). 이러한 협동학습은 경쟁적이고 교사중심의 전통적인 수업 방식에서 찾아 보기 힘든 장점을 갖고 있다. 이에 본 장에서는 협동학습의 특징과 수업 전략을 살펴본 후 이러한 내용을 바탕으로 체육 수업의 적용 가능성 등에 대해 살펴보고자 한다. 구체적으로 2장에서는 협동학습의 이론적 토대를 살펴보고, 3장에서는 수업 현장에서 가장 많이 사용되고 있는 협동학습 수업 전략을 소개한 후 연구자가 수행한 대학 체육교육 전공 수업에서 직소(Jigsaw) 협동학습을 적용한 사례를 소개한다. 4장에서 국내외의 협동학습

관련 선행연구를 고찰해 보고 마지막 5장에서는 협동학습의 체육 수업 적용 가능성에 대해 논의하고자 한다.

II 협동학습모형의 이론적 토대

1. 협동학습의 특징

협동학습은 경쟁적, 개별적 학습의 문제점을 보완하기 위해 개발된 모형이다. <표 1>에서와 같이 가장 전통적인 경쟁학습은 학생이 교사의 관심을 얻고 내용 학습에 필요한 자료를 획득하며 때때로 다른 학생의 성취와 비교하여 평가를 받기 때문에 매우 경쟁적인 상황에서 학습하게 된다. 반해 개별학습은 학생의 개별성을 강조한 것으로 학생은 학습 목표를 달성하기 위해 독자적으로 참여하며 교사를 포함한 다른 학생과 상호작용을 거의 하지 않는다. 협동학습은 학생의 개인적 차원의 경쟁심을 낮출 수 있고, 학생간의 상호작용이 활발하게 이루어지는 학생중심의 수업모형이다.

표 1 협동학습, 경쟁학습, 개별학습의 특징 (정문성, 2002)

구 분	협동학습	경쟁 학습	개별 학습
• 교수 활동	고급 사고력 중심 활동으로 이루어짐	학습 내용, 경쟁 규칙이 명확하게 제시됨	스스로 학습이 가능하도록 과제와 행동 규칙이 세분화됨
• 학습 목표 중요성	중요하게 인식	중요하지 않음	중요하게 인식
• 학습 목표 달성	집단이 학습목표 달성할 것으로 기대함	성공과 실패에 관심을 가짐	자신이 목표달성할 것으로 기대함
• 학생 활동	각 학생은 다른 학생과 아이디어와 자료를 공유하고, 공동책임, 과제 분담, 구성원의 다양성을 이용	각 학생은 승리할 수 있는 기회를 균등히 가지며 다른 학생과 기술 수준, 능력 등을 비교	각 학생은 다른 학생의 간섭받지 않으며, 과제 완성에 대해 자신이 책임짐
• 긍정적 상호작용	중요함	없음	없음
• 도움의 원천	동료학생	교사	개별 학습자나 교사

이러한 협동학습의 특징을 <표 1>에 제시된 내용을 토대로 정리하면 다음과 같다(정문성, 2002; Jonhson, Johnson, & Holubec, 1990; Metzler, 1999; Mosston & Ashworth, 1994).

첫째, 공동의 목표를 달성하기 위해 협력하는 과정에서 학습이 이루어진다. 팀에 속한 학생들은 각자가 노력한 결과가 팀원 모두에게 혜택이 돌아가도록 되어 있다. 경쟁적인 수업방식에서 한 학생이 잘 한 결과는 그 학생에게만 의미가 있는 것과 큰 대조가 된다.

둘째, 역할 완수에 대한 책임감과 수업참여의 내적 만족감을 느끼게 된다. 협동학습에서 학생들은 역할을 분담하고, 팀 구성원 모두가 과제를 완수할 때까지 협력을 한다. 이 과정에서 분담 과제의 완수에 대한 책임감이 길러진다. 또 학생이 수업 진도를 결정하는 주도권을 갖고 있기 때문에 수업에 공헌한다는 느낌을 갖게 된다. 교사 주도로 진행되는 전통적인 방식에서는 얻기 힘든 덕목이다.

셋째, 다양성을 인정하고 좋은 관계를 형성하는데 도움이 된다. 협동학습에서 성, 운동능력이 다른 2-5명의 학생이 한 팀이 된다. 팀원 모두가 과제를 완수하기 위해서 남학생과 여학생이 협력하고, 운동을 잘 하는 학생과 그렇지 못한 학생이 도와주는 분위기가 자연스럽게 형성된다. 경쟁적인 상황에서 동료가 잘 못하기를 바라는 마음을 가질 수 있는 것과는 많은 차이가 있다. 서로가 격려해 주고 잘 하기를 바라기 때문에 대인관계, 사회성 측면에서 긍정적인 효과가 기대된다.

협동학습이 적용된 수업에서 학생들은 스스로 과제수행을 반성해 볼 수 있는 시간을 가질 수 있고, 의사결정에 직접 참여함으로써 수업의 주도권을 갖게 된다. 또 주어진 임무를 완수하는 과정에서 학생의 자아존중감이 높아지는 효과도 기대할 수 있다(Cohen, 1994a; Johnson & Johnson, 1989; Kagan, 1990; Slavin, 1996). 따라서 운동 기능이 낮아 체육 시간에서 소외를 경험했던 학생들은 협동학습에서는 수업 참여의 주도권을 갖는다는 의식과 자신이 팀에 공헌한다는 느낌을 갖게 된다(Cohen, 1994b; Hellison, 1996).

2. 협동학습의 구성 원리

협동학습은 팀원간의 긍정적 상호작용을 최대화해서 인지적 발달을 도모한다는 특징이 있다. 협동학습의 구성원리는 학자마다 다양하지만 정리하면 다음과 같다(문호준, 2004; 민병도, 2007; 정문성, 2002; Kagan, 1994; Slavin, 1989; Stahl, 1994).

- **수업 목표의 구체화** 수업 목표는 학생들이 성취 가능하도록 구체적으로 제시되기 때문에 목표에 대한 학생들의 인식이 매우 높다.
- **긍정적 상호의존성(positive interdependence)** 협동학습의 가장 핵심적인 요소로 학생들은 목표 달성을 위해 팀원들과 서로 협조하게 된다.
- **대면적 상호작용(face-to-face interaction)** 학생들은 과제 수행을 위해 팀원들과 서로 머리를 맞대고 의사 소통을 하게 된다. 이러한 물리적인 조건은 심리적으로 팀원들이 공동 목표의 성취를 위해 밀접한 상호작용을 유도한다.
- **개별적 책무성(individual accountability)** 팀의 성공은 팀원 각자가 자신의 맡은 역할을 수행할 때 이루어진다. 팀원들 각자는 다른 팀원에 대해 개인적인 의무와 책임을 가지고 있다. 즉, 개인 점수가 팀원 점수에 반영되기도 하고 학습할 과제를 나누어 팀원들에게 나누어 주기 한다.
- **팀 목표(팀보상)** 개인의 목표 달성이 각 팀의 목표 달성 여부에 좌우되기 때문에 팀원들은 팀 목표 달성을 위해 동료들과 활발한 긍정적 상호작용을 하게 된다.
- **이질적인 팀구성** 동료간의 상호작용을 활발하게 하기 위해 팀은 이질적으로 구성한다. 즉, 학생들의 성, 능력, 문화적 배경, 사회 경제적 위치, 성격 등을 고려하여 팀을 구성한다. 이질적인 팀 구성은 다른에 대한 이해와 활발한 토론 등을 가능하게 한다.
- **집단 과정(group process) 중시** 한 수업이나 과제가 끝나면 팀원들은 자신의 활동을 되돌아 보는 팀반성 시간을 갖는다.
- **충분한 학습 시간 제공** 수업 시간에 얽매이지 않고 팀별로 과제를 해결할 수 있는 충분한 학습 시간을 부여한다.

- **성공에 대한 균등한 기회 제공** 학생 각자는 자신의 능력에 관계없이 팀의 성공에 기여할 수 있는 기회가 주어진다.
- **팀 단합 강조** 팀간의 경쟁이 이루어지지며 팀원들간의 결속이 다져지고 팀원들의 학습 동기가 촉진된다.
- **과제의 세분화** 과제를 세분화하여 팀원들이 과제를 분담하게 되면 모든 팀원들이 협동학습에 참여하게 하는 효과가 있다.
- **동시다발적 상호작용(simultaneous)** 수업시 여러 팀들이 동시에 자신의 팀원들과 다양한 상호작용을 하게 되어 상호작용의 양이 확대된다.

3. 협동학습에 대한 이해

1) 협동학습과 전통적 팀 학습과의 차이

많은 교사들이 협동학습과 전통적 팀 학습을 혼용하여 사용하고 있다. 협동학습 전문가들은 구조화되지 않은 모둠 활동을 전통적 팀 학습이라 하여 차이를 구분하면 <표 2>와 같다. 이와 같은 차이점 외에도 협동학습과 전통적 팀 학습을 구분하는 방법으로 세 가지 유형의 학생들의 출현 여부 점검을 들 수 있다. 즉, 전통적인 팀 학습에서는 무임승차, 의욕상실, 방해꾼과 같은 세 가지 유형의 학생들이 출현하게 된다. 이러한 전통적 팀 학습의 단점을 보완한 것이 협동학습이다(최유현, 1997).

표 2 협동학습과 전통적 팀 학습의 차이(변영계, 김광휘, 2000; 정문성, 2002)

구 분	협동학습	전통적 팀 학습
• 긍정적 상호작용	높음	낮음
• 개별 책무성	높음	낮음
• 팀 구성	이질적 구성	동질적 구성
• 리 더	모든 팀원이 리더됨	한 사람이 리더가 됨
• 책임감	서로에 대해	자신에 대해
• 강조점	과제와 집단 유지	단지 과제만 강조
• 사회적 기능 (리더십, 신뢰, 의사소통 기술, 갈등 조정)	배움	배우지 못함
• 교사 참여	교사가 관찰, 개입	교사는 집단 기능 무시
• 집단 과정	있음	없음

2) 협동학습의 주요 교육목표는 협동심 육성이다.

협동학습의 1차 교육목적을 협동심을 기르기 위한 것으로 보는 경우가 많다(정문성, 2002). 이에 심동적, 인지적 학습보다는 협동심을 강조하여 수업을 진행하는 경우가 종종 발견된다. 협동학습은 전통적인 경쟁 학습과 개별학습의 문제점을 극복하고 인지적 효과를 극대화하기 위해 대안으로 등장한 것이다. 전통적인 경쟁 학습은 치열한 경쟁으로 인해 승자와 패자를 가리는데 관심을 두고 있다. 또한 개별학습은 지나친 학생 중심 수업 방식으로 인해 학생들의 사회성이 결여되어 편협한 지식인을 생산하였다. 이에 협동학습은 학습자간의 긍정적 상호작용을 극대화하여 학습자의 심동적, 인지적 성장을 촉진하는 것이다. 협동학습에서 인지적 또는 심동적 영역의 향상이 주된 관심 영역이며, 협동심 등의 정의적 영역은 이차적 목표이다. 하지만 협동학습 관련 연구를 종합해 보면 협동학습을 통해 학생들의 인지적, 심동적 영역 뿐만 아니라 정의적 영역도 향상되는 것으로 나타났다.

III 협동학습모형의 수업 전략

협동학습 중에서 현재 학교에서 가장 많이 사용되고 있는 전략을 소개하면 다음과 같다. 협동학습은 팀간의 경쟁여부에 따라 크게 학생 팀 학습(Student Team Learning: STL) 유형과 협동 과제 학습(Cooperative Project: CP) 유형 두 가지로 나눌 수 있다. STL유형은 학생 팀 학습으로 팀 내에서 협동을 하고 팀간에는 경쟁을 도입한 협동학습이다. STL유형으로는 학생 팀 성취 배분(Student Teams-Achievement Division: STAD), 팀 게임 토너먼트(Team Game Tournament: TGT), 직소Ⅱ(JigsawⅡ) 등이 있다. CP유형은 협동 과제 학습으로 팀내와 팀간 협동을 도입한 협동학습이다. CP유형의 종류로는 직소Ⅰ(JigsawⅠ), 협동을 위한 협동학습 전략(Co-op Co-op), 집단 연구(Group Investigation: GI), 함께 학습하기 전략(Learning Together: LT) 등이 있다(민병도, 2007).

1. 학생 팀 학습(STL)

1) 학생 팀 성취 배분(STAD)

　　STAD는 Slavin(1980)이 개발한 것으로 협동학습 중에 가장 오래된 방법 중 하나이다. 팀의 학업 성취도는 팀원 각자의 학업 성취도에 의해 결정되기 때문에 팀원간의 협동을 요구되는 수업 전략이다. STAD는 교사의 설명, 모둠, 퀴즈, 개인 향상 점수, 팀 보상의 5가지 요소로 구성된다(정문성, 2002). 구체적으로 교사는 학생을 여러 팀으로 나눈다. 각 팀은 동일한 학습 과제와 필요한 자원을 부여받는다. 교사는 1차 연습 시간(15분에서 20분 정도)을 제시하고 팀별로 연습하도록 한다. 이 시기가 끝나면, 그 동안에 학습한 내용에 대해 시험을 치룬다. 시험은 기능 시험, 퀴즈, 또는 기타 다른 형태의 수행 평가로 이루어진다. 모든 팀원들의 점수가 합쳐져서 팀 점수가 된다. 팀 점수를 공개하고, 교사는 협동 과정에 대해 학생들과 토론하고, 팀의 상호작용을 높일 수 있도록 조언한다. 그 다음, 2차 연습시간이 주어져 팀은 동일한 과제를 다시 반복해서 연습한다. 이때 팀은 협동심을 강조하고 모든 팀원들의 점수를 높이는데 중점을 둔다. 이 때 팀원들은 1차 시험보다 높은 점수를 받기 위해 노력하며 두 번의 시험에서 향상도에 따라 팀 점수가 부여된다. 개인별 점수는 발표되지 않고 팀 점수만 발표되므로, 팀내의 협동을 유발한다는 특징이 있다.

2) 팀 게임 토너먼트(TGT)

　　TGT는 STAD와 거의 비슷한 절차를 가지고 있지만 STAD에서는 향상 점수가 학습 동기를 강화시키는 반면 TGT는 게임에서 얻은 점수로 학습동기를 강화시킨다는 점이 다르다. 학생들을 팀별로 나누고 팀별로 학습 과제를 1차 연습한다. 1차 연습이 끝나면 팀별로 시험을 본다. 각 팀에서 1등, 2등, 3등, 4등 점수를 받은 사람은 다른 팀에서 같은 등수인 학생의 점수와 비교한다. 즉 1등은 1등끼리, 2등은 2등끼리 점수를 비교하는 식이다. 각 비교 쌍별로 가장 높은 점수를 얻은 학생에게 일정한 상점을 부여한 후

2차 연습을 한다. 연습 후에 다시 시험을 보고 1차 때와 마찬가지로 같은 등수끼리 점수를 다시 비교한다. 게임이 끝난 후에 가장 높은 점수를 받은 팀이 승리팀이 된다. 그 과정에서 팀원 사이의 협동이 조장된다. 이 방법의 가장 좋은 점은 자신과 비슷한 능력을 갖고 있는 경쟁자와 시합을 하기 때문에 운동 기능이 낮은 학생들도 자기 팀을 위해 무엇인가를 공헌할 수 있다는 자신감을 갖는 것이다. 또한 TGT는 게임의 형식으로 진행하기 때문에 학생들의 참여와 흥미가 높다는 장점이 있다. 하지만 다른 협동학습전략과는 달리 게임에 상대적으로 많은 시간을 보내기 때문에 협동학습 활동시간이 줄어드는 단점이 있다(정문성, 2002).

3) 직소 II (Jigsaw II)

Slavin(1989)은 직소 I 에서는 학습 결과에 대한 팀 보상이 없어 학생들의 적극적인 학습이 어렵고 개별 평가로 인해 동료 학생을 적극적으로 도와주려고 하지 않는다고 단점을 지적하였다. 이에 기존의 직소 I 방식에 STAD를 결합하여 직소 II를 개발하였다(Slavin 1980). 직소 II는 직소 I 과 운영 절차가 거의 유사하지만 수업 후 교사가 학급 전체를 대상으로 STAD 요소인 퀴즈를 가미해 학습 내용 전체를 평가한다는 점이 다르다. 즉, 직소 II에서는 수업이 이루어지고 난 후에 단원 전체에 대하여 퀴즈나 경기를 실시한 후 결과에 따라 학생에게 보상을 제공한다. 이외에도 직소 I 에서는 학습할 내용에 대한 정보를 분할하여 각각 따로 제공하지만, 직소 II에서는 학습할 내용 전체를 모든 학생에게 제공하고 대신 전문가들은 특정 영역을 집중하여 정리하거나 연구하게 하여 전문가를 양성하는 것이다(민병도, 2007).

2. CP(Student Team Learning)

1) 직소 I (Jigsaw I)[1]

Aronson(1978)이 개발한 직소 I 은 협동학습의 대표적인 방법 중 하나이다. 교사는 다른 자료를 참조하지 않고도 이해할 수 있는 통합된 자료를 각 팀에게 제시한다. 각 팀은 5-6명의 팀원으로 구성되며, 각 팀원들은 주제 또는 기술에 전문가가 되기 위해 세부 요소들을 익히게 된다. 즉, A팀에서 학생1은 포핸드 드라이브, 학생2은 백핸드 드라이브, 학생3은 게임 규칙과 점수 계산법 등을 익힌다. B팀과 C팀도 이와 같은 방식으로 학습이 이루어진다. 팀원이 할당된 학습 내용을 익히면, 각 팀에서 동일한 주제나 기술을 학습한 학생들끼리 모여 전문가 집단을 구성한다. 전문가 집단은 자신들이 배운 내용을 공유하게 된다. 전문가 집단 모임 후 전문가들은 원래 자신의 집단으로 돌아가 배운 것을 다른 팀원들에게 가르쳐 준다. 이러한 방법들은 동료 교수를 통하여 다른 학생을 가르칠 수 있다.

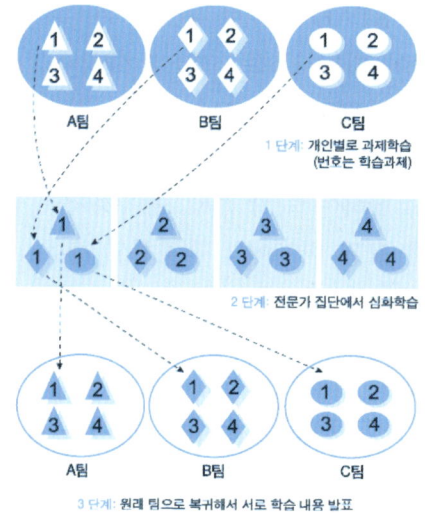

그림 1 직소 I 의 수업 절차

---

[1] 직소(Jigsaw)는 전문가집단으로 갈라졌다가 다시 원래 팀으로 돌아오는 모습이 마치 'Jigsaw puzzle(조각난 그림 끼어 맞추기 퍼즐)'과 같다고 하여 붙여진 것이다(정문성, 2002)

2) 협동을 위한 협동학습 전략(Co-op Co-op)

Kagan(1985a, 1992)이 고안한 것으로 학급에서 정한 과제를 해결하기 위해 팀별로 협동학습하는 독특한 형태의 협동학습이다. 즉, 학생들은 교사가 제시한 주제에 대한 학습 내용을 토론하고 여러 가지 소주제로 나눈다. 자신이 원하는 소주제를 선택한 후 팀원들과 논의를 통해 소주제를 세분화해 미니 소주제를 정하고 역할 분담을 한다. 학생들은 자신이 맡은 소주제에 대해 조사한 후 팀에서 조사한 내용을 발표하여 정보를 공유한다. 팀별로 소주제에 대해 토의한 내용을 전체 학급에게 발표하게 된다. 이처럼 전체 학급이 협동으로 학급 과제를 수행하기 위해 팀이 협동학습을 한다고 하여 협동을 위한 협동이라고 불리운다(정문성, 2002; Stahl, Meyer, & Stahl, 1994).

3) 집단 연구(GI)

집단 연구는 팀이 학습 과정에 협동하고 학습 결과를 공유하는 데 사용된다. 2-6명 정도로 팀을 나눈 후 전체에서 학습해야 할 과제를 작은 단원으로 세분한다. 학생들은 소주제를 선택하고 소주제별 팀을 구성한다. 각 팀은 자기들이 선택한 소주제에 대한 탐구 계획을 수립하고 역할을 분담한다. 각 팀별 조사 학습 이후 전체 학습을 대상으로 조사한 내용을 발표한다. 발표는 단체 프로젝트 형식으로 이루어지며, 이때, 포스터, 콜라주, 비디오 테이프, 컴퓨터 그래픽, 보고서 등 여러 가지 매체를 이용한다. 교사와 학생은 각 팀의 전체 학급에 대한 기여도를 평가한 후 보상이 주어진다. 이때 개별 보상 혹은 집단 보상 등을 자유로이 선택할 수 있다.

4) 함께 학습하기(LT)

5-6명의 이질적 구성원으로 팀을 구성하며 주어진 과제를 협동적으로 수행한다. 과제는 팀별로 부여되며, 보상과 평가도 팀별로 받게 된다. 시험은 개별적으로 시행하나 성적은 소속된 집단의 평균 점수를 받게 되어 팀원들의 점수가 개인 성적에 영향을 준다.

경우에 따라서는 팀 평균 점수 대신 팀원 모두가 정해진 수준 이상에 도달했을 때 집단 구성원들에게 보너스 점수를 주기도 한다. 이 전략은 학생들의 협동적인 행동에 보상으로 주어 협동을 격려하고 조장한다. 따라서 교사는 바람직한 협동 행동을 상세화하여 학생들에게 제시하고 학생들이 상호작용을 관찰하여 상호작용이 잘 이루어질 수 있도록 노력한다. 이 전략을 통해 학생들은 팀원 간의 긍정적인 상호의존성, 개별적 책무성, 동료와의 대면적 상호작용, 대인 및 집단 과정의 기술 등을 배울 수 있다.

3. 대학 체육교육 전공 수업에서 직소(Jigsaw) 협동학습의 적용 사례

1) 직소 수업 계획안 개발

수업 계획안을 개발하기에 앞서, 국내외에서 수행된 직소관련 자료를 수집하였다. 체육과 타 교과에서 출판된 협동학습과 직소 관련 서적 및 인터넷 자료, 직소 적용 사례 자료를 수집하였다. 수집된 자료를 토대로 1학기 직소 수업 계획안과 일일 계획안을 작성하였다. 작성된 수업 자료는 현재 중고등학교에서 협동학습모형을 지도하고 있는 전문가 2명과 배드민턴 선수 출신 1명 총 3명에게 검토를 의뢰하였다. 전문가 검토는 2차례에 걸쳐 이루어졌다. 첫 번째 전문가 검토에서는 차시별 수업 내용과 평가 기준안에 대한 논의가 이루어졌다. 구체적으로 차시별 수업 내용의 계열성 및 적합성, 반코트 경기와 승강제(up-down) 방식, 결승행사 등에 대해 이루어졌다. 두 번째 전문가 검토에서는 조장 선정, 조별편성, 수업 운영 및 관리 방법에 대해 논의하였다.

2) 직소 수업의 차시별 수업 내용

수업은 매주 화요일 1시에서 3시로 배정되었으며, 총 15차시로 진행되었다. 한 학기 수업은 기초 기능 연습, 반코트 간이경기, 정식 경기로 나누어 진행하였다(표 3 참조).

3) 직소 수업의 일일 수업 내용

수업은 준비운동으로 시작한다. 수업담당교수의 특별한 지시 없이 체육관에 도착한 학생들은 조원이 다 모이면 조별로 준비운동을 실시한다. 준비운동이 끝나면 해당 기술의 전문가들이 모여 전문가 회의를 실시하며 나머지 조원들은 지난 시간에 배웠던 기능을 연습한다. 전문가 회의에서는 각자 전문가들이 인터넷, 관련 서적 등을 참고하여 준비한 자료를 중심으로 수업담당교수와 함께 해당 기술의 가장 중요한 핵심 포인트를 확인한다. 핵심 포인트를 바탕으로 전문가들이 연습한 후 자신의 조로 돌아간다. 전문가는 A4 1-2장 이내로 정리한 자료를 학생들에게 나누어주고 주도적으로 핵심 포인트를 조원들에게 전달하고 연습한다. 연습이 끝나면 수준별로 반코트에서 승강제 경기를 실시한다. 이때 심판 역할을 맡은 학생은 심판 기록지를 작성한다. 반코트 경기가 끝나며 조장이 중심이 되어 부족한 기초 기능을 연습한다.

표 3 직소 수업의 차시별 수업 내용

차시	내 용	유 의 점	과 제
1	강좌 소개 및 배드민턴 시합 비디오시청	김봉섭 배드민턴 교실	
2	셔틀콕 익히기: 그립, 공줍기, 공멈추기, 한쪽면, 양쪽면 치기, 높이 치기, 걸어다니면서 치기, 랠리 30개 이상	셔틀콕 익히기 연습은 지도 교수 중심으로 이루어진다.	
3	2인1조 자유롭게 랠리하기	기초기술연습 등을 기초로 조를 구성한다.	배드민턴 경기규칙 알아보기
4	드라이브, 반코트 단식	•기초 기능은 전문가 중심으로 연습 반코트 단식: 15점 랠리 포인트로 리그전으로 실시하며 4개조로 팀을 재구성	
5	하이클리어 드리븐 클리어, 반코트 단식		기술분석일지
6	헤어핀, 반코트 단식		기술분석일지
7	서브, 반코트 단식		기술분석일지
8	스매시, 반코트 단식		기술분석일지
9	드롭, 반코트 단식		기술분석일지
10	코너학습	부족한 기능 연습에 중점	기술분석일지
11-13	조별 대항(TGT)	조장중심으로 전술 회의	기술분석일지
14	결승행사	상품수여	기술분석일지
15	기말고사(기초 기능 시험)		수업 소감문
수준별 단식: 4명이 반 코트경기에서 승강제(up-down), 즉 A조 꼴등은 B조, B조 1위는 A조로 이동			

표 4 직소 수업의 일일 수업 내용

시 간	수업 내용	학습 활동
13:00~13:10	준비운동	• 준비운동 : 조장이 중심이 되어 조별로 실시
13:10~13:30	드라이브 전문가 회의 및 연습	• 드라이브 전문가와 수업담당교수가 핵심 포인트를 공유하고 기술 연습 • 조원 : 지난 시간에 배운 기술 연습
13:30~13:50	드라이브 조별연습	• 드라이브 전문가가 교사가 되어 연습
13:50~14:20	수준별 단식(반코트 경기)	• 4명이 한 조가 되어 반코트 경기(심판 기록지 작성)
14:20~14:40	조별 부족한 연습	• 조장이 중심이 되어 다양한 기초 기능 연습
14:40~14:50	정리운동 및 차시예고	• 조별 정리운동, 드라이브 핵심 포인트 재설명, 차시예고

4) 직소 수업의 평가 내용

평가 항목에는 배드민턴의 운동 기능, 인지적 그리고 정의적 영역뿐만 아니라 지도 능력이 포함되었다(표 5 참조). 구체적으로 운동 기능 평가 내용은 기초 기능 점수와 반코트 경기 결과이다. 조별대항(TGT) 점수는 학생들이 협동보다는 승부에 집착할 수 있기 때문에 평가에서 제외시켰다.

인지적 영역을 평가하기 위해 심판이 작성한 심판 기록지를 사용하였다. 심판 기록지는 심판의 기초 기능 포인트의 이해 여부를 평가하기 위해 교과 담당 교수가 사전에 작성한 것으로 기초 기능의 성공 여부를 체크하는 것이다. 이외에도 심판의 경기 진행 수준 등을 평가하였다. 학생들이 매주 제출하는 기술분석일지는 10점을 만점으로 채점하여 학생들에게 나누어 주었다.

정의적 영역의 평가로 개인별 순위 향상도를 포함시켰다. 운동 기능은 신체적인 조건에 영향을 받는다. 이에 학생들의 노력이나 태도 등을 고려한 개인별 향상도를 평가 내용에 포함시켰다. 전문가 지도 능력은 자료 준비 정도, 해당 기술의 시범 능력, 조원들의 지도 등을 담당 교수가 평가하였다.

표 5 평가 항목 및 배점

평가 항목	배점
1. 6가지 기초 기능과 반코트 경기결과	30%
2. 전문가의 지도 능력	20%
3. 기술분석일지 및 수업 소감문	20%
4. 심판 기록지	10%
5. 개인별 순위 향상도	10%
6. 출석	10%
합 계	100%

IV 국내외 연구 동향

협동학습(cooperative learning)은 최근 교육현장에서 특히, 사회, 과학 분야에서 큰 관심을 받고 있는 모형이다. 협동학습은 교사의 주도로 이루어지는 전통적인 수업이 갖는 여러 한계를 극복하는 좋은 대안으로 인식되고 있다. 협동학습은 1970년 중반 미국의 존스 홉킨스 대학의 연구진에 의해 체계적으로 개발되었으며, Slavin에 의해 주도적인 연구가 이루어졌다. 교사 중심의 전통적인 학습 방법에 대한 문제점이 제기되면서 국내외의 교육 현장에서 협동학습에 관심을 갖게 되었다. 특히 학생의 창의성을 개발하고, 스스로 탐구하는 능력을 기르며, 교사중심에서 벗어나 학생 중심의 수업을 요구하는 국내 교육계의 요구사항에 적합한 모형이라 할 수 있다.

스포츠중심의 경쟁적인 활동으로 구성된 체육수업에서 여러 학자들이 협동학습의 장점을 인식하고 이에 대한 많은 연구를 수행하고 있다(Cohen, 1994a; Johnson & Johnson, 1989; Kagan, 1990; Slavin, 1996). 협동학습과 관련된 연구 결과를 종합해 보면, 협동학습은 긍정적인 집단 상호작용, 다른 사람과 협동하여 일하는 능력, 자아존중감을 발달시키는 것으로 나타났다. 협동학습의 가장 대표적인 학자 Slavin(1996)이 100편 이상의 연구를 조사한 결과, 첫째, 협동학습을 적용한 학급이 다른 지도를 받은 집단에 비해 학업 성취가 높게 나타났으며, 둘째, 전통적인 방법으로 수업을 받은 학생보다 다양한 배경을 가진 학생 그리고 장애학생과의 상호작용율이 높았으며, 셋째, 협동학습은 모든 학년과 모든 교과 영역에서 성공적인 것으로 나타났다. 323편의 협동학습 적용 논문을 메타분석한 Johnson & Johnson(1989)의 연구에서도 경쟁적인 과제를 수행하는 것보다는 협동적으로 과제를 수행하는 것이 학생들의 학습 효과가 더 높은 것으로 나타났다.

Cohen(1994a)은 중학생을 대상으로 협동학습을 적용한 결과, 학생들은 이질적으로 구조화된 소집단에서 함께 참여하면서 자신의 학습에 대한 책임감뿐만 아니라 집단 과제를 완수하기 위해 팀원을 도와주며 이러한 과정을 통하여 사회성이 길러진다고 보고한 바 있다. Cohen(1994b)은 교육의 주체가 교사에서 학생으로 옮겨가는 것이 교육현장에서 가치있는 일이라는 점을 강조하고, 학생들은 협동학습을 통해 반성시간과 의사결정에 참여하므로써 주인의식을 갖게 된다고 주장하였다. 또한 그는 협동학습의 소집단에서 학습하는 것이 교사 주도식 학습보다 효율성 측면에서 더 효과적임을 밝혀냈다(Johnson & Johnson, 1989; Slavin, 1996).

Grinseki(1996)는 체육 교과에서 협동학습에 관한 연구를 종합한 결과, 협동학습은 청소년들의 체력 향상과 긍정적인 상호작용을 촉진하고 부정적인 상호작용을 감소시키는 것을 확인하였다. Yoder(1993)의 연구 결과에 의하면 무용단원에서 협동학습은 사회성 학습과 학업 성취를 증가시키는 것으로 나타났다. 초등학교 체육수업에서 협동학습에 대한 교사와 학생의 경험을 연구한 Dyson(2001)의 연구에서도 협동학습은 학생들의 운동 기능을 향상시키고, 다른 학생의 기술 향상을 도와주며 자신의 학습에 대한 책임감을 높이는데 효과가 있는 것으로 밝혀졌다. 이처럼 체육뿐만 아니라 타 영역에서 진행된 협동학습에 관한 연구는 학생의 성취도, 사회성과 책임감, 공동체 의식의 증진 등 다양한 긍정적인 효과를 제시하고 있다.

국내에서도 다양한 종목과 대상을 중심으로 연구가 수행되었다. 먼저 조한무(1997)는 협동학습은 전통적 수업의 대안적인 수업으로 협동학습의 중요성을 역설하였다. 또한 문호준(1994)은 체육교육의 협동학습 적용 가능성을 탐색하였다. 이러한 이론적인 접근 이외에도 협동학급을 초중등학교 수업에 적용한 후 효과를 검증하려는 여러 편의 연구가 수행되었다. 중학생을 대상으로 한 연구를 종합해 보면 협동학습은 체육 태도와 자기 효능감에 긍정적인 영향을 미치며(김종환, 2004; 김종환, 황호영, 2004), 전통적인 수업집단 보다 심동적, 인지적, 정의적 학업성취도가 높았으며(김찬중, 박형란, 이한주, 2007). 경쟁학습에 비해 학업성취도가 향상되었다(최만희 2004). 또한 초등학교 체육수업에서 협동학습의 효과를 분석한 연구에서도 학생들이 긍정적인 상호작용을 하였으며, 학생들의 학업 성취 수준과 운동 기능이 향상되고 자신의 역할에 대한 책무성이 생기는 것으로 밝혀졌다(박치우, 2003; 정구영, 2002; 정구영, 고문수, 이재용, 2003). 하지만 이러한 연구들은 교사와 학생을 분리할 뿐만 아니라 협동학습의 효과를 지식, 지식, 태도 영역으로 분류하여 각각의 영역의 효과를 검증했다는 한계가 있다. 이에 민병도(2007)는 통합적인 관점에서 고등학교 교사와 학생 대상으로 협동학습의 실행연구를 수행하였다. 이외에도 문호준과 김윤희(2007)는 기존에 초중고등학생을 대상으로 수행된 연구와는 달리 예비 체육교사들을 대상으로 체육교육 실기 수업에 직소 협동학습 전략을 적용하였다. 그 결과 예비 체육교사들은 지도 능력이 향상되고 과제에 대한 인식이 변화되었으며, 흥미가 높아진 것으로 밝혀졌다.

협동학습 모형의 현장 적용 가능성

1. 협동적인 학습 환경 조성

협동학습이 갖고 있는 특징에서 최근 우리 체육수업이 직면하고 있는 여러 문제에 대한 해결방향을 찾을 수 있다. 우선 좋은 성적을 얻기 위해서 다른 학생이 상대적으로 못하기를 바라는 경쟁적인 수업분위기를 해소하는데는 여러 수업모형 중에서 협동학습이 가장 적합한 것으로 여겨진다. 협동학습은 소집단을 구성하는 모든 구성원들이 주어진 학습 과제나 학습목표를 공동으로 노력하여 달성하는 방법으로 전통적인 소집단학습의 단점을 해결하고 학습자간에 협력적인 상호작용을 촉진하여 학습의 극대화를 도모하고자 하는 수업 방법이다. 이 과정에서 학생들은 팀원들을 이해하게 되고 동료들과 서로 협력하는 방법을 배우게 된다. 또 운동기능 차이와 성차를 극복하는 목적에서도 협동학습이 장점을 갖고 있다. 나아가 팀이 목표달성에 공헌을 한다는 느낌은 소외의 느낌을 극복하게 해 주며, 동료가 격려하고 협조하는 분위기는 차별대우의 느낌에서 벗어나게 할 수 있다.

2. 학생중심 체육수업 가능

학생들은 교사 중심의 지도에서 학생 주도의 수업을 선호하고 있다. 이에 체육 수업에서 학생의 참여를 촉진하고 의사결정권이 확대되는 다양한 수업모형의 개발이 요구된다. 대안적인 방법으로 또래 교수(Greenwood, Delquadre, & Carta, 1998), 협동학습(Dyson, 2001, Grineski, 1996; Johnson & Johnson, 1989; Slavin, 1990; 1995), 스포츠교육모형(Siedentop, 1994)이 언급되고 있다. 협동학습은 이러한 학생들의 특성을 가장 잘 반영할 지도방법이라고 할 수 있다. 협동학습에서는 전통적인 수업과는 달리 학생이 중심이 되어 수업이 운영된다. 전통적인 교사 중심의 경쟁적인 체육수업은 학생들을 서로 대립적으로 활동하도록 유도하며 집단의 소수만이 목표에 도달할 수 있는 학습 조직 형태로서 학습 동기 측면에서 보면 부정적인 측면이 많다. 즉 반복적인 실패를 경험하는 학습자들은 실패 회피의 경향을 보이며 학습활동에 소극적으로 참여하게 된다. 또한 지나친 경쟁 상황은 학습자에게 불안을 야기시켜 새로운 시도를 저해하는 학습된 무기력을 경험하게 하는 요인이 되기도 한다(학습된 무기력). 이와 같이 학생 개개인이 가지고 있는 특성, 적성, 흥미, 능력을 고려하지 않은 교사중심 교육은 학습에 흥미를 잃게 함으로써 학습 부진과 학력저하 현상을 초래하고 있다.

그러나 협동학습은 소집단을 구성하는 모든 구성원들이 주어진 학습 과제나 학습 목표를 공동으로 노력하여 달성하는 방법으로 전통적인 소집단학습의 단점을 해결하고 학습자간에 협력적인 상호작용을 촉진하여 학습의 극대화를 도모하고자 하는 수업 방법이다. 즉, 학생들이 수업에 주체가 되어 과제를 해결하게 된다. 학생들은 동료와의 대화가 가능하고 교사보다는 동료들에게 더 의존하게 되며, 자신의 행동은 자신이 책임진다. 이러한 과정을 걸치면서 학생들은 동료와의 상호작용이 가능해 상호의존성이 높아지며 개인 책무성이 길러진다. 특히, 협동학습은 우리 나라와 같이 다인수 학급에 학생들이 수업에 주도적으로 참여함으로써 수동적 참여자나 방관자 역할에서 탈피하는 효과를 기대할 수 있다.

3. 예비 체육교사의 지도 능력 향상

사범대학 체육교육과는 미래 체육교사를 양성하는 교사 양성기관이다. 예비체육교사는 교사 양성 교육기관에서 미래 체육 지도에 필요한 다양한 모형을 알고 적용해야 하는 능력을 길러야 한다. 직소는 전문가가 교사의 역할을 하기 때문에 학생들이 교사의 역할을 직접 경험하게 된다. 또한 직소는 소집단으로 이루어진다. 전문가가 처음부터 많은 학생들을 지도할 경우 많은 부담이 되지만 직소는 적은 수의 학생을 지도한다는 장점이 있다. 수업을 준비하는 과정에서도 전문가들이 모여 준비한 내용을 토대로 핵심 내용을 점검하기 때문에 수업 준비과정을 배우게 된다. 직소는 예비교사들의 지도 능력 향상에 적합한 방법이라고 생각한다.

이러한 직소는 중고등학교에서도 적용 가능하지만 직소를 중고등학교에 적용하기에 먼저 고려해야 할 점이 있다. 과연 학생들이 전문가 역할을 제대로 수행할 수 있느냐이다. 협동학습 모형이 성공하기 위해서는 학생들의 책임감이 요구되며, 어느 정도 책임감이 있는 학생들에게 이 모형을 적용해야 하며, 그때 효과가 극대화될 수 있다(Mezler, 2000). 또한 교사는 철저한 준비와 계획, 운영을 해야 하며, 모든 학생들이 책임감을 갖고 협동할 수 있는 수업 분위기를 조성해야 한다.

참고 문헌

김종환(2004). 협동학습모형이 체육태도와 자기효응감에 미치는 효과 분석. **한국스포츠교육학회지, 11(2)**, 91-104

김종환, 황호영(2004). 육상수업에 적용한 협동학습 모형의 효과. **한국사회체육학회지, 21**, 129-139.

김찬중, 박형란, 이한주(2007). 협동학습수업이 축구단원 학업성취에 미치는 영향. **한국체육학회지, 43(3)**, 1-9.

문호준(2004). 체육교육에서 협동학습 적용 가능성 탐색. **서원대학교 교육대학원 교육논총 9집**, 207-217.

문호준, 김윤희(2007) 체육교육 실기 수업에서 직소(Jigsaw) 방법의 적용 및 교육적 의미 탐색. **한국스포츠교육학회지, 14(2)**, 81-99.

민병도(2007). **협동학습 모형을 적용한 고등학교 체육수업 실행 연구.** 안동대학교 박사학위논문.

박치우(2003). **협동학습 모형 적용 체육수업이 아동의 학업성취도와 학습태도에 미치는 영향.** 진주교육대학교 석사학위논문.

변영계, 김광휘(2000). **협동학습의 이론과 실제**, 서울: 학지사.

정구영(2002). **초등체육에서의 협동학습이 학생들의 참여태와 성취에 미치는 영향.** 경인교육대학교 석사학위논문

정구영, 고문수, 이재용(2003). 초등학교 체육수업에서 협동학습의 효과 분석. **한국스포츠교육학회지, 10(2)**, 129-147.

정문성(2002). **협동학습의 이해와 실천.** 교육과학사.

조한무(1997). 체육교육에서 협동학습의 탐색. **인천교육대학교 교육논총**, 361-376.

최만희(2004). 협동학습이 성별과 학업수준에 따른 학업성취도에 미치는 영향. **한국체육학회지, 43(4)**, 333-346.

최유현(1997). **실과교육학연구.** 서울: 형설출판사.

추병완(2001). **학생들과 함께 하는 협동학습.** 도서출판 백의.

Slavin, R. E. (1990). *Cooperative learing: Theory, research, and practice*. Englewood Cliffs, NJ: Prentice-Hall.

Aronson, E. (1978). *The Jigsaw Classroom.* Beverly Hills: Sage Publications.

Cohen, E. G. (1994a). Restructuring in the classroom: Conditions for productive small groups. *Review of Educational Research, 64*, 1-35.

Cohen, E. G. (1994b). *Designing group work: Strategies for the heterogeneous classroom groups*(2nd ed.). New York: Teachers College Press.

Dyson, B. (2001). Cooperative learning in an elementary physical education program. *Journal of Teaching in Physical Education, 20*, 264-281.

Greenwood, C. R., Delquadre, J. C., & Carta, V. R. (1998). Longitudinal effects of classwide peer tutoring. *Journal of Educational Psychology, 81*, 371-383.

Grineski, S. (1996). *Cooperative learning in physical education.* Champaign, IL: Human Kinetics.

Hellison, D. (1996). Teaching personal and social responsibility in physical education. In S. Silverman & C.D. Ennis (Eds.), *Student learning in physical education: Applying research*

to enhance instruction(pp. 269-286). Champaign, IL: Human Kinetics.
Hooper, S. (1992). Cooperative learning and computer-based instruction. Educational Technology Research and Development, 40(3), 21-23.
Johnson, D. W., & Johnson, R. T. (1989). *Cooperation and competition: Theory and research*. Edina, MN: Interaction Book.
Jonhson, D. W., Johnson, R., & Holubec(1990). *Advanced Cooperative Learning*. Edina: Interaction Book Company.
Kagan(1985a, 1992)
Kagan, S. (1985a). Co-op Co-op: A Flexible Cooperative Learning Technique. *In Learning to Cooperate, Cooperating to Learn*, edited by R. E. Slavin, S. Sharan S. Kagan, R. Hertz-Lazarowitz, C. Webb, and R. Schmuck, New York: Plenum.
Kagan, S. (1985b). *Cooperative Learning Resources for Teachers*. Riverside, CA: Univ. of California at Riverside.
Kagan, S. (1990). The structural approach to cooperative learning. *Educational Leadership, 47*, 12-16.
Kagan, S. (1992). *Cooperative Learning*. CA: Resources for Teachers.
Kagan, S. (1994). *Cooperative Learning*. San Clemente: Kagan Cooperative learning. 12-16.
Mezler, M. (2000). *Instrucational models for physical education*. Boston: Allyn & Bacon.
Mosston, M., & Ashworth, S. (1994). *Teaching physical education*(4th ed.). New York: Macmillan.
Siedentop, D. (1994). *Sport education: Quality PE through positive sport experiences*. Champaign, IL: Human Kinetics.
Slavin, R. E. (1980). Effects on individual learning expectation on students achievement. *Journal of Educational Psychology, 72*, 520-524.
Slavin, R. E. (1989). Cooperative learing and achievement: six theoretical perspectives. In C. Ames, & M. L. maehr (Eds.), *Advances in motivation and achievement*. Greenwich, CT: JAL Press.
Slavin, R. E. (1996). Research on cooperative learning and achievement: What we know, what we need to know. *Contemporary Educational Psychology, 21*, 43-69.
Stahl, R. E. (1994). Achieveing Cooperative Learning Through Structured Individual-Then -Group Decision Making Episodes. *In Cooperative Learning in Social Studies: A Handbook for Teachers*, edited by R. J. Stahl, New York: Addison-Wesley Publishing Company, 1-17.
Stahl, R. J., Meyer, J. R., & Stahl, N. N. (1994). Co-op Co-op: A Studnet Interest-Based Cooperative Study/Learning Stategy. *In Cooperative Learning in Social Studies: A Handbook for Teachers*, edited by R. J. Stahl, New York: Addison-Wesley Publishing Company, 276-305.
Yoder, L. (1993). Cooperative learning and dance education. *Journal of Physical Education, Recreation, & Dance, 64(5)*, 47-56.

12

스포츠맨십 가치 학습을 위한 체육 교수 전략

박 종 률

스포츠 활동은 스포츠맨십이란 규범적 가치를 지니고 있다. 체육교육을 통한 스포츠맨십 가치 학습은 전인교육에 기여할 수 있는 실질적 방법이다. 그러나 스포츠맨십 개념이나 가치 학습을 위한 전략에 대한 연구는 매우 미진한 상태이다. 이 연구는 이러한 현실의 진단을 바탕으로 체육교육의 중요한 지향점인 스포츠맨십 가치 학습의 가능성을 탐색하기 위해 시도하였다. 이러한 가능성 탐색을 위해 Ⅰ장에서는 스포츠맨십의 의미와 가치, 필요성에 대해 소개하고 Ⅱ장에서는 체육 연구에서 혼용되어 사용되어지고 있는 스포츠맨십과 도덕성과의 개념적 차이를 비교 검토해 보았다. Ⅲ장에서는 도덕성 및 스포츠맨십 관련 선행연구 결과들을 토대로 스포츠맨십의 가치가 현장의 체육 수업에서 학습되어질 수 있는지에 대한 가능성과 개발에 대한 논리적 근거를 모색하였다. 마지막으로 Ⅳ장에서는 체육 수업에서 구체적으로 활용 가능한 스포츠맨십 발달 교수 전략을 탐색해 보았다. 전략 탐색을 위한 이론적 근거로 사회학습 이론, 인지 발달 이론, 정신분석 이론, 각성 이론을 토대로 삼았으며, 체육교수 상황에서 적용가능하고, 그 효과에 대해 예측 가능한 방법 등을 소개하고자 시도하였다. 이러한 전략으로는 상과 벌, 추론, 모델화 및 역할 경험, 반성전략 등이다.

I 들어가는 말

　인간은 도덕적이길 희구한다. 인간이 인간답기를 기대하는 성향 즉, 도덕성에 대한 바램은 인간의 삶의 양식과 문화의 구조 속에 강하게 농축되어 있다. 그러므로 인간은 공동체 생활을 거치며 삶의 양식과 문화를 전수 받음으로써 더욱 체계적이며 조직적으로 도덕적 기대를 충족시킨다. 이러한 인간의 도덕적 열망, 즉 선의지는 관습과 전통 그리고 사회 구조가 더욱 분화되고 발달되어짐에 따라 제도와 법률, 교육과 종교와 같은 인간의 윤리적 문화 장치를 통해 더욱 세련되어진다(박종률, 2002).

　특히 교육의 측면에서는 '전인적 인간 지향'을 통해 도덕성에 대한 기대가 확연하게 강조된다. '전인'은 '지덕체의 조화로운 인간상'을 의미한다. 전인의 구현에 대해 체육교과는 나름대로 중요한 역할을 수행해 왔다(교육부, 1994; Bucher, 1975; Williams, 1964). 그러나 전인 구현의 구체적 방법과 효과에 대해서는 회의적 반응을 보이는 경향이 짙다(유정애, 오수학, 2000; 유정애, 2002; 최의창, 2003; Clarlistle, 1969). 특히 '덕'의 범주인 정의적 영역의 실천에 대해서는 실제 교수학습과정에서 임시적, 처방적, 간헐적, 형식적 형태로 진행되어 온 것이 솔직한 현실진단일 것이다.

　체육교육은 많은 경우 스포츠 활동을 매개로 진행된다. 스포츠가 인류의 문화로서의 의미를 지니기에 스포츠 자체의 학습도 중요하지만, 스포츠를 통한 다양한 가치의 내면화 또한 체육교육에서 지향할 목표이다. 특히 스포츠 활동 속에 내포되어 있는 스포츠맨십과 페어플레이 등과 같은 도덕적 규범은 체육교육이 궁극적으로 추구할 중요한 목표에 속할 것이다. 실제로 스포츠 활동의 과정에서 경험하게 되는 규칙의 준수와 스포츠맨십, 페어플레이 정신 등은 자기 통제 및 자기 수양을 유도하며, 경기 상황에서 필요로 하는 협동과 역할 분담은 자신과 타인을 존중할 줄 아는 가치 및 태도를 형성시킴으로써 도덕성 함양에 기여하는 것으로 여겨진다. 스포츠 활동이 지니는 이러한 가치를 Bredemeier & Shields(1995)는 인간의 도덕적 특성을 개발하기 위한 가장 중요한 신체적 활동 상황으로 규정하였다. 또한 많은 선행연구들이 교육 프로그램으로서 학교의 스포츠 활동의 가치를 강조하였다(Sharpe, Brown, & Crider, 1995; Wandzilak, 1985).

그러나 최근의 스포츠 활동은 지나친 상업주의로 말미암아 경쟁성, 맹목적 최고의 추구, 승리지상주의 등과 같은 현시적 가치 추구에 크게 한정되어져 스포츠 활동 본래의 고귀한 가치가 매몰되고 있다. 체육교육 또한 지나치게 경쟁을 통한 승리 및 결과의 집착과 기능의 학습에 치중되어 스포츠가 지니고 있는 도덕적 가치 즉 스포츠맨십에 대한 교육은 형식적으로 진행되어지고 있다. 결국, 유희적 본능의 충족으로 시작된 스포츠는 경쟁의 개념과 결합되어 스포츠 체제와 문화로서의 틀을 확고하게 정비하였지만, 반면에 지나친 경쟁 지향으로 스포츠 체제의 재정립과 맹목적 경쟁 문화에 대한 경계심을 유발시키는 역설(逆說)을 만들어내고 있는 것이다(박종률, 2002). 그러므로 스포츠맨십 교육의 내용과 방법의 개선에 모종의 조치가 취해지지 않는다면 선수의 사회성과 도덕성 개발에 스포츠가 미치는 영향은 최소한으로 제한될 것이다(Green & Gabbard, 1998).

스포츠맨십은 스포츠 입문과 참여시 지켜야 할 가치이며 추구점이란 점에서 학교체육의 지향점으로 간과될 수 없는 중요한 목표이다. 이러한 중요성의 인식으로 스포츠맨십과 같은 정의적 영역에 대한 다양한 목표 분석 연구(김윤희, 2003; Avery & Lumpkin, 1987; Broer & Holland, 1954; Soudan & Everett, 1981; Weick, 1975)들이 진행되어져 왔다. 또한 현재 진행되어지고 있는 개정차시 제7차 체육과 교육과정에서도 개정방향에 대해 스포츠맨십과 같은 규범적이고 도덕적 가치에 대한 중요성을 반영(유정애, 2005)시키고자 노력하였다.

오늘날 우리 교육은 다양한 가치 추구와 문명 중심형 기능적 인간 양성에 치중되어 있다. 더욱이 핵가족화와 이기주의 만연의 사회풍토는 교육의 근본적 지향점에 대한 총체적 반성을 교육현장에 던져놓는다. 이러한 의문과 혼돈의 현실 속에서 인간의 전인적 발달, 인성 발달의 지향은 교육의 확고한 지향점이며 목적임에 분명하다. 그러므로 스포츠맨십을 통한 도덕성 함양, 인성 발달은 이제 체육교과의 당면한 과제라 생각된다. 이러한 교육적 사회적 요구에 부응하기 위해 실질적으로 체육교육의 주체인 체육교사들의 인식의 전환이 절실하며, 아울러 이러한 가치를 수업 중 실천할 수 있는 구체적 전략의 개발 또한 현실적 요구로 대두되고 있다. 이미 스포츠맨십의 중요성에 대한 논의는 국내외 여러 연구(강신복, 1995; 문익수, 2000; 성창훈, 김원배, 2000; 임번장, 1990; 유정애, 2005b; 최의창, 2003; Beller, Stoll, Burwell, & Cole, 1996; Hahm, Beller, & Stoll, 1989; Stoll & Beller, 1994b; Krause & Priest, 1993; Penny & Priest, 1990; Wandwilake, Carroll, & Ansorge, 1988; Beller & Stoll, 1992; Bredemeirer & Shields, 1986; Giebink & Mckenzie, 1985; Sharpe, Brown, & Crider, 1995; Romance, Weiss & Bockoven, 1986; Gibbons, Ebbeck, & Weiss, 1995)에서 많이 주장되어왔다. 그러나 그 실천의 핵심인 전략의 구체적 모습에 대해서는 연구되어지지 못하고 있다. 어쩌면 현장에서 절실히 요청되는 것이 방법적 측면인데도 그 실천에 대해서는 개념적 정의와 현실진단 수준일 뿐 현실을 변화시킬 구체적 전략 개발이 부재했었다.

    그러므로 본 연구는 체육 수업에서 스포츠맨십의 가치 학습을 위한 실천 가능한 전략을 탐색하기 위해 시도하였다. 먼저 II 장에서는 체육 연구에서 혼용되어 사용되어지고 있는 스포츠맨십과 도덕성과의 개념적 차이를 비교 검토해 본다. III 장에서는 도덕성 및 스포츠맨십 관련 선행연구 결과들을 토대로 스포츠맨십의 가치가 현장의 체육 수업에서 학습되어질 수 있는지에 대한 가능성과 스포츠맨십 발달 교수 전략 개발에 대한 논리적 근거를 모색한다. 마지막으로 IV 장에서는 체육 수업에서 구체적으로 활용가능한 스포츠맨십 발달 교수 전략을 탐색해 본다. 이러한 일련의 과정은 도덕성 및 스포츠맨십 관련 선행 연구문헌의 검토와 현장에서의 연구자의 경험의 결합으로 이루어짐을 밝힌다. 물론 연구자의 주관적 견해에 함몰되지 않기 위해 여러 전문가와의 논의와 학술대회에서의 검토도 수행하였다. 아직 많은 논의와 비판의 수렴과정이 필요하지만 스포츠맨십의 전략 탐색을 위한 문헌사례적 연구로서 스포츠맨십 가치 실천에 대한 현장 교사들의 관심과 이해를 유발시키고 활용 가능성이 제고되길 기대해본다.

II 도덕성 및 스포츠맨십의 개념적 이해

일반적으로 스포츠 활동을 통한 인간의 인성 및 덕(德)적 측면에 대한 연구에서 도덕성과 스포츠맨십은 개념적 차이의 구분없이 혼용되어지는 것을 쉽게 발견할 수 있다. 이러한 개념적 혼용은 도덕성과 스포츠맨십 각각의 개념에 대해 명확한 정의가 설정되지 않았기 때문이라고 생각한다. 두가지 개념 모두가 워낙 복잡 미묘한 인간의 성향에 대한 규정이라 시대와 사회, 사상과 문화에 따라 서로 다르게 표현되기 때문이다. 본 장에서는 그동안 진행되어 온 도덕성 및 스포츠맨십에 대한 기존의 다양한 개념 정의를 토대로 도덕성과 스포츠맨십의 의미를 재정립하고 두 개념간의 연관성을 모색하고자 시도하였다.

도덕성에 대해 Freud를 중심으로 하는 정신분석 이론에서는 초자아(superego)의 형성을 도덕성의 함양으로 간주하였다. Freud는 인성(personality)의 구성 요소를 원자아(Id), 자아(Ego), 초자아(Super-ego)로 구분하였다. 원자아는 날 때부터 가지고 태어난 본래적 정신 구조로 인간 행동의 본능적 기초로 작용한다. 원자아는 철저하게 쾌락을 추구하며 충동의 즉시적 만족을 요구한다. 이에 비해 자아는 충동적인 원자아를 억제시켜 자신의 현실적 상황에 맞게 통제하는 기능을 수행한다. 자아는 사회적으로 수용 가능한 방식으로 원자아의 충동성을 안내한다. 초자아는 원자아를 더 억제하고 자아를 감시하는 기능을 한다. 자아의 생각과 행동을 비판하고 자아가 원자아와 타협하여 부조리한 행동을 할 때 이를 벌하고 죄의식과 불안정을 느끼게 하는 고통을 가한다. 초자아에 의한 이러한 억제와 죄책감을 느끼게 하는 것을 도덕성(남궁달화, 1999)이라고 보았다.

이에 비해 사회 학습 이론은 인간은 자기가 속한 사회의 규칙을 승인함으로써 도덕성 함양을 고취한다고 보고 모델링, 강화, 고전적 조건 형성을 강조하였다. 또한 도덕적으로 행동하는 것을 배우는 것은 사회화 과정의 부분으로 일어나는 것이라고 생각하였다(Bandura, 1969). 즉, 도덕성을 사회에서 용인되는 방식의 행동 통제가 내면화된 상태를 도덕성이 함양된 것으로 보았고, 사회적 규범, 더 넓게는 타인 지향적 이타행위(altruistic behavior)를 실천하고자 하는 성향을 도덕성으로 간주하였다(김성옥, 2001).

Kohlberg를 중심으로 한 인지 발달 이론은 인간의 도덕적 사고방식 및 도덕적 판단 능력을 도덕성으로 간주하였다. 높은 도덕적 판단 능력을 지니면 도덕적으로 올바른 행동을 할 것이라는 가정이 전제되어 있다. 도덕적 판단 능력은 인지 갈등을 통해 점차 발달되어 가며, 인습 이후 수준의 보다 상위 단계의 도덕적 사고 방식을 견지할 때 보다 높은 수준의 도덕성을 함양한다고 주장한다. 즉 옳고 그름의 도덕적 판단에 대해 인습 이후의 높은 단계의 도덕적 판단 기준을 적용하는 사람이 보다 높은 도덕성을 지니고 있다고 여긴다. 주목할 것은 인습이후의 도덕적 판단 단계가 타인의 권리와 기본권 존중, 사회 계약, 양심적 판단 등과 같은 도덕적 기준을 적용하고 있다는 점이다. 도덕적 판단에서 이러한 기준을 적용할 때 그 사람의 도덕성은 발달되었다고 보는 것이다.

이상으로 3가지 도덕성 발달 이론에 의한 도덕성 개념 정의를 살펴보았다. 각각의 관점에 따라 다른 정의를 내리고 있지만 도덕성에 대한 유사한 개념적 요소를 발견할 수 있다. 무엇보다도 세 가지 입장 모두 사회적 가치를 지향하고 있다는 점이다. 인간의 충동이나 감정, 욕구 등에서 벗어나 사회의 가치나 합의, 양심에 따른 판단과 행동을 내면화하는 것을 도덕성의 기준으로 삼고 있음을 유추할 수 있다. 이러한 점은 '일반적으로 도덕성은 도덕적 원리나 규칙 등 도덕적 규범이 교육 및 사회화 과정에 의해 개인화된 상태, 즉 내면화된 상태를 지칭한다'라고 주장한 남궁달화(1999)의 개념 정의에서도 유사점을 발견할 수 있다. 이와같이 도덕성은 도덕적 성향 혹은 선의지로서 어떤 여건에서도 특정한 방식으로 행위 하려는 성향과 경향으로써 합리성이라는 보다 일반적인 특성이 도덕적 문제 사태에 적용되는 사태를 의미한다. 그러므로 인간이 도덕적이라 함은 그 사회에 의해 선으로 공식적으로 인정되는 것을 합리적 의도를 갖고 추구하는 것(Hartshorne & May, 1928, Peck & Havighurst, 1960)으로 정의할 수 있을 것이다.

스포츠맨십 개념에 대한 논의는 다양하게 진행되었다. Webster 사전에는 '정정당당한 경쟁과 결과에 대한 깨끗한 승복을 포함해서 스포츠맨이 되어 가는 행위', '공정성, 정직성, 권위에 대한 존중, 시민 정신, 희생 정신, 자기 조절, 건전한 정신, 높은 도덕성, 건전한 윤리, 상대방에 대한 존중, 그리고 경쟁의 즐거움에 대한 감사(Kroll, 1975)', '경쟁자들이 동작이나 언어를 통해 나타내지는 태도와 행동(Keating, 1978)' '규칙을 준수하고 상대방을 존중할 것(Allison, 1982)', '특정 스포츠행동에 대한 일반적 태도(Haskins, 1960; Kistler, 1957)', '윤리 규정을 준수하는 것(Kroll, 1976)', '게임과 관련된 긍정적 대인관계(Giebnink & McKenzie, 1985)', '관습과 성공전략의 유혹에도 불구하고 개인이 가진 가장 높은 수준의 도덕(Weiss & Brendemeier, 1986)', 등 다양하게 정의되어졌다. 또한 Shea(1978)는 '스포츠에 대한 도덕적 이상을 표현할 때 사용되어지는 용어'라고 정의하면서 놀이와 예의의 표현, 시민 의식, 성격의 개발과 같은 요소를 포함한다고 주장하였다. Jost(1972)는 '항상 예의 바름과 공평함, 그리고 공손함을 간직하고 있는 명예의 속성'으로서, Miscisco(1976)는 '정직, 성실, 공평, 관대, 예의, 경기 결과에 대한 수용 등과 같은 스포츠에서의 행동'으로 정의하였다(박종률 재인용, 2002).

또한 선수들이 지각하는 스포츠맨십 개념에 대한 조사 연구로서 Vallerand 등(1996)은 '완전한 스포츠 몰입, 사회적 관습존중, 규칙준수 및 심판존중, 상대선수 존중, 승리 집착적 스포츠 참가의 부정적 행동' 등 다섯 가지의 개념으로 구조화되어 있음을 제시하였으며, 우리나라 대학 운동선수를 대상으로 Vallerand 등(1996, 1997)이 제안한 다차원적 스포츠맨십 개념이 우리 문화권에서 타당한지를 검증한 성창훈과 김원배(2000)의 연구에서도 '스포츠에 대한 몰입 및 헌신, 규칙 준수와 심판 존중, 승리 집착적 부정적 행동, 사회적 인습 존중, 상대방에 대한 배려' 등 5개 요인으로 동일하게 나타났다. 그후 성창훈(2003)은 '청소년 운동 선수들의 스포츠맨십 측정도구 개발'이란 연구에서 '운동 몰입, 최선, 상대존중, 동료 및 선후배 배려, 팀 정신, 심판판정 존중, 결과인정, 승리 집착적 부정행동' 등의 8개 요인으로 스포츠맨십의 개념을 제시하였다.

이와같이 스포츠맨십은 다수의 연구자들에 의해 다양하게 정의되어왔다. '스포츠 장에 한정된 스포츠 윤리'란 협의적 개념과 '일상 생활의 윤리'라는 광의적 개념 정의를 함께 발견할 수 있다. 내용 요소 면에서도 '정직성, 공정성, 책임감'과 같은 도덕적 가치 요소와 '최선, 성실성, 협동심, 희생정신'과 같은 사회적 가치 요소를 두루 내포하고 있다. 이러한 개념 정의를 통해 스포츠맨십은 스포츠 장에서 지켜야 할 윤리적 가치와 일상생활에 필요한 덕목으로서의 가치를 함께 지니고 있음을 유추할 수 있다. 때문에 스포츠 규범이면서 일상생활의 규범이고 개인의 윤리인 동시에 우리 사회의 윤리로 확대될 수 있음을 짐작할 수 있다. 아울러 스포츠맨십은 그 구성요소가 사회에서 승인한 바람직한 가치들로 구성되어 있기 때문에 우리 사회의 보편적 도덕률의 성격까지도 포함하고 있다. 따라서 스포츠맨십은 사회의 도덕률로서의 의미를 지니며, 스포츠맨십 발휘는 결국 도덕성 발휘와도 성격적으로 연계됨을 짐작할 수 있다. 이러한 스포츠맨십과 도덕성과의 개념적 연관을 토대로 체육 수업을 통한 스포츠맨십 함양은 우리 사회의 요구와 가치를 충실히 내면화하는 도덕성 함양의 한부분이라고 규정할 수 있을 것이다.

II 스포츠맨십 연구 동향

스포츠 참여와 도덕성 및 스포츠맨십과 관련된 연구는 오랫동안 스포츠 연구자들의 관심이었다. 그동안의 연구 결과들을 요약해 보면 스포츠 참여가 도덕성 및 스포츠맨십 발달에 긍정적 영향을 미친다는 연구와 오히려 부정적 영향을 미친다는 연구로 크게 구별할 수 있다. 이 장에서는 기존의 선행연구 결과들을 살펴봄으로써 그동안의 연구 동향을 이해함과 동시에 스포츠 활동 참여가 도덕성 및 스포츠맨십 개발에 기여할 수 있는지에 대한 가능성과 논리적 근거를 탐색하고자 한다.

스포츠 참여가 인간의 인성 및 도덕성, 스포츠맨십 발달에 긍정적 영향을 미칠 것이라는 기대에도 불구하고 실제의 연구 결과는 반대의 결과들 즉, 부정적 영향에 대해 소개하고 있다. 이러한 연구 결과들을 종합하면 스포츠는 참여 기간과 경쟁 수준 등에 따라 참여자들에게 서로 다른 영향을 미친다는 것이다. 일반적으로 참여 기간이 길수록, 경쟁 수준이 높을수록 비스포츠맨십 행동을 유발하는 경향이 강함을 보고하고 있다. 초등학교와 중학교 운동선수를 중심으로 스포츠맨십과 참가기간 사이에 부정적 관련이 있음을 주장한 Potter & Wandzilak(1981)의 연구와, 참가기간이 증가할수록 승리에 대한 집착이 강한 반면, 공정하게 경기에 참여하는 경향이 감소하며, 규칙위반 행동도 증가한다는 Blair(1985)의 연구는 참여 기간과 관련된 대표적 연구 사례이다.

또한, 경쟁 수준과 관련되어서는 높은 수준의 경쟁적 스포츠에 참여한 선수들의 규칙 위반 행동이 더욱 빈번하게 나타났는데(Allison, 1982; Silva, 1983), 이러한 결과는 대교 경기 선수들과 비 선수들 간에서도 유사하게 나타났다(Beller & Stoll, 1992). 또한, Promoli(1982)는 대학 농구 선수와 레크리에이션 활동으로 농구를 좋아하는 사람 간에 운동 중 속임수에 대한 생각에 어떠한 차이가 있는지를 연구하였다. 연구 결과 농구를 좋아하는 사람 70%가 속임수에 대해 반감을 표시하였고, 대학 선수 72%가 속임수에 호감을 표시하였다(박종률, 2002 재인용). 또한 Hahm 등(1989)은 한국과 미국의 대학생들의 도덕적 인성을 연구한 결과, 운동선수, 체육전공학생, 일반학생 순으로 도덕적 인성 점수가 낮게 나타남을 주장했다. 이러한 결과는 도덕판단력검사(DIT)로 개인의 도덕발달 정도를 측정한 결과 단체종목의 운동선수가 일반인에 비해 낮게 나타났다는 Beller & Stoll(1992)의 연구결과와 비운동선수들이 운동선수보다 도덕적 인성에 있어서 더 높은 점수를 나타낸다는 Rudd(1998)와 최영준(2000)의 연구에서도 유사점을 발견할 수 있었다(문익수, 2001 재인용).

또한 콜버그가 제시한 도덕적 추론 능력과 도덕성과의 관련성을 토대로 Bredemier & Shield(1986)는 운동 선수들이 같은 연령층의 일반 학생보다 도덕적 인성 및 사회적 인성에 대한 도덕적 추론 능력이 열등하다고 주장하였다. 이후 Bredemeier, Weiss, Shield, & Cooper(1986)는 4-7학년 어린이들의 스포츠 참여 및 관심과 도덕적 추론 능력 그리고 공격 성향의 관계를 조사한 결과 접촉이 많은 스포츠에 참여하는 소년과 소녀들은 스포츠에의 참여 정도와 관심이 높을수록 도덕적 추론 능력이 미숙하고 공격적 성향이 높았음을 보고하고 있다. 이 연구와 Bredemeier & Shield(1986)의 연구는 우리에게 스포츠 참여와 도덕적 변인의 관계를 중재하는 요소는 다른 무엇보다도 스포츠 종목의 구조적 특성일 수 있을 것이라는 중요한 시사를 주고 있다(김성옥, 2001 재인용).

이상으로 참여기간과 경쟁수준이 스포츠맨십 발달에 부정적 영향을 미치는 연구들을 살펴보았다. 참여기간이 길수록, 경쟁 수준이 높을수록 또한 우수한 운동선수에게서 스포츠맨십 태도의 부정적 경향이 더 많이 발현됨을 발견할 수 있었다. 그렇다면 스포츠 활동 참여는 스포츠맨십 형성에 부정적 영향만 미치는 것일까?

스포츠 참여가 스포츠맨십 형성에 부정적 영향을 미친다는 연구와 다르게 긍정적 효과를 주장하는 연구 결과도 많다. 이러한 연구를 개괄적으로 살펴보면, 초등 학생을 상대로 도덕 발달 프로그램을 실험한 Romance(1984)는 스포츠 참여가 도덕 발달에 긍정적인 영향을 미친다고 주장하였으며, 최영준(2000)의 연구에서도 사회적 인성의 경우 운동선수가 체육전공학생보다 높고, 체육전공학생이 일반학생보다 높게 나타났다(문익수, 2001 재인용). 초등학교 학생을 대상으로 스포츠맨십 교육 과정 처치의 효과를 검사한 Sharpe, Brown & Crider(1995)는 '스포츠 참여를 통한 사회적 교육과정이 갈등 해결력과 리더십 행동을 증가시킨 반면, 비과제 행동은 감소하였다'고 주장하였다. Romance, Weiss, & Bockoven(1986)도 초등학교 5학년 2학급을 통제, 실험 집단으로 구성하여 스포츠맨십 프로그램의 효과를 검사하기 위한 연구를 수행하였다. 두 집단 모두 8주 동안 체육 수업을 받았고 실험 집단은 도덕 추론을 향상시키기 위해 도덕성 교수 전략을 학습하였다. 두 집단 간 사전 검사와 동질성 검사 결과 동일함이 밝혀졌다. 사후 검사 결과 실험 집단 간 도덕적 추론 면에서 유의한 차이가 있음이 밝혀졌다. 또한 실험 집단 내 사전 사후 검사 자료에 유의한 차이가 있음이 밝혀졌다. 그러나 통제 집단 내 사전 사후 검사에는 유의한 차이가 없었다(박종률, 2002 재인용). 또한, Hellison과 그의 동료들(1990)은 청소년들의 자아조절, 타인의 권리 존중, 친사회적 행동들을 기르는데 체육프로그램이 유용하다고 주장하였다. Bredemeier, Weiss, Shield & Shewchuk(1986)는 6주 동안 스포츠 캠프에 참여한 5-7세 아동들을 대상으로 스포츠 활동의 도덕성 발달에 대한 영향을 검증하기 위한 현장실험을 하였다. 어린이들은 도덕 발달 이론에 따라 통제집단을 포함한 세 집단으로 나뉘어 세 집단 모두가 프로그램에 참여하는 동안 정당한 경기, 서로 나누기, 언어적 신체적 공격, 옳고 그름 등과 같은 도덕적 주제를 가지고 공부를 하였다. 세 집단 중 한 집단을 교사나 동료들이 시범을 보인 친 사회적 행동을 했을 때 강화를 받는 사회학습 집단이었고, 다른 한 집단은 교사가 수업에서 어린이들 간에 도덕적 곤경이 일어날 때 도덕적 토론을 유도하는 인지론적 발달 집단이었으며 나머지 한 집단은 교사가 지시하는 규칙에 따르는 전통적인 체육학습 방법으로 지도하는 통제 집단이었다. 그 결과 사회적 학습 집단과 인지론적 발달 집단은 도덕적 추론 능력이 의미 있게 발달하였으나 통제 집단은 변화가 없었다(김성옥, 2001 재인용). 이 밖에도 많은 연구자(Sabock, 1985; Carr, 1998)들이 도덕성을 개발하기 위해 운동 경기를 활용해야 한다는 생각을 지지하였다.

　이상으로 스포츠 활동과 스포츠맨십과 관련된 연구들을 조망해 보았다. 스포츠 참여가 부정적 영향을 미친다는 연구와 긍정적 영향을 미친다는 연구로 구별됨을 발견할 수 있었다. 이와 같은 결과의 차이가 왜 나타나는 것일까? 이에 대한 해답은 위에 제시된 선행연구의 결과에서 유추해 낼 수 있을 것이다. 스포츠는 승리추구를 목적으로 하고 이에 따른 경쟁성을 특성으로 한다. 때문에 아무런 교육적 조치 없이 스포츠에 참여하면 비스포츠맨십적 가치를 묵시적으로 학습하게 될 수 있다. 반면에 이러한 스포츠 속성을 이해하고 교육적, 도덕적 처치를 가미한 상황에서의 스포츠 활동 참여는 맹목적 승리추구와 과도한 경쟁성을 배제시키고 스포츠맨십의 가치를 학습할 가능성을 확대시킨다.

상기에 제시된 부정적, 긍정적 영향을 미친 연구들의 차이는 바로 이러한 스포츠 활동에 있어서의 교육적, 도덕적 처치의 개입 여부와 연관되어지고 있음을 짐작할 수 있다. 실제로 스포츠 활동 참여가 도덕성 및 스포츠맨십 발달에 도움을 준다는 상기의 연구들은 단순한 스포츠 참여 활동이 아닌 교육적 처치, 즉 스포츠맨십을 발달시키기 위한 나름의 전략들을 사용하고 있었다. 이러한 연구들은 긍정적 결과를 도출하기 위해 상황에 맞게 스포츠 참여 활동과 관련된 교육 프로그램을 적용하고 있었다.

이러한 전략으로는 Giebink & McKenzie(1985)의 경우 교수법과 칭찬, 모델링, 점수 제도를 제안하면서 스포츠 종목 별 개별적 전략으로 재구성하여 사용할 것을 주장하였다. Horrocks(1977)은 경쟁 스포츠 활동에 관한 이야기를 중심으로 도덕적 딜레마를 구성하여 개방적이고 자극적인 대화를 제공해야 하며, 시합 상황에서 스포츠맨십 행동을 평가하기 위해 스포츠맨십 점수를 기록하여 활용할 것을 강조하였다. Gibbons, Ebbeck, & Weiss(1995)는 Fair Play for Kids 매뉴얼에서 선별한 활동을 통해 초등학생의 도덕성 성장을 촉진하기 위한 교육적 활동을 모색하였고, Martens(1976)는 부모, 팀 동료, 코치들이 해당 선수들에 대한 도덕적 행동에 대한 역할 기대와 함께 스스로 모델이 될 것을 역설하였다. 또한 Meakin (1981)은 스포츠 활동 참여에 대해 도덕적 관점에서 대화와 반성적 사고를 지녀야 하며, 긍정적 강화 활동으로서 칭찬이나 상을 활용하는 방안, 타인의 입장을 이해하고 존중하도록 가르쳐져야 하는 등 보다 광범위한 도덕적 원리가 스포츠 지도 과정에 적용되어야 한다고 제안하였다(박종률, 2002 재인용).

이상의 논의를 통해 스포츠 활동 지도에 있어서의 방법적 차이가 스포츠맨십 학습 차이의 중요한 요인으로 작용하고 있음을 짐작할 수 있었다. 이러한 가능성에 대한 공감으로 최근 스포츠학자들은 스포츠 상황에서 도덕성의 표상인 스포츠맨십이 단순히 스포츠나 신체활동 참가를 통해 자동적으로 발달하는 것이 아니라 체계적인 프로그램에 의하여 가르쳐져야 함에 동의하고 있다(Weinberg & Gould, 1995). 즉, 스포츠맨십은 특정 개인과 집단의 문화적 태도, 가치, 규범 그리고 개인의 도덕 발달 단계를 고려한 체계적인 프로그램을 통해 학습되고 증진될 수 있음(김성옥, 2001)이 현실성 있는 주장으로 제기되고 있다. 이러한 주장은 결국 체육수업을 통한 스포츠맨십 함양의 가능성에 대한 긍정적 인식으로서, 스포츠맨십에 대한 체계적인 접근과 교수 전략 개발의 당위와 근거로서 체육 수업 현장에 적용되어야 할 것이다.

VI 스포츠맨십 발달 체육 교수 전략

이 장에서는 기존의 도덕성 개발 이론과 스포츠 활동을 통한 도덕성 개발 선행연구를 토대로 체육수업에서 도덕성을 개발시킬 수 있는 구체적 전략에 대해 탐색해 보는 것이다. 그 탐색의 이론적 근거로는 사회 학습 이론, 인지 발달 이론, 정신 분석이론, 각성 이론을 토대로 삼았다. 이들 각각의 이론들은 도덕성 발달을 위한 나름의 교수 원리와 전략들을 함축하고 있고, 이미 기존의 선행 연구에서 의미와 효과가 검증 및 비판되어져 왔다. 그러므로 이들 이론들이 내포하고 있는 교수 원리와 교수 전략 중에서 현실의 체육 수업 구조와 환경에 적합하리라고 판단되는 도덕성 발달 원리들을 추출하여 스포츠맨십 발달을 위한 구체적 교수 전략으로 개발하고자 시도하였다.

1. 상과 벌

상과 벌은 일반적인 발달 이론에 행동주의 학습 이론을 적용시킨 사회 학습 이론에 근거를 두고 있다. 사회학습 이론은 특정 행동은 보상과 처벌 또는 상황에 의해 형성된다고 주장하는 이론이다. 도덕성 발달 또한 규범이나 정보의 축적과정으로 여기며, 상벌의 기초 위에서 학습되는 특별한 행동이나 진보라고 인식한다

(Maccoby, 1968). 타인의 도덕적 행동이 보상을 받고 부도덕한 행동은 벌을 받는 것을 관찰함으로써 도덕적 행동의 강화와 부도덕한 행동이 줄어든다고 주장한다. 이러한 사회 학습 이론의 주장은 체육 수업에서 스포츠맨십 발달을 위해 상과 벌이 유용한 전략으로 활용될 수 있음을 시사한다.

체육교과는 도덕적 행동이 교육의 목표로 요구되어지고, 실제로 타 교과와 달리 도덕적 행동의 관찰이 용이하기 때문에 행동에 대한 보상과 제재를 효과적으로 실시할 수 있다. 또한 스포츠맨십 행동에 대한 의도적 보상을 유도할 수 있는 수업운영을 계획하기가 용이하다(박종률, 2002). 이러한 체육교과의 특성을 감안해 볼 때 상과 벌은 학생들의 도덕성을 자극하고 강화시킬 수 있는 유용한 전략이 될 수 있다(Meakin, 1981). 이러한 상벌의 원리는 칭찬, 스포츠맨십 점수 부여, 제재 및 감점 등과 같은 체육수업 전략으로 구체화될 수 있다.

칭찬은 학습자에게 긍정적 동기를 유발시키고, 학습 내용에 대한 흥미를 높여준다. 또한 학습자는 칭찬 받은 행동에 대해 무의식적으로 강화되어 유사한 상황에서 같은 방식의 행동을 취할 수 있는 행동의 경향성을 높여준다. 이러한 칭찬에 대해 Meakin(1981)은 도덕적 결심을 행동으로 옮기는데 상당한 영향을 줄 수 있다고 주장하였다. 그러므로 학생들의 스포츠맨십 행동에 대해 강화의 효과를 높이기 위해 언어적, 행동적 칭찬을 제공하는 것은 스포츠맨십 발달을 위한 유용한 전략이 될 수 있다(Giebink & McKenzie, 1985).

칭찬은 대상의 특성과 내용에 따라 적합한 방식으로 제공되어야 할 것이다. 특히 스포츠맨십의 행위에 대해서는 겉으로 나타난 외현적 행동과 결과 뿐 만 아니라 행동 발현의 의도나 동기, 과정 등과 같은 행위자의 내면적 측면에까지 확대하여 적용해야 한다. 아울러 칭찬은 공개된 자리에서 행함으로써 칭찬 사례에 대한 의미를 공유시키는 것이 효과적일 것이다. 예컨대 테니스 수업 후 학생들은 공 줍기를 귀찮아하거나 싫어한다. 그러나 특정 학생은 매시간 열심히 공을 줍는 학생이 있다. 그런 학생의 행동에 대해 교사가 '너 참 착하구나'라는 일반적이고 개인적 칭찬에 그친다면 그 칭찬의 효력은 극히 제한될 것이다. 그보다는 공개된 자리에서 '많은 학생들이 공줍기가 귀찮아 그늘에 앉아 쉬고 있는데 성민이 학생이 매시간 솔선수범하는 것을 보았는데, 그런 행동은 비록 작은 노력이지만 쉽게 행하기 어려운 참으로 훌륭한 실천이고 학급에 대한 봉사라고 생각한다. 박수!'와 같이 유도한다면 그 칭찬의 효력은 한 학생에게서 전체학급으로 범위를 넓히고, 그 학생에게도 '착하다'란 선악의 포괄적 가치에서 '봉사'란 구체적이고 실천적 가치를 추가로 인식시키는 효과를 제공할 수 있을 것이다. 이러한 과정을 통해 학생들에게 칭찬받는 행위에 대한 의미를 다시 한번 상기시키고 심리적 강화를 유도하는 것이 무엇보다 중요할 것이다. 이러한 상황은 어찌보면 유치하게 보여 그 효과에 대해서도 의문을 제기할 수 있다. 그러나 실제의 체육수업에서는 그런 유사한 상황이 빈번하기에 교사가 분명한 목표의식을 가지고 적절히 활용하면 아주 쉽게 큰 효과를 얻을 수 있는 전략이라 생각한다.

상벌의 두 번째 전략은 수업참여 중 스포츠맨십 행동*에 대해 일정한 점수를 부여하는 방식이다. 이러한 전략을 위해 교사는 스포츠맨십 행동에 대해 이미 사전에 학생들에게 공개하여 명확히 인식시켜야 한다. 그리고 교사의 관찰이나 동료학생들의 추천을 받아 수업 중 발생하는 스포츠맨십 행동에 대해 점수로 보상한다. 또한 개인적으로 평가하거나 집단적으로 평가하여 학기 말이나 시즌의 말에 최우수 스포츠맨십 선수나 집단을 선발하는 방식으로 확대 적용할 수 있다. 이러한 스포츠맨십 행동 평가 점수는 학생들에게 초기 스포츠맨십 행동 학습에 유효하게 작용하며(박종률, 2002; Giebink & McKenzie, 1985), 스포츠를 통해 도덕적 행동과 도덕적 지각을 증진시킬 수 있을 것이다(Horrockc, 1977). 아울러 점수 부여 행동에 대해서는 일관된 기준을 적용하고 해당 사례는 공개하여 사례 행동과 스포츠맨십과의 도덕적 연관성에 대한 의미를 확대시켜 주어야 한다.

체육 수업에서 스포츠맨십 점수의 적용 실례로는 태도 평가에 반영되는 점수를 활용하는 방법을 제시할 수 있다. 대체로 체육교

---

* 이 글에서는 체육수업 중 발현되는 학생들의 윤리적 성향 즉, 공정성, 규칙준수, 경기결과에 대한 승인, 최선, 예의, 존중, 봉사, 솔선수범, 협동심, 인내심 등을 총칭한다.

사들은 태도 평가에 반영되는 점수 10점 만점에서 부정적 행동에 감점제를 적용하는 경우가 많다. 이럴 경우 아이들은 자신의 행동에 대한 반성보다는 그 감점에 아쉬워하고 불만을 갖는 경우가 많다. 특히 학생 개인의 성향에 따라 감점은 대단히 예민한 반응을 유발시키고 반면에 실업계 고등학교의 경우는 효과가 미비한 경우도 있다. 그러나 7점이나 8점을 기본점수로 제공하고 나머지 점수는 스포츠맨십 행동에 의해 취득하는 것으로 운영하면서 잦은 관찰과 기록, 동료들의 추천을 통해 점수를 부여하면, 긍정적 수업 분위기 조성과 함께 스포츠맨십 행동도 적극 장려할 수 있을 것으로 기대된다.

세 번째 전략은 제재 및 감점제의 활용이다. 교사는 학생의 비스포츠맨십 행동을 끊임없이 감시하고 부정적 강화를 제공해야 한다(Clifford & Feezell, 1997). 이러한 방법으로 눈짓, 표정, 간단한 동작 등과 같은 행동적 방법과 가벼운 지적에서부터 꾸지람, 체벌 등까지 다양하게 활용할 수 있다. 그리고 학생들과 사전 약속한 감점 대상 행동에 대해서는 태도 평가에 반영한다. 아울러 지적된 학생에게는 행동의 불합리와 잘못됨에 대해 개별적으로 깨우쳐 주고 결과에 대해 수용하게 해야 한다. 이러한 감점제의 활용은 벌을 피하고 사회적으로 인정받는 행위를 함으로써 자기 만족을 얻으려는 동기가 개인으로 하여금 도덕적 행위를 발현시킨다는 Bandura (1969)의 주장과 상통한다.

이와 같이 스포츠맨십 행동을 강화하기 위한 상벌의 여러 전략들을 살펴보았다. 이러한 상벌의 원리는 적용하는 대상의 발달 특성과 성향, 그리고 주변의 상황을 고려해서 적용해야 그 효과를 볼 수 있을 것이다. 어린아이들은 이런 상벌의 효과가 인식의 개선과 행동 수정에 효력을 발휘할 수 있는 반면, 중고등학교 학생들에게는 효과는 커녕 웃음거리나 조잡한 간섭으로 전락될 수도 있을 것이다. 그러므로 교사는 이러한 전략의 적용에 세심한 준비와 노력을 기울여야 할 것이며, 학생과의 사전 충분한 공감과 신뢰가 전제되어야 전략으로서의 효용성을 보장받을 수 있을 것이다. 아울러 이러한 상벌제가 학생들의 행동에 대한 유치한 간섭이나 불필요한 통제가 아니라 부지불식간에 나타나는 비도덕적 행동 개선을 위한 선생님의 의도적이고 계획적인 노력이요, 교육적 지도임을 인식시켜야 할 것이다.

2. 추론

추론은 개인의 도덕적 판단 능력은 단계 별로 발전되어지고 이러한 도덕적 판단 능력이 결국 개인의 도덕적 행동을 결정짓는다는 Kohlberg(1978)의 도덕성 발달 이론에 근거한다. 콜버그는 도덕성 발달의 인지구조는 문화의 차이와 상관없이 일정하며, 개인은 옳고 그름에 대한 지속적인 판단 변화 과정, 즉 도덕적 추론과정을 통해서 도덕성이 함양된다고 역설하였다. 그의 주장대로라면 도덕적 갈등 상황에 대한 도덕적 판단 능력을 높이면 도덕적 행동을 행할 가능성도 높아진다는 것이며, 이러한 판단 능력의 배양에 추론이 유용하다는 것이다. 이러한 주장은 '도덕적 추론 능력이 낮을수록 위험한 공격 행동을 정당한 것이라 판단하며 공격적 성향이 강하다'라는 Bredemeier, Weiss, Shield & Cooper(1986)의 연구에서도 확인할 수 있었다.

이러한 도덕성 발달 이론에 근거해 볼 때 추론은 체육 수업 내 스포츠맨십 발달의 구체적 전략으로 활용할 수 있을 것이다. 체육은 다양한 스포츠를 가르친다. 이러한 스포츠 활동에는 필연적으로 승리와 패배, 그리고 경쟁과 스포츠맨십 발휘란 상충되는 가치가 연루되어 있다. 바로 이러한 상충되는 가치로 인해 체육은 다른 여타의 과목에 비해 도덕적 갈등 상황이 수업 활동 중에 자연스럽게 연출된다. 체육수업 중에 발생한 갈등 상황은 실제 학생들의 직접적 참여 과정에서 생긴 상황이라 참여자들의 공감과 체험적 이해를 지니게 된다. 교실 수업에서의 인지적 이해를 통한 도덕적 갈등 상황과는 사뭇 다른 실제적이고 생생한 이해가 전제된다. 이러한 학생들의 직접적인 활동과 연관된 갈등 상황에 대한 추론을 유도하는 것은 갈등 상황에 대해 호기심을 유발시킬 뿐만 아니라 보다 능동적으로 참여시킬 여지가 많다. 또한 그러한 추론 과정을 거쳐 학생들의 도덕적 판단 능력도 변화가 수반될 것이며 이러한 변화는 스포츠맨십에 대한 가치 인식과 행동의 변화까지도 영향을 미칠 것으로 기대된다. 그러므로 체육수업 중에 발생한 사건이나 스포츠 현상 중 도덕적 상황에 대한 인지갈등을 경험시키는 것이 무엇보다 중요할 것이다(Horrocks, 1977).

또한 추론의 수준은 Horrocks의 도덕 추론 발달 모형의 제2수준인 인습 수준 이상에서 인지적 갈등을 경험시켜야 도덕적 추론 발달이 가능하다(Turiel, 1966; Rest, 1979; Kohlberg & Turiel, 1971; Grimes, 1974; Blatt & Kohlberg, 1975; Beyer, 1978). 이러한 원리는 Kohlberg(1978)의 도덕성 발달 이론에서도 확인할 수 있다. 즉 추론의 수준이 인습 이전의 상과 벌이나 단순한 기대, 수단적 목적 지향에서 벗어나 인습 수준 이상의 대인 및 사회정의, 양심 차원의 도덕적 기준에 까지 발전되어야 한다는 것이다.

이러한 추론의 원리를 토대로 체육수업 중 활용 가능한 구체적 전략으로는 사례형 추론과 과제형 추론으로 구분하여 적용할 수 있을 것이다. 사례형 추론은 체육수업 중 발생한 도덕적, 비도덕적 상황을 선정하여 학생들에게 제시한 후, 행동에 대한 평가와 비판을 자발적으로 유도하여 행동의 도덕적 의미를 탐색하게 하는 전략이다. 사례형 추론의 주제는 체육수업 시간에 일어날 수 있고, 누구나 공감할 수 있으며, 도덕적 이슈를 지니고 있어야 한다. 이러한 사례에 대해 학생들은 자신의 수업 참여 속에서 발생한 사건이기에 관심과 흥미를 나타낸다. 때문에 비교적 쉽게 사례에 공감하며, 사례로 제시된 행동 특성을 지닌 학생들은 즉각적인 반성을 수반한다(박종률, 2002). 이러한 사례형 추론은 수업 정리 단계에 4-5분정도 제시하는 것이 효율적일 것이며(Romance, T. et al., 1986), 경우에 따라 도입활동으로서 이전 시간의 사례를 제시할 수도 있을 것이다.

사례형 추론의 예

➲ 선호는 축구 경기 중 매번 공격수만 하는데 이것에 대해 어떻게 생각하는가?
➲ 조별 리그전 중 기능이 낮은 성민이를 계속 후보 선수로 편성해 이긴 승리는 어떠한 의미가 있을까?(선생님이 전체 학생이 골고루 참여할 것을 권장한 상태임)
➲ 이전 시간에 기능이 낮은 학생에게 욕설이나 무시를 하며 은근히 부담을 주는 학생들을 봤는데 어떻게 생각하는가?
➲ 체력장 1600m 검사 중 8바퀴를 뛰지 않고 7바퀴를 뛰고 들어오는 사람이 있는데 일부러 그렇게 했다고 생각하는가 아니면 모르고 그랬다고 생각하는가? 그 기록을 어떻게 처리해야 하는가?

이에 비해 과제형 추론은 스포츠 장면에서 발생하는 가설적인 도덕적 딜레마 상황을 구안하여 적용하는 것이다. 이러한 적용은 실제로 각급 학교에서 활발하게 이루어져 왔다(Lange, 1975; Kohlberg, 1978). 강신복(1999)은 가설적인 도덕적 딜레마는 스포츠 현상에 대한 도덕적 쟁점들을 토론하고 이해하는데 성공적으로 활용될 수 있다고 주장하였다. 과제형 추론은 교사들이 미리 준비하여 과제형태로 제시한 후 동일한 추론 내용에 대해 수업의 도입 단계에서 집단 토론하거나 교실 수업에서 몇 과제에 대해 심층 토론을 하는 형태로 운영할 수 있을 것이다. 이러한 추론 과제를 통해 학습자로 하여금 상황 별 윤리적 갈등과 혼돈을 경험시키고 도덕적 선택을 강요함으로써 도덕적 판단 능력을 발달시키도록 유도해야 할 것이다(남궁달화, 1999).

과제형 추론의 예

찬세는 우리 반에서 마라톤과 농구를 가장 잘 하는 학생이다. 금번 체육 대회 때 찬세는 한사람이 한 종목에 참가하는 조건 때문에 농구 선수로 출전하였지만 준결승에서 졌다. 다음날 마라톤 시합에 찬세는 마라톤 선수인 일도를 불러 내가 대신 뛸테니 비밀로 해달라고 당부한 후 출전하여 우승을 하였다. 그러나 그는 1인 1종목 출전이라는 조건을 지키지 않았다.
  1) 찬세의 행동에 대해 정당하다고 생각하는가? 그 이유는?
  2) 다른 반에도 부정 선수가 많다고 한다면 찬세의 행동은 정당화 될 수 있는 것인가? 그 이유는?
  3) 다른 반에서 찬세의 부정 출전을 모른다면 그 승리는 가치가 있는 것인가? 그 이유는?
  4) 만약 다른 반에서 부정출전을 알아 이의를 제기할 때 어떻게 대처할 것인가?
  5) 운동경기에서 규칙은 왜 있어야 한다고 생각합니까?

추론의 과정에 있어 교사의 역할은 학생들의 도덕적 추론 능력을 향상시킬 수 있도록 토론의 방향과 진행을 안내해 주고 조언해 주어야 한다. 학생들을 갈등 상황에 노출시킴으로써 인지적 불균형을 유발시켜 도덕적 사고유형의 발달을 촉진해야 한다. 아울러 Kohlberg(1978)의 후인습적 수준의 지향점인 보편타당한 가치(공정성, 평등성, 정의 등) 그리고 도덕적 원칙에 근간을 두고 토론의 방향을 안내해야 할 것이다. 블래트 효과(blatt effect)로 표현되는 도덕적 판단 발달 단계의 상향적 이동을 도와주어야 한다(남궁달화, 1999). 이러한 추론의 진행을 위해서는 교사 스스로가 도덕성 발달 이론의 이해와 구체적 실행 전략에 대한 나름의 연습이 선행되어야 할 것이다. 체육 시간 내 추론은 학생들의 기존 경험에 비추어 낯설을 뿐더러 유쾌한 내용도 아닐 것이다. 그러므로 학습자들의 흥미와 기대, 수준을 고려하여 적절한 운영이 무엇보다 중요할 것으로 사료된다. 특히, 추론은 일정수준 토론의 형식을 띠기 때문에 시간과 공간의 설정이 중요하다. 교실이나 운동장, 수업 초나 종료와 같은 상황적 조건에 대한 배려도 추론 내용에 따라 적절하게 구안해야 할 것이다. 아울러 학생들이 추론과정에 대한 경험이 없기에 피동적, 소극적으로 참여할 수 있을 것이다. 때문에 학생들이 추론과정에 흥미와 호기심을 느끼고 진지한 참여를 위한 동기유발책과 관리기법도 적용해야 할 것이다.

3. 모델화 및 역할 경험

모델화는 사회학습이론에 근거하고 있다. Bandura & Walters(1963)에 의하면 어린이들은 기존의 규범이나 문화적 규범을 모델화에 의하여 내면화시킨다고 주장한다. Aronfreed(1968) 또한 모델화는 개인이 다른 사람의 행동을 모방할 때 일어나는 경험으로서 같은 나이의 사람이나 선생님 그리고 지도자와 같은 중요한 다른 사람들의 도덕적 행동을 모델로 삼는다고 역설하였다. 이와 유사하게 정신분석학 이론에서는 원자아의 충동과 욕구 충족을 억제하는 초자아의 발달을 도덕성의 발달로 간주한다(Freud, 1923).

초자아는 부모와의 동일시 과정을 통해 부모의 가치와 신념, 문화적 규범들이 내면화되는 과정을 통해 발달되어진다. 뿐만 아니라 차행자(1989)는 초자아의 발달은 부모, 교사, 학교와 같이 아동들에게 즉시적 영향을 주는 권위자의 행동, 말, 태도 등에 의해서도 이루어진다고 주장하였다. 이와 같은 이론에 기초해 볼 때 체육교과를 통해 스포츠맨십 발달을 유도할 수 있는 모델화 전략으로서 지도교사, 학생, 스포츠 스타의 활용과, 다양한 역할 경험을 통해 주요 타자의 역할을 이해하게 하는 전략을 적용할 수 있을 것이다.

모델화 전략으로서 지도교사의 역할을 참으로 중요하다(Carr, 1998; Martens, 1976). Weinberg & Gould(2003)는 체육교사, 코치와 운동지도자들은 인성과 행동발달에 좋은 영향을 줄 수 있는 위치에 있다고 하였다. 그러므로 체육교사는 학생들에게 기대되는 도덕적 행동에 대해 철두철미하게 모범적 행동을 보이도록 노력해야 한다(Clifford & Feezell, 1997). 수업 중 교사의 행동과 언어사용, 가치표현은 학생들에게 직접적이며 강한 메시지를 전달하기 때문이다. 이러한 교사의 모델화 행동에는 직접적으로 스포츠맨십 행동의 준수, 시간엄수, 일관된 행동, 바른 언어사용, 수업의 성실성, 학생과의 약속 지키기 등 일상의 교수활동 등이 포함될 것이다. 특히 교사는 스포츠맨십 모델로서의 역할을 보임으로써 학생들에게 스포츠맨십 가치와 중요성을 강조하는데 따른 합리성도 확보할 수 있을 것이다.

두 번째 모델화 전략은 수업 중 가장 뛰어난 스포츠맨십 행동을 보인 학생을 선발하여 학생 모델로 활용하는 방법이다. 이때 선발 이유를 공개하여 행동의 도덕적 의미를 전달하고, 심리적 모방성을 합리적으로 유도하는 것이 중요하다. 아울러 선발된 학생에게는 칭찬과 박수 그리고 가산점을 부여하여 심리적 강화를 촉진시킨다. 학생 모델은 자주 선발하면 의미가 퇴색되기 때문에 간헐적으로 활용하는 것이 좋을 것이다.

마지막 모델화 전략은 TV나 매스컴을 통해 알려진 스포츠 스타 중에서 페어플레이 행동이나 스포츠맨십 사례의 주인공을 소개하는 방법이다. 이때 학생들의 관심과 흥미의 대상을 모델로 선정하면 더욱 효과적이다. 그리고 토론의 과정을 통해 스포츠 스타들의 행한 행동의 도덕적 의미와 가치, 고귀함을 토론하게 하여 학생들로 하여금 심리적 동일시를 경험하게 유도한다. 반대로 스포츠 장면 중 비스포츠맨십 행동의 주인공을 소개하여 행동의 비도덕성에 대한 인식과 도덕적 경계심을 유발시킨다. 이러한 활동은 수업 중 의도적, 주기적으로 제공하며, 스포츠맨십 행동에 대한 도덕적 분별력을 길러줄 수 있도록 유도한다. 이러한 스타 모델화 전략을 위해 교사는 학생들의 흥미와 관심을 이해하고 신문이나 인터넷을 검색하여 필요한 자료를 수시로 스크랩해 놓고 활용하는 자세가 필요할 것이다.

스포츠 스타 사례

태권도 우정

2000년 시드니 올림픽 미국 대표 선발전에서 미국인을 감동시킨 두 태권도 주인공이 있었다. 미국 휴스턴에서 태권도 도장을 운영하는 김진원씨의 딸 에스더 김(20)과 동료인 케이 포(19)가 그들이다. 이들은 김진원씨 도장에서 함께 태권도를 시작한 13년 친구였다. 그리고 시드니 올림픽 태권도 대표 선발전 -47kg급 결승에서 함께 맞부딪쳤다. 그러나 준결승 경기 중 무릎을 다친 케이 포가 무릎 통증으로 경기를 할 수 없어 막 기권하려는 순간 에스더는 흰 수건을 던져 먼저 기권을 했다. 함께 운동을 해서 케이 포의 실력이 자신보다 앞선다는 것을 누구보다도 잘 알고 있는 에스더. 그리고 순간의 무릎 부상으로 케이 포의 실력이 사장당하는 것을 우려했던 에스더의 감동적인 눈물의 양보였다. 에스더는 올림픽 출전 티켓보다도 이미 세계 대회를 세 차례나 석권한 케이 포와의 우정을 더 소중하게 여긴 것이다. 그리고 시드니에 가서 에스더는 자신이 양보한 케이 포의 경기를 내내 응원하는 진정한 우정을 보여 주었다. 피겨 스케이팅 올림픽 출전권을 놓고 청부 폭력 사태까지 빚었던 낸시 캐리건과 토냐 하딩의 관계와 비교하면 이들의 우정은 오래도록 귀감이 되는 멋진 스포츠맨십이라 할 수 있을 것이다.

타이슨의 비도덕성

마이크 타이슨에게는 듣기만 해도 무시무시한 핵주먹이란 별명이 붙는다. 그는 이러한 가공할 만한 펀치력으로 헤비급 사상 최연소 챔피언이 되었으며, 펀치력 못지않게 기량과 파이팅도 뛰어나 헤비급의 다른 랭킹 복서들을 하위 체급으로 달아나게 했다. 1966년 미국에서 출생한 타이슨은 빈민가 출신답게 어렸을 때부터 천부적인 싸움 실력을 발휘했다. 85년 헤비급을 완전히 자신의 휘하에 쓸어 넣는데 불과 2년밖에 걸리지 않았다. 그후 8차 방어전까지 그에게는 마땅한 적수가 없었다. 그러나 그는 이러한 뛰어난 복싱 실력에 비해 생활 자세는 형편없이 일그러진 패자의 모습이었다. 그는 사생활이 너무나 문란하였고 자제력이 결핍되어 있었다. 그리하여 미스 아메리카 출신 미녀를 성폭행하여 수감 생활을 하였으며, 에반더 홀리필드와의 경기에서는 시종 치고 빠지는 전술로 타이슨을 괴롭히는 챔피언 홀리필드의 귀를 물어뜯어 1년 동안 선수 자격이 박탈되었다. 또한 경기 종료 후에도 가격하여 관중으로부터 심한 야유와 멸시를 받는 경우가 많았다. 이와 같이 그의 경기에 임하는 자세와 행동은 비스포츠맨십의 절정에 달한다. 그리하여 팬들은 그를 단지 선수라기보다는 싸움꾼, 망나니로 인식하며 그의 복서로서의 세기적 능력에도 불구하고 그를 참된, 훌륭한 선수라고 인정하기를 거부한다.

다양한 역할 경험의 전략은 학생들로 하여금 경기 중 팀 감독이나 심판의 역할, 그리고 수업 중 페어플레이 및 스포츠맨십을 가장 잘 발휘한 사람을 선정하는 스포츠맨십 행동 평가자 역할을 체험시킨다. 이러한 다양한 역할의 체험은 서로 다른 입장과 견해에서 역할을 인식하여 스포츠맨십 행동의 의미와 가치를 객관적으로 이해시키고 실천의 중요성을 깨닫게 할 수 있을 것이다. Kohlberg 역시 이러한 역할 경험이 다른 사람의 입장이나 관점을 경험함으로써 인지 갈등을 초래시켜 도덕성 발달을 자극시킬 수 있다고 보았다(남궁달화, 1999). 특히 스포츠맨십 행동 평가자 역할은 학생들로 하여금 스포츠맨십이란 개념과 가치를 숙고하게 해주고, 수업 활동 속에서 스포츠맨십 실천의 중요성에 대해 직·간접적으로 학습시켜 줄 것으로 기대된다.

4. 반성

반성은 각성이론에 논리적 근거를 둔다. 쉬프랑거(1918)는 내면적 각성을 중요시하며 교육에서 중요한 것은 '인격적 자아 각성'임을 역설하였다. 나와 이웃에 대한 각성, 즉 깨달음을 통해 한사람의 인격을 일깨워 주는 것을 교육의 역할로 규정지었다(전향순, 1995). 이러한 각성이론을 기초로 체육수업에서는 '반성'을 도덕성 전략으로 개발할 수 있을 것이다. Meakin(1981) 역시 스포츠 활동에 대한 도덕적 관점에서의 대화와 반성적 사고를 지닐 때 도덕 발달을 증진시킬 수 있음을 주장하였다. 특히 반성은 자신의 행동에 대한 신랄한 비판을 유발시켜 자아의식이 수치심을 발동시켜 양심의 괴로움을 맛보게 한다(전향순, 1995). 이러한 반성 전략으로는 수업 반성과 영상매체를 통한 반성, 반성일지 작성 등을 활용할 수 있다.

수업 반성은 수업 중 발생하는 스포츠맨십 행동과 비스포츠맨십 행동에 대해 반성을 유발시키는 전략으로 수업 참관 분석이나 수업 비디오 자료 분석, 그리고 시험문항 출제까지 다양한 방법으로 적용할 수 있을 것이다. 수업 참관 분석은 자기 반 수업이나 다른 반 수업내용을 관찰하게 하여 사전 준비한 스포츠맨십 관찰 기록지에 기록하게 하는 방법이다. 기록 내용으로는 스포츠맨십 행동 뿐 아니라 욕설이나 야유, 이기적 행동, 규칙 위반, 소극적 참여 등과 같은 비스포츠맨십 행동도 포함시킨다. 수업 비디오 자료 분석은 사전에 수업 참여과정을 녹화하여 그 자료를 시청하게 한 후 스포츠맨십 관찰기록지에 기록하게 하는 방법이다. 이러한 방법들은 자신의 동료, 자신의 수업에 대한 상황을 설정하였기 때문에 학생들의 흥미를 유발시킬 수 있다. 그리고 조별로 분석하여 조별 발표 및 토론 방식으로 진행하면, 주제에 대한 관심과 흥미를 높일 수 있으며, 수업 참여 중 스포츠맨십 행동에 대한 포괄적 자기반성의 기회를 제공할 수 있을 것이다.

시험문항 출제는 수업 중 학생들이 범하기 쉬운 비스포츠맨십 상황을 문제로 출제하는 것으로서 그 답의 선별뿐만 아니라 시험이란 특별한 상황 속에서 학생들에게 자신들의 비스포츠맨십 행동에 대해 재해석할 수 있는 기회를 제공하는데 의미가 있다. 이러한 시험 문항 출제는 교사가 평소의 수업 운영 중 스포츠맨십에 대한 지속적인 강조를 통해 학생들과 공감대가 형성되었을 때 그 의도와 목적이 보다 분명하게 드러날 수 있다.

시험문항 출제 사례

민우는 농구 경기 중 자신도 모르는 사이에 습관적으로 "아이 c팔"이나 "x까네"라는 욕설을 하는 경우가 많다. 이러한 민우의 욕설은 함께 운동을 하는 동료들의 감정을 손상시키고, 분위기를 저하시키지만 정작 민우는 자기 자신의 플레이에 도취되어 그런 생각을 하지 못한다. 이러한 민우의 행동에 심판이 제재할 수 있는 파울로서 적합한 것은?(테크니컬 파울)

다음 글을 읽고 물음에 답하시오.(2문항)

> 강산이는 우리조 X맨(기능이 떨어지는 학생)이다. 강산이는 이번 학기 야구 조별 리그전(일명 : 들고치기) 중 총 8타석 무안타로서 타석에 들어서면 내야 땅볼이거나 삼진 처리당해 팀의 패배에 일조하기만 하였다. 하다못해 우리 조 짱 경관이가 강산이를 제외한 비밀회의를 개최하였다. 우리팀 내 기량이 가장 좋은 홍주는 '강산이를 아예 경기에서 빼버리자'고 제의하였고, 경환이는 '혼자 연습을 시키고 나중에 기량이 좋아지면 출전시키자'고 제안했으며, 성영이는 '발이 빠른 편이니까 기습번트를 하게 하자'고 했으며, 문섭이는 '지더라도 열심히 하니까 계속 출전시키자'고 했으며, 성학이는 '주번 대신 교실에 남아있게 하자'고 제의하였다. 강산이 다음으로 X맨 후보인 정승이는 아무 말도 못하고 상기된 얼굴로 묵묵히 듣고 있었다.

* 윗글에서 전술적으로 가장 합리적인 사람과 배려심이 가장 뛰어난 학생으로 묶여진 것은? (성영, 문섭)
* 윗글에서 가장 비스포츠맨십(이기적이고 독단적인) 행동을 보인 학생으로 연결된 것은? (홍주, 성학)

두 번째 반성 전략으로서 영상매체를 통한 반성은 스포츠 영화를 보여주고 영화 속 스포츠맨십과 비스포츠맨십 행위에 대해 감상문 작성이나 발표, 기타 집단 토론을 통해 반성케 하는 전략이다. 이러한 영상자료는 학생들의 흥미를 끌고, 많은 감동을 줄 수 있으며, 시중에서 쉽게 구입할 수 있다. 때문에 적합한 주제의 내용을 선정하여 시청하게 한 후, 등장인물의 행동 중 스포츠맨십과 비스포츠맨십 행동에 대한 평가나 비판을 유도함으로써 스포츠 참여 행동에 대한 도덕적 반성을 유발시키는 것이다.

마지막으로 반성일지는 자신의 스포츠 참여 활동을 회상하게 한 후 자신의 행동이나 동료의 행동에 대해 도덕적 입장에서 분석하여 기록하게 하는 전략이다. 반성일지는 강요에 의하지 않고 주제나 표현 방식에서 자발성을 보장해 주어야 한다. 또한 기록된 내용에 대해서는 사례발표 등으로 학급에 소개하는 방식도 권장할 만하다. 이러한 방법은 나와 동료의 스포츠 참여 행동에 대한 반성을 촉발시켜 스포츠맨십에 대한 도덕적 경각심을 강화시켜 줄 것으로 사료된다. 상호교류를 통한 이러한 반성일지는 자기 행동의 도덕적, 비도덕적 측면을 적나라하게 발견하도록 해주며, 행동 개선의 동기로 작용할 것으로 기대된다.

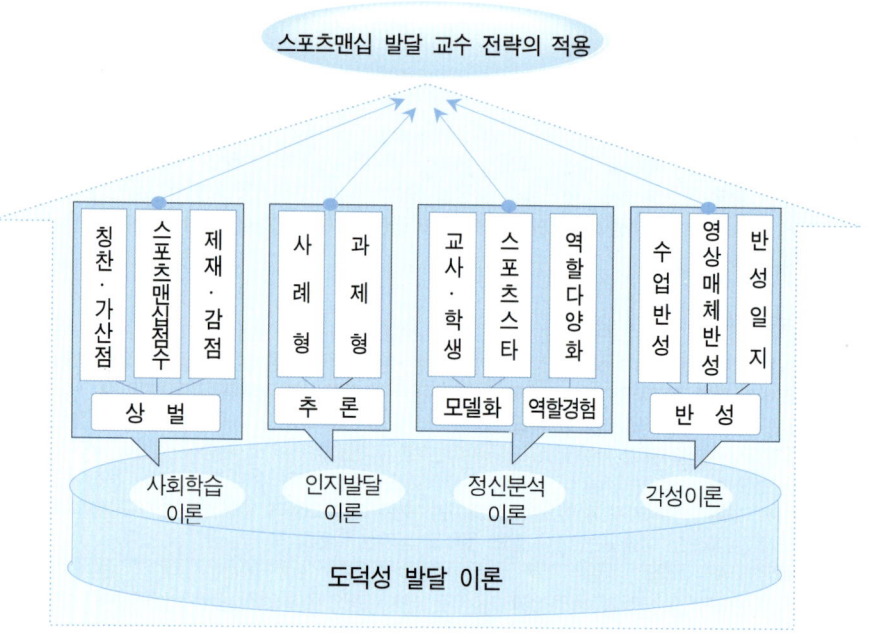

스포츠맨십 발달 체육 교수 전략

V 결론 및 제언

　전인적 발달, 인성 발달…
　소위 교육에 종사하는 사람들이 교육의 목적이나 목표, 개인의 가치관 및 소신을 피력하며 가장 많이 사용하는 단어가 아마도 이러한 용어들일 것이다. 전인이나 인성발달은 이제 교육자들의 가장 일반적 용어이며, 보편적 가치로 자리매김해 왔다. 돌이켜 보면 이러한 자리매김은 어제 오늘의 일이 아니요, 1954년 1차 체육 교육과정이 개발되기 이전부터 교육계에 메아리쳐왔던 구호였던 것 같다.
　아마도 목표였다면, 그 오랜 기간 동안 설정되고 실천되어왔던 목적이었다면 과거와 현재에는 필경 변화가 수반되어야 했을 것이다. 과연 그런가? 그런 전인이나 인성적 발달이 과거에 비해 오늘날 긍정적 변화가 일어났다고 생각하는가? 연구자의 미천한 교육 경험과 여러 인쇄화된 자료를 통해 반추해 볼 때 과거에 비해 현재가 그런 측면에서 '발전'이란 표현을 쓰기에는 자신이 없다. 자신감 여부가 아니라 솔직히 쑥스러움과 부끄러움을 느낀다. '한번 목표는 영원한 목표'란 박제화된 냉소적 구호만이 귓가에 맴돔을 느낀다.
　이러한 원인이 무엇일까? 오랜 기간 동안 교과 목표였음에도 그리고 매시간 수업 목표였음에도 체육교과에서 전인 및 인성 발달에 크게 기여하지 못한 원인은 어디에 있을까? 연구자의 생각으로는 그러한 인식과 필요성이 대단히 피상적으로 체육계에 존재하였기 때문이라 생각한다. 피상적 인식은 피상적 처치와 결과를 초래한다. 많은 경우 체육교사들은 스포츠맨십의 가치에 대해 중요성을 실감하지 못하고 수업현장에 끌어내지 못했던 것 같다. 때문에 현장에서의 처치는 지극히 처방적이고 임시적이며 표피적 행태로 진행되어 왔다. 그저 잘못하는 행위에 대해 꿀밤이나 감점, 가벼운 훈계를 행해왔다. 심지어 그러한 간섭도 배제한 채 비스포츠맨십 행동에 대해 묵인하고 웃고, 동조하는 경향도 있어 왔다. 인성지도나 도덕성 등의 용어는 왠지 타과목에서 행해야 할 윤리쯤으로 평가절하고 있었다. 이러한 왜곡된 인식과 교육적 처치는 오랫동안 체육교육의 관행으로 수업의 실재에 작용하고 있었다. 때문에 도덕성이나 인성 발달을 위한 전략이나 구체적 실행 방법에 대한 숙고가 외면되어져 왔다. 그런 인식과 그런 관행이 결국 입시위주의 교육제도와 승리지상주의의 체육문화 속에 휘말려 전인이란 목표, 스포츠맨십이란 도덕적 가치를 상실하게 했던 것이다.

이제 체육 교육은 그동안 외면되어져 왔던 인성발달, 전인적 발달에 대한 진지한 고민과 노력을 기울여야 한다. 체육은 스포츠 활동 중심이기에 승리 추구와 스포츠맨십 추구란 가치 갈등을 지니는 수업의 구조를 지니고 있다. 가치가 상충되는 수업 구조는 필연적으로 갈등을 유발시키며 이러한 갈등의 경험 속에서 학습자들은 스포츠맨십이란 규범적 가치를 학습할 수 있다. 이러한 체육 수업의 구조적 특성을 잘 활용하여 체육 수업을 통해 스포츠맨십을 길러주고 전인적 발달을 위해 노력해야 할 것이다.

이러한 노력을 효율적으로 하기 위해서는 무엇보다도 스포츠맨십에 대한 교사들의 인식과 적용 전략에 대한 이해가 선행되어야 할 것이다. 스포츠맨십은 스포츠 활동에만 발휘되는 협의의 도덕적 덕목이 아니라 일상의 윤리까지 발전될 수 있다는 인식을 토대로 다양한 전략의 특성을 이해하여 자신의 수업에 맞는 전략으로 응용·적용해야 할 것이다. 특히, 적용대상자의 발달 단계, 발달 특성, 사회문화적 요인, 환경 요인 등에 따라 변형되어 적용되어야 할 것이다. 또한 스포츠맨십은 한시적 노력이나 전략의 적용으로는 이루어질 수 없는 덕목이기에 조급한 마음을 버리고 지속적이고 체계적인 지도와 관심이 수반되어야 할 것이다. 그리고 강요나 지시 일변도의 수업 분위기로는 행동의 개선이나 수정을 이끌 수 없다는 점을 명심하여 구체적 사례에 대한 이해와 설득, 공감을 유발시켜 스포츠맨십의 필요성을 자각시키고 실천할 수 있도록 유도해야 할 것이다.

참고 문헌

강신복(1995). **도덕 교육을 위한 체육교육의 접근과 과제**. 제 14회 국민체육진흥 세미나 논문.
강신복(1999). **고등학교 체육교육을 통한 도덕적 인성 발달 연구**. 한국교원대학교 부설 교과교육공동 연구소.
교육부(1994). **체육교육과정 해설서**. 서울: 교육부.
김성옥(2001). 스포츠 활동과 도덕성의 발달. 한국스포츠심리학회, 2000 **동계 학술발표대회 논문집**. pp 1-20.
김윤희(2003). 체육교과 목표에 관한 학생의 인식. **한국스포츠교육학회지**, 10(2). pp 39~53.
남궁달화(1999). **인성교육론**. 서울: 문음사.
남궁달화(1999). **도덕교육론**. 서울: 철학과 현실사
문익수(2000). **스포츠 교육과 인성 발달**. 한국스포츠심리학회, 2000. **동계 학술 발표대회논문집** pp 206-219.
문익수(2006). **학교체육을 위한 스포츠심리학의 역할**. 한국스포츠교육학회·한국스포츠심리학회 공동학술대회.
박종률(2002). **체육교육을 통한 도덕성 발달 사례 연구**. 미간행 박사학위 논문, 한국교원대학교 대학원, 청주.
박종률(2006). **스포츠맨십 발달 체육 교수 전략 탐색**. 한국스포츠교육학회·한국스포츠심리학회 공동학술대회.
성창훈, 김원배(2000). 스포츠맨십 행동의 개념화시도(Ⅰ): Vallerand의 다차원적 스포츠맨십 구조 타당성 검증. **한국스포츠심리학회지**, 11(1), 141-154
성창훈(2003). 청소년 운동선수들의 스포츠맨십 측정도구 개발. **한국스포츠심리학회지**, 14(2), 129-144.
임번장(1990). **도덕성 함양을 위한 사회체육의 역할**. 부산사회체육진흥회.
유정애, 오수학(2000). 체육교과명의 현재와 미래. **교육과정평가연구**, 3(1), 163-171.
유정애(2002). 체육과 교육내실화 방안 연구: 좋은 수업 사례에 대한 질적 접근. **한국교육과정평가원 연구보고서**.
유정애(2005). 체육과 교육과정 개정(시안) 연구개발. 한국교육과정평가원 연구보고서 CRC 2005-12
전향순(1995). **도덕교육의 기본 성격과 통합적 접근 이론에 관한 연구**. 미간행 석사학위논문. 경상대학교 대학원, 진주.
차행자(1989). **施設兒와 正常家庭兒의 道德性 比較**. 미간행 석사학위 논문. 숙명여자대학교 대학원, 서울.
최의창 (2003). **체육교육탐구**. 서울: 태근.
최영준(2000). **대학운동선수, 체육전공학생 및 일반학생의 인성에 관한 비교연구**. 미간행 석사학위 논문 고려대학교 대학원, 서울.
Allison, M. (1982). *Sportsmanship: Variation based on sex and degree of competitive experience.*

In A. O. Dunleavy, A. W. Miracle & C. R. Rees(Eds.), Studies in the sociology of sport. Fort Worth: Texas Christian University Press.

Aronfreed, J. (1968). *Conduct and consience,* New York: Academic Press, Inc.

Avery, M., & Lumpkin, A. (1987). Students' perceptions of physical education objectives. *Journal of Teaching in Physical Education, 7,* 5-11.

Bandura, A. (1969). *Principles of behavior modification.* New York : Holt, Rinehart, & Winston.

Bandura, A., & Walters. R. H. (1963). *Social learning and personality development.* New York : Holt. Rinehart and Windton.

Beller, J. M., & Stoll, S. K. (1992). A moral reasoning intervention program for division I athletes. *The Academic Athletic Journal, (Spring)*43-57.

Beller, J. M., & Stoll, S. K., & Burwell, B., & Cole, J. (1996). The relationship of competition and a Christian liberal arts education on moral reasoning of college student athletes. *Research on Christian Higher Education, 3,* 99-114.

Beyer, B. (1978). Conducting moral discussion in the classroom. In P. Scharf(ED.), *Readings in moral education. Minneapolis:* Winston Press.

Blair, S. (1985). Professionalization of attitude toward play in children and adults. *Research Quarterly for Exercise and Sport, 56,* 82-83.

Blatt. M., & Kohlberg, L. (1975). The effects of classroom moral discussion upon children's level of moral judgement. *Journal of Moral Education, 4,* 129-161.

Bredemeier, B. J., & Shields, D. L. (1986). Moral growth among athletics and non-athletics: A comparative analysis. T*he Journal of Genetic Psychology, 147,* 7-18.

Bredemeier, B. J., & Shields, D. L. (1986). Moral growth among athletics and non-athletics: A comparative analysis. T*he Journal of Genetic Psychology, 147,* 7-18.

Bredemeier, b., & Shield, D. (1995). *Character development and physical activity.* Champaign, IL: Human Kinetics.

Bredemeier, B., Weiss, M., Shields, D., & Cooper, , D.(1986). The relationship of sport involvement with children's moral reasoning and aggression tendencies, Journal of Sport Psychology, 8, 304-318.

Bredemeier, B., Weiss, M., Shields, D., & Shewchuck. R.(1986). Promoting moral growth in a summer sport camp: The implementation of theoretically grounded instructional strategies. Journal of Moral Education. 15, 212-220.

Broer M. R., & Holland, D. A. J. (1954). Physical education interests and needs of university of Washington woman in service classes. *Research Quarterly, 25(4), 387-397.*

Bucher, C. (1975). *Foundations of physical education (7th ed.).* St. Louis: The C.V. Mosby Company

Carr, D. (1998). *What moral educational significance has physical education?* : A question in need of disambiguation. In M. McNamee & J. Parry(Eds.), Ethics and sport(pp. 119-133). London : E & FN Spon.

Clarlistle, R. (1969). *The concept of physical education I*. Proceedings of the Philosophy of Education Society of Great Britian, 3, 3-22.

Clifford, C & Feezell, RM(1997). *Coaching for character*. Champaign, IL: Human Kinetics.

Freud, S. (1923). *The ego and the Id*. New York : W. W. Norton.

Gibbons, S. L., Ebbeck, V., & Weiss, M. R. (1995). Fair Play for Kids: Effects on the moral development of children in physical education. *Research Quarterly for Exercise and Sport, 66, 247-255*.

Giebink, M., & McKenzie, T. (1985). Teaching sportsmanship in physical education and recreation: An analysis of intervention and generalization efforts. *Journal of Teaching Physical Education, 4, 167-177*

Green, T., & Gabbard, C. (1998). Should athletes be formally educated in sportsmanship? *TAHPERD Journal, (Spring), 11-13*.

Grimes, P. (1974). *Teaching moral reasoning to eleven year olds and their mothers*. Doctoral dissertation. Boston University School of Education. Boston: University Microfilms, No. 74-21-433

Hahm, C. H., & Beller, J. M., & Stoll, S. K. (1989). *The Hahm-Beller Values Choice Inventory in the Sport Milieu*.(available from The Center for ETHICS. University of Idaho, Moscow, ID 83844).

Hartshorne. H., & May, M. A. (1928). *Studies in the nature of character, vol. I: Studies in deceit*. New York: Macmillan.

Haskins, M. J. (1960). Problem solving test of sportsmanship. *Research Quarterly, 31, 610-616*.

Hellison, D., Lifka, B., & Georgiadis, N.(1990). Physical education for disadvantaged youth: Chicago story. Journal of Physical Education & Dance, 61, 36-46.

Horrocks, R. (1977). Sportsmanship. *JOPER, 48, 20-21*.

Keating, J. (1978). *Competition and Playful activities*. Washington, DC: University Press of America.

Kistler, J. W. (1957). Attitudes expressed about behavior demonstrated in certain specific situations occuring in sports. *National college Physical Education Association for Men Proceedings, 60, 55-58*.

Kohlberg, L. (1978). Foreword. In. P. Scharf(Ed), Readings in moral education.

Kohlberg, L., Turiel, E. (1971). *Moralization Research, the Cognitive Development Approach*, New York : Holt, Rine-Hart & Winston.

Krause, J., & Priest, R. F. (1993). *Sport values choices of Unites States Military Academy Cadets-A longitudinal study of the Class of 1993*. Unpublished manuscript, Office of Institutional Research, West Point, NY.

Kroll, W. (1975). *Psychology of Sportsmanship*. Paper Presented at the Sport Psychology meeting, National Association for Sport And Physical Education in Atlantic City, New Jersey.

Kroll, W.(1976). Psychological scaling of the AIWA code-of-ethics For players. *Research Quarterly*,

47, 126-133.

Lange, E. (1975). Moral education and social studies, Theory Into Practice: *Moral Education, 12, 279-285.*

Maccoby, E. (1968). The development of moral values and behavior : *Socialization and Society,* Boston : Little Brown.

Martens, R. (1976). *Kids sports* : A den of iniquity or land of promise. Proceedings of the Annual Convention of the National College of Physical Education Association for Men.

Meakin, D. (1981). Physical education: An agency of moral education? *Journal of Philosophy of education, 15, 241-253.* Minneapolis: Winston Press.

Peck & Havighurst, (1960). *The Psychology of Character Development,* New York: John Wiley and Sons.

Penny, W. J., & Priest, R. F. (1990). *Deontological sport values choices United States Military Academy cadets and selected other college-aged populations.* Unpublished manuscript, Office of Institutional Research, The United States Military Academy, West Point, NY.

Piaget, J. (1932). *The Moral Judgement of the child.* New York: Harcourt & Brace.

Promoli, F. (1982). *Cheating in sport:* A comparison of two basketball teams. Unpublished manuscript, Dalhousie University, U. Halifax, Nova Scotia, Canada.

Rest, J. R. (1979). *Development in Judging Moral Issues.* Minneapolis: Univ. of Minnesota Press.

Romance, T. J. (1984). *A program to promote moral development through elementary school physical education.* Unpublished doctoral dissertation, Oregon University.

Romance, T. J., Weiss, M. R., & Bodkoven, J. (1986). A Program to promote moral development through elementary school physical education. *Journal of Teaching in Physical Education, 5, 126-136.*

Rudd, A. (1998). *Sports' perceived ability to build character.* Unpublished doctoal dissertation, Uneversity of Idaho, Moscow.

Sabock, R. J. (1985). *The coach.* Champaign, IL: Human Kinetics.

Sharpe, T., & Brown, M., & Crider, K. (1995). The effects of a sportsmanship curriculum intervention on generalized positive social behavior of urban elementary school students. *Journal of Applied Behavior Analysis, 28, 401-416.*

Shea, E,. (1978). *Ethical decision in physical education and sport,* Springfield, IL: Charles Thormas.

Shields, D. L., & Bredemeire, B. (1995). *Character development and physical activity.* Champaign, IL: Human Kinetics.

Silva, J. M. (1983). The perceived legitimacy of rule violating behavior in sport. *Journal of Sport Psychology, 5, 438-448.*

Soudan, S., & Everett, P. (1981). Physical education objectives as expressed as needs by Florida State University students. *Journal of Physical Education, Recreation and Dance, 52(5), 15-17.*

Stoll, S. K., & Beller, J. M. (1994b). The importance of methodology in cognitive moral reasoning. *Research Quarterly for Exercise and Sport Abstracts, 17.*

Turiel, E. (1966). An experimental test of the sequentiality of developmental stages in the child's moral judgment. *Journal of Personality and Social Psychology, 3,* 611-618.

Vallerand, R. J., Deshaies, P., Cuerrier, J. P., Briere, N. M., & Pelletier, L. G. (1996). Toward a multidimensional definition of sportsmanship. *Jounal of Applied Sport Psychology, 8,* 89-101.

Wandzilak, T. (1985). Values development through physical education and athletics. *Quest, 37,* 176-185.

Wandzilak, T., & Carroll, T., & Ansorge, C. J. (1988). Values development through physical activity: Promoting sportsmanlike behaviors, perceptions, and moral reasoning. *Journal of Teaching in Physical Education, 8(1),* 13-22.

Weick, K. (1975). Objectives of physical education expressesed as needs by university students. *Research Quarterly, 46,* 385-388.

Weinberg, R., S, & Gould, D. (1995). *Foundations of sport and exercise Psychology.* Champaign, IL: Human Kinetics.

Weinberg, R., S, & Gould, D. (2003). *Foundation of sport and exercise psychology (3nd ed.)* Champaign, ILL Human Kinetics.

Weiss, M. R, & Bredemeier, B, J(1986). Moral development. In V. Seefeldt(Ed), *Physical activity and human well-being(pp. 374-390)*

Williams, J. F. (1964). *The principles of physical education (8th ed.).* Philadelphia: W. B. Saunders Company.

4부 체육교사 및 학생

13

예비중등체육교사 양성의 현황, 동향 및 과제

최 희 진

본 연구는 우리나라 예비중등체육교사 양성 프로그램에 대해 그동안 이루어진 여러 연구자들의 연구들을 토대로 중등체육교사 양성 체제의 현황과 문제를 파악하고 개선방향을 제시하는 데 목적을 두었다. 연구를 통해 나타난 우리나라 체육교사 양성 교육과정의 문제는 크게 중등 체육교사 양성프로그램으로서의 정체성이 모호하여 예비교사를 선발함에 있어서 뚜렷한 교직관과 사명감을 가진 예비교사의 선발 자체가 어려울 뿐만 아니라 교과내용학에 비해 교과교육학의 비중이 상대적으로 적고, 전문지도 교수에 의해 지도되지 않는 등 소홀히 다루어지고 있었다. 특히 체육교사 양성 대학의 교육과정에 대한 주기적인 평가가 이루어지지 않아 근본적인 질 관리 자체가 이루어지지 않고 있다. 이러한 문제점들을 바탕으로 중등체육교사 양성 프로그램의 개선 방향을 크게 교사교육기관으로서의 정체성 확립을 위한 교육과정 재정비와 체육교사 양성 대학에 대한 평가 인정제 실시, 그리고 국가적 차원에서의 교사 자격시험 실시 등을 제안하고 논의하였다.

I 서론

한 나라의 미래는 그 나라를 이끌어 갈 꿈나무들에 대한 교육에 달려 있다고 해도 과언이 아니다. 따라서 학교에서 교육을 담당할 교사를 양성하는 것은 곧 그 나라 장래를 담당할 인재를 양성하는 것과 동일하게 취급되어야 한다.

그렇다면 훌륭한 교사는 타고나는 것일까? 아니면 길러지는 것일까? 물론 이러한 질문에 대한 답은 어느 한쪽으로 치우칠 수 없다. 두 가지 다 중요하다고 할 수 있다. 좋은 교사는 처음부터 교사로서 갖추어야 할 기본적인 좋은 인성 및 지적 능력과 체력 그 밖에도 교사로서의 역할을 훌륭히 수행해 낼 수 있는 잠재력과 성장 가능성을 내재하고 있어야 할 것이다. 또한 성장 가능성과 잠재력을 밖으로 드러내고 아울러 교사로서 꼭 지녀야 할 자질과 능력을 후천적 노력과 교육으로 연마시켜야만 비로소 교사로서의 역할과 책임을 다해 나갈 수 있다. 그러므로 좋은 교사를 양성한다는 것은 교사로서의 역할을 수행해 낼 수 있는 가능성 및 좋은 자질을 가진 훌륭한 인재의 선발과 이러한 인재를 교육하고 양성하여 책무성과 사명감을 갖고 교육에 헌신할 수 있도록 교육시키는 교사 양성프로그램 및 제도의 질에 달려 있다고 해도 과언이 아닐 것이다.

이러한 교사교육 제도의 중요성을 고려해 볼 때, 과연 우리나라의 교사 양성 프로그램은 선발과 양성이라는 두 가지 큰 책무를 성실히 수행하며 훌륭한 교사를 배출해 내고 있는가? 이 질문에 대부분의 사람들이 그렇지 못하다는 비관적 응답을 하고 있는 것이 작금의 현실이다.

특히, 중등체육교사를 양성하는 통로는 사범대학의 체육교육과뿐만 아니라 각종 체육관련 학과에서 교직과목 이수 후 교사 자격증 취득 및 교육대학원 졸업 후 교사 자격증 취득 등 다양한 채널이 있어 일관성 있고 책무성 있는 체육교사교육이 이루어지지 못하고 있는 실정이다(김대진, 2008). 이러한 자격증 취득의 다양한 통로는 좋은 자질을 가지고 사명감과 책임감을 갖고 미래에 교육계에 헌신하겠다는 책임감 있고 사명감 있는 교사 지망생들을 선발하는 데 있어 근본적인 한계를 지닌다.

훌륭한 체육교사를 양성하는 문제는 교사를 양성하는 대학의 직전교사 양성프로그램의 질과 가장 직접적인 관련이 있다. 그러나 과거나 현재를 막론하고 그동안의 중등 체육교사 양성 프로그램이 체육교사로서의 전문성을 신장토록 하는 데 필요한 충분한 지식과 경험을 제공하지 못하고 있음이 많은 연구들을 통해 드러나고 있다(김용환, 1992; 김영식, 김진환, 임종호, 2004; 김대진, 2006, 2008; 손천택, 2002; 손천택, 강신복, Patt Dodds, 2003; 최희진, 2002; 안희숙, 2003; 김영식, 2003).

한 나라의 장래는 장차 그 나라를 짊어져 나갈 어린 동량들의 교육에 달려있다고 할 때 교육의 중요성이 날로 중대되고, 온 나라가 교육걱정에 목소리를 높여 한 소리를 내는 작금의 시점에서 교육의 중심에 서서 주도적 역할을 해야 할 교사를 양성하는 교사교육에 대한 관심은 앞으로도 더욱 더 지속적으로 이어져야 할 것이다. 그 중에서도 여타 주지교과에서는 고루 달성하기가 어려운 지·덕·체를 골고루 갖춘 전인 육성이라는 교육 본연의 취지를 달성하는 데 높은 가능성과 잠재력을 지닌 체육교과를 지도할 체육교사 양성 프로그램에 대한 반성과 올바른 방향 모색을 위한 탐색은 꼭 필요한 일이라고 본다.

따라서 본 고는 이러한 관점에서 그 동안 중등 체육교사 양성 프로그램에 대해 이루어진 연구들을 바탕으로 그동안 우리나라 중등체육교사 양성 과정의 역사와 현황을 살펴보고, 양성 프로그램에서의 문제점을 진단한 뒤, 향후 체육교사 양성 프로그램이 나아가야 할 방향과 과제가 무엇인지 논의해 보고자 한다.

I 우리나라 중등체육교사 양성 역사의 개요

우리나라 학교 교육에 있어서 중등 교육이 처음으로 실시된 곳은 1895년 미국의 종교 단체인 북감리 교회 선교부에서 설립한 배재학당이었다. 하지만 개화의 거센 물결을 타고 구한말 조선의 정부도 서구의 문물을 적극적으로 받아들이면서, 근대적 체제의 학교(체제) 설립에 대한 필요성을 느끼게 되면서 교원 양성의 중요성을 인식하게 된다. 그 결과, 1895년 최초의 본격적인 교사 양성 기관인 한성사범학교가 설립되게 된다. 하지만 1910년 한일합방으로 인해 모든 주권을 일본에게 강탈당하게 되고, 그 이후 우리 뜻대로의 교원 양성을 할 수 없게 된 것은 말할 것도 없고, 식민지 우민화 교육을 받으며 민족 최대의 굴욕의 암흑기를 겪게 된다.

36년간이라는 긴 세월동안 일본의 강점을 받은 후 1945년 드디어 일본이 연합군에게 항복하고 해방이 되면서 우리나라에 머물고 있던 일본인 교사들이 모두 본국으로 돌아가게 되자, 초 중등 체육교육을 맡고 있던 교사 요원들이 갑자기 부족하게 되었다. 특히 중등교원에 있어서는 더욱 그러했는데 당시 한성사범학교는 초등교원 양성기관이었고, 중등교원 양성학교나 기관이 없었기 때문이다(최지용, 2003).

일본이 퇴진한 후 곧 이어 미군정이 들어서고, 이에 미군정청은 부족한 체육교사 양성을 위하여 사범대학을 설치하게 된다. 이에 설립된 것이 서울대학교 사범대학이었으며, 체육과 외 8개과로 구성되어 출발하게 된다. 이후 1953년 경북대학교 사범대학에 체육과를 신설하였으며, 이화여자대학은 1945년 문리대에 체육과를, 1954년에는 2년제 수도사범대학에 체육과를, 1955년에는 부산대학교와 광주사범대학에 체육과를 설치하였다.

1955년에 우수 졸업자를 교육계에 유치토록 하여 교원수급을 원활하게 하는 데 목적을 두고 일반대학에 교직과정을 설치하게 되었다. 이러한 조치에 따라 신설된 대학과 학과는 1955년 신흥대학(현 경희대학)의 체육과와 체육음악과가 있었다.

이밖에도 임시중등교원 양성소로서 서울대학교 사범대학과 대구사범대학에 체육과가 설치되어 체육교사를 양성하였다.

1960년 5·16 군사혁명으로 새로 탄생된 박정희 정부는 대학교육의 질적 향상을 도모한다는 취지 하에 대학에 대한 정비를 단행하면서 2년제 사범대학을 폐지하고, 사범대학을 4년제로 승격하여 중등교원 양성의 질적 향상을 도모하였다.

1961년에는 「학교정비 기준령」을 제정하여 사범대학을 전면적으로 개편하면서 1962년 공주대학교에 체육과를 신설하였고, 곧이어 「국립학교 설치령」의 개정령에 따라 각 사범대학의 체육과를 체육교육과로 개명하고, 이후 1971년에 전북대학교, 1973년에 전남대학교, 1978년에 인하대학교, 1978년에 충북대학교 사범대학에 체육교육과가 설치됨으로써 체육교사 양성에 박차를 가할 수 있게 되었다.

일반대학 교직과는 1962년 교육연수원을 설치하면서 잠시 폐지되었다가 1963년에 교육연수원을 폐지하면서 1964년 교직과 제도를 다시 부활시켰다. 지역적으로 편중되어 있는 사범대학에서 양성, 배출되는 중등교원 요원이 지역적으로 균형을 이루지 못하고 있는 점을 감안하여 이를 해소하고자 하는 방안으로 일반대학 교육과를 설치하였는데 1969년에 충북대학교에 체육과를 체육교육과로 개편하여 교원교육을 설치하였다.

1969년 경북대학 사범대 부설 임시 중등교사 양성소에서 39명의 체육교사를 양성하였으며, 공주대학교 부설 중등교원양성소에서 일부 교과와 체육교사가 양성되었다.

1981년에는 연세대학과 국민대학이 체육교육과를 사범대학으로 이관시켜 사범대학을 신설하였다. 당시 문교부는 일반대학의 교직과정 교육을 강화하기 위해 교직과정을 이수한 자에 대한 자격검정에 있어서 교직과정 과목과 전공과목의 평균성적이 각각 80점 이상인자를 합격토록 하는 한편 교직과정의 학점은 16학점이상으로 규정하였다. 이후 1983년 교직과정 이수학점을 20학점으로 상향 조정하였다.

1984년에는 대통령령으로 교원 양성만을 목적으로 하는 한국교원대학교 설치령을 제정하여 1985년부터 첫 신입생을 받아 문을 연 후 현재까지 많은 졸업생을 배출하며 체육교사 양성의 한 축을 담당하고 있다.

이상으로 우리나라 중등 체육교사 양성 역사의 개요를 간략히 살펴보았다. 중등체육교사 양성 기관의 설립은 해방이후 부족한 체육교사 수급에 큰 기여를 하며 체육교육의 양적 성장에 큰 기여를 한 것이 사실이나 교사양성기관이 교사수급에만 급급하여 학교 교육현장의 질적 향상에는 크게 기여하지 못했다는 측면에서는 많은 반성이 필요하다(최지용, 2003).

III 우리나라 중등체육교사 양성기관 현황 및 문제점

주지하다 시피 우리나라 중등학교 체육교사는 사범대학을 비롯하여 교육대학원, 임시교원양성기관, 일반대학의 교육과, 일반대학의 교직과정, 소정의 재교육 과정 등 다양한 과정을 통해 양성·배출되고 있다. 그러나 현재 지속성을 가지고 중등학교 체육교사를 양성하고 있는 곳은 사범대학, 일반대학 교직과정, 일반대학 교육과, 교육대학원 등이다.

체육교사 양성방식은 초등학교 교사 양성방식과는 달리 목적형과 개방형, 두 가지 모두를 취하는 절충형으로 운영되고 있다. 이들 양성 기관 혹은 양성과정에는 사범계열과 비사범 계열, 국공립과 사립이 병존해 있고, 이들 양성기관이나 양성과정을 졸업·이수한 자들은 각자 경쟁을 통해 중등학교에 임용된다. 현재 중등학교 교사 양성은 실질적으로 개방형을 따르고 있는 셈이다(이윤식, 최상근, 허병기, 1994).

체육교사의 양성은 일반적으로 사범계 대학에서 배출되지만 일반대학교 교직과정과 교육대학원 과정을 이수하면 교사자격증이 발급되므로 이처럼 부분별한 자격증의 발급은 큰 사회적 문제로 부각되고 있다(안희숙, 2003). 이러한 문제는 양성대비 임용 현황을 살펴보면 그 심각성을 실감할 수 있다. 체육교사 임용현황은 양성 인원에 비하여 임용 인원이 비례적으로 늘고 있지 않는 추세로 보아 앞으로 체육교사 양성 인원은 점차 늘어나지만 임용 인원은 하향 곡선을 이룰 것으로 전망된다.

따라서 이러한 문제를 해결하기 위해서는 국가적 차원에서 교사양성 기관에 대한 제반 여건 및 교사교육 프로그램에 대한 질적 평가를 통해 양성기관으로 요구되는 자격을 갖추지 못한 양성기관에 대해서는 과감하게 자격을 박탈하는 등의 특단의 조치가 필요하리라고 본다. 아래에서는 우리나라 교사 양성 대학의 교육과정이 어떻게 운영 되고 있는지 자세히 살펴보고자 한다.

1. 체육교사 양성 대학의 교육과정 운영 현황

교사를 양성하는 교육과정은 기존의 체육학을 연구하는 체육학과의 교육과정과는 차별화된 뚜렷한 교육의 목적, 교육과정, 교육방법이 어느 정도 특성화된 차별화된 교육과정을 필요로 한다. 정태범(2002)은 교사양성대학의 교육과정 구조를 아래 <그림 1>과 같이 제시한다.

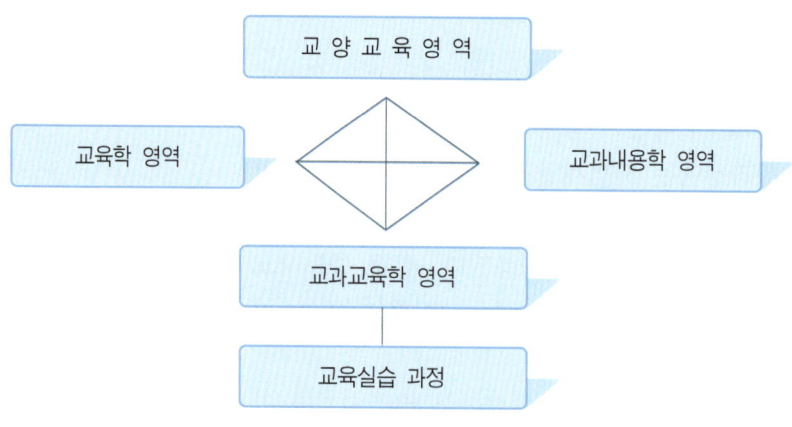

그림 1 교사양성대학의 교육과정 구조(정태범, 2002)

교사 양성 대학의 교육과정은 위 그림에서 보는 바처럼 교양교육영역, 교육학 영역, 교과내용학 영역, 교과교육학 영역, 교육실습과정으로 구성된다.

　교양교육영역은 가정과 직장인의 일원으로 그리고 민주사회의 시민으로 기본적인 소임을 다하고 21세기 환경에 능동적으로 대처할 수 있는 폭넓은 사고와 적응력을 가지며 아울러 자신과 타인 및 사회를 이해할 수 있는 비판적 안목과 윤리적 도덕적 선택을 분별해 낼 수 있는 판단력을 갖춘 지식인의 양성에 초점을 맞추어야 할 뿐만 아니라 교사로서 갖추어야 할 바람직한 소양 교육이 이루어져야 할 것이다(최미리, 2000). 그리고 어떤 상황에서 어떤 인간을 어떻게 양성할 것인가에 관한 체계적인 지식을 제공하는 학문인 교육학에 대한 지식 또한 교사교육에 있어서 없어서는 안 될 영역이다.

　전공과목 중 교과내용학은 교과내용의 어떤 원리나 기본적 개념을 학습함을 말한다. 교사 양성대학에서는 학생들이 전공과목의 지식을 아는 것도 중요하지만 교과의 지식이나 이론의 생성과정을 안다는 것이 더 중요하다고 본다. 따라서 교사양성 대학의 교과내용학은 결과적 지식보다 생성적 지식이 더 중요한 부분이라 할 수 있다(안희숙, 2003).

　전공과목 중 교과교육학은 교사 교육에 가장 핵심적인 학문이며, 교과의 지식을 잘 가르칠 수 있도록 하는 지식체계로서 잘 가르칠 수 있는 방법을 제시하는 하나의 학문체계라 할 수 있다. 그래서 일반적으로 교과교육학은 교사 양성의 교육과정을 구성하는 배경이 되고 있다(윤명희, 1998).

　교사 교육과정의 중요한 한 축을 담당하고 있는 교육실습은 교사 양성 기관에 재학 중인 학생들로 하여금 학교현장에 대한 이해와 적응력을 높이고 교사로서의 자질과 능력을 배양하도록 하기 위해서 꼭 필요한 부분이며 충실히 이루어져야 한다.

　이상에서 살펴본 바와 같이 교사교육과정은 위의 5가지 요소들 하나하나가 모두 중요하며, 어느 것 하나 소홀히 다루어 질 수 없는 부분이다. 훌륭한 교사를 양성하기 위해서는 위의 요소들이 균형을 이룬 가운데 충실히 이루어져야 할 것이다.

　최근 교사의 전문성과 교사의 자질 문제가 제기되고, 교과교육학의 중요성이 대두되면서 각 대학의 교사양성 프로그램이 크게 변하고 있으나 아직 미미한 실정이다. 그리고 내용적으로는 교사 교육 프로그램이나 체육학 프로그램 간 두드러진 차이가 나타나지 않고 있으며, 아직도 대부분의 교사교육 프로그램들이 교과지식, 교육학적 지식, 학습자와 학습 환경에 대한 이해, 그리고 교사로서의 직업적 가치관 등을 교사교육의 중요한 내용으로 구성하고 있으며, 달라진 것이 있다면 각 영역에 배정한 시간의 양, 즉 이수학점이나 교생실습의 시기 및 횟수 등 표면적인 변화만 있을 뿐이다 (손천택 등, 2003).

체육교사 양성 대학의 교육과정 운영구조는 안희숙(2003)이 몇몇 사범대학 체육교육과와 일반대학 교직과정의 교육과정 운영구조를 분석한 아래의 표를 보면 한눈에 알 수 있다.

표 1 한국의 체육교사 양성 대학의 교육과정 운영의 구조

			사범계 대학								일반대 교직과정						
			서울대		교원대		연세대		공주대		인천대		이화여대		동아대		조선대
			이수단위		이수단위		이수단위		이수단위		이수단위		이수단위		이수단위		이수단위
교양교육과목	필수		20	36	6	21	22	34	10	30	18	33	24	24	18	33	6	28
	선택		16		15		12		20		15		0		15		22	
교직과목	교육학		9	12	12	15	21	24	10	14	14	16	14	16	14	16	16	18
	교육실습		3		3		3		4		2		2		2		2	
전공과목	교과교육학	필수	6	6	6	9	6	6	6	12	4	4	6	6	4	4	4	4
		선택	0		3		0		6		0		0		0		0	
	교과내용학	필수	6	42	22	42	32	57	12	42	31	77	30	30	45	77	21	54
		선택	36		20		25		30		46		0		32		33	
자유선택			34		53		5		52		0		44		0		26	
계			130		140		126		150		130		120		130		130	

(출처: 안희숙(2003) 체육교사 양성 및 임용제도 연구, 한국교원대 박사학위 논문)

위 <표 1>에서 보는 바와 같이 우리나라 전체 체육교사 양성 대학의 교육과정 운영 구조는 대략적으로 교양교육과목, 교직과정, 전공과정으로 나뉘어 있다. 그리고 체육교사 양성 기관의 이수 단위는 적게는 120단위에서 많게는 150단위까지 많은 차이를 보이고 있다. 일반적으로 교사 양성 기관이라고 하면 공통인 교육학과 교육실습의 단위 이수의 비율이 높을 거라 생각하지만 교양 교육

과목의 단위비율이 상당히 높게 나타나 있고, 전공과목의 이수단위도 대학별로 큰 차이를 보이고 있음을 알 수 있다.

또한 김대진(2008)은 우리나라의 사범대학의 교육과정을 분석한 김순애(1998)의 연구를 인용하면서 사범대학의 교육과정은 학교별로 다소 차이가 있으나 평균적으로 140학점을 총 이수학점으로 하여 교양과목이 31.4%, 전공과목이 37.9%, 부전공과목이 15.0%, 일반선택이 3.6% 그리고 교직과목이 12.1%로 구성되어 있다고 보고하고 있다. 그는 이 연구에서 교사를 양성하는 전문 양성기관인 사범대학의 특수성을 고려해 볼 때 교과교육학 및 교육실습의 중요성이 교양과목이나 교과내용학에 비해 상대적으로 비중이 낮음을 지적하고 있다.

교사 양성 대학의 교육과정은 교사로서 인성적 측면에서 본보기가 되고, 사회 변화와 교육현장의 변화에 부응할 수 있도록 하며 교직을 수행하는 데 필요한 전문적인 지식을 가질 수 있도록 구성되어야 한다. 특히 체육교사로서의 전문적인 지식을 가질 수 있도록 전공과정인 교과교육학과 교과내용학을 중심으로 다양하고 심도 있는 과목이 개설되어야 할 것이다. 아울러 참관 실습 및 실무 실습 등 교육실습의 비중도 현재보다 상향 조정되어야 할 것으로 본다.

2. 우리나라 중등체육교사 양성 프로그램의 문제

본 절에서는 향후 우리나라의 중등체육교사 양성 프로그램의 바람직한 발전 방향과 과제를 제시하기 위한 전초 단계로서 그동안 중등체육교사 양성과정에 대해 여러 연구자들이 언급한 우리나라 중등체육교사 양성의 제 문제들이 무엇인지 논의해 보고자 한다.

1) 우수 예비체육교사 선발의 한계

어떤 조직체나 기관이 그 목표를 달성하고 체제를 유지·발전시키기 위해서는 유능한 인재를 확보하고 양성하는 일이 무엇보다 중요하다. 교육조직에서도 그 본래의 교육목표를 달성하고 체제를 유지·발전시키기 위해서는 무엇보다도 유능한 교사의 양성과 확보가 선행되어야 한다(김용조, 1997).

체육교육에 있어서도 예외 없이 예비체육교사로 교육받을 학생들을 선발함에 있어서 교직자로서의 사명감이나 교직 적성, 또는 헌신적 태도 등을 갖춘 유능한 예비교사가 선발되어야 마땅하다. 그러나 우리나라의 직전 체육교사 선발의 현실은 그렇지 못하다.

손천택 등(2003)은 예비교사의 사범대학 진학 동기에 대해 뚜렷한 교직에 대한 인식 없이 운동능력이나 체육에 대한 좋은 이미지, 또는 체육교사의 권유로 체육교육과에 들어와서 저학년 때는 교직에 적극적인 관심을 보이지 않다가 상급학년이 되거나 군복무를 마치고 임용고사를 준비하면서 교직을 결심하게 되는 등 예비교사들이 교직 선택을 뒤늦게 결심하여 충분한 준비가 이루어지지 못하고 있는 현실을 지적하였다.

최희진(2002)은 초임교사를 대상으로 한 연구에서 초임교사들이 교직을 선택한 이유로 체육계열 학과를 졸업하고는 사회로 진출할 수 있는 분야가 극히 제한되어 있다는 것을 깨닫고 직업적 안정을 도모하기 위해 교직을 선택하는 경우가 많다고 보고하고 있다.

그리고 현재와 같은 다양한 통로 즉 사범대학, 일반대학 교직이수, 교육대학원 이수 등 일정 기간동안 일정 과정을 이수한 후 아무런 테스트 없이 바로 교사자격증을 수여하는 현재와 같은 제도로는 우수한 예비교사를 사전에 선발하기 어렵다.

따라서 선발 과정에서부터 교직에 대한 인식과 사명감을 지닌 우수한 예비교사가 선발될 수 있도록 교직 적성 검사 및 철저한 심층면접이 이루어져야 할 것이며, 아울러 입학 초부터 철저한 교육을 통해 장차 교사가 될 사람으로서의 책무와 사명감을 심어줄 수 있도록 초기 교육과정 프로그램에 교직과목을 편성해야 할 것이다. 또한 사범대학 또는 교직이수, 교육대학원 과정 이수만으로 교사자격증을 남발하는 현재의 시스템으로는 교직 부적격자를 걸러내지 못하고 자격증만 남발하는 우를 범할 수 있다. 이러한 교직 부적격자를 사전에 가려내는 장치로서 교사자격증 적격 부적격 심사 혹은 의사나 약사 등 자격증 시험처럼 국가적으로 교사자격증을 부여하는 시험 제도를 의무화할 필요가 있다고 본다. 즉, 대학 졸업에 필요한 기준과 교사 자격을 부여하는 기준은 엄격히 구분되어야 한다. 교사자격 부여 기준이 졸업 기준보다 더 높게 설정되어야 하고, 교사자격증 취득에 필요한 기본이수과목이나 필수 및 선택과목의 범위와 이수학점 수를 중등학교의 체육교육 현실을 반영하여 재설정하여야 한다. 현행과 같이 졸업과 동시에 무시험 검정을 거쳐 교사자격을 취득하는 제도에서 교사자격부여 기준에 미달되는 자에게는 졸업은 인정하되 교사자격증을 부여하지 않는 방향으로 전환할 필요가 있다.

2) 교사 교육기관으로서 정체성이 모호한 교육과정

체육교사를 양성하는 교육과정은 기존의 체육학을 연구하는 체육학과의 교육과정과는 차별화된 뚜렷한 교육목적, 교육과정, 교육방법이 어느 정도 특성화된 교육과정을 필요로 한다. 그러나 우리나라는 체육교사교육기관의 교육과정이 일반 체육계열학과와 별반 차이가 없을 뿐만 아니라 중등체육교사로서의 전문적인 능력과 자질을 기르는 데에도 적합하지 않다는 비판이 제기되고 있다(김용환, 1992).

현재 우리나라 교사교육기관의 교육과정은 우수한 체육교사 양성이라는 나름대로의 거시적인 이념과 목적을 제시하고 있으나, 변화하는 시대의 요구에 따라 끊임없이 수정된 현실감 있는 구체적인 목표는 제시하지 못하고 있다. 또한 현장과 연계성이 떨어지는 학문적 내용학 중심의 구성과 교직실무에 관련된 생활지도, 업무능력을 위한 내용 그리고 학교 현장의 실태를 고려한 체육과 교수-학습 방법의 습득을 위한 교육내용이 부족하다.

이러한 사실과 관련하여 손천택(2002)은 체육교사교육기관에 개설된 이론과목의 상당 부분이 중등체육교사의 지도능력을 기르는 것과 직접적으로 관련이 없는 교과내용학 중심으로 편성되어 있으며, 과목간의 연계성이 부족하여 예비체육교사에게 과중한 수업부담이 되고 있고, 체육교과를 잘 가르칠 수 있는 교사를 양성하는 설립목적에 반해 체육교사교육기관의 교육과정 편성 체제와 내용이 중등체육교사 양성과는 상당한 거리가 있다고 밝히고 있다.

아울러 교양과정과 전공과정간의 연계성이 부족하여 교양과정을 통해 전공에 필요한 기초적인 지식을 얻고 있지 못하다고 있다고 지적하였다. 아울러 정도상과 김신겸(1999)이 제7차 교육과정과 15개 사범대학 체육교육학과의 교육과정을 비교하여 연계성을 분석한 연구결과에 따르면, 우리나라 체육교사 교육의 가장 큰 문제점으로 체육교육학과의 교육과정이 스포츠 생리학이나 운동역학과 같은 교과내용학에 편중되어 있음을 보고하고 있다. 또한 체육교사교육기관의 교육과정과 중고등학교 체육교육과정의 연계성이 부족한 점도 큰 문제점으로 지적하였다.

강동원과 곽은창(1995)의 연구에서도 우리나라 체육교사 교육과정이 교과내용학 중심의 이론과목에 치우쳐 있어 현장에서 학생지도에 필요한 교수기능을 익히지 못하고 있다고 지적하고 있다.

또한 교사 교육과정의 중요한 한 축을 담당하고 있는 교육실습은 교사 양성 기관에 재학 중인 학생들로 하여금 학교현장에 대한 이해와 적응력을 높이고 교사로서의 자질과 능력을 배양하도록 하기 위해서 꼭 필요한 부분임에도 불구하고 실습의 횟수 및 학점 비중이 낮을 뿐만 아니라 충실히 이루어지 못하고 있다. 교육실습과 관련하여 많은 연구자들(안정훈, 2001; 유현의, 1997; 최희진, 2002, 김영식 등, 2004)은 우리나라의 교육실습은 외국 선진국에 비해 실습 기간이 짧음으로 인해 교사로서의 책무를 배우고 익힐 충분한 시간과 기회를 제공받지 못하고 있고, 특히 체육실습생의 지도가 현장의 체육교사에게만 전담되어 대학과 충분한 연계가 이루어지지 않아 체계적인 지도가 이루어지지 않고 있어 형식에 치우치는 경향이 있다고 보고하고 있다.

이밖에도 김대진(2006)은 최근 대학교육이 복수전공을 실시함으로써 진정한 교사교육의 실천이 미비하다는 주장이 일고 있다고 지적하며, 복수전공은 허용해야 할 것이나 목적대학인 사범대학에서 무모하게 전공학점을 과다하게 줄이고 복수전공이나 산발적인 자유선택 과목을 늘리는 것은 교사의 질을 낮추는 것이 될 수 있다고 하였다.

체육교사 양성대학의 교육과정은 직·간접적으로 체육교사 전문성과의 관계에서 의미 있는 연관성을 지닌 것으로 국내·외의 여러 학자들의 연구(최의창, 2002; 윤명희, 1998; 손천택, 2000; Lumpkin, 1986; Miller, 1978; Bucher, 1975)에서 제시된 것과 같이 운동능력과 운동에 관련된 박식한 지식을 갖추며, 우수한 체육교수 능력을 겸비하고 인성 면에서 본보기가 될 수 있는 교사양성 교육과정으로 편성·운영되도록 해야 할 것이다.

3) 교과교육학의 중요도에 대한 인식 부족

교과교육학은 교사 교육에 가장 핵심적인 학문이며, 교과의 지식을 잘 가르칠 수 있도록 하는 지식체계로서 잘 가르칠 수 있는 방법을 제시하는 하나의 학문체계라 할 수 있다. 그래서 일반적으로 교과교육학은 교사 양성의 교육과정을 구성하는 배경이 되고 있다(윤명희, 1998).

한국교육개발원이 1997년에 실시한 체육교육과 교육과정의 전공필수 과목 분석연구에서 우리나라 사범대학의 체육교사교육 프로그램은 체육교사로서의 전문성을 갖추는데 필수적으로 필요한 체육교수 이론, 체육교육과정 이론, 체육교과 교재 연구와 같은 체육교과교육학 개설과목이 많지 않다고 보고 한 바 있다. 그나마 개설되어 있는 대학에서조차도 그 분야에서 오랫동안 연구해 오지 않은 교수가 과목을 담당하고 있는 것으로 나타났다. 이러한 연구가 1997년도에 발표한 연구임에도 불구하고 새로운 세기가 바뀌고 10여년이란 세월이 지난 현재에도 여전히 교과교육학의 중요도에 대한 인식은 바뀌고 있지 않고 있다.

김대진(2008)은 '중등체육교사양성 교육과정' 연구에서 현재 우리나라 체육교사 양성 대학에서 개설하고 있는 교과목들로는 특정 수업상황 속에서 교과를 가르치는 데 이용되는 내용지식과 방법지식이 통합될 수 있도록 하는 데 어려움이 있고, 특히 체육교육과정, 체육지도법 등의 교과교육학에 해당하는 방법지식 측면의 교과목에 대한 중요성의 인지도가 낮은 편이어서 이들 교과목을 소홀히 하는 경향이 있으며, 이와 같이 교과교육학 교과목이 중요시 되지 않는 한 교사교육의 전문화는 물론 교사양성대학의 정체성 확립도 어렵다고 주장하고 있다.

또한 그는 체육교사양성기관에 체육교육학을 전공한 교수가 재직하고 있는 경우는 사범계열 23개교 중 13개교, 비사범계 22개교 중 6개교에 지나지 않아 체육교육과정, 체육지도법 등의 교과교육학이 개설되어 있다하더라도 전공한 교수가 지도하지 않는 경우가 더 많다고 보고하고 있다. 이러한 사실 역시 교과교육학 분야에 대한 소홀성을 단적으로 지적하는 부분이다.

김영식 등(2004)의 연구에서도 우리나라 양성대학 교육과정에는 체육교사의 전문성을 갖추는 데 필요한 체육교과교육학의 교육내용이 부족하고, 특히 현직의 업무처리와 같은 실무에 관련된 내용이나 다인수의 과밀학급, 체육시설·설비의 미흡과 같은 학교현장의 실태를 고려한 학습지도 방법이 부족하며, 생리학이나 역학과 같은 교과내용학 중심의 편성은 교육내용 자체가 너무 이론적·학문적 부분이 많아 일선학교 현장과의 연계성이 떨어지므로 학교현장과의 연계성을 고려한 체육교과교육학 강좌가 늘어나야 한다고 지적하였다.

교과교육학은 교과의 내용과 교육학적 방법을 통합하여 이루어진 영역으로 교사교육을 위해 그 중요성이 점차 부각되고 있음에도 불구하고 아직까지 많은 대학에서 필수과목화 되지 못하고 있고, 다루어지고 있더라도 이론이주로 다루어지고 있는 실정이다. 교과교육학은 과목 명뿐만 아니라 실제교수 시 현장 실습과 이론을 병행하여 예비교사들이 가르치는 방법을 체득할 수 있도록 내실 있게 지도되어야 할 것이다.

4) 체육교사 양성 대학 교육과정 질적 평가 프로그램 부재

대부분의 체육교사 양성 대학 교육과정은 양성 대학 자체의 자율에 의해 편성하도록 맡겨지기 때문에 질 관리 자체가 매우 어렵다고 볼 수 있다. 특히 교육과정 이론이나 원칙에 의한 교육과정 개발이 아닌 학내 교수 자원의 구성 및 분포와 정치적 논리에 의해 교육과정 개편이 이루어지고 있는 실정이다. 또한 개편 주기마저 불규칙하기 때문에 질 관리 자체 잘 이루어지지 않고 있다. 특히 역사가 긴 대학은 관행대로 해오던 교육과정의 틀을 벗어나기 어렵고 신생대학은 그 대학의 이상이나 지역사회의 특성보다 정부의 요구나 사회적 관심사가 요인들로 반영되므로 개편이나 관리를 통한 질 관리가 어렵다.

현재 대학교육협의회 등 국가 수준에서 대학의 교육과정을 평가하는 소수의 기관이 있으나 이러한 기관들에 의해 실시되는 교육과정 평가는 그 주기가 길고 포괄적이어서 구체적인 사안을 평가하기가 힘들고 지엽적인 부분의 평가가 이루어지므로 개선을 위한 실제적인 평가라고 보기가 어렵다(김대진, 2008).

IV 중등 체육교사 양성 프로그램의 개선방향

앞 절에서 우리나라 중등 체육교사 양성 프로그램의 문제점들에 대해 진단해 보았다. 이를 바탕으로 본 절에서는 우리나라의 중등체육교사 교육프로그램의 바람직한 발전 방향을 제시하고 이를 위해 해결해야 할 과제에 대해 논의해 보고자 한다.

1. 교사 교육기관으로서의 정체성 확립을 위한 교육과정 재정비

주지하다시피 중등교사 양성 기관으로서의 교사 교육과정은 가르치는 일을 배우는 것(learning how to teach)이며, 이는 가르침 자체의 의미를 추구하고 실제로 가르치는 능력을 기르는 일이라고 할 수 있다. 일반 대학은 학생들에게 이론적 지식을 가르치되 그것의 적합성과 그것이 지시하는 대상과의 일치성, 또 그것이 사실에 미치는 효율성에 궁극적 목적을 둔다. 그러나 사범대학의 경우 이런 일보다 교과를 통하여 예비교사들이 앞으로 학습자들의 지적, 정서적, 기능적 능력을 발달시키는 데 따르는 가치와 목적과 방법에 관심을 집중해야 한다. 그러나 현행 사범대학의 교육과정은 일반대학의 교육과정과 크게 다른 점이 없어 사범대학의 존립 자체가 흔들리고 있다. 교사 교육과정의 정체성 확립을 위해서는 교사 양성이라는 특정한 목적을 지닌 기관으로서 그 고유성과 탁월성을 보여야 할 것이다(김대진, 2006).

    교사교육기관의 교육과정을 전문화하고 특성화하기 위한 구체적인 방안은 교과교육학의 강화와 교육실습의 확대를 들 수 있다. 현재 지나치게 교과내용학 중심으로 구성된 체육이론 과목을 축소하고, 교과교육학의 비중을 좀 더 확대해 나가야 할 것이다. 구체적인 교과교육학 강좌들의 예를 든다면, 체육교육철학, 체육장학, 체육학습지도 설계, 체육지도 실습, 체육교육실습, 체육교육 개선 세미나 등 현장에 나가서 가르치는 데 실제로 도움이 되는 교과목들로 체육교사교육과정을 재구성해야 한다(손천택, 2002). 이러한 강좌들은 현행처럼 전공도 하지 않은 무자격자에게 맡겨져서는 안 되며, 중등학교 현장 경험이 있는 교과교육학 전공 교수에 의해 전문적으로 지도되어야 마땅하다.

    그리고 교과교육이 보다 효율적으로 이루어지기 위해서는 모든 강의가 일선 교육현장과 밀접한 연계성을 가져야 한다. 그러기 위해서는 초기 현장경험 제도를 보다 확대하고 양성 대학에 실습 전담 부서 설치를 의무화하여 현장 실습을 강화할 필요가 있다. 양성교육과정의 조정(학점증대/기간연장)을 통한 교육실습의 개별화와 특성화를 도모해야 할 것이다. 유정애(2001)와 손천택(2002)의 연구에서 언급한 것처럼 사전에 체육지도법이나 체육교과 교재 및 연구 등과 같은 체육교과교육학 과목의 일부를 포함시킨 2주 이상의 초기 현장 경험 제도를 적극적으로 도입할 필요가 있고, 이것을 교육실습으로 순차적으로 전환할 필요가 있다. 특히 안희숙(2003)이 제안한 것처럼 참관이나 실습 기간을 모든 학기가 끝나는 6월 중순과 12월에 이루어 질 수 있도록 기간을 조정한다면 현재와 같이 학기 중에 실습이 이루어짐으로써 일어나는 수업 결손을 어느 정도 방지할 수 있을 것이다. 또한 현재처럼 담당교수의 일회성의 형식적인 현장 방문이나 현장의 협력교사에게만 실습을 전담토록 하지 말고 지도 교수, 협력교사, 교육실습생이 주체가 되어 서로 협력하는 연계체제를 확고히 구축해 나가야 할 것이다. 예를 들어 실습 기간 일주일 중 하루는 대학에서 교수와 세미나와 교육실습에 관한 토론수업을 하면서 나머지 날은 직접 실습을 하는 체제가 되어야 한다. 또한 지도교수는 주기적으로 현장을 방문하여 협력교사와 공동 지도를 통해 더욱 짜임새 있는 지도와 평가가 이루어 질 수 있도록 해야 할 것이다.

2. 체육교사 양성 대학에 대한 평가 인정제 실시

대학 자체적으로 교사양성 기관으로서의 정체성 확립을 위한 자구 노력이 전제되어야 하겠지만 국가적 차원에서 체육교사 양성 대학에 대한 평가인정을 실시하고 체육교사교육의 질 관리에 지속적으로 관여하지 않으면 교사교육 프로그램의 개선은 요원한 일이 될 것이다.

국가적 차원에서 잘 마련된 검증 시스템의 절차를 거친 교사교육 기관은 교사 양성을 위한 기간체제로 발전시키고 기타의 기관은 교사 양성의 보조적 기능을 수행토록 하는 제도가 마련되어야 할 것이다.

앞서 논의 한바 있듯 우리나라는 현재 대학교육협의회 등 국가수준에서 대학의 교육과정을 평가하는 소수의 기관이 있으나 이러한 기관들에 의해 실시되는 교육과정 평가는 그 주기가 길고 포괄적이어서 구체적인 사안을 평가하기가 힘들고 지엽적인 부분의 평가가 이루어지므로 개선을 위한 실제적인 평가라고 보기가 어렵다. 따라서 전문가들로 구성된 평가단의 구성과 함께 평가의 주기를 보다 짧게 하고 구체적인 사안을 평가할 수 있도록 평가항목을 보다 세분화하여 엄정한 심사가 이루어질 수 있도록 제도적 차원의 평가 인정제가 반드시 도입되어야 한다.

3. 국가적 차원에서의 교사 자격시험 실시

우리나라는 교사가 되기 위한 통로가 다양하며, 사범대학, 일반대학 교직이수, 교육대학원 이수 등 다양한 통로를 통해 일정 기간동안 교육과정을 이수하면 아무런 테스트 없이 바로 교사자격증을 취득하게 된다. 이러한 일정의 졸업이수 학점을 획득하여 소정의 절차를 거쳐 신청만 하면 자격증을 발급 받는 무시험검정을 지양하고 졸업과는 별도의 체육교사 자격부여 기준안을 만들어 시행해야 한다.

　미국의 경우 교사 자격시험의 내용과 형식면에서 매우 까다롭고 1단계에서 3단계에 이르기까지 각 주 교육위원회에서 엄격한 심사에 의해 교사 자격증이 발급되고 있다. 교사들의 질적 수준을 높이기 위해 교사 양성 교육과정 운영단계에서부터 노력하는 것은 물론 졸업과정과는 별도로 졸업 후 국가시험을 통해 이에 합격한 자에게 교사 자격증을 부여하고 있다. 교사 자격증 부여를 위한 국가시험은 체계적이며 효율적으로 관리·운영되고 있다. 특히 모든 교사에게 직전 전문 기능 테스트인 읽기, 쓰기, 수학 시험의 통과를 필수로 하고 있는 점으로 미루어 볼 때 교사의 상식과 기초 수준의 중요성을 강조하고 있음을 알 수 있다. 또한 자격증 부여 과정에서 교육실습을 중요하게 생각하여 교육실습을 예비 실습과 본 실습 등으로 구분하고 장기간 체계적으로 실시하여 실습의 과정과 결과를 평가하여 자격 심사에 반영하고 있다(안희숙, 2003). 이러한 미국의 교사 자격증 부여 제도는 우리에게 시사하는 바가 크다.

　이와 같이 체육교사 자격검정 제도는 교사가 되려는 예비교사들을 양성 기관의 수련과정을 거쳐 인격적 성숙과 학문적 기반을 바탕으로 이론과 실기를 겸비한 교사를 교사로 양성해야 할 책무가 있으며, 엄격한 평가 제도를 통해 자격을 갖춘 사람에게 교사로서의 자격을 부여하는 역할을 담당하여 교사의 질을 한층 높이는 데 기여할 것이다. 이러한 시험전형은 지금까지 기성세대가 가진 부정적인 체육교사에 대한 이미지를 달리 인식하게 하고 교사로서의 자긍심을 갖게 해 줄 수 있을 것이다. 또한 현재 넘쳐나고 있는 교사양성대학의 정원을 감축하는 효과도 기대할 수 있으리라 생각한다.

　체육교사 자격 취득 방법에 체육교사로서 갖추어야 할 기초적인 교양과 교육관을 판별할 수 있는 심층 면접과 구술시험, 실제 수업 운영 능력 평가 등을 통해 체육교사로서의 자질을 갖춘 자에게만 자격증을 취득하도록 하면 체육교사 질 관리에 크게 기여할 수 있을 것이다.

V 요약 및 결론

지금까지 우리나라 중등 체육교사양성 프로그램에 대해 그동안 이루어진 여러 연구자들의 연구들을 토대로 중등체육교사 양성 체제의 역사와 현황, 문제 그리고 개선방향에 대해 고찰해 보았다. 연구를 통해 나타난 결과는 다음과 같다.

첫째, 우리나라 중등체육교사 양성프로그램은 해방 이후 부족한 체육교사 수급에 큰 기여를 하여 체육교육의 양적 성장에 큰 기여를 한 것이 사실이나 교사양성기관이 교사수급에만 급급하여 학교 교육현장의 질적 향상에는 크게 기여하지 못한 것으로 드러났다.

둘째, 우리나라 중등체육교사 양성프로그램은 그 정체성이 모호하여 예비교사를 선발함에 있어서 뚜렷한 교직관과 사명감을 가진 예비교사의 선발 자체가 어려울 뿐만 아니라 유능한 체육교사가 갖추어야 할 자질과 태도를 함양토록 하는 데에도 한계가 많은 것으로 나타났다.

셋째, 교사교육에 있어 중요한 역할을 차지하는 교과교육학의 비중이 교과내용학에 비해 상대적으로 적고 아울러 현장경험이 있는 전문지도 교수에 의해 지도되지 않는 등 소홀히 다루어지고 있음이 드러났다. 특히 교육실습의 비중이 선진국에 비해 상대적으로 적어 현장에 대한 이해와 적응력을 키우는 데에도 한계를 가지고 있는 것으로 드러났다.

넷째, 체육교사 양성 대학의 교육과정에 대한 주기적인 평가가 이루어지지 않아 근본적인 질 관리 자체가 이루어지지 않고 있다.

이러한 문제점들을 바탕으로 나타난 중등체육교사 양성프로그램의 개선 방향을 제시하면 다음과 같다.

첫째, 체육교사양성 프로그램의 정체성 확립과 특성화를 도모하기 위해서는 체육교과교육학의 비중을 확대해야 한다. 또한 이러한 교과교육학은 학교체육현장과 연계된 내용이어야 하며, 학교현장경험이 풍부한 전공교수에 의해 전담되어야 한다.

둘째, 교육실습의 기간과 학점을 상향 조정하여 수업 손실이 일어나지 않는 6월 중순과 12월 중순 등의 기간을 이용한 다양한 체제의 참관실습 및 교육실습이 이루어질 수 있도록 실습과정을 개편하고, 교육실습을 전담할 부서를 대학에 신설할 필요가 있다. 아울러 실습기간 일주일 중 하루는 대학에서 교수와 세미나 및 교육실습에 관한 토론 수업을 하면서 나머지 날은 직접 실습을 하는 체제로 개편되어야 한다. 또한 지도교수와 협력교사의 공동 지도를 통해 짜임새 있는 지도와 평가가 이루어져야 한다.

셋째, 국가적 차원에서의 교사 자격시험이 실시되어야 한다. 미국의 경우처럼 1단계에서 3단계에 이르기까지 엄격한 절차를 거쳐 졸업과는 별도로 교사자격증을 부여하는 제도를 우리나라도 빠른 시일 내에 마련해야 한다. 교사자격증 부여 내용 속에 교육실습의 과정과 결과가 반영될 수 있도록 하는 제도도 고려해 볼 만하다.

넷째, 체육교사 양성 대학에 대한 평가 인정제가 반드시 실시되어야 한다. 체육교육 및 교육과정 전문가들로 구성된 평가단을 조직하고 현재와 같이 이루어지고 있는 평가보다 더욱 세분화되고 엄정한 평가 기준을 만들고, 평가의 주기도 현재보다 짧게 조정함으로써 교사양성 기관들의 지속적인 자구 노력을 유도해 낼 수 있어야 한다.

교육의 질은 교사의 질을 능가할 수 없고 교사의 질은 교사 양성 기관의 프로그램의 질을 능가할 수 없다. 현재와 같이 교육에 대한 국가적 관심이 고조되고 있는 이 시점에서 교사의 전문성을 높이기 위해서는 위에서 제시된 여러 가지 문제들을 더 이상 간과할 수 없다. 하루 빨리 개선을 위한 실천이 이루어지길 바란다.

참고 문헌

강동원, 곽은창(1995). 예비교사의 교수학습 경험 분석을 통한 대학 체육교사 교육프로그램의 질적 제고. **한국스포츠교육학회지**, 2(1). 13-26.
김대진(2006). 중등체육교사교육의 현황과 과제. **한국스포츠교육학회지**, 13(4), 23-33.
김대진(2008). 중등체육교사양성 교육과정 연구. **한국스포츠교육학회지** 15(1), 21-37.
김순애(1998). 전문성 제고를 위한 사범대학 교육과정의 발전 과제. **조선대교과교육연구**, 1-1.
김영식(2003). **체육교사 양성 및 연수 교육과정의 효과적 운영 방안**. 미간행 박사학위 논문 한국교원대학교 대학원.
김영식, 김진환, 임종호(2004). 중등 체육교사 양성의 내실화 전략. **한국사회체육학회지**, 22, 35-44.
김용조(1997). 교사교육의 전문성 신장에 관한 연구. **교육논총**, 18, 13-25.
김용환(1992). 체육교사교육의 방향. **교육개발**, 78, 16-19.
손천택(2002). 체육교육의 현황과 개선 방안. **한국스포츠교육학회지**, 9(2), 27-42.
손천택, 강신복, Patt Dodds(2003). 체육교사 양성프로그램의 현상학적 분석. **한국체육학회지**, 42(4), 315-329.
안정훈(2001). 체육교육실습에 대한 중등체육교사의 인식. **한국스포츠교육학회지**, 8(2).
안희숙(2003). **체육교사 양성 및 임용제도 연구**. 미간행 박사학위 논문, 한국교원대학교 대학원.
윤명희(1998). **체육과 교육론**. 서울: 태근문화사.
유정애(2001). **교사 전문성 연구**. 한국스포츠교육학회지, 7(2).
유현의(1997). **교육실습 행정체제의 실태조사에 관한 연구**. 미간행 석사학위 논문, 건국대학교 대학원.
이윤식, 최상근, 허병기(1994). **교사양성체제 개선방안 연구**. 한국교육개발원 연구보고.
정도상, 김신겸(1999). 제7차 교육과정에 따른 교원양성기관의 체육교육과정 프로그램 모형 개발. **한국체육학회지**, 38(3), 345-358.
정태범(2002). 21세기의 교사 양성 체제. **한국교사교육**, 17(1).
최미리(2000). **한미 주요 대학의 교양교육 비교 분석 연구**. 미간행 박사학위 논문, 연세대학교 대학원.
최의창(2002). 중등학교 체육수업 개선을 위한 통합적 교과조직 및 지도방법 개발. **스포츠교육학회지**, 9(1).
최지용(2003). **중등 체육교사 양성 과정 변천에 관한 연구**. 미간행 석사학위 논문, 한국교원대학교 대학원.
최희진(2002). **중학교 초임 체육교사의 교직 사회화**. 미간행 박사학위 논문, 서울대학교 대학원.
한국교육개발원(1997). **교사양성체제 개선방안 연구**. 한국교육개발원 연구보고.
Bucher, C, A. (1975). *Foundations of Physical Education*. St. Louis: C. V. Mosby Co.
Lumpkin, A. (1986). *Physical Education*. St. Louis, Missouri: Times Mirror Mosby.
Miller, D. K. (1978). The Effective Teacher. *The Physical Education, 35(3)*.

14

중등체육교사 연수의 현황과 개선방안 탐색

김 대 진

학교교육이 제도화되어 정착된 이래로 수많은 교사재교육이 이루어져 왔지만 거의 모든 경우에 있어 교원교육이 국가적 의무임을 자각하지 못하고, 연수내용이 현장의 문제해결에 도움을 주지 못하며, 체계적이고 깊이 있는 교육과정이 미비하고, 연수기회의 불균형과 편중현상으로 현직교사들의 유인책이 부족하다는 지적을 받아왔다. 특히 현직체육교사연수의 경우, 교사 스스로 연수에 참여하여 새로운 학문적 이론이나 교육정보를 습득하여 학생지도 시 수업전문가로서의 능력을 신장시키겠다는 내면적 욕구나 희망에 따라 연수에 참여하기보다는 상위 자격을 취득하기 위해 거쳐야 하는 이수과정으로 생각하고 참여하는 경향이 높으며, 실기위주의 교육과정 편성으로 체육교사들의 연수의 효과성이 부족하다는 지적을 받아왔다. 이에 본 연구에서는 중등체육교사연수의 현황을 파악하고, 다른 나라들의 교원연수제도를 비교하여 이를 토대로 문제점을 도출하여 그 해결방안을 제시하려고 하였다. 이에 더하여 기존의 면대면 집합연수의 대안적인 연수방안으로서 멘토링을 활용한 연수, 전자포트폴리오를 통한 연수 및 사이버교원연수 방안을 제시하였다.

I 서언

　　현대사회에서의 세계 각국은 국가 간의 경쟁체제가 강화되고 있으며, 이 경쟁에서 살아남기 위한 노력은 더욱 치열해지고 있다. 일반적으로 각 국가에서는 교육개혁을 통한 경쟁력 강화를 도모하고 있는 추세(OECD, 1995)이며, 이와 같은 교육개혁 중에서도 학교교육의 효율성 증진에 많은 관심을 기울여 공립학교 체제의 변화, 학교 평가나 교사 평가, 성취도 평가의 강화 등 다양한 노력을 기울이고 있다(곽병선, 2000). 또한 이러한 배경 하에 각국은 교육개혁의 중요한 축으로 교사교육개혁에 박차를 가하고 있는데(Holmes Group, 1986), 이것은 교육의 질은 교사의 질을 능가할 수 없다(김대진, 2008)는 전제가 깔려있는 것이라 할 수 있다. 다시 말하면 교사의 변화나 교사의 질 향상 없이는 교육의 질 향상을 기대할 수 없으며, 어떠한 교육개혁도 성공할 수 없다는 인식을 공유하게 된 것이다(Richardson, 1997). 따라서 각 나라에서는 직전교사교육뿐만 아니라 현직교사연수에 대해서도 교사의 질을 결정하는 핵심 기제로 보고 많은 관심과 노력을 기울이고 있다(김병찬, 2004).

　　현직교사교육에 대한 국제적인 관심은 1960-70년대부터 증폭되기 시작하여 국가발전의 원동력은 인간자본이고, 인간자본의 원천은 교육이며, 교육의 원동력은 교원이라는 인식이 많은 나라에서 정책 및 교육 담당자들의 주요 인식이 되었다. 이러한 흐름은 여러 국제기구에서의 교원교육에 대한 관심과 강조를 통해서도 알 수 있다. 즉 '유네스코'와 '세계노동기구'에서는 1965년 "교원지위에 관한 권고"를 통해 교직의 전문성신장을 강조하였으며, OECD에서는 1974년 "교원교육의 새모형", 1976년 "교원정책" 등의 보고서를 통해 교원교육 및 교원의 전문성 향상을 강조하였다(장찬익, 1996; 415-430). OECD는 또한 현직교육을 초·중등학교의 교사 및 교장 교감들이 그들의 자격증 취득 이후에 학생들을 좀더 효과적으로 교육하기 위하여 주로 그들의 전문적 지식, 기능 및 태도를 증진·발전시킬 목적으로 참여하는 교육·훈련활동이라고 정의하고 있는데 이는 현직교육 즉 현직연수는 가르치는 일이 주 업무인 교사가 더 잘 가르치기 위해 필요한 지식과 기능을 몸에 익히는 전문적인 성장을 목적으로 하는 활동이라는 것을 의미한다.

우리나라의 경우, 교육기본법 제14조 2항에서 '교원은 교육자로서 갖추어야 할 품성과 자질을 향상시키기 위하여 노력하여야 한다'고 하였으며, 또 교육공무원법 제38조에도 '교육공무원은 그 직책을 수행하기 위하여 부단히 연구와 수양에 노력하여야 한다'고 규정되어 있다. 따라서 교육자로서 갖추어야 할 품성과 자질을 향상시키는 일은 교사로 발령을 받고 교단에 들어서는 순간에 완성되는 것이 아니라 부단한 자기 노력을 통해 성장되어진다고 할 수 있다.

현직교사교육은 크게 직무연수와 자격연수로 구분할 수 있으며 그 중에서도 가장 중요한 역할을 하고 있는 것으로 인식되고 있는 것은 1급 정교사 자격연수이다. 자격연수는 새로운 지식과 정보를 제공하면서 교사들에게 과거에 배웠던 지식을 재정비하고 새로운 정보를 충전시켜 줌으로써 새로운 교사들의 전문성을 제고 시킬 수 있다.

김동석 등(1999)은 구체적인 교육현실에 있어서는 연수제도의 운영 과정에서 다음과 같은 네 가지 문제점들을 열거하면서 연수를 보는 관점과 교원연수제도 운영의 틀을 다시 검토해 볼 필요성을 제기하고 있다. 첫째, 교원연수가 자율적인 성장기제로서 활용되는 본연의 가치보다 승진을 위한 점수관리 위주의 수단적 가치 추구에 얽매여 있다. 둘째, 현재의 교원연수제도는 교사들의 다양한 연수 수요와 학교교육 현장의 변화된 교육환경을 충분히 수용하고 있지 못하다. 셋째, 연수환경의 변화는 연수방법과 운영체제의 변화를 요구하고 있다. 넷째, 다양한 유형의 연수기관들이 변화된 역할 수행 및 책무성을 제고하고, 연수 프로그램 운영상의 특성을 추구하며 나아가 교원연수의 질적 성장을 고무시키는 인센티브 및 평가체제를 제대로 갖추지 못하고 있다.

대체로 현행 교원 연수제도에 대하여 교직 전문성의 증대보다는 단지 상위 자격을 취득하는데 필요한 형식적 과정으로 인식되는 경향을 지적하면서 연수를 위한 교육과정의 중복, 연수기관의 여건 및 시설의 부족, 연수 전문요원의 부족 등 교육 조건이 미비하다는 문제점들이 제기되고 있는 실정이다(김영태 외, 2005).

이렇게 교육일반에서 교원 또는 교사의 전문성 향상을 위한 강조 및 담론들이 있어 왔는데 과연 체육교사의 재교육 또는 연수는 어떠한 형태로 이루어져 왔으며 그 효과성은 어떠했는가? 지금까지 이에 대한 심각한 논의나 심도있는 연구가 이루어져 왔다고 말하기는 어려울 것 같다. 다만 경쟁이 더욱 치열해지는 요즈음의 사회현상에 적응하기 위한 체육교사의 밀도있고 실효성있는 재교육은 반드시 필요하다는 점에 대해 이의를 제기하기는 어려울 것 같다.

체육교사는 학생들에게 보다 폭넓은 지식과 기능을 전달하기 위해 계속적인 연구와 훈련을 하고, 학생들에게 효율적인 시범과 설명을 할 수 있으며 운동 기능의 동작을 분석할 수 있는 능력을 갖추어야 한다. 또한 학생의 입장을 고려한 상호작용을 통하여 학생과의 원만한 인간관계를 지속적으로 형성하며, 학생의 전체적인 삶에 영향을 주어야 한다. 따라서 우수한 체육교사가 갖추어야 할 자질은 세계 각국의 여러 학자들이 다양하게 제시하고 있지만 Ulrich(1976)는 성실성, 인간성에 대한 신념과 수용, 학생과 함께 할 수 있는 능력, 전문지식과 그 가치에 대한 신념의 소유, 교과내용을 혁신할 수 있는 능력, 유머감각의 소유, 교과내용과 학생에 대한 애착, 준비도와 같은 특성을 강조하고 있다.

우리나라의 중등학교 체육교사는 교원양성 기관에서 일정한 기간 동안 교육을 받고, 적절한 검정을 거쳐 중등 체육 2급 정교사 자격을 취득한다. 그리고 임용고사를 통하여 일선 현장에 나아가 학생들을 가르치고, 일정한 기간이 지나면 자격연수 교육을 받게 된다. 이와 같은 1급 정교사 자격연수교육 과정을 통하여 자신들의 자아형성과 교직의 전문성을 성장·발달시킨다. 그러나 현실적으로 자격연수 교육에 참여하는 교사들은 새로운 학문적 이론이나 교육정보를 습득하고 학생을 지도하는 수업 기술을 익혀 수업전문가로서의 능력을 신장시키기 위하여 자신들의 내면적 욕구나 희망에 따라 스스로 연수에 참가하는 것이라기보다는 상위자격을 취득하기 위해 거쳐야 하는 이수과정으로 생각하고 참여하는 경향이 높다.

또한 전문성 신장에 관한 의식을 가지고 있어도 통일화 되어 있지 못한 연수 과정과 정보력, 그리고 실기 위주의 프로그램 편성은 체육 교사들의 연수가 많이 미흡하여 과연 체육 1급 정교사 자격 연수가 현장 교사의 재교육을 위한 실질적인 기능을 하고 있는지에 대한 의문이 연구문헌에서도 점차 제기되고 있다(김영식, 임종호, 2002; 김영식, 2003). 따라서 이 글에서는 현재 실시되고 있는 중등 체육교사연수의 현황을 분석하여 문제점을 진단하고 이에 대한 개선방안을 탐색하는데 목적을 두었다. 이에 따른 연구내용은 교원연수의 종류와 교원연수의 운영기관을 알아보고, 최근 교원연수에 대한 운영방향 및 외국의 교원연수제도를 파악하였다. 그리고 선행연구 자료를 바탕으로 교원연수의 문제점을 파악한 뒤 연수의 개선방향을 탐색하였다. 아울러 대안적 교원연수프로그램 몇 가지를 제시해보고자 하였다.

II 교원연수의 현황

일반적으로 우리나라에서 "교원 현직연수", "교원 현직교육", "교원연수" 등의 용어들은 특별한 구별 없이 같은 의미를 갖는 것으로 상호 교환적으로 사용된다. 외국에서도 현직교육(in-service education), 현직교육-훈련(in-service education and training of teachers/INSET), 교직원 개발(staff development) 등의 유사어들이 명확한 구별 없이 학자에 따라 다양하게 사용되고 있는 실정이다. 이러한 용어들은 모두 교원이 가르치는 과정 중에 보다 전문성을 높이기 위해 계속적으로 재교육을 받아야 함을 나타내는 용어들이다.

1. 교원연수의 종류

교원연수의 종류는 <표 1>에서 보는 것과 같이 연수의 주체에 따라 크게 기관중심, 학교중심, 개인중심연수로 구분할 수 있다. 교육부 또는 시·도 교육청 주관 아래 다양한 연수기관에서 실시하는 기관중심의 연수로는 자격연수, 직무연수, 특별연수가 있다. 자격연수는 상급자격 또는 새로운 자격을 취득하기 위한 연수로서, 그 목적에 따라 1급 정교사 자격연수, 교감 자격 연수, 그리고 교장 자격 연수로 구분된다. 직무연수는 직무 수행에 필요한 능력과 자질을 배양하기 위한 연수로 교과, 생활지도, 정보화, 교양 등 다양한 분야에서 실시되고 있다. 특별연수는 연수자의 전문성 제고 및 자질 향상을 목적으로 한국교원대학교 대학원에 정규 석사과정과 계절제 석사과정을 두고 있다. 또한 국제화 시대에 적응하고 교육력 제고를 위한 교원장기해외유학 및 해외장기 체험연수 등이 있다.

또한 '자율연수'라는 명칭으로 학교단위에서 연구수업, 교과연수(동학년 협의회), 직원연수, 전달강습 등의 방법으로 실시하는 학교중심연수, 교사의 자발적 동기에 의하여 전문적 성장을 목적으로 개인수준에서 대학원 진학이나 연구 수행 교과 연구회, 학회, 개인별 연구 등의 방법으로 이루어지는 개인중심연수로 나눌 수 있다.

표 1 교원연수의 종류(2007. 12)

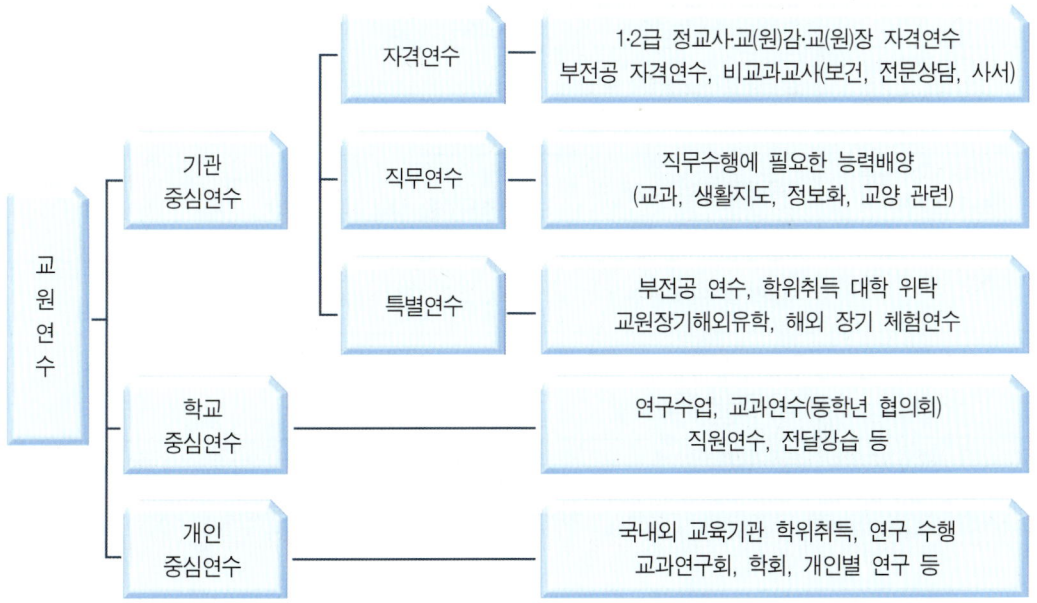

2. 교원연수의 운영 기관

교사들이 연수를 받을 수 있는 주요 연수기관 현황은 <표 2>와 같다. 원격교육연수원이 2000년부터 설립되어 운영되고 있으나 체육교과의 경우 원격연수로는 연수의 의미를 살릴 수 있는 진정한 연수가 쉽지 않으며 특히, 실기와 관련된 내용이나 지도방법과 관련된 내용은 원격연수가 불가능하므로 체육교육과 직접적인 관련성을 갖는 성격의 연수는 실행되고 있지 않은 실정이다(박재영, 2006).

표 2 교원 연수기관 현황 (2007. 9)

구 분	기관명	주요 연수과정	설립일
중앙단위연수기관 (4기관)	교육인적자원연수원	• 교육공무원 • 연수발전 및 자료개발	'05.01.01 국가전문행정연수원에서 독립
	한국교원대학교 종합교육연수원	• 교(원)장 자격연수 • 특별연수 • 외국어연수	'86.1.17
	한국방송통신대학교 종합교육연수원	• 초·중등교원 직무연수	'00.5.9
	서울대학교사범대학 부설 교육행정연수원	• 교(원)장 자격연수 • 교육행정지도자 과정	'64.2.21
대학교부설 중등교육연수원 (73기관)	강원대학교사범대학 부설 중등교육연수원 등	• 중등교원 자격·직무연수	'64.2.21 ~ '07.7
교육대학교부설 초등교육연수원 (11기관)	공주교육대학교부설 초등교육연수원 등	• 초등교원 자격·직무 연수	'64.2.21
시·도교육연수원 (16기관)	서울특별시교육연수원 등	• 초·중등교원 자격·직무연수	'75.4.3 ~ '98.12.4
원격교육연수원 (65기관)	전남대학교부설 원격교육연수원 등	• 초·중등교원 자격·직무연수	'00.12.4 ~ '07.9.1
계	169기관		

자료 : 교육인적자원부(2007). 2008년도 교원연수 운영 기본계획. 교육인적자원부.

이외에도 <표 3>과 같이 특수분야 직무연수기관에서 운영하는 연수에 참가할 수 있다. 특수분야 직무연수 프로그램 운영은 방학기간 동안 이루어지는 경우가 대부분이다. 특수분야 연수기관은 지역에 따라 기관수의 차이가 많은데 이는 특수분야 연수기관의 심의·지정을 시·도교육감이 결정하기 때문이다.

표 3 2004년 특수분야 직무연수기관 현황

시·도	서울	부산	대구	인천	광주	대전	울산	경기	강원	충북	충남	전북	전남	경북	경남	제주	계
기관수(개)	495	285	29	75	16	9	16	154	27	33	94	26	71	77	182	46	1,635
연수실적(명)	33,000	8,010	104	3,212	2,630	3,136	1,152	17,037	1,586	1,111	2,862	764	2,262	8,109	19,834	810	105,619

자료 : 교육인적자원부(2006). 교원연수기관 현황. 교육인적자원부.

3. 교원연수 운영방향의 최근 동향

1) 교원연수의 목표와 기본방향

교원연수의 목적에 대한 견해는 학자들마다 보는 시각에 따라서 여러 가지로 제시될 수 있다.

(1) OECD의 자문위원회에서 제시한 목적

① 교원들의 지식과 기술의 유지
② 전공분야의 지식과 능력향상 기회 제공
③ 사회의 새로운 상황 이해
④ 학생들의 새로운 정치, 사회, 문화적 도전의 준비를 위한 교원들의 능력 향상
⑤ 새로운 자격증 획득 및 전체적인 문화적, 전문적 교수력의 기준상향

(2) 영국의 교원수요와 훈련 자문 위원회에서 제시한 목적

① 교원의 전문적 능력, 신용, 지식의 개발
② 타 분야 교원과 비교한 개별적 업무와 태도 평가
③ 변화된 사회에 보조를 맞추는 교수역할의 평가준거 개발
④ 경력 향상

위에서 제시된 두 위원회의 목적은 교원들의 교과 지식, 교육 지식의 전문성과 교육학적 기술을 주로 다루고 있으며 사회적 변동에의 적응도 포함하고 있다. 또한, 교원연수는 바로 교육의 목적 달성을 위해 자신의 전인격을 동원할 줄 아는 교사의 자질을 갖추도록 도와주는 활동인 것이다. 따라서 현직연수는 좋은 교사가 되는데 필요한 자질을 갖추는 기회를 제공해 주는데 의의가 있으며, 교사의 전문적 자질 향상을 위해 교원연수에서 추구되어야 할 목적을 들어보면 다음과 같다.

(3) 교사의 전문적 자질 향상을 위한 교원연수의 목적

① 건전한 신념을 고취시킨다.
　인간의 본질, 사회의 본질, 교육의 목표 등에 대한 신념을 고취시키고, 긍정적인 자아개념의 형성을 추진시키는 일 등이 포함될 수 있다.
② 교육 기술을 함양한다.
　교수이론 및 이해, 교수 기술의 증진이 포괄될 수 있다.
③ 지도력을 함양시킨다.
　지도력을 개발, 육성하고 인간관계 기술을 증진시키며 장학에 대한 전문적인 소양과 기술 등을 습득시키는 일이 포함될 수 있다.
④ 지식을 함양한다.
　일반교양의 증진뿐 아니라, 학습의 본질을 이해하고 전문지식을 증진시키는 내용이 포함될 수 있다.

교원연수에 관한 많은 목적들이 언급되고 있지만 근본적인 목적은 직전교육의 미비점을 보완하고, 전문적 지식을 계속 새롭게

하며 새로운 사회변천에 적응하게 하는 자기 교육력을 높이는데 두고 있다.

우리나라에서는 교원연수와 관련하여 교원 등의 연수에 관한 규정(대통령령 제20740호)과 교원 등의 연수에 관한 시행규칙(교육과학기술부령 제1호)이 있으며 이를 근거로 매년 교육인적자원부 교원양성연수과에서 교원연수 운영 방향을 제시하고 있다. 교원연수의 목표와 기본방향의 최근 동향을 살펴보면 <표 4>와 같다. 2003년도에는 폭넓은 연수기회 부여, 연수운영 내실화·질제고, 수요자 중심 연수운영을 통해 '교원 전문성 신장'이라는 기본방향을 정했다. 이후 2006년도에는 폭넓은 연수기회 부여로 혁신역량 육성, 수요자 중심 맞춤연수 운영, 연수운영 혁신 및 인프라 확충을 통해 '교직 전문성과 책무성을 겸비하여 신뢰와 존경을 받는 교원'으로 기본방향을 설정하였으며, 2008년도에는 전문성 신장을 위한 연수 강화, 현장 요구를 반영하는 다양한 연수, 연수예산 증액 및 담당인력 확보, 연수기관의 질 관리체제 확립을 통한 '교원의 교육력 강화'로 기본방향을 설정하였다.

이에 따른 세부목표의 변화를 정책적 측면에서 살펴보면 2003년도의 교직 전 생애에 걸친 교원연수체제 구축에서 2006년에는 교육 혁신에 기여하는 교원연수체제 구축 및 교육혁신이라는 정책으로 목표가 변화하였으며, 2008년도에는 교원의 교직 수행능력 신장을 목표로 하였다. 운영상의 목표와 교육적 목표는 연도별 변화사항이 없이 연수운영의 내실화와 연수의 질 혁신과 교원의 전문성 신장을 통한 교육력 향상을 강조하였다.

표 4 교원연수의 목표와 기본방향의 변화(교육인적자원부, 2003, 2006, 2007)

2003년도 교원연수 목표와 기본방향

1. 목표

- **정책적 목표**: 교직 전생애에 걸친 교원연수체제 구축
- **운영상 목표**: 연수운영 내실화 및 연수의 질제고
- **교육적 목표**: 교원의 전문성 신장을 통한 교육력 향상

2. 기본방향

교원 전문성 신장

- **폭넓은 연수기회 부여**
  - 원격연수 활성화
  - 자발적인 연수 기회 확대
  - 연수경비 지원 확대

- **연수운영 내실화질제고**
  - 연수과정 현장적합성 제고
  - 연수운영시 현장교원 참여 확대
  - 연수평가체제 확립

- **수요자 중심 연수운영**
  - 다양한 연수과정 운영 및 우수강사 확보
  - 연수과정사전예고

2006년도 교원연수 목표와 기본방향

비전: 교직 전문성과 책무성을 겸비하여 신뢰와 존경을 받는 교원

교원연수 혁신 목표
- 교육 혁신에 기여하는 교원연수체제 구축 (정책적 목표)
- 연수운영 내실화 및 연수의 질 혁신 (운영상 목표)
- 교원의 전문성 신장을 통한 교육력 향상 (교육적 목표)

기본방향

- **폭넓은 연수기회 부여로 혁신역량 육성**
  - 교사 직무연수학 점취득성과 관리
  - 원격교육연수 활성화
  - 자발적 연수기회 확대
  - 중견교사의 역량 강화

- **수요자 중심 맞춤연수 운영**
  - 개별 교원의 요구에 따른 맞춤연수 운영
  - 교육연수원홈페이지를 활용한 서비스 개선
  - 특별연수의 효율적 운영

- **연수운영 혁신 및 인프라 확충**
  - 연수과정 현장적합성 및 성과 제고
  - 연수 관련 예산과 인프라 지속적 확충
  - 연수관리 체계 보강

2008년도 교원연수 목표와 기본방향

비전: 교원의 교육력 강화

정책적 목표 / 운영상 목표 / 교육적 목표
- 교원의 교직 수행능력 신장
- 연수운영 내실화 및 연수의 질 제고
- 교원의 전문성 신장을 통한 교육력 향상

- **전문성 신장을 위한 연수 강화**
  - 교장자격연수 개선 및 자격연수 교육
  - 직무연수 이수학점제 도입
  - 직무연수 성적평가 방법의 개선

- **현장 요구를 반영하는 다양한 연수**
  - 맞춤형 및 참여식 연수 방법의 확대
  - 현장교원의 연수 강사 활용 확대
  - 연수기관별 연수 대상 제한 폐지
  - 교원능력개발평가 결과의 반영

- **연수예산 증액 및 담당인력 확보**
  - 교장자격연수 경비 지원 확대
  - 직무연수 경비 지원 확대
  - 연수담당 전문인력 및 시설 확보

- **연수기관의 질 관리체제 확립**
  - 연수기관에 대한 내실있는 관리
  - 원격연수의 확대 및 원격연수지원 센터 설치
  - 연수기관간 협력 체제 강화

2) 교원연수의 운영방향

교원연수 운영방향에 대한 최근의 동향을 살펴보면, <표 5>에서 나타난 바와 같이 자발적인 연수연구 활동과 수요자 중심의 연수운영 및 연구 기회의 확대를 통한 현장의 요구를 반영하는 연수 프로그램의 강화 방안으로 운영하고자 하는 것을 알 수 있다. 하지만 연도별 차이를 살펴보면, 2003년도에는 신규교사 연수 강화와 복직예정 교원 현장적용 연수 강화를 했으며 연수 교육과정의 현장 적합성을 제고하여 연수운영의 내실화 및 질 제고를 꾀하였다. 이후 2006년에는 모든 교사의 직무연수의 학점취득성과 관리와 중견교사 혁신 관련 연수 강화를 통해 교원 능력을 향상시키고자 하였고, 교육과정의 현장적합성을 파악하고 교원연수 관련 예산 증액 및 인프라 확충 방안을 수립하고 진행하였다. 현재 2008년에는 현장요구를 반영하는 연수 프로그램 운영을 강화하였으며 교(원)장의 자격연수 기간을 현행 30일(180H) 이상에서 50일(360H) 이상으로 연장하고 직무연수 이수학점을 의무화하여 전 교원에 대해 교직 입직 후 4년차부터는 3년 주기로 최소 6학점(90시간) 이상을 의무적으로 이수하도록 하는 것을 볼 수 있다.

표 5 교원연수의 운영방향(교육인적자원부, 2003, 2006, 2007)

2003년 운영방향	2006년 운영방향	2008년 운영방향
가. 학교현장 업무추진 능력 제고 • 교육과정 적용수준 제고를 위한 교원 연수 강화 • 학교관리자 능력 제고 • 신규교사 연수 강화 • 복직예정 교원 현장적응 연수 강화	가. 교육현장 혁신을 위한 교원 능력 제고 • 모든 교사의 직무연수학점 취득 성과 관리 • 학교 관리자에 대한 혁신 추진 역량 배양 • 중견교사 혁신 관련 연수 강화	가. 전문성 신장을 위한 연수 강화 • 교과·생활지도 영역 및 실무영역 연수 프로그램 운영 강화 • 교(원)장 자격연수 강화 및 표준교육과정 운영·관리 • 직무연수 이수학점제 시행에 따른 연수대책 마련
나. 자발적인 연수·연구활동 지원 강화 • 자율적 연수·연구 지원 확대 • 자기계발 분위기 조성 • 자발적 연수 경비지원 확대	나. 자발적인 연수·연구활동 지원 강화 • 교원 능력 개발 및 학습조직화 지원 • 자발적 연수 경비지원 확대	나. 현장요구를 반영하는 연수 프로그램 운영 강화 • 교원 및 학교의 요구를 반영한 맞춤형 연수과정 발굴·운영 • 교원이 직접 참여하는 참여식 연수방법의 확대 운영 • 현장의 우수교원을 적극 발굴, 연수강사로 활용 강화
다. 수요자 중심 연수운영 및 연수기회 확대 • 수요자 중심 연수운영체제 확립 • 다양하고 폭넓은 연수기회 부여 • 연수대상자 선발 및 연수시기 적정화	다. 수요자 중심 연수운영 및 연수기회 확대 • 연수원 홈페이지를 활용한 서비스 개선 • 현장의 요구를 반영한 맞춤형 연수 운영	다. 연수예산 증액 및 담당인력 확보 • 교(원)장 자격연수 기간 연장에 따른 예산 및 직무연수 지원 예산 확보
라. 연수운영 내실화 및 질 제고 • 연수 교육과정 현장적합성 제고	라. 연수운영 혁신 및 인프라 확충 • 교육과정의 현장적합성과 성과 제고	

• 연수방법 다양화, 연수기관 특성화 • 연수규정 정비 및 홍보 강화 • 엄정한 평가체제 확립	• 교원연수 관련 예산 증액 및 인프라 확충	• 다양한 원격연수 교육과정 개설 및 콘텐츠 품질인증 관련 예산확보 • 연수 담당인력 및 콘텐츠 개발 전문인력 확보 **라. 연수기관 질 관리체제 강화** • 연수기관별 내실있는 자체평가 및 연수운영·평가의 엄중한 관리 • 우수강사 확보 및 강사관리 강화 • 연수기관간 협력체제 강화

※교(원)장 자격연수 기간연장: 현행 30일(180H) 이상 ⇒ 50일(360H) 이상
※직무연수 이수학점 의무화 : 전 교원에 대해 교직 입직 후 4년차부터는 3년 주기로 최소 6학점(90시간) 이상을 의무적으로 이수

4. 외국의 교원연수 제도

1) 미국의 교원연수 제도

　미국에서 교육은 원칙적으로 주정부의 책임사항이기 때문에 주마다 교육제도와 교원 양성제도 및 교원 연수제도가 나름의 조건을 고려하여 다양하게 편성·운영되고 있다. 일반적으로 교육구에서 교원연수계획의 조정과 관리의 책임을 가진다.

　미국 교원연수의 주요 특징을 살펴보면(노종희 외, 1996), 교육구에서 자체적으로 시행하는 다양한 워크샵, 강습회 등이 있고, 대학이 주관하는 계절제 강좌, 야간강좌, 주말강좌, 통신교육 등 다양한 방법이 있으며 대학의 사회교육원이 교육구 등과 협약아래 여러 가지 프로그램을 운영하기도 한다. 또한 미국에서는 주에 따라 현직교육의 양태가 각기 다르기 때문에 일률적으로 이야기하기는 어렵지만, 일반적으로 자격증의 유효기간을 정하고 이 기간 안에 대학원 과정을 통해 필요한 학점과 학위를 취득하도록 하고 있으며, 이 규정을 이행하지 않을 경우 봉급인상이 중단되는 등 불이익이 수반된다. 이러한 과정을 통하여 현직교사들로 하여금 전문적 능력 신장을 위해 스스로 노력하도록 제도적으로 유도하고

있다. 교사 자격증의 유효기간은 주에 따라 3~10년으로 되어 있으며 이 기간 중에 일정한 양의 학점을 취득함으로써 자신의 자격증을 갱신해야 한다. 또는 각 교육구가 제공하는 교원연수 프로그램 중에서 주정부로부터 평가인정을 받은 프로그램을 선택하여 몇 회에 걸쳐서 180시간 분의 연수를 받은 실적이 있으면 교사 자격증을 갱신할 수 있도록 정하고 있는 주도 있다.

요즈음에는 평생 자격증제를 채택하고 있는 주도 많이 있으나 이것도 처음부터 종신이 아니라 대개 10년 근속 이상으로 석사과정의 단위를 이수하도록 하는 것이 조건으로 되어 있다. 대학원에서 취득한 학점은 자격 갱신뿐만 아니라 급여 상승에도 동시에 영향을 미치기 때문에 현직교사들은 대학원 진학에 많은 관심을 기울인다. 또 주에 따라서 연수학점제를 채택하여 운영하고 있으며, 각 교육구의 연수프로그램은 시간에 따라 연수학점이 부여되고, 주 교육부에 의해서 이에 대한 인정 여부가 결정된다. 승급에 필요한 연수의 경우 위스콘신 주에서는 10시간의 연수를 1학점으로 계산하고 있다. 1960년대 중반 영국에서 건너 온 교원센터가 급속하게 보급되고 있으며 이를 통해서 교원연수가 이루어지기도 한다. 교원센터는 연수자들이 자유롭게 출입하며 무엇이든지 이야기할 수 있는 휴게장소이고 교류장소이며 또 상호연수의 장소이다. 연수자들을 위해서 그리고 연수자들에 의해서 운영되고 있으며 연수자들의 참여가 보장된다. 또 최근에 교원센터에 따라서는 승진·승급에 대응하는 프로그램을 개설하여 운영하기도 하고, 대학·교육구와의 협조 아래 학위취득과 연결시키고 있는 곳도 있다.

2) 영국의 교원연수 제도

영국 교원연수의 주요 특징을 살펴보면 다음과 같다. 영국에서는 현직교육 연구학부를 고등교육대학 내에 독립된 학부로서 설치하여 운영하고 있다. 이 대학은 제임스 위원회가 제안한 양성교육, 도입교육에 이어지는 새로운 개념에 따른 것으로서 고등교육과 교사 양성 및 현직교육을 연결시키는 주요한 기틀이 되었다. 또한 양성교육을 도입 교육 및 현직교육으로부터 분리시키지 않고 하나의 일관된 과정으로 묶어주는 계기가 되었다.

1960년대 중반부터 영국 각지에 설치·운영되어 온 교사 센터는 교육과정 개발과 현직교육이 이루어지는 장이며, 동시에 교육에 관심을 가진 사람들이 모여 토론하는 장이기도 하다. 다시 말하면 신임교사와 고참교사, 교장과 평교사, 초등교사와 중등교사, 초·중등교사와 대학교수가 무엇을 어떻게 가르칠 것인가에 대하여 스스로 해답을 구해가는 전문가들의 토론 장소이다. 교사 센터는 이른바 교사의, 교사에 의한, 그리고 교사를 위한 전문적 장소이다. 또한 영국에서는 교사를 정식으로 임용하기에 앞서서 일정기간을 시보기간으로 설정하고, 이 기간을 얼마나 성공적으로 마치느냐가 교사임용에 있어서 필수불가결한 조건이 된다. 시보교사를 도와주기 위해서 지도교사가 임명된다. 직전교육과 현직교육을 유기적으로 결합하여 양자를 일관된 과정으로 파악하는 것이 일반화되어 있고, 이러한 관점에서 입직 초기의 경험이 매우 중요함을 강조하고 있다.

이상의 영국의 교원연수제도를 살펴보면 현직교육의 의무화가 되어 있지 않고도 교직의 전문화가 잘 되어 있기 때문에 교원센터가 잘 운영되어 어느 나라 못지않게 교사의 자기 달성에 큰 성과를 나타내고 있으며, 연수과정이 세분화되어 교사를 충족시키고, 일정기간을 시보기간으로 설정하여 직전교육과 현직교육을 유기적으로 결합하여 양자를 일관된 과정으로 파악하고 있다. 또한 현직교육의 기회도 다양하게 제공되고 있어 단기과정, 장기과정 그리고 학위 과정 등으로 나누어진다(정일환, 권상혁, 1995).

3) 일본의 교원연수 제도

일본에서는 교원의 양성과 연수가 대체적으로 분리·운영되고 있다고 할 수 있다. 즉, 교원양성은 대학이 담당하고, 임용과 연수는 교육행정기관이 주도하도록 되어 있다. 대학의 교원 교육자들을 기본적이고 이론적인 교육에 힘쓰며, 교과교육을 다룬다. 그리고 교육행정기관에서는 초임교사를 포함하여 경력교사들을 대상으로 한 연수를 관장하며, 학교현장에서는 실천적인 지식과 기술을 훈련하는 일을 담당하고 있다. 따라서 대학원과정의 장기 연수 프로그램을 제외하고 보았을 때 일본의 교원연수제도는 양성기관과 연수기관을 분리하여 운영하는 체제를 갖고 있다고 볼 수 있다.

일본의 여러 연수과정 가운데에서 가장 중요하게 인식하고 있는 연수과정은 초임교사 연수과정이다. 초임교사 연수과정의 목적은 교수지도 능력의 전문성 제고, 교직에 대한 바람직한 태도 함양, 학교교육과 직·간접적으로 관련되어 있는 지식과 경험의 확대 등이다. 초임교사 연수 내용에는 교육원리, 학급관리, 담당교과지도, 도덕교육, 특별활동, 학생교도 등을 포함하고 있다.

경력교사들을 위한 연수제도는 다음과 같이 시행하고 있다. 즉, 교직 생애단계에 따라서 교사연수를 체계화 시킨다는 것이다. 이러한 관점에서 수립·실시되고 있는 경력교사를 위한 연수로는 「교직경력 5년 교사 연수과정」, 「10년 교사 연수과정」, 「20년 교사 연수과정」, 「수석교사 연수과정」, (일본에서는 이들을 'SYUNIN' 이라고 부르고 있음), 「교감 및 교장 연수과정」 등이 있다. 이들 경력교사 연수과정은 연수 대상별로 커다란 차이가 있지만, 대체로 연수 프로그램은 다음과 같은 두 가지 요소를 포함하고 있다. 하나는 교육실천 영역이고 다른 하나는 관리 영역이다. 교육실천 영역에는 일반적으로 교과지도, 도덕교육, 특별활동, 학생교도, 상담 그리고 사회적 변화에 따른 교수사항 등이 포함되고 있다. 그리고 관리영역에는 학급경영, 학력평가관리, 학교관리, 교과지도관리 등이 포함되고 있다.

4) 독일의 교원연수 제도

독일에 있어서 교원 현직교육은 양성교육, 시보교육과 더불어 교사교육의 전체 테두리를 형성하며 평생 교육적 의미를 가진다. 독일 교원연수의 주요 특징을 살펴보면 다음과 같다.

교원연수는 각 주 정부의 주관 아래 운영되고 있으며, 이를 위해 교원 연수원을 설치하고 있고, 교원 연수원에서는 다양한 연수 프로그램과 그 일정을 정기적으로 연수자들에게 알린다. 그러면 연수자들 스스로가 관심있는 과정을 선택하여 참여하는데, 이들 과정은 대개 오후나 야간에 특정학교에서 이루어지며, 장기적인 프로그램의 경우는 지역 연수원에서 이루어진다. 원격교육의 형태로 운영되는 재교육과정을 유급 휴직상태에서 제공받기도 한다.

또한 교원연수는 두 가지로 구분되는데 하나는 자발적으로 참여하는 연수이고, 다른 하나는 의무적으로 참여해야 하는 연수이다. 전자는 연수자들의 전공분야를 더욱 심화시키고 전문영역의 제반 조건 변화에 적용할 수 있도록 이들의 전문적 능력을 발전시키기 위한 일반연수의 성격을 가진 연수로서 교원이며 누구나 참여할 수 있다. 반면에 후자는 상위 자격의 취득이나 다른 종류의 자격 취득을 위해서 받아야하는 자격연수의 성격을 가진 연수로서 교감이나 교장이 되기를 원하는 교사, 교육부 직원, 연수원 교관 등이 참여하게 된다. 그리고 초·중등 교사가 되기 위해서 교육대학 3년 과정을 마치고 1차 국가시험에 합격한 후에 18~24개월간의 현장실습을 하도록 되어 있다. 이 과정에서 예비교사들은 해당 학교에서 강의 및 수업참관, 지도교사의 수업 참가, 실제 경험에 대한 평가 등을 통하여 교육이론과 과목별 교수 방법에 대한 연수를 받는다. 물론 이 과정이 끝난 후 제2차 국가시험에 합격해야 정식 교사가 될 수 있다. 일종의 시보교사로서 이 기간 동안 준 공무원의 신분이 유지되며, 정교사가 받는 보수의 절반 정도가 주어진다.

이상과 같은 독일의 교원연수제도에서 얻을 수 있는 시사점은 교원 현직연수가 법적으로 의무화된 것이 아니라 권장 사항에 해당된다는 점이며, 전반적인 계획은 국가가 수립한다고 할지라도 각 주에는 독자적인 연수센터가 세워져 나름대로 지역적 특성이나 조건을 고려하여 연수를 실시함으로써 교원연수에 있어서의 지방분권적인 성격이 강하며, 현장 중심의 연수를 강조하고 있다는 것이다.

5) 프랑스의 교원연수 제도

기본적으로 프랑스의 교원 현직연수는 1972년에 마련된 평생교육 계획의 기본 취지에 따라 교직의 전과정을 통하여 자기발전을 도모하기 위한 의무요 요구임을 명시한 "교원현직연수 정관"에 기초한다. 현직연수는 앞에서 언급한 국가적 차원의 플랜 즉, MAFPEN (Missions a la Formation des Personnels de l'Education Nationale: 학구별 교육부 재교육센터)의 취지를 잘 살펴보아야 한다. 이 플랜은 1982년 4월에 교육부 장관령에 의해 제정되어 같은 해 6월부터 효력을 발생한 것으로 이 플랜에 의해 각 아카데미는 각 지역에 맞는 교원현직연수를 실시하게 되는 것이다. 이 플랜에는 연수자들이 현직 연수에 관한 내용 뿐만 아니라 각 아카데미에 있는 대학의 교수와 교육행정기관, 그리고 교원들이 어떠한 협력관계를 유지해야 할 것인가에 대하여 포괄적으로 언급하고 있다.

프랑스 교원연수의 주요 특징을 살펴보면 다음과 같다. 초등교사 연수의 경우 상위 자격을 취득하기 위한 연수는 없고, 교사 자신들의 교육적 필요에 의해서 연수를 받게 된다. 교육현장에 바로 활용할 수 있는 새로운 교육이론이나 방법의 시행을 위한 연수가 주어진다. 이들 새로운 이론이나 방법은 실험교실 또는 특수교실 운영과 관련된 것들이다. 다만 상담교사와 같은 전문교사 자격증 취득을 위한 연수는 별도로 제공된다. 중등교사 연수의 경우 연수 프로그램으로는 세 가지가 있다. 그 중 하나는 아카데미 연수과정이다. 이는 각 아카데미가 그 지역의 교사들을 대상으로 국가 및 지역 교육의 차원에서 중요하다고 생각되는 연수프로그램을 자율적으로 운영하는 프로그램이다. 다른 하나는 국가연수 과정으로서 교사들이 능력을 개발하여 교육개혁을 촉진시키기 위한 연수과정이라고 할 수 있다.

이상과 같은 프랑스의 교원연수제도에서 얻을 수 있는 시사점은 교원연수가 교사들 자신의 진정한 교육적 필요에 의해 이루어지고 있고, 각 아카데미의 요구에 따라 각기 특색있는 교원연수를 실시함으로써 교원연수의 지역적인 자율성이 보장되고 있으며, 연수가 이론에 치우치기보다는 일선학교에서의 실습이 주가 됨으로써 현장과 밀착된 연수를 실시하고 있다. 또한 연수를 위한 구체적인 플랜들을 통해 기본방향을 설정하고 이 플랜들은 그에 따른 위원회 구성을 통하여 실천되고 있고, 장기적이고 실무위주의 실질적인 연수를 실시하고 있으며, 연수기관간의 효율적인 기능 배분이 되어 있다. 즉 국가적인 차원이나 각 지방자치 단체별 중점 교육사업의 수행을 위한 연수는 국가연수계획에 의해 이루어지고 있고, 연구나 학문중심의 자아 실현적 특성을 갖는 연수는 대학을 중심으로 실시하고 있다.

III 중등체육교사연수의 문제점 및 개선방향

1. 중등체육교사연수의 문제점

1) 교원연수과정상의 문제점

(1) 연수기회의 부족과 연수 필요성의 불인식

전문직 종사자로서 교원은 교직의 전 기간에 걸쳐 계속적이고 체계적인 연수를 받아야 한다. 1급 정교사 자격연수를 받은 이후에 학교 관리직인 교감, 교장으로서의 승진을 위한 체계적인 연수의 기회는 있으나 교단 교사로서의 전문성 신장을 위한 체계적이고, 종합적인 연수의 기회는 없는 형편이다. 따라서 평교사로서 받을 수 있는 연수는 교직 기간 중에 한 번 밖에 없는 셈이다. 체육교과의 경우에는 현재 16개 시도교원연수원에는 실제로 체육 연수가 연간 계획에 빠져 있을 정도로 미흡한 실정이다. 또한 체육 교사들은 연수에 대한 인식이 매우 낮아 보인다. 물론 제도적인 측면이나 프로그램의 미흡도 있겠지만 그 전에 교사들의 인식이 깨어 있지 않다면 아무리 좋은 프로그램이나 시설, 지도자가 있다고 한들 무용지물이 될 것이 뻔하기 때문이다(김영식, 임종호, 2002).

(2) 연수 교육과정의 체계성 미흡

여러 가지 자격연수의 교육과정이 적정한 수준에서 계열화 되어 있지 못하다. 이는 체육 연수 교육과정 나름의 독특한 성격을 확보하여야 한다는 차원에서 뿐만 아니라 연수에 대한 신선도 제고를 통한 교원의 연수 참여 동기를 높인다는 차원에서 개선되어야 할 것이다. 현직연수의 문제점은 역할과 기능이 모호한 연수기관이나 교육대학 부설 중등교육연수원에 위탁하여 현직연수를 실시하고 있어 현장 교사들의 수업개선이나 전문성 신장에 실질적인 도움이 되지 않는다는 것이다. 현직연수가 실효를 거두기 위해서는 현직연수 주체와 직전교사교육기관이 연계하여 연수프로그램을 개발해야 한다는 것이다. 또한 체육내용학과 실기의 비중이 너무 높아 교육과정에 대한 이해나 교수능력의 배양에 크게 도움이 되지 않는다는 것이다. 따라서 학교현장의 우수한 수업사례들을 중심으로 연수 교과목을 편성하여 교사들에게 실질적인 도움이 될 수 있는 현직연수가 되어야 하며 이론과 실기를 구분하기보다는 이론을 실기에 접목시켜 교육하는 교과목을 개발, 편성해야 할 것이다.

(3) 연수교원의 확보 곤란

현재까지 각 연수기관에서 연수를 담당하는 요원은 주로 대학의 교수들이었다. 특히 대학에 부설되어 있는 초·중등 교원연수원의 경우에는 거의 대부분 해당 대학의 교수가 강의를 담당해 왔다. 그러나 여전히 연수기관은 연수 요원의 역할을 전담할 수 있는 전문성과 능력을 갖추고 경험이 풍부한 자체 또는 현직 교원들을 충분히 확보하지 못하고 있다. 체육과 같은 전문성이 다양한 경우에 연수 효과를 높이기 위해서는 우수한 강사요원을 확인·활용하고, 효과적인 교육방법을 활용해야 할 필요성이 대단히 높다.

(4) 연수 일정 및 방법의 적절성 미흡

일반적으로 연수가 덥거나 추운 시기에 실시되는 점이 문제점으로 지적되고 있다. 교원들은 방학기간 중에 연수를 받는 것 자체에 대하여는 긍정적으로 생각하고 있으나, 단지 문제가 되는 것은 냉·난방 시설을 포함한 연수환경이 제대로 갖추어져 있지 않은 점이 큰 문제로 제기되고 있다.

(5) 연수 결과 평가의 공정성 부족

연수결과 평가의 타당성·신뢰성·공정성이 충분히 확보되어 있지 못한 점이 문제점으로 지적되고 있다. 연수성적의 평가에 있어서 연수년도, 연수과정, 연수기관 간에 불균형이 커서 이에 대해 적지 않은 민원이 제기되어 오고 있는 것이 현실이다. 현재 대학부설 교원연수원의 경우, 시·도 교원연수원보다 연수 성적이 후하게 주어지고 있다는 것이 시·도 교육청에서 제기하는 문제이다. 또한 승진 점수에 미치는 영향으로 인하여 공정치 못한 연수결과평가가 이루어지고 있는 것이 사실이다.

(6) 연수 기관의 교육여건 미흡

대단위 수업을 위한 강당이나 강의실은 확보되어 있으나, 소집단으로 협의·토의 등을 할 수 있는 회의실은 부족한 형편이다. 또한 체육교과와 같이 운동실기교육을 실시하여야 하는 경우, 각 종목들을 동시 다발적으로 실시할 수 있는 곳이 없기 때문에 대부분 위탁 교육을 실시하고 있는 형편이다. 또한 연수원의 예산 부족으로 인하여 강사료가 적게 책정되어 우수강사를 초빙하기 어려운 문제나, 실험 실습비와 운영비가 적어 대단위 강의 중심의 연수를 진행할 수밖에 없는 문제점 등도 지적되고 있다. 효과적인 연수를 위하여 요구되는 휴게실·도서실·기숙사 등을 포함한 각종 체육시설의 확충이 시급하다.

2) 시·도 교원연수원의 운영과 관련된 문제점

(1) 제도상의 문제점

연수원 설치를 위한 법적 근거가 취약하다는 점, 교관 요원이 부족하다는 점, 교관요원에 대한 유인책이 미흡하다는 점 등을 들 수 있다.

(2) 연수원 운영상의 문제점

연수의 내용이 교원들의 요구와 학교 현장의 필요에 적절히 부응하지 못한다는 점, 연수방법이 효과적이지 못하며 연수 시설·설비가 부족하다는 점, 연수가 대체로 방학기간에 편중되어 운영되고 있다는 점, 연수업무의 효율적인 추진을 위한 연수원들 또는 연수 관련기관들 간에 협의가 미흡하다는 점 등을 들 수 있다.

3) 유인체제 및 관련 제도와 관련된 문제점

교원들이 연수 프로그램에 접근하기가 쉽지 않다는 점, 연수 프로그램 간의 체계성이 미흡하다는 점, 연수 방법 및 진행 과정이 교원들의 적극적인 참여를 유인하지 못한다는 점 등이 지적되었다.

2. 중등체육교사연수의 개선방안

1) 연수과정을 자기연찬의 기회로

교사들의 연수는 부정적 연수 태도와 점수따기에 치중되는 연수 분위기가 강하다. 김영식(2003), 김택천(2002), 문호준과 박종률(2004)은 교사로 채용된 후 의무적으로 받게 되는 자격연수와 몇몇 연수를 제외하고 승진이나 호봉과 직접적으로 연관된 목적이 아니라면 특별히 연수를 받지 않아도 교사로서 근무하는데 아무런 지장을 받지 않는 현실에 대해서 지적하였다. 김종성(2002)은 부정적인 연수태도는 직무연수가 자격연수에 비해 소홀해지는 현상으로 이어진다고 하였으며, 이종철(1998)은 직무연수를 실시하더라도 점수획득에 치중된 연수분위기를 통해 전문지식의 기능습득이나 새로운 기능을 습득하기보다는 '대충 받고 끝내자'식의 연수 분위기를 통해 전체적인 연수의 목적과는 다른 방향으로 전개되는 점을 지적하였다.

연수자에게 1정 자격연수는 통과 의례적 의미가 강하다. 1정 자격 연수는 언제든 한 번은 통과해야 하는 과정이니 기회가 될 때 빨리 받아두는 것이 낫다고 한다. 교사의 재교육 차원에서 마련된 1정 자격 연수는 이미 의무적이면서도 통과의례적인 연수로 자리 잡혀 있다.

또한 1정 자격 연수는 승진과 점수의 경쟁으로 과열되는 연수이다. 1정 연수점수는 승진에 포함되는 점수로서 교사들이 따놓아야 할 중요한 점수 중 하나이다. 1정 연수점수는 승진의 직무연수 점수에 포함되는 것으로 일단 점수를 받으면 다른 점수로 대치되기 힘들다. 따라서 교사승진과 관련하여 1정 연수의 중요성을 깨달은 교사들은 연수자에게 자신들의 경험을 전수해주고자 한다. 그 결과 연수자는 단순히 한달 고생해서 1급 정교사 자격증을 딴다는 주 목적보다는 '이왕이면 남보다 좋은 점수를 따야 한다'는 부가적 목적을 위해 노력한다(김영태 외, 2005).

따라서 교사로서의 자기 성장을 위한 목적을 추구하도록 설계되고 운영되어야 한다. 통과의례와 승진을 위한 점수따기라는 수단적 목적은 연수가 의도한 본래의 목적을 효과적으로 달성할 수 없을 것이다. 1정 자격연수가 승진용 점수 관리를 위한 도구로서의 연수에서 벗어나지 못하면 연수의 왜곡은 계속될 수밖에 없을 것이다. 그러므로 1정 자격연수는 자신의 교직생활을 되돌아보고 앞으로의 교직생활을 설계하면서 교사로서의 성장과 전문성을 향상시킬 수 있도록 도와주는 연수가 되어야 한다.

2) 경험 중심 연수로의 전환

이론 중심 연수에서 실제와 경험 중심의 연수로 전환되어야 한다. 연수기관에서 이루어지고 있는 연수과정은 이론 및 내용적 지식을 교사들에게 강의식으로 전달하는 경향이 강하다. 그 이유는 학교 현장 경험을 가져보지 못한 교수들이 제대로 된 교수 학습 및 생활지도 방법에 대해서 학생들에게 가르치는 것은 사실상 불가능하다. 특히 연수의 과목이 현재 학교의 시설이나 각 학교의 상황에 따른 문제점을 생각하지 않고, 원론위주로 교과목이 편성되어 현직 종사자들에게 현실과 동떨어졌다는 인식을 갖게 만들고 있는 것이 문제이다(김영식, 2003; 문호준, 박종률, 2004).

비체계적이고 연계성이 부족한 연수교육과정을 해결하기 위해서는 교육내용은 교육과정의 변천에 준하지만 반복되는 내용은 피하며, 현장 중심에서 연구된 우수사례와 같이 학교 현장에 실질적으로 도움을 줄 수 있는 내용이어야 한다. 그러기 위해서는 현장에서 연구되는 수업사례를 중심으로 교과목을 편성하고 다양한 상황에서 실시할 수 있는 실질적인 내용의 과목 편성이 이루어져야 한다. 그리고 외국의 경우와 같이 교직단체나 학술단체가 교사에게 필요한 연수프로그램을 메뉴식으로 개발하여 상품화해 놓으면 체육교사가 판단하여 자신에게 적절한 내용을 선택하는 방식도 고려해 볼만 하다고 하겠다(김영식, 임종호 2002).

3) 능동적 참여의 장으로

교원연수운영방향(교육인적자원부, 2006)에 따르면 '수요자 중심 맞춤 연수 운영'을 기본방향으로 하고 있다. 공급자 중심의 연수 운영 방식은 연수가 부실해도 교사들이 몰려들고 있다. 다시 말하면 연수 품질이 좋지 않아도 물건이 팔리기 때문에 연수 기관은 굳이 스스로의 변화를 못 느낀다. 현재 교사는 3년에 최소 6학점 정도의 연수를 의무적으로 받아야 한다. 이런 식으로 교사들로 하여금 일정 연수를 강제하기 이전에 연수의 질을 높이기 위한 노력이 선행되어야 한다.

그러나 보다 중요한 것은 교사의 능동적 참여를 유발시키는 통한 연수 방식이 필요한 것이다. 강사와 교재 중심의 획일화된 주입식 교수-학습 방법에서 탈피하여 연수생이 중심이 되는 토론, 발표, 분임연구, 실기실습, 봉사활동, 창의적 직무연구, 현장견학 및 문제해결 탐구 등 현장 교사들이 교수 학습 능력을 계발할 수 있는 참여식 연수로 전환시켜야 한다(김영조, 2002). 아울러 모든 실기 과목은 단순한 강의나 실습에 국한된 실기 기능 중심의 수업에서 벗어나 그 종목을 효과적으로 가르칠 수 있는 교수법 중심의 수업으로 무게중심이 전환되어야 한다(김택천, 2002). 이렇게 하기 위해서는 연수자의 소질·적성 등 개인차를 고려한 수준별 연수 운영도 필요하며, 연수 장소 및 기간, 인원 등을 융통성 있게 운영할 필요가 있다. 연수는 교사들이 만나서 함께 토론할 수 있는 좋은 기회이다. 진지한 참여와 토론에 의한 연수가 될 수 있도록 유도하며 연수자의 정신적 및 신체적 부담을 줄여 보다 연수에 집중할 수 있도록 해야 한다.

4) 평가 방식의 전환

현재 1급 정교사 자격연수의 평가는 서열위주로 운영되고 있다. 서열위주의 평가방식을 택하다 보니 평가를 위한 수업이 될 수밖에 없다. 1정 자격 연수의 평가는 상위 자격 인정에 대한 평가인 동시에 연수자의 전문성 신장에 대한 확인 작업이어야 한다.

그러나 1정 자격연수의 평가는 상위 자격 획득을 위한 용도로 변질되어 연수자간의 비생산적인 대화와 단절된 분위기로 교사들 간의 수업에 대한 정보교환을 차단하고 위화감을 조성할 뿐이다. 또한 상대평가는 지나치게 경쟁의식을 심어주어 이로 인한 스트레스와 불만, 동료간의 협조나 토론, 협력학습 등을 위한 시도를 하지 못하게 하며, 특히 연수자들간의 인간관계를 저해시키기도 한다.

연수자들이 시험에 대한 높은 관심은 연수에 대한 집중력을 갖게 하는데는 효과적이나 연수자들이 정작 배워야하고 서로 나누어야 할 것들을 제대로 얻지 못하게 하는 문제가 있다(김영태 외, 2005).

그러므로 한 줄 세우기를 위한 상대평가가 아니라 평가를 벗어나 암기위주의 수업, 평가위주의 수업이 아닌 양질의 수업을 한다는 측면에서 연수가 실시되어야 한다. 평가방법의 개선은 경쟁위주의 연수문화를 연수자간 협동과 협력의 문화, 토론의 문화로 바꿀 수 있을 것이다. 그럼에도 열심히 하지 않는다면 Pass/Fail의 평가 방법을 적용하여 자격연수의 성적에 따라 Fail을 시키면 되는 것이다. 1급 정교사 자격연수를 마치고 교사는 현장에 자격연수 점수를 가지고 돌아갈 것인지, 아니면 자신의 전문성 신장과 아이들의 입장을 더 잘 이해할 수 있고, 교수-학습 방법을 개선하여 체육을 정말 잘 가칠 수 있는 그런 교사로 돌아갈 것인지 반드시 재고되어야 한다.

5) 교직 생애 주기로의 전환

연수원에서 밝히고 있는 1정 연수의 목적은 전문성 신장이지만 실제 연수자들이 연수를 받는 목적은 전문성 신장이라기보다는 통과의례와 점수따기라는 수단적 목적을 추구한다. 연수자들이 가지는 통과의례란 목적은 교사라면 누구나 한번은 통과해야 하는 의례적인 절차로 1정 연수를 받아들이며 연수를 받는 것 자체의 형식적 의미가 더 중시된다는 것이다(김영태 외, 2005). 그렇다면 1정 자격연수의 점수가 승진 점수에 포함되어 15년 전의 점수가 좋은 관리자가 되는 자질을 갖추었다는 지표로 적합한 것인가? 교사의 수업 개선과 전문성 신장을 위해 평생 1회의 자격연수로 제한

시키지 말고 일정한 경력에 따라 지속적인 연수가 필요하며 연수 주기를 다양화하는 방안도 적극 검토 되어야 한다.

IV 대안적 체육교사 현직교육

1. 멘토링(mentoring)을 활용한 현직교사교육

멘토링은 초보자가 성장하고 성숙하여 사회의 유능한 구성원이 되는 것을 돕기 위해 경험과 기술 수준이 높은 사람과 초보자사이에 발생하는 역동적인 상호작용과 학습과정을 의미한다. 현대적 의미에서 멘토링이란 안내자이며 역할모델을 하는 멘토가 상담과 충고를 통하여 멘티(mentee)의 자기계발을 돕는 관계라는 포괄적인 의미로 이해할 수 있으며, 주로 기업 조직내 적응 및 경력개발과 관련하여 널리 사용되고 있다(정제영, 정성수, 2006).

효과적인 멘토링이 이루어지기 위해서는 인지적 측면과 정서적 측면이 동시에 고려되어야 한다. 인지적 측면으로는 비판을 공정하게 주고 받는 것, 상호관계를 전문적으로 유지하는 방법을 이해하는 것, 본인과 타인의 행위를 관찰하고 이해하는 것이 필요하다. 정서적 측면에서는 높은 자신감과 자아존중감을 유지하고, 공평하고 직접적으로 갈등을 관리하며, 상호간의 우정을 유지하는 것이 필요하다(Hudson, 1999).

우리나라에서도 교원조직에서의 멘토링 활용의 필요성에 대한 연구(홍오경, 2003; 신봉섭, 2005)들이 이루어져 왔고, 외국에서는 이미 활발하게 적용되고 있다. 대표적인 것으로는 미국의 Toledo, Ohio에서 실시된 PAR(peer assistance and review) 프로그램을 들 수 있으며, 이외에도 California, Cincinati, New York City, Rochester 등에서 실시된 멘토링 프로그램이 있다. (PAR 프로그램의 구체적인 내용은 정제영과 정성수(2006)의 논문을 참고하기 바람).

2. 전자포트폴리오를 통한 현직교사의 전문성 교육

교사포트폴리오의 기능은 목적에 따라 다양하게 소개되고 있는데 대체로 1)예비교사를 위한 포트폴리오, 2)교사임용, 취업을 위한 포트폴리오, 3)교사재교육을 위한 포트폴리오, 4)교사대체평가를 위한 포트폴리오, 5)교사 전문성 개발을 위한 포트폴리오로 나뉜다(Bullock & Hawk, 2001). 포트폴리오의 기능에 대해 김혜영(2003)은 교사자신의 수업에 대한 반성과 점검, 교수이론과 실제를 결합하기 위한 지속적인 노력과 훈련의 가능, 교사평가 기준으로 활용가능, 교사에 대한 학부모 학교 등의 외부의 기대를 만족시키는 데 활용, 학부모와 교사 간의 의사소통의 창구, 마지막으로 교사 자신의 수업과 교육에 대한 이해의 폭이 넓어지고, 자신의 전문성을 훈련시키는 기회가 된다고 설명한다.

교사포트폴리오에 포함시켜야 할 보다 구체적인 내용에 대해서는 많은 논의가 있어왔고, 그 목적이나 기능에 의하여 대단히 다양한 내용을 포함시킬 수 있으나 김혜영(2003)은 문헌연구를 통해 비교적 일반적인 항목(entry)들을 다음과 같이 분류하였다.

(1) 목표(goals) :
 수업목표, 교수목표, 교육철학 등
(2) 교사의 책무성 :
 수업지도안, 각종 활동자료, 교수전략, 수업규칙, 평가원칙, 자기평가자료, 동료평가결과 등
(3) 연구 :
 사례연구, 현장연구, 반성적 수업일지 등
(4) 개인(personal) :
 이력서, 학위, 자격증서, 상벌사항, 업무경력서, 추천서, 감사편지 등
(5) 학생, 학부모와의 의사소통 :
 교환 서신, 설문조사문항, 수업 외 참여활동 등

위에서 알 수 있듯이 포트폴리오의 산출물은 장기적이고, 협력적이며 반성과 고찰을 기본으로 하는 연구과정을 반복적으로 거쳐

야만 생산해 낼 수 있는 과정중심적이라는 것을 알 수 있다.

3. 사이버 교원 연수

교육인적자원부에서는 사이버교원연수를 활성화하기 위해 2000년 2월에 '교원 등 연수에 관한 규정'을 개정하여 원격교원연수원 설치근거를 마련하였으며, 2000년 12월부터 원격교육연수원을 최초로 지정 인가하였다. 사이버 교원연수는 종래의 면대면 위주의 집합연수의 단점을 보완할 수 있는 대안으로 꾸준히 필요성이 제기되어 왔는데, 그 주요내용을 상호 비교하여 제시하면, 첫째, 면대면 위주의 집합연수가 시간과 공간에 따른 제약으로 연수 기피 문제가 대두되었던 것과는 달리, 사이버교원 연수는 시공간을 초월한 연수환경을 제공함으로써 언제 어디서나 누구나 편리하게 연수를 받을 수 있는 환경이 마련되었다. 둘째, 종래의 연수는 연수자의 기대와 요구에 부응되는 다양한 연수과정개설이 힘들었던 것에 비해, 사이버교원연수는 인터넷의 개방성, 온라인 검색, 다양한 전문가적 특성을 활용하여 연수자의 요구를 보다 폭넓게 반영할수 있다. 셋째, 면대면 위주의 집합연수는 대부분 강사 중심의 수업진행에 의한 획일적인 운영으로 인해 교원들의 다양한 기대와 요구를 효과적으로 반영하지 못한 것으로 나타났다(김경현, 변영계, 2003). 이에 비해 사이버교원연수는 다양한 연수과정의 개설은 물론 수준별 학습환경을 제공함으로써 연수과정에서 교수자 중심이 아니라 학습자 중심의 교육으로의 전환을 꾀하고 있다.

이처럼 종래의 교원연수에 비해 사이버교원연수가 갖는 이점이 많지만 문제 또한 없는 것은 아니다. 예컨대 원격교육을 위한 하드웨어적인 인프라의 구축이 미흡하고 원격 연수 운영상의 체계성이 미흡하며, 교수자와 연수생간 또는 연수생 상호간에 충분한 의사교류가 부족하다는 문제점이 꾸준히 제기되어 왔다(안미리 등 2001). 또한 현행 사이버교원연수 기관별 컨텐츠가 중복 개발되고 컨텐츠의 질적 수준차이가 현저함에도 불구하고 양질의 컨텐츠를 선별하기 위한 평가기준이 미흡한 실정이다. 김경현과 정미경

(2004)의 사이버교원연수 실태분석 결과에 의하면, 연수에 참여하고 있는 교사들은 명제적 지식 전달위주의 강의에서 탈피하여, 개별화하고 다양성이 있으며 전문화된 교육과정을 개발해서 제공해 주기를 원하는 것으로 나타났다고 한다. 이들은 따라서 실제교육환경에서 경험한 문제상황을 해결하기위해 교수자와 학습자, 학습자와 학습자간, 학습자와 학습내용간의 상호작용의 확대와 학습자 상호간의 지식교류와 대화를 촉진하게 하는 사이버 교수전략의 개발이 요구된다고 주장하였다.

사이버교원연수를 체육교사연수에 적용하는 경우에 나타나는 문제점으로는 운동기능 등의 실기연수의 가능성여부일 것이다. 물론 여러 가지 아이디어를 동원하면 실기연수도 가능하겠지만 쉽게 해결할 수 있는 방안이 떠오르지 않는 것도 본 연구자의 한계이다.

Ⅴ 맺는 말

교사는 끊임없는 자기계발을 통해 보다 많은 지식과 기능을 습득하여 현장에 적용한다면 그것은 곧 학생들을 위한 길이며, 교사에게는 자부심과 전문성을 신장시키는 일이라 하겠다. 그러나 학생을 가르치는 교사의 질적 수준을 향상시키기 위한 연수는 통과의례적인 성격이 강하고, 치열한 경쟁속에서 승진을 위한 점수따기라는 수단적 목적을 추구하고 있다.

좋은 교사는 타고 나는 것이 아니라 만들어지는 것이라고 할 때 교사로서의 성장을 촉진할 수 있는 교원의 재교육이라는 의미로서의 교원연수는 중요한 의미를 갖는다. 따라서 현실에 안주하지 않고 반성하며 체육수업에 대한 열정과 노력하는 교사들을 위해 현재의 연수 시스템은 변화되고 발전되어야 한다. 이를 위해 다음의 몇 가지 제안점을 제시하고자 한다.

첫째, 1정 자격연수는 통과의례와 승진을 위한 점수따기라는 수단적 목적이 아니라 연수가 의도한 본래의 목적을 달성해야 한다. 즉 자신의 교직생활을 되돌아보고 앞으로의 교직생활을 설계하면서 교사로서의 성장과 전문성을 향상시킬 수 있도록 도와주는 연수가 되어야 한다.

둘째, 비체계적이고 연계성이 부족한 연수교육과정을 해결하기 위해서는 교육내용은 교육과정의 변천에 준하지만 반복되는 내용은 피하며, 현장 중심에서 연구된 우수사례와 같이 학교 현장에 실질적으로 도움을 줄 수 있는 내용이어야 한다. 그러기 위해서는 현장에서 연구되는 수업사례를 중심으로 교과목을 편성하고 다양한 상황에서 실시할 수 있는 실질적인 내용의 과목 편성이 이루어져야 한다.

셋째, 중등 체육교사 연수는 강사와 교재 중심의 획일화된 주입식 교수-학습 방법에서 탈피하여 연수생이 중심이 되는 능동적 참여의 장으로 전환되어야 한다. 아울러 단순한 강의나 실습에 국한된 실기 기능 중심의 수업에서 벗어나 그 종목을 효과적으로 가르칠 수 있는 교수법 중심의 수업으로 무게중심이 전환되어야 한다.

넷째, 지나친 경쟁의식과 동료간의 협조나 토론, 협력학습 등을 저해하는 한 줄 세우기식의 평가, 연수자간의 비생산적인 대화와 단절된 분위기는 교사들 간의 수업에 대한 정보교환을 차단하고 위화감을 조성할 뿐이다. 그러므로 연수 받는 교사들을 서열화하는 차원이 아닌 재교육 차원의 평가방식으로 전환되어야 한다.

다섯째, 교사의 수업 개선과 전문성 신장을 위해 평생 1회의 자격연수로 제한시키지 말고 일정한 경력에 따라 지속적인 연수가 필요하며 연수 주기를 다양화하는 방안도 적극 검토 되어야 한다. 마지막으로 종래의 교원연수의 확대라는 차원보다는 보다 실효성 있고 지속적인 다양한 대안적 교원연수방안이 개발되고 실천되어야 할 것이다.

아무리 훌륭한 직전교육을 받은 체육교사라도 배우는 학생들은 이미 그 교사가 교육을 받던 시기와는 또 다른 세계 속에서 살아가게 된다. 그러므로 교사는 교사자신의 성찰과 노력을 통해 문제를 발견하고 또 해결하기 위해 노력하여야 하며, 그러한 체육교사들에 의한 체육교육이야말로 진정으로 질 높은 체육교육이라고 할 수 있을 것이다. 따라서 체육교사들은 자아성찰을 통한 전문성 신장을 위해 자기발전의 기회를 지속적으로 확대시켜 나가야 할 것이다.

참고 문헌

곽병선(2000). 한국교육에서 학교평가. 학교평가 효과성에 관한 국제세미나, **한국교육개발원주최 기조 강연 원고**, 1-17.
교육인적자원부(1996). **교원연수운영방향**. 교육인적자원부.
김경현, 변영계(2003). **사이버학습의 이해와 설계**. 서울:학지사.
김경현, 정미경(2004). 사이버 교원 연수의 운영 실태 분석. **한국교원교육연구**, 21(3), 135-161.
김대진(2008). 중등체육교사양성 교육과정 연구. **한국스포츠교육학회지**, 15(1), 21-37.
김동석 외(1999). 교원연수기관 평가인증 방안 연구. **한국교육개발원 수탁연구**. CR 99-53.
김병찬(2004). 현직교원교육의 변화 동향 고찰. **한국교원교육연구**, 21(3). 364.
김영식, 임종호(2002). 중등학교 체육교사의 자격연수에 대한 현직교사의 인식 실태. **한국스포츠교육학회지**, 9(1), 159-168.
김영식(2003). **체육교사 양성 및 연수 교육과정의 효과적 운영 방안**. 미간행박사학위논문, 한국교원대학교 대학원, 청주.
김영조(2002). 중등교원 연수운영 방향. **한국스포츠교육학회 춘계세미나 자료집**, 21-34.
김영태 외(2005). 1급 정교사 자격연수과정에 대한 문화기술적 연구. **한국교원대학교 부설 교과교육 공동연구소논문집**, 4(2), 391-500.
김종성(2002). **중등체육교사의 직무연수에 대한 인식 및 선호**. 미간행 석사학위논문, 인천대학교 대학원, 인천.
김택천(2002). 현행 교원연수의 문제점과 개선 방안. **한국스포츠교육학회 춘계세미나 자료집**, 3-17.
김혜영(2004). 전자포트폴리오를 통한 교사전문성 훈련 및 평가방안. **한국교원교육연구**, 21(3), 113-134.
노종희 외(1996). **교육제도론**. 한국교육행정학회, 406-412.
문호준, 박종률(2004). 중등학교 체육교사연수의 문제점과 개선방안. **교육발전**, 23(2), 281-298.
박재영(2006). 초등체육 현직연수 실태분석과 운영방향. **한국스포츠교육학회지**, 13(4), 55-80.
신봉섭(2005). 미국에서 초임교사 멘토링의 실제와 시사점. **교육행정학연구**, 23(4), 한국교육행정학회.
안미리 외(2001). 원격교육연수원 및 원격교육대학원 모형개발 및 운영방안에 대한 연구. **2000년도 교육부 유·초·중·고교 교원정책 및 교원양성 연구과제**.
이종철(1998). 중등체육교사의 일반 연수 교육에 관한 개선방안. **단국대학교 논문집**, 32, 641-651.
장찬익(1996). 평생교육의 관점에서 본 초등현직교원교육의 개선방안. **한국초등교육**, 8(1), 서울교대초등교육연구소, 415-430.
정일환, 권상혁(1995). **교사론**. 서울:교육출판사, 220-221.
정제영, 정성수(2006). 멘토링을 활용한 교원의 전문성향상에 관한 연구. **한국교원교육연구**, 23(2), 129-151.
홍오경(2003). 유치원 초임교사를 위한 멘토링과정. 미간행 석사학위논문, 중앙대학교 대학원, 서울.
Bullock, A. A. & Hawk, P. (2001). *Developing a teaching portfolio*. Upper Saddle River, NJ:

Prentice-Hall.

Holmes Group (1986). *Tomorrow's teachers*. East Lansing, MI: Holmes Group.

Hudson, F. M. (1999). *The handbook of coaching: A comprehensive resource guide for managers, executives, consultants, and human resource professionals*. San Francisco: Jossey-Bass.

OECD (1995). School under scrutiny, Paris: OECD.

OECD(1982). *In-service education and training of teachers*. Paris: OECD, 11.

Richardson, V.(Ed.) (1997). *Constructivist teacher education*. Bristol: Falmer Press.

Ulrich, C.(1976). A ball of gold. In C. Ulrich (Ed.), *To seek and find*, 150-160. Washington, DC: AAHPERD

15

초등학교교사를 위한 체육연수의 현황과 과제

조 순 묵

교원의 자질이란 일정한 수준과 한계가 없는 개념으로 교육의 상황 변화에 따라 교사의 특성도 변화되어야 하기에 가변적 속성을 갖고 있다. 따라서 교사는 직전교육을 통해 교사로서 갖추어야 할 기본적인 자질을 함양하고 이를 기반으로 계속적인 현직교육을 받음으로써 변화하는 사회에 대처할 수 있게 된다. 그러나 현직교육의 중요성에도 불구하고 초등학교 교사를 위한 체육 연수는 교원의 전문성을 계속 신장시킬 수 있는 연수기회의 절대적 부족, 제도적 뒷받침의 미비, 교사들의 연수에 대한 소극적이고 부정적인 경향성 등의 문제점을 나타내고 있다. 이에 본 연구에서는 우리나라의 교원연수 현황을 살펴보고 현직 교원연수에서 초등 체육과 관련한 연수의 현황을 파악하여 문제점을 찾고 초등학교 교사들의 체육교과에 대한 이해와 수업 전문성을 신장할 수 있는 현직 연수의 방향을 검토하고자 하였다. 이에 더하여 초등학교 교사를 위한 현직 연수의 개선방안으로 체육교과 직무연수의 확대, 원격연수 병행체제의 구축 및 찾아가는 연수의 활성화, 표준 연수 프로그램의 개발 방안을 제시하였다.

I 서 론

교육의 질은 교사의 질을 뛰어 넘을 수 없다. 하지만 우리는 일반적으로 교육의 질을 걱정하는 것만큼 그 전제조건인 교사의 질을 좌우하는 교사교육의 과정과 질에 대해서는 크게 관심을 두지 않았다. 또한 교권이 바닥에 떨어졌다고는 하지만 아무리 무능하고 책임 없는 수업을 전개하며 노력하지 않아도 수업의 질에 대하여 어떤 책임추궁이나 질책도 받지 않는 것이 우리의 학교교육 풍토이다(한명희, 1993). 즉, 전문성 관리체제와 책무성 요구체제가 결여된 현재의 교육문화 속에서 교육의 질 관리를 위해 우수한 교사의 양성과 함께, 계속적으로 전문성과 책무성을 변화·발전시키려는 노력과 시스템이 부족하였다고 하겠다(조순묵, 2004).

훌륭한 교사는 타고나는 성품과 자질도 있겠지만, 끊임없는 연찬과 노력을 통하여 만들어지는 것이다. 그러므로 현직에 근무하면서도 교사로서의 성장을 촉진할 수 있는 계속적인 연수와 자기개발의 기회가 지속적으로 주어져야 한다. 곧 직전교사교육이 교사로서의 최소한의 자질을 갖추게 하기 위한 것이라면 현직교사교육은 일정한 자격과 경험을 지닌 교사들의 자질과 전문성을 향상시키고 심화시키기 위한 과정이라 할 수 있다(박재정, 2006). 특히, 인간의 삶에 영향을 미치는 직접적인 존재인 교사의 끊임없는 자질의 향상과 부단한 자기 노력은 당연한 사명이고 의무인 동시에 사회적 책무이기도 한 것이다(박종률, 2006).

일반적으로 '교원현직연수, 교원현직교육, 교원연수'등의 용어는 특별한 구분 없이 같은 의미를 갖는 것으로 상호 교환적으로 사용되고 있다(손경수, 2005). 외국에서도 현직교육(inservice education), 현직교육·훈련(inservice education and trainning of teachers/ INSET), 교직원 개발(staff development), 전문적 개발(professional development), 교원 계속교육(continuing education) 등의 유사어들이 명확한 구별 없이 학자에 따라 다양하게 사용되고 있다(이윤식 외, 1993). 이러한 용어들은 모두 교원이 가르치는 과정 중에 보다 더 전문성을 높이기 위해 계속적으로 재교육을 받아야 함을 의미하며, 이러한 명칭의 변경은 시대적 변화에 따른 연수의 역할과 기능에 다소의 차이를 수반하지만 근본적으로 전문직으로서의 교직에 대한 지속적인 재교육의 필요성을 역설해 준다(박종률, 2006). 특히, 현대 사회는 전문화, 다양화 그리고 과학 정보화된 시대로 지식의 양이 폭발적으로 팽창하고 있기에 교육 실천의 지도자로서 교사의 전문적 자질에 대한 중요성은 더욱 강조되고 있으므로 현직 교육을 포함한 평생 교육의 개념으로 확대되고 전환되어야 한다. 따라서 직전교육과 현직교육은 하나의 연속선상에서 통합적으로 운영되어야 하며, 특히 현직교육은 생애교육, 계속교육의 관점에서도 강조되어야 한다.

교직은 전문직으로서 4년간의 직전 교육만을 통해서는 교사의 전문성이 완성된다고 볼 수 없다. 오히려 오랜 교직 생활 속에서 지속적인 현직연수를 통해 교사들의 전문성이 점진적·단계적으로 육성된다. 그 동안 우리나라 교사교육의 중점은 직전교육에 두어져 왔다고 할 수 있으나 변화하는 사회 속에서 교육 실천 주도자로서 교사의 역할이 중시됨에 따라 그들의 전문적인 자질 향상을 위한 지속적인 현직교육의 중요성이 점차 강조되고 있다. 교직이 전문직이라고 한다면 교직에 종사하는 교원의 자질이 직전교사교육을 통해 완벽하게 길러질 수 있다고 보기 어려우며, 교직생활의 전 과정에 걸친 계속적인 연수과정에서 점진적으로 개발·육성된다고 할 수 있기에 교사의 전문적 향상을 위한 현직교육 체제의 쇄신에 많은 노력이 집중되어야 한다(한은숙, 2005).

이에 교육인적자원부(교육부, 교육과학기술부)에서는 변화하는 세계의 교원연수 동향을 반영하여 교원들의 현직연수를 활성화하고 그 효율성을 증대시키기 위한 방편으로 연수기회의 확대, 연수과정의 체계화, 연수내용의 다양화, 연수방법의 개선, 원격연수의 도입, 연수기관의 다양화, 연수결과의 학점화 등을 통하여 현직연수의 발전을 기하겠다는 교원연수 운영방향을 수립하고 있다(교육인적자원부, 2004, 2005, 2006a). 이러한 교원연수 운영방향은 앞으로의 연수가 다양한 연수 프로그램에 의해, 원하는 연수를 받을 수 있도록 열린 연수기회를 확대하여 수요자 중심으로의 연수가 이루어져야 한다는 시대적 요구를 반영한 것으로 볼 수 있다(박재정, 2006).

그러나 교원연수의 양적 증대와 질적 향상을 위한 다각적인 노력에도 불구하고 연수기회의 부족, 연수교육과정의 체계성 미흡, 연수 일정 및 방법의 적절성 미흡, 연수요원의 확보 곤란, 연수결과 평가의 공정성 부족, 연수 기관의 교육여건 미흡과 같은 문제점들이 제기되고 있는 것(윤만형, 2002; 김기태, 1999; 이윤식 외, 1993)도 현실이며, 이를 개선하기 위한 노력들(강원근, 2000; 손경수, 2000; 이윤식, 2000; 이일용, 1992; 노종희, 한만길, 1982)도 활발하다. 체육 특히 초등학교 교사를 위한 체육 연수에 있어서도 양질적인 측면에서 미흡하고 많은 문제점들이 내재되어 있으나 이를 구체적으로 드러낸 연구결과들이 희박하다는 것이 더 큰 문제이다. 비정상적으로 운영되는 초등 체육교육을 개선하기 위한 연구들에서 초등학교 교사를 위한 체육관련 연수가 좀 더 다양화 되어야 하며 프로그램의 구성은 교수-학습 방법 중심의 내용으로 이루어져야 한다는 제언들을 강변하고 있으나 초등체육 교원연수를 주제로 한 구체적인 연구는 이루어지지 않고 있어서 국내 체육관련 전문학술지(한국체육학회지, 한국스포츠교육학회지)에 발표된 연구보고서(박재정, 2006; 이종형, 2003)는 손에 꼽을 수준이다. 그나마 2000년대에 들어서면서 교원연수의 필요성과 중요성에 대한 인식이 있어 한국스포츠교육학회에서 '교원연수교육의 문제와 개선방안'이라는 세미나(2002년 한국스포츠교육학회 춘계세미나)를 개최하고 '체육교사교육의 현황과 과제'라는 주제의 학술지 특집호(2006년 한국스포츠교육학회지, 13권 4호)에서 초등체육 교원연수에 대한 연구가 이루어지기는 했으나 이것뿐이다.

이에 이 글에서는 우리나라의 교원연수 현황을 살펴보고 현직 교원연수에서 초등 체육과 관련한 연수의 현황을 파악하여 문제점을 찾고 초등학교 교사들의 체육교과에 대한 이해와 수업 전문성을 신장할 수 있는 현직연수의 방향을 검토하고자 한다.

II 초등학교 교사를 위한 체육 연수 현황

1. 교원연수에 대한 이해

가. 교원연수의 개념

교원연수[1]의 개념은 접근하는 시각에 따라 여러 가지로 달리 규정되고 있다. 다양한 관점으로 정의되는 교원연수 개념을 종합하면 일반적으로 일정한 자격을 갖고 임용된 교사에게 해당 직무에 대한 적응능력을 길러 주기 위해 의무적으로 부가되는 교육 훈련과 재직 중 교사의 전문직 능력을 배양하고 일반적 자질을 향상시키기 위해 자발적 또는 의무적으로 행하는 제반 교육훈련 활동을 말한다(김종철 외, 1997). 그러므로 현직연수는 직전교육의 미비점과 단점을 수정·보완하고, 교원들로 하여금 새로운 지식과 기술을 습득하도록 하여 변천하는 사회에 대처하며 새로운 교육과정, 교수방법, 교육매체 등을 수용하도록 하여 고도의 전문성을 함양하고 교원 개인의 인간적 성장을 기하는 것을 목적으로 한다고 할 수 있다.

나. 교원연수 관련 법규

현행 교원연수제도는 1964년 2월 21일 공포 시행된 「교육공무원연수기관설치령(대통령령, 제1462호)」에 의한다. 이 법령은 몇 차례의 개정을 거듭하였는데 1970년 2월 20일(대통령령, 제1642호)의 개정 때에 연수의 종별을 일반연수와 자격연수로 나누어 처음으로 자격연수를 규정하였다. 그 후 일반연수, 직무연수, 자격연수로 구분되어 시행되던 연수종별은 2002년 2월 28일(대통령령, 제16733호)의 개정에 의해 직무연수와 자격연수로 연수종별을 규정하여 현재에 이르고 있다.

1991년 '교육자치에 관한 법률'에 의해 각 시·도에 교원연수원이 설치되고, 대학의 초·중등 교원양성기관에서 실시하던 현직교원

---

[1] 이 글에서도 현직교육, 교원연수, 현직연수를 문맥에 따라 혼용하였다.

연수 업무의 대부분이 각 시·도 교원연수원으로 이관되었다.

1998년 3월부터는 담당직무와 관련된 연수연구 누가 학점이 일정수준 이상에 도달할 경우 이를 상위자격 취득, 보수, 승진에 반영하는 등 교원 연수연구실적 학점 제도[2])가 시행되고 있다. 교원연수에 관한 시행규칙을 98년 2월 28일 개정하여 연수 이수 실적을 기록관리하도록 하였으며, 교원연수연구 실적 학점화 시행에 따른 업무처리요령을 98년 3월 27일 교육부 예규 제259호로 제정하였다. 이러한 교원 연수연구실적학점제도는 교원들의 자발적이고 능동적인 연수 참여를 유도해 낼 수 있는 자율연수의 활성화를 주된 목적으로 한다. 그러나 근래에 지나치게 승진에 관심을 두고 점수관리를 위한 연수를 받게 되는 경향이 강해지면서 개인의 전문성 제고라는 연수 본래의 취지가 흐려지고, 교원들에게 경제적으로 부담을 주며, 연수를 받느라 본연의 교육활동에도 지장을 주게 되는 심각한 문제점이 노출되고 있다(강원근, 2000).

최근 2008년에는 교원등의연수에관한규정 개정령(대통령령 제20611호, '08.02.19)에 의해 대학부설 초등 및 중등교육연수원 명칭을 '교육연수원'으로 통일하고, 연수기관별 연수대상 제한을 폐지하여 연수 선택의 폭을 확대했다. 그리고 원격교육연수지원센터 설치 근거도 마련하여 교원단체, 학교법인, 사설학원 등의 법인에도 원격교육연수원 운영을 위한 일정규모의 요건을 갖추어 인가를 받으면 교원연수를 할 수 있도록 하는 근거를 법제화하였다.

교원등의연수에관한규정 시행규칙 개정령(교육인적자원부령 제928호, '08.02.25)에 의해 원격교육연수지원센터의 설치절차 및 기능(원격연수 콘텐츠 품질 심사, 원격교육연수원 운영지원, 원격교육연수원 협의체 운영지원, 우수 원격연수기관 발굴 등의 기능을 수행)을 명시하였으며, 원격교육연수원 이외의 연수기관(일반교육연수원, 특수분야 연수원 등)에서도 원격교육연수지원센터 콘텐츠 심사 등을 거치면 원격연수가 가능하도록 하였다. 그리고 교원 자격연수 과정을 표준화하여 최소한의 공통교육과정 이수 여건 및 연수기관간 연수의 질적 차이 최소화를 위한 종별 자격연수 표준

---

2) 15시간을 기준으로 1학점을 부가하며 60시간 이상의 직무연수는 반드시 평가를 실시하도록 하고 있다.

교육과정을 개발·적용하도록 하였다.

또한 교육인적자원부고시를 신설하여 교(원)장, 교(원)감, 1급 정교사 자격연수에서 '멘토링제, 민간위탁연수, 해외연수, 재택보고서제 등 다양한 연수방법의 교육과정을 반영한 교원자격연수 표준교육과정을 고시했다(교육인적자원부고시 제2008-5호, '08.02.26).

다. 교원연수의 분류

교원연수는 그 성격과 분류 기준에 따라 다양하게 구분할 수 있으나 교육인적자원부(2007)에서는 <그림 1>과 같이 기관중심연수, 학교중심연수, 개인중심연수로 구분하고 있다. 교사의 자발적인 동기에 의하여 전문적 성장을 목적으로 개인수준에서 대학원 진학이나 현장연구, 독서 등의 방법으로 이루어지는 개인중심연수와 학교단위에서 연구수업 등의 자율연수와 교과협의회, 학년협의회, 자율장학, 전달연수, 초청강연, 시청각교육, 교수자료제작 등의 방법으로 실시되는 학교중심연수, 그리고 교육인적자원부 또는 시·도교육청의 주관으로 다양한 연수기관에서 실시하는 기관중심연수로 나눌 수 있다. 기관중심연수는 자격연수, 직무연수 그리고 특별연수로 구분된다.

「교원등의연수에관한규정」 제6조 제1항(2002.02.28 개정)에 의하면 연수 종별을 현직연수의 성격에 따라 직무연수와 자격연수로 구분하고 있는데 자격연수는 상급자격을 취득하기 위해 실시되는 것으로 연수기간은 30일 이상, 이수시간은 180시간 이상을 규정한다[3]. 자격연수 과정은 소위 표준 교육과정에 따라 각 연수원에서 그 구체적 강좌와 내용을 정하고 있어서 교원이 받는 연수 중 가장 체계화되었으며 충실하게 운영된다고 할 수 있다. 이는 제도적으로 뒷받침이 되어 있을 뿐만 아니라 교육받는 교사들도 가장 현실적인 목적을 가지고 참여하기 때문으로 1·2급 정교사 자격연수, 교감 자격연수, 교장 자격연수 등이 있다.

직무연수는 교육의 이론·방법 및 직무수행에 필요한 능력 배양을 위한 연수를 의미하며, 연수의 내용과 과정 그리고 기간은 연수대상 및 상황에 따라 당해 연수원장이 정하며 다만 승진평정대

---

3) 교원등의연수에관한규정 개정령(대통령령 제20611호,'08.2.19)에 의해 교(원)장 자격연수 기간을 현행 30일(180H) 이상에서 50일(360H) 이상으로 했다.

상 직무연수 기간은 10일 이상, 이수시간은 60시간 이상으로 규정하고 있다. 최근에는 직무연수 이수학점을 의무화하여 전 교원에 대해 교직 입직 후 4년차부터는 3년 주기로 최소 6학점(90시간) 이상을 반드시 이수하도록 했다(교육인적자원부, 2007).

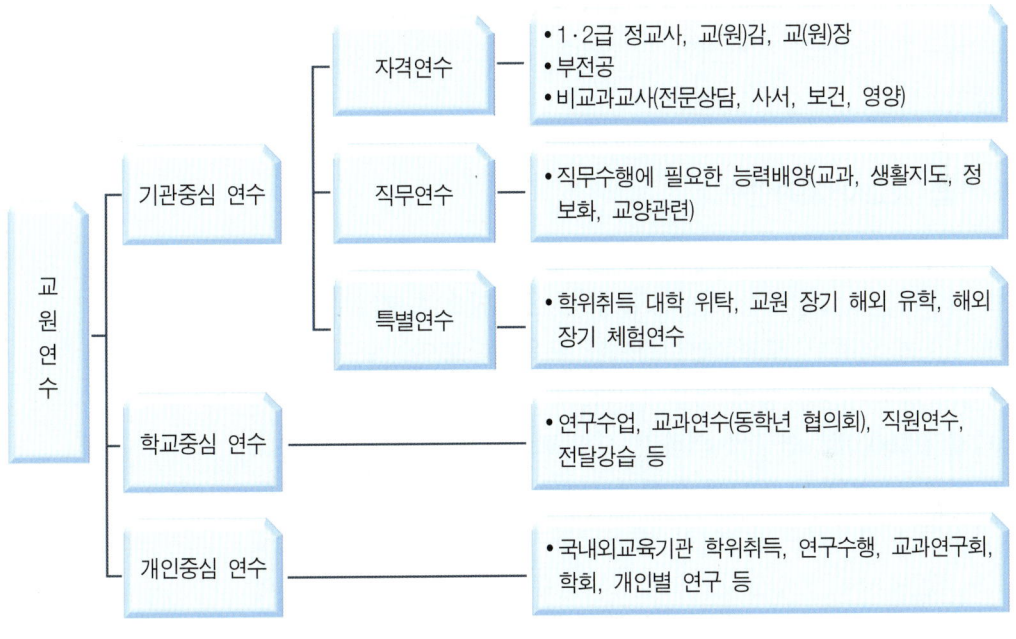

그림 1 연수의 종류 및 대상과 내용

2. 초등체육 교원연수 현황

초등학교 교사들이 현직연수를 받을 수 있는 주요 연수기관 현황은 <표 2>와 같으나, 실제 초등학교 교사를 위한 체육 연수 프로그램이 계획되어 운영되고 있는 곳은 '시·도교육연수원'과 '교육대학교부설 초등교육연수원'으로 한정되고 있다. 시·도교육연수원에서는 자격연수 프로그램 중 체육교과연수와 체육교과 직무연수(60시간 이상) 프로그램을 운영하고 있으며, 교육대학교부설 초등교육연수원에서는 시·도교육연수원의 위탁을 받아 체육교과 직무연수를 운영하기도 하며, 특수분야 직무연수로 스포츠 종목별 15~60시간의 실기 연수를 주로 운영하고 있다.

이처럼 초등학교 교사를 위한 체육 현직 연수는 자격연수와 직무연수로 이원화 되어있으며, 직무연수는 시·도교육청에서 주관하는 체육교과 직무연수와 특수분야 직무연수로 대별된다. 원격연수는 자격연수와 직무연수에서 프로그램 운영방식으로 시행되고 있으나 체육교과에서의 실질적인 원격연수 프로그램은 찾아보기 힘든 상황이다.

가. 1급 정교사 자격연수

초등학교 1급 정교사 자격연수는 연수기간을 30일 이상으로 하고 이수시간을 180시간 이상으로 규정하고 있으며, 각 시·도교육청의 주관에 의해 시·도교육연수원이나 교육대학교부설 초등교육연수원에서 방학기간을 통해 이루어진다.

박재정(2006)의 연구에 의하면 시·도교육청의 자격연수 프로그램은 전체 시간(180~184)에서 체육교과를 위한 시간 비율이 10%를 넘지 못하고 있는 실정이며, 체육교과 프로그램 운영방식에 있어서도 많은 차이가 있었다.「교원등의연수에관한규정시행규칙」에서는 '초등학교의 전 과목에 관한 교과'의 이수시간 배당 비율을 70~80%로 규정하고 있어서 체육교과의 연수 시간이 10시간 이상 확보되어야 하나 그렇지 못한 실정이다. 즉, 1급 정교사 자격연수에 있어서 체육교과 연수시간이 다른 교과에 비해 상대적으로 부족하다. 물론 1급 정교사 자격연수 프로그램에서 체육교과 편성 시간이 많고 적음으로 연수의 질을 평가하기는 무리가 있으나 한정된 연수 시간으로는 질적인 측면까지 담보하는 것 또한 한계가 있다고 할 수 있다. 1급 정교사 자격연수 운영 방식은 강의식과 실기실습 그리고 토의토론, 사례발표, 모의수업, 원격강의로 계획되어 있으나 많은 연수생을 대상으로 이루어지는 1급 정교사 자격연수의 특성상 강의식이 가장 많은 비율을 차지한다. 체육교과도 전체적인 연수 운영 방식에서 크게 벗어나지 못하고 유사하게 이루어진다. 체육교과의 연수를 담당하는 강사는 대부분 해당지역의 교육 및 전공분야에서 전문성을 인정받는 인사들로 구성되었고,

연수 강사도 교사들의 비율이 높아지고 있다.

초등학교 1급 정교사 자격연수는 모든 초등학교 교사들이 이수해야 하는 필수이자 의무의 성격을 지닌 연수이다. 특히, 연수점수는 승진에 포함되며 일단 점수를 받으면 다른 점수로 대치되기 힘들기에 연수에 참가하는 대부분의 교사들은 자의적이든 타의적이든 이외의 다른 연수에 비해 적극적으로 참여하게 된다. 하지만 적극적인 참여가 교사로의 전문성 신장이라는 본연의 의도와는 달리 '통과의례'와 '점수따기'라는 수단적 목적을 추구하는 경향이 강하다는 문제점도 제기된다.

나. 체육교과 직무연수

직무연수의 대상은 모든 교원이 해당되며 수시로 받을 수 있기 때문에 교사의 전문성 신장을 위해서 효율적인 현직연수라 할 수 있다. 하지만 2000년 이전까지 학교 현장에서 초등 체육교과와 관련한 연수는 교육과정의 개정으로 인한 교육과정 전달 연수에 한정되었다 해도 과언이 아니다. 2003년 교육인적자원부의 '학교체육활성화 방안' 이후에야 각 시·도교육청에서는 초등학교 교사들의 체육교과 전문성 향상을 위해 체육교과전담, 운동부 지도교사, 체육부장을 우선으로, 이주 전 초등학교 교사를 대상으로 7차 교육과정의 이해와 교수학습평가방법, 실기 기능 습득 및 지도법 중심의 직무연수(60시간 이상)를 강화하고 있다. 운영되는 체육교과 직무연수는 시·도교육청별로 다소 차이는 있었으나 대부분 10일의 연수 일정에 60~62시간의 연수 프로그램으로 이루어진다(박재정, 2006).

이와 같은 교육인적자원부(교육과학기술부)의 정책으로 시행되고 있는 체육교과 직무연수는 다른 연수에 비해 체계적으로 편성되어 운영되고 있다고 할 수 있으나 연도별 체육교과 직무연수 개설 및 이수 현황을 통해 교육인적자원부 교원연수 운영방향의 중점에 체육교과 직무연수 강화가 처음으로 명시되었던 2004년 이후로 개설횟수 및 이수현황이 계속해서 떨어지고 있다. 이는 체육교과 직무연수가 아직까지 완전하게 정착되지 못하고 연수방향에 좌지우지되는 상황을 벗어나지 못하고 있음을 의미한다고 하겠다.

체육교과 직무연수 프로그램 내용에 있어 전공영역은 교사로서의 수업능력 신장에 초점을 맞춘 프로그램을 중심으로 운영하는 연수원과 운동기능의 향상에 초점을 맞춘 프로그램에 중점을 둔 연수원으로 대별되는데(박재정, 2006), 연수교육과정의 편성과 운영에 있어 교과목의 명확한 구분과 기준 없이 교육과정의 편성·운영이 이루어지고 있는 실정이다.

직무연수의 실제 운영에 있어 연수프로그램을 어디에서 운영하느냐에 따라 연수 내용과 방법 특히 강사의 구성에 있어서도 차이가 나타나는데, 시·도교육연수원에서 연수를 진행하지 못하고 교육대학교부설 교육연수원에 위탁하여 연수를 운영한 경우는 교수들의 비율이 높게 나타났다(박재정, 2006; 손경수, 2000). 반면 시·도교육연수원에서 직무연수를 진행한 경우는 초등교사와 전문직의 비율이 높게 나타났다(박재정, 2006).

이상에서 초등체육교육의 문제점을 개선하고 교사들의 교과 전문성을 신장하겠다는 의도에서 시행되고 있는 체육교과 직무연수의 운영 실태는 연수 프로그램의 내용과 운영방식에 있어 지역간, 연수기관간의 일치성보다는 차이가 더 두드러졌다.

다. 특수분야 직무연수

초등학교 교사들은 특수분야 연수기관[4]에서 운영하는 체육관련 연수 프로그램에 참가할 수가 있다. 특수분야 연수기관은 시·도교육청의 해당과에서 3월과 9월에 신청을 받아 4월과 10월에 지정되고 그 현황이 일선학교에 안내된다. 연수 참가는 교사들이 특수분야 연수기관에서 각급 학교로 발송하는 연수운영 관련 공문을 확인하고 개별적인 신청을 통해 이루어진다.

특수분야 직무연수 프로그램의 경우는 서로 다른 기관 및 단체에서 동일한 주제로 연수 프로그램을 운영하는 경우도 많은데, 특히 교사들에게 인기 있는 종목의 경우는 3-4개의 단체 및 기관에

---

4) 특수분야 직무연수는 교원등의연수에관한규정 제5조(지정연수) 및 교원등의연수에관한규정 시행규칙 제5조(특수분야 연수기관의 지정)에 의해 수요자 중심의 질 높은 연수를 위하여 특수분야 연수기관의 질적 수준을 향상시키고 연수 운영 및 관리의 효율성을 높이기 위해 시행되었다. 교육감은 시·도교육연수원에서 실시할 수 없는 영역으로 교원 자신의 능력과 전문성을 개발하기 위하여 특수분야 연수기관을 지정운영할 수 있다.

서 연수프로그램을 운영하기도 한다. 체육관련 연수 프로그램 운영은 방학기간동안 이루어지는 경우가 대부분이며, 일부이기는 하나 학기중 일과 후 프로그램으로 운영하는 곳도 있다. 특수분야 연수기관은 심의·지정을 시·도교육감이 결정하기 때문에 지역교육청별로 개설기관수에서 차이가 크다.

체육과 관련한 특수분야 직무연수 프로그램은 〈표 1〉에서와 같이 운동종목 중심의 실기연수가 15~30시간으로 운영되는 경우가 대부분이나 60시간 이상의 프로그램을 운영하는 경우도 있다. 특수분야 직무연수 프로그램 참가 경비는 '직무연수 1인당 표준연수비'에 의해 산출되어 연수성격과 시간에 따라 직무연수 참가 교사들은 자비로 10만원 내외의 경비를 부담하게 된다. 60시간 이하는 성적을 산출하지 않고 60시간 이상도 기능위주로 운영되는 연수는 성적을 산출하지 않는 것을 원칙으로 하며, 성적을 산출하는 연수과정은 교양 및 교직 15~20%, 직무 80~85%의 시간 편성 지침을 준수하여야 한다(교육인적자원부, 2007).

표 1 2008 특수분야 직무연수 체육분야 개설 현황

구 분	연 수 명 (인원, 시간)	비고
서울	건강태극권-1기(20명, 30시간), 건강태극권-2기(20명, 60시간), 국선도(840명, 30시간), 댄스스포츠-1기(120명, 30시간), 초등학교게임활동(40명, 30시간), 초중등교원윈드서핑(40명, 30시간), 궁중무용(40명, 30시간), 왈츠-초급(40명, 30시간), 뉴스포츠(40명, 30시간), 웰빙댄스-초급(40명, 30시간), 웰빙댄스-고급(40명, 30시간), 룸바-중급(40명, 30시간), 룸바-상급(40명, 30시간), 요가명상-초급(25명, 30시간), 댄스스포츠-1기(30명, 15시간), 자이브-초급(40명, 30시간), 룸바초급(40명, 30시간), 윈드서핑-초급(30명, 30시간), 윈드서핑-중급(10명, 30시간), 국궁지도사자격(20명, 30시간), 음악줄넘기-초급(40명, 15시간), 음악줄넘기-중급(120명, 15시간), 음악줄넘기-고급(80명, 30시간)	지역 내에서 동일한 연수명은 서로 다른 연수기관에서 같은 내용의 연수를 운영하기 때문이다.
경남	공운동지도법(60명, 30시간), 배드민턴-기초(60명, 30시간), 배구실기(40명, 30시간), 요가-초급(140명, 30시간), 댄스스포츠(80명, 30시간), 댄스스포츠-포메이션(90명, 30시간), 댄스스포츠-중급(60명, 30시간), 배구경기기술및심판연수(50명, 48시간), 윈드서핑-초급(40명, 30시간), 생활배드민턴-기초(120명, 30시간), 요가(30명, 30시간), 기공운동(40명, 30시간), 댄스스포츠(56명, 30시간), 댄스스포츠(20명, 30시간), 인라인스케이트(20명, 30시간), 배구와댄스스포츠(20명, 30시간), 요가와생활다도(50명, 30시간), 배구실기-기초(25명, 30시간), 음악줄넘기(40명, 30시간), 테니스-기초(60명, 30시간), 국제표준댄스스포츠-초급(60명, 30시간), 국제표준댄스스포츠-중급(60명, 30시간), 배드민턴-실전(120명, 30시간), 건강줄넘기(100명, 30시간), 세계민속무용(60명, 30시간), 골프-초급(40명, 60시간), 특수스포츠실기(40명, 60시간), 한국무용-태평무(20명, 60시간)	
대구	레크댄스-1기(30명, 30시간), 교원골프(30명, 30시간)	
대전	골프(20명, 32시간), 배구-중급(40명, 32시간), 배구실기-상급(40명, 32시간), 몸짱만들기헬쓰(20명, 32시간), 댄스스포츠-삼바(20명, 32시간), 댄스스포츠-차차차(20명, 32시간), 배드민턴-기초(30명, 32시간), 필라테스-초급(20명, 32시간), 요가와대체요법(40명, 62시간), 레저와라인댄스-1기(40명, 32시간), 레저와라인댄스-2기(40명, 32시간), 태권도운동원리및창작품새(40명, 62시간), 웰빙택견체조(40명, 62시간), 탱고·삼바차차차-자이브(40명, 62시간), 국제표준댄스스포츠-초급(30명, 32시간), 국제표준댄스스포츠-중급(30명, 32시간), 웰빙스포츠마사지강사과정(40명, 63시간), 아이스스케이트쇼트트랙(40명, 62시간)	

라. 원격연수

　교원들이 원하는 분야의 현직연수를 공간적, 시간적, 방법적 제약에서 벗어나 탄력적으로 받을 수 있도록 하기 위해 '교원등의연수에관한규정'이 개정(2000.02.28)되어 원격교육연수원[5])의 설립근거가 마련되었으며, 이를 토대로 원격교육이 운영되고 있다. 최근 2008년에는 교원등의연수에관한규정 시행규칙 개정령(교육인적자원부령 제928호, '08.02.25)을 통해 교원연수를 위하여 원격교육연수원 이외의 일반교육연수원, 특수 분야 연수원 등에서도 원격교육연수지원센터 콘텐츠심사 등을 거치면 원격연수가 가능하게 되었다.

　이처럼 기존의 교사 연수의 단점을 보완하고 시간과 공간의 제약성을 극복하고자 하는 원격교육연수가 양적으로 증가하고 있으나 교원 원격 연수에서 정작 연수 본연의 목적이라고 할 수 있는 교사들의 교수 능력 향상을 위한 연수는 많지 않다. 그리고 개설되어 있는 교수 능력 향상을 위한 원격 연수도 교수 능력 향상에 적합한 연수 내용, 연수 방법, 연수 평가 등을 제공하지 못하고 있다. 즉, 현직 교사들의 요구 사항을 반영하지 못하고 학교 현장과 동떨어진 연수 내용, 획일적이고 다양하지 못한 지식 전달 위주의 연수 방법, 객관적이지 않고 타당하지 않은 연수 평가 등은 여러 연구와 현장 교사들에게서 문제점으로 지적되고 있다(구정모, 2004). 체육교과의 경우 원격연수로는 연수의 의미를 살릴 수 있는 진정한 연수가 쉽지 않으며 특히, 실기 중심의 내용이나 지도방법과 관련된 내용은 원격연수가 불가능하다고 여겨 본격적인 차원의 체육교과 원격연수는 시행되고 있지 않은 실정이다. 다만 자격연수와 직무연수에서 일부 과목을 원격연수의 형태로 운영하고는 있지만 큰 의미와 성과를 찾기가 쉽지 않다.

---

[5]) 원격교육연수원의 지정인가신청은 매년 1회(3월중)가능하다. 지정대상기관은 교육인적자원부 및 시도교육청 소속기관으로 시설·설비기준을 갖춘 경우 교육인적자원부장관이 지정하며, 인가대상기관은 대학기관, 법인(특수법인, 영리 및 비영리법인), 교직단체로 최근 2년간 교원연수프로그램(원격, 집합연수) 운영 실적이 있는 기관과 설립 대상기관 상호간에 컨소시엄을 구성하고 주관기관이 교육인적자원부장관의 인가를 받은 기관이다. 원격교육연수원의 지정인가 기준은 원격교육연수원의 시설·설비 등 확보 여부, 겸임(전임)교수 및 교원, 연구원, 전임조교, 강사, 임시조교 및 튜터 등 인적자원 확보 여부 그리고 강의 콘텐츠개발자, 시스템관리운영자 등의 인적자원 확보와 연수 사업계획의 타당도와 실현가능성을 고려하여 지정·인가가 이루어진다.

표 2 교원연수기관 현황(2007. 9. 1 현재)

구 분	기 관 명	주요 연수과정	설립일
중앙단위연수기관 (4기관)	교육인적자원연수원	• 교육공무원 • 연수발전 및 자료개발	'05.01.01 국가전문행정연수원에서 독립
	한국교원대학교 종합교육연수원	• 교(원)장 자격연수 • 특별연수 · 외국어연수	'86.1.17
	한국방송통신대학교 종합교육연수원	• 초 · 중등교원 직무연수	'00.5.9
	서울대학교사범대학부설 교육행정연수원	• 교(원)장 자격연수 • 교육행정지도자 과정	'64.2.21
대학교부설 중등교육연수원 (73기관)	강원대학교사범대학부설 중등교육연수원 등	• 중등교원 자격 · 직무연수	'64.2.21 ~ '07.7
교육대학교부설 초등교육연수원 (11기관)	공주교육대학교부설 초등교육연수원 등	• 초등교원 격 · 직무연수	'64.2.21
시·도교육연수원 (16기관)	서울특별시교육연수원 등	• 초 · 중등교원 자격 · 직무연수	'75.4.3 ~ '98.12.4
원격교육연수원 (65기관)	전남대학교부설 원격교육연수원 등	• 초 · 중등교원 자격 · 직무연수	'00.12.4 ~ '07.9.1
계	169기관		

※자료: 교육인적자원부(2007). 2008년도 교원연수 운영 기본계획. 교육인적자원부.

III 초등체육 현직연수의 문제점

현직 교원연수는 획일적인 교사연수, 관 주도의 형식적인 자격연수, 상급기관이 필요한 연수에 타율적으로 참여하는 문제, 부족한 연수기회, 비체계적인 연수 교육과정, 부적절한 연수방법, 불공정한 연수결과 평가, 미흡한 연수기관의 여건, 부족한 연수에 대한 유인체제 등의 문제점으로 인해 긍정적인 평가를 받지 못하고 있는 것이 현실이다(김기태, 1999; 이윤식 외, 1993).

교육방법은 토의, 발표, 체험 등의 참여식 교육방법이 높아가는 추세이나 일부 연수과정은 여전히 이론적 추상적 교육내용의 비중이 상대적으로 높은 것도 하나의 특징이며, 대부분의 연수과정도 전년도 교육과정을 답습하여 관례적으로 편성되기도 한다. 이 때문에 연수과정간의 내용도 상당수 중복되어 편성되어 있으며, 강사의 구성도 그 폭이 제한되어 지역에 편중되어 있고 그 지역의 대학교수 혹은 해당기관의 전임교수 요원으로 이루어져 있어 연수의 질적 수준을 향상시키는데 미흡한 실정이다. 교양영역은 전문 외부강사, 교직영역은 교사·교수, 전공영역 중 이론은 교수, 참여식 수업은 교사 중심으로 강사가 구성되어 있는 것이 공통적 추세이나 대학 부설 연수원은 교수 중심의 강사로 이루어져 있다(손경수, 2000). 물론 이는 전체 교원연수 전반에 관한 평가이지만 초등체육 현직연수에서도 이러한 문제점들은 그대로 나타나고 있으며, 특히 초등학교 교사들이 체육과 관련되는 연수활동 참여율이 매우 저조하다(윤만형, 2002)는 점은 체육교과만의 특성으로 인해 더 큰 문제점들이 도사리고 있음을 암시한다고 하겠다. 많은 문제점들 중 초등체육 현직연수와 관련하여 시급히 개선되어야 할 문제점을 중심으로 살펴보고자 한다.

1. 연수 정책과 기관의 문제

우리나라의 연수 정책은 교육인적자원부 교원양성과에서 해마다 교원연수기본방향을 각 시·도교육청에 시달하며, 각 시·도교육청에서는 이에 따라 자격연수 및 직무연수에 관한 계획을 마련하고 이를 기초로 실제 연수를 시행하는 시·도 교육연수원과 교육대학교 부설 교육연수원에서도 연간 운영계획을 수립한다. 이처럼 우리나라의 주요 연수프로그램(기관연수)은 정부교육행정기관의 연구사 및 장학사 그리고 대학 교수들이 중심이 되어 계획되고 운영된다.

또한 교원연수는 교사의 질을 향상시키는데 그 목표를 두고 교사들의 필요에 의하여 실시되어야 하나 현행 교원연수의 가장 큰 문제점은 연수의 주체인 교사들의 희망과 의사를 고려하는 않고 정책을 추진하는 관 주도의 획일적이고 타의적인 연수라는 것이다. 특히 연수기관들이 초등학교 교사를 위한 체육교과 현직연수를 운영함에 있어 전문성을 발휘하지 못해 체육교과의 특성에 맞는 연수 운영방식과는 거리가 있었다. 현장 교사들의 연수 요구를 사전에 충분히 분석 반영하여 연수 내용을 결정하지 못했고, 강의와 발표 위주의 전통적인 교육방법으로 인해 연수 결과가 실질적으로 현장교육의 개선에 도움이 되지 못했다(박재정, 2006; 이종형, 2003)는 평가가 일반적이다.

특히, 교육인적자원부는 교원연수 운영방향에서 초등학교 교사들의 체육교과 전문성 향상을 위한 직무연수 실시를 강화하고 있으며, 직무연수 실시 결과를 시·도교육청 평가 항목으로 선정하는 등의 정책적인 노력을 하고 있다. 이러한 노력으로 시·도교육청별로 체육교과 직무연수가 운영되고 있다는 점은 긍정적으로 평가되나 연수대상을 체육전담교사, 운동부지도교사, 체육부장 등으로 우선 순위를 정해 연수 참가자를 제한하였고 참가 인원도 실제 대부분의 시·도에서 50명 내외로 이루어지고 있다. 소수에게만 연수의 기회가 주어지게 됨으로 지역교육청별로 연수참가 인원을 할당하게 되어 여교사들 보다는 남교사들 위주로 연수가 운영되고 있는데, 실제 초등학교 교원의 대부분이 여교사임을 감안하고 많은 여교사들이 체육수업 운영에서의 어려움을 호소하고 있는 상황에서 연수정책이 현장의 실태를 제대로 반영하지 않고 이루어진 단적인 예라고 판단된다. 이에 더해 체육교과 직무연수가 실기기능의 습득 강조를 표명함으로서 프로그램의 내용이 스포츠종목과 운동기능습득 중심으로 운영되는 문제점도 드러나게 했다.

또한 현직연수 정책의 또 다른 축이라 할 수 있는 연수 학점화로 인해 직무연수가 승진을 위한 성적 평정에 반영되므로 과열경쟁 현상이라는 부작용을 낳고 있으며(이재용, 2002), 연수 참가자들은 연수 점수로 인해 배우는 과정에서의 즐거움보다는 결과(성적)에 대한 부담감이 크다. 물론 특수분야 직무연수의 경우 성적을 내지 않는 연수도 많이 있으나 이러한 연수는 대부분 실기위주로 이루어지고 있어서 교과교육 전문성신장이라는 현직연수 본연의 취지와는 거리가 있다는 또 다른 문제점을 내포하게 된다.

교원연수기관에 대한 국가 단위의 종합적 평가 및 구체적인 지도·감독권 규정도 미흡하여 양적으로 팽창하고 있는 특수분야 연수

기관에 대한 질 관리에도 어려움이 있을 뿐만 아니라 시·도교육연수원의 연수 전문 인력의 부족도 연수 수요의 충족 및 질 제고에 한계점으로 작용하고 있는데, 단적인 예로 특수분야 연수기관의 지정절차는 각 교육청의 해당부서에서 신청을 받아 접수된 문서를 기준으로 심의를 거쳐 지정이 이루어지고 있다. 이러한 지정 절차로 인해 연수를 원하는 기관 및 단체들은 구비서류에서 특별한 문제가 없으면 대부분 연수기관으로 지정이 된다. 연수기관 지정의 과정뿐만 아니라 연수운영 전반에 대해서도 현장 실사 및 관리가 소홀할 뿐 아니라 연수기관의 교육과정 편성·운영 실태에 대한 체계적인 평가도 미흡하다.

현재 우리나라의 각종 연수기관의 역할과 기능은 모호하거나 중복되는 부분들이 많으며(강원근, 2000), 현직연수의 계획을 수립하고 운영하는 연수기관의 역할과 범위가 분명하지 못하고 지역별 여건에 따라 다르게 이루어지고 있다는 점도 문제이다. 체육교과 직무연수의 경우는 계획과 운영의 주체가 불명확하다. 연수 프로그램 운영의 실질적인 첫 단계라 할 수 있는 연수계획의 안내를 통한 연수대상자의 추천에 있어서도 일관성 있게 이루지지 못하고 연수기관별로 다르다 보니 연수에 대한 관심과 의지가 있는 교사들도 정확한 정보를 알지 못해 연수 기회를 놓치는 경우도 발생하게 된다. 실례로 교원연수에 관한 기본운영계획을 시·도교육청에서 수립하는 지역이 있는가 하면 시·도교육연수원에서 마련하는 지역도 있다. 초등 체육교과 직무연수의 경우도 시·도교육청 초등교육과에서 운영 계획을 마련하는 곳도 있고, 또 체육과 관련된 연수라 하여 체육보건과에서 계획하고 운영하는 시·도교육청도 있다(박재정, 2006). 연수의 계획과 추진이 분명한 기준과 분장에 의해 이루어지기 보다는 시·도교육청별로 그때그때의 여건과 상황에 따라 달라진다는 데에서 문제점이 있다. 즉, 시·도교육청별로 교원연수 운영방식이 제각각이며 시·도마다의 특색을 넘어 특별한 기준 없이 운영되고 있다. 연수기관들이 주어진 역할과 책임을 다하기 위해서는 무엇보다 연수기관간의 역할과 기능이 명확하게 구분되고 체계화되어야 할 것이다.

이처럼 연수정책은 현장의 요구를 적극적으로 반영하려는 시도는 있으나 아직까지 충분하지는 못하고, 현직연수 운영기관들은 자신의 기능과 역할을 수행함에 있어 능동적이고 체계적이지 못해 연수프로그램의 수립 및 운영에 있어 문제점을 드러낸다.

2. 연수 프로그램의 문제

초등학교 교사들은 자신들의 체육 실기 능력이 부족하기 때문에 이에 대한 연수의 필요성을 인식하지만(최민규, 2004), 현장의 상황은 체육교과와 관련된 연수를 좀처럼 찾아보기 힘들뿐만 아니라 교육과정에 제시된 교육내용과 관련된 실기 또는 이론을 교육하는 연수도 매우 드문 것이 사실이다. 교육과정 및 현장 교수와 관련된 좀더 다양하고 광범위한 종류의 체육관련 연수가 시행되어야 하나(안양옥, 2004), 연수과정이 충분히 개설되지 못하거나 일부 개설되는 연수가 있더라도 방학 중 여러 분야의 연수와 동시에 개설되기에 초등학교 교사의 여건상 체육교과를 선택할 기회와 가능성이 희박하다.

특수분야 직무연수로 인해 개설되는 프로그램이 이전보다 양적으로 많이 증가되고 있으나 그 실제 운영 내용에 있어서는 초등학교 교사들이 체육수업을 진행하는데 실질적인 도움을 주어 수업전문성을 향상하도록 하는 내용이기 보다는 교사 개개인의 건강과 삶의 질 향상에 관련되는 생활스포츠의 기능을 습득할 수 있도록 하는 방식으로 진행되고 있어서 체육교과 전문성 향상이라는 본래의 취지와는 다르게 운영되고 있는 실정이다.

연수 내용의 측면에서도 학교현장의 교사들이 구체적으로 필요로 하는 주제와 영역으로 연수프로그램이 마련되지 못하고 있다(김명수, 2000). 일부 내용은 이론에 치우쳐 현실감이 없고 직전교사교육과정에서 배운 내용과 차이가 나지 않으며, 학교 현장과는 이론과 실제가 맞지 않아 괴리감이 크다. 무엇보다 천편일률적으로 운동기능을 강조하는 연수프로그램은 현장의 교사들에게 체육이라는 교과는 힘들고 어렵다는 인식만 강화시켜 체육과의 거리감을 더욱 심화시키는 결과를 초래하고 있다. 즉, 현재 시행되고 있는 자격연수와 직무연수 프로그램들은 현장과의 연계성이 부족하고 교사들이 무엇을 원하는 지에 대한 분석이 분명하게 이루어지지 않은 상태에서 내용이 짜여지고 있어서 연수 내에서도 과목간 내용중복이 생기며 연수간의 계열성이 지켜지지 않고 반복되는 내용들로 참가자들의 의욕과 만족도를 저하시키고 있다. 교사들이 필요로 하는 영역과 내용이 무엇인지를 분명하게 분석하여 연수프로그램의 내용이 현장과 긴밀하게 연계되어 교수방법 중심으로 편성될 때 교사들의 연수에 대한 참여 동기가 높아지며 연수를 이수하는 교사들에게 실질적인 도움을 줄 수 있게 된다.

체육교과 교육의 전문성은 우리가 인지하고 있는 것처럼 운동기능의 습득만으로 이루어지는 것은 아니다. 운동기능 못지않게 체육교육에 대한 올바른 인식과 이해에 기초하여 체육수업을 설계하고 운영하는 능력이 더 중요하다. 그러므로 연수 프로그램의 전공영역을 구성함에 있어서 운동기능과 지도법뿐만 아니라 체육교육에 대한 이해와 인식의 전환이 이루어질 수 있는 과목, 그리고 교육과정 및 수업전략에 대한 과목들이 좀 더 강화되어야 하나 현실은 그렇지 못하다(박재정, 2006).

연수 운영방식에 있어서도 문제들이 제시되고 있는데 체육교과의 특성을 살린 연수 운영방식이기보다는 연수를 위한 연수로 그치고 있어 형식적이라는 지적이 많다(박재정, 2006; 최민규, 2004; 이종형, 2003). 특히 자격연수에서의 체육교과 프로그램은 교과전문성을 신장할 수 있도록 하는 방향으로 의도는 되고 있으나 연수원의 인적자원 및 시설 미비로 인해 실기가 필요한 경우에도 이론강의로 그치는 경우가 많으며, 자격연수의 원활한 운영을 위해 연수생들의 신체활동 프로그램(댄스스포츠, 요가, 배구 등)으로 체육교과 연수가 대체되기도 한다.

이처럼 초등학교 교사를 위한 실질적인 현직연수프로그램이 양적으로 부족하며 이루어지는 내용 또한 만족스럽지 못하다(이종형, 2003). 특수분야 직무연수가 증가하고는 있으나 프로그램에 대한 관리가 제대로 이루어지지 않아 현직연수의 의의를 살리는데 미흡하다. 이러한 실태에서 자격연수에서의 한정된 시간과 시·도별로 제한된 인원들에게 제공되는 체육교과 직무연수 프로그램만으로는 현장의 개선과 그 개선의 주체이자 객체인 교사들을 만족시킬 수 없다.

3. 연수 참여자의 문제

아무리 잘 짜여진 연수과정이라 할지라도 교사들이 연수의 필요성과 중요성을 인식하지 못하고 연수에 대한 긍정적인 시각과 태도를 갖지 않는다면 연수 프로그램을 마련한 쪽이나 참가하는 쪽 모두 시간과 노력이라는 측면에서 많은 손실을 입게 됨은 자명하다.

우리 나라 초등교사들의 직무연수 참가에 관한 연구에서 70% 이상의 교사들이 체육과 관련된 60시간 이상의 직무연수를 한번도 이수하지 않았다고 보고하고 있다(윤만형, 2002). 이처럼 초등학교 교사들이 체육과 관련되는 연수활동 참여율이 매우 저조하다는 것은 체육과 관련되는 연수프로그램이 다양하지 못하고 연수활동에 대한 유인체제가 빈약하여 대부분의 교사들이 체육과 연수활동을 기피한다는데 기인하지만 체육수업에 관한 반성적 태도가 부족하고 체육에 대한 무관심과 가치인식이 낮다는 점도 문제이다(박재정, 2006).

또한 교사들의 연수에 대한 소극적이고 부정적인 경향은 승진에 뜻이 없고 본인이 원하지 않는다면 아무런 재교육이나 자격 갱신 없이도 정년까지 근무할 수 있는 교직사회의 특성 때문이기도 하다. 연수에 참여하는 교사들도 연수의 본질적 의의라고 할 수 있는 교사로서의 전문성 신장과 자기개발을 위해 자신의 내적동기에 의해 스스로 연수를 선택하고 참여하기보다는 연수학점을 획득하기에 유리하고 승진에 필요하다고 판단되는 연수를 선택하고 있다.

특히 체육과 관련한 연수에 있어서 교사들은 체육수업 개선을 위한 목적보다는 자신의 건강과 흥미를 충족할 수 있는 방향에 더 큰 관심을 두고 있으며, 이러한 의도가 반영되어 체육관련 특수분야 직무연수들은 대부분 개인의 삶의 질 향상을 위한 운동과 스포츠 활동(배구, 배드민턴, 댄스스포츠, 골프, 스키, 요가 등) 중심으로 이루어지고 있다. 단적으로 교사의 입장에서는 자신이 원하는 활동을 하면서 연수학점도 챙기는 일석이조의 성과를 거둘 수 있어서 좋고, 연수기관 및 단체들은 참가자가 없어 운영에 어려움을 겪기보다는 교사들의 입맛에 맞는 내용으로 프로그램을 운영하여 수익까지 창출할 수 있기에 체육관련 특수분야 직무연수는 증가하고 있다.

체육관련 직무연수에 대한 교사들의 흥미위주 태도로 연수를 통해 배우고 익힌 것을 체육수업시간에 활용할 수 있기보다는 일과 후나 주말 여가활동을 위한 연수로 이차적 목적이 더 크다고 본다. 스포츠 활동들이 넓은 의미에서는 자기개발로 이어진다고 볼 수 있지만 체육수업의 실태를 고려한다면 바람직한 현상이라고 할 수는 없다. 물론 이러한 현상이 교사들의 연수에 대한 오도된 인식과 현실적인 태도만의 문제는 아닐 것이다. 배우고 싶어도 원하는 연수과정이 개설되지 않고, 개설되더라도 제한적인 인원으로 인해 소수의 체육관련 교사들만 선발되어 연수에 참가하게 됨으로 차선의 선택을 하는 교사들도 분명히 많다.

어쨌든 교직의 특성에 따라 교원연수에 대해 적극적이지 않은 인식을 갖고 있는 교사들이 자기발전과 전문성 향상을 위한 방향보다는 흥미위주의 스포츠기능 습득과 숙달 그리고 승진을 위한 점수 확보를 위해 연수 프로그램을 신청하는 경향이 강하다는 것은 분명 개선의 여지를 담고 있다.

IV 초등체육 현직연수 개선방향

체육교과에 있어서 많은 교사들이 전문성 부족을 이유로 수업 진행의 어려움을 호소하고 있음에도 이상에서 살펴본 바와 같이 체육교과 관련 연수는 양적으로 부족하고 질적으로 미흡하다. 주기적으로 기본연수, 심화연수, 실험연수 등이 다양하게 이루어지고 있는 다른 교과와는 사뭇 다르다. 물론 지역교육청별로 방학기간을 이용하여 개설되는 체육교과 직무연수가 일부 있으나 이들은 대부분 운동기능 향상, 또는 교사의 건강 증진을 위한 연수로 한정되고 있는 실정이다(조순묵, 2004). 이에 초등학교 교사를 위한 현직 연수 개선방향을 효율성과 효과성의 측면에서 연수정책, 연수방법, 연수내용으로 구분하여 제시해 보았다. 물론 연수정책과 방법, 내용은 엄격하게 분리하여 생각하기가 쉽지 않기에 개선방향을 위해 제시되는 근거들이 중복되기도 한다.

1. 연수 정책의 개선: 체육교과 직무연수의 확대 필수화

신규임용 예정교사 연수와 1급 정교사 자격연수를 받고나면 퇴직 때까지 교직전문성 향상을 위한 연수를 이수하지 않아도 아무런 규제를 받지 않는 현실은 교원의 전문성에 대한 의식과 공교육에 대한 사회적인 불신을 키워왔다. 이러한 정책의 결과 체육교과의 경우는 1급 정교사 자격연수에서의 체육교과연수를 제외하고는 필수적으로 이수해야 할 연수가 없다. 물론 교육인적자원부(교육과학기술부)에서 해마다 제시하는 교원연수운영의 기본계획에서 체육교과전문성 향상을 언급하면서 시·도교육청단위로 체육과 직무연수가 마련되고는 있으나 여전히 그 횟수나 참여인원에 있어서 제한적이다. 또한 그 프로그램의 내용면에 있어서도 현재의 초등학교 교사들의 실태에 대한 분석을 기초로 교육과정이 마련되지 않아서 형식적인 연수로 그치고 있다.

이러한 실태에서 정책적으로 무엇보다 체육교과 직무연수의 확대 필수화가 이루어져야 한다. 비정기적으로 이루어지는 체육교과 직무연수가 정례화 되어야하고 나아가 체육교과 직무연수에 좀 더 많은 교사들이 참여할 수 있도록 연수 개설 횟수와 참여 인원이 확대되어야 하며, 장기적으로는 체육교과 직무연수를 일정한 주기로 받을 수 있게 연수이수를 필수의무화 하여야 한다.

선행연구들에서도 언급되었듯이 영어과 직무연수나 과학실험연수와 같이 정례적으로 이루어지는 연수가 체육교과에서도 있어야 한다는 것이다. 중등의 경우 이러한 직무연수가 초등에 비해서는 상대적으로 그 틀을 갖추어가고 있으나 아직까지 초등의 경우는 연수체계가 미흡하다. 먼저 시·도교육청별로 이루어지고 있는 현재의 체육교과 직무연수를 체육관련 업무 담당 교사들 중심으로 운영하기 보다는 대상을 전체 교사로 확대하여야 한다. 그리고 필수 의무화는 현실적으로 전체 교사들이 단기간에 체육교과 직무연수를 모두 이수한다는 것이 쉽지 않으므로 경력별로 일정기간 내에 체육교과 직무연수를 의무적으로 이수하도록 하는 방법을 찾아야 한다.

우리는 지금까지 체육교육의 비정상을 논하면서 이를 개선하기 위한 가시적인 노력은 부족하였다. 체육교육의 비정상화는 체육시설이나 여건과 같은 외부적 요인도 있지만 체육수업 운영에 있어서 전문성이 부족한 교사들에게 더 큰 책임이 돌아가기에 체육과 현직연수를 체계화하여 비정상적으로 운영되고 있는 체육수업의 정상화를 위한 기초를 마련해야 한다. 사실 체육시설 및 용구의 미비와 체육교육정책의 결여, 체육교육에 대한 일반인의 오도된 인식 등은 체육교육이라는 알맹이를 둘러싸고 있는 껍질에 불과하다(박재정, 2004). 교육의 질은 교사의 질을 능가할 수 없기에 체육교육의 정상화를 위해서는 궁극적으로 교사들의 전문성 강화를 위한 현직연수의 체계화와 내실화를 위한 연수정책이 구체적으로 마련되어 체육교육과는 관련성이 떨어지는 특수분야 직무연수의 개선을 통한 자율연수의 확대와 함께 전 초등학교 교사를 대상으로 하는 체육교과 직무연수의 필수화가 실현되어야 한다.

2. 연수 운영 방법의 개선: 원격연수 병행체제의 구축과 찾아가는 연수

연수에 참여하는 교사에게 있어서 전문성은 단순한 지식이나 이론의 습득을 통해 이루어지는 것이 아니라 교사의 적극적 인식과 능동적 참여를 통한 실천적 자각을 통해 이루어진다(박종률, 2006). 그러므로 알찬 연수 내용뿐만 아니라 적극적 인식과 능동적 참여를 유도하는 연수방식도 병행되어야 한다. 아무리 양질의 연수 프로그램이 마련되었다고 해도 교사들이 연수를 받는데 있어 비용과 시간으로 인해 연수 참여를 망설이게 된다면 바람직한 연수라 할 수 없다. 현재 시행되고 있는 체육교과 현직연수 프로그램은 대부분 방학기간을 이용하여 장기간의 출석·집합 연수가 이루어지기 때문에 연수에 임하는 교사들은 과중한 부담을 안고 있기에(이종형, 2003), 이러한 부담과 문제점을 개선하는 연수 운영 방식이 요구된다.

현직연수 실태에서 언급한 것과 같이 기존의 체육관련 연수는 운동기능 습득을 중심으로 이루어졌기에 원격연수로 구성하는 것이 쉽지 않았다. 아니 불가능하다고 여겼다. 하지만 체육교육의 방향이 운동기능중심에서 신체활동가치중심으로 변하였기에(유정애 외, 2005), 체육수업은 운동기능과 함께 인문성과 예술성도 강조해야 하는 상황에서 체계적으로 구성된 원격연수는 기존의 강의실과 강당에서 이루어졌던 출석·집단연수보다 효과적일 것이다. 물론 체육관련 모든 연수를 원격연수로 운영하자는 것은 아니다. 연수의 성격에 따라 원격연수를 적극적으로 도입하여 기존의 연수체제와 병행한다면 좀 더 많은 교사들이 쉽게 연수에 참가 할 수 있고 연수 효과 또한 증대되며, 이를 통해 현직연수 본연의 취지와 목적을 효과적으로 구현할 수 있을 것이다. 특히 원격연수는 앞에서 제안한 '체육교과 직무연수의 확대 필수화'와 연동된다면 그 효과는 배가될 것이다.

또한 '찾아가는 연수'의 활성화도 체육교과의 특성상 필요하다. 일부 시·도 연수원에서 실시하고 있으며 연수에 대한 교사들의 반응이 긍정적이며 참여도 적극적이다. 찾아가는 연수의 특징은 말 그대로 교사들이 연수원으로 찾아가는 것이 아니라 연수자가 근무하고 생활하는 관내에 연수가 개설되는 방식이다. 일과후의 시간을 이용하여 학교 인근에서 연수를 받기 때문에 방학동안 타 지역에서 숙식을 걱정하며 오랜 기간 집중 연수를 받지 않아도 된다. 주중의 일과 후 짧은 시간 운영되기에 교사들의 연수 접근성이 높아져 참여가 적극적이며, 연수받은 내용을 바로 현장에 투입할 수 있기에 방학 중 생활근거지와 멀리 떨어져 있는 연수원에서 오랜 시간 집중 연수를 받음으로 인해 나타나는 기존 연수 방식의 힘듦과 어려움을 극복할 수 있는 긍정적 대안이 될 것이라 확신한다.

실제 '찾아가는 연수'의 경우 지역 반경이 상대적으로 좁은 특별시나 광역시를 중심으로 이루어지고 있다. 그러다 보니 대부분의 시·도에서는 동일한 연수방식을 통해서는 또 다른 문제점이 파생될 수 있다. 그러므로 지역이 넓은 시·도의 경우는 시·군교육청 단위로 그 지역의 교사를 중심으로 '찾아가는 연수'를 구안하는 방법이 마련된다면 효과적일 것이다.

무엇보다 '찾아가는 연수' 프로그램의 내용은 현행 교육과정에 기초한다면 활동영역별로(체조활동, 표현활동, 게임활동, 체력활동, 육상활동, 보건) 모범적인 수업방법과 과정을 보여주고 체득할 수 있는 방향으로 운영되어야 할 것이다. 그러므로 강사들은 현장의 실태와 어려움을 잘 아는 수업 전문가 중심으로 구성되어야 현재 시행되고 있는 체육교과 직무연수와 특수분야 직무연수의 문제를 반복하지 않는 실질적인 연수 방법으로 자리매김할 수 있을 것이다.

3. 연수 프로그램(내용)의 개선: 표준 연수 프로그램의 개발

체육수업에서의 자신감과 전문성이 부족하다고 느끼는 교사들이 많은 실태(유정애, 2004)에서도 자격연수와 직무연수에서의 연수프로그램 내용이 구체적으로 마련되지 않고 있다. 1급 정교사 자격연수 프로그램은 표준안이 제시되어 있으나 자격연수 내의 체육교과는 분명한 프로그램이 마련되지 못하고 시·도교육청별로 많은 차이가 있다. 자격연수는 언급한 것과 같이 초임교사에서 경력교사로 나아가는 과정에서의 필수적인 연수로 그 성격상 모든 초등학교 교사들이 받아야만 하는 연수이다. 초등교사로서 체육과 관련한 이외의 직무연수는 직을 수행하는 동안 원하지 않는다면 받지 않아도 되지만 1급 정교사 자격연수에서의 체육교과연수는 의무적이다. 그러므로 체육교과의 연수프로그램 내용이 효과적으로 구성되어 효율적으로 운영된다면 모든 교사들에게 적극적인 의미의 연수가 가능하다.

이에 자격연수에서의 표준 연수 프로그램 마련을 제안한다. 필수 기본교육내용이 갖추어져 연수 프로그램에 포함되어야 체육교과는 자격연수에서 일정 연수시간을 확보할 수 있을 것이며, 이 확보된 시간을 통해 현장에서 체육수업을 운영하는데 필요한 기본적이고 구체적인 교수지식 및 교수방법을 교사들이 체득할 수 있는 기회를 제공하게 될 것이다(박재정, 2006).

현직연수의 문제점에서도 언급했지만 시·도교육청별로 시행되는 체육교과 직무연수 또한 그 프로그램이 제각기 이루어지고 있으며, 실질적으로 연수를 받은 교사들이 학교생활에서 수업에서 활용할 수 있는 연수내용이 부족하다. 체육교과 직무연수는 체육수업의 주체인 교사가 수업을 운영함에 있어 부족함을 느끼고 있는 영역이나 개인적인 연수로 해결하기 어려운 부분을 우선적으로 개설함으로써 현장의 요구나 실정을 적극적으로 반영해야 한다. 단기간의 연수를 통해 일시에 모든 영역을 채울 수 없으므로 교사들이 부족하다고 여기며 필요로 하는 영역을 중심으로 선택하여 배울 수 있는 방안도 강구되어야 한다. 초등 체육교육의 문제를 개선하겠다는 의도에서 정책적으로 시행되고 있는 직무연수가 기관에 따라 교육과정에서 많은 차이가 나는 것이 결코 바람직한 현상은 아니라고 보았을 때 기준안으로서의 표준 연수 교육과정이 또한 마련되어야 할 것이다.

교육과정 개정시 새 교육과정에 대한 연수 프로그램 내용 또한 구체적으로 마련되어야 한다. 현행과 같은 형식적인 전달 연수 형태로는 교사들이 교육과정 개정의 의의와 내용을 제대로 받아들이기가 쉽지 않다. 특히 '2007 개정 체육과 교육과정'은 기존의 운동기능 중심에서 신체활동가치 중심으로 철학이 변화되었고, 체육교과의 본질 회복을 위한 체육의 인문성과 예술성이 강화되었기에 (유정애 외, 2005) 교사들의 체육교육과정에 대한 패러다임의 전환과 인식의 변화를 요구하고 있다. 이러한 인식의 변화와 함께 수업 속에서 교육과정의 이상을 구체적으로 실현할 수 있도록 하는 교육과정 직무연수 프로그램이 마련되어야 한다.

아무리 국가 수준의 교육과정이 통합 교육 준비가 되어 있더라도 현장에서 의미 있게 통합하여 지도하지 못한다면 아무런 소용이 없다. 체육교육의 올바른 자리매김을 위해 개정된 체육과 교육과정은 현장의 교사들에게 낯설음으로 다가오기에 교육과정의 변화를 체험하고 이해할 수 있는 연수기회가 구체적으로 마련되어야 의도된 계획으로서의 교육과정이 아니라 전개되어 실현되는 교육과정으로 정착될 수 있을 것이다. 그러므로 개정되는 교육과정에 대한 연수프로그램은 개정된 내용의 이해뿐만 아니라 실제 변화가 있는 내용 영역별(건강활동, 도전활동, 경쟁활동, 표현활동, 여가활동) 수업 운영 방법을 구체적으로 안내하는 내용이 포함되어야 하며, 이를 연수하는 방식은 모의수업 형태로 진행되어야 연수를 받은 교사들이 교육과정의 의도에 맞게 체육수업을 운영할 수 있을 것이다.

Ⅴ 결론

'교원의 자질'이란 일정한 수준과 한계가 없는 개념으로 교육의 상황변화에 따라 교사의 특성도 변화되어야 하기에 가변적 속성을 갖고 있다. 따라서 교사는 직전교육을 통해 교사로서 갖추어야 할 기본적인 자질을 함양하고 이를 기반으로 계속적인 현직교육을 받음으로써 변화하는 사회에 대처할 수 있게 된다. 그러나 현직교육의 중요성에도 불구하고 초등학교 교사를 위한 체육 연수에 있어서는 교원의 전문성을 계속 신장시킬 수 있는 연수기회는 절대적으로 부족했으며, 그 제도적 뒷받침도 체계적이지 못한 형편이었다.

이 글에서는 기관중심의 현직연수를 중심으로 연수의 현황과 개선방향을 살펴보았다. 그러나 교사의 전문성 신장과 자기 개발을 위해서는 기관중심의 정형화된 연수뿐만 아니라 학교중심의 현직연수와 개인중심의 현직연수 또한 필요하고 중요하다. 우리나라의 현직연수는 지금까지 관 주도하의 기관중심연수가 교원연수의 주도적 역할을 해왔다고 할 수 있겠으나 교육자치 실현이 구체화되면서 학교장 중심의 학교중심 연수가 강조되게 되었고, 교원 스스로의 필요와 자기개발을 위한 개인중심의 자율연수가 보다 더 큰 비중을 차지하고 있다고 하겠다. 특히 기관중심의 현직연수는 대체로 승진, 자격 취득에 직·간접적으로 관련되는 연수이기 때문에 자기 주도적인 자율연수의 성격이라기보다는 관 주도의 프로그램에 의한 공급자 입장에서의 연수에 치중한 측면이 많아 타율적인 연수의 성격이 강하다(한은숙, 2005). 그러므로 연수 본연의 취지에서도 무엇보다 일상생활 속에서 그리고 자율적으로 참여할 수 있는 학교중심 연수와 개인중심 연수의 중요성이 간과되어서는 안 된다.

시대적으로도 교원연수에 대한 인식과 그 역할에 대한 재점검을 요구하고 있다. 교육을 바라보는 관점과 교육 및 교원에 대한 정책들이 하루가 다르게 변하여 바람직하고 긍정적이라고만 할 수 없지만 교원평가의 시대가 도래하였다. 교원 스스로가 자신에게 필요한 전문성을 신장하지 않으면 안 되는 현실이 되어 이제 교원연수는 개인의 발전과 승진을 위한 수단이 아니라 모든 교원이 교사로서의 역할 수행에 필수적인 과정이 되었다. 그러므로 교사들은 교원연수에 대해 선택이 아닌 필수라는 인식을 갖추어야 하며, 교육당국에서도 교사들이 필요로 하는 연수를 원할 때 받을 수 있는 수요자 중심의 연수정책을 중점적으로 마련하여야 할 것이다. 교원들의 연수에 대한 인식이 권리와 책무라는 측면에서 적절한 균형을 갖고 전문적 성장을 위한 자발적인 노력과 교육당국의 정책적 노력이 병행될 때 현재와 같은 교원연수에 대한 부정적인 우려들이 사라질 것이다.

초등학교 교사가 좋은 체육수업을 진행하기 위해서는 체육수업에 관련된 체육교과교육학적 지식은 물론이고 체육교과내용학적 지식을 겸비하여야 하며, 교사 스스로 체육수업에 대한 철저한 준비와 수업에 대한 반성 등 연찬활동을 통하여 교과 전문성 신장과 자기개발에 적극적이어야 한다. 이러한 과제와 노력은 교사 개개인의 몫이라고 할 수 있겠지만 현직연수 프로그램에서의 적극적인 지원과 안내가 함께 할 때 궁극적으로 교사의 전문적 성장을 위한 토대가 마련되며, 아울러 현직연수의 질적 수준이 확보될 것이다.

참고 문헌

강원근(2000). 21세기의 교원 연수 체제. **한국교사교육, 17(1).**
교육인적자원부(2004). **2004년도 교원연수 운영방향**. 교육인적자원부 교원양성연수과.
교육인적자원부(2005). **2006년도 교원연수 운영방향**. 교육인적자원부 교원양성연수과.
교육인적자원부(2006). **2007년도 교원연수 운영방향**. 교육인적자원부 교원양성연수과.
교육인적자원부(2007). 2008년도 교원연수 운영 기본계획. 교육인적자원부 교원양성연수과.
구정모(2004). **교수 능력 향상을 위한 교원 원격 연수에 마이크로티칭 기법의 적용 모형 개발**. 한국교원대학교 대학원 박사학위논문.
김경영(2002). **초등 체육수업에서 교사의 수업운영분석**. 청주교육대학교 교육대학원 석사학위논문.
김기태 외(2004). **미래지향적 교사론**. 서울: 교육과학사.
김기태(1999). **초등교사론신강**. 서울: 도서출판 무진컴스.
김종철 외(1997). **교사론**. 한국방송통신대학.
김택천(2002). 교원 연수교육의 문제와 개선방안. **한국스포츠교육학회 춘계세미나 자료집**, 3-18.
노종희, 한만길(1982). **교원 현직교육의 발전 방향과 과제**. 서울: 한국교육개발원.
박재정(2006). 초등체육 현직 연수 실태분석과 운영방향. **한국스포츠교육학회지, 13(4)**, 55-80.
박재정(2004). 전담교사의 체육수업에 대한 학생의 인식. **한국스포츠교육학회지, 11(3)**, 195-208.
박종률(2006). 중등 체육 1정 자격 연수의 현황 분석 및 개선방안 탐색. **한국스포츠교육학회지, 13(4)**, 81-104.
손경수(2000). 연수교육체제의 효율적 운영과 질 관리의 발전방향. **한국연수논총 18권**, 1-64.
안양옥(2004). 통합적 재검토를 통한 초등 체육과 교육과정의 발전 방향 모색. **한국스포츠교육학회지, 11(2)**, 1-23.
유정애(2004). 제 7차 교육과정에 따른 초등학교 체육교육과정 및 수업운영 실태 분석. **한국체육학회지, 43(3)**, 245-263.
유정애, 서지영, 안양옥, 조미혜(2005a). 체육과 교육과정 개선 방안 연구. **한국교육과정평가원 연구보고 RRC 2005-8**.
윤만형(2002). **초등학교 체육교육의 실제와 개선에 관한 연구**. 전남대학교 대학원 박사학위논문.
이병호(2007). 평생학습사회에서 교원연수의 의미. **새교욱, 7월호**, 45-50.
이윤식(2000). 교원의 전문성 심화를 위한 연수연구실적학점화. **한국교사교육, 17(2)**, 25-58.
이윤식, 유현숙, 최상근(1993). 교원 연수제도 개선방안 연구. **한국교육개발원 연구보고, RR 93-9**.
이일용(1992). 교원연수제도의 개선방향에 관한 연구. **한국교육문제연소논문집, 7**. 중앙대학교 한국교육문제연구소.
이종형(2003). 초등학교 체육연수 프로그램의 운영실태 분석. **한국스포츠교육학회지, 10(3)**, 211-226.
조순묵(2004). 초등체육교육 반세기 그 반성과 전망. **한국교원대학교 개교 20주년 기념학술대회지**, 503-535.

최민규(2004). **초등교사의 체육과 직무연수에 대한 인식 및 요구 분석**. 서울교육대학교 교육대학원 석사학위논문.
이재용(2002). **교원연수교육의 문제와 개선방안**: 초등학교 직무연수 개선방안. 한국스포츠교육학회 춘계 세미나 자료집, 59-77.
김명수(2000). **초등학교 체육과 교사 재교육 프로그램 분석**. 한국교원대학교 교육대학원 석사학위논문.
손경수(2005). 교원연수체제개선 후속조치 정책연구: **교원자격연수 표준교육과정 개발**. 교육인적자원부.

〈부록〉

체육 현직연수 관련 연구

1. 학위 논문

김경미(2004). **체육수업 연수 참여 교사의 교수행동에 대한 기술-분석적 연구**. 한국교원대학교 교육대학원 석사학위논문.
김영대(2003). **체육교사의 일반연수 참여 실태 및 개선방안**. 한국교원대학교 교육대학원 석사학위논문.
김영식(1999). **중등학교 체육교사의 자격연수 프로그램 분석**. 한국교원대학교 대학원 석사학위논문.
김영식(2003). **체육교사 양성 및 연수 교육과정의 효과적 운영 방안**. 한국교원대학교 대학원 박사학위논문.
김종성(2002). **중등체육교사의 직무연수에 대한 인식 및 선호**. 인천대학교 교육대학원 석사학위논문.
이 석(2007). **중등 체육교사 일반연수 참여 실태 분석**. 한국교원대학교 교육대학원 석사학위논문.
이창용(1999). **초등교사의 체육연수 참여에 다른 체육목표 인식의 차이**. 서울교육대학교 교육대학원 석사학위논문.
정유선(2006). **중등학교 체육 1급 정교사 자격연수 운영 실태 분석**. 한국교원대학교 교육대학원 석사학위논문.
최민규(2004). **초등교사의 체육과 직무연수에 대한 인식 및 요구 분석**. 서울교육대학교 교육대학원 석사학위논문.

2. 학술지 논문

김영식(2004). 체육교사 연수교육의 효과적 운영 방안. **한국체육교육학회지**, 8(2), 57-67.
김영식, 임종호(2002). 중등학교 체육교사의 자격연수에 대한 현직교사의 의식 실태. **한국스포츠교육학회지**, 9(1), 159-168.
문호준, 박종률(2004). 중등학교 체육교사 연수의 문제점과 개선 방안. **서원대학교 교육발전**, 23(2), 281-298.
박재정(2006). 초등체육 현직연수 실태분석과 운영방향. **한국스포츠교육학회지**, 13(4), 55-80.
박종률(2006). 중등 체육 1정 자격 연수의 현황 분석 및 개선방안 탐색. **한국스포츠교육학회지**, 13(4), 81-104.
안풍식, 한만규, 김용환(1996). 체육과 현직교사 연수 운영 및 프로그램 개선 연구. **한국체육교육학회지**, 1(1), 19-43.
이종철(1998). 중등체육교사의 일반 연수 교육에 관한 개선방안. **단국대학교 논문집**, 32, 641-652.
이종형(2003). 초등학교 체육연수 프로그램의 운영실태 분석. **한국스포츠교육학회지**, 10(3), 211-226.
이중숙(1999). 중등체육 교원연수원의 교육과정 고찰. **신라대학교 논문집**, 48, 251-269.
정종효(1994). 국민학교 체육과 교육과정 현직연수 실태와 인지도에 관한 조사연구. **대한체육회 학교체육연구논문집**, 1994(1), 41-84.
최관용(2006). 중등체육교사 연수의 현황과 과제. **한국스포츠교육학회지**, 13(4), 105-124.

16

체육수업에서 학생의 학습경험

신 기 철

수업은 동일한 시간과 공간 안에서 교사가 가르치고, 학생이 배우는 활동으로 나타난다. 따라서 수업에서의 주체는 결코 교사만이 아니라 학생도 엄연한 수업의 한 주체인 것이다. 그러나 지금까지 우리는 교사와 학생이 수업의 주체라는 점을 암묵적으로 동의하면서도 학생보다는 교사가 수업에 더 많은 영향을 미친다고 무의식적으로 전제해 왔고, 이러한 배경에서 체육수업연구의 동향은 주로 교사의 수업 전략이나 모형 또는 교수 전략에 관한 연구가 지배적으로 수행되어 왔다. 최근에 들어 구성주의적 학습관이 강조되면서 지식에 대한 관점이 변화되고, 교사의 전문성에 대해서 재개념화 되면서 이제는 교사가 어떻게 가르치는가 보다는 학생이 어떻게 학습하는가에 관심이 주목되고 있다. 체육교육학 분야에서는 그 동안의 기능주의적 연구 패러다임에서 해석적 및 비판적 연구 패러다임으로의 전환, 그리고 질적 연구 방법론의 등장으로 학생의 학습 경험에 대한 관심이 고조되었고, 많은 연구가 수행되어 의미 있는 결과가 도출되기도 하였다. '말을 물가로 데려갈 수는 있어도 물을 먹일 수는 없다'라는 격언은 교사의 교수 못지않게 학생의 학습도 매우 중요한 사안이 됨을 충분히 시사해 준다. 학생의 학습경험은 심동적 경험, 정의적 경험, 인지적 경험으로 분류되어 탐색되었고, 이상에서와 같은 학생의 학습경험 연구의 동향에 대해서 몇 가지 문제점을 제시하는 동시에 앞으로의 연구 전망을 밝혔다.

I 체육수업 연구에서 학생은 어디에 있는가?

21세기 학교교육은 패러다임적인 변화를 보이고 있다. 그 변화가 과연 실질적으로 드러나고 있는지, 그러한 변화가 과연 바람직한 것인지에 대해서는 여전히 갑론을박의 소지가 있지만, 적어도 학교교육은 어떤 방향으로 나아가야 하는지에 대해서 가히 세계적으로 하나의 일관된 기조를 보이고 있는 것은 분명해 보인다. 요컨대, 교육은 이제 교사 중심이 아니라 학생 중심으로 이루어져야 한다는 것이다. 이러한 교육 추세는 Graham(1995)의 미국의 교육 동향에 관한 검토 내용에서도 잘 드러난다.

> 최근에 교육계에는 '상업(business)으로서의 교육'이 강조되고 있다. 일례로, 여러 주에서 학교의 책무성이 점차 강조되고 있다. 지도해야 할 과목이나 이수 시간을 요구하기보다는 학생이 성취해야 할 결과가 무엇이고, 학생들이 학습한 것과 하지 않은 것이 무엇인지를 규명하고자 한다. 그렇기에 학교는 어떤 과정을, 얼마의 기간 동안 개설할 것인지를 선택하면서 목적 달성에 가장 좋은 방안을 결정하려는 소위 '가시적 경영'(sight-based management)에 주력하고 있다. 바우처(voucher)와 차터 스쿨(charter school)은 고객의 선택과 만족에 근거한 사업 모형을 드러내주는 전형적인 사례라 할 수 있다. 이 두 제도는 현재 학생이 소속된 학교의 교육 프로그램에 만족하지 못할 경우를 대비한 대안적인 학교로 볼 수 있다. 바야흐로 학생은 '고객'이며, 교육은 그 고객을 만족시켜야 하는 것이다.

아닌 게 아니라 우리나라 학교교육도 Graham(1995)이 지적한 바와 같이 경제적 관점이 교육에 그대로 적용되는 현상을 보이고 있다. 특히 제7차 교육과정은 이전 차기의 교육과정과는 달리 '수요자 중심의 교육과정'을 핵심적인 키워드로 제시하면서, 그간 교사 중심적 수업에서 탈피하여 학습자의 특성과 요구를 수렴하는 수업을 지향하고 있다.

그러나 Graham(1995)은 교육이 상업이라는 용어로 표현되는 것에 논쟁의 여지가 있으며 따라서 이와 같은 접근 방식을 지지하지는 않는다 하면서도 학생을 고객으로 보는 관점에 대해서만큼은 주목할 만한 것이라고 하였다. 이는 그 동안 교육의 실제에 있어서 교사가 학생에 대해서 이해하려는 시도와 노력이 부족하였을 뿐만 아니라 이에 관련하여 수행된 연구도 지극히 미진했음을 시사한다.

학생을 체육관이나 운동장에 서 있는 고객으로 가정해 보자. 자신들이 받게 되는 체육수업에 관해서 무엇을 말하고 생각하겠는가? 학생들은 과연 학교 체육수업에 만족할 것인가 아니면 방과후 학교나 체조 혹은 댄스 교습소를 찾게 될 것인가? 사실 우리 체육교육자들은 학생들이 체육 프로그램에 대해서 어떻게 느끼고 있는가에 대해서 전혀 모르고 있다고 해도 과언이 아니다. 만약 이런 상업을 계속 진행시킨다면, 이 일은 조만간에 문을 닫아야 할 지경에 이르게 될 것이다. 왜냐하면 상업이라 한다면 지속적으로 고객을 조사하면서 고객이 어떤 상품과 프로그램을 원하는지를 밝혀내고 이에 고객을 만족시킬 수 있는 상품과 프로그램을 새롭게 고안해야하기 때문이다. 불행하게도, 지금까지 우리의 교육은 고객에 대해서 별다른 주의를 기울여 오지 않은 게 사실이다. 사실, 교육이 자동차 산업과 같다면 우리의 고객들은 아직도 1972년산 포드 자동차를 끌고 다녀야 할 지경이다.

Erickson & Shultz(1992)도 그 동안 교육의 실제와 연구에 있어서 학생을 주목해 오지 못했음을 지적하였다. 즉, 교사들은 자신이 가르치는 학생들의 요구와 관심을 파악하고 있고 또 이해한다는 것을 기본 전제로 하고 있음에도 불구하고, 학생의 교육과정 체험은 교육자들로부터 주목을 받아오지 못했으며, 학생이 학습에 참여하고 있는 동안 학생의 주관적인 체험에 대해서는 개념적 연구이든 경험적 연구이든지 그다지 심도 있게 접근되지 못했다(Hunter et al., 1999; Kirk & Macdonald, 1998; Rovegno & Bandhauer, 1997). 물론 이러한 경향은 비단 체육교육에서만이 아니라 과학, 수학, 읽기, 그리고 기타의 여러 과목들(Alton-Lee & Nuthall, 1990; Mills, 1988; Morine-Dershimer, 1985; Rogers, Perrin, & Waller, 1987; Weinstein, 1983)에서도 동일하게 발견되고 있다는 점을 볼 때, 수업 중 학생이 경험하는 것에 관한 연구는 교과교육 연구에 있어서 주목이 요구되는 분야가 되어야 할 것이다.

여기에 덧붙여 Tinning & Fizclarence(1992)은 학교체육의 위기를 진단함에 있어서, 체육교사가 수업시간 중 이전에 경험하지 못했던 새로운 문제 상황들에 직면하게 되는 이유는 학생들이 아주 급진적인 새로운 문화적 사건을 경험하며 그것과 함께 새로운 기대와 필요를 학교체육수업에 가지고 오기 때문이라고 하면서, 이에 대한 대응책으로서 교사는 이러한 새로운 문화적 상황이 무엇이며, 이것이 체육수업과 어떠한 관련을 맺고 있는지를 인정하고 이해하려는 작업이 요청된다고 하였다.

그 동안 체육교육 연구 영역에서는 연구방법 상의 발달과 더불어 연구주제 면에서도 교사 단일의 고정된 변인으로부터 학생, 교사, 그리고 이들의 상호작용 및 사고과정으로 확대되어 왔으나, 이러한 연구주제의 다양화에도 불구하고 체육교수 연구는 주로 교사 변인 중심으로 행해져 왔다. 즉, 학습의 결과는 교수행동이나 교수유형과 학생의 학습유형 및 참여유형 등의 상호작용 결과로 나타나는 것임에도 불구하고 교사에 관련된 변인을 탐색하는 데에만 주력하였던 것이다(안양옥, 1995; 이옥선, 1996).

결국, Smith(1991)의 '체육교육 연구에서 학생은 어디에 있는가?'라는 논문 제목이 시사해 주는 것처럼 향후 체육교육에 있어서 학생의 관점에 관한 연구가 보다 활발히 이루어져야 할 것이며, 이에 본 장에서는 체육수업에 있어서 학생의 경험과 인식에 관한 연구의 동향을 탐색하는 동시에 체육교육의 질적 개선에 기여할 수 있는 시사점을 모색하고자 한다.

II 학생의 학습 경험에 대한 관심을 갖게 된 배경은 무엇인가?

교육활동의 성과를 가늠하는 최후의 지표는 학생의 학습 도달 또는 학업 성취라 해도 결코 지나치지 않을 것이다. 따라서 학생이 어떠한 학습 경험을 하고 있는지를 파악하려는 시도와 연구 노력은 자연스럽고 당연한 수순이어야 하나 전통적으로 교육활동의 성과는 교사의 교수기법에 좌우되는 것이라는 암묵적 전제 하에 체육수업 연구는 주로 교사를 중심에 놓고 새로운 교수기법을 소개하고 이를 검증하는 데 주력해 왔다. 그러나 학문적 패러다임과 대안적인 연구 기법들이 하나 둘씩 소개되기 시작하면서 체육수업 연구는 진일보하게 되는 데, 이 중심에서 학생의 학습 경험에 관한 연구 관심과 노력이 증폭되었다 할 수 있다.

1. 연구 패러다임의 확장과 질적 연구의 부각

학교교육은 교육과정에 근거하여 이루어지고 있음은 이론의 여지가 없다. 교육과정은 교사와 학생이 동일한 시간과 장소에서 어떠한 내용을 어떠한 방식으로 가르치고 배우는지의 근거인 동시에 그러한 과정과 결과에서 나타나는 모든 경험의 총체로 볼 수 있는 데, 이처럼 학교교육의 백미라 할 수 있는 교육과정 분야에 학문적인 접근을 시도한 것은 역사적으로 얼마 되지 않는다. 1918년 Flanklin Bobbit의 'The Curriculum' 서적 출판 이후로 교육과정이 학문적 관심 대상의 하나로 인식되기 시작한 것이다. 그런데 체육교육분야에서는 그 보다 더 늦게 1977년 Jewett과 Mullan에 의해서 비로소 체육교육과정에 대한 연구가 시작되었다(최의창, 1994, 1996).

일반 교육학의 동향을 따라 학문적 발전을 지속해 온 체육교육 분야는 당시의 지배적인 학문적 접근 방식인 '기능적 접근'(technocratic approach)을 취하였다. 즉 효율적 운영이나 효과적인 방법을 담보하는 교육 원리 및 체제 개발에 치중하면서 교사의 교수 행동 또는 관련 변인에 초점을 맞추었다. 그러다가 1971년 Young의 'Ideology and Control'의 발간으로 새로운 교육사회학의 토대가 마련되면서 교육 체제에 대한 비판적 움직임이 일어났고, 기존의 전통적인 교육 신념이나 교육 접근 방식에 도전하고 학교교육에 대한 새로운 개념화와 실천을 촉구하기에 이르렀다. 이에 체육교육 분야에서도 같은 영향을 받으면서 새로운 연구 전통이 형성되었다. 즉, 과거의 획일적인 실증적 패러다임에서 탈피하여 해석적 및 비판적 패러다임 등 다양한 연구 패러다임이 부각되고 보편화된 것이다.

그 중에서도 해석적 패러다임에 근거한 연구를 통해서 체육수업이 진행되는 상황의 사회적 세계에 교사와 학생들을 귀속시키거나 끌어내는 의미들과 관련시켜 체육의 교육내용을 이해하려고 하였으며, 교사와 학생들이 생활하고 있는 상황을 어떻게 해석하고 협상하며 어떠한 의미를 부여하는가에 관심을 가지게 되었다. 비판적 패러다임에 근거한 연구는 주로 학교 외적인 요인의 중요성을 지적하면서 학교와 운동장에서 벌어지는 사건들을 보다 큰 사회문화적 맥락 안에서 이해하고 분석하려는 시도를 하였다(최의창, 1994).

한편, 이와 같은 연구 패러다임의 등장은 그 동안의 지배적인 패러다임이었던 계량적인 연구 방법에 대해 반발하는 형태의 연구가 나타나도록 하는 데 기여를 하였다. 즉, 학생의 체육수업 참여 형태를 알아보는 연구의 경우를 예를 들어 비교해 보면, 과거에는 어떤 특정 사회학적 이론을 연구의 틀로 설정하는 양적 연구에 의해서 제한적·분절적·인위적·실험적으로 시도되던 것을 새로운 연구 패러다임에 입각한 연구에서는 현장의 자연성과 특수성 및 사회문화적 맥락을 총체적으로 파악하고 이해하려는 질적 연구가 시도되었다.

이처럼 질적 연구의 등장과 부각이 학생들에 대한 관심을 증폭시키게 된 것은, 질적 연구의 성격상 연구의 맥락이 중요하게 다루어지기 때문이다. 예컨대, 수업에 대해 연구를 한다고 할 때 양적 연구는 최대한 변인을 통제하고 특정 변인의 유효성의 검증에 초점을 맞추는 반면에, 질적 연구는 가능한 수업이라는 맥락에 관련된 모든 변인을 포착하고자 하는데, 이 때 학생이 동일한 연구 대상이 된다고 하더라도 질적 연구에서는 같은 연구 대상이 되는 학생에 대해서 (양적 연구와는 달리 질적 연구에서는) 중요한 제보자이자 대화의 상대가 되고 있어서 보다 학생에 관한 심층적인 정보를 수집하고 해석하는 데 매우 용이하였기에 학생의 체험에 관한 접근을 보다 활성화하는 초석이 될 수 있었다.

2. 연구자로서의 교사:
   실행연구, 현장개선연구

　1990년대 들어 교육학 분야에서 질적 연구 방법을 활용하여 적극적으로 수행하고 있는 연구 장르가 바로 반성적 수업과 교사 현장개선연구(실행연구)이다. 이 연구들은 주로 교사가 동료교사의 도움을 받아 자신의 교육 및 수업활동을 스스로 탐구하여 보다 자세한 이해와 현장 개선을 목적으로 행해진다. 학교에서 교과를 가르치는 교사의 활동이 탐구 대상이며, 연구를 수행하는 주체도 바로 그 수업을 운영하는 교사 당사자인 것이 특징이다. 자신이 가르치는 과정과 학생들의 반응에 대한 분석과 해석 및 반성을 통하여 연구결과가 곧 바로 자기 교육활동의 개선으로 이어지기 때문에 최근에 많은 관심을 받고 있다(최의창, 1998, 2001; Tinning, 1992).

　사실 그 동안 교사들의 역할은 전문 연구자들에 의해 생산된 연구결과들을 단순히 소비하는 것에 지나지 않았다. Lagemann(1966)의 지적처럼 교육학 연구의 역사 속에서 교사들은 지식의 생산자가 아니라 교육 연구를 위한 피험자 혹은 소비자에 불과하였다. 그러나 최근에 와서는 현장개선연구 등이 교사의 전문성 개발 방안으로서 크게 주목되고 있다. 이를 역사적으로 좀 더 조망해 보면, 교육 분야에서 현장개선연구라는 개념은 1960년대 영국에서 학교중심 교육과정이 개발되는 맥락에서 나타났다. 이러한 운동에 중심적으로 가담했던 John Elliott(1991, 1997)은 이와 같은 교사 중심의 연구 활동의 촉발이 1960년 영국 중등학교에서의 학생 이탈의 심화에서 비롯되었다고 한다. 이로써 '연구자로서의 교사', '반성적 실천으로서의 수업', '연구의 한 형식으로서의 수업'이라는 개념이 등장하기에 이르렀다.

　교사가 현장에서 연구를 실천하는 데에는 여러 가지 이유와 원인이 있겠지만, 본고의 주제와 관련하여 주목해 볼 때 분명한 점은 교사들이 수행하는 대부분의 현장연구가 교육 실천에 참여하는 사람들을 대상으로 연구한다는 점, 특히 학생을 대상으로 학생들이 무엇을 어떻게 학습하는지에 초점을 맞추고 있다는 것이다. 여기에 덧붙여 교육학의 일반 원리나 학교교육과정 이론 또는 교수이론을 탐색하는 동시에 수업의 일상을 이해하고 개선하려는 것을 목적으로 하고 있다(Zeichner & Noffke, 2001). 이와 같이 교사들에 의해서 실시된 교사 현장개선연구 또는 실행연구에 힘입어 일상 수업에서의 교사와 학생이 겪는 경험에 접근할 수 있도록 해 주었다. 대부분의 교사 연구자들은 현재의 교육적 맥락과 학생의 일상에 관한 관심을 줄곧 비쳐왔다. 교사 연구자인 Barbara Morgan과 그의 동료들은 학생에 관한 관심과 연구가 필요하다는 것을 역설한 바 있다.

> 나는 우리 중에 침묵을 고수하려는 사람들은 종종 어리석은 정책이나 연구에 대해서 효과적으로 저항하지 못하고 있다고 본다. 이런 방식의 행동은 학생들에게 상처를 주게 된다. 그러나 그들을 우리와 함께 머물러 있는 순간만큼은 안전하다 하더라도 우리는 학교교육의 폐단을 제지할 수 없다. 우리는 학생과 가까이 있기 때문에 대화를 해야 한다. 그리고 학생의 목소리를 우리의 대화 속으로 끌어들일 수 있다. 우리는 '현장 그대로' 말해주는 것이 아니라, 우리가 처한 환경을 역동적으로 생각하면서 새로운 틀로 해석해주는 사람이다.(Morgan, Threatt, Buchanan, Strieb, Sugarman, Swenson, Teel, & Tomlinson, 1994, p. 230)

여기에서 Morgan 등(1994)은 학생의 일상에 관해 관심을 가지면서 이를 다른 사람과 공유할 수 있는 새로운 방식을 만들어 보고자 하는 데 있음을 엿볼 수 있다. 학생에 대한 배려와 지도는 교사라면 당연하고 자연스럽게 형성되는 의식이다. 현장연구를 실천하는 교사들은 자신의 실천을 변화시키고 자신들이 행한 것을 기록하면서, 교실에서 학생과 함께 어떤 사람이 되어야 하며, 지식과 특권이 사회에 어떻게 불평등하게 분배되어 있는지 등에 관한 윤리적인 입장에 대해서 뿐만 아니라 보다 거시적인 사회적 질서를 지향해가는 것을 문제 삼는 동시에 그러한 질서에서 벗어나서 살아가려고 한다(Griffiths, 1994; Maher, 1991).

III 학생은 체육수업 중에 무엇을 학습하고 경험하는가?

수업의 과정에서 학생은 학습을 한다. 그렇다면 구체적으로 학생들은 수업에서 어떠한 학습 경험을 해 오고 있는가? 이에 대한 답을 얻고자 이하에서는 학회지와 외국 저널 및 학위 논문들 중에서 '학생' 및 '학습경험'을 키워드로 하는 체육교육 논문들을 수집하고, 각각의 논문들의 주제와 연구 기법 및 방법을 정리하는 동시에 그러한 연구들이 시사해주는 바를 간략하게 정리하고자 한다.

1. 심동적 경험: 운동 기능과 체력

심동적 영역에서 학생이 경험하고 그 결과로 드러내는 학습 성취의 양태는 '운동 기능'과 '체력' 분야로 구분된다. 우선, 운동 기능과 관련해서는 학생들이 게임이나 무용, 또는 다양한 운동 등을 배운 후에 그 내용을 얼마나 잘 수행하는지에 관한 연구로 나타난다. 예컨대, 곽은창(1994)은 라크로스 던지기 기능을 중학생들에게 지도할 때 한 가지 형태의 과제보다는 다양한 형태로 제공해주었을 때 학생들의 운동 기능 수행에 즉각적인 효과가 나타났다고 보고하였다. 한편, Silverman(1994b)은 수업과 학업성취 간의 관계에 대해서 수업시간과 학생연습(참여의 양과 질)의 변인이 가장 많이 사용되었다고 보고하는 한편, 다양한 교수방법의 효과를 과제 구조, 피드백, 그리고 학생 특성 등의 변인으로 살펴보았다.

이외에도 교수와 학습 사이의 관계를 조명하려는 연구들 중 교수 효율성의 복잡성을 설명하는 연구(유상석, 1997; Rink, Werner, Hohn, Ward, & Timmermans, 1986), 목표 설정 방법의 구체적인 설정의 효과에 관한 연구(박명기, 1995; Boyce, 1990), 다양한 과제 제시 및 연습의 중요성에 관한 연구(곽은창, 1994; 최덕묵, 1997; 조순묵, 1998; Ashy et al., 1988; Silverman, 1985a), 점진적인 계열성 있는 연습(곽은창, 1997; 손천택, 1998;

French et al., 1991)에 관한 연구들이 주목할 만하다. 이러한 연구들의 공통점은 학생 능력 수준과 성별에 주목한 연구 설계를 취하고 있다는 것이다.

둘째, 학생이 체육수업 중에 경험하는, 경험해야 하는 심동적 영역의 하나는 체력이다. 체력은 역사적으로 체육교사들이 교육과정 차원에서 우선적으로 고려하는 주요 내용영역이긴 하지만 실제의 수업 상황에서는 대부분 가볍게 다루어지고 있는 실정이다. 외국에서는 광의의 건강 체력 그리고 구체적인 운동 체력을 다룬 연구들(McKenzie & Sallis, 1996; Pollock, Feigenbaum, & Brechue, 1995)을 수행한 체육교육자들은 신체활동이 삶의 질과 수명을 연장시킨다는 가정 하에 학생들이 어린 시절부터 규칙적인 신체활동에 평생 참여하도록 계기를 마련하는 데 고심하고 있다. 그러나 우리나라의 경우 유감스럽게도 아직 구미 선진국이 지향하는 '학교체육에서 체력 목표를 선택할 것인가?' 또는 '선택한 체력 목표를 학교 교육과정 내에서 어떻게 배정할 것인가?'라는 수준이 아닌 '체육수업에서 다시 체력을 지도해야 할 것인가?'와 같은 지극히 초보적인 질문에도 정확하게 답을 내리지 못하는 수준에 머물러 있다(곽은창, 손천택, 1996). 이기봉(2003)의 연구에 의하면, 남녀 청소년의 체력 발달은 고등학교 3학년으로 갈수록 정체되거나 감퇴하고 있다. 여기에는 제7차 교육과정의 적용으로 인해 체육 교과가 선택 교과로 운영되고 있어서 학생들의 체력 저하를 가속시키는 원인이 되고 있다고 지적하고 있다. 그러나 다행스러운 것은 건강과 체력 증진을 중요한 목표로 명시하고 있는 '2007 개정 체육과 교육과정'이 고시되고, 교육청 단위에서도 일선 학교에 '체력 인증제' 등의 실시를 적극 권장하고 있어서 그나마 학생들의 체력 향상에 일조할 수 있을 것으로 기대된다.

2. 정의적 경험: 정서 및 성향

정의적 영역에서의 학생의 학습 경험도 두 가지 형태로 드러난다. 첫째는 스포츠맨십, 재미, 사회적 책임감, 협동 등의 학습이다.

교사가 비교적 눈에 보이지 않는 영역일지라도 이것을 주요한 교육과정 초점으로 포함시키면, 비록 제한적이기는 하더라도 학생의 학업성취에 성공적으로 영향을 미칠 수 있다는 증거를 제시하고 있다(Wood, 1996).

박종률(2003)은 실업계 고등학교 1학년 학생 4명을 대상으로 경쟁 스포츠 참여시 스포츠맨십 발현 실태를 조사하였는데, 학생들은 경쟁 스포츠 참여시 승리 지상주의에 지나치게 매몰되어 부정적 언어 습관을 나타내고, 스포츠맨십 행동에 대한 의미와 가치, 필요성에 대한 인식이 부재된 채 자신의 이익과 관심의 추구에 매진하는 이기적이고 자기중심적인 행동 특성을 보였다. 전용진과 손천택(2006)은 중학생들을 대상으로 그들이 1년 동안 작성한 수업 반성일지의 분석을 통해서 체육수업에 체험하는 정서 경험을 탐색하였다. 그 결과 학생들이 체육수업 중에 경험하는 정서는 긍정적인 것과 부정적인 것으로 나타났다. 긍정적인 정서로는 재미, 각오, 활력, 긍지, 성취, 아쉬움, 인내, 부러움, 정화, 안정감, 배려 등으로 나타났고, 부정적인 정서로는 불안, 우울, 공포, 지루함 등으로 나타났다. 이처럼 학생들이 체육수업 중에 경험하는 다양한 정서들에 대해서 관심을 가져야 하는 이유는 이것이 곧 정서교육 즉 체육교육의 한 영역인 정의적 영역의 교육을 위한 작은 토대를 마련한다는 점 때문인 것이다.

한편, 김윤희(1999)는 중학생들을 대상으로 한 설문 조사를 통해서 체육수업을 선호하는 이유를 조사하였는데, '특정활동/내용 선호', '실외수업', '운동의 재미', '친구들과 어울리기', '스트레스 해소', '이론이 아니므로', '건강과 체력의 증진', '기능 습득', '성취감' 등 그 이유도 매우 다양하게 나타났다. 비슷한 주제로 초등학생을 대상으로 수행된 여정권 등(2005)의 연구에서는 남학생들이 체육수업에서 느끼는 재미는 성취적인 것보다는 비성취적인 부분에서 많이 나타났고, 여학생들은 움직임 관련 요소(경쟁)를 가장 재미있는 요소로 인식한다고 하였다. 이와 같은 결과들은 곽은창과 박온서(1998), Luke & Sinclair(1991) 등의 연구의 결과와도 상당 부분 유사한 것으로 나타나고 있다.

둘째로 학생이 체육수업을 통해서 경험하는 것은 신체활동과 학생 자신의 능력, 그리고 체육수업에 관해서 모종의 성향을 학습하는 것이다. 그렇다면 그러한 성향들을 어떻게 파악할 수 있는가? 사실 성향이라는 것이 겉으로 쉽게 드러나지 않는 특성으로 인해 연구 방법은 대개 질문과 대답의 기록, 즉 설문지와 면담을 통해서 자료를 확보하게 된다. 그러나 이와 같은 방법은 간혹 문제점이 드러날 수 있다. 왜냐하면 연구자가 설문지나 면담 방법에 익숙하지 않은 상태에서 시도한다거나 또는 학생들이 연구자의 의도에 따르려 하거나 혹은 사회적으로 어떤 이슈를 제시해야 할 것 같다는 욕구가 앞선 나머지 설문이나 면담 시에 자칫 거짓된 정보를 제공할 수도 있기 때문이다.

이러한 방법론적인 한계를 논외로 하더라도, Graham(1995)은 학생들이 고객이라 한다면, 체육수업에 대해서 고객 입장에서 만족스러워하는 말을 들을 필요가 있다는 입장을 피력한 바 있다. 실제로 몇몇 연구들에서는 고객 학생들로부터 만족을 얻은 것처럼 보이는 부분도 있다. Solmon & Carter(1995)는 초등학교 저학년 학생이 체육수업을 진심으로 즐기고, 고대한다는 결과를 얻어냈다. 세 개의 도시에 있는 초등학교 6학년에서 고3까지의 학생을 대상으로 한 Tannehill & Zakraksek(1993)의 설문 연구에서도 학생들은 체육을 중요한 교육과정영역으로 생각하고 있었고, 체력 활동에는 다소 불만족을 나타냈지만 대체로 체육은 재미있고 학교생활에서 즐길만한 요소라고 생각하고 있는 것으로 나타났다.

박명기와 이현아(2003)는 신체적 자기개념에 따른 초등학생의 체육수업 중 사고과정에 대해서 연구한 결과, 개인의 신체적 자기개념 수준은 성공/실패 경험에 대한 피험자들의 귀인 방식에 영향을 미쳤으며, 성공/실패 경험과 상호작용하며 피험자들의 자기 강화에 영향을 미쳤다. 또한 신체적 자기 개념이 높은 학생은 과제에 대해 가치 있게 생각하며 수업에 적극적으로 참여하였으나 신체적 자기 개념이 낮은 학생은 과제의 가치에 대해 구체적 사고를 하지 않았고, 신체적 자기개념이 높은 학생은 교사가 설명할 때는 주의를 집중하지 않는 편이지만, 수업 시간 동안은 긴장감을 유지하고 수업에 적극적으로 참여하였다. 유응남과 김승재(2005)의 연구에서는 성별 및 수업형태에 따라 학생들의 체육수업 및 자기 신체에 대한 인식이 어떠한지를 조사한 결과, 성별에 따른 체육수업에 대한 일반적인 인식은 남학생들이 여학생들에 비해 체육을 선호하고, 수업 시간에 열심히 노력하며 규칙의 준수나 올바른 행동 그리고 좋은 스포츠 기능을 가지고 있다고 인식하고 있었다. 또한 신체에 대한 자아인식에서는 남학생들이 여학생에 비하여 상대적으로 좋은 근력과 지구력을 가지고 있는 것으로 인식하고 있었다. 수업 형태에 따른 체육수업에 대한 일반적 인식은 동성학교 남학생들이 상대적으로 흥미 및 태도 면에서 긍정적인 반면에 신체에 대한 인식에서는 남학생이 여학생에 비해 좋은 근력을 가지고 있다는 인식을 나타냈고, 지구력은 동성학급의 남학생이 혼성학급의 여학생보다 높게 인식하고 있었다.

성별과 운동 기능 수준 및 학업 성취 수준에 따른 체육교과 태도를 조사한 김종환(2005)의 연구에서는 첫째, 성별에 따라 체육교과에 대한 태도가 다르게 나타났는데 이는 능동적 참여와 적극적 수행이 큰 요인으로 작용되었고, 둘째, 운동 기능 수준에 따라서도 차이가 나타났는데 여기에는 부정적 정서와 능동적 참여 및 적극적 수행이 큰 요인으로 작용되었다. 셋째, 학업성취별 비교에서도 차이가 나타났는데 여기에는 부정적 정서와 대인관계 영역이 관련되었다.

한편, 운동기능이 낮은 학생들을 대상으로 한 연구에서는 체육수업에 대해서 학생들의 목소리(의견)가 그리 긍정적이진 않게 나타났다. 중학교 1학년 학생들 중 운동기능이 낮은 학생 24명을 대상으로 체육수업 체험을 원인, 핵심 현상, 상호작용, 결과 등의 다양한 측면에서 분석한 김윤희(2003)의 연구에서는 노력 부족과 신체조건 및 관심 부족 등의 개인적인 요인과 더불어 부모의 무관심과 비참여, 그리고 부정적 이미지 등의 사회적 요인이 원인으로 작용되어 운동기능이 낮은 학생이 되었으며 여기에 타인의 비난과 격려, 참여 기피, 학생의 희망 등의 요인들이 상호작용되면서 학습된 무기력을 경험하고 나아가 체육교과에 대한 부정적 인식이 형성되고 고착되는 것으로 나타났다. 한편, 임현주(2006)는 중학생을 대상으로 체육수업 참여 경험으로 조사하면서 김윤희(2003)의 연구와는 달리 운동 기능이 높은 학생과 낮은 학생을 구분하여 그들의 인식과 경험을 조사하였는데, 운동 기능 수준이 높은 학생들의 경험은 '열성적인 참여와 꾸준한 노력이면 누구나 승리자', '게임과 경쟁 스포츠의 끝없는 매력', '못하는 종목의 자존심 싸움', '도전 없는 지루함과 무의미함의 연속', '강요받는 책임감과 시범에 대한 부담'으로 나타난 반면에, 운동 기능이 낮은 학생은 '열심히 참여해도 무능력한 선천적 패배자', '게임의 압박과 과도한 경쟁의 수치심', '성공은 저 멀리 마술과 기적의 산물', '영원한 아웃사이더와 그림자적 존재', '끼리끼리 실수 덮어주는 행복'으로 나타났다.

이제옥과 안양옥(2000)은 초등학생이 체육수업 중에 겪는 학습된 무기력의 매개요인을 분석하였는데, 체육수업 중 수행 실패에 대한 교우의 부정적인 반응이 최초의 매개요인이 되어 학생의 수행 실패를 반복하게 하는 한편, 수업 중에 교사의 자기 충족적 예언과 정체된 기대 효과 및 교사 자신의 학습된 무기력이 학생의 학습 수행을 포기하도록 암시하고 타협하였고, 과제 지향적인 아동은 학업성취를 높이는 반면에 자아지향적인 학생들은 실패의 확률을 증가시키거나 운동 수행을 포기하는 경향을 나타냈다.

체육을 싫어하는 소외된 학생 연구에서는 소외의 이유가 자신은 신체적 능력이 떨어지고 공공연히 비난을 받아왔다고 생각하기 때문이라고 한다(Carlson, 1995). Portman(1995)은 13명의 운동 기능 수준이 낮은 6학년 학생들을 대상으로 연구를 수행한 결과, 이들 모두 무기력 학습 증세를 보였으며 체육수업을 가까스로 참는 상태로 나타났고, Smith & Goc-Karp(1996)는 학급에서 학생을 배제시키는 권력구조를 지지하는 교사에 의해서 희생당하는 소외 학생과 체육수업의 소외 문화에서 살아남는 것은 좌절과 분노의 연속이라고 보고한 바 있다.

우리나라에서의 학생 소외 연구로는 이준상(2000)과 허창혁(2002)의 연구가 대표적이다. 이준상(2000)은 초등학교 체육수업 시간에 나타나는 학생 소외의 원인과 행동 전략을 연구한 결과, 소외의 원인은 신체 능력이라는 내부적 요인과 수업 내용, 교사 행동, 동료 학생의 행동이라는 외부적 요인으로 나타났으며, 소외를 보이는 학생들의 행동 전략은 주로 꾀병부리기, 보조역할하기, 순서바꾸기, 양보하기, 둘러서기, 요령피우기 등의 형태로 나타났다. 허창혁(2002)은 중학생을 대상으로 하면서 학생이 느끼는 소외의 경향을 파악하고, 그 원인과 적응 기제를 분석하였다. 그 결과, 학생 소외는 무력감, 고립, 무의미로부터 드러났으며 여학생에게서, 혼성학급 수업에서 소외감이 더 크게 나타났고, 체육교과에 대한 선호도와 관련있는 것으로 나타났다. 소외의 원인으로는 낮은 운동 기능, 교수행동, 수업내용 등으로 나타났다.

학생의 소외와 같은 이러한 학습 태도는 교육과정, 교사행동, 수업맥락, 자기 인식, 시설, 그리고 동료 행동처럼 광범위한 변인에 의해 영향 받는 것으로 파악된다(Figley, 1985; Luke & Sinclair, 1991). 이러한 사실은 궁극적으로 체육교육수업에서 모든 맥락이 학생 특성을 조성하는 데 긍정적인 영향을 미치는 학급환경을 제공하도록 최소한의 기회를 교사에게 부여해야 한다는 것을 의미한다.

체육수업에 대한 학생의 성향은 구체적으로 수업의 참여 태도로 나타난다. 학생 참여유형 연구는 다양한 수업 내용과 수업 대상을 중심으로 행해져 왔다. Bain(1995)은 대학교 교양 체육 강좌에 참여하는 여대생들의 참여 유형을 연구하면서 '주자형', '보행형', '사교형', '결석형'의 네 가지 유형을 제시하였고, Griffin(1983, 1984, 1985)는 중학생들을 대상으로 단체 구기종목운동과 기계체조 수업에서 생기는 참여유형과 상호작용 유형을 연구하였다. 기계체조 종목에서 밝혀진 남학생들의 참여유형은 '진지형', '익살형', '의무형'으로, 여학생은 '진지형', '탐색형', '의무형'으로 나타난 반면에 구기종목운동에서 남학생의 참여유형은 '사나이 대장부형', '중간 사나이 대장부형', '착한 아이들', '보이지 않는 선수', '겁쟁이' 등 다섯 가지 유형으로 제시되었고, 여학생의 참여유형은 '선수형', '중간 선수형', '치어리더형', '새침떼기형', '기피형', '결석형' 등 여섯 가지 유형으로 나타났다.

초등학교 5학년 학생들을 대상으로 한 이옥선(1996)의 연구에서는 '열심몰두형', '참견형', '바꿔치기형', '볼걸-볼보이형', '샌님형', '요령꾼형' 등 여섯 가지 유형으로 제시되었다. 중학생을 대상으로 남녀 혼성학급의 체육수업에서 나타나는 학생들의 운동 참여 유형은 '진지형', '착실형', '의무형', '익살형', '기피형' 등 다섯 가지 형태로 제시되었다. 김대진과 문도순(2003)도 중학교 일반학급과 혼성학급의 체육수업을 대상으로 참여유형을 분석하였는데, 그 결과 '주도형', '적극참여형', '의무형', '이탈형' 등 네 가지 유형이 제시되었으며 일반학급의 남학생, 혼성학급 중 농어촌 여학생 및 운동 기능이 우수한 학생들이 혼성학급의 남학생, 혼성학급 중 도시의 여학생 및 운동기능이 저조한 학생들보다 체육수업에 더 주도적이고 적극적으로 참여하고 있는 것으로 나타났다.

3. 인지적 경험:
전술적 지식, 비판적 사고, 교과 인식

학생이 체육수업 중에 경험하는 학습 내용에 대한 연구에 있어서 가장 미진하게 다루어지고 있는 분야는 인지적 학습 결과에 대한 부분이다. 경기 규칙, 경기전술, 기술학습과 실행의 기술적 요소, 스포츠의 역사, 개인적 체력, 그리고 체육교육에서의 여러 광범위한 주제와 같은 다양한 지식 내용을 12년 동안 배우면서 학생들이 과연 무엇을 얻고 학습하였는지를 알 수가 거의 없고 단지 전문적 기량을 가진 선수들을 대상으로 그들의 운동 수행의 인지적 측면을 밝히는 연구만 진행되었을 뿐이다(Thomas, 1994). 체육수업 연구에 있어서 학생 사고 연구에 대해서 체육교육학자들이 많은 관심을 보이고 있지는 않지만, Mcbride(1991)는 비판적 사고 전략이 학생들을 격려하여 움직임 문제에 대한 다양한 해결책을 제공한다는 사실을 보여준다는 연구결과를 내놓음으로써 이 분야에 대한 연구의 관심이 지속되어야 할 필요성을 제기해 주었다(Cleland, 1994). 특히, 학생들이 체육교육 내용에 대해 오해하는 정도를 살펴보는 연구는 체육수업 연구에서 미진한 실정이다. 일단의 교육학자들(Odom, 1995; Schoon, 1995)에 의해 관심이 집중되고 있기는 하지만, 체육교육학자들은 교사가 가르치려고 의도한 지식과 학생이 실제로 배운 지식 사이의 차이에 대해서는 연구결과를 도출해낸 바가 거의 없는 실정이다.

체육수업에서 학생이 경험하는 인지적 학습은 특정 수업 모형의 적용 과정에서 이루어지는 의사소통 및 사고 과정에서 이루어진다. 최근에 몇몇 연구들은 이러한 주제에 초점을 맞추어 연구가 진행되고 있는데 학생들의 게임의 전술적 지식 또는 게임에 대한 개념적 지식에 대한 연구가 바로 그 것이다. 전술적 지식은 주로 게임 수행 능력을 향상시키려는 교수법(예: 이해중심게임지도모형) 실행 과정에서 학생이 직접 게임을 체험함으로써 형성된다. 박상봉 등(2006)은 이해중심게임수업모형을 적용하는 과정에서 학생들의 인지 능력, 즉 전술적 의사결정 능력의 변화를 분석하였다. 농구형 게임을 남녀 및 기능의 수준별로 나누어 지도하면서 사전-사후 검사를 실시하고 수업관찰과 심층면담 등을 수행한 결과, 이해중심게임수업모형을 적용한 수업에서 학습 활동을 한 학생들은 의사결정 능력에서 전반적인 향상이 이루어진 것으로 나타났다. 패스 결정의 유형 중 득점을 위한 패스 시도에 있어서 기능 수준이 높은 학생 집단에서 눈속임 등의 세련된 의사소통 체계를 활용하는 것이 나타났고, 유리한 공격 전개를 위한 패스 시도에서 기능 수준이 낮은 학생 집단이 높은 향상을 나타냈다. 패스의 질에 관해서는 패스의 높낮이 조절에서 수준별 차이보다 남녀 신체적 특성을 고려한 의사결정을 시도하였고, 패스의 강약 조절과 정확도는 사후게임에서 보다 어려웠음이 나타났는데 이는 사전게임에서와 달리 패스를 받는 사람을 고려한 의사결정능력이 향상되어졌음을 의미하는 것으로 나타났다.

그러나 게임에 관련하여 학생들이 알고 있는 지식이 꼭 교사의 수업을 통해서 형성된 것이라고 보기 어려운 점이 있다. 최원준과 김진희(2002)는 초등학교 6학년 학생들을 대상으로 게임에 대한 개념적 지식을 분석하였는데, 학생들이 가지고 있는 게임에 대한 개념적 지식은 수업시간과 일상의 경험을 통해 알게 된 것으로 구분되어 나타났다. 먼저 수업시간에 배웠던 게임의 개념은 공을 가지고 신체의 움직임 동작을 하는 것으로 이해하고 있었다. 반면, 경험을 통한 개념적 지식은 게임의 종류, 경기장, 규칙, 전략, 새로운 지식 등을 구체적인 범주로 이해하고 있었다. 결국, 학생들의 게임에 대한 개념적 지식 형성에는 TV나 동료들의 영향을 많이 받은 것으로 나타났으며 수업시간 교사를 통해 형성된 개념적 지식은 미미한 것으로 나타난 것이다.

또한, 비판적 사고 능력의 향상을 목표로 하는 수업의 연구가 있기는 하나, 신체활동을 수행함으로써 얻으려는 것보다는 신체활동의 경험에 대한 반성의 과정을 통해서 도모하고자 한다는 점에서 일말의 한계점을 보인다. 즉, 신체활동의 직접적 경험보다는 간접적 경험, 즉 인문적 활동이라고 불리는 말하기, 쓰기 등의 활동을 통해서 그러한 사고 능력의 향상을 지향하고 있다는 점이다. 박중길(2008)은 무용 수업에 있어서 글쓰기 과제가 학생들의 자기표현 능력, 의사소통 기술, 그리고 비판적 사고 경향에 어떠한 영향을 주는지를 규명하고자 42명의 학생을 실험집단과 통제집단에 각 21명씩 배정하고 12주동안 읽기와 글쓰기 과제를 실시하였다. 연구 결과, 글쓰기 과제가 실험집단의 자기표현능력 중의 인지적, 정서적, 전반적 자기표현능력을, 의소소통기술 중의 자기노출, 주장력, 표현력, 지지, 효율성, 조리성, 목표 간파기술을, 그리고 비판적 사고 성향 중의 분석, 체계성, 비판적 사고, 자신감, 성숙 성향을 향상시킨 것으로 나타났다.

체육수업 연구에서 학생을 키워드로 하는 연구들 중 최근의 연구들은 대부분 학생들의 경험과 인식에 초점을 맞추고 있는데, 결국은 학생들이 체육교과에 대해서 어떠한 인식을 형성하게 되는지에 관심을 기울이고 있음을 확인할 수 있다. 인식이나 가치관은 행위의 근간이 된다는 점을 고려할 때 특히 학생의 체육교과에 대한 인식에 관한 연구는 다소 식상한 느낌을 주는 연구주제이기는 하나 교수의 대상이자 학습의 주체인 학생이 체육수업을 경험해 나가는 과정에서 과연 가치관과 인식을 형성하고 변화시키는지를 파악하는 연구는 언제나 의의가 있다고 할 수 있다.

한국스포츠교육학 연구에 질적 연구가 활성화된 이래 근 10여 년 동안 학생에 관한 연구는 주로 교과에 대한 학생의 인식에 초점을 맞추어오고 있다. 이승배(1999)는 초등학생들이 체육전담교사로부터 체육수업을 받으면서 체육교과에 대해서 어떠한 인식을 형성하는지를 조사하였다. 그 결과, 초등학생들은 체육교과를 '체력 발달을 위한 교과', '운동 기능 습득을 위한 교과', '사회성 함양으로서의 교과', '자유시간으로서의 교과'로 인식하고 있었다.

홍원택과 곽은창(2000)의 연구에서는 고등학교 여학생들이 체육수업에 대해 좋았던 점과 싫었던 점을 주요사건기록법에 의거 자세하게 서술하도록 함으로써 체육수업에 대한 인식을 총체적이고 심도있게 분석하였다. 그 결과, 좋았던 경험으로는 '자유시간'을 주기 때문이며 그 다음으로 '운동이나 게임'이 지지를 받은 반면에 싫었던 경험으로는 '교사의 수업 형태'와 관련하여 실기평가, 수업의 부실 운영, 욕설과 폭력이 가장 많이 나타나 교사의 전문성과 자질이 크게 부족한 것으로 지적되었다.

배소심 등(2005)은 초등학교 체육수업에 대한 학생의 성별에 따른 인식, 경험, 요구를 분석하는 연구를 수행하고자 체육수업의 중요도와 선호도, 재미, 수업 횟수, 수업 내용, 지도 방법, 학생 모둠 방식 등의 설문 조사를 실시하였다. 그 결과, 체육수업의 선호도와 중요도에 대한 여학생의 인식은 남학생보다 낮고, 체육수업에서의 학습 경험은 남학생보다 부정적인 것으로 나타났다. 초등학생이 선호하는 수업 내용은 여학생의 경우 피구, 남학생은 축구로 나타나고 있는 반면, 가장 싫어하는 내용은 여학생과 남학생 모두 달리기와 체조로 조사되었으며 체육수업에서의 교사에 의한 성차별적인 내용과 지도 방식 존재에 대해 초등학생 남녀 모두 인식하고 있었고, 남녀 학생 절반 정도는 당연하다는 인식을 하고 있는 것으로 나타났다. 또한 초등학교 남녀 학생은 모둠 방식에 대해 혼성 모둠 대 비혼성 모둠 방식을 각각 절반씩 찬성하는 것으로 조사되었다.

IV 문제점과 추후 전망

연구의 패러다임의 확장과 더불어 수업을 실천하는 교사들이 현장에서 직접 수행하는 실행연구 등을 통해서 수업 안에서 이루어지고 있는 일, 특히 학생이 어떠한 학습 경험을 하고 있는가에 대해서 보다 면밀하게 조사가 수행되어 오고 있다. 그러한 연구

동향과 성과를 의도적으로 범주화하자면, 범주화하는 잣대를 무엇으로 하느냐에 따라서 결정되겠지만, 통상적으로 교육의 목표 내지는 성과를 심동적 영역, 정의적 영역, 인지적 영역으로 구분하여 접근해 온 틀을 수용하여 본고에서도 체육수업 중에 학생이 경험하는 학습경험을 심동적 경험, 정의적 경험, 인지적 경험 등으로 범주화하였으며, 그 안에 관련된 주제 연구들을 수집하여 간략하게 살펴보았다.

지금까지의 연구 동향을 살펴보면, 학생 경험을 규명하려는 연구 시도는 심동적 영역 보다는 점차 정의적 영역과 인지적 영역에 초점을 맞추어 가고 있다고 판단된다. 또한 학생의 경험을 단속적이고 종결된 형태의 것으로 보지 않고 지속적으로 구성되어 가는 것으로 인식하는 것처럼 보인다. 이는 연구 패러다임이 확장되고 연구 기법이 다양해졌으나 학생 경험에 대한 연구는 주로 해석적 패러다임과 질적 사례 분석 방법이 압도적인 우위를 점하는 배경 속에서 진행되고 있기 때문인 것으로 판단된다. 그런데 이러한 연구 풍토는 학교체육을 바라보는 관점에 영향을 주고, 또한 그러한 관점은 다시 학교체육 연구의 알고리즘에 중대한 영향을 주게 된다는 점에 주목할 필요가 있다.

아닌 게 아니라 스포츠교육학이 우리나라에서 학문적 자리를 공고히 해오는 시점에서부터는 학교 체육에 관한 문제 제기가 활발히 이루어졌는데, 그 중에서 일관되게 지적되어 온 사안 중의 하나는 '기능 중심적 접근'(Placek, 1992)이었다. 즉, 학교체육의 위기적 상황이 초래된 데에는 지도자로서의 전문성과 기본 자질을 비롯하여 입시 위주로 돌아가는 학교교육 체제가 원인이기도 하나 체육수업이 오로지 기능 중심에 치우치게 되면서 체육 교과의 위상이 주지교과에 밀려 주변교과로 위상이 저하되고, 학생들의 체육수업 실패 경험의 누적으로 체육교과에 대한 인식이 부정적으로 형성될 뿐만 아니라 이들이 성인으로 성장한 후에 체육이라는 교과에 대한 부정적인 태도는 자신들의 자녀들을 교육하는 데에도 그대로 투영되어 결국 학교체육의 입지를 악화시키는 요인으로 작용하는 메커니즘을 형성하게 된다는 것이다. 이에 최근에 고시된 '2007 개정 체육과 교육과정'(교육인적자원부, 2007)도 학교체육에 있어서 운동기능 중심적 접근의 한계를 지적하면서 '신체활동 가치 중심'의 체육교육을 강조하고 있다. 스포츠 기능 보다는 라이프 기술을 강조하는 것이 체육교육의 세계적인 추세이며 체육교육이 전인교육의 역할을 하기위해서는 신체활동을 통한 다양한 가치의 학습을 전개해야 할 것을 주문하고 있는 것이다(강신복, 2005; 유정애 등, 2005; 유정애, 2007, 최의창, 2002; Corbin, 2002).

그러나 운동기능 일변도의 체육수업에서는 학생이 경험하는 것이 교육적으로 한계가 있다는 지적이 일면 타당하고 의미가 있을지라도 그렇다고 해서 운동기능을 폄하한다면 이는 체육교육의 본질을 크게 벗어나는 것이 될 수 있다. 신체활동의 가치 중심의 체육교육은 결국 운동기능의 학습을 통하지 않고서는 안 되기 때문이다. 운동기능이 신체활동의 모든 형태는 아니더라도 신체활동의 대표적인 형태이기 때문이다. 따라서 신체활동의 가치와 중요성을 학생이 경험적으로 학습하도록 하는 것이 체육수업의 중단기적 목표라 가정한다면, 체육수업은 학생의 간접적인 체험보다는 직접적인 체험에 비중을 두어야 할 것이다. 물론 체육에서 신체활동의 간접적인 체험이 학생의 학습에 긍정적인 영향을 주었다는 연구 보고가 있기는 하나 체육수업의 연구와 실천은 언제나 신체활동의 직접적인 체험의 비중이 항상 우위에 있도록 초점을 맞추어야 할 것이다. 이는 곧 학생의 학습 경험 연구가 정의적 및 인지적 영역의 학습보다는 심동적 영역의 학습에 보다 주목해야 할 필요성을 의미한다. 예컨대, 신체활동의 건강 가치를 가르치고자 한다면 비만이나 질병 예방에 관한 개념이나 원리들을 가르치기보다는 비만과 질병을 치료하거나 예방할 수 있는 신체활동을 하도록 지도가 이루어져야 한다. 연구의 측면에서도 단순히 신체활동에 대한 학생의 인식이 어떠하였는지에 주목하기 보다는 학생이 어떠한 신체활동을 어떠한 방법으로 실천하였으며, 그 실천 과정을 통해서 건강 및 신체적 상태에서 어떤 변화가 나타나고 있는지에 주목해야 한다.

한편, 학생의 학습경험에 관한 연구는 간학문적으로 접근될 필요가 있다. 특히 정의적 경험 영역은 교육심리학과 스포츠심리학과 관련되며, 심동적 경험 영역은 운동학습과 관련된다고 할 수 있다. 따라서 체육수업에서의 학생의 학습경험을 보다 면밀하고 체계적으로 살피고 분석하기 위해서는 이와 같은 관련 학문과 연계된 합동 연구의 실천이 필요하다고 본다.

참고 문헌

강신복(2005). 체육과 교육과정의 국제 동향 탐색. **한국스포츠교육학회 및 한국교육과정평가원 공동 주최 춘계학술대회 자료집**. 1-22.

곽은창(1997). 점진적인 내용발달이 배구기능 학습에 미치는 영향. **한국스포츠교육학회지**, 4(2), 55-66.

곽은창, 손천택(1996). 학교체육프로그램으로서 건강 체력의 가치 제고. **한국스포츠교육학회지**, 2(1), 21-36.

손천택(1998). 운동기능 학습시 역순연쇄 및 순행연쇄 지도법의 상대적 효율성 검증. **한국스포츠교육학회지**, 5(1), 1-14.

안양옥(1995). **체육교과내용지식의 수준과 수업지식의 관련성**. 서울대학교대학원 박사학위논문.

유상석(1997). 상이한 피드백이 제공되는 교수전략이 볼링 학습에 미치는 영향. **한국스포츠교육학회지**, 4(1), 17-31.

유정애(2007). **체육과 교육과정 총론**. 서울: 대한미디어.

유정애, 서지영, 조순묵, 류태호, 장용규, 최의창, 이충원(2005). **체육과 교육과정 개정 시안 연구 개발**: 2005년도 교육과정 개정연구 위탁과제 답신 보고. 서울: 한국교육과정평가원.

이옥선(1996). **초등학생의 체육수업 참여유형 분석**. 서울대학교대학원 석사학위논문.

최의창(1994). 체육교육과정의 사회학적 탐구. **한국교육**, 21, 207-235.

최의창(1996). **체육교육과정탐구**. 서울: 태근문화사.

최의창(1998). 학교교육의 개선, 교사연구자, 그리고 현장개선연구. **교육과정연구**, 16(2), 373-401.

최의창(2001). 체육교육에서의 질적 연구: 발전, 현황, 전망. **한국스포츠교육학회지**, 8(1), 25-58.

최의창(2002). 중등학교 체육 수업 개선을 위한 통합적 교과 조직 및 지도 방법 개발. **한국스포츠교육학회지**, 9(1), 1-23.

Alton-Lee, A., & Nuthall, G. (1990). Pupil experiences and pupil learning in the elementary classroom: An illustration of a generative methodology. *Teaching and Teacher Education, 6(1)*, 27-45.

Ashy, M. H., Lee, A. M., & Landin, D. K. (1988). Relationship of practice using correct technique to achievement in a motor skill. *Journal of Teaching in Physical Education, 7*, 115-120.

Blackmore, C. L., Hilton, H.G., Harrison, J.M., Pallett, T. L., & Gresh, J. (1992). Comparison of students taught basketball skills using mastery and non-mastery learning methods. *Journal of Teaching in Physical Education, 11*, 235-247.

Boyce, B. A. (1990). The effect of instructor set goals upon skill acquisition and retention of a selected shooting task. *Journal of Teaching in Physical Education, 9*, 115-122.

Corbin, C. (2002). Physical activity for everyone: what every physical educator should know about prompting lifelong physical activity. *Journal of Teachign Physical Education, 21*, 128-144.

Elliott, J. (1991). *Action research for educational change*. Philadelphia: Open University Press/

Milton Keynes.

Elliott, J. (1997). School-based curriculum development and action research in the United Kingdom. In S. Hollingsworth(Ed.), *International action research: A casebook for educational reform*(pp. 17-28). London: Falmer Press.

Erickson, F., & Shultz, J. (1992). Students' experience of the curriculum. In P. Jackson(Ed.), Handbook of research on curriculum(pp. 465-485). New York: Macmillan.

French, K. E.., Rink, J. E., Rikard, L., Mays, A., Lynn, S., & Werner, P. (1991). The effects of practice progressions on learning two volleyball skills. *Journal of Teaching in Physical Education, 10*, 261-274.

Graham, G. (1995). Physical education through students' eyes and in students' voices: Introduction. *Journal of Teaching in Physical Education, 14*, 364-371.

Griffiths, M. (1994). Autobiography, feminism, and the practice of action research. *Educational Action Research, 2(1)*, 71-82.

Hebert, E. P. (1996). Content development strategies in physical education: An exploratory insvestigation of student practice, cognition, and achievement. *Dissertation Abstracts International, 56(11)*, 4318A.(Univeristy Microfilms No. DA96-09092)

Hunter, L., Carlson, T., & Brooker, R. (1999). *Understanding sport: An introduction to the sociological and cultural analysis of sport*. London: E & FN Spon

Kirk, D., & Macdonald, D. (1998). Situated learning in physical education. *Journal of Teaching in Physical Education, 17*, 376-387.

Lagemann, E. (1966). *Contested terrain: A history of educational research in the United States, 1890-1990*. Chicago: The Spencer Foundation.

Maher, F. (1991). Gender, reflexivity and teacher education: The Wheaton program. In B. R. Tabachnick, & K. Zeichner(Eds.), *Issues and practices in inquiry-oriented teacher education*(pp. 22-34). London: Falmer Press.

McKenzie, T. L., & Sallis, J. F.(1996).

Mills, R. W. (1988). *Observing children in the primary classroom: All in a day*(2nd ed.). London: Unwin Hyman.

Morgan, B., Threatt, S., Buchanan, J., Strieb, L. Y., Sugarman, J., Swenson, J., Tell, K., & Tomlinson, J. (1994). Teachers' voices in the conversation about teacher research. In S. Holingsworth, & H. Sockett(Eds.), *Teacher research and educational reform*(pp. 222-233). Chicago: University of Chicago Press.

Morine-Dershimer, G. (1985). *Talking, listening and learning in elementary classrooms*. New York: Longman.

Placek, J. (1992). Rethinking middle school physical education curriculum: An integrated, thematic approach. *Quest, 44*, 330-341.

Rink, J. E., Werner, P.H., Hohn, R.C., Ward, D.S., & Timmermans, H. M. (1986). Differential effects of three teachers over a unit of instrction. *Research Quarterly for Exercise and*

Sport, 57, 132-138.

Rogers, D. L., Perrin, M. S., & Waller, C. B. (1987). Enhancing the development of language and thought through conversation with young children. *Journal of Research in Childhood Education, 2*, 17-29.

Rovegno, I., & Bandhauer, D. (1997). Norms of the school culture that facilitated teacher adoption and learning of a constructivist approach to physical education. *Journal of Teaching in Physical Education, 16*, 401-425.

Silverman, S. (1985). Relationship of engagement and practice trials to student achievement. Journal of Teaching in Physical Education, 5, 13-21.

Silverman, S. (1994). Research on teaching and student achievement. *Sprot Science Review, 3(1)*, 83-90.

Smith, S. (1991). Where is the child in physical education research? *Quest, 43*, 37-54.

Taggart, A. (1985). Fitness-direct instruction. *Journal of Teaching in Physical Education, 4*, 143-150.

Tinning, R. (1992). Reading action research: Notes on knowledge and human interests. *Quest, 44*, 1-14.

Tinning, R., & Fizclarence, L. (1992). Post-modern youth culture and the crisis in Australian secondary school physical education. *Quest, 44*, 287-303.

Weinstein, R. S. (1983). Student perceptions of schooling. *The Elementary School Journal, 83*, 287-312.

Zeichner, K. M., & Noffke, S. E. (2001). Practitioner research. In V. Richardson(Ed.), *Handbook of research on teaching, 4th ed.*,(pp.298-330). Washington, D. C.: American Educational Research Association.

17

학원스포츠의 과제와 전망

류 태 호

학원스포츠는 학교 교육의 테두리 안에 있으면서 학교가 지향하는 전인교육의 성취와는 관련 없이 오히려 학교교육의 취지와는 완전히 동떨어진 기이한 형태로 자라나고 있는 실정이다. 따라서 이 글에서는 학원스포츠의 현주소를 살펴보고 학원스포츠의 구조에 대한 올바른 인식과 이해를 가지고 학원스포츠가 교육적 활동으로 자리매김할 수 있는 기본방향을 제시하고자 한다. 학생선수는 삶에서 '이분법적 시간', '고립된 섬', '위계적-억압적 관계맺음', '승자독식'을 경험하면서 인권침해의 구조 속에 놓여 있다. 이러한 비교육적 구조를 극복하기 위해서 학원스포츠의 비전을 '교육적 목적의 달성', '운동특기의 계발', '스포츠의 본질추구', '참여폭의 확대'로 제시하였다. 인권의 관점에서 학생선수는 '인간', '학생', '선수'로서의 삶을 산다. 이때 '인간으로서의 존엄성', '학생으로서의 학습권', '선수로서의 스포츠기본권'이 전제되어야 한다.

I 서 언

　현재까지 우리나라의 학원스포츠는 '국가주도의 엘리트체육 정책'에 기초를 두고 성장하여 왔다. 국가 정책의 일환으로 엘리트 선수를 육성하여 스포츠를 통해 국가 경쟁력을 높이려는 목적에서 외형적으로 각종 세계대회에서 우수한 성적을 획득하여 스포츠 강국으로서 압축적이며 비약적으로 성장했다. 이 과정에서 전문체육 지향의 학원스포츠는, 교육과정 영역(특별활동, 특기적성 활동)에 속한 스포츠 클럽활동보다 진일보된 형태로서 보다 전문성을 갖춘 코치와 감독을 영입하여 대회 참가 및 입상을 목표로 운영되는 학교 운동부의 체육활동을 일컫는다(류태호, 2003).
　이러한 체육시스템의 특징은 국가 주도의 통제와 관리, 소수 제한된 엘리트 운동선수 육성 중심, 체육영역(생활, 학교, 엘리트)간 불균형과 단절이라고 할 수 있다. 이러한 체육조직은 소수의 엘리트 선수에게 물적 자원을 집중적으로 배분함으로써 이들의 운동기량을 효과적으로 성장시키는 데에는 기여했으나, 잠재된 풍부한 인적자원의 사용을 원천 봉쇄하고, 선발된 선수들의 장기적인 성장 잠재력과 경쟁성을 떨어뜨리는 한편, 합숙훈련, 수업결손 등으로 인한 행복추구권과 학습권을 박탈하게 하는 풍토를 조성하였다.
　'정상적으로 공부하며 운동하고 싶다.'고 밝히며 태릉선수촌 입소를 거부한 장희진(조선일보, 2000. 5. 29) 선수 파동과 8명의 목숨을 앗아간 천안초등학교 축구부 합숙소 화재사건(국민일보, 2003. 3. 27), 전국체전을 준비하던 도중 무리한 체중감량으로 숨진 전북체고 김종두(연합뉴스, 2003. 10. 15)학생의 죽음을 비롯해 쇼트트랙 여자 국가대표 선수들의 구타사건(조선일보, 2004. 11. 11)과 연이은 프로 배구 감독의 선수구타 사건 등은 운동선수의 학습권 침해와 구타 문제가 이미 심각한 사회문제로 부각되고 있음을 반증한다.
　오랫동안 비판의 대상이 되었던 학교운동부 활동의 교육적 적합성 여부를 판단하기 위해 수많은 학자들은 운동선수의 학업성취,

교육포부, 사회적 지위 등을 다양하고 다각적인 측면에서 관찰해 왔고 그 결과 한국의 학교운동부는 불행하게도 교육적으로 매우 부적합한 과외활동 분야였다(강신욱, 2005). 스포츠사회학분야에서는 학교운동부의 체벌과 관련된 연구들이 주로 수행되어왔다(강신욱, 2003, 2004, 2007; 고은하, 2005; 정희준, 2004). 스포츠철학 분야에서는 학생선수의 비윤리적인 측면이 주로 지적되어왔다(Hyland, 1990; 이학준, 2003, 2004). 스포츠교육학분야에서는 학교운동부의 학습권과 관련된 연구들이 주로 수행되었다(강신복, 2003; 류태호, 2003, 2004; 박명기, 2005; 이병호, 2005). 최근 들어서는 체육 분야에 만연된 문제들을 단순한 '사회문제'가 아닌 '인권침해'의 차원에서 접근하려는 움직임이 일고 있다(류태호, 2007; 홍덕기 2008).

이와 같이 학원스포츠는 학교 교육의 테두리 안에 있으면서 학교가 지향하는 전인교육의 성취와는 관련 없이 오히려 학교교육의 취지와는 완전히 동떨어진 기이한 형태로 자라나고 있는 실정이다(강신복, 2003). 이러한 현행 학원스포츠의 이미지는 <그림 1>과 같다.

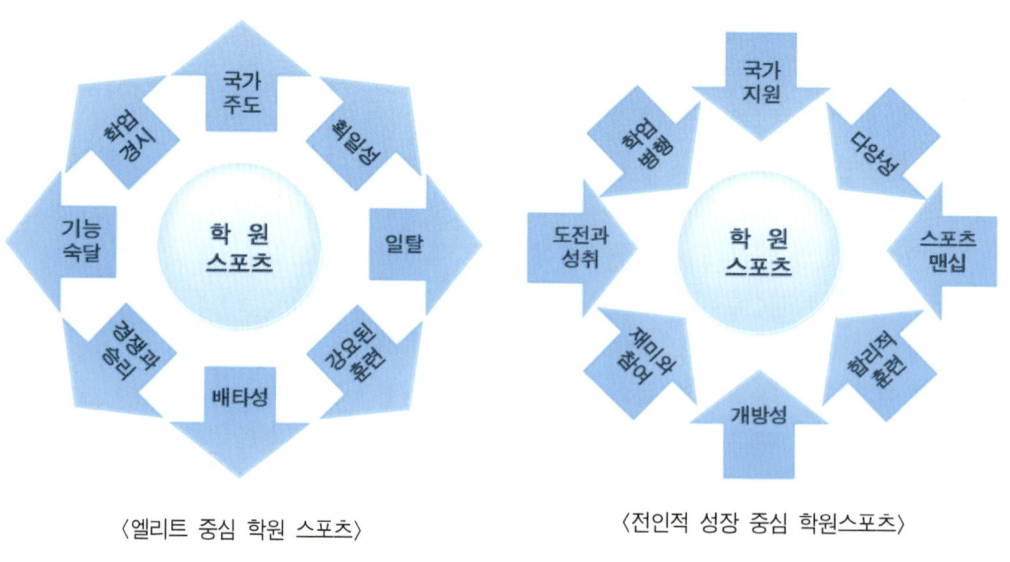

그림 1 학원스포츠의 이미지(류태호, 2003)

결국, 학원스포츠를 엘리트 선수 육성의 기반으로 삼아 스포츠 국가 경쟁력을 강화하려는 현재의 스포츠정책은 한계에 직면하게 된 것이다. 따라서 이 글에서는 학원스포츠의 현주소를 살펴봄으로서 학원스포츠의 구조에 대한 올바른 인식과 이해를 가지고 학원스포츠가 교육적 활동으로 자리매김할 수 있는 기본방향을 제시하고자 한다.

II 학원스포츠의 이해

1. 학원스포츠: 개념상의 혼돈

구미 선진국의 학교체육은 크게 정규체육수업, 교내체육활동, 학교 간 체육활동으로 구분된다. 선진국은 교내체육활동으로 다양한 체육 클럽활동이 이루어지고 있으며, 또한 학교 밖에서의 클럽활동도 다양하게 이루어지고 있다. 따라서 '학교 간 체육활동'은 다양한 클럽활동에서 기량을 익힌 학생들이 중심이 되어 학교 대표선수로 학교 간 경기를 실시하게 된다. 이와 같이 운동기량이 우수한 학생은 있으나, 우리나라와 같이 제도적으로 규정된 '체육특기자'는 존재하지 않는다. 모든 학교체육활동은 교육적 목적과 분리된 형태로는 존재하지 않는다. 학교 간 체육활동에 참여하는 학생들은 본질적으로 학생신분이며, 진학의 수단으로 '운동만'하는 학생은 존재하지 않는다(이범제, 1998; NCAA, 2002). 우리나라의 학교체육은 구미 선진국의 학교체육과 사회적 문화적 맥락에는 많은 차이점이 있다. 맥락이 다른 상황에서 미국식 용어로 우리의 학교체육을 논의할 때 개념상의 혼돈은 당연하다고 본다. 따라서 우리나라의 학교체육의 영역구분은 새롭게 이루어져야 한다. 우리나라와 같이 생활체육의 형태로 만들어진 다양한 '스포츠클럽'이 많지 않고, 학교에서도 다양한 '방과 후 체육활동 프로그램'이 없는 상황을 고려할 때, 우리나라의 학교체육은 '학교'라는 교육공간에서 이루어지는 정규체육수업과 방과 후 특기적성 교육의 차원에서 이루어지는 '과외자율체육활동'으로 규정하는 것이 교육적으로 합당하다고 본다(류태호, 2003, 2005).

선진국의 학교체육 영역으로 보면, 운동기능이 우수한 학생들을 중심으로 이루어지는 학교 간 체육활동은 있으나, '학원스포츠'라는 개념은 없다. 우리나라에서 학원스포츠라는 개념이 언제 누구에 의해서 규정된 개념인지 파악하기 어렵다. 유추하건데, 선진국의 '학교 간 체육활동'의 확장된 개념으로 '학원스포츠'라는 개념을 사용하고 있다고 본다. 우리나라에서 실질적으로 사용되고 있는 학원스포츠의 개념은 '교육과정 영역의 특별활동 중 체육 클럽 활동이 보다 진일보된 형태로서 전문성을 갖춘 체육지도자(코치 또는 감독)을 영입하여 대회 참가 및 입상을 목표로 운영되는 학교 운동부의 활동'으로 규정할 수 있다.

학원스포츠는 학교교육 속에서 이루어지는 체육활동임에도 불구하고, 지금의 성격은 우수선수를 양성하는 전문체육(엘리트 체육)의 모습에 가깝고, 특기적성교육의 목적으로 운영되는 과외체육활동과는 전혀 다른 교육활동이다. 현재의 학원스포츠에 관한 관련 법규에서도 정확한 개념이 정리되어 있지 않다. 또한 학교체육에 관련된 연구 자료들에서도 용어들의 개념 정리가 되지 않아 '학생선수', '선수학생', '운동선수', '운동부원', '운동부 학생' 등의 용어가 혼용되어 사용되고 있다. 각종 신문매체도 이러한 용어들을 필요에 따라 달리 사용하고 있다. 학원스포츠는 성격상 스포츠의 관점에서 이해하는 영역과 교육의 관점에서 이해하는 영역이 중복되어 있기 때문이다. 따라서 '선수'가 강조될 때는 전문스포츠 영역으로, '학생'이 강조될 때는 교육의 영역으로 해석될 수 있다. '학생선수'는 학생으로서의 학업의 의무와 선수로서의 운동의 의무 사이에서 정체성 혼동을 겪게 된다. 이러한 용어의 혼돈은 동일한 주제를 가지고 논의할 때, 다른 의미로 전달되거나, 잘못 받아들여 논점이탈이 되는 경우가 있다. 따라서 학원스포츠에 대한 올바른 인식을 위해서는 관련된 용어의 정리가 선행되어야 한다.

체육특기자란 종래에 초·중등 교육법 시행령에 있는 특례입학제도의 범위에 속하는 경기입상자 중 특기자로 선발된 자를 지칭하였다. 그러나 1997학년도 새 입시제도의 시행과 함께 그 선발권이 대학자율에 맡겨지면서 특례입학의 범위와 기준이 다양해졌고, 체육특기자의 개념이 포괄적으로 변하였다. 즉 대한체육회 산하 연맹에 선수등록을 필하고 각급 학교에서 운동선수로 관리되는 청소년은 모두 그 범주에 속하게 된 것이다. 따라서 본 연구의 체육특기자와 관련된 용어를 정리하면 아래와 같다(류태호, 2003, 2005).

표 1 학교체육의 영역별 특성 비교 (류태호, 2003)

	정규체육수업	과외자율체육활동	
		교내체육활동	학교 간 체육활동
유사개념	정과체육, 학교체육	대내경기, 교내경기 클럽활동, 특별활동	대외경기, 학교 간 경기 학원스포츠
목 적	체육기본소양교육(교육)	운동기능심화 및 재미 (교육, 여가, 욕구충족)	특기적성 전문 (교육, 승리, 진학, 직업)
대 상	모든 학생	자율적 참여 학생	운동특기 학생
내 용	교육과정에 제시된 내용	다양한 스포츠 종목	특정 종목
참여방식	의무적(교사주도)	자율적(학생주도)	자율적〈의무적 (감독, 코치주도)
시 간	체육수업시간	특별활동시간, 방과 후	수업시간〈방과 후
교육적 의도	강	중	약

- **체육특기자** 신체적 재능을 인정받은 사람으로서 잠재력을 개발하기 위하여 특별한 교육을 필요로 하는 자
- **체육특례입학자** 시·도 교육청 체육특기자 선발위원회에서 특례입학 학생으로 인정한 체육에 재능을 가진 자
- **운동경기부** 선수로 구성된 학교 또는 직장 등의 운동부
- **선 수** 대한체육회에 가맹된 법인 또는 단체에 선수로 등록된 자
- **학생선수** 학생으로서 대한체육회에 가맹된 법인 또는 단체에 선수로 등록된 자
- **학원스포츠** '학생'이 주체가 되는 과외 자율체육활동으로서의 교육

2. 학생선수의 삶: 시간, 공간, 관계, 활동

학생선수의 삶에서 과연 체육은 어떠한 의미일까? 학원스포츠의 주체인 학생선수의 삶을 살펴보는 것은 학원스포츠의 구조를 이해하는데 중요하다. 학생선수는 학생이자 선수이고, 그 이전에 하나의 인격체이다. 인간은 누구나 시간과 공간이라는 씨줄과 날줄을 엮은 삶속에 놓여있다. 그리고 이러한 시·공간속에서 인간은 타인과 다양한 관계를 맺으며, 다양한 활동을 경험한다. 그러므로 학생선수의 삶을 시간, 공간, 관계, 활동으로 나누어 그들이 삶 속에서 체육과 어떠한 방식으로 관계 맺고 활동 하는지를 살펴보고자 한다(류태호, 2006a, 2006b; 홍덕기, 류태호, 2007).

1) 시간: 이분법적 시간표

학생선수는 일반 수업시간표와 훈련시간표라는 두 가지 시간표를 적용받으면서 '이분법적 시간'을 체험한다. 경기출전 시기에 따라 수업시간표 중심의 학교생활, 두 시간표가 혼합된 생활, 훈련시간표에 의한 운동생활을 하게 된다. 시간적인 측면에서 선수들은 과도한 훈련과 과다한 출전으로 인한 수업결손으로 학업 및 다양한 능력을 함양할 수 있는 시간을 박탈당한다. 이로 인해 학업과 기본 소양의 부족을 느끼게 되고 스포츠 이외에는 다양한 직업 선택을 할 수 있는 능력을 상실하게 된다(류태호, 2006a, 2006b; 홍덕기, 류태호, 2007). 스포츠에 참가한 경력이 많을수록 인간적인 삶에서 소외되고 부상 등으로 인한 신체의 소외가 가중되며, 나아가 사회적 무능력자로 삶을 영위하는 '교육공백현상'에 이른다. 이런 상황은 장기적인 관점에서 볼 때, 스포츠 문화에 대한 부정적인 사회적 인식을 확대하여 스포츠 발전의 뿌리가 되는 인적 자원의 확보를 어렵게 한다.

<표 2>는 학교운동부 수업참여 현황을 나타낸 것이다. 오전수업 후 운동의 경우가 평상시에 27.2%이고, 시합직전에 40.7%나 된다. 또한, 수업결손에 대한 보충을 하지 않는 곳도 43.2%나 되는 것으로 조사되었다. 학생들이 오전수업을 받는 다 하더라도 오

후에 수업결손이 생기면, 수업의 계열성 차원에서 이전 수업과 연계가 전혀 되지 않는다.

표 2 학교운동부 수업참여 현황(교육부, 2006)

조사 팀수	평상시			시합직전			수업결손 보충 여부 (학교)	
	정규 수업 후 운동	오전 수업 후 운동	수업 참가 안함	정규 수업 후 운동	오전 수업 후 운동	수업 참가 안함	보충 한다	보충 안함
1,405	1,023	378	2	683	557	143	680	574
	73.7%	27.2%	0.1%	49.9%	40.7%	10.5%	51.2%	43.2%

2) 공간: 고립된 '섬'

일반학생이 학교생활의 중심이 교실이라면, 학생선수는 숙식공간인 합숙소와 훈련장인 체육관, 운동장이 된다. 이들의 생활공간인 합숙소의 시설은 어떠한가. 2003년 천안초등학교 축구부 화재 참사가 이를 잘 대변해준다. 천안초등학교 화재 참사는, 심지어 초등학교마저 약육강식의 논리로 지배되는 기성 스포츠의 공급원으로 전락되어 있다는 것을 극명하게 보여준 비극이라 할 수 있다.

<표 3>은 학교운동부의 합숙소 현황을 나타내고 있다. 합숙소는 해가 갈수록 감소하고는 있으나, 아직도 2006년 현재 초·중·고등학교에 868개의 합숙소가 운영 중이다. 이러한 열악한 합숙소 시설과 환경, 합숙훈련의 비인격성은 교육인적자원부의 초등학교 합숙훈련 금지 방침에도 불구하고 아직까지 행해지고 있다. 합숙소가 아무리 선진화된다 하더라도 '교육'과는 단절된 공간이 되어버린 합숙소는 여전히 반(反)인권적이고 폐쇄적인 닫힌 공간이다.

표 3 시·도교육청별 학교운동부 2003-2006년도 합숙소 현황(교육부, 2006)

구분	초등학교(개소)					중학교(개소)					고등학교(개소)					총 계(개소)				
	'03	'04	'05	'06	증감	'03	'04	'05	'06	증감	'03	'04	'05	'06	증감	'03	'04	'05	'06	증감
수	326	200	117	49	△68	619	536	422	390	△32	622	555	494	429	△65	1,567	1,291	1,033	868	△165

※ △표시는 감소, 폐쇄, 용도 변경을 뜻함(증감 비교는 2003-2006년도 대비한 수치임)

합숙소라는 공간에서 학생선수들은 아침운동, 오전운동, 오후운동, 야간운동을 한다. 사계절이 아름다운 것은 계절적 특징이 다르기 때문이다. 그러나 선수들이 하루를 4등분하여 실시하는 운동은 동일한 장소, 동일한 내용, 동일한 방법, 동일한 지도자에 의해 이루어진다. 그들의 표현대로 "늘, 그렇게, 그것(훈련)만 해요" 이들의 학교생활은 직업선수 생활과 크게 다르지 않다. 학교의 운동선수는 '무늬만 학생'이다(류태호, 2006a). 학생신분이 배제된 채 이루어지는 학기 중의 합숙훈련은 장기적인 학생선수들의 미래에 전혀 도움이 되지 않는다. 운동을 하고 살아갈 날보다 하지 않고 살아가야 할 날들이 많은 학생선수에게 수업결손을 강요하는 것은 운동을 그만두었을 때 학생으로 혹은 사회의 구성원으로 살아가는데 필요한 기본지식과 소양마저 빼앗아가는 것과 같다(홍덕기, 류태호 2007).

청소년기에 정체성의 확립은 매우 중요하다. 정체성 문제를 적절히 해결 못한 청소년은 회의와 방황을 하게 되고, 역할혼미를 경험하게 된다. 때문에 교사와 학부모의 역할은 중요하다고 할 수 있다. 합숙훈련을 지도하는 운동부 코치들은 이러한 청소년기의 특징을 잘 파악하고 주의와 관심을 가져야 한다. 친구들과의 학교생활도 없고, 부모와도 떨어져서 합숙소에서 하루 10시간의 고된 훈련을 해야 하는 학생선수들. 이들이 확립하게 될 자아정체성은 어떤 모습일까?

3) 관계: 위계적-억압적 관계맺음

학원스포츠의 기본단위인 각 운동부들은 우선 감독, 코치, 주장, 선수 등 팀으로서의 일반적 위계도 갖추고 있지만 이에 못지않게 엄격한 위계인 학년별 선후배관계가 존재한다. 나이와 학년에 따른 서열은 한국사회의 그 어떤 위계보다도 강력하다. 이 구조는 일단 조직구성원이 되면 어떠한 개인이라도 굴복시키는데 혹 이를 거부하는 자가 있다면 그에 상응하는 비난이나 징계가 따르게 마련이다(정희준, 2004). 이는 학원스포츠 뿐만 아니라 성인과 프로스포츠에서도 자주 문제가 되고 있는 실정이다. 운동부 문화는 구타와 폭력이 난무하고 언어폭력과 위계적 질서가 자리 잡고 있는 예전의 군대문화와 비슷하여 마치 '실미도'를 연상케 한다.
<표 4>는 초등학교 학생선수 4-6학년 746명을 대상으로 폭력 피해 경험유무를 조사한 결과이다. 이 조사결과는 초등학교에서도 학생선수 대부분이 신체적 폭력(74.3%)과 언어적 폭력(74.9%)를 경험하고 있고, 심지어는 성적 폭력(14.9%)도 일부 경험하고 있는 것으로 나타났다.

표 4 초등학교 학생선수 4-6학년 746명 대상 폭력피해 경험 유무(조광민, 2006)

구 분		빈도(명)	퍼센트(%)
신체적 폭력	예	554	74.3
	아니오	192	25.7
	합계	746	100.0
언어적 폭력	예	559	74.9
	아니오	187	25.1
	합계	746	100.0
성적 폭력	예	111	14.9
	아니오	635	85.1
	합계	746	100.0
평균 수업 참여 시간	5교시 미만 수업참여	161	21.8
	5교시 이상 수업참여	577	78.2
	합계	738	100.0

또한, 대한체육회 선수폭력실태조사(2005)에 의하면 운동부 구타의 주체를 '지도자와 선배'로 규정하였고, 구타의 원인으로 '훈련 태만', '정신력강화', '시합성적 부진', '규율 강화', '감정적 이유'라고 보고하고 있다. 최고의 기량을 내기 위해 가혹한 훈련을 시켜야하니 선수의 인권이나 학습권은 당연히 배제될 수밖에 없다.
학생선수들은 독립된 시·공간 속에서 일반학생들과는 떨어져 '창살 없는 감옥'같은 생활을 한다. 때문에 동기, 선·후배 간의 교육적 관계맺음보다는 위계적-억압적 관계맺음에 익숙해져 있다. 학생선수들은 '교육'이 아닌 '훈육'속에서 자연스럽게 서열문화에 따른 '위계적 관계'를 체험하며 구타와 폭력 등 인권의 사각지대에 놓이게 된다. 또한, 승리지상주의에 편승한 학부모 역시 이를 묵인

하게 된다. 체육 분야는 그동안 올림픽을 국위선양의 기회로 보고 운동선수 양성, 메달이 곧 국력이 되는 역사만을 살아왔다. 체육계에서의 구타는 현실적 타협이 아니다. 체육인들은 체육이 주는 숭고한 가치를 교육공동체를 통해 전파할 책임이 있다. 체육 지도자로서의 '삶'에서 배어나온 '교육'을 하는 것은 전문 체육인으로서의 사명이다.

4) 활동의 지향: 승자독식

<표 5>는 2006년 프로구단 및 프로선수현황과 초·중·고·대학교 대한체육회 등록선수 현황을 나타낸 것이다. 프로종목이 있는 축구(남), 야구, 농구(남), 배구(남) 종목의 초·중·고·대학교 대한체육회 등록선수 대비 프로선수 비율을 분석한 결과 네 종목 평균은 4.2%이다. 프로에 입문하는 문턱도 너무 좁을뿐더러 프로선수가 된다고 다 성공이 보장되는 것은 아니다.

표 5 2006년 프로구단 및 프로선수현황과 초·중·고·대학교 대한체육회 등록선수 현황(류태호, 2006a)

	축구(남)	야구	농구(남)	배구(남)	합계
프로구단 수	14	8	10	6	38
선수 총 현황 (외국인 선수 제외)	485	460	135	91	1,180
06년 신인선발 수		98	20	9	
06년 대학 등록선수	2,184	933	335	192	3,644
06년 고교 등록선수	4,410	1,616	452	331	6,809
06년 중학교 등록선수	6,061	1,698	457	367	8,583
06년 초등학교 등록선수	6,449	1,753	436	483	9,121
등록선수 합계	19,104	6,000	1,680	1,373	28,157
등록선수 대비프로선수 수	2.5%	7.8%	8%	6.6%	4.2%

사람은 없고 운동장만 있는 학원스포츠 시스템은 비인간적이다. 특정한 분야에서 매우 뛰어난 실력을 갖춘 학생들의 경우 때때로 정규수업 과정을 벗어나는 수가 있다. 그가 장차 뛰어난 '선수'가 될지는 모르지만 반드시 이 사회의 평균적인 사회인이 되리

라는 보장에는 의심의 여지가 있다. 이들은 스포츠의 관점에서는 '유망주 선수'이지만 교육의 관점에서는 '성장과정의 학생'이다. 또한 문화적 관점에서는 다양하고 활기찬 다음 세대를 살아갈 주인공이다. 사회적 삶에 필요한 교육 과정을 제대로 거치지 않는 것은 그 자체로 비인간성을 내재한다. 바로 이런 이유에서 성장과정에 스포츠에 몰두했던 학생들이 장래의 사회 참여와 적응에 상당한 어려움을 갖는 것이다(류태호, 2007).

초등학생과 중학생이 참가하는 전국소년체육대회는 이미 올림픽의 축소판이다. 학생선수들은 '무한 경쟁'속에서 '학생'보다는 '선수'로 자연스럽게 조기 편입된다. 승리지상주의의 경연장으로 교육적 목적이 사라져버린 곳에서 '학생다움'과 '아름다움'은 찾아볼 수 없다. 말 그대로 '그들만의 잔치'이다. 학생선수들이 생각하는 자신의 궁극적 목적은 부와 명예가 보장된 프로선수나 국가대표 선수가 되는 것이다. 태극마크를 달고 올림픽에서 메달을 따면 그에 따른 연금도 보장받을 수 있다. 하지만, 상급학교와 프로 진출의 문은 점점 좁아지고 있다. 누구나 대표 선수가 되는 것도 아니며 우리 사회의 스포츠 인프라도 그리 탄탄하지 않다. 평균적인 학업 교육을 받지 않은 상황에서 부상이나 슬럼프 때문에 운동을 중도에 포기하거나 혹은 프로 선수로 진출하지 못했을 때 그 당사자는 치명적인 불안을 겪을 수밖에 없다.

3. 학생선수에 대한 고정관념

학생선수의 삶 속에서 드러나는 체육의 모습은 크게 학습권 침해와 신체적·정신적 폭력으로 인한 침해로 나누어 볼 수 있다. 이 두 가지 모습의 밑바탕에는 학생선수에 대한 고정관념이 존재한다. 첫째는 공부와 운동을 병행할 수 없다는 고정관념이다. 둘째는 체벌을 하면 운동기능이 향상된다는 고정관념이다(홍덕기, 류태호 2007).

1) 학습권 침해: 공부와 운동은 병행할 수 없다.

학생선수의 삶 속에서 드러나는 체육의 기저에 놓인 첫째 고정관념은 운동선수가 학업을 병행했을 경우 경기력 저하의 원인이 된다는 것이다. 이러한 고정관념은 학생, 학부모, 코치, 연맹의 연합적 경쟁 구조로 인한 경쟁의 과열상태에 기인한다. 수요자로서 학생과 학부모는 단기적으로 상급학교 진학의 합법적 수단이고, 장기적으로 직업선수로서의 교두보를 확보하기 위해 대회 입상실적에 집착한다. 공급자로서 코치와 경기연맹은 우수한 선수를 육성하여 경기력의 향상을 도모함으로서 명성, 권위, 부를 축적하려는 의도를 갖게 된다. 관리자로서 학교, 교육청 역시 실적을 쌓기 위한 목적으로 학교운동부를 운영하게 된다.

이러한 수요자, 공급자, 관리자 세 주체간의 연합적 경쟁 구조 속에서 학생선수에 대한 학습권은 자연스럽게 관심 밖으로 밀리게 된다. 또한, 국가는 올림픽에서의 메달 등 승리에 집착하여 엘리트 스포츠의 이미지를 정권 유지차원의 수단으로 이용하고 있다. 그러므로 학생선수의 학습권을 중시할 경우, 단기적으로 경기력이 저하되면서 국가경쟁력의 약화를 초래할 것을 우려하여 과감한 개혁을 꺼려한다. 그러나 이는 학업병행을 통해 운동선수에 대한 이미지를 개선하고, 일반학생의 스포츠 참여를 통해 선수의 수급문제와 과도한 경쟁구도를 극복할 수 있다. 공부와 운동을 병행함으로서 학원스포츠를 개선하고, 체육특기 인프라를 구축하여 스포츠를 통해 국가 경쟁력을 강화하는 체계적이고 장기적 방안 없이 학원스포츠의 발전은 요원하다.

2) 신체적·정신적 폭력에 의한 침해: 체벌을 하면 운동기능이 향상된다.

학생선수의 삶 속에서 드러나는 체육의 기저에 놓인 두 번째 고정관념은 체육을 교육적 가치로 인식하지 못하고 체벌을 통한 강압적 선수 육성방식이 운동기능을 향상시킬 수 있다는 믿음이다. <표 6>은 대한체육회(2005)의 선수폭력실태조사 및 근절대책 중, 구타의 인식정도 및 구타와 경기력의 상관관계를 알아본 것이다.

표 6 선수, 지도자의 구타에 대한 인식정도 및 구타와 경기력에 대한 인식(대한체육회, 2005 재구성)

구타에 대한 인식			구타와 경기력에 대한 인식		
효과적인 교육수단	그렇다	아니다	경기력 향상	그렇다	아니다
선 수	10.5%	62.5%	선수	16.5%	55%
지도자	57.9%	8.7%	지도자	16.9%	48.8%
학부모	51.5%	16.8%	학부모	48.5%	20.8%

평소 훈련이나 시합 상황에서 발생하는 선수에 대한 구타에 대해 선수 본인은 효과적인 교육수단이 될 수 없다(62.5%)고 생각하지만, 지도자(57.9%)와 학부모(51.5%)는 구타가 효과적인 교육수단이 될 수 있다고 인식하고 있다. 또한, 훈련이나 시합 상황에서의 구타가 선수의 운동수행이나 경기력 향상에 도움이 되는지에 대해서는 학부모는 경기력 향상이 된다고 생각하지만(48.5%), 선수(16.5%)와 지도자(16.9%)는 구타가 경기력 향상에 도움이 되지 않는다고 인식하고 있다. 특히, 학부모의 경우 구타가 효과적인 교육수단이고 경기력 향상에 도움이 된다고 인식하고 있음을 알 수 있다.

체육 지도자는 경기력 향상, 출세, 진학의 수단적 가치를 위한 선수 육성으로 인해, 체육의 교육적 가치에 대한 인식이 부족하다. 체벌을 통한 강압적 선수 육성방식은 '머리는 없고 몸만 키우는' 결핍된 선수를 양산하는 결과를 낳는다. 체육지도자는 교육자로서 전인격적 성장의 기초로서 체육교육을 인식하고 선수에게 운동을 지도해야 한다. 또한, 과학적인 훈련방법을 도입함으로서 장기적으로는 교육과 삶의 질 향상을 위한 특기적성 차원의 학원 스포츠를 정립할 수 있다.

III 학원스포츠의 구조

1. 학생선수의 반(反) 인권적 구조

학원스포츠의 주체인 학생선수는 "정상적인 생애주기의 과정을 거치는가?", "폭력으로부터 자유로운가?", "사유할 능력과 상상력의 경험 및 표출을 하는가?", "또래집단의 타인과 적절한 관계를 형성하는가?", "자신의 삶에 대한 의사표현을 적절히 하는가?", "유희(웃음, 놀이, 여가)의 시간을 적절히 보장받고 있는가?"라는 질문에서 자유롭지 못하다. <그림 2>는 이러한 학생선수 인권침해의 메커니즘과 재생산 구조를 나타낸 것이다.

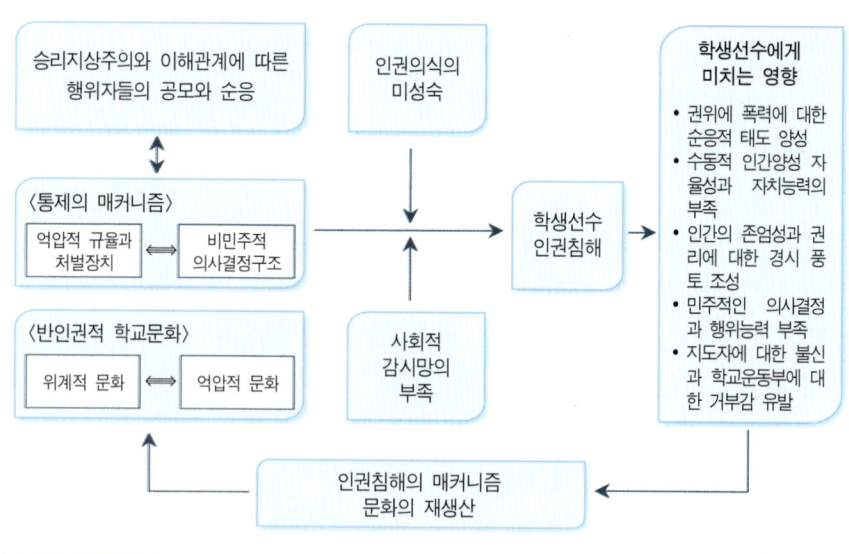

그림 2 학생선수 인권침해의 메커니즘과 재생산(홍덕기, 2008)

학생선수 인권침해의 구조 속에서 학원스포츠와 관련한 행위주체들은 각각 그들의 필요를 중심으로 '규율'을 활용한다. 학원스포츠 규율은 다음과 같은 세 가지 형태로 '학생선수 선별장치'로서의 의미를 지니게 된다(홍덕기, 2008).

첫째, 학원스포츠는 학원스포츠 밖 세계로부터 학원스포츠를 '분리'하는 학원스포츠 규율을 통해 "운동과 공부를 병행할 수 있는 길"을 차단하고 일단 들어온 학생선수에게 "운동"만을 강요한다. 그럼으로써 입상실적을 내기 위해 무리한 훈련일정을 소화한다.

둘째, 코치는 운동기능을 전달하는 주요 전달자로서의 역할을 수행하면서 동시에 학생선수의 생활과 관련된 모든 측면을 관리·통제하며 "특권적 지위"를 확보해 나간다.

셋째, 학생선수 역시 학원스포츠 규율을 수동적으로 수용하면서 상급학교 진학을 위해 입상실적에 집착하게 된다. 학원스포츠 분야는 개별 학생선수가 갖는 가치가 서로 다를 수 있음에도 불구하고 개별 학생에 따라 서로 다른 규칙을 적용하지 않는다. 학교 운동부 생활에서도 "개별적 다양성"보다는 "집단적 통일성"이 보다 강조된다. 또한 그러한 집단적 통일성에 순응하지 않는 학생선수에 대한 체벌과 같은 강한 제제 수단이 일상화 된다. 학원스포츠 영역에서의 규율의 작용은 '일상화', '특권화'되어 있다는 점에서 반(反)인권적이라고 할 수 있다(홍덕기, 2008).

선수들은 남을 밟아야만 일어설 수 있는 체육계 구조를 보면서 운동이라는 것이 할 게 못되는 것이라고 생각한다. 이미 초등학교 운동부는 인적 인프라가 안 되어서 해체되고 있다. 엘리트 중심의 체육 패러다임은 스포츠 자체의 가치를 수단적 가치로 저하시키는 결과를 초래하고, 승자·결과 중시로 인해 인간에 대한 불신을 초래한다. 최후의 1%가 되지 못한다면, 언제라도 학교와 사회로 돌아와 훌륭한 인격체로서 삶을 영위할 수 있도록 하는 것, 수많은 학생들이 운동장에서 뛰고 달리며 그 중에서 특출한 학생이 눈에 띠여 전문적인 팀의 유소년 클럽에서 더 연마를 하는 것, 그 과정에서 '평범한 학생'들은 반드시 '필수적인 스포츠'를 성장과정에서 누리고 '뛰어난 유망주'들 역시 반드시 '필수적인 학업'을 거치게 하는 것, 이것이 지금 학원 스포츠와 교육에 절대적인 과제라고 할 수 있다.

2. 학원스포츠 구성주체의 결단

학원스포츠는 수요자, 공급자, 그리고 관리자라는 삼자의 상호관계 속에 그 존재의 기반을 둔다. 그 구조를 살펴보면 수요자로서의 학생과 학부모, 공급자로서의 학교 운동부 코치와 감독과 대한체육회와 각종 경기 연맹, 관리자로서 학교 및 교육청과 교육과학기술부 그리고 문화체육관광부라는 세 주체로 구성되어 있다(강신복, 2003).

학생과 학부모는 상급학교 진학, 대학입학 특례, 그리고 직업시장 진출이라는 사회경제적 지위획득의 구조 속에서 학원스포츠에 참여한다. 학생은 운동만 잘 하면 모든 것이 해결된다는 생각에 학생으로서 갖추어야 할 기본권을 스스로 포기하고 있다. 학부모는 자식을 출세와 자기과시의 도구로서 이용하고 있다. 공급자인 코치 및 감독 그리고 연맹은 실적주의와 직업적 보신주의, 연맹 간 경쟁주의로 학생선수를 억압과 통제의 대상으로 삼는다. 관리자는 상의하달식 행정을 통하여 경쟁의 효율성을 높이기 위해 경쟁을 가열화 시킨다. 출세주의, 업적주의에서 요구하는 비교육적·반교육적 행태는 학생선수들을 '사회적으로 거세'하고 있으며, 잠재적인 사회적 부적응자로 만들고 있다(류태호, 2005). <표 7>은 학원스포츠 구성원들의 현실과 이상을 나타낸 것이다.

표 7 학원스포츠 구성원들의 현실과 이상(류태호, 2005)

대 상	현 실	이 상
학 생	⊙ 왜곡된 성장 - 양자택일의 현실(공부 VS 운동) - 일반학생의 분리된 학교생활	⊙ 다양한 체험의 기회 - 체육문화의 향유 - 학업병행
학부모	⊙ 왜곡된 후원 - 단선적 진로 - 재정 부담	⊙ 자녀의 특기 개발 기회 확대 - 다양한 진로 모색 - 재정 부담의 감소
학 교	⊙ 왜곡된 교육 - 운동부의 공간 독점 - 일반학생과 운동선수의 양분화	⊙ 교육프로그램의 다양화 - 일반학생의 전인적 성장 - 신체활동을 통한 교육의 장

대상	현 실	이 상
체육계	◉ 왜곡된 성장토대 　- 인기종목과 비인기 종목의 양극화 　- 선수 수급의 급감	◉ 풍부한 성장 토대 마련 　- 체육인구의 증가(체육 인프라구축) 　- 선수의 자발적 참여
지도자	◉ 왜곡된 역할 　- 신분불안, 저임금 　- 낮은 사회적 지위	◉ 전문 체육 지도자 　- 전문성 확보를 통한 신분불안 해소 　- 사회적 지위 신장 　- 국가적 지원의 강사풀제

　기존의 학생선수 육성구조는 오직 학교운동부를 통한 성장만을 강요하는 단선적이고, 이분법적이었다. 학생선수는 일반학생과 고립되어 '섬'문화를 경험하게 되고, 중도탈락으로 이어지면 다른 진로에 대한 선택권의 부재로 인한 사회적 부적응을 겪게 된다. 또한, 직업선수나 지도자가 되더라도 여전히 연합적 경쟁 구조 속에서 학습권 침해와 신체적·정신적 폭력에 의한 침해의 가해자이자 피해자로 남게 된다.

　<표 8>은 학생선수 육성을 보는 관점을 제시해 주고 있다. 학생선수의 생활과 문화는 지도자나 직업선수가 되어서도 여전히 불안정한 한계를 갖게 되고 그 과정에서 중도포기·탈락이나 사회적 부적응을 겪게 된다.

표 8 학생선수 육성을 보는 관점(류태호, 2004)

	◉ 운동이냐? 공부냐? 병행은 없고 한 길만 있다 → 이분법적 구조 ◉ 오직 학교운동부를 통한 성장을 강요하는 구조 → 단 선 적 구조		
	학생선수	중도포기·탈락 (부상, 문화갈등, 제도적 필터링)	
국가적 지원	◉ 훈련중심의 학교생활 　: 학습권의 침해	◉ 학습 진입의 어려움	국가 정책 부재
	◉ 주변인으로서 학교생활	◉ 학교생활의 주변인	
	◉ 제로섬(Zero-sum)문화 　: 승리지상주의 이데올로기	◉ 학습된 무기력	
	◉ 전체주의 문화 　: 합숙생활과 휴가	◉ 소외문화 　: 운동부, 가족, 동료, 학교	
	◉ 섬 문화 　: 학교안의 다른 학교	◉ 관계적 섬 문화 　: 또 다른 분리	

사회 진출의 한계	직업선수·지도자	사회적 부적응	재교육 부재
	⊙ 진학, 직업의 희소성 　- 새로운 경쟁의 시작 ⊙ 학생선수 생활의 연장선 　- 반복되는 운동선수문화 ⊙ 또 다른 경쟁 　- 스타선수에 대한 상대적 소외감 ⊙ 연합적 경쟁 구조 　- 불안정한 생활	⊙ 선택권의 부재 ⊙ 전문성 결핍으로 인한 사회진출의 어려움 ⊙ 사회부적응 　- 문화적 갈등 　- 지적 결핍 　- 정서적 이질감 ⊙ 사회적 고립감, 좌절 ⊙ 명성에 대한 그리움	

　국가는 여전히 학생선수들이 처한 비(非)교육적이고 반(反)인권적인 현실을 담보로 하여 쌓아올린 국제대회의 메달을 유지하기 위해 '학생'이 아닌 '선수'로 인식하고 인간으로서의 존엄성을 무시해왔다. 어떠한 정권도 올림픽 메달의 색깔에서 자유롭지 못하였다. 이는 다양성보다는 획일성, 스포츠맨십보다는 일탈, 합리적 훈련보다는 강제된 훈련, 개방성보다는 배타성, 참여와 재미보다는 경쟁과 승리, 도전과 성취보다는 기능숙달, 학업병행보다는 학업경기 등 후자의 부정적인 개념을 확대 재생산 시키는 결과를 낳았다(류태호 2003, 2006b).

　스포츠를 통한 건전한 인격과 건강한 신체의 형성이라는 본래 체육의 목적을 성취하기 위해서는 학원스포츠의 세 주체가 학생의 스포츠 활동에 대한 올바른 인식을 제고하고 이를 실천하기 위한 행동적 노력을 경주해야 한다는 것을 의미한다. 주체간의 이기주의에 빠지거나 불이익을 피하기 위한 학원 스포츠의 문제점에 대한 소극적인 대처로 인해 학원 스포츠 문제는 악순환을 되풀이하게 된다. 직접적 수혜자인 학생과 그 보호자인 학부모들은 학생 본인과 자녀의 전인적 성장에 관심을 두는 인식의 개선, 비교육적 학원스포츠운영에 대한 건설적 비판, 능력 만능주의에 대한 올바른 이해 등을 실천해야 한다. 학생선수 자신은 부족한 학습능력을 보충하기 위한 자기 스스로의 노력이 필요하다. 같은 또래 학생들에 비해 뒤쳐져 있는 학업능력을 향상시키기 위해 자기만의 학업계획을 마련하고 이를 실천하는 풍토가 이루어져야 한다. 학부모들은 학교에 대해서 재정 지원 및 자녀에 대한 이해와 배려를 원하면서도 자신들의 불이익을 두려워하며 학교와 지도자 측에 문제 개선 요구를 주저하지 않도록 학원스포츠의 문제해결에 적극적으로 동참해야 할 것이다(강신복, 2003).

지도자는 지도 대상인 학생선수들이 학생 신분임을 염두하고 학생들이 학교교육에 정상적으로 참여할 수 있도록 배려하는 교육철학을 가져야 한다. 공부하며 운동하는 학생선수를 육성하기 위한 운동부 운영의 틀을 마련하고 학생선수들의 학교 교육 참여기회를 보장하기 위한 구체적인 훈련계획을 세워야 한다.

이러한 인식의 전환은 학원스포츠를 전인교육의 성취를 위한 학교 교육의 연장활동이라는 본래의 취지에 맞추어져야 한다. 스포츠를 통한 건전한 인격과 건강한 신체의 형성이라는 본래의 취지를 성취하기 위해서는 학원스포츠의 세 주체가 각자 학생의 스포츠 활동에 대한 올바른 인식을 제고하고 이를 실천하기 위한 행동적 노력을 경주해야 한다.

IV 학원스포츠의 과제

1. 학원스포츠의 비전

국가주도의 엘리트체육 정책에서 발생한 문제는 학원스포츠를 바라보는 패러다임의 변화없이 해결될 수 없다. 이제는 국가 주도의 스포츠 발전을 중심에 두는 것이 아니라 개인의 자율성에 기반한 전인적 성장을 이룰 수 있도록 지원하는 방향으로 학원스포츠의 패러다임이 변화해야 한다. 학원스포츠의 비전에 대한 구체적인 내용은 <그림 3>과 같다(류태호, 2003).

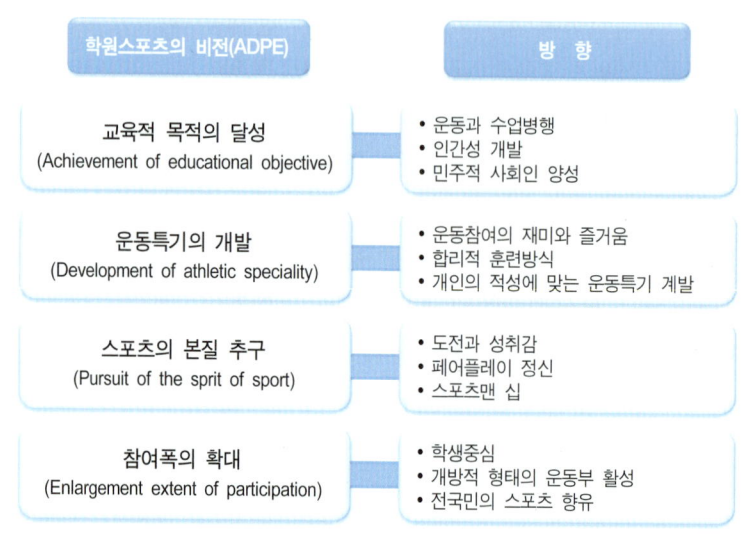

그림 3 학원스포츠의 비전(류태호, 2003)

첫째, 교육적 목적의 달성(Achievement of educational objective): 학교체육의 정상적인 운영과 운동선수들의 올바른 성장을 위해 성수들의 면학 분위기 조성과 폭넓은 학교생활을 위한 교육적 배려는 교육적 차원이나 스포츠 고급인력의 육성 및 보호관리 측면에서 가장 중요한 과제이다. 학교체육은 교육의 일환으로서 개인적 인격의 완성을 궁극적인 목표로 하는 교육적 노력이지만 방법론적 입장에서 볼 때 인간성의 개발을 기도하는 교육이기 때문에 신체활동을 통해 유능한 민주적 사회인의 양성을 위한 교육이 되어야 한다.

둘째, 운동특기의 개발(Development of athletic speciality): 학교체육은 선수로 하여금 순수한 아마추어 스포츠인으로서 긍지를 갖도록 해야하며 뚜렷한 목표를 설정하여 선수 스스로 훈련에 적극 참여할 수 있도록 정신적인 면의 지도와 훈련 분위기의 개선이 요구된다. 다양한 훈련 프로그램과 훈련환경의 변화로 매일 반복되는 힘든 훈련의 지루함을 이겨내고 의욕적으로 훈련에 임할 수 있는 훈련분위기의 조성과 훈련내용의 변화가 요구된다. 이를 위해서 지도자는 변화하는 스포츠과학의 지식을 받아들여 운동종목과 선수특성에 적합한 훈련 프로그램을 작성해야 한다. 눈앞의 성적만을 보는 운동이 아닌 학생선수의 개개인의 운동특기를 개발할 수 있는 방향으로 훈련을 시켜야 한다.

셋째, 스포츠의 본질 추구(Persuit of the spirit of sport): 공정과 규칙의 준수를 본질로 하는 페어플레이 정신을 강조하는 선수의 가치태도를 아마추어리즘이라 할 때, 수단과 방법을 가리지 않고 무조건 승리하여야 한다는 태도나 가치관을 심어주는 대신에 자신의 능력을 최대로 발휘하여 공정하게 경쟁하며 경쟁의 결과보다는 과정을 더 한층 중요한 가치로 수용하게 하는 것이 필요하다. 따라서 승리를 위해서 수단과 방법을 가리지 않는 문화에서 스포츠맨십을 강조하는 문화로 전환되어야 한다. 따라서 학교체육은 선수들이 이기기 위한 기술을 배우고 승리만을 위하여 온갖 수단과 방법을 동원하는 것이 아닌 도전과 성취의 과정으로 전환되어야 한다.

넷째, 참여폭의 확대(Enlargement of the extent of participation): 우리나라 체육의 미래가 소수의 운동선수들에게만 있는 것은 아니다. 한국체육이 소수 선수들의 전유물이 아닌 대다수 일반국민들의 사랑을 받으면서 발전하기 위해서는 지금의 학교운동부 시스템을 전면적으로 개편해야 한다. 그러기 위해서는 학창시절부터 일반학생들이 참여하는 개방적인 형태의 운동부가 활성화되어야 한다. 운동을 하고 싶은 학생이라면 누구나 들어와서 자기가 하고 싶은 종목의 운동부를 만들고 참여함으로써 즐길 수 있어야 한다. 학창시절의 스포츠에 대한 경험과 문화가 일반화되어야 하며, 그 과정에서 일반학생들은 진정으로 스포츠를 즐기고 향유할 줄 아는 체험을 할 것이다. 그리고 그렇게 교육받은 학생들이 대학의 일반학과와 사회 각 분야에 진출할 때 전 국민의 스포츠 향유라는 가치가 실현될 수 있을 것이다. 운동중심의 학원스포츠는 엘리트 선수의 양성중심에서 운동특기를 가진 학생들의 잠재력을 향상시키는 인간주의 교육중심으로 거듭나야 한다.

2. 교육적 담론

학원스포츠의 과제를 위한 교육적 담론으로 학생선수를 '인간', '학생', '선수' 각각의 세 주체로서 인식하고 '인간'으로서의 존엄성, '학생'으로서의 학습권, '선수'로서의 스포츠 기본권을 제시하고자 한다(홍덕기, 류태호, 2007; 홍덕기 2008).

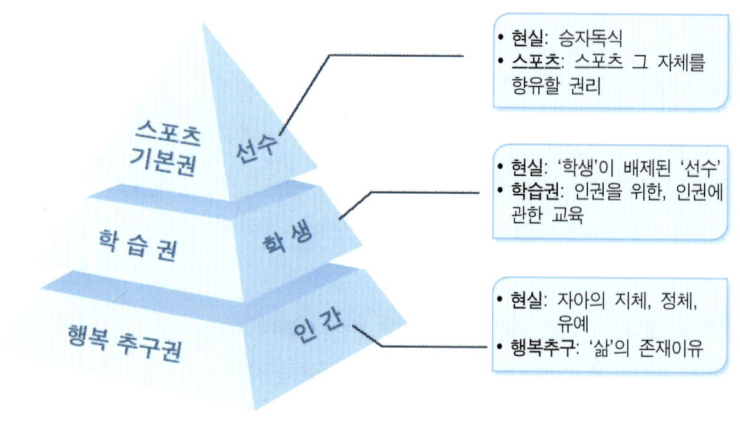

그림 4 인권으로 바라본 학생선수(홍덕기, 2008)

<그림 4>는 인권으로 바라본 학생선수의 모습을 나타낸 것이다.
먼저, 학생선수를 '인간'을 주체로 놓고 보면, 인간으로서 '행복추구권'과는 동떨어져 자아가 때로는 지체되고, 때로는 정체되며, 심지어 유예되는 삶을 살아왔다. 인간은 '성찰성'에 근거하여 자신을 끊임없이 반추하는 과정에서 행복을 추구한다. 따라서 학생선수를 바라보는 시선이 단지 '학습권' 혹은 '폭력'에 대한 각성에만 머물러서는 안 된다. 학생선수의 삶은 소외된 삶과 빼앗긴 삶에 대한 각성으로 깊어져야 한다. 인간이 행복을 추구하는 것은 너무나도 자연스러운 일이다. 인간은 행복을 추구함으로서 '삶'의 존재이유를 찾는다. 학생선수 역시 그 무엇이기 이전에 '인간'이므로 인권이 존중받아야 하고, 학생선수로서의 삶의 존재이유 역시 행복을 추구하는데 그 중심이 맞춰져야 한다.

둘째, 학생선수를 '학생'을 주체로 놓고 보면, 학생으로서의 학습권이 중요해진다. 교육기본법 제3조(학습권)는 모든 국민은 평생에 걸쳐 학습하고, 능력과 적성에 따라 교육 받을 권리를 가진다고 명시하고 있다. 교육에 참여할 권리를 교육으로부터 차별 혹은 배척당하지 않을 권리라고 생각한다면 타고난 인간으로서의 가능성을 실현하며 인간답게 살아갈 기본권인 것이다. 또한, 세계 인권 선언(UNESCO, 1949) 제26조에서 교육 받을 권리를 명시하고, 교육의 방향이 인격을 온전하게 발달시키고, 인권과 기본적 자유를 더욱 존중할 수 있도록 하는 데 맞춰져야 한다고 명시하고 있다. 그런 점에서 학생선수의 학습권은 소극적 의미에서가 아닌, 적극적인 의미에서 보장되어야 한다.

셋째, 학생선수를 '선수'를 주체로 놓고 보면, '선수'로서 운동 그 자체를 즐길 권리가 있다. 그렇게 운동을 즐겨본 사람이 운동적 삶의 구현자로서 살아갈 수 있다. 체육활동은 자연에 원초적인 몸을 열고 마음을 열면서 느낌을 찾는 인간적인 활동이다. 샘솟는 이해의 느낌. 체험의 느낌. 공명의 느낌. 나와 세상 사이의 대화이다(홍덕기, 류태호, 2007). 이러한 느낌을 갖지 못하게 길들이고 통제하고 억압하는 것은 신체의 창조적 활동에 아무런 도움이 되지 않는다. 하루 종일 훈련을 한다고 해서 기능이 나아지는 것도 아니다. 이분법적 시간표, 고립된 '섬', 위계적-억압적 관계맺음, 승자독식을 지향하는 활동 속에서의 학생선수와 학원스포츠의 비교육적·반인권적 맥락은 체육활동의 고유한 느낌을 잃게 한다.

체육은 무엇보다도 신체를 통해 삶의 가치, 경이로움을 깨닫게 도와주는 것이 되어야 한다. '삶을 긍정하는 힘을 길러주기', '자기를 사랑하고 다른 존재들을 사랑할 줄 아는 능력을 키워주는 일'이 체육활동 속에 녹아있어야 한다. 운동은 그 자체로 몰입해서 할 때 흥미도 생기고 의미 있는 일이 되지, 다른 목적을 위해 하게 될 때는 따분한 노동이 되기 십상이다. 운동을 그 자체로 몰입해서 했던 경험은 하나의 사물을 여러 각도에서 바라보게 해준다. 공간적으로 상하좌우의 여러 지점(地點)을 갖게 해줄 뿐만 아니라 시간적으로도 춘하추동의 여러 시점(時點)을 갖게 해준다. 그리하여 우리가 무엇과 어떻게 관계되고 있는지 맥락을 깨닫게 된다.

운동 그 자체가 목적이 되면 경직된 사고의 틀을 열어주고, 궁극적으로는 "나는 무엇으로 나인가?"를 깨닫게 된다(홍덕기, 류태호, 2007).

V 결론

1. 정책의 전환: 학원스포츠 정책의 법적·제도적 개선

이 글에서는 학원스포츠 정책의 법적·제도적 개선을 단기과제와 장기과제로 나누어 제시하고자 한다(홍덕기, 류태호, 2007). 우선, 단기과제로 정책적 측면에서 폭력예방 및 학습권이 보장되어야 한다. 구체적으로, 년 중 전국규모 대회 횟수를 단계별로 축소하여 학교별 전국규모 대회 참가 년2회 제한, 방학 및 주말을 이용한 권역별 리그 제 활성화, 폭력 피해 부작용에 관한 홍보 및 인권 예방과 개선을 위한 모범 사례 발굴이 필요하다.

둘째, 법적·제도적 측면에서 선수인권보호 및 향상을 위한 노력이 필요하다. 구체적으로, 학생선수 인권보호 전담관을 배치하여 선수보호 모니터링제도 의무화, 법적 효력을 갖춘 운동부 운영에 관한 규율 조항 동의서 및 인권선언문 작성, 지도자에 대한 성적 중심의 고용계약조건 단서 조항 철폐 및 생존권 보장에 대한 제도적 장치 마련이 필요하다.

셋째, 교육프로그램 운영 측면에서 인권측면의 교육이 필요하다. 구체적으로, 인권교육 프로그램 개발, 지도자 및 선수의 윤리규정 제정, 각 시도별 인권홍보 지도교사 선발 및 정기적 인권교육이 필요하다.

장기과제로는 학교체육 법규마련 및 행정조직 및 예산편성이 뒷받침되어야 한다. 법규마련 측면에서는 스포츠 기본권의 제정을 통해 체육 및 스포츠 향유 권리를 명시하여 법적으로 보장하여 선수들의 기본적인 권리를 보장받을 수 있어야 한다. 이를 위해서는 체육계 인권신장을 위한 예산 편성이 뒷받침 되어야 한다.

2. 인식의 전환: 인권으로 학생선수 바라보기

앞서 학원스포츠 정책의 법적·제도적 개선의 문제를 다루었지만, 보다 중요한 것은 제도 보완에 의한 타율적 개선보다 인식전환에 의한 자율적이고 지속적인 개선의지를 키워 나가는 것이라고 할 수 있다. 인식전환의 대상은 지도자, 학부모, 학생까지 확대되어야 한다. 이를 위해서는 학생선수의 훈련 실태, 수업 결손, 폭력 실태 등을 사실 대로 가감 없이 알게 하고 인식전환을 위한 인권 교육이 이루어져야 한다. 인권교육의 목적은 지식과 안목을 갖추는데 국한되는 것이 아니라 궁극적으로는 그러한 지식을 바탕으로 그것들이 대변하는 인간 행위의 양식을 몸소 실행에 옮기게 함으로써 우리 사회의 전반적인 인권적 상황을 개선하는 것을 목적으로 삼아야 한다(문용린, 2003).

교육은 그 자체가 모든 억압으로부터 인간을 해방시키는 과정이다. 교사는 체제와 학교제도의 대리인으로서 학생의 인권을 침해하고 학생의 자율성을 억압하는 가해자가 될 수 있을 뿐만 아니라, 동시에 이 억압적인 현실 구조 내에서도 학생의 존엄성을 회복시키고 그들이 해방의 주체가 될 수 있도록 일으켜 세울 수도 있는 존재이다. 그러하기에 교사는 학생의 인권을 둘러싸고 있는 현실 구조의 문제점을 그 누구보다도 깊이 있게 탐색해야 하고, 현실 구조와 맞서 학생의 인권을 적극적으로 옹호해주지 않으면 안 된다. 자신이 당면한 문제들을 개인적 불행으로 생각하는 아이들에게 그것이 사회적 모순임을 일깨워주는 일은 교사의 몫이며, 학생이 스스로 인권의 주체가 될 수 있도록 인권에 관한 지식과 인권을 지켜낼 수 있는 힘을 길러주는 일도 교사의 몫이다.

또한, 학생의 해방을 일구어내는 과정은 동시에 교사의 해방을 일구어내는 과정이기도 하다. 관리자인 학교나 교육청에서 평교사들을 억압하는 구조는 지도자가 학생선수를 억압하는 구조와 닮아있다. 따라서 지도자는 억압적 학교운동부 제도를 학생선수와 지도자의 인권을 보장할 수 있는 제도로서 바꾸어나가는 데 참여해야 한다. 그래야 지도자와 학생선수 사이의 신뢰가 회복될 수 있다.

어떠한 방식으로 학교운동부를 운영하든 지도자로서 체육교사와 코치는 정기적인 인권교육을 통해 자질을 함양하고 인권의 측면에서 학생선수에 대한 교육적 접근이 이루어져야 한다. 결국, 인권개선을 통한 학교운동부의 참모습은 학생선수가 인간으로서의 인간다움, 학생으로서의 학생다움, 선수로서의 선수다움을 경험할 때 드러난다. 이제는 학생선수가 인간답게 살 수 있도록 그들의 '다움'을 경험할 수 있게 도와주어야 한다. 이미 헌법의 행복추구권, 교육기본법의 학습권, 국민체육진흥법 상의 선수보호 규정이 이를 뒷받침해주고 있다. 학생선수를 둘러싼 부모, 코치, 학교, 정부도 그동안의 왜곡된 역할기대에서 벗어나 인간, 학생, 선수의 관점에서 새로운 패러다임으로 인식해야 한다(류태호, 홍덕기, 2007).

3. 제언

이 글에서는 학원스포츠의 구조를 올바로 이해하고 교육적 활동으로 자리매김할 수 있도록 기본방향을 제시하고자 하였다. 이를 바탕으로 향후 학원스포츠 관련 후속연구를 제언해보면 다음과 같다.

첫째, 학생선수 관련 생애주기를 알 수 있는 중도탈락·폭력·성폭력·학습권 등의 실태조사 및 지속적인 홍보가 필요하다. 이 중 중도탈락 및 성폭력에 대한 연구는 시급하다. 기존에 학교 체육수업을 대상으로 여학생의 소외나 불평등에 대한 연구는 있었지만, 여자 학생선수를 대상으로 한 연구나 인권 측면에서 페미니즘을 연구한 논문은 별로 없었다. 특히, 성폭력이나 중도탈락과 관련된 연구들은 전국적인 실태조사를 통한 통계자료 마련 및 질적 연구를 통해 심층적인 기제를 밝혀야 한다. 이는 체육학 분야에서 페미니

즘 및 학생선수에 대한 논의의 폭을 확장시켜줄 수 있을 것으로 기대된다.

둘째, 체육인들을 위한 인권교육 프로그램의 개발 및 보급이 시급하다. 인권 침해 이후의 사후처리나 단발성·일회성 교육으로는 인권의식을 고취시킬 수 없다. 인권신장은 무엇보다 예방 교육이 중요하므로 학생선수를 포함한 일반학생 및 학부모, 지도자 등 다양한 대상을 고려한 인권교육 프로그램이 개발되어야 한다.

셋째, '체육교육사회학' 및 '비판적 교육학'과 관련된 현장개선 연구가 필요하다. 그동안 스포츠교육학에서 비판적 패러다임은 이론으로만 존재했을 뿐 현장에서의 적용 및 구체적인 대안마련에는 취약했다. '인권'을 평등, 소외, 억압, 정의 등의 개념과 연관 지어서 현장에서의 교수학습 방법 및 교육 내용 등을 연구하고 개발해야 한다.

마지막으로 학생선수 및 학원스포츠 영역에서의 일상생활에 대한 다양한 질적 연구가 필요하다. 일상생활 연구는 기존의 구조제도사나 지배정책사에서 배제된 연구주제를 선택한다는 것을 의미하기도 하고, 구조주의나 제도주의의 설명이 갖는 한계를 넘어가는 대안적 연구방법을 의미하기도 하기 때문이다.

참고 문헌

강신복 (2003). 학원스포츠의 개혁: 의식전환과 제도 개선. 공부하는 학생선수 과연 불가능한가? **체육시민연대, 한국스포츠교육학회, 전국체육교사모임 자료집**. 5-16.
강신욱 (2003). 학교 운동부의 운동과 학업 수행 및 운영 실태 조사. **한국체육학회지**, 42(3), 89-101.
강신욱 (2004). 운동선수 구타의 실상과 대책. 쇼트트랙 선수 파동을 계기로 본 학생선수 문제와 대책. **체육시민연대, 한국체육학회, 국회문화정책포럼 긴급 토론회**.
강신욱 (2005). 학교운동부의 교육적 순기능에 대한 연구. **한국체육학회지** 44(5), 147-159.
강신욱 (2007). 학교운동부 코치의 체벌행위에 대한 가설적 인과 모형 분석. **한국체육학회지** 46(1), 135-151.
고은하 (2005). **운동선수 구타근절을 위한 실태조사**. 서울: 체육과학연구원.
교육인적자원부 (2006). **2006년도 학교체육 기본방향**.
대한체육회 (2005). **선수폭력실태조사 및 근절대책**. 서울: 대한체육회.
류태호 (2003). 학교체육 정책에 관한 제도개선 연구. **교육인적지원부 교육정책연구 2003-지정-08**.
류태호 (2004). 학생선수 육성정책의 문제점과 개선방안. **체육시민연대, 문화연대 학생선수 육성 정상화를 위한 토론회 자료집**. 14-24.
류태호, 이주욱 (2004). 운동선수의 학교생활과 문화. **한국체육학회지**, 43(4), 271-282.
류태호 (2005). 학원스포츠의 과제와 전망. **한국스포츠교육학회지**, 12(2), 99-108.
류태호 (2006a). 학생선수도 공부하고 싶다. **국회의원 안민석 2006년 국정감사 정책 자료집**.
류태호 (2006b). '메달 집착'의 신화. **교육인적지원부 2006년 학교체육담당자 워크숍 자료집**.
류태호 (2007). 학생운동선수 학습권 보장을 위한 개선방안. **국가인권위원회 학생운동선수 인권상황 실태조사 결과발표 및 정책토론회 자료집**. 55-64.
문용린 (2003). **유·초·중·고 인권교육과정 개발 연구**. 국가인권위원회 연구용역 보고서.
박명기 (2005). 학교체육의 현실과 미래. 학교체육 진흥을 위한 대토론회. **한국체육학회 자료집**. 3-44.
이범제 (1998). 21세기를 향한 체육의 발전방향. 서울대학교 체육연구소 정책토론회 자료집. 1-10.
이병호 (2005). 학교체육의 문제 진단과 혁신 방안. **전국체육교사모임 창립 15주년 기념 세미나**. 15-62.
이학준 (2003). 학생운동선수를 생각한다. **한국체육학회지** 42(5), 61-69.
이학준 (2004). **운동선수, 그들만의 고민: 운동선수들의 행복한 삶을 위한 과제**. 서울: (주)북스힐.
정희준 (2004). 학생선수 육성 현황과 구조적 문제점들. **체육시민연대, 문화연대 학생선수 육성 정상화를 위한 토론회 자료집**. 1-13.
조광민 (2006). 학생운동선수 인권상황 실태조사 -초등학교를 중심으로-. **국가인권위원회 인권상황 실태조사 연구용역보고서**.
홍덕기, 류태호 (2007). 인권으로 바라본 학생선수: 교육적 담론. **한국스포츠교육학회지**, 14(4), 131-154.
홍덕기 (2008). **학생선수의 인권에 관한 비판적 담론분석**. 고려대학교 석사학위논문.

국민일보 (2003. 3. 27). '집단수용소' 같은 운동부 시설.
연합뉴스 (2003. 10. 15). 숨진 레슬러 자전거에 묶인 채 달렸다.
조선일보 (2000. 5. 29). 수영연맹: 장희진 징계 안 푼다.
조선일보 (2004. 11. 11). 쇼트트랙 여 대표선수들 코치한테 상습 구타당해: 맞고 또 맞았습니다.
NCAA Manual(2002). NCAA Manual Information. NCAA.
UNESCO (1949). *Human rights: Comments and interpretations*. London: Allan Wingate.

찾아보기

ㄱ

가시적 경영 511
가이던스 갭 340
가중치 99
가치 덕목 128
가치 중심 모형 355
각성 이론 396
각성 406
간이축구수업과정 19
간접교수활동 310, 320
간접체험활동 310, 318, 322
강화 389
개념적 지식 47
개방적 269
개방형 425
개별 학습 361
개별적 책무성 365
개인 사회적 책임감 340
개인중심 484
개인중심연수 448, 449, 484
개인중심의 현직연수 504
개입연구 20, 21
개정 체육과 교육과정 503
개편 114
건강 및 체력 증진 214
건강활동 504
건민 정책 88
건전한 사회성 함양 93
게임 315
게임능력을 평가 265
게임상황 18
결과 중심의 연구 350
결과 중심의 프로그램 350
결승 행사 242
경쟁 활동 222, 504
경쟁 271
경쟁학습 361
경제성장 84
경험과 인식 53
고립된 섬 536
고전적 조건 389

공식 경기 일정 241
공유 113
공중 보건 104
과밀학급 434
과외자율체육활동 540
과정 중심의 연구 348
과학적 체육교육 311
관찰평가도구 18
교과교육학 426, 439
교과내용지도 15
교과내용학 426
교사 자격증 421
교사 중심 511
교사 현장개선연구 24
교사관심사 15
교사교육 19
교사교육연구 21
교사사고과정 15
교사사회화연구 20, 21
교사신념 15
교사연구자연구 20
교사지식 20
교사포트폴리오 470
교사-학생의 관계 343
교사행동 524
교사효율성연구 14
교수 관련 탐색 모형 187
교수 효율성 159
교수계획준비도 15
교수방법 15
교수장학 21
교수-학습유형별 시간분석체계 17
교수행동 16
교양교육 426
교원 양성 423
교원연수 482
교원연수의 운영방향 455
교원의 부족 85
교육 84
교육과정 개념틀 176
교육과정 시간배당 기준령 표 79
교육과정 524
교육과정시기 78
교육대학원 421

교육 사조 137
교육사회학 514
교육실습 426, 438
교육실습생 436
교육심리학 530
교육학 426
교직과정 424
교직사회화단계 21
구성체계 80
구조주의 563
구체화 365
국가 교육과정 176
국가 수준 78, 92, 206
국가 수준의 교육과정 165
국립학교 설치령 424
국민공통기본교육 101
국민공통기본교육과정 118
균등한 기회 제공 366
그룹미팅 347
긍정적 상호의존성 365
기관중심 448, 484
기관중심연수 484
기능 중심적 접근 529
기능적 접근 514
기능적 정체성 21
기록 보존 242
기법 312
기본 운동 능력 발달 215
기본적인 단순성 90
기본적인 복합성 90
기술 84
기술 분석 단계 205
기초기능 100

ㄴ

나선형 87
내러티브 310
내면적 차원 312
내면화 403
내용 연계형 208
내적 만족감 364
노력 344

찾아보기

ㄷ

다양성 364
다양한 역할 237
다활동 체제 179
대면적 상호작용 365
대학교육협의회 435
대한체육회 548
덕교육적 방법 309
도덕교육 308
도덕성 전략 406
도덕적 딜레마 309
도미노 현상 341
도전 활동 222, 504
독립 115
독일의 교원연수 459
동경사범출신 85
동등한 기회 236
동료장학 47
동시다발적 상호작용 366
등급제시험 217

ㄹ

라이프 스킬 185
라크로스 518
루브릭 223
리그전 254
리더십 98, 247, 349

ㅁ

마음가짐 321
마이크 타이슨 405
말씀씀이 321
매개요인 523
맨손체조 81
메타분석 14
멘토링 469
멘토링 프로그램 352
모델링 389
모델화 408
모형에 대한 관심을 불러
 일으키는 단계 346
목표성향(성취동기) 16
무용 81
무자격 교사의 다수 출현 85

무형의 정체성 21
문교부 84
문화 315, 316
미국의 교원연수 456
민공통기본교육과정 101

ㅂ

바우처 511
박식 239
반성 108, 347, 406, 408
반성성향 20
반성일지 408
반성적 수업 20
반성적 실천으로서의 수업 516
반성적 태도 497
반성전략 384
발달 단계 모형 96
발달 단계 237
배려 317
변형게임 234
병치 분석 단계 205
보건 80, 114
복수전공 432
복종심 98
본 실습 438
본보기 따라하기 331
부적응 553
불필요한 114
블래트 효과 403
비교 분석 단계 205
비교분석 방법론 205
비사범 계열 425
비스포츠맨십 409
비판적 교육학 563
비판적 사고능력 309
비판적 정체성 21

ㅅ

사랑 317
사례형 추론 401
사범계열 425
사범대학 421
사이버교원 연수 471
사회 학습 이론 396

사회성 90
사회적 상호작용 281
사회적 자질의 발달 81
사회적 책임감 519
사회체육 4
삶의 기술 341
상벌 408
상벌제 399
상호교류 408
상호작용 16
상호작용 분석체계 17
새로운 시도 118
생산력 84
생태학적 관점을 고려한 환경과의
 조화 216
생활 기술 115, 168, 215
생활관련 사회성 및 인성 발달 215
생활중심 87
서사적 308
서사적 접근 308
선택 내용 102
선택 114
선택중심 교육과정 101, 118
성별 83
성차 277
성찰 317
성평등 체육수업전략 19
세계 인권선언 559
세분화 366
소비자 보건 104
소속감 247
수난과 왜곡 92
수련도 83
수업 346
수업 전략 367
수업맥락 524
수업분석 16
수업사례 15
수업운영전략 20
수업지식 22
수업환경 15
수요자 중심의 교육과정 511
수용적인 269
수준별 교육과정 118

수준별 제시형 208
수행적인 측면 213
수행평가 264
순환운동 91
스포츠 기능 150
스포츠 기술 습득 115, 168
스포츠 모드 188
스포츠 81
스포츠교육모형 18
스포츠교육학 5
스포츠교육학의 토착화 29
스포츠기본권 536
스포츠맨십 384, 385, 519
스포츠사회학 538
스포츠심리학 530
스포츠종목중심 146
스포츠종목중심의 내용 체계 146
스포츠클럽 539
습관화 309
승리지상주의 410
승자독식 536, 558
시간변인 16
시대성 125
시수 107
시즌 239, 240
신체 활동 교육 151
신체 활동 교육중심 교육과정 159
신체 활동 지식 159
신체적 발달 81
신체적 자기 개념 521
신체활동 가치 중심 530
신체활동 지식 122
신체활동가치 503
신체활동가치중심 501
실제적이며 총체적인 평가 253
실제학습시간 148
실천적 지식 47
실태 119
실행연구 516
심동적 97
심동적 영역 529
심동적, 인지적, 정의적 목표 139
심법 312

ㅇ
아리스토텔레스 310
아마추어리즘 557
안목 312
안전 104, 114
안전 지도 81
야외 모험 프로그램 174
양성평등교육 19
얼굴모습 321
업무 가중 95
업적주의 552
엘리트스포츠 95
엘리트체육 537
여가 문화 125
여가 선용 81
여가활동 504
역할 경험 384
역할 233
역할경험 408
역할지식 257
연계성 126
연계적 교육과정 설계 모형 187
연구자로서의 교사 516
연령 83
열정 239
영국의 교원연수 457
영상매체 408
예비 실습 438
예비중등체육교사 420
예술성 501, 503
예절 및 전통의 이 해 247
외면적 차원 312
외재적 가치 51
운동 몰입 391
운동 발달 단계적 접근 이론 98
운동 분석 이론 98
운동기능 교육중심 교육과정 159
운동기능 93
운동기능 중심 501, 503
운동기능 중심적 접근 530
운동기술의 차 277
운동참여시간 17
운동학습 530
움직임 문화와 관점 모형 187

원격교육연수 490
원자아 388
웰빙 114
위계성 120
위생 81
유능 239
유대감 247
유형제시형 217
융통성 97
응용의 다양성 90
의사 결정 248, 281
의사결정권의 이양 343
의지 128
2007 개정 체육과 교육과정 519
이분법적 시간 536
이야기식 308
이질적인 팀구성 365
이해중심 게임지도 182
이해중심게임 모형 290
이해중심게임수업모형 18
이해중심게임지도모형 526
인간주의 557
인간 중심 모형 96
인간중심 체육교육 340
인권의식 550
인력 84
인문 313
인문성 501, 503
인문적 지혜 312
인문적 차원 316
인문적 체육교육 311, 312
인성 388
인성교육 308
인성발달 409
인의예지 321
인지갈등 401
인지 발달 이론 396
인지적 영역 529
인지적 이해 281
인지적 접근 308
인지적 측면 469
인지적 97
일관성 126
1급 정교사 자격 486

일본의 교원연수 458
입문 312
입시 전형 95
입체적 316

ㅈ

자격연수 21, 446, 449
자기 관리 기술 151
자기 인식 524
자발적 291
자기 주도 344
자기주도적 개별화수업 17
자아 388
자아존중감 364
자아지향적 523
자율성 126
적극적인 291
적용능력 351
적용성 126
전망 108
전문성 91
전문성연구 20
전문체육 4
전문체육인 95
전술 245
전술중심 모형 281
전이 343, 344, 351, 355
전이력 355
전인 교육 138
전인 102, 306, 409
전인교육 308, 356, 384, 536
전인적인 120
전통적 수업 17
전통적 팀 학습 366
절대적 명령 107
절충 96
정교사 자격연수 446
정보 113
정서 순화 93
정서적 측면 469
정서적인 면 90
정신 분석이론 396
정의적 영역 529
정의적 영역 발달 260

정의적 97
제도성 125
제도적 노력 116
제도주의 563
제일주의 84
존중 31, 344
종목중심형 209
좋은 체육수업 15
주5일 근무제 114
주도권 364
주수준 206
주제적인 측면 214
주제중심형 210
중견 교사 94
중용적 정체성 21
지도 교수 436
지도-학교 환경 82
지식 113
지역성 125
지적 정서적 발달 81
직무연수 446, 449
직소Ⅰ 370
직소Ⅱ 369
직소 수업 계획 372
직업사회화과정 22
직전교사교육연구 20
직전교육 480
직접교수행동 분석체계 17
직접체험활동 317, 322
질서 운동 94
질서운동 91, 107
집단 과정 중시 365
집단 연구 371

ㅊ

차터 스쿨 511
참 좋은 교사 331
참 좋은 사람 307
참여유형 52
찾아가는 연수 501
책무성 281
책임감 모형 174
책임감 248, 276
챌린지 프로그램 174

첨단 과학 기술 113
체·지·덕 120
체계적 반성전략 20
체능검사 84
체력 모형 96
체력 인증제 519
체력 향상 93
체력 83
체력장 95
체력증진 114
체력증진 93
체육 과목군 115
체육 문화에로의 입문 121
체육 실제학습시간 17
체육과 교과과정 79, 135
체육과 교육과정의 개선 135
체육교과 직무연수 487, 499
체육교과교육 77
체육교과연구회 21
체육교사 86
체육교수법 100
체육교수이론 100
체육교육 339
체육교육과 421
체육교육과정 77, 100
체육교육방법 56
체육교육사회학 563
체육문화 172
체육수업학생행동변인 측정도구 17
체육이론 81
체육특기자 541
체육특기자제도 95
체육특례입학자 541
체육학문화 운동 4
초임 94
초자아 388
추론 408
축제 253
축제화 243
출세주의 552
출장 95

ㅋ

카운슬링 시간 345

케이 포 405
코칭행동 관찰체계 22, 23

⊃ ㅌ
타인 존중 115
타인 지향적 이타행위 389
탐구중심교사교육 20
터 322
테크니컬 파울 407
토너먼트 254
통제집단 394
통합 342
통합적 239
특별연수 449
특수분야직무연수 488
팀 게임 토너먼트 368
팀 단합 366
팀 목표 365
팀 소속 241
팀 유대감 277

⊃ ㅍ
패 322
패몫 322
페어플레이 정신 263, 385
페어플레이 115, 557
평가 도구 290
평가 방법 217
평가 횟수 99
평가 100
평가위주의 체육 수업 160
평가의 준거 216
포괄적 295
포트폴리오 평가 18
포트폴리오 평가 59
표준 연수 프로그램 503
표현 활동 125
표현활동 504
프랑스의 교원연수 460

⊃ ㅎ
하나로 수업 311, 314
하나로 314
학교 운동부 95

학교정비 기준령 424
학교중심 263, 363, 448, 484
학교중심 교육과정 516
학교중심연수 449, 484
학교중심의 현직연수 504
학교체육 201
학문 중심 모형 96
학생 수 83
학생 중심 511
학생 팀 성취 배분 368
학생 팀 학습 368
학생사고과정연구 16
학생중심 체육수업 378
학생지식·사고 54
학습 환경 조성 377
학습된 무기력 378
학습지도요령 177
학업성취 522
학원스포츠 536
학원스포츠의 비전 556
한국교육개발원 433
한성사범학교 423
함께 학습하기 371
행동거지 321
행동주의 학습 이론 396
행복추구권 537
헤비급 405
현장개선연구 20, 21, 516
현직교육 480
현직교사교육 445
현직교사교육연구 20
협동 98, 344
협동성 115
협동심 367
협동을 위한 협동학습 전략 371
협동학습 281, 362, 363
협동학습모형 57
협동학습의 구성 원리 365
협동학습의 적용 사례 372
협력 364
협력교사 436
호울 라이프 314
호울 퍼슨 306
혼합형 208, 217

환경과 생태학적 관점 221
활동적인 삶 150
효용성 126
효율적인 지도 56
휴양 82
희생 98

⊃ A
AAHPERD 186
Aronson 370

⊃ B
Barbara Morgan 517
Bereday 205
Bloom 141
Buchanan 349, 350

⊃ C
Cheffers 17
Clark Heatherington 339
Cleland 525
Cohen 362, 376
cooperative learning 362
CP(Student Team Learning) 370
cross-cultural physical education 29

⊃ D
DeBusk & Hellison 351
Deutch 361
Donald Hellison 340
Dyson 376

⊃ E
Erickson & Shultz 512

⊃ F
Flanklin Bobbit 514

⊃ G
GPAI 264
Graham 511, 521
Grinseki 376

H
Hellison 174
Hellison 339
Hellison & Wright 348

J
Elliott 516
Johnson & Johnson 376

K
Kagan 371
KeyStage 210

L
Lagemann 516
Lange 310
Lawson 341
Lee & Martinek 353
Luke & Sinclair 520

M
Martinek 352
Martinek & Schilling 349
Mcbride 525
Mosston & Ashworth 154
Mrugala 349
multi-cultural 29

N
NASPE 169

O
obey or suffer 353

P
PE 4 Life 186
Physical Best 182
Project Adventure 182
Project Effort 351
Pühse & Gerber 167, 204

S
Schilling 348
Siedentop 234

Silverman 518
Slavin 362, 368, 369
Smith 513
Solmon & Carter 521
Success for All 186

T
Tannehill & Zakraksek 521
TGT 협동학습수업 17
Thomas 525
Tinning & Fizclarence 512
Tom Martinek 344, 351
TPSR 모형 57

W
Wright 351

Y
Yoder 376
Young 514
Youth Leader Corps 349

Z
Zeichner & Noffke 517

저자소개

김대진	전북대학교 교수 서울대학교, 오하이오주립대학교(석사, 박사)
김윤희	서울대학교 스포츠과학연구소 연구원 동덕여자대학교, 서울대학교(석사, 박사)
류태호	고려대학교 교수 서울대학교, 서울대학교(석사, 박사)
문호준	서원대학교 교수 서울대학교, 서울대학교(석사, 박사)
박종률	한국교원대학교 교수 한국교원대학교, 한국교원대학교(석사, 박사)
신기철	전주교육대학교 교수 서울교육대학교, 서울대학교(석사, 박사)
안양옥	서울교육대학교 교수 서울대학교, 서울대학교(석사, 박사)
이옥선	웨스턴일리노이대학교 교수 서울교육대학교, 노스캐롤라이나대학교(석사, 박사)
조미혜	인하대학교 교수 서울대학교, 국민대학교(석사, 박사)
조순묵	한국교원대학교 교수 서울대학교, 서울대학교(석사, 박사)
최의창	서울대학교 교수 서울대학교, 조지아대학교(석사, 박사)
최희진	충북대학교 교수 서울대학교, 서울대학교(석사, 박사)